Philipp Lindenmayer

Nichtregierungsorganisationen als spezialisierte Kapitalmarktakteure

GABLER EDITION WISSENSCHAFT

Philipp Lindenmayer

Nichtregierungsorganisationen als spezialisierte Kapitalmarktakteure

Ein finanzintermediationstheoretischer Erklärungsansatz

Mit einem Geleitwort von Prof. Dr. Henry Schäfer

GABLER EDITION WISSENSCHAFT

Bibliografische Information Der Deutschen Nationalbibliothek
Die Deutsche Nationalbibliothek verzeichnet diese Publikation in der
Deutschen Nationalbibliografie; detaillierte bibliografische Daten sind im Internet über
<http://dnb.d-nb.de> abrufbar.

Dissertation Universität Stuttgart, 2007

D 93

Gedruckt mit freundlicher Unterstützung der Stiftung Landesbank Baden-Württemberg.

1. Auflage 2008

Lektorat: Frauke Schindler / Nicole Schweitzer

Der Gabler Verlag ist ein Unternehmen von Springer Science+Business Media.
www.gabler.de

Umschlaggestaltung: Regine Zimmer, Dipl.-Designerin, Frankfurt/Main
Gedruckt auf säurefreiem und chlorfrei gebleichtem Papier
Printed in Germany

ISBN 978-3-8350-0970-7

Geleitwort

Nichtregierungsorganisationen (NGOs) stellen sowohl in der Praxis als auch in der wirtschaftswissenschaftlichen Behandlung relativ neue und noch wenig erforschte Organisationen dar. Dies liegt nicht unerheblich an ihren vielgestaltigen Erscheinungsformen, vielfältigen Aktivitätsfeldern und unterschiedlichen Zielsetzungen. Von besonderer Bedeutung im Kontext der Dissertation von Philipp Lindenmayer ist das Handlungsfeld Kapitalmarkt. Hierbei handelt es sich um einen noch spezielleren und weniger erforschten Betrachtungswinkel, da NGOs zwar bislang in verschiedenen wirtschaftlichen Bereichen, Kontexten und Themengebieten in Erscheinung getreten sind, bislang aber hinsichtlich ihrer Kapitalmarktaktivitäten und -relevanz so gut wie kaum Beachtung geschenkt wurde. Spätestens seit der Einführung neuer Finanzprodukte, die über Rendite- und Risikoparameter hinaus auch ökologische und soziale Kriterien der Kapitalanlage zugrunde legen (sog. Socially Responsible Investments, kurz SRI), ist die Rolle der NGOs auf Kapitalmärkten jedoch nicht mehr wegzudenken.

Neben anlassspezifischen Formen von Kampagnen (z.B. Whistle Blowing und Aktivismus) agieren NGOs hierbei, wie Philipp Lindenmayer zeigt, als spezialisierte Finanz-, genauer Informationsdienstleister, indem sie spezifische Informationen (Informationen zur Nachhaltigkeit) produzieren und Kapitalmarktakteuren mittelbar oder unmittelbar zum Zwecke der Asset-Allocation zum Kauf anbieten. In dieser Rolle verkörpern NGOs Finanzintermediäre i. w. S., genauer Finanzgutachter. Es ist nun das erklärte Ziel der Arbeit von Philipp Lindenmayer diese speziellen Finanzintermediäre kapitalmarkttheoretisch zu begründen. Er wählt hierzu das Diamond-Modell als Referenzrahmen für die Ableitung seines eigens entwickelten „Delegated Screening-Modells". In einer ersten Modifikationsstufe wird das Modell des Delegated Monitoring für Lindenmayers Modellkonstruktion einer als Finanzgutachters operierenden NGO weiterentwickelt. Dabei bewegt sich Philipp Lindenmayer auf eigenen Bahnen weg vom Ursprungsmodell. Es gelingt eine überzeugende und analytisch geschlossene Beweisführung für die Möglichkeit einer ökonomischen Existenzberechtigung des spezifizierten NGO-Typs auf Kapitalmärkten. Dem Non-Distribution-Constraint, dem NGOs unterliegen, kommt hierbei durch die überlegene Fixlohnbegründung die Lösungsaufgabe zu und diskriminiert dadurch die alternativ ja auch mögliche Form der For Profit Organisationen. Während zunächst mittels einer statischen Modellierung argumentiert wird, erfolgt dann darauf aufbauend gekonnt die Erweiterung im dynamischen Kontext. Das Kooperationsdesign „Reputation" erhält jetzt erwartungsgemäß eine für die Stabilität des Modells und die Begründung der NGO als Finanzintermediär i.w.S. zentrale Bedeutung. Im dynamischen Modell bestätigt sich in den Modelllösungen das Ergebnis der statischen Analyse, dass bei Unbeobachtbarkeit des Outputs Fixlohnkontrakte die einzige anreizkompatible und damit operationalisierbare Vergütungsform darstellen. Unter diesem Annahmenkranz gewährleistet wiederum die Organisationsform NGO das optimale institutionelle Arrangement.

Mit der vorliegenden Dissertation wurde von Philipp Lindenmayer ein Forschungsprogramm beschritten, das in dieser Thematik und mit diesem methodischen Ansatz bislang nicht vorliegt. Die Innovationsstärke dieser Arbeit liegt vor allem in der erstmaligen kapitalmarkttheoretischen Begründung der wirtschaftlichen Funktion von NGOs als Finanzintermediäre auf den Kapitalmärkten. Herausragend ist die Kombination aus wirtschaftstheoretischer Auseinandersetzung mit NGOs und deren Integration in die neoklassische Kapitalmarkttheorie. Die Arbeit stellt einen eigenständigen, konzeptionell-wirtschaftstheoretischen Beitrag nicht nur zur Erforschung des NGO/NPO-Bereichs dar, sondern befruchtet darüber hinaus auch die neuere Kapitalmarkttheorie speziell im Bereich der Finanzintermediation. Sie ist in hervorragender Weise geeignet, als Grundlagenforschung mit hohem konzeptionell-theoretischen Gehalt für darauf aufsetzende Arbeiten, insbesondere aus dem empirischen Bereich zu dienen. Die Erkenntnisse aus der Dissertation sind darüber hinaus auch von praktischem Nutzen. Ich wünsche deshalb der Veröffentlichung eine hohe Aufmerksamkeit.

Univ.-Prof. Dr. Henry Schäfer

Vorwort

Während meines ersten Forschungsprojekts am Lehrstuhl von Prof. Schäfer im Jahr 2003, das die Erfassung und Clusterung der Kriteriensysteme aller im deutschsprachigen Markt operierenden Nachhaltigkeitsratingagenturen zur Aufgabe hatte, machte ich die Erkenntnis, dass die relevanten Ratingagenturen einerseits klassisch gewinnorientiert, andererseits aber auch nicht-gewinnorientiert als NGOs organisiert sind. Dies markierte den Ausgangspunkt dieser Dissertation, in der die Frage beantwortet wird: Wieso existieren NGOs aus kapitalmarktorientierter Perspektive? Sie entstand während meiner Tätigkeit als wissenschaftlicher Mitarbeiter am Lehrstuhl für Allgemeine Betriebswirtschaftslehre und Finanzwirtschaft und wurde im November 2007 von der Fakultät Wirtschafts- und Sozialwissenschaften der Universität Stuttgart als Dissertationsschrift angenommen. Zahlreiche Personen haben in vielfältiger Weise zum Gelingen dieser Arbeit beigetragen.

Zunächst gilt mein ganz besonderer Dank meinem Doktorvater, Herrn Prof. Dr. Henry Schäfer, der mir die Behandlung dieses Themas ermöglichte, durch das ich meine finanz- und auch volkswirtschaftlichen Interessens- und Kompetenzschwerpunkte optimal einsetzen konnte. Danken möchte ich ihm auch für seine motivierende Betreuung, für die interessanten und anregenden Diskussionen, für die gewährten zeitlichen Freiräume und insbesondere für seine stete Bereitschaft, aufkommende Probleme zeitnah zu besprechen.

Für die Übernahme des Zweitgutachtens und für hilfreiche Kommentare im Rahmen der Kolloquien danke ich Herrn Prof. Dr. Hellmuth Milde.

Ein besonderer Dank gebührt auch der Ernst & Young AG, Corporate Social Responsibility Services, die diese Arbeit finanziell unterstützt hat.

Meinen ehemaligen Kolleginnen und Kollegen danke ich für das sehr angenehme, freundschaftliche Arbeitsklima und die interessante Zeit am Lehrstuhl. Hervorheben möchte ich Reinhard Ansorge, der mich bei mathematischen Problemen unterstütze; Dr. Frank Herrmann, der einen Teil meiner Arbeit Korrektur las; meinen „Zimmernachbarn" Oliver Kuhnle sowie die Kollegen Jens Hawliczek und Christian Gromer für die zahlreichen sehr unterhaltsamen, nicht immer akademischen Gespräche.

Ein ganz besonderer Dank geht an meine Freundin Julia Lupfer. Einerseits dafür, dass sie mich immer wieder, insbesondere auch in schlechten Zeiten, auf andere Gedanken abseits der Dissertation brachte. Andererseits für die tolle Zeit, die wir – trotz der enormen zeitlichen Belastung, die eine Dissertation mit sich bringt – während der Promotion verbringen konnten.

Last but not least möchte ich meinen Eltern Margot und Theo Lindenmayer danken. Ohne ihre umfangreiche moralische und insbesondere materielle Unterstützung wäre meine akademische Ausbildung nicht möglich gewesen. Ihnen widme ich diese Arbeit.

Philipp Lindenmayer
Kontakt: philipp.lindenmayer@de.ey.com

Inhaltsverzeichnis

Abbildungsverzeichnis

Tabellenverzeichnis

Abkürzungsverzeichnis

AICSRR	Association for Independent Corporate Sustainability and Responsible Research
AktG	Aktiengesetz
Anm. d. Verf.	Anmerkung des Verfassers
AO	Abgabenordnung
ASEAN	Association of Southeast Asian Nations
BDRA	Bundesverband der Ratinganalysten und Ratingadvisor e. V.
BGB	Bürgerliches Gesetzbuch
CalPERS	California Public Employees' Retirement System
CAPM	Capital Asset Pricing Model
CEO	Chief Executive Officer
CEP	Council on Economic Priorities
CEPAA	Council on Economic Priorities Accreditation
const.	konstant
CSR	Corporate Social Responsibility
CSRR-QS	Corporate Sustainability and Responsibility Research-Quality Standard
DCGK	Deutscher Corporate Governance Kodex
Diss.	Dissertation
DJSI	Dow Jones Sustainability Index
DVO	Durchführungsverordnung
EAI	Enhanced Analytics Initiative
EIRIS	Ethical Investment Research Services
ERISA	Employee Retirement Income Security Act
EstDV	Einkommenssteuer-Durchführungsverordnung
EstG	Einkommensteuer Gesetz
FI	Finanzintermediär
FPO	For Profit Organisation
FP-Vertrag	Festpreis-Vertrag
gAG	gemeinnützige Aktiengesellschaft

GATT	General Agreement on Tariffs and Trade
GenG	Genossenschaftsgesetz
gGmbH	gemeinnützige Gesellschaft mit beschränkter Haftung
GMO	Genetically Modified Organism
GONGO	Government Organised Nongovernmental Organisation
GRINGO	Government Run/Inspired Nongovernmental Organisation
HGB	Handelsgesetzbuch
Hrsg.	Herausgeber
i. e. S.	im engeren Sinn
i. S. v.	im Sinne von
i. w. S.	im weiteren Sinn
IAB	Institut für Arbeitsmarkt und Berufsforschung
ICNPO	International Classification of Nonprofit Organizations
IÖW	Institut für ökologische Wirtschaftsforschung
IRC	Internal Revenue Code/s (US-amerikanische Steuergesetze)
IRRC	Investor Responsibility Research Center
IRS	Internal Revenue Service (US-amerikanische Steuerbehörden)
ISIC	U. N. International Standard Industrial Classification
JHP	John Hopkins Comparative Nonprofit Sector Project
KAG	Kapitalanlagegesellschaft
KapAEG	Kapitalaufnahmeerleichterungsgesetz
KonTraG	Gesetz zur Kontrolle und Transparenz im Unternehmensbereich
KP-Vertrag	Kosten-Plus-Vertrag
MitbestG	Mitbestimmungsgesetz
muk	Lehrstuhl Markt und Konsum an der Universität Hannover
NAFTA	North American Free Trade Agreement
NAI	Naturaktienindex
NDC	Non-Distribution Constraint
NGO	Nongovernmental Organisation
OoE	Organisation ohne Erwerbszweck
OTC-Markt	Außerbörslicher oder Over The Counter-Markt

PONPO	Program on Nonprofit Organizations an der Yale University
PublG	Publizitätsgesetz
QUANGO	Quasi Nongovernmental Organisation
s. t.	subject to (unter der/den Nebenbedingung/en)
SAI	Social Accountability International
SAM	Sustainable Asset Management
SEC	U.S. Securities and Exchange Commission
SFR	Schweizer Franken
SIP	Statement of Investment Principles
SRI	Social Responsible Investment bzw. Socially Responsible Investing
TransPuG	Transparenz-Publizitätsgesetz
UBS	Union Bank of Switzerland
UKSIF	United Kingdom Social Investment Forum
UMAG	Gesetz zur Unternehmensintegrität und Modernisierung des Anfechtungsrechts
UNCTAD	United Nations Conference on Trade and Development
UNEP	United Nations Environment Program
WCED	World Commission for Environment and Development
WiSt	Wirtschaftswissenschaftliches Studium
WISU	Das Wirtschaftsstudium
WTO	World Trade Organisation
WWZ	Wirtschaftswissenschaftliches Zentrum an der Universität Basel
ZfB	Zeitschrift für Betriebswirtschaft
ZfbF	Zeitschrift für betriebswirtschaftliche Forschung
ZKB	Zürcher Kantonalbank

Symbolverzeichnis

$\forall$	Allquantor
θ	Wahrer stochastischer Umwelteinfluss
θ'	Vom Produzenten (an den Konsumenten) übermittelter Umwelteinfluss (Kapitel 3.1)
θ_t	Stochastischer Umwelteinfluss in Periode t
Θ	Menge aller möglichen θ
Θ_t	Menge aller möglichen θ_t
$\in$	Element von
Δ	Delta
$\Psi(.)$	Lagrange-Funktionen (Kapitel 7)
$\Gamma(.)$	Lagrange-Funktionen (Kapitel 8)
λ, μ, η	Lagrange-Multiplikatoren (Kapitel 7)
$\lambda, \mu_t(.), \eta_t$	Lagrange-Multiplikatoren (Kapitel 8)
$\overline{\alpha}$	Fixlohn
$\overline{\alpha}_t$	Fixlohn in Periode t
$\alpha(.)$	Entlohnungsfunktion des Agenten
$\alpha_t(.)$	Entlohnungsfunktion des Agenten in Periode t
α_H	Hoher Lohn
α_L	Niedriger Lohn
$\beta(.)$	Entlohnungsfunktion des Prinzipals = Nettoertrag
$\beta_t(.)$	Entlohnungsfunktion des Prinzipals in Periode t = Nettoertrag in Periode t
$AC(.)$	Agency-Kostenfunktion
b	Geldbetrag, den der Konsument für den Ouput bezahlt (Kapitel 3.1)
b^*	Verausgabter Geldbetrag des Konsumenten im pareto-inferioren Kontrakt (Kapitel 3.1)
$C(.)$	Kostenfunktion des Produzenten (Kapitel 3.1)
$C'(.)$	Kostenfunktion des Produzenten im pareto-inferioren Kontrakt (Kapitel 3.1)
C_d	Delegationskosten
C_{gd}	Gesamtkosten bei direkter Informationsbeschaffung

C_{gi}	Gesamtkosten bei indirekter Informationsbeschaffung
C_m	Monitoring-Kosten
C_s	Screening-Kosten
C_{sFI}	Screening-Kosten eines FI
C_{sI}	Screening-Kosten eines individuellen Anlegers
C_V	Kosten eines anreizkompatiblen Vertrags im Diamond Modell (Kapitel 6)
d	Zahlungsströme an die Eigenkapitalgeber (Kapitel 5)
$d(e)$	Disnutzenkomponente aus Arbeitseinsatz
$d_t(e)$	Disnutzenkomponente aus Arbeitseinsatz in Periode t
$D_1, \ldots, D_5$	Nachfragefunktionen der Konsumenten 1, …, 5 im Weisbrod-Modell (Kapitel 3.1)
e	Arbeitsleistung des Agenten/Produzenten (Kapitel 3.1 und 7)
e'	Arbeitsleistung des Produzenten im pareto-inferioren Kontrakt (Kapitel 3.1)
e_t	Arbeitsleistung des Agenten in Periode t
e^*	Optimale Arbeitseinsatz-Wahl des Agenten/Produzenten = Arbeitseinsatz, für den $U(.)$ bzw. V_m maximal ist (Kapitel 3.1 und 7)
e_t^*	Optimale Arbeitseinsatz-Wahl des Agenten in Periode t = Arbeitseinsatz, für den $U_t(.)$ maximal ist
$\bar{e}$	Hohe Arbeitseinsatz-Wahl durch den Agenten
$\underline{e}$	Geringe Arbeitseinsatz-Wahl durch den Agenten
$\bar{e}_t$	Arbeitseinsatz-Obergrenze in Periode t
$\underline{e}_t$	Arbeitseinsatz-Untergrenze in Periode t
E	Menge aller möglichen e
E_t	Menge aller möglichen e_t
$E(.)$	Erwartungswertoperator
EK	Marktwert des Eigenkapitals (Kapitel 5)
$f(q\|e)$	Bedingte Dichtefunktion: Dichtefunktion des Outputs q für die Arbeitseinsatz-Wahl e
$f_t(q_t\|e_t)$	Bedingte Dichtefunktion in Periode t: Dichtefunktion des Outputs q_t für die Arbeitseinsatz-Wahl e_t

$F(q\|e)$	Bedingte Verteilungsfunktion: Verteilungsfunktion des Outputs q für die Arbeitseinsatz-Wahl e
F	Wahrscheinlichkeitsverteilung der tatsächlich realisierten Projekterträge im Diamond Modell (Kapitel 6)
$i = 1, \ldots, n$	Allgemeine Indexvariable
IR	Menge der reellen Zahlen
IR^+	Menge der nichtnegativen reellen Zahlen
k_e	Eigenkapitalkostensatz (Kapitel 5)
m	Anzahl der Kapitalgeber bzw. Anleger
M^*	Vom Staat bereitgestellte Menge des öffentlichen Gutes im Weisbrod-Modell (Kapitel 3.1)
$M_1^*, \ldots, M_5^*$	Gewünschte Mengen des öffentlichen Gutes der Konsumenten 1,…,5 zum gegebenen Preis P (Kapitel 3.1)
MRS	Grenzrate der Substitution (Kapitel 3.1)
MT	Grenzsteuersatz (Kapitel 3.1)
n	Anzahl der Kapitalnehmer bzw. Unternehmen
$\bar{p}$	Fixpreis des Outputs q (Kapitel 3.1)
p	Anteil nachhaltiger Unternehmen
P	Preis im Weisbrod-Modell (Kapitel 3.1)
$P(.)$	Wahrscheinlichkeit
$P(\cdot\|.)$	Bedingte Wahrscheinlichkeit
q	(wahrer) Output (Kapitel 3.1 und 7)
q_{gut}	Hoher Output
q_t	(wahrer) Output in Periode t = (wahre) Qualität der Nachhaltigkeitsinformation in Periode t
$\bar{q}$	Maximaler Output
$\bar{q}_t$	Maximaler Output in Periode t
$\underline{q}$	Minimaler Output
$\underline{q}_t$	Minimaler Output in Periode t
q^*	Optimale Outputwahl des Agenten/Produzenten = Output des Agenten/Produzenten, für den $U(.)$ bzw. V_m maximal ist (Kapitel 3.1 und 7)
q_t^*	Optimale Outputwahl des Agenten in Periode t = Übermittlung ei-

	nes Outputs an den Prinzipal für den $U_t(.)$ maximal ist
q'	Vom Agenten (an den Prinzipal) faktisch weitergegebener Output (Kapitel 7) / Output des pareto-inferioren Kontrakts (Kapitel 3.1)
q'_t	Vom Agenten (an den Prinzipal) faktisch weitergegebener Output in Periode t
Q	Menge aller möglichen q
Q_t	Menge aller möglichen q_t
r	Ertrag des Produzenten aus dem Verkauf von q (Kapitel 3.1)
r'	Ertrag des Produzenten im pareto-inferioren Kontrakt (Kapitel 3.1)
r^*	Optimaler Ertrag des Produzenten (Kapitel 3.1)
S	Angebotsfunktion des Staates im Weisbrod-Modell (Kapitel 3.1)
T	Endzeitpunkt bzw. Gesamtlaufzeit des Vertrags
$t = 1,...,T$	Laufzeitindex
$u(.)$	Nutzenkomponente aus Einkommen
$u_t(.)$	Nutzenkomponente aus Einkommen in Periode t
$U(.)$	Von-Neumann-Morgenstern-(Risiko-)Nutzenfunktion des Agenten
$U_t(.)$	Von-Neumann-Morgenstern-(Risiko-)Nutzenfunktion des Agenten in Periode t
$\overline{U}$	Reservationsnutzen des Agenten
$\overline{U}_t$	Reservationsnutzen des Agenten in Periode t
v	Nutzeneinbuße aus verausgabten finanziellen Mitteln (Kapitel 3.1)
V_k	Nutzenfunktion des Konsumenten (Kapitel 3.1)
V_m	Nutzenfunktion des Produzenten (Kapitel 3.1)
V	Verifizierbarkeit des Outputs (Kapitel 8.1)
V^*	Kritischer Wert der Verifizierbarkeit des Outputs (Kapitel 8.1)
W	Von-Neumann-Morgenstern-(Risiko-)Nutzenfunktion des Prinzipals

Teil I: Grundlagen

1 Einleitung

Am 14. April 2005 fand die 138. ordentliche Hauptversammlung des weltgrößten Nahrungsmittelproduzenten Nestlé in Lausanne statt. Sie erhielt breite Aufmerksamkeit in den Medien und wurde mit äußerster Spannung erwartet, drohte doch sowohl der Vorstandsvorsitzende Peter Brabeck als auch der gesamte Aufsichtsrat bereits im Vorfeld öffentlich mit Rücktritt, sollte die vom Aufsichtrat vorgeschlagene Wahl Brabecks zum Aufsichtsratsvorsitzenden (zusätzlich zum Vorstandsvorsitzenden) durch die Aktionäre abgelehnt werden.[1] Grund der Sorge war ein eingereichter Aktionärsantrag, der sich gegen dieses Doppelmandat und damit gegen die Funktions- bzw. Ämterkumulation Brabecks aussprach.[2] Die Federführung hierfür übernahm die schweizerische Anlagestiftung für nachhaltige Entwicklung Ethos, eine „**Nichtregierungsorganisation**"[3] oder kurz „**NGO**"[4], die das Vermögen von Pensionskassen verwaltet und die sich, gemäß ihrer Satzung, für sozialverantwortungsbewußtes Handeln von Unternehmen einsetzt. Ethos vertrat bei diesem Antrag fünf institutionelle Aktionäre[5], mit denen sie zusammen (zum damaligen Zeitpunkt) Nestlé-Anteile im (Markt-)Wert von ca. 400 Mio. SFR hielt, was einem Anteil an der Marktkapitalisierung von ca. 0,5 % und einem Anteil von ca. 1,5 % des an der Hauptversammlung anwesenden stimmberechtigten Aktienkapitals entsprach.

Wenngleich der Antrag abgelehnt wurde – das Abstimmungsergebnis fiel mit 50,55 % Gegen-, 35,94 % Für- und 13,51 % Enthaltungsstimmen[6] denkbar knapp aus –, so hinterließ er deutlich Wirkung bei der Unternehmensführung und darüber hinaus in der internati-

[1] Anders als im deutschen sogenannten „Two-Tier-System" ist ein solches Doppelmandat in der Schweiz (wie auch in anderen Staaten; z. B. USA) mit seinem „One-Tier-System" möglich; vgl. hierzu auch die Ausführungen in den Kapiteln 5.1.2 und 5.3

[2] Vgl. Tagesordnungspunkt Nr. 4a „Organisation des Verwaltungsrats (Änderung von Artikel 24 Abs. 1)" der Einberufung der Hauptversammlung vom 15.03.2005; http://www.ir.nestle.com, Zugriff am 01.04.2007. Daneben wurden vom gleichen, nachfolgend genannten Aktionärskonsortium zwei weitere Anträge mit Bezug zur Corporate Governance von Nestlé eingereicht. Diese zielten einerseits auf die Senkung der Amtsdauer von Aufsichtsratsmitgliedern von fünf auf drei Jahren und andererseits auf die Reduzierung des zur Einreichung eines Aktionärantrags benötigten Nominalkapitals von 1 Mio. SFR auf 100.000 SFR ab; vgl. die Tagesordnungspunkte 4b und 4c der Einberufung der Hauptversammlung vom 15.03.2005; http://www.ir.nestle.com, Zugriff am 01.04.2007.

[3] Unter dem Begriff „Nichtregierungsorganisation" werden nachfolgend ausschließlich nichtstaatliche, nichtgewinnorientierte Gruppen subsumiert, die einen gewissen Grad an formaler Organisation aufweisen, weitgehend autonom handeln und in erkennbarem Maße dem Aspekt der Freiwilligkeit genügen. Eine ausführliche Herleitung der Begriffsdefinition wird in Kapitel 2.1.2 vollzogen.

[4] Die Abkürzung NGO leitet sich aus der englischen Übersetzung „**N**ongovernmental **O**rganisation" ab.

[5] Hierbei handelte es sich um die Pensionskasse der Stadt Zürich, die Luzerner Pensionskasse, die Caisse de pensions du Canton du Jura sowie die beiden Genfer Pensionskassen Caisse de prévoyance CEH und die Caisse de prévoyance CIA.

[6] Vgl. Nestlé, 2005.

onalen Öffentlichkeit.[7] Brabeck kündigte noch am Tag der Abstimmung an, die Nestlé-Unternehmensstatuten – die Zustimmung der Aktionäre vorausgesetzt – an die internationalen Corporate Governance Best-Practice-Richtlinien, insbesondere an den sogenannten Swiss Code of Best-Practice for Corporate Governance anzupassen. Hierzu wurde im August 2005 eine bis dato in der Schweiz einzigartige Aktionärsbefragung zu Themen der Corporate Governance durchgeführt, der sich auf der Hauptversammlung im April 2006 die offizielle Beauftragung des Aufsichtsrates durch die Aktionäre für eine Totalrevision der Nestlé-Statuten mit Corporate Governance Bezug anschloss. Im Frühjahr 2008 soll auf der Jahreshauptversammlung über die modifizierten Statuten abgestimmt werden.[8] Es wird eine breite Zustimmung erwartet.

Die Existenz von NGOs ist kein zeitgenössisches Phänomen, im Gegenteil: NGOs sind seit jeher fester Bestandteil der Gesellschaft in praktisch allen Ländern der Welt.[9] Neu ist hingegen das Tätigkeitsfeld **„Kapitalmarkt"**[10], auf dem sich NGOs seit einigen Jahren bewegen.[11] Wie der beschriebene Nestlé-Fall exemplarisch dokumentiert, nehmen NGOs in verschiedenen Formen[12] – im o. g. Fallbeispiel mittels der Ausübung von (Depot-)Stimmrechten – aktiv am Kapitalmarktgeschehen teil, um Einfluss auf das Verhalten von Unternehmen auszuüben. Derartige auf dem Kapitalmarkt agierende NGOs stehen im Fokus der vorliegenden Arbeit. Sie greift hierbei einen ganz bestimmten Typus heraus – **die NGO, die auf dem Kapitalmarkt marktmäßig Informationsdienstleistungen erbringt** – und begründet dessen Existenz. Damit erklärt sie die Existenz von NGOs in der (für sie typischen) Rolle des Dienstleistungsanbieters auf dem (für sie bislang untypischen) Kapitalmarkt. Regionaler Fokus stellt insbesondere der deutsche bzw. deutschsprachige Markt dar; ergänzende Ausführungen zum US-amerikanischen NGO-Sektor[13] werden jedoch aufgrund seiner Bedeutung zusätzlich angeführt.

[7] So erschienen zahlreiche Artikel zum beschriebenen Sachverhalt in renommierten Zeitschriften bzw. Zeitungen (z. B. Wall Street Journal, Economist oder Financial Times); vgl. Parma, 2005, S.14.
[8] Vgl. Ethos, 2007.
[9] Vgl. Robbins, 2006, S. 13 ff. in Verbindung mit Badelt, 2002(a), S. 3 und Salamon et al., 2003, S. 1.
[10] Der Kapitalmarkt wird im Rahmen dieser Arbeit als Bezeichnung für die Gesamtheit der börslich organisierten Kapitalmärkte verwendet. Er ist hierbei ausdrücklich **nicht** auf die nationalen Märkte beschränkt, sondern soll als internationaler Kapitalmarkt im Sinne hochgradig integrierter nationaler Kapitalmärkte verstanden werden, auf dem Handelsgeschäfte über Staatsgrenzen hinweg getätigt werden können. Eine ausführliche Herleitung der Begriffsbestimmung wird in Kapitel 4.1 vollzogen.
[11] Vgl. insbesondere Waygood, 2004.
[12] Diese Formen – die sogenannten kapitalmarktbasierten Interventionsstrategien – werden in Kapitel 5 dieser Arbeit ausführlich beschrieben.
[13] Der NGO-Sektor bezeichnet die Gesamtheit aller NGOs. Detaillierte Ausführungen hierzu finden sich in Kapitel 2.2.

Im weiteren Verlauf dieses einleitenden Kapitels wird zunächst die Ausgangslage dieser Arbeit aufgezeigt. Sie ergibt sich aus der kontextbezogenen Gegenüberstellung der realwirtschaftlichen Relevanz von NGOs und ihrer nichtadäquaten Berücksichtigung in der Wissenschaft, insbesondere der Wirtschaftswissenschaft. Auf dieser Basis wird die zentrale Fragestellung abgeleitet. Im Anschluss werden die inhaltliche Struktur und die methodische Vorgehensweise der Arbeit dargestellt.

1.1 Ausgangslage

1.1.1 Die realwirtschaftliche Relevanz von NGOs

NGOs steuern einen bedeutenden und zugleich stetig wachsenden Anteil zur Versorgung der Bevölkerung mit Gütern und Dienstleistungen bei.[14] Für Deutschland lässt sich dies besonders deutlich an den Arbeitsmarktdaten ablesen. Der aktuellsten Hochrechnung des Instituts für Arbeitsmarkt und Berufsforschung (IAB) auf Basis des IAB-Betriebspanels zufolge umfasste der NGO-Sektor im Jahr 2000[15] 76.000 Organisationen mit 1,9 Millionen bezahlten Beschäftigten, was **einem Anteil von 5,7 % der Erwerbstätigen in Deutschland** entspricht.[16] Mit einem Zuwachs von 4 % von Juni 1999 bis Juni 2000 lag das Beschäftigungswachstum des NGO-Sektors damit bei weitem über dem gesamtwirtschaftlichen Durchschnitt von 1 % und auch über dem Wachstum der Dienstleistungsindustrie von 3 %.[17] Die ökonomische Relevanz von NGOs im internationalen Kontext ist in Abbildung 1-1 dargestellt, in der die Gesamtausgaben (soweit vorhanden) sowie die Anzahl der beschäftigten Arbeitnehmer des NGO-Sektors (gemessen in Vollzeitäquivalenten (VZÄ)) länderspezifisch abgebildet sind. Da in vielen Ländern keine differenzierten amtlichen Statistiken zum NGO-Sektor verfügbar sind, stammen die aktuellsten Zahlen hierbei noch immer aus dem „John Hopkins Comparative Nonprofit Sector Project“, nachfolgend mit JHP abgekürzt.[18]

---

[14] Vgl. Salamon et al., 2003, S. 26 f. in Verbindung mit Wilkens, 1999, S. 586.

[15] Aktuellere arbeitsmarktpolitische Zahlen zum deutschen NGO-Sektor werden voraussichtlich Mitte bis Ende 2007 erscheinen; vgl. Bellmann, 2006.

[16] Vgl. Bellmann et al., 2002.

[17] Vgl. Kraus/Stegarescu, 2005, S. 9.

[18] Das „John Hopkins Comparative Nonprofit Sector Project“ an der John Hopkins University untersuchte in einer ersten Projektphase den NGO-Sektor in 13 Industrie- und Entwicklungsländern für das Berichtsjahr 1990. In einer zweiten Phase wurden 36 Länder für das Berichtsjahr 1995 ausgewertet. Unter http://www.jhu.edu/~cnp finden sich nähere Informationen. Die nachfolgenden Zahlen sind generell mit Vorsicht zu betrachten, da, wie erwähnt, für weite Teile der analysierten Länder keine amtlichen Statistiken verfügbar sind. Aufgrund mangelnder Alternativen muss dennoch auf diese Datenquelle zurückgegriffen werden.

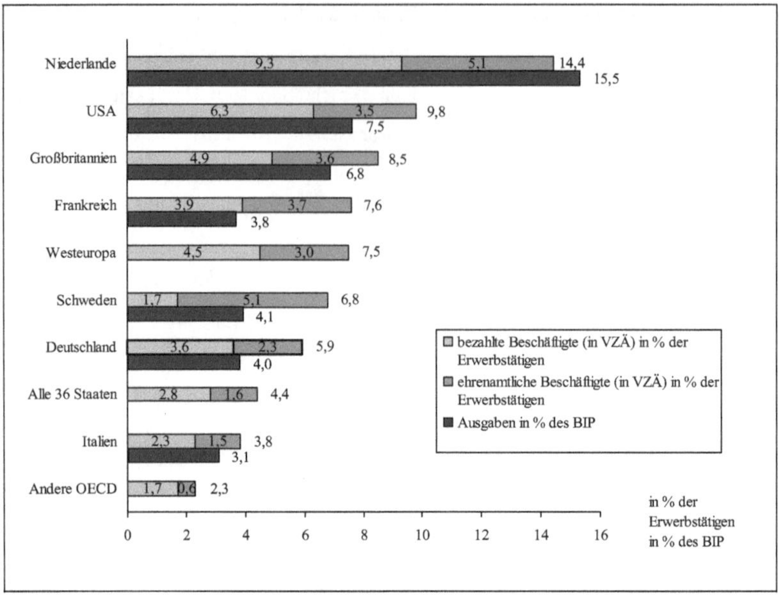

Abbildung 1-1: Die ökonomische Relevanz des NGO-Sektors im Jahr 1995
Quelle: John Hopkins Comparative Nonprofit Sector Project, 2006, URL siehe Literaturverzeichnis.

Aus den Zahlen in Abbildung 1-1 geht hervor, dass NGOs mittlerweile einen bedeutenden Wirtschaftsfaktor darstellen.[19] Insbesondere in **Dienstleistungsbranchen** wird ein beachtlicher Anteil des Leistungsangebots von NGOs beigesteuert.[20] Ihre Tätigkeitsfelder umfassen hierbei neben eher klassischen Bereichen wie Sport, Gesundheit, Pflege, Kultur und Erholung neuerdings auch Branchen, die traditionell vom erwerbswirtschaftlichen Unternehmenssektor dominiert werden.[21] Wie mittels des einleitenden Falls exemplarisch gezeigt, ist an dieser Stelle vor allem der **kapitalmarktnahe Bereich** zu nennen, in dem sich NGOs über die letzten zwei Jahrzehnte zunehmend formierten.[22] Hierzu sind auch NGOs der **Finanzdienstleistungsbranche** zu zählen, die im Mittelpunkt der Analyse dieser Arbeit stehen. Wie in Kapitel 5.2.4.2 herausgearbeitet wird, treten NGOs hierbei als spezialisierte Finanz-, genauer **Informationsdienstleister** zwischen den originären Kapitalgebern

[19] Vgl. Wilkens, 1999, S. 586. Vom Beispiel Deutschland lässt sich darüber hinaus das rasante Wachstum des NGO-Sektors ableiten. Während im Jahr 1995 lediglich 3,6 % der bezahlten Erwerbstätigen dem NGO-Sektor zuzuordnen waren, stieg diese Zahl für das Jahr 2000 bereits auf 5,7 % an.
[20] Vgl. Salamon, et al., 2003, S. 20 ff. Eine detaillierte Darstellung der NGO-Dienstleistungsangebote für den US-amerikanischen Markt findet sich in Salamon, 1999, S. 15 ff.
[21] Das zunehmende Engagement von NGOs in kommerziellen Branchen wird im Herausgeberwerk von Weisbrod (Hrsg.), 1998 dokumentiert.
[22] Vgl. Waygood, 2004, S. 10 und Schäfer et al., 2001, S. 1.

und -nehmern in Erscheinung: Sie verkaufen dispositionsrelevante Information bezüglich des Kapitalnehmers an den Kapitalgeber, weshalb sie als **Finanzintermediäre** charakterisiert werden können.[23]

Getragen von diesem realwirtschaftlichen Bedeutungszuwachs hat auch die Wissenschaft NGOs als Untersuchungsgegenstand entdeckt und ihre diesbezüglichen Forschungsaktivitäten in der jüngsten Vergangenheit stark ausgeweitet. Dadurch wurde die traditionell im Wissenschaftssystem dominierende „bipolare Weltsicht“[24] – gegliedert in „Markt“ und „Staat“ – abgelöst. Neben der Soziologie sind dabei in den letzten zwei Jahrzehnten insbesondere die Politik- und die Wirtschaftswissenschaft zu den tragenden Säulen der modernen NGO-Forschung aufgestiegen.[25]

1.1.2 Die wissenschaftliche Relevanz von NGOs[26]

1.1.2.1 Politikwissenschaftliche Forschung

In der Politologie wird NGOs insbesondere im Rahmen der dortigen „**Global Governance**“-Forschung vermehrt Aufmerksamkeit entgegengebracht.[27] Im Zuge der Globalisierung transformieren sich nationale Wirtschafts-, Lebens- und Politikbezüge zu internationalen bzw. globalisierten Wirtschafts-, Lebens- und Politikbezügen. Durch das Entstehen globaler Probleme wie z. B. dem anthropogenen Treibhauseffekt, der internationalen Kriminalität oder Währungskrisen steigen Politikmuster zur Lösung solcher Probleme unausweichlich auf die internationale Ebene auf und entziehen somit den Nationalstaaten einen Teil ihrer Problemlösungskompetenz.[28] Hieraus leiten sich politische Herausforderungen ab, auf die Global Governance[29] als neues Steuerungs- und Ordnungsmodell eine Antwort geben soll.

---

[23] Eine detaillierte Herleitung dieser Zusammenhänge findet in den Kapiteln 5.2.4.2 und 6 statt.

[24] Vgl. Reichard, 1988, S. 367.

[25] Vgl. Zimmer, 1997, S. 72 ff.

[26] Da die soziologische NGO-Forschung bereits mehrfach in einschlägigen Quellen zusammengefasst wurde (vgl. u. a. Simsa, 2002), wird sie in diesem Abschnitt aus Platzgründen nicht mehr aufgeführt.

[27] Vgl. z. B. die Herausgeberwerke von Schuppert, 2006 und Brunnengräber/Klein/Walk, 2005 oder die Arbeit von Curbach, 2003. Einen interessanten Beitrag zur Global Governance aus wirtschaftswissenschaftlicher Perspektive liefert Klein, 2005.

[28] Vgl. z. B. Reinicke, 2004, S. 18; Bendell, 1998, S. 4 oder Schmidt/Take, 1997, S. 12.

[29] Der Begriff wurde wesentlich von der 1991 auf Initiative von Willy Brandt gebildeten „Commission on Global Governance“ geprägt; vgl. Walk, 2001, S. 56 f. „Das internationale Expertengremium suchte nach Möglichkeiten für die Ausgestaltung eines effektiveren Systems der Weltsicherheit, einer nachhaltigen Entwicklung, der weltweiten Demokratisierung und nach Vorschlägen der Regierbarkeit der Welt“; Walk, 2001, S. 57. Nach deren Definition ist „Governance (...) die Gesamtheit der zahlreichen Wege, auf denen Individuen sowie öffentliche und private Institutionen ihre gemeinsamen Angelegenheiten regeln. Es handelt sich um einen kontinuierlichen Prozess, durch den kontroverse oder unterschiedliche Interessen ausgeglichen werden

Anders als „Government" soll „Governance" ausdrücken, dass neben Regierungshandeln auch das Zusammenwirken von Regierungen, internationalen und supranationalen Institutionen (z. B. WTO, IMF) und insbesondere Unternehmen und NGOs[30] im Rahmen formeller und informeller Beziehungen im Vordergrund steht. Global Governance baut insofern auf unterschiedliche Formen von (grenzüberschreitenden) Public-Private-Partnerships auf.[31] Aus dieser Sicht ist Global Governance ein „Weltregieren ohne Weltregierung"[32].

NGOs liefern in diesem Kontext einen generellen Beitrag zur (Re-)Demokratisierung. Durch die zunehmende Internationalisierung vergrößert sich die Unübersichtlichkeit und Komplexität der Politik (z. B. die Interdependenz zwischen Handels-, umweltpolitischen und sozialpolitischen Fragen[33]), was zu einer Reduktion demokratischer resp. gesellschaftlicher Kontroll- und Einflussmöglichkeiten führt.[34] Dieses demokratische Defizit stellt eines der grundlegenden Handlungsmotive der NGOs dar und verkörpert aus politikwissenschaftlicher Perspektive *den* konstituierenden Faktor für ihre Existenz.[35] NGOs wirken Transparenz fördernd, indem sie Kompetenzen erwerben, die sie in die Lage versetzen, auch internationale Entscheidungsprozesse zu durchschauen. Die hieraus resultierenden Erkenntnisse werden der Öffentlichkeit zur Verfügung gestellt, womit sie an Einfluss zurückgewinnt.[36] Diese Repräsentationsfunktion öffentlicher Interessen wird den NGOs sowohl von öffentlicher als auch von offizieller Seite zuerkannt.

Ferner sehen sich NGOs in der Lage, den o. g. Verlust an nationalstaatlicher Problemlösungskompetenz zu kompensieren und damit Einfluss auf die internationale Politik auszuüben, wenngleich ihnen bislang keine „wahren" Partizipationsrechte im Sinne von Stimmrechten eingeräumt wurden.[37] Durch ihre transnationalen Netzwerke[38] gelingt es ihnen, Ressourcen zu bündeln, Kompetenz zu erwerben und damit Verhandlungsmacht zu gene-

und kooperatives Handeln initiiert werden kann. Der Begriff umfasst sowohl formelle Institutionen und mit Durchsetzungsmacht versehene Herrschaftssysteme als auch informelle Regelungen, die von Menschen und Institutionen vereinbart oder als im eigenen Interesse angesehen werden"; Commission on Global Governance, 1995 zitiert nach Walk, 2001, S. 57

[30] Vgl. Bendell, 2000, S. 160.

[31] Vgl. Messner, 2000, S. 66 und grundsätzlich Linder/Vaillancourt-Rosenau, 2000.

[32] Klein, 2005, S. 104.

[33] Vgl. Reinicke, 2004, S. 18.

[34] Vgl. Walk, 2002, S. 6.

[35] Vgl. Kell, 2004, S. 63.

[36] Die Auswahl der zu veröffentlichenden Themen richtet sich im Allgemeinen nach deren vermuteter Akzeptanz in der Gesellschaft.

[37] Die mittlerweile institutionalisierte Teilnahme von NGO an internationalen Verhandlungen ist keinesfalls gleichzusetzen mit formalisierten Mitbestimmungsrechten der einzelnen Regierungen. Nach wie vor obliegt die eigentliche Entscheidung über entsprechende Verhandlungspunkte den Nationalstaaten bzw. den internationalen Institutionen, vgl. Walk, 2002, S. 8.

[38] Zu Netzwerk- bzw. Allianzbildung von NGOs sowie deren Auswirkung auf die Partizipationsmöglichkeiten vgl. Walk, 1997 oder Walk/Brunnengräber, 1996.

rieren. Sie können Druck auf politische Entscheidungsträger ausüben und dadurch die politische Agenda sowie die politische Entscheidungsvorbereitung proaktiv beeinflussen. Ferner leisten NGOs einen wichtigen Beitrag zur Überwachung der Implementierung international vereinbarter Maßnahmen, wie z. B. beim Kyoto-Protokoll.[39] Sie sind es auch, die auf nationaler Ebene die Einhaltung der international abgesegneten Bestimmungen überprüfen, indem sie durch Öffentlichkeitsarbeit Druck auf die jeweiligen Regierungen ausüben.

Somit bleibt festzuhalten, dass aus politikwissenschaftlicher Sicht im Zuge steigender Internationalisierungstendenzen der Politik und des damit aufkommenden neuen Steuerungs- und Ordnungsmodells der Global Governance für NGOs ein ansteigender und mittlerweile **bedeutender Einfluss auf die politische Entscheidungsfindung** konstatiert werden kann.[40] Dieser Einfluss beruht insbesondere auf der Expertise und Professionalität, die NGOs sich im Laufe der Zeit in den entsprechenden Themenfeldern angeeignet haben, sowie auf den durch sie formierten internationalen Netzwerken, mittels derer sie flexibel und zeitnah global re- und agieren können.

1.1.2.2 Wirtschaftswissenschaftliche Forschung

Von den Wirtschaftswissenschaften wurden NGOs erst Mitte der siebziger, Anfang der achtziger Jahre als Forschungsgegenstand wahrgenommen; davor beschränkte sich ihr Interesse weitgehend auf öffentliche und insbesondere gewinnorientierte Unternehmen.[41] Die wirtschaftswissenschaftliche NGO-Forschung lässt sich grob in einen *betriebswirtschaftlichen* und einen *volkswirtschaftlichen* Zweig unterteilen, wobei zwischen beiden Teilbereichen zahlreiche Querverbindungen bestehen.[42] In beiden Forschungszweigen gelten die Vereinigten Staaten als Vorreiter mit nach wie vor dominierender Stellung.[43]

Aus betriebswirtschaftlicher Perspektive konzentrieren sich die Forschungsaktivitäten primär auf die für NGOs spezifischen Managementprobleme. Für NGO-Manager ist es notwendig, NGO-spezifische Zielsetzungen mit den allgemeinen Kriterien der Wirtschaftlich-

---

[39] Vgl. Schmidt/Take, 1997, S. 16.

[40] Dies belegen zahlreiche sowohl empirische als auch theoretische Arbeiten; vgl. z. B. Brühl, 2005 oder Brown et al., 2000, S. 7 ff. und mit spezifischem Bezug zu Nachhaltigkeitsthemen Esty (Hrsg.), 2002, Take, 2002, S. 75 ff. oder Haufler, 2000.

[41] Vgl. Wilkens, 1999, S. 586 sowie Horak, 1995, S. 1.

[42] Beispielhaft sei hier die NGO-Zielforschung genannt, die sowohl aus betriebs- als auch aus volkswirtschaftlicher Perspektive analysiert wird. Nähere Informationen hierzu finden sich in Kapitel 2.4.1 dieser Arbeit.

[43] Vgl. Badelt, 2002(a), S. 17.

keit und Effizienz in Einklang zu bringen.[44] Zu diesem Zweck muss nahezu jede betriebliche Aufgabe sowie jede Teilfunktion des NGO-Managements einer Prüfung unterzogen werden.[45] Forschungsarbeiten mit diesem Themenfokus sind, gegliedert nach funktionalen Teilgebieten der Betriebswirtschaftslehre, insbesondere in der englischsprachigen Managementliteratur verankert.[46] Besondere Berücksichtigung finden hierbei die Teildisziplinen Personal, Controlling, Unternehmensführung und vor allem Marketing.[47]

Während in der Betriebswirtschaft somit die effiziente Führung von NGOs im Fokus steht und ihre Existenz damit einfach angenommen wird, stellt die auch in dieser Arbeit im Mittelpunkt stehende **Existenzfrage**[48] einen Forschungsschwerpunkt der volkswirtschaftlichen Analyse von NGOs dar.[49] Konkret stellt sich dort die Frage: Unter welchen Bedingungen verkörpert die NGO gegenüber erwerbswirtschaftlichen oder staatlichen Unternehmen die effizientere Organisationsform zur Produktion von Gütern und Dienstleistungen? Bei Sichtung der entsprechenden Literatur fällt auf, dass den Ansätzen zur Erklärung von NGOs eine starke **Gütermarktorientierung**[50] zugrunde liegt[51] und die Faktormärkte (hier speziell der Kapitalmarkt), wenn überhaupt, nur im Kontext freiwilliger Zuwendungen (Spenden[52]) thematisiert werden. Eine Existenzbegründung, die auf spezifische Funktionen von NGOs auf dem Kapitalmarkt rekurriert, also eine **kapitalmarktbasierte Existenzbegründung**, ist **nicht vorhanden**.[53] Dies ist erstaunlich, haben sich doch NGOs, wie bereits erwähnt, in jüngster Vergangenheit insbesondere auch im kapitalmarktnahen Kontext formiert (z. B. in Form der hier fokussierten Informationsdienstleister), um ihre organisationsspezifischen Ziele zu erreichen.[54]

---

[44] Vgl. Badelt, 2002(a) S. 15.
[45] Vgl. Bielefeld, 2006.
[46] Einen Überblick über die englischsprachige NGO-Managementliteratur liefern Mayrhofer/Scheuch, 2003, S. 96.
[47] Vgl. Mayrhofer/Scheuch, 2003, S. 92 ff. Arbeiten mit speziellem Finanzwirtschaftsbezug sind kaum vorhanden. Ausnahmen hiervon bilden u. a. die Beiträge von Brinckerhoff, 1998; Bryce, 1992 sowie Gross et al., 1991.
[48] In Kapitel 3 werden die bisherigen ökonomischen Ansätze zur Erklärung von NGOs eingehend beschrieben.
[49] Als zweiten Schwerpunkt der volkswirtschaftlichen NGO-Forschung ist die Analyse des *Verhaltens* von NGOs zu nennen (vgl. u. a. Hughes, 2006, S. 429 ff. und Hansmann, 1987, S. 27), das letztlich auch den Schlüssel zur Lösung der Existenzfrage darstellt. Hierauf wird in Kapitel 2.4 näher eingegangen.
[50] Die Gütermarktorientierung bisher veröffentlichter Existenzerklärungen von NGOs wird detailliert in Kapitel 3.3 hergeleitet.
[51] Dieser starke Gütermarktbezug ist für die gesamte NGO-Forschung sowohl aus betriebswirtschaftlicher als auch aus volkwirtschaftlicher Perspektive charakteristisch.
[52] Freiwillig geleistete Arbeit und finanzielle Spenden stellen einen speziellen Kostenvorteil von NGOs dar, über den ihre Existenz begründet werden kann; vgl. hierzu Kapitel 3.2.1
[53] Die nach Wissen des Autors einzigen Arbeiten, die NGOs im Kontext des Kapitalmarkts analysieren, sind Waygood, 2004; Schäfer, 2004(a); Guay et al., 2004; Waygood/Wehrmeyer, 2003; Schäfer et al., 2001 sowie Kingma, 1993. In keiner der Arbeiten wird jedoch die Existenzfrage thematisiert.
[54] Vgl. Waygood, 2004, S. 10 und Schäfer et al., 2001, S. 1.

Zusammengefasst lässt sich die Ausgangslage wie folgt charakterisieren: Einerseits ist für NGOs eine beachtliche und zugleich zunehmende realwirtschaftliche Relevanz, insbesondere auch im kapitalmarktnahen Kontext zu konstatieren. Andererseits ist dieser Tätigkeitsbereich von NGOs in der Wissenschaft, vor allem in der Wirtschaftswissenschaft, nicht bzw. nicht adäquat abgedeckt. Insbesondere existiert kein kapitalmarktbasierter Erklärungsansatz von NGOs. Hieraus leitet sich die zentrale Fragestellung dieser Arbeit ab.

1.2 Fragestellung und Zielsetzung der Arbeit

Im Mittelpunkt des Erkenntnisfortschritts der vorliegenden Dissertation steht die Beantwortung der Forschungsfrage:

Warum existieren NGOs aus kapitalmarktbezogener Perspektive?

Zu ihrer Beantwortung werden primär explikative Aussagen abgeleitet, die zum Ziel haben, eine **Existenzberechtigung von NGOs im kapitalmarktbezogenen Kontext** zu begründen. Um dieser Absicht gerecht zu werden, sind zunächst deskriptive Vorarbeiten zu leisten. Sie richten sich auf das Wesen von NGOs, auch und insbesondere im kapitalmarktnahen Kontext, sowie auf bereits existente Erklärungsansätze von NGOs. Die zentrale Forschungsfrage lässt sich dementsprechend anhand verschiedener Unterfragen weiter konkretisieren, die gleichzeitig den wissenschaftlichen Innovationsbeitrag aufzeigen und die im folgenden Kapitel beschriebene inhaltliche Struktur der Arbeit vorgeben:

1) Welche sind die im Themenkontext konstitutiven Wesensmerkmale von NGOs, welche verschiedenen Arten von NGOs gibt es und welcher spezifische NGO-Typus wird in dieser Arbeit fokussiert?

2) Was sind die Ziele von NGOs und welche Verhaltensoptionen zur Zielerreichung stehen ihnen zur Verfügung?

3) Welche ökonomischen Erklärungsansätze von NGOs liegen bislang vor?

4) Warum und in welcher Form agieren NGOs zunehmend auf dem Kapitalmarkt?

5) Welche ihre Existenz konstituierenden komparativen Kosten- bzw. Effizienzvorteile besitzen NGOs in ihrer noch zu spezifizierenden Rolle gegenüber erwerbswirtschaftlichen Organisationen, und wie lassen sich diese begründen?

6) Wie robust sind diese Effizienzvorteile gegenüber Veränderungen der Rahmenbedingungen?

1.3 Inhaltlicher Aufbau der Arbeit

In Kapitel 2 muss es vorab darum gehen, den im weiteren Verlauf der Arbeit zu betrachtenden Forschungsgegenstand möglichst exakt einzugrenzen (Frage 1). Hierzu wird zunächst der Begriff **„Nichtregierungsorganisation" definiert**, um NGOs nach außen, gegenüber anderen Organisationsformen, abzugrenzen (Abschnitt 2.1.2.2). Als notwendig erweist sich, die konstitutiven Wesensmerkmale einer NGO im Themenkontext herauszuarbeiten und im Sinne einer sogenannten „strukturell-operationalen" Definition zu integrieren. Darauf aufbauend werden NGOs in Abschnitt 2.3 durch die Ableitung einer **Typologie** einer Binnendifferenzierung unterzogen. Es wird sich zeigen, dass es eine Vielzahl verschiedener Arten von NGOs gibt, von denen eine – die sogenannte **„Operational NGO"** – fokussiert wird, die **dominierend (Informations-)Dienstleistungen erstellt und marktmäßig veräußert**. Exemplifizierend wird hierbei auf einen themenspezifischen NGO-Typus abgestellt, der bezogen auf seinen satzungsmäßigen Organisationszweck besondere Affinitäten zum Thema **Nachhaltigkeit** aufweist und zu dem entsprechend regelmäßig (insbesondere in Teil II und III) Bezugspunkte hergestellt werden. Gleichwohl ist die Validität der nachfolgenden Ausführungen ausdrücklich *nicht* auf diesen themenspezifischen NGO-Typus beschränkt. Im Mittelpunkt der Argumentation (insbesondere in Teil III) steht vielmehr die **(Informations-)Dienstleistungsfunktion einer NGO**, unabhängig von deren thematischen Ausrichtung.

An diese definitorischen und typologischen Ausführungen schließen sich sodann die **Beschreibung der Ziele** sowie der **Zielumsetzung** und damit **des Verhaltens von NGOs** an (Frage 2). Dies stellt eine wichtige Voraussetzung für ein fundiertes Verständnis von Kapitel 3 dar, in dem ein Überblick über bisher in der Literatur vorhandene ökonomische Erklärungsansätze für die Existenz von NGOs gegeben wird (Frage 3), die auf jeweils verschiedenen Kernargumenten basieren. Eines dieser Argumente, das sogenannte Vertrauensargument von *Hansmann*, bildet einen zentralen Bestandteil bei der späteren Modellentwicklung in Teil III.

Während im Grundlagen-Teil I NGOs weitgehend losgelöst vom Kapitalmarkt beschrieben werden, schafft Teil II die Verbindung dieser beiden Elemente und nähert sich damit dem Ziel dieser Arbeit an. Zunächst wird in Kapitel 4 eine Begriffsbestimmung für den zentralen Terminus „Kapitalmarkt" vorgenommen, um daran anschließend die besondere und zugleich zunehmende **Bedeutung des Kapitalmarkts für die Zielerreichung von NGOs** deduktiv herzuleiten (Frage 4, Teil 1): Mittels kapitalmarktbasierter Interventionen können NGOs auf das Verhalten von Unternehmen lenkend einwirken, das ihrerseits die Zielfunktion von NGOs maßgeblich beeinflusst.

Aufbauend auf dieser Erkenntnis muss in einem nächsten Schritt vorab gezeigt werden, dass und in welcher Form – also mit welchen kapitalmarktbasierten **Interventionsstrategien** – NGOs auf dem Kapitalmarkt agieren (Frage 4, Teil 2), bevor auf Effizienzgesichtspunkte eingegangen wird. Zur Beantwortung dieser Frage wird in Kapitel 5.2 auf das Interventionsmodell von *Waygood* bzw. von *Waygood/Wehrmeyer*[55] zurückgegriffen, deren Ansatz jedoch, basierend auf einer explorativen empirischen Erhebung des *Autors* in Zusammenarbeit mit *Schäfer*[56], um das Strategieelement **„marktmäßige Informationsdiffussion"** erweitert wird (Kapitel 5.2.4.2). Demnach produzieren NGOs Information und veräußern diese an Kapitalgeber, um deren Kapitalanlagedispositionen und damit (mittelbar) das Verhalten von Unternehmen proaktiv zu beeinflussen. In dieser Funktion fungieren **NGOs** als sogenannte Finanzintermediäre i. w. S., genauer **Finanzgutachter**.

Den **Nachweis** hierfür liefert Kapitel 6 – als erstes Kapitel aus Hauptteil III –, in dem zugleich die **Grundlagen der Finanzintermediation** dargestellt werden. Folgerichtig können NGOs in dieser Funktion nur im Rückgriff auf finanzintermediationstheoretische Ansätze, die in Kapitel 6.5 in prägnanter Form beschrieben werden, begründet werden. Der diesbezüglich bedeutendste Ansatz von *Diamond* (dargestellt in Abschnitt 6.6), der inhaltlich auf das Theoriegebäude der (Neo-)Institutionenökonomik und hier insbesondere auf die Prinzipal-Agenten-Theorie und den Transaktionskostenansatz zurückgreift, dient hierbei als Referenzmodell, an dem sich die theoretischen Ausführungen des nächsten Kapitels ausrichten.

Kapitel 7 verkörpert den Kern der Arbeit. Hierin wird die **Existenz von NGOs** in ihrer Rolle **als Finanzgutachter**, die zuvor in Kapitel 5.2.4.2 im Rahmen der empirischen Erhebung auf induktivem Wege nachgewiesen werden konnte, **modelltheoretisch begründet**

---

[55] Vgl. Waygood, 2004 bzw. Waygood/Wehrmeyer, 2003.
[56] Vgl. Schäfer/Lindenmayer, 2004.

(Frage 5). Als Bausteine zur Modellentwicklung dienen zum einen die kontextbezogenen definitorischen Ausführungen aus Kapitel 2.1.2.2, zum anderen wird auf theoretische Vorarbeiten zurückgegriffen, die in Kapitel 3 und 6 beschrieben wurden. Speziell wird die Contract-Failure-Theorie von *Hansmann* mit dem Finanzintermediationsmodell von *Diamond* verknüpft und hieraus ein neues Modell, das sogenannte „Delegated-Screening-Modell" geschaffen, mit dem die Existenzberechtigung von NGOs im gegebenen Kontext über komparative Effizienzvorteile (gegenüber erwerbswirtschaftlichen Finanzintermediären) modellendogen begründet wird.

Wie jedes Modell, so basiert auch das in Kapitel 7 abgeleitete Delegated-Screening-Modell auf spezifischen Prämissen. Annahmen verkörpern aus wissenschaftstheoretischer Sicht komplexitätsreduzierende Aussagen ohne Wahrheitsanspruch[57], die aufzuzeigende Beziehungszusammenhänge drastisch vereinfachen und Modelle (und Theorien) auf das Wesentliche reduzieren.[58] Gleichwohl kann die Aussagekraft eines Modells gestärkt werden, wenn der Wahrheitsgehalt der dem Modell zugrunde gelegten Annahmen nachgewiesen werden kann.[59] Dieser Aufgabe stellt sich Kapitel 8 (Frage 6), das die entscheidenden Modellannahmen einer **kritischen Prüfung** unterzieht, **Konsequenzen aus Annahmenmodifikationen** aufzeigt und damit entscheidende Bedeutung für die Realitätsnähe des Modells besitzt.

Ihren Abschluss findet die Arbeit in einer kurzgehaltenen Zusammenfassung der wichtigsten Ergebnisse, der einige interessante Ansatzpunkte für weitergehende Forschung folgen.

---

[57] Vgl. Chmielewicz, 1994, S. 120 f.

[58] Nach Albert birgt die Bildung von Annahmen allerdings die Gefahr, Modelle und Theorien mittels empirisch nicht gehaltvoller Annahmen gegen die Realität abzuschotten und so der Widerlegbarkeit zu entziehen (sogenannter „Modellplatonismus"); vgl. Albert, 1967, S. 331.

[59] In diesem Sinne schlägt Popper vor, in einem zweiten Schritt der Theorieentwicklung die Abweichung zwischen den Annahmen und den Realitäten zu überprüfen; vgl. Popper, 1969, S. 111.

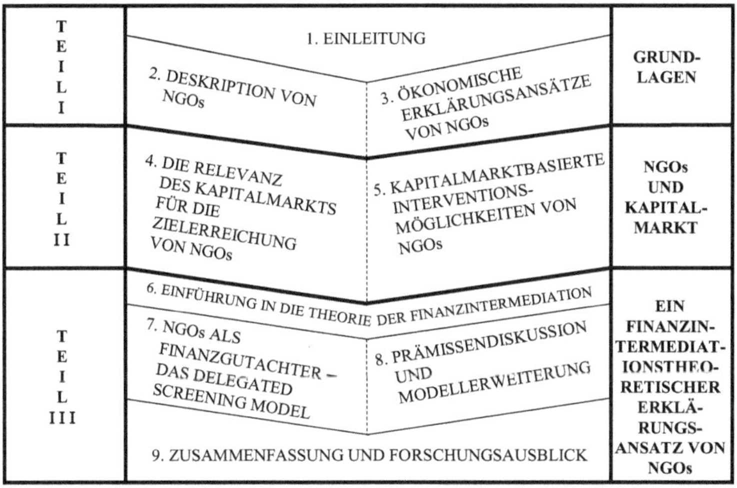

Abbildung 1-2: Inhaltlicher Aufbau der Arbeit
Quelle: eigene Darstellung

1.4 Methodische Vorgehensweise

Ausgehend von der zentralen Fragestellung lässt sich die gewählte und der im vorangegangenen Abschnitt dargestellten inhaltlichen Strukturierung zugrunde liegende Forschungsmethodik wie folgt beschreiben:

Die Forschungskonzeption dieser Arbeit kann in Anlehnung an *Chmielewicz*[60] als „**Wirtschaftstheorie**" bezeichnet werden, in deren Mittelpunkt theoretische Erkenntnisse über reale Sachverhalte des Forschungsgegenstands NGO stehen. Aufbauend auf einer fundierten Bestimmung des Begriffs „Nichtregierungsorganisation", bei der ein Bedeutungstransfer vom Definiens zum Definiendum, dem zu definierenden Begriff, stattfindet, werden Ursache-Wirkungs-Zusammenhänge identifiziert (Kausalanalyse).[61] Eine Überführung der erklärenden Ursache-Wirkungs-Zusammenhänge in gestaltende Ziel-Mittel-Systeme, wie

[60] Chmielewicz unterscheidet zwischen vier verschiedenen Forschungskonzeptionen, die aufeinander aufbauen und denen jeweils spezifische Wissenschaftsziele zugrunde liegen. Hiernach existiert in der ersten Stufe die „Begriffslehre" mit einem „essenzialistischen" Ziel. Auf der nächsten Stufe ist die „Wirtschaftstheorie" mit einem „theoretischen" Wissenschaftsziel angesiedelt, gefolgt von der „Wirtschaftstechnologie", die den „pragmatischen" Erkenntnisfortschritt anstrebt. Zuletzt kommt die „Wirtschaftsphilosophie" mit „normativen" Zielsetzungen; vgl. Chmielewicz, 1994, S. 8 ff.

[61] Dem Kritischen Rationalismus folgend wird die Begriffsbildung und -präzisierung insofern nicht als Selbstzweck verstanden, sondern als notwendiger Bestandteil für weiterführende wissenschaftliche Aussagen; vgl. u. a. Fülbier, 2004, S. 267 oder Schanz, 1988, S. 20. Die essenzialistische Auffassung von Wissenschaften steht diesem Verständnis diametral entgegen, wird in der Literatur aber heftig kritisiert; vgl. u. a. Popper, 1972, S. 141.

es von der Forschungskonzeption der „Wirtschaftstechnologie" gefordert wird[62], findet jedoch nicht statt[63], da, wie noch gezeigt wird, ein **primär positiv geprägter Forschungsansatz** gewählt wird, der i. d. R. nicht über die Theoriebildung hinausgeht.[64]

Zentraler Erkenntnisfortschritt[65] im Kontext dieser Forschungskonzeption stellt die Begründung dar, warum NGOs, wie in Kapitel 5.2.4.2 auf induktivem Weg gezeigt wird, als Finanzintermediäre, genauer Finanzgutachter existieren. Methodisch steht insofern der **Begründungszusammenhang im Mittelpunkt der Analyse**. Dieser stützt sich jedoch auf explorative Vorarbeiten im Rahmen des Entdeckungszusammenhangs.[66] Es wird ein **primär positives Vorgehen** gewählt, indem gefragt wird, warum etwas so ist, wie es ist, also die Erklärung eines in der Realität feststellbaren Ist-Zustands – NGOs verkörpern Finanzgutachter – angestrebt wird.[67] Gleichwohl besitzt die Argumentation eine normative (Soll-)Komponente. Die Existenz von NGOs wird über eine **normative Zielsetzung**, nämlich die in der Ökonomie gängige Zielsetzung der Effizienz[68], hergeleitet: NGOs existieren deshalb als Finanzgutachter, weil sie, unter gegebenen Voraussetzungen, Effizienzvorteile gegenüber erwerbswirtschaftlichen Finanzgutachtern aufweisen.

Diese Effizienzvorteile werden hierbei **modelltheoretisch (logisch-deduktiv)** und nicht etwa empirisch (induktiv-statistisch) nachgewiesen. Basierend auf bereits existierenden Modellen und Theorien wie z. B. der Contract-Failure-Theorie werden **Kausalaussagen** (Wenn-dann-Aussagen[69]) **generiert und zu einem Modell zusammengefasst**, als dessen Ergebnis die **Existenzbegründung von NGOs abgeleitet** wird. Eingebettet in den Be-

---

[62] Vgl. Chmielewicz, 1994, S. 9 oder 12.

[63] Die hier vorgenommene Abgrenzung zwischen Theorie und Technologie ist in den Sozialwissenschaften – anders als in den Naturwissenschaften – letztlich künstlich, da jede theoretische Aussage i. d. R. auf Ziele des zu analysierenden Objekts zurückgreift. Im hier zu untersuchenden Fall basiert die Optimal- bzw. die effiziente Lösung auf den Zielen diverser Akteure (z. B. Kapitalgeber), die algebraisch in Gleichungssystemen eingebettet sind und sich u. a. als Nutzenmaximierung charakterisieren; vgl. hierzu Kapitel 7. Insofern tauchen in den Sozialwissenschaften Ziel-Mittel-Relationen bereits im Zusammenhang mit der Theorie auf – statt wie in den Naturwissenschaften erst in der Technologie. Jedoch handelt es sich dann um keine Ziel-Mittel-Relationen als Betrachtungsweise, wie es für die Technologie charakteristisch ist; vielmehr geht es um Ziel-Mittel-Systeme als Objekt der Forschung. Trotzdem wird dadurch die Grenze zwischen Theorie und Technologie unscharf, da sozialtheoretische und sozialtechnologische Aussagensysteme gleichermaßen auf Zielen basieren; vgl. hierzu detailliert Chmielewicz, 1994, S. 186 ff.

[64] Vgl. Fülbier, 2004, S. 268.

[65] Der Erkenntnisfortschritt stellt das Ziel jeder wissenschaftlichen Überlegung dar; vgl. Popper, 1972, S. 215 ff.

[66] Für eine Gegenüberstellung der beiden Forschungsmethoden vgl. Chmielewicz, 1994, S. 37 sowie ausführlich S. 87 ff.

[67] Fokussiert wird demnach der explikative und nicht der gestalterische Charakter von theoretischer Forschung.

[68] Andere normative Zielsetzungen, die z. B. in den Rechtswissenschaften Verwendung finden, sind Gerechtigkeit, Fairness und Solidarität; vgl. Fülbier, 2004, S. 268.

[69] Im spezifischen Fall lautet die entscheidende Aussage: „Wenn der von einer Organisation gelieferte Output vom Nachfrager nichtverifizierbar ist, dann besitzt der Organisationstypus ‚NGO' bei der Übermittlung dieses Outputs Effizienzvorteile gegenüber dem Organisationstypus ‚erwerbswirtschaftliches Unternehmen'."

gründungszusammenhang charakterisiert sich der gewählte Forschungsansatz, d.h. die Methode, mit der das zentrale Ziel erreicht werden soll, insofern als theoretisch- bzw. **analytisch-deduktiv**. Deduktiv-nomologische Aussagen werden auf theoretisch-analytischem Weg aus anderen Aussagensystemen (Theorien) unter spezifischen Nebenbedingungen abgeleitet.[70] Hierbei wird eine formalisierte Form der Deduktion gewählt, um die **Ableitungsketten auf mathematischer Ebene** zu entwickeln. Gleichzeitig besitzt diese Arbeit, bezogen auf ihre thematische Zielsetzung, **explorativen** Charakter, da theoretische (wie auch empirische) Forschungsbeiträge im fokussierten Themenkomplex kaum vorhanden sind und das Forschungsfeld insofern einen hohen Neuigkeitscharakter aufweist.[71]

Insgesamt ist das gewählte methodische Vorgehen damit dem wissenschaftstheoretischen Forschungsansatz des **Kritischen Rationalismus** zuzuordnen.[72] Ein reales erklärungsbedürftiges Phänomen – die Existenz von NGOs als Finanzgutachter auf dem Kapitalmarkt – wird über die Ableitung von Hypothesen (Aussagen bzw. Aussagensysteme) – Delegated-Screening-Modell – erklärt, die empirisch überprüfbar bzw. falsifizierbar sind.[73] Das Aussagensystem wird hierbei auf modelltheoretischem (analytisch-deduktivem) Wege generiert.

Der beschriebenen Forschungsmethode Folge leistend wird nachfolgend mit der Deskription des Forschungsgegenstands die Problemanalyse eröffnet.

---

[70] Ein Phänomen, das Explanandum (hier: „NGOs treten auf dem Kapitalmarkt als Finanzgutachter auf") lässt sich durch das Explanans, das aus mindestens einer nomologischen Aussage (hier: „Wenn der von einer Organisation gelieferte Output vom Nachfrager nichtverifizierbar ist, dann besitzt der Organisationstypus ‚NGO' Effizienzvorteile ggü. dem Organisationstypus ‚erwerbswirtschaftliches Unternehmen'") und Randbedingungen (hier: z. B. die Nichtverifizierbarkeit des Outputs) besteht, ableiten; vgl. Schnell et al., 2005, S. 57 oder Chmielewicz, 1994, S. 90 ff. und grundsätzlich Hempel/Oppenheim, 1948.

[71] Die Neuheit von Aussagen wird nach Chmielewicz u. a. durch die Verknüpfung bekannter Ideen charakterisiert; vgl. Chmielewicz, 1994, S. 132. Im Kontext dieser Arbeit sind Forschungsarbeiten sowohl im Bereich der NGO- als auch der Finanzintermediationstheorie vorhanden. Eine Zusammenführung beider Bereiche wurde bislang allerdings nicht geleistet.

[72] Nähere Ausführungen zum Kritischen Rationalismus finden sich u. a. in Popper, 1989.

[73] Zu diesem charakteristischen Dreistufen-Schema des Kritischen Rationalismus vgl. u. a. Fülbier, 2004, S. 268. Entscheidend ist im letzten Schritt folglich nicht die faktische Überprüfung der Aussagen, sondern deren vorhandene Überprüfbarkeit; vgl. Fülbier, 2004, S. 268; Schnell et al., 2005, S. 62 f. oder Chmielewicz, 1994, S. 123 ff. Diese ist in der vorliegenden Arbeit gegeben, sodass ihre methodische Zuordnung zum Kritischen Rationalismus trotz fehlender empirischer Überprüfung gerechtfertigt ist.

2 Deskription von NGOs

Bevor mit der Begründung der Existenz von NGOs begonnen werden kann, muss zunächst geklärt werden, was genau unter einer NGO zu verstehen ist. Hierzu ist in einem ersten Schritt ein klares Begriffsverständnis erforderlich, um NGOs möglichst trennscharf von anderen Organisationstypen abzugrenzen (Kapitel 2.1 und 2.2). Darauf aufbauend sind NGOs nach spezifischen Charakteristika zu strukturieren, um den originär sehr disparaten und in seiner Gesamtheit nicht umfassend erklärbaren Untersuchungsgegenstand in typische Muster einzuteilen (Kapitel 2.3). Zuletzt gilt es das Verhalten von NGOs zu untersuchen (Kapitel 2.4), da hiervon entscheidende Impulse für die Existenzerklärung ausgehen. Da das Verhalten eines Akteurs maßgeblich von seinen Zielsetzungen bestimmt wird, wird der Verhaltensanalyse eine Zielanalyse von NGOs vorangestellt.

2.1 Begriffliches

2.1.1 Terminologie und Abgrenzungsprobleme

Wie so oft, wenn neue Themen in der Wissenschaft an Bedeutung gewinnen, fehlt es zunächst an einheitlichen, anerkannten Definitionen. Diese Problematik gewinnt zusätzlich an Bedeutung, wenn Themenblöcke interdisziplinär beachtet und bearbeitet werden, wie dies für den Untersuchungsgegenstand dieser Arbeit, die NGO, der Fall ist. So existiert weder in internationalen Rechtsinstrumenten noch in der relevanten Fachliteratur eine allgemeingültige Definition von NGOs.[74] Vielmehr herrscht bereits hinsichtlich der Terminologie Unklarheit.

Erstmals wurde der Begriff „Nongovernmental Organisation" im Jahr 1949 von den Vereinten Nationen gebraucht.[75] Seitdem ist eine Vielzahl von Begriffen entstanden, die weitgehend synonym zu „NGO" verwendet werden, worin sich die Heterogenität der unter diesem Begriff subsumierbaren Organisationen erweist.[76] Exemplarisch seien hierfür die Bezeichnungen „**N**on**p**rofit **O**rganisation" (NPO), „Nonprofit Association", „Pressure Group", „Voluntary Organisation", „Civil Society Organisations", „Nonprofit Sector",

---

[74] Vgl. u. a. Kraus/Stegarescu, 2005, S. 6 oder Take, 2002, S. 38.

[75] Hierzu heißt es in Artikel 71 der Charta der Vereinten Nationen: „The Economic and Social Council may make suitable arrangements for consultation with nongovernmental organizations which are concerned with matters within its competence. Such arrangements may be made with international organizations and, where appropriate, with national organizations after consultation with the Member of the United Nations concerned", zitiert nach Take, 2002, S. 39.

[76] Unspezifiziert werden unter dem NGO-Begriff beispielsweise Lobbygruppen, Vereine, Verbände, Selbsthilfegruppen, Kirchen, Stiftungen, philantropische Organisationen, Umweltgruppen etc. verstanden; vgl. u. a. Reichard, 1988, S. 363 oder Hansmann, 1980, S. 842.

„Charitable Sector“, „Tax-Exempt Sector“ und „Third Sector“ angeführt[77], wobei mit den einzelnen Termini jeweils unterschiedliche Strukturmerkmale dieses Organisationstypus' – wie z. B. die Freiwilligkeit des Zusammenschlusses oder die Steuerbefreiung – betont werden.[78]

Zunächst sind bei den oben genannten Begriffen zwei verschiedene, oftmals miteinander verwechselte Ebenen zu unterscheiden: Einerseits wird aus einer Makroperspektive auf die Gesamtheit dieser Institutionen, den Sektor, andererseits aus einer Mikroperspektive auf einzelne Institutionen innerhalb des Sektors abgestellt.[79] Nachfolgend werden mikroperspektivisch die einzelnen Institutionen des Sektors fokussiert.[80]

In einem nächsten Schritt gilt es die in der Literatur herrschende Unklarheit hinsichtlich der terminologischen Analogie bzw. Abgrenzung der dominierend verwendeten Begriffe „NGO“ und „NPO“ („Nonprofit Organisation“ oder kurz: „Nonprofits“) zu erläutern: Während in den meisten wissenschaftlichen Arbeiten beide Begriffe synonym verwendet oder zumindest synonym verstanden werden[81], grenzen einige Autoren sie voneinander ab. Hierzu zählen beispielsweise *Salamon/Anheier*, die sich in ihrer Arbeit „Defining the Nonprofit Sector – A Cross-National Analysis“[82] (die ihrerseits im Rahmen des JHP erstellt wurde) um eine international einheitliche Definition bemühen. Sie verwenden den Begriff „NGO“ ausschließlich für NPOs, die in „developing countries“ aktiv sind[83], und machen mithin die Verwendung des Begriffs „NGO“ vom Entwicklungsstand[84] eines Landes abhängig. Hierdurch reduziert sich die Anzahl der NGOs, sodass sie gemäß dem Verständnis von *Salamon/Anheier* lediglich einen Teilaspekt des gesamten Nonprofit-Sektors repräsentieren: „(…) NGOs, or nongovernmental organizations (..), while quite broad in function, nevertheless represent a small portion of what is customarily included in the non-

[77] Vgl. Teegen et al., 2004, S. 464 ff.; Take, 2002, S. 39; Schäfer et al., 2001, S. 6 oder Salamon/Anheier, 1997, S. 13.
[78] Zu den Strukturmerkmalen von NGOs vgl. Abschnitt 2.1.2.2.
[79] Vgl. Reichard, 1988, S. 364.
[80] Abweichend hierzu wird in Kapitel 2.2 auf den gesamten „NGO-Sektor“ und seine Verortung zwischen den institutionellen Alternativen „Markt“ und „Staat“ eingegangen.
[81] Die synonyme Verwendung der Bezeichnungen „NGO“ und „NPO“ wird bei Schäfer et al. und Nährlich explizit vollzogen; vgl. Schäfer et al., 2001, S. 6 und Nährlich, 1998, S. 226. Hingegen unterstellen sowohl Take, 2002 als auch Bendell, 2000 den Begriffen „NGO“ und „NPO“ implizit synonymen Charakter, indem sie unter Verwendung des Begriffs „NGO“ mehrfach auf Werke Bezug nehmen, die sich mit NPOs beschäftigen, ohne dass dies entsprechend kenntlich gemacht wird. So verweist Take in Fußnote 17 auf die Arbeit von Salamon/Anheier, 1994 und auf die in dieser Arbeit identifizierten Merkmale von NGOs. Salamon/Anheier 1994 beschreiben in ihrem Beitrag allerdings NPOs.
[82] Vgl. Salamon/Anheier, 1997.
[83] Vgl. hierzu Salamon/Anheier, 1997, S. 4, 23, 38 und insbesondere S. 12.
[84] Unter dem Entwicklungsstand eines Landes wird hierbei dessen wirtschaftliche Leistungsfähigkeit, gemessen in Einkommen pro Kopf u. Ä., verstanden.

profit sector in the more developed world."[85] Diese auf den ökonomischen Entwicklungsstand eines Landes rekurrierende Differenzierung der Terminologie hat ihren Ursprung in der länderspezifischen Stellung des Staatsapparats: In den zumeist totalitären Regimen von Entwicklungsländern dominieren die staatlichen Regierungen und damit hierarchische Koordinationsmechanismen; im eher liberalen angloamerikanischen Raum hingegen dominieren die privaten, gewinnorientierten Unternehmen und ihre marktmäßigen Austauschprozesse. Der Terminus „Nonprofit Organisation", ein angelsächsisches Phänomen, bringt die Abgrenzung gegenüber gewinnorientierten, erwerbswirtschaftlichen Unternehmen – im Englischen mitunter als „**F**or **P**rofit **O**rganisations" bezeichnet, nachfolgend mit FPO abgekürzt – aus einer ökonomisch getriebenen Perspektive zum Ausdruck.[86] In Ländern, in denen hierarchische Strukturen als Koordinationsmechanismus dominieren, kam und kommt es dagegen darauf an, eine Alternative und einen Widerpart zum staatlichen Verwaltungsapparat zu definieren; folglich wird in der Bezeichnung der diesem intermediären Sektor angehörenden Institutionen in einem politökonomischen Kontext primär der Aspekt des Nichtstaatlichen unterstrichen. Entsprechend wird in (Kontinental-)Europa häufig von „NGOs" gesprochen, während in den USA und in Großbritannien und damit auch in der englischsprachigen Literatur der Ausdruck „NPO" sehr viel gebräuchlicher ist.[87]

Wie noch zu zeigen ist, implizieren jedoch weder der Begriff der NGO noch der NPO, dass die entsprechenden Organisationen lediglich einem einzigen, nämlich dem aus dem Wortlaut ableitbaren Kriterium genügen.[88] So herrscht in der Literatur Einigkeit darüber, dass beispielsweise NPOs neben dem „Nonprofit"-Kriterium noch weiteren Kriterien, u. a. dem Kriterium der Nichtstaatlichkeit, zu genügen haben.[89] „Each of these terms emphasizes one aspect of the reality represented by these organizations at the expense of overlooking or downplaying other aspects. Each is therefore at least partly misleading."[90] Es ist somit nicht das Bündel konstitutiver Strukturmerkmale der Institutionen, sondern die länderindividuelle Dominanz spezifischer Sektoren (Markt vs. Staat), die für die geografisch unterschiedlichen terminologischen Ausprägungen verantwortlich zeichnet. Entsprechend wird mit den Bezeichnungen „NGO" und „NPO" regelmäßig auf identische Institutionen abge-

[85] Salamon/Anheier, 1997, S. 4.
[86] Vgl. Badelt, 2002(a), S. 6.
[87] Vgl. Strachwitz, 2000, S. 25.
[88] Gleiches gilt im Übrigen auch für die restlichen der o. g., synonym zur Bezeichnung „NGO" verwendeten Begriffe.
[89] Vgl. für NGOs z. B. Doh/Guay, 2004, S. 7 und für NPOs z. B. Badelt, 2002(a), S. 8 f. Die einzelnen Strukturmerkmale von NGOs werden detailliert in Abschnitt 2.1.2.2 beschrieben.
[90] Salamon/Anheier, 1997, S. 12.

stellt.[91] Auch zwischen dem in dieser Arbeit abgeleiteten NGO-Begriff und der in der wissenschaftlichen Literatur dominierend verwendeten Bezeichnung NPO besteht weitgehende Deckungsgleichheit[92], sodass nachfolgend einheitlich der Terminus NGO verwendet wird (vgl. Abbildung 2-1).

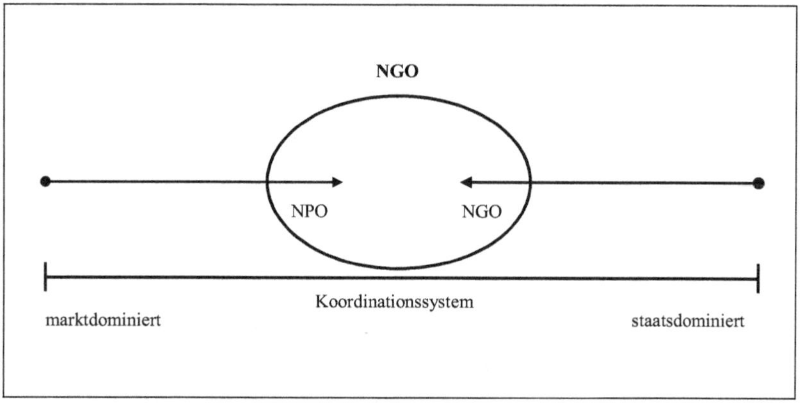

Abbildung 2-1: Herkunft und inhaltliche Deckungsgleichheit der Begriffe NGO und NPO

Quelle: eigene Darstellung

2.1.2 Definition

2.1.2.1 Mögliche Definitionszugänge

Angesichts der Vielfalt an Organisationsformen und Aktivitäten, die unter dem NGO-Begriff subsumiert werden können[93], ist ein klares und eindeutiges Konzept zur Identifikation der dem NGO-Sektor angehörenden Institutionen bislang, wie bereits erwähnt, nicht verfügbar. Vielmehr existiert, insbesondere in der wirtschaftswissenschaftlichen Literatur, eine Vielzahl von Definitionen, die mithilfe heuristischer Verfahren versuchen, NGOs mittels der Identifikation einzelner konstitutiver Merkmale von andersartigen Organisations-

[91] Vgl. Rondo-Brovetto, 2002, S. 637 f.
[92] Vgl. hierzu auch Abschnitt 2.1.2.2.
[93] Vgl. Anmerkung 76.

typen abzugrenzen und ihre Besonderheiten deskriptiv herauszustellen.[94] Gängigerweise kann hierbei zwischen folgenden Abgrenzungskriterien unterschieden werden[95]:

- **Steuerrechtlicher Status**[96]

Hiernach sind in Deutschland NGOs als im juristischen Sinn *gemeinnützige* Unternehmen zu begreifen, die zumeist von Steuern dispensiert werden.[97] In den USA werden NGOs juristisch als eingetragene Körperschaften definiert, die gemäß einer der 26 Kategorien des **I**nternal **R**evenue **C**ode[98], kurz IRC, (hier insbesondere der IRC 501 c (3)[99]) von der Einkommenssteuer befreit sind.[100]

- **Einkommensquellen**

Auf diesem Unterscheidungsmerkmal basieren die Ergebnisse der Volkswirtschaftlichen Gesamtrechnung der Vereinten Nationen. Hierbei werden alle ökonomischen Aktivitäten vier Hauptakteuren bzw. -sektoren zugeteilt: Unternehmen, öffentlicher Sektor, private Haushalte und NGO-Sektor. Unterschieden werden die einzelnen Akteure nach der Struktur ihrer finanziellen Transaktionen.[101] Danach kennzeichnet die Institutionen des NGO-Sektors, dass sie den Großteil ihres Einkommens nicht durch den Verkauf von Gütern und Dienstleistungen, sondern durch freiwillige Zuwendungen erzielen. Formal als private Organisation ohne Erwerbszweck (OoE) beschrieben, werden unter diesem Begriff all jene Organisationen subsumiert, die für Privatpersonen (wirtschaftlich selbständige, unselbständige) tätig sind und bei denen mehr als die Hälfte der Einnahmen nicht aus Verkäufen, sondern aus Beiträgen von Mitgliedern und Spendern stammt.[102]

---

[94] Vgl. Schäfer et al., 2001, S. 5.

[95] Vgl. zu dieser Abgrenzungssystematik Badelt, 2002(b), S. 7 f. Salamon/Anheier stellen eine dreigeteilte Abgrenzungssystematik (‚legal', ‚economic/financial', ‚functional') vor, die sich allerdings auf dieselben thematischen Aspekte stützt wie die hier angeführte; vgl. Salamon/Anheier, 1997, S. 30 ff.

[96] Ein weiteres Rechtsgebiet, das zur Abgrenzung herangezogen werden kann, ist das Gesellschaftsrecht; vgl. Anheier/Salamon, 1993, S. 2.

[97] Eine detaillierte Abhandlung erfährt das Thema Gemeinnützigkeit in Abschnitt 2.1.2.2.

[98] Die Internal Revenue Codes stellen die US-amerikanischen Steuergesetze dar. Sie werden vom Internal Revenue Service, den amerikanischen Steuerbehörden, verwaltet.

[99] IRC-501c-(3)-NGOs verkörpern die mit Abstand bedeutendste NGO-Gruppierung in den USA. Institutionelle Vertreter sind die „Public Foundations" und die „Public Charities", die jeweils die höchste Form der Steuerprivilegierung genießen. Sie verfolgen karitative, religiöse, wissenschaftliche, literarische und bildungsfördernde Zwecke.

[100] Vgl. Hopkins, 2005, S. 6 ff.

[101] Vgl. Anheier/Salamon, 1993, S. 2.

[102] Vgl. Deutsche Bundesbank, 2006, S. 377 in Verbindung mit Badelt, 2002(a), S. 6. Hierzu zählen u. a. Kirchen, Stiftungen, Orden, Gewerkschaften, politische Parteien, Organisationen der Bildung, Wissenschaft und Forschung sowie Organisationen des Sports und der Gesundheit; vgl. Deutsche Bundesbank, 2006,

- **Dominante Ziele**

Diesem Abgrenzungsmerkmal zufolge streben NGOs vorrangig die Erreichung von Sachzielen (Bedarfsorientierung) an. Eine primär diesem Ziel gewidmete Institution hat „Leistungen hervorzubringen, um gemeinschaftliche Bedürfnisse zu decken, die überhaupt nicht oder nicht entsprechend befriedigt würden.“[103] NGOs streben demzufolge nach der Erfüllung ideeller und sozialer Sachziele, während erwerbswirtschaftliche Unternehmen primär Formalziele (insbesondere die Gewinn- bzw. Einkommensmaximierung) verfolgen.[104] Diese Abgrenzung ist mitunter nicht unproblematisch, da die Ziele einer FPO eher selten formal festgehalten sind. Ferner existieren zunehmend Unternehmen, die Organisationsteile mit Nonprofit-Charakter besitzen, sowie zahlreiche NGOs, die sich kommerziell betätigen.[105]

- **Gesellschaftliche Rolle**

Hiernach besitzen NGOs das konstitutive Merkmal, sich (anders als privatwirtschaftliche Unternehmen[106]) vorrangig am Wohl der Allgemeinheit – dem Gemeinwohl – zu orientieren. Diesem Ansatz folgt das europäische Konzept des “Dritten Systems” oder der “Sozialwirtschaft”[107], das die Erwirtschaftung kollektiver Gewinne in den Mittelpunkt stellt. NGOs werden diesem System folgend als Organisationen verstanden, deren Aufgabe es ist, „to serve undeserved or neglected populations, to expand the freedom of or to empower people, to engage in advocacy for social change, and to provide services.“[108]

Die isolierte Anwendung der genannten Abgrenzungsansätze liefert im Ergebnis wichtige Teilmengen der Institutionen des NGO-Sektors. Jeder einzelne Ansatz für sich reicht allerdings nicht aus, um NGOs umfassend von alternativen Organisationstypen zu separieren.

S. 377 ff. Entgegengesetzt zu diesem Abgrenzungskriterium verläuft die derzeitige Entwicklung der Einnahmenquellen von NGOs, die sich zunehmend in Richtung Verkaufserlöse verlagert; vgl. hierzu Kapitel 2.3.2.

[103] Eichhorn, 1984, S. 243.

[104] Dieser Abgrenzungsansatz geht auf Kosiol, 1972, zurück. Er versteht unter einem Formalziel ein Lenkungsziel, das aus der Sicht des Zielträgers den eigentlichen „Sinn des Wirtschaftens“ ausdrücken soll. Ein Formalziel ist als generelles Imperativ für eine Organisation anzusehen, das allgemeine Wertvorstellungen bzw. gültige Normen der Träger ausdrückt. Sachziele haben demgegenüber konkrete Leistungen, die eine Organisation erbringen soll, zum Inhalt; vgl. Kosiol, 1972, S. 223 f.

[105] Vgl. Finis-Siegler, 2001, S. 4.

[106] Die Termini „privatwirtschaftliches Unternehmen“ bzw. „privatwirtschaftliche Organisation“, „erwerbswirtschaftliches Unternehmen“ bzw. „erwerbswirtschaftliche Organisation“, „gewinnorientiertes Unternehmen“ bzw. „gewinnorientierte Organisation“ und FPO werden im Folgenden synonym verwendet.

[107] Vgl. OECD, 2003.

[108] McCarthy et al., 1992, S. 3.

So lassen sich mithilfe des letzten Definitionszugangs („gesellschaftliche Rolle von NGOs") zwar diejenigen Institutionen ausschließen, die überwiegend privatwirtschaftlichen Interessen folgen (z. B. FPOs); die dem Gemeinwohl dienenden staatlichen Institutionen jedoch wären dem NGO-Sektor fälschlicherweise zuzurechnen. Die genannten Merkmale sind somit, isoliert betrachtet, notwendig, jedoch nicht hinreichend für eine aussagekräftige Definition des Organisationstypus' NGO.[109]

Diesem Kritikpunkt begegnend wird im nachfolgenden Abschnitt zur Ableitung einer Arbeitsdefinition von NGOs von dieser eindimensionalen Betrachtung abgerückt und stattdessen eine **Kombination idealtypischer Merkmale von NGOs** vorgestellt, die sich an die aufgezeigten Abgrenzungskriterien anlehnt. Die Definition folgt damit der in der wissenschaftlichen Literatur zunehmend an Bedeutung gewinnenden strukturell-operationalen Definition[110] des JHP[111], wodurch die begriffliche Konsistenz mit zahlreichen anderen Beiträgen zum NGO-Sektor gewährleistet ist.[112]

2.1.2.2 Arbeitsdefinition

Definitionen können bekanntlich weder richtig noch falsch sein, sondern lediglich zweckmäßig oder unzweckmäßig. Zweckmäßig ist eine Definition, wenn sie für eine gewählte Fragestellung geeignet und zugleich intersubjektiv verständlich ist; im Falle der NGOs heißt das, einen **Merkmalskatalog** aufzustellen, anhand dessen entschieden werden kann, ob eine reale Organisation als NGO einzuordnen ist oder nicht.[113] Dies ist aufgrund der heterogenen Erscheinungsformen von NGOs und der damit verbundenen zahlreichen und nur schwer einzuordnenden Grenzfälle kaum vollständig möglich. Dennoch kann mittels geeigneter idealtypischer Merkmale der Untersuchungsgegenstand derart eingegrenzt werden, dass dessen sinnvolle Analyse möglich ist. Hierzu werden im Folgenden die bedeutendsten konsensualen Abgrenzungsmerkmale von NGOs gegenüber andersartigen Organisationstypen (Abgrenzung nach außen) aufgezeigt, um ihr Wesen zu operationalisieren. Darauf aufbauend werden die idealtypischen Strukturmerkmale einer Priorisierung unterzogen, um der hier verfolgten **finanzwirtschaftlich dominierten Fragestellung** Rechnung zu tragen.

---

[109] Vgl. Glagow, 1992, S. 307.
[110] Vgl. u. a. Kraus/Stegarescu, 2005, S. 7; Strachwitz, 2000, S. 26 oder Nährlich, 1998, S. 226 f.
[111] Vgl. Salamon/Anheier, 1992(a). Diese Definition hatte allerdings, wie bereits erwähnt, die Beschreibung von NPOs zum Ziel, wodurch die zuvor vermerkte und im Rahmen dieser Arbeit vorhandene Deckungsgleichheit beider Begriffe – NGO und NPO – bestätigt wird.
[112] Vgl. z. B. Take, 2002, S. 38 ff.; Badelt, 2002(a), S. 8 ff. oder Reichard, 1988, S. 364.
[113] Vgl. Badelt, 2002(a), S. 8.

Nichtstaatlichkeit

Die erste Abgrenzung, die sich unmittelbar aus dem Terminus „NGO" ableiten lässt, ist negativ[114]: Im Folgenden werden unter NGOs ausschließlich Organisationen verstanden, die ***nicht*** dem Sektor „Staat", verstanden als „unmittelbare Staats- und Kommunalverwaltung"[115], zuzuordnen sind, d. h. Organisationen, die institutionell vom Staat getrennt agieren und somit „weder über regierungsamtliche Ressourcen noch Sanktionsfähigkeiten verfügen und diese auch nicht anstreben"[116]. Dies bedeutet allerdings nicht, dass NGOs keine staatlichen Mittel zur Finanzierung annehmen dürfen[117] bzw. dass jegliche Art der Kooperation mit staatlichen oder internationalen Institutionen untersagt ist. Entscheidend ist vielmehr, dass **NGOs in ihrer Grundstruktur privaten Institutionen entsprechen**, was sich insbesondere an der **Unabhängigkeit der Leitungsgremien** zeigt, deren Mitglieder nicht durch Entscheid einer Behörde bestellt werden und deren Entscheidungen somit nicht von Staat oder Regierung determiniert werden.[118]

In praxi ist diese idealtypische Abgrenzung regelmäßig nicht unproblematisch. Insbesondere in den deutschsprachigen Ländern herrschen zahlreiche Querverbindungen zwischen dem öffentlichen und dem NGO-Sektor[119], die letztlich zu fließenden Übergängen und zu zahlreichen Hybridformen führen.[120] Hierzu zählen die „Government Organised Nongovernmental Organisations (GONGOs)" oder die „Government Run/Inspired Nongovernmental Organisations (GRINGOs)", die organisatorisch mit dem Staatsapparat verbunden sind. Organisationen, die weitgehend autonom handeln, allerdings vollständig bzw. größtenteils vom Staat finanziert werden – wie z. B. ausgelagerte Verwaltungseinheiten oder Unternehmen der öffentlichen Hand – werden als „Quasi Nongovernmental Organisations (QUANGOs)" bezeichnet.[121] All diese mischformartigen Organisationstypen werden in

114 Negativ-Abgrenzungen sollten aus wissenschaftstheoretischer Sicht grundsätzlich vermieden werden, da durch negative Attribute (z. B. Nichtstaatlichkeit) i. d. R. extrem große Gegenstandsklassen entstehen und der zu definierende Begriff folglich nicht exakt eingegrenzt wird; vgl. ausführlich Chmielewicz, 1994, S. 64. Im Themenkontext muss mangels Alternativen dennoch auf dieses Verfahren zurückgegriffen werden.

115 Seibel, 1992, S. 23.

116 Take, 2002, S. 39.

117 Insbesondere in Europa erhalten NGOs (größtenteils projektbezogen) finanzielle Mittel von staatlicher Seite; vgl. Take, 2002, S. 39 sowie Zimmer et al., 2000, S. 95.

118 Vgl. Zimmer et al., 2000, S. 89 und Salamon/Anheier, 1997, S. 33.

119 Diese Querverbindungen können sich auf juristische, finanzielle, personelle und politische Aspekte beziehen; vgl. Badelt, 2002(a), S. 10.

120 Vgl. hierzu auch Abbildung 2-2.

121 Zu diesen Mischformen vgl. im Detail Take, 2002, S. 39; Beispiele hierzu finden sich in Tabelle 2-1.

dieser Arbeit ***nicht* als NGO bezeichnet**, da ihnen eine mehr oder weniger starke staatliche Abhängigkeit zugeschrieben werden kann.[122]

Fehlende Gewinnorientierung

Als zweites und – wie sich noch herausstellen wird – im Rahmen dieser Arbeit wichtigstes konsensuales NGO-Strukturmerkmal lässt sich die „Nonprofit"-Eigenschaft aufstellen, die besagt, dass NGOs nicht primär gewinnorientiert agieren. Zwar ist es NGOs grundsätzlich gestattet, Gewinne zu erwirtschaften[123], konstitutiv für den Organisationstypus der NGO aber ist die Verwendung der Gewinne. Hier dominiert der sogenannte „**N**on-**D**istribution **C**onstraint"[124] oder die „Nichtausschüttungsrestriktion" [125], nachfolgend überwiegend mit **NDC** abgekürzt. Diesem Ausschüttungsverbot zufolge besitzen weder die Mitglieder noch die Träger, insbesondere die Manager, von NGOs Ansprüche auf eventuell erwirtschaftete Periodenüberschüsse, wodurch deren Thesaurierung innerhalb der Organisation und damit „die Zuführung zum Organisationsvermögen zum Einsatz für den Organisationszweck"[126] vorgeschrieben ist.[127] Primär gewinnorientiert agierende Produktions- und Verbrauchergenossenschaften[128], soziale Erwerbsbetriebe oder Beschäftigungsgesellschaften und Organisationen auf Gegenseitigkeit wie Sparkassen und Versicherungen können nach diesem Kriterium ***nicht* als NGO bezeichnet** werden.

Insofern birgt der aus dem Englischen stammende Begriff „Nonprofit" die Gefahr von Missverständnissen, wird er doch vielfach mit „No Profit" gleichgesetzt.[129] Mit den Ter-

---

[122] Somit wird implizit eine Unterscheidung nach der Trägerschaft in öffentliche und private NGOs vollzogen, wobei erstgenannte im weiteren Verlauf aus dem Begriffshorizont der NGO ausgeschlossen werden. Damit folgt diese Arbeit dem Vorschlag von Take, 2002, S. 39. Hingegen inkludiert Badelt in seiner Definition auch Organisationen, die „von der öffentlichen Hand (…) weitgehend getragen werden"; Badelt, 2002(a), S. 9. Desgleichen bezieht Reichard in seine „Typisierung von Institutionen des Dritten Sektors" QUANGOs mit ein, die er als „staatsergänzende Einrichtungen bezeichnet"; vgl. Reichard, 1988, S. 365.
[123] Vgl. z. B. Hansmann, 1980, S. 838.
[124] Hansmann, 1980, S. 839, 1987, S. 28 oder Weisbrod, 1988, S. 14. Zimmer et al. sprechen in diesem Zusammenhang vom „Nonprofit Constraint"; vgl. Zimmer et al., 2000, S. 85.
[125] Wilkens, 1999, S. 586.
[126] Schäfer et al., 2001, S. 5.
[127] Vgl. insbesondere Hansmann, 1980, S. 838 oder auch Wilkens, 1999, S. 586 sowie Fama/Jensen, 1983(a), S. 342. Allerdings ist auch dieses Charakteristikum idealtypischer Natur, da es sich in der Realität durch verdeckte Gewinnausschüttungen, wie luxuriöse Büroräume etc., unterminieren lässt; vgl. hierzu speziell Abschnitt 8.3 in dieser Arbeit.
[128] Während die ursprünglichen genossenschaftlichen Maximen der Kooperation, Solidarität und Demokratie einer nichtgewinnorientierten, da gemeinwohlfördernden Arbeitsweise nahe stehen, genügt die Rechtsform der Genossenschaft durch die strikte Legaldefinition und ihre restriktive Auslegung nur in Ausnahmefällen den Erfordernissen des Gemeinnützigkeitsrechts, das in Deutschland die Organisationsform NGO konstituiert; vgl. Kraus/Stegarescu, 2005, S. 40. Entscheidend hierfür ist insbesondere § 1 GenG, wonach die Ziele der Genossenschaften auf die *wirtschaftliche* Förderung der Mitglieder beschränkt sind. Kritisch zur Ausgrenzung von Genossenschaften aus dem NGO-Begriffshorizont äußert sich Finis-Siegler, 2001, S. 2.
[129] Vgl. Badelt, 2002(a), S. 6.

mini „Not For Profit“[130] oder „Not Profit Distributing“[131] könnte diese Fehlinterpretation vermieden werden. Demgemäß richten NGOs (im Gegensatz zu FPOs) ihr Handeln nicht vorrangig an Formalzielen wie Gewinn oder Rentabilität aus, sondern an **Sachzielen wie Bedarfsdeckung, Gemeinwohl oder Qualität (z. B. Dienstleistungsqualität).**[132] Sie folgen einem Leitbild, einer sogenannten „**Mission**“[133], die der Leistungserstellung ein System von Anschauungen und Werten zugrunde legt und vom Ideal der Zusammenarbeit getragen ist; so kann die Arbeit beispielsweise der „Förderung von Menschenrechten“ oder dem „Schutz der Umwelt“ dienen.[134] Konstitutiv beziehen sich NGOs stets auf eine spezielle Gründungsidee, einen konkreten inhaltlichen Sinn, der **spezifisch normative, zumeist humanistische, soziale und/oder ökologische Werte und Vorstellungen** der Organisation transportiert.[135] Die explizite Betonung des Bedarfsdeckungsziels grenzt NGOs eindeutig von erwerbswirtschaftlichen Unternehmen ab.[136]

In der bundesdeutschen Gesetzgebung wird jene „**Sachzieldominanz**“[137] durch den **Gemeinnützigkeitsstatus** abgedeckt.[138] Hiernach verfolgt eine Körperschaft nach der in § 52 AO festgehaltenen und nur für das Steuerrecht bedeutsamen Legaldefinition gemeinnützige Zwecke, „wenn ihre Tätigkeit darauf gerichtet ist, die Allgemeinheit auf materiellem, geistigem oder sittlichem Gebiet selbstlos zu fördern.“ Neben den in § 52 Abs. 2 AO enthaltenen Tatbeständen der Gemeinnützigkeit i. e. S.[139] wird nach den §§ 53, 54 AO auch die **Verfolgung mildtätiger und kirchlicher Zwecke** (sogenannte „Generalklauseln“) als gemeinnützig anerkannt.[140] Neben diesen zweckmäßigen Erfordernissen müssen

---

[130] Weisbrod, 1988, S. 16 oder Hansmann, 1980, S. 838.
[131] Horak, 1995, S. 17.
[132] Vgl. KPMG, 2006, S. 20 ff., Wilkens, 1999, S. 586 sowie insbesondere Abschnitt 2.4.1 dieser Arbeit.
[133] Horak et al., 2002, S. 199.
[134] Vgl. Spar/La Mure, 2003, S. 79 oder Wilkens, 1999, S. 587.
[135] Vgl. Simsa, 2002, S. 139 in Verbindung mit Gülle et al., 2001, S. 9. In der Vergangenheit wurden allerdings auch faschistische und nationalistische Bewegungen von NGOs unterstützt und getragen; vgl. hierzu Zimmer/Priller, 1997.
[136] Auch an dieser Stelle muss darauf hingewiesen werden, dass es real zahlreiche Mischformen von NGOs gibt, deren Ähnlichkeit mit gewinnorientierten Organisationen durch den Grad der Marktabhängigkeit bestimmt wird; vgl. Simsa, 2002, S. 136.
[137] Schwarz 1996, S. 25.
[138] Bis heute hat der deutsche Gesetzgeber nicht zweifelsfrei definiert, was unter gemeinnütziger Tätigkeit zu verstehen ist. Grundsätzlich galt früher, dass das gemeine Beste gefördert werden muss; vgl. u. a. § 7 Abs. 1 DVO zum Körperschaftssteuergesetz. Die Spezifizierung des gemeinen Besten blieb allerdings undeutlich. Ähnlich undeutlich ist die heute angewandte und in § 52 AO festgehaltene Legaldefinition.
[139] Diese gesetzlichen Regelbeispiele umfassen die Förderung von Wissenschaft und Forschung, die Bildung und Erziehung, die Kunst und Kultur, die Förderung der Religion, die Entwicklungshilfe und Völkerverständigung, die Förderung des Umweltschutzes, die Pflege des Heimatgedankens, die Jugend- und Altenhilfe, die Förderung des öffentlichen Gesundheitswesens, das Wohlfahrtswesen, den Sport, die Förderung des demokratischen Staatswesens, Tier- und Pflanzenzuchtvereine, Freizeitbetätigungen und die Wirtschaftsförderung; vgl. Schauhoff, 2005(a), S. 243 ff.
[140] Bei der Prüfung, ob eine Körperschaft gemeinnützige Zwecke verfolgt, orientieren sich Rechtsprechung und Finanzverwaltung allerdings wieder an den genannten gesetzlichen Regelbeispielen des § 52 Abs. 2 AO

für die Anerkennung der Gemeinnützigkeit zusätzlich die Verfahrensgrundsätze der **Selbstlosigkeit, Ausschließlichkeit und Unmittelbarkeit** in der Satzung verankert sein (§§ 55, 56 und 57 AO). Maßgeblich für den Status der Gemeinnützigkeit ist somit das allgemeine Verfahrensrecht für die Steuerverwaltung, zusammengefasst in der Abgabenordnung (§§ 51–68 AO). Nach § 51 Satz 2 AO gilt, dass sich ausschließlich *Körperschaften* im Sinne des Körperschaftssteuergesetzes für diesen Status qualifizieren können. Hierzu gehören nach § 1 KStG u. a. Kapitalgesellschaften[141] und die sonstigen juristischen Personen des privaten Rechts wie (privatrechtliche) Stiftungen und (Ideal-)Vereine[142], wobei die beiden letztgenannten die absolut dominanten Rechtsformen von NGOs in Deutschland darstellen.[143] Verbunden mit dem Gemeinnützigkeitsstatus sind, wie bereits in Abschnitt 2.1.2.1 erwähnt, **Steuervergünstigungen** bei allen wichtigen Steuerarten wie z. B. der Gewerbe- oder Körperschaftssteuer.[144] Dies stellt eine implizite Wertsubvention der durch die NGO angebotenen Leistungen dar, die im Wesentlichen durch die Anwesenheit positiver externer Effekte der bereitgestellten (gemeinnützigen) Leistungen zu begründen sind. Häufig sind an den Gemeinnützigkeitsstatus weitere Begünstigungen geknüpft – sowohl steuerliche Begünstigungen (wie z. B. die steuerliche Abzugsfähigkeit von Spenden) als auch **außersteuerliche Begünstigungen** (wie z. B. die Zuteilung öffentlicher Zuschüsse).[145]

Im US-amerikanischen Recht wird die Sachzieldominanz bei NGOs und damit implizit deren Einhaltung des NDC durch die Regelungen im IRC 501 c, insbesondere durch die darin enthaltenen Voraussetzungen zum Erhalt des Status' einer NGO im Sinne des IRC 501 c (3)[146], verkörpert.[147] Die Verfolgung eines steuerbefreiten Zwecks[148] sowie der Ausschluss persönlicher Bereicherung sind hierfür zwingend erforderlich.[149]

---

i. V. m. der Anlage 1 zu § 48 EStDV. Damit werden im Steuerrecht weitestgehend dieselben Zwecke wie im Stiftungsrecht als dem Gemeinwohl förderlich anerkannt; vgl. hierzu Schauhoff, 2005(b), S. 6. Kritik an diesen Regelungen des Gemeinnützigkeitsrechts äußern Kraus/Stegarescu, 2005, S. 58 ff., die insbesondere deren inkonsistenten Aufbau bemängeln.

141 Diese werden bei Erlangung des Gemeinnützigkeitsstatus' als „gemeinnützige AG (gAG)" oder „gemeinnützige GmbH (gGmbH)" bezeichnet.

142 Grundsätzlich ist gem. BGB zu unterscheiden zwischen dem „Idealverein", der immaterielle Ziele verfolgt, und dem „wirtschaftlichen Verein", dessen Ziel die Aktivität auf dem freien Markt ist. Für die Zuerkennung der Gemeinnützigkeit kommt nur der Idealverein in Betracht.

143 Vgl. Schauhoff, 2005(b), S. 6 und van Randenborgh, 2005, S. 30 in Verbindung mit Betzelt, 2000, S. 38 ff.

144 Entsprechend geht der Verlust der Steuerbegünstigungen mit dem Verlust des Gemeinnützigkeitsstatus einher, der seinerseits konstitutiv für den Organisationstypus NGO ist; vgl. hierzu auch Kapitel 8.3.

145 Detaillierte Ausführungen zu den steuerlichen und außersteuerlichen Begünstigungen von gemeinnützigen Organisationen finden sich in Kraus/Stegarescu, 2005, S. 43 ff.

146 Da diese NGO-Gruppierung in den USA, wie bereits erwähnt, die mit Abstand bedeutendste ist, wird im weiteren Verlauf der Arbeit exklusiv auf sie abgestellt; vgl. auch Maßmann, 2003, S. 171.

147 In Abschnitt 8.3.1 dieser Arbeit werden die gesetzlichen Regelungen zum NDC detailliert erörtert.

Es bleibt festzuhalten: „(…) a nonprofit organization may not distribute profit to officers, employees or anyone else (…).“[150] Die Profit- bzw. Einkommenserzielung dient lediglich der Erreichung des eigentlichen Organisationsziels, der „Mission“; sie ist hier nur „Mittel zum Zweck“, wohingegen sie bei erwerbswirtschaftlichen Unternehmen das dominante (Formal-)Ziel repräsentiert.[151]

Freiwilligkeit

Als weiteres Kriterium in der Unterscheidung der NGOs von anderen Organisationstypen lässt sich einführen, dass NGOs dem Aspekt der Freiwilligkeit in erkennbarem Maße genügen müssen. Grundsätzlich stellt dieses Kriterium auf **zwei Aspekte der Freiwilligkeit** ab:

i) auf **freiwillige Mitgliedschaft**

ii) auf die **freiwillige Übertragung von Ressourcen.**[152]

Gemäß Punkt i) muss eine Person frei über eine NGO-Mitgliedschaft entscheiden können, wodurch im Umkehrschluss all diejenigen Organisationen dem Kriterium widersprechen, die eine Zwangsmitgliedschaft erfordern. Dies betrifft beispielsweise einige Berufsverbände, die die Erteilung einer Lizenz oder Zulassung zur Ausübung eines Berufs an eine Mitgliedschaft knüpfen.[153] Die freiwillige Übertragung von Ressourcen (Punkt ii) kann grundsätzlich in Form von Spenden (Sach-, Geldspenden) oder in Form von Arbeitsleistung (ehrenamtliche Tätigkeit) erbracht werden. Beiden Aspekten gleichzeitig widersprechen beispielsweise die Sozialfiski wie Kranken-, Renten- und Arbeitslosenversicherung, in denen eine Mitgliedschaft obligatorisch ist und die darüber hinaus über hoheitliche Insignien „einer autonomen, d. h. selbständigen Kompetenz zur zwangsweisen Abgabenerhebung“[154] verfügen.[155]

Es stellt sich allerdings die Frage, wie ein „erkennbares Maß“ an Freiwilligkeit definiert werden kann bzw. worauf sich die Freiwilligkeit bezieht. Anders formuliert: Muss eine Organisation beiden Aspekten (Aspekt i *und* ii) genügen, um dem Kriterium der Freiwil-

[148] Vgl. hierzu im Detail Anmerkung 99.
[149] Vgl. Hopkins, 1996, S. 107.
[150] Weisbrod, 1989, S. 542.
[151] Vgl. den Definitionszugang „Dominante Ziele“ in Abschnitt 2.1.2.1.
[152] Vgl. u. a. Salamon/Anheier, 1999, S. 41 oder Fernando/Heston, 1997, S. 11.
[153] Vgl. Salamon/Anheier, 1999, S. 41.
[154] Gelbhaar, 1998, S. 576.
[155] Trotz dieser Verstöße gegen die Aspekte der Freiwilligkeit werden die Parafiski von einigen Autoren dem NGO-Sektor zugeordnet; vgl. z. B. Wilkens, 1999, S. 586.

ligkeit gerecht zu werden, oder reicht die Erfüllung eines Aspekts (Aspekt i *oder* ii) bereits aus? Hierzu herrscht in der Literatur **kein** Konsens.[156] Im Rahmen dieser Arbeit wird eine Organisation dem Freiwilligkeitskriterium in erkennbarem Maße gerecht, wenn sie einem der beiden Freiwilligkeitsaspekte genügt.[157] Damit wird vermieden, dass eine Vielzahl von Institutionen – wie z. B. Vereine, Clubs, Gewerkschaften – *a priori* aus dem Begriffshorizont der NGO ausgeschlossen werden.

Entscheidungsautonomie

Bereits im Rahmen des Kriteriums „Nichtstaatlichkeit" wurde angemerkt, dass die Entscheidungen einer NGO in den Bereichen Geschäftsführung und Strategische Planung nicht vom Staat bzw. staatlichen Institutionen determiniert werden dürfen, d. h. dass NGOs ein gewisses Maß an Selbstverwirklichung bzw. **Entscheidungsautonomie** genießen müssen. Dies bezieht sich auf die Nichtzulässigkeit von Interventionen sowohl staatlicher als auch privatwirtschaftlicher Akteure. Insofern sind Organisationen, die zwar formal separat von Staat oder Unternehmung agieren, deren Entscheidungen faktisch allerdings extern determiniert werden, im Folgenden nicht als NGOs anzusehen.

Formale Organisation

Als letztes konstitutives NGO-Strukturmerkmal kann angeführt werden, dass NGOs ein **bestimmtes Maß an formaler Organisation** aufweisen, d. h. in gewisser Weise institutionalisiert sind.[158] Diese **Institutionalisierung** rekurriert weniger auf spezifische Rechtsformen der NGO[159] als vielmehr auf Kennzeichen, die auf einen gewissen Grad an organisatorischem Leben schließen lassen. Beispielhaft seien an dieser Stelle formalisierte Handlungsabläufe resp. Entscheidungsbefugnisse (Satzung o. Ä.) oder die Kontinuität des Handelns genannt. Temporäre Gruppierungen ohne erkennbare organisatorische Struktur bzw. Ad-hoc-Aktivitäten (Aktivitäten, die sich lediglich auf einzelne Anlässe beziehen) werden entsprechend nicht unter dem NGO-Begriff, wie er hier verstanden wird, subsumiert.

[156] Für Badelt ist das Kriterium der Freiwilligkeit bereits dann erfüllt, wenn ehrenamtliche Tätigkeit geleistet wird; vgl. Badelt, 2002(a), S. 9. Demgegenüber bedingt die Erfüllung des Kriteriums „Freiwilligkeit" nach anderen Autoren sowohl die freiwillige Mitgliedschaft als auch die freiwillige Übertragung von Ressourcen; vgl. Take, 2002, S. 40; Fernando/Heston 1997, S. 11 oder Glagow, 1992, S. 307.

[157] Damit folgt diese Arbeit den Vorschlägen von Gülle et al., 2001 sowie Salamon/Anheier, 1992(a).

[158] Vgl. u. a. Badelt, 2002(a), S. 8 oder Salamon/Anheier, 1997, S. 33.

[159] Zu in Deutschland möglichen Rechtsformen vgl. die Ausführungen zum zuvor beschriebenen Strukturmerkmal „Fehlende Gewinnorientierung" sowie detailliert van Randenborgh, 2005, S. 29 ff. oder Ettel/Nowotny, 2002, S. 240 ff.

Werden alle genannten Abgrenzungsmerkmale zusammengefasst, lassen sich NGOs im Sinne einer **Arbeitsdefinition** als Organisationen definieren, die

1. institutionell vom Staat bzw. von der Regierung getrennt sind
2. **nicht gewinnorientiert agieren**
3. in erkennbarem Maße dem Aspekt der Freiwilligkeit genügen
4. weitgehend autonom handeln und Entscheidungen treffen
5. einen gewissen Grad an formaler Organisation aufweisen.[160]

Die Trennschärfe, wie sie in Abschnitt 2.1.2.1 bereits als fehlend bei den einzelnen Definitionszugängen nachgewiesen werden konnte, fehlt auch in den o. g. kombinierten Strukturmerkmalen der Definition, da diese ihrerseits aus den einzelnen Definitionszugängen weitgehend ableitbar sind. Wenngleich Trennschärfe für die terminologische Klarheit der Definition wünschenswert wäre, entspricht doch die Unschärfe der Grenzen sehr gut den auch in der Realität vorhandenen unscharfen Trennlinien zwischen der NGO und anderen Organisationstypen.[161]

Realtypisch können die Merkmalsausprägungen demzufolge institutionsindividuell deutlich variieren, sodass mittels dieses deskriptiven Zugangs im Grenzfall die eindeutige Zuordnung einer Institution zum NGO-Sektor durchaus problematisch sein kann.[162]

Um im Rahmen dieser Arbeit als NGO zu gelten, muss eine Organisation den Kriterien 1, 3, 4 und 5 in einem *Mindestmaß* genügen. Das Kriterium 2 muss hingegen *umfassend* erfüllt sein[163], d. h.: Um als NGO zu gelten, darf eine Organisation keinerlei Verstöße gegen den NDC aufweisen.[164] Damit wird dem **Merkmal „Fehlende Gewinnorientierung"** im Kontext dieser Arbeit eine **besondere und gegenüber den restlichen Strukturmerkmalen übergeordnete Bedeutung** zugewiesen.[165] Eine solche Priorisierung der Kriterien erfolgt vor dem thematischen Hintergrund dieser ökonomisch, genauer finanzwirtschaftlich

---

[160] Neben diesen weitgehend konsensualen Abgrenzungsmerkmalen, gibt es weitere, eher umstrittene Attribute, mit denen NGOs oftmals belegt werden; vgl. hierzu u. a. McCarthy et al., 1992.
[161] Vgl. Badelt, 2002(a), S. 9.
[162] Vgl. Nährlich, 1998, S. 227 sowie die institutionellen Beispiele zum Strukturmerkmal „Nichtstaatlichkeit".
[163] Deshalb wurde dieses Merkmal in der Arbeitsdefinition fett gedruckt.
[164] Diese Arbeit folgt damit nicht den Vorschlägen von Badelt, 2002(a), S. 9 und Anheier/Salamon, 1993, S. 5, die die Kriterien gleichwertig gewichten.
[165] Trotz der gleichwertigen Gewichtung aller Kriterien lässt auch die Definition von Salamon/Anheier eine Fokussierung auf den Not-for-Profit-Charakter der NGO-Organisationen erkennen, da sie dieses Kriterium explizit aufführt; vgl. Kraus/Stegerascu, 2005, S. 6.

motivierten Arbeit, die im weiteren Verlauf (vor allem in Teil III) insbesondere die Abgrenzung zwischen NGOs und erwerbswirtschaftlichen Unternehmen (FPOs) sucht, wodurch das Strukturmerkmal der fehlenden Gewinnorientierung in den Mittelpunkt der Analyse rückt. Auch in anderen, insbesondere wirtschaftswissenschaftlichen Arbeiten wird die herausragende Bedeutung des Strukturmerkmals „Fehlende Gewinnorientierung" und damit des NDC herausgestellt, indem es als ***das*** verbindende Element des NGO-Sektors betrachtet wird.[166] *Hansmann* führt hierzu aus: „A nonprofit organization is, in essence, an organization that is barred from distributing its net earnings, if any, to individuals who exercise control over it, such as members, officers, directors or trustees."[167]

Zusammenfassend bleibt festzuhalten, dass eine Organisation im Rahmen dieser Arbeit nur dann als NGO bezeichnet wird, wenn sie den fünf genannten konsensualen Abgrenzungskriterien entspricht, dem Kriterium der fehlenden Gewinnorientierung dabei in **strenger Form**. Tabelle 2-1 verdeutlicht diese Abgrenzung gegenüber anderen Organisationstypen in strukturierter Form und liefert ergänzend einige Beispiele.

166 Vgl. z. B. Maßmann, 2003, S. 9 f. und insbesondere S. 43; Burla, 1989 oder in der betriebswirtschaftlichen Standardliteratur Lechner et al., 1999, S. 36 f. und Thommen/Achleitner, 1998, S. 59 f.
167 Hansmann, 1980, S. 838.

Nicht-NGO					NGO
Staatlich	**Gewinn-orientiert**	**Fehlende Freiwillig-keit**	**Beschränkte Entschei-dungsautonomie**	**Fehlende formale Or-ganisation**	**Nichtstaatlich, nichtgewinn-orientiert, formal organisiert, auto-nom entscheidend, freiwillig**
Staat/ Regie-rung GONGOs/ GRINGOs/ QUANGOs wie z. B. TÜV, Deutsche For-schungsgemein-schaft, Goethe-Institute Parafiski wie z. B. Träger der Sozialversiche-rung, Öffentli-che Unterneh-men, gesetzl. Berufs- und Wirtschafts-kammern (z. B. Industrie- und Handelskam-mer, Hand-werkskammer)	erwerbswirt-schaftliche Unternehmen aus Industrie, Handel, Ge-werbe etc. wie z. B. nichtge-meinnützige Kapitalgesell-schaften, Personenge-sellschaften Genossen-schaften Organisatio-nen auf Ge-genseitigkeit (z. B. Spar-kassen)	Parafiski wie z. B. Berufsver-bände, Kammern und Innun-gen	QUANGOs wie z. B. TÜV, Deutsche For-schungsgemein-schaft, Goethe-Institute	Temporäre, anlassgebun-dene Organisa-tionen wie z. B. Ad-hoc-Vereine	Sport- und Freizeit-vereine Interessenverbände (z. B. Gewerkschaf-ten) Selbsthilfegruppen Karitative Organisati-onen (z. B. MISERE-OR, Caritas) Stiftungen (z. B. Re-genwaldstiftung) Umweltschutzorgani-sationen (z. B. Greenpeace, BUND, WWF) gemeinnützige Dienstleister (z. B. Feuerwehr, Ärzte ohne Grenzen, Am-nesty International)

Tabelle 2-1: Abgrenzung von NGOs nach außen gegenüber anderen Organisationstypen
Quelle: eigene Darstellung

2.2 Standort von NGOs im gesellschaftlichen Umfeld

Stellt man die Markroperspektive in den Vordergrund, lassen sich im Rahmen eines Gesellschaftsmodells idealtypisch **drei Organisationssektoren** (die sogenannte „Dreisektorenwelt“[168]) unterscheiden, in denen einzelne Institutionen nach ihren Grundtypen zusammengefasst werden können.[169] NGOs, wie sie im Rahmen des vorangegangenen Abschnitts definiert wurden, lassen sich einerseits idealtypisch über das Kriterium „Fehlende Gewinnorientierung“ eindeutig von erwerbswirtschaftlichen Unternehmen des Marktsektors abgrenzen. Aufgrund ihrer Eigenständigkeit und ihres privaten Charakters sind sie andererseits auch nicht dem staatlichen Sektor zuzurechen. NGOs sind daher Elemente eines dritten, eines nichtstaatlichen und nichtmarktlichen, zivilgesellschaftlichen Nonprofit-Sektors,

[168] Badelt, 2002(a), S. 13.
[169] Vgl. Wex, 1998, S. 255 ff.

der im Kontext dieser Arbeit als „NGO-Sektor" bezeichnet wird und der sich – räumlich betrachtet – *zwischen* den traditionellen Sektoren Markt und Staat befindet.[170]

Wie bereits mehrfach erwähnt, sind real die Einzelinstitutionen regelmäßig nicht eindeutig den drei Organisationssektoren zuzuordnen.[171] Vielmehr existieren zahlreiche Hybridformen, sowohl zwischen NGOs und staatlichen Organisationen als auch zwischen NGOs und FPOs, die eine scharfe Grenzziehung zwischen den einzelnen Sektoren verhindern und die folglich nahe legen, den NGO-Sektor als eine Misch-, Zwischen- oder **Grauzone** innerhalb eines Staat-Markt-Kontinuums zu begreifen.[172] Abbildung 2-2 stellt diesen Zusammenhang grafisch dar.

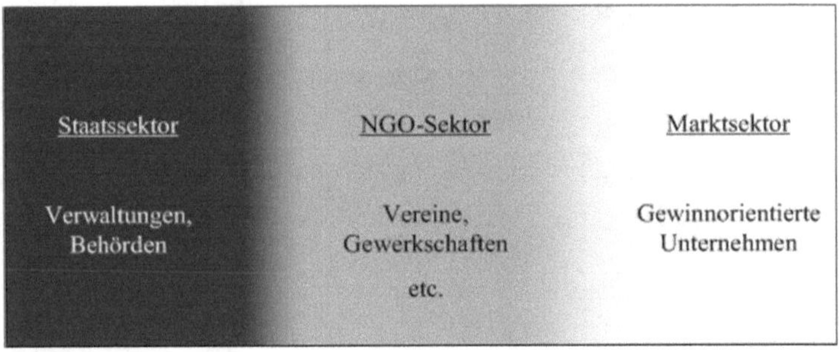

Abbildung 2-2: Der NGO-Sektor als Mischzone zwischen den Sektoren Markt und Staat
Quelle: eigene Darstellung

Auffällig am NGO-Sektor ist somit seine Diffusität, die Vielfalt der ihm zugehörigen Institutionen.[173] Daher wurde der **NGO-Sektor** bislang primär negativ verstanden, als „**Residualkategorie**"[174], die alle Wertschöpfungsprozesse erfasst, welche **außerhalb von Markt und Staat** stattfinden.[175]

[170] Vgl. auch Teegen et al., 2004, S. 465 f. oder Salamon/Anheier, 1999, S. 9.
[171] Vgl. den vorangegangenen Abschnitt.
[172] Vgl. u. a. Simsa, 2002, S. 145 ff. oder Reichard, 1988, S. 364 f.
[173] Vgl. die rechte Spalte in Tabelle 2-1. Noch immer wird kritisch diskutiert, ob es überhaupt zweckmäßig ist, von *einem* geschlossenen Sektor zu sprechen, oder ob dieser Bereich zwischen Markt und Staat in einen vierten oder fünften Sektor zu unterteilen ist; vgl. Nährlich, 1998, S. 227 oder Reichard, 1988, S. 365.
[174] Reichard, 1988, S. 365.
[175] Vgl. Simsa, 2002, S. 146.

2.3 Strukturierung von NGOs – Eingrenzung des Untersuchungsgegenstands

In Abschnitt 2.1.2.2 wurden NGOs von anderen Organisationstypen abgegrenzt (Abgrenzung nach außen) und anschließend in Kapitel 2.2 zwischen staatlichen und marktwirtschaftlichen Akteuren positioniert. Darauf aufbauend werden sie nun anhand bestimmter akteursspezifischer Kategorien einer **Binnendifferenzierung** unterzogen (Abgrenzung nach innen).[176] Diese stufenweise Abgrenzung dient dazu, den originär sehr disparaten und in seiner Gesamtheit *nicht* umfassend analysier- und erklärbaren Untersuchungsgegenstand der NGO zu strukturieren und in typische Muster einzuteilen, denn: „From the standpoint of understanding the nonprofit sector (…), there is little to be gained from aggregating into a single ‚nonprofit' sector (…).“[177] Anschließend wird der Fokus auf eine spezielle NGO-Art gerichtet, um im weiteren Verlauf substanzielle Aussagen für diesen Typus abzuleiten.[178]

In der Literatur existiert eine Vielzahl von Kategorisierungsvorschlägen, die auf unterschiedlichen inhaltlichen sowie verfahrenstechnischen[179] Systematisierungen basieren.[180] Für die hier verfolgte Fragestellung erweist es sich als zweckmäßig, den NGO-Sektor nach **drei Kriterien** zu ordnen: **Leistungsadressaten**, **Finanzierung** und **Funktion**.[181] Es wird somit auf das theoretische Verfahren der **Typologie** zurückgegriffen.

---

[176] Dies entspricht einer Strukturierung und Kategorisierung der rechten Spalte in Tabelle 2-1.
[177] Weisbrod, 1988, S. 76.
[178] Vgl. auch Badelt, 2002(b), S. 125, der auf die Notwendigkeit der Erforschung *spezifischer* NGO-Typen hinweist.
[179] Im themenspezifischen Kontext wurden bislang drei theoretische Verfahren zur Ordnung des Untersuchungsgegenstandes angewandt: Aufzählung (vgl. z. B. Smith et al., 1988), einfache Klassifikation (vgl. z. B. Reichard, 1988) und Typologie bzw. Morphologie (vgl. z. B. Hansmann, 1980). Unter der Aufzählung versteht man die Nennung aller Elemente eines Untersuchungsgegenstands, *ohne* diese nach einem Kriterium zu ordnen. Bei der einfachen Klassifikation werden alle Elemente nach *einem* bestimmten Kriterium geordnet. Demgegenüber werden bei der Typologie bzw. bei der Morphologie die Elemente nach *mehreren* frei festlegbaren Kriterien geordnet; vgl. Horak, 1995, S. 25.
[180] So gliedert die im Rahmen des JHP entwickelte „International Classification of Nonprofit Organizations“ (ICNPO) den gesamten NGO-Sektor nach wirtschaftlichen Tätigkeiten in zwölf Hauptgruppen (z. B. Gesundheit, Umwelt- und Naturschutz, Rechts- und Interessenvertretung); vgl. Salamon/Anheier, 1992(b) oder 1999, S. 42 f. Damit folgt sie dem Klassifikationsvorschlag der „U. N. International Standard Industrial Classification“ (ISIC), der alle Organisationen (also nicht nur NGOs) gemäß ihrer wirtschaftlichen Tätigkeit einer von 17 Hauptgruppen zuordnet. Wilkens gliedert die Gruppe der NGOs u. a. in öffentliche und private NGOs; vgl. Wilkens, 1999, S. 586, siehe auch Badelt, 2002(a), S. 10 ff., während Reichard eine Differenzierung gemäß dem Kriterium „abnehmende Amtlichkeit“ vornimmt; vgl. Reichard, 1988, S. 365. Wieder andere Autoren teilen den NGO-Sektor in Gruppen ein, die sich in ihrer Kontroll- bzw. Governance-Struktur unterscheiden. Hier werden NGOs grundsätzlich danach differenziert, ob die Mitglieder selbst die Organisation kontrollieren oder ob eine Selbstkontrolle durch eigenständige Kontrollgremien vorliegt; vgl. z. B. Maßmann, 2003, S. 44 f. oder Hansmann, 1980, S. 841 f. Einen umfassenden Überblick über in der Fachliteratur vorgestellte systematische Differenzierungen (Aufzählungen, Klassifikationen und Typologien bzw. Morphologien) liefert Horak, 1995, S. 29 ff.
[181] Damit folgt diese Arbeit den in der wissenschaftlichen Literatur gängigsten Kategorisierungsmethoden; vgl. z. B. Teegen et al., 2004, S. 467 ff.; Doh/Guay, 2004, S. 9; Maßmann, 2003, S. 45 ff.; van Truijl, 1999 oder Hansmann, 1980, S. 840 ff.

2.3.1 Leistungsadressaten von NGOs

Die Leistungspalette von NGOs umfasst Güter und insbesondere Dienstleistungen. Grundsätzlich können NGOs danach unterschieden werden, ob die produzierten Leistungen überwiegend Mitgliedern oder Dritten, also Nichtmitgliedern zur Verfügung gestellt werden (Abbildung 2-3). NGOs der ersten Gruppe sind mitgliederorientiert und können als **„Club-NGOs"** bezeichnet werden.[182] Beispiele hierfür sind Sport- und Freizeitvereine, Selbsthilfegruppen oder Gewerkschaften. NGOs der zweiten Gruppe richten ihre Aktivitäten an den Bedürfnissen Dritter aus und repräsentieren folglich sogenannte **„fremdorientierte NGOs"**.[183] Hierzu zählen u. a. karitative Organisationen, Umweltschutz- und Menschenrechtsorganisationen, Fördervereine und Stiftungen.

Da im weiteren Verlauf dieser Arbeit NGOs fokussiert werden, die Informationsdienstleistungen an **externe Dritte liefern**, werden mitgliederorientierte Club-NGOs nur noch sporadisch betrachtet.[184]

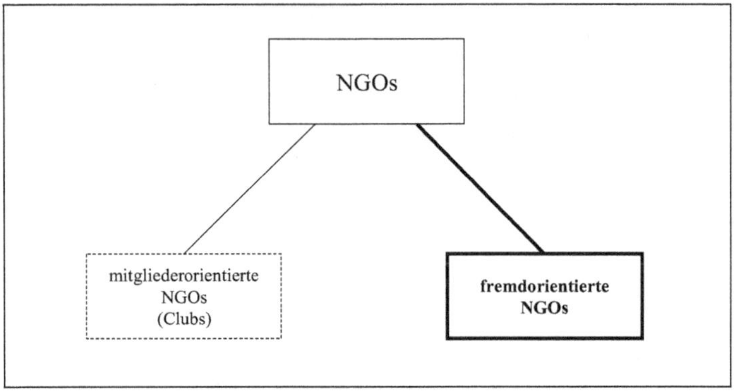

Abbildung 2-3: Mitglieder- vs. fremdorientierte NGOs
Quelle: eigene Darstellung

2.3.2 Finanzierungsformen von NGOs

Wie andere Organisationstypen bedürfen auch NGOs zur Erreichung ihrer (bedarfsorientierten) Organisationsziele finanzieller Mittel.[185] Die Besonderheit bei der Finanzierung von NGOs besteht nun darin, dass die Generierung bestimmter Finanzmittel i. d. R. nicht

[182] Vgl. Teegen et al., 2004, S. 466 sowie grundsätzlich zu Clubs Buchanan, 1965.
[183] Badelt verwendet derselben Systematik folgend die Begriffe "Eigenleistungs-NGO" und „Fremdleistungs-NGO"; vgl. Badelt, 2002(a), S. 5.
[184] Vgl. z. B. den Abschnitt 3.1.3 dieser Arbeit.
[185] Vgl. Thornton, 2006, S. 204 f.

von der Höhe des erwarteten Gewinns, der Eigenkapitalausstattung, verfügbarer Sicherheiten o. Ä. abhängig ist, sondern vielmehr davon, wie es gelingt, den subjektiven Zielvorstellungen der Kapitalgeber zu entsprechen.[186] Als Hauptargument hierfür werden die fehlenden Anspruchsrechte der Eigentümer oder Träger der NGO auf Residualgewinne angeführt, weshalb die Beteiligungsfinanzierung als Finanzierungsform ausfällt und damit auch die Kreditfinanzierung erheblich erschwert wird.[187] Kapitalgeber lassen sich bei NGOs grundsätzlich in Mitglieder und Dritte unterscheiden, sodass sich die vorangegangene Klassifikation (vgl. Abbildung 2-3) auch auf das Kriterium der Finanzierungsformen übertragen lässt und NGOs entsprechend entweder als primär **mitgliederfinanziert** oder als **fremdfinanziert** deklariert werden können.

Neben der Frage „*Wer* finanziert NGOs?“ kann zusätzlich die Frage „*Wie* werden NGOs finanziert?“ gestellt werden.[188] NGOs rekrutieren ihre Einnahmen zumeist aus unterschiedlichen Quellen. Hierbei können sie grundsätzlich auf **Mitgliedsbeiträge** und **Verkaufserlöse** auf der einen Seite und auf (private und öffentliche) **Spenden** auf der anderen Seite zurückgreifen, wobei zwischen den einzelnen Finanzierungsquellen erhebliche Interdependenzen bestehen, die u. a. als sogenannte „Crowding-out“- bzw. „Crowding-in“-Effekte in Erscheinung treten.[189] Im Idealfall besteht ein Finanzierungs-Mix, der „Mitgliedsbeiträge, ehrenamtliche (unbezahlte) und in größeren Organisationen auch hauptamtliche (bezahlte) Mitarbeit, öffentliche Zuwendungen (Gelder, Sachmittel, Nutzungsrechte sowie Dienstleistungen), private Geld- und Sachspenden, Vermögenserträge, Sponsorengelder und Leistungsentgelte“[190] umfasst. Dabei gilt es das Risiko unvorhersehbarer Einkommensänderungen zu minimieren, um einen stetigen Einkommensstrom im Sinne einer „financial pre-

[186] Vgl. Heyd, 1997, S. 558.
[187] Vgl. Fama/Jensen, 1983(a).
[188] Vgl. z. B. Maßmann, 2003, S. 44.
[189] Zu den Begriffen vgl. u. a. Segal/Weisbrod, 1998, S. 106 f. oder Weisbrod, 1988, S. 104. Gängigerweise wird von Crowding-out-Effekten ausgegangen (vgl. u. a. Roberts, 1984 oder Warr, 1982), bei denen eine Erhöhung der Mittel aus einer Quelle (z. B. Erlöse aus kommerziellen Aktivitäten) zu einer Reduktion der Mittel aus anderen Quellen (z. B. staatliche oder private Spenden) führt *et vice versa*. Grundsätzlich sind aber auch Crowding-in-Effekte denkbar; vgl. hierzu z. B. Weisbrod, 1998(b), S. 59. Das Finanzierungsoptimum würde bei Unterstellung von Crowding-out-Effekten dort erreicht, wo die Summe aller Finanzierungsmittel maximal ist. Nach Weisbrod wird dieser Finanzierungsmix von NGOs üblicherweise jedoch nicht angestrebt, da sie Spendenmittel gegenüber Umsatzerlösen aus kommerziellen Aktivitäten präferieren. Begründet wird dies damit, dass kommerzielle Aktivitäten neben dem *indirekten* Nutzen bzw. Missions fördernden Effekt der Mittelgenerierung i. d. R. einen *direkten* Nutzen reduzierenden Effekt beinhalten, der sich darin äußert, dass NGOs von der eigentlichen Verfolgung der Mission abgelenkt werden; vgl. Weisbrod, 1998(b), S. 56 ff. Dieser Argumentation folgend, stimmt das Nutzenmaximum einer NGO nicht mit ihrem Finanzierungsoptimum überein. Hierin drückt sich die Sachzieldominanz von NGOs aus. Detaillierte Ausführungen zu den Interdependenzen zwischen einzelnen Finanzierungsformen sind aus theoretischer Perspektive in Weisbrod, 1988, S. 59 ff. und aus aus empirischer Sicht in Guo, 2006 oder Segal/Weisbrod, 1998, S. 116 ff. zu finden.
[190] Wilkens, 1999, S. 587 in Verbindung mit Hudson, 2002, S. 412 oder Zimmer, 1996, S. 149.

dictability" zu erzielen.[191] Abbildung 2-4 zeigt die Finanzierungsstruktur des NGO-Sektors für ausgewählte Länder auf Datenbasis des JHP.[192]

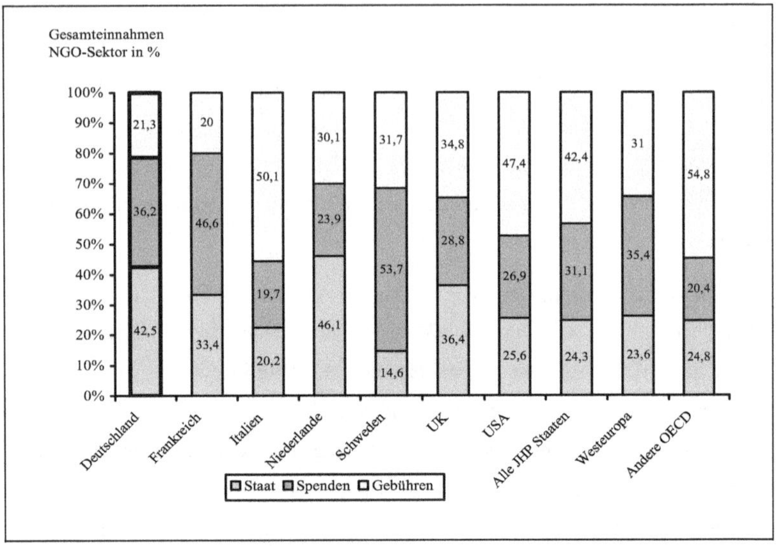

Abbildung 2-4: Finanzierungsstruktur des NGO-Sektors im Jahr 1995[193]
Quelle: John Hopkins Comparative Nonprofit Sector Project, in: Salamon et al., 2003, S. 36.

Ingesamt kommt der Finanzierungsquelle „Gebühren" für die bislang zahlenmäßig erfassten Länder mit durchschnittlich ca. 42 % die größte Bedeutung zu, wobei deutliche nationale Unterschiede zu erkennen sind (vgl. z. B. Deutschland vs. USA).[194] Ferner sind die genannten Finanzierungsquellen in ihren Gewichtungen von NGO zu NGO verschieden und können mitunter vollständig entfallen. *Weisbrod* hat hierzu einen Index entwickelt, den sogenannten „Collectiveness Index", der „the proportion of an organization's total revenue derived from donations"[195] wiedergibt. Auf diesem Index basierend, kann zwi-

[191] Vgl. Kingma, 1993, S. 108 ff.

[192] Auch bzgl. der Einnahmenquellen sind in vielen Ländern keine differenzierten amtlichen Statistiken über den NGO-Sektor verfügbar, sodass auch die aktuellsten Zahlen zur Finanzierungsstruktur noch immer aus dem JHP für das Berichtsjahr 1995 stammen.

[193] Im Rahmen des JHP werden kirchliche Organisationen nicht dem NGO-Sektor zugerechnet. Sie sind insofern auch nicht Bestandteil der Datengrundlage von Abbildung 2-4. Ferner ist zu berücksichtigen, dass der Spendenanteil in obiger Abbildung den monetären Gegenwert ehrenamtlicher Arbeitsleistungen beinhaltet.

[194] Bestätigt wird dieses Ergebnisse durch eine aktuelle Umfrage, die sich auf Deutschland, Österreich und die Schweiz beschränkt; vgl. KPMG, 2006, S. 11 f.

[195] Segal/Weisbrod, 1998, S. 111. Vgl. zum Collectiveness Index insbesondere auch Weisbrod, 1988, S. 75 ff.

schen NGOs unterschieden werden, deren Einnahmen primär aus Spenden stammen (sogenannte „Spenden-NGOs"), und Organisationen, die primär kommerzielle Einkünfte generieren (sogenannte „kommerzielle NGOs").[196] Allgemein und für Deutschland im Speziellen ist in den letzten Jahren hinsichtlich der Bedeutung der Finanzierungsquellen von NGOs eine Verschiebung zugunsten kommerzieller Einnahmen festzustellen[197], sodass die Erstellung marktmäßig absetzbarer Güter und Dienstleistungen zunehmend in den Mittelpunkt der NGO-Aktivitäten rückt.[198]

2.3.3 Funktionen von NGOs

NGOs haben grundsätzlich gesellschaftliche Funktionen zu erfüllen. Die in dieser Arbeit fokussierten fremdorientierten NGOs – also NGOs, die primär von Dritten finanziert werden und die ihre Leistungen primär Dritten anbieten[199] – lassen sich in einer nächsten Stufe nach den erbrachten Leistungen differenzieren. Funktional können fremdorientierte NGOs demnach in **„Advocacy NGOs"** und **„Operational NGOs"**[200] gegliedert werden.[201] Abbildung 2-5 stellt diesen Zusammenhang in der für diese Arbeit relevanten NGO-Typologie dar.

[196] Vgl. zu diesen Begriffen z. B. Hansmann, 1980, S. 842. Take verwendet zur inneren Abgrenzung von NGOs ebenfalls das Kriterium „Finanzierung". Er kontrastiert jedoch NGOs, die primär staatliche Unterstützung erfahren, und NGOs, die sich primär privat über Spenden und/oder kommerzielle Aktivitäten finanzieren; vgl. Take, 2002, S. 46.

[197] Vgl. u. a. Guo, 2006; S. 123 ff. oder Salamon et al., 2003, S. 27 ff. und länderspezifisch Segal/Weisbrod, 1998, S. 109 für die USA; kritisch hierzu Foster/Bradach, 2005 und Anheier et al., 2002, S. 36 für Deutschland. Im Herausgeberwerk von Weisbrod (Hrsg.), 1998 wird die Kommerzialisierung von NGOs in all ihren Facetten umfassend diskutiert.

[198] Vgl. u. a. Bowman, 2003.

[199] Vgl. Maßmann, 2003, S. 46.

[200] Teegen at al., 2004, S. 467; Doh/Guay, 2004, S. 9 sowie van Truijl, 1999, S. 499. Rittberger et al. verwenden bei identischer Einteilung die Begriffe „Advocacy NGO" und „Service NGO"; vgl. Rittberger et al., 1999, S. 109 ff.

[201] Grundsätzlich ist diese funktionale Einteilung auch für Club-NGOs möglich. Einerseits lassen sich beispielsweise Gewerkschaften als „Advocacy Club-NGO" charakterisieren, die ausschließlich die Interessen *ihrer Mitglieder* vertreten. Andererseits bietet z. B. der ADAC spezielle Dienstleistungen *nur seinen Mitgliedern an* (z. B. Auslandskrankenversicherungen) und könnte entsprechend als „Operational Club-NGO" bezeichnet werden.

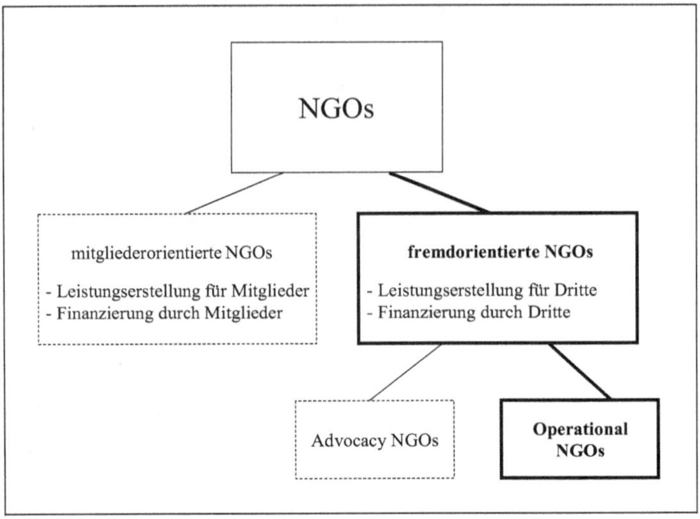

Abbildung 2-5: Typologie von NGOs
Quelle: eigene Darstellung

„*Advocacy NGOs* (Kursivschrift nicht im Original; Anm. d. Verf.) work on behalf of others who lack the voice or access needed to promote their own interests (…).“[202] Advokatorisch fungieren NGOs als Themenanwälte: Sie bündeln und artikulieren Interessen von Anspruchsgruppen, die beispielsweise Unternehmen, Staaten oder supranationale Organisationen außerhalb von Marktbeziehungen in Kommunikations- und Handlungszwänge für ihre Ziele zu bringen versuchen.[203] Die Beeinflussung zentraler Entscheidungsträger in FPOs, Regierungen etc. ist insofern als zentrale Zwecksetzung zu betrachten. Die Instrumente, die Advocacy NGOs hierbei zur Verfügung stehen, sind vielfältig – Lobbyismus, Beratung von Entscheidungsträgern, Organisation von Konferenzen, Durchführung von Untersuchungen, Kontrolltätigkeiten, Informationsverbreitung und Organisation von Boykotten sind nur einige von ihnen.[204]

Advocacy NGOs agieren insbesondere in Themenfeldern und Anliegen, die keine unmittelbaren Repräsentanten haben (z. B. Frieden, Umwelt oder Menschenrechte[205]), deren Repräsentanten eine unzureichende Verhandlungsmacht besitzen (z. B. Dritte Welt, Flücht-

[202] Teegen et al., 2004, S. 467.
[203] Vgl. Schäfer et al., 2001, S. 1 in Verbindung mit Hudson, 2002, S. 407 und grundsätzlich auch Korten, 1990.
[204] Vgl. Hudson, 2002, S. 407 ff.
[205] Vgl. Take, 2002, S. 41.

linge) oder die übergreifend sind (z. B. Globalisierung). So handeln beispielsweise Umweltschutzverbände im eigenen Selbstverständnis als „Anwälte der Natur".[206]

„*Operational NGOs* (Kursivschrift nicht im Original; Anm. d. Verf.) provide critical goods and services to clients with unmet needs."[207] Die Bedürfnisse von Konsumenten bleiben überall dort unerfüllt, wo die beiden institutionellen Alternativen Markt und Staat nicht in der Lage sind, für ein adäquates Angebot zu sorgen.[208] NGOs verkörpern in dieser Funktion besondere Güter- und/oder Dienstleistungsproduzenten, die aufgrund spezieller institutioneller Eigenschaften der o. g. Unterversorgung zu begegnen in der Lage sind. Hierbei sei vor allem auf die fehlende Gewinnorientierung von NGOs verwiesen, von der besondere Verhaltensanreize ausgehen.[209] Auch ausgeprägte Expertise und Erfahrung in ausgewählten Themenfeldern gelten als Gründe, weshalb bestimmte Güter und Dienstleistungen zumeist von NGOs, genauer Operational NGOs angeboten werden.[210]

In Abhängigkeit von der Art der angebotenen Güter und Dienstleistungen können Rückschlüsse auf die primären Finanzierungsformen von NGOs gezogen und damit Querverbindungen zum vorangegangenen Differenzierungsmerkmal aufgebaut werden.[211] Für NGOs, die primär öffentliche und damit nicht marktmäßig absetzbare Güter anbieten, stellen Spenden i. d. R. die dominante Finanzierungsquelle dar – das betrifft diejenigen NGOs, die der bereits zuvor erwähnten Gruppe der „Spenden-NGOs" angehören. Exemplarisch seien hier karitative Einrichtungen wie die Welthungerhilfe e. V. oder Deutscher Caritasverband e. V. genannt. Sind die von NGOs angebotenen Güter und Dienstleistungen dagegen über den Markt absetzbar, wie es *in praxi* zunehmend der Fall ist, stellen Leistungsentgelte i. d. R. die primäre Einnahmequelle dar.[212] NGOs dieser Art können, wie zuvor dargestellt, auch als „kommerzielle NGOs" bezeichnet werden. Beispielhaft sei hier auf gemeinnützige Krankenhäuser und Pflegeheime verwiesen.

---

[206] Vgl. Cornelsen, 1991.
[207] Teegen et al., 2004, S. 467.
[208] Dies ist insbesondere bei Gütern mit besonderen Eigenschaften (z. B. externe Effekte im Konsum oder in der Produktion, Nichtverifizierbarkeit der Produktqualität) der Fall; vgl. insbesondere die Abschnitte 3.1.1 und 3.1.2 in dieser Arbeit.
[209] Vgl. insbesondere Kapitel 7 in dieser Arbeit.
[210] Vgl. u. a. Teegen et al., 2004, S. 468. Fachkompetenz stellt jedoch auch ein notwendiges Merkmal von Advocacy NGOs dar. Es dient dazu, effektiv und glaubwürdig die Interessen spezieller Anspruchsgruppen vertreten zu können; vgl. z. B. Take, 2002, S. 14 f.
[211] Vgl. Weisbrod, 1998(a), S. 13.
[212] Vgl. Teegen et al., 2004, S. 476.

Wie bei der Abgrenzung von NGOs gegenüber anderen Organisationstypen ist auch bei der Binnendifferenzierung eine trennscharfe Grenzziehung nur bedingt möglich.[213] Dies gilt sowohl für die zuvor entwickelte leistungsadressaten- und kapitalgeberbezogene Unterscheidung zwischen fremd- und mitgliederorientierten NGOs als auch und insbesondere für die hier ausgeführte funktionale Differenzierung zwischen Advocacy und Operational NGOs. Realtypisch agieren NGOs regelmäßig explizit oder implizit in beiden Funktionsbereichen, sodass abhängig vom jeweiligen (funktionalen) Schwerpunkt der Organisationen ein **breites Spektrum integrierter bzw. hybrider NGO-Formen** existiert.[214] Beispielhaft sei hier auf NGOs verwiesen, die Verhaltens-Kodizes (wie z. B. die „Social Accountability 8000" der NGO „Social Accountability International") proaktiv gestalten und propagieren: „NGOs first advocate for the establishment of codes, then leverage their technical expertise and social welfare focus to develop codes that will be deemed legitimate by their clients."[215]

2.3.4 Fokus der Arbeit: Operational NGOs mit Nachhaltigkeitsfokus

Im weiteren Verlauf dieser Arbeit wird primär auf **hybride NGO-Formen** abgestellt, wobei die hier betrachteten Organisationen **schwerpunktmäßig spezifische (marktfähige) Leistungen erstellen und absetzen**. Das heißt, der Fokus wird auf NGOs gerichtet, die sich – bildlich gesprochen – näher am Pol der Operational NGO befinden.[216] Entsprechend steht nachfolgend, insbesondere in Teil III, nicht die advokatorische, sondern die operationale Funktion, und hier insbesondere die kommerzielle Aktivität der NGO im Mittelpunkt der Analyse, denn: Es werden NGOs fokussiert, die primär eine spezielle **Dienstleistungsfunktion** erfüllen, und zwar, wie noch zu zeigen ist, **die Produktion und den marktmäßigen Absatz von Information**.[217] Derartige NGOs verkörpern insofern Dienstleistungsunternehmen. Ihre oberste Aufgabe – ihre „Mission" – ist folglich die Erzielung von spezifischen Wirkungen bei Klienten durch Informationsdienstleistungen.[218]

---

[213] Diese Eigenschaft entspricht dem allgemeinen, also nicht in ideal- und real-aufgegliederten Typusbegriff, der sich durch unscharfe und verschwimmende Grenzen charakterisiert; vgl. von Kempski, 1964.
[214] Vgl. Doh/Guay, 2004, S. 9 sowie Teegen et al., 2004, S. 467 und S. 469.
[215] Teegen et al., 2004, S. 469.
[216] Weshalb in Abbildung 2-5 die Operational NGOs hervorgehoben wurden.
[217] Information als klassisch öffentliches Gut ist nur dann marktfähig, wenn deren Abruf auf zahlungswillige Nutzer beschränkbar ist und die Information dadurch in ein privates oder Clubgut transformiert wird. Dies ist beispielsweise durch den technischen Ausschluss zahlungsunwilliger Nutzer möglich. Beispielhaft sei hier auf gebührenpflichtige TV-Angebote oder auf die Informationsdienstleistungen des ADAC (z. B. Bewertung von gebrauchten Fahrzeugen) verwiesen, die nur Abonnenten bzw. Mitgliedern zur Verfügung stehen.
[218] Vgl. Zimmer, 1996, S. 146 ff.

Damit richtet sich die Perspektive bewusst auf die in der theoretischen Betrachtung bislang vernachlässigte Dienstleistungsfunktion etlicher NGOs.[219] Allerdings müssen die Produktion und der Absatz von Information einem gemeinnützigen Zweck dienen[220], um als förderungswürdig zu gelten und damit von einer NGO erbracht werden zu können. Eine durch NGOs erstellte Informationsdienstleistung dient somit final einem (übergeordneten) bedarfsorientierten Ziel. Darin zeigt sich der hybride Charakter der hier im Fokus stehenden NGOs, denn die Dienstleistungserbringung hat letztlich auch eine advokatorische Funktion – sie transportiert ein Thema bzw. das ethische, soziale und ökologische Bewusstsein der Organisation, durch das die Interessen diverser Anspruchsgruppen artikuliert werden. Die Interessenvertretung kann insofern als Kuppelprodukt der Informationsdienstleistung interpretiert werden.[221]

Nachfolgend wird exemplifizierend auf diejenigen NGOs abgestellt, die den gemeinnützigen Aspekt der Förderung sozialer und/oder ökologischer Belange (z. B. soziale Gerechtigkeit, ökonomische Entwicklung, gesunde Umwelt) zum Ziel haben.[222] Die Zielsetzung jener NGOs wird im Kontext dieser Arbeit als Förderung von „**Nachhaltigkeit**" bzw. einer „**nachhaltigen Entwicklung**" im Sinne des Brundtland-Berichts der **W**orld **C**ommission for **E**nvironment and **D**evelopment, kurz WCED interpretiert[223], da dessen inhaltliche Dimensionen weitgehend umfasst werden.[224] Hiernach ist eine nachhaltige Entwicklung „(…) a development that meets the needs of the present without compromising the ability of future generations to meet their own needs"[225], womit implizit auf Generationen*gerechtigkeit* abgestellt wird. Heutzutage wird eine Entwicklung gemeinhin als nachhaltig bezeichnet, wenn sie **zugleich ökologie-, ökonomie- und sozialverträglich** ist.[226] Eng verwandt mit dem Paradigma der Nachhaltigkeit, insbesondere der unternehmerischen Nachhaltigkeit (Corporate Sustainability), ist das Konzept der **Corporate Social Responsibility** oder kurz **CSR**. „Corporate Social Responsibility is the continuing commitment by business to behave ethically and contribute to economic development while improving the quality of life

---

[219] Vgl. Nährlich, 1998, S. 226 in Verbindung mit Zimmer, 1996, S. 146.
[220] Vgl. die Ausführungen zum Strukturmerkmal „Fehlende Gewinnorientierung" in Abschnitt 2.1.2.2.
[221] Umgekehrt kann auch die Informationsdienstleistung ein Kuppelprodukt aktiver Interessenvertretung sein. Hierauf wird in den Kapiteln 6.5.2.1 und 8.2.1 eingegangen.
[222] Vgl. auch Waygood, 2004, S. 22 f. oder Waygood/Wehrmeyer, 2003, S. 372.
[223] Vgl. insbesondere Bendell (Hrsg.), 2000 aber auch Guay et al., 2004; Bendell, 2000, S. 155; van Truijl, 1999, S. 494 sowie Elkington/Fennell, 1998, die allesamt NGOs in den **direkten** Kontext von Nachhaltigkeit bzw. nachhaltiger Entwicklung stellen.
[224] Vgl. Loew, 2002, S. 12.
[225] WCED, 1987, S. 46 und S. 54; vgl. auch Schmidtheiny, 1992, S. 32.
[226] Vgl. Maier-Rigaud, 1997, S. 331. Wenngleich bzgl. der Dimensionen von Nachhaltigkeit weitgehend Konsens herrscht, besteht hinsichtlich der Verteilungsgerechtigkeit nach wie vor Dissens; vgl. hierzu auch die Diskussion in Kapitel 7 dieser Arbeit, in der die Operationalisierbarkeit von Nachhaltigkeit thematisiert wird.

of the workforce and their families as well as of the local community and society at large."[227] Da sich mittlerweile *in praxi* beide Paradigmen kaum mehr unterscheiden[228], werden die Begriffe „CSR" und „Nachhaltigkeit" im Folgenden synonym verwendet.

Insofern werden exemplarisch NGOs betrachtet, die mit ihrer Informationsdienstleistung die Erzielung von **Nachhaltigkeits- bzw. CSR-Wirkungen** bei ihren Klienten anstreben. Diese Auswahl hat einerseits pragmatische Gründe, wird doch in der empirischen Erhebung in Teil II auf NGOs mit Nachhaltigkeitsfokus abgestellt. Andererseits fängt diese themenspezifische Gruppierung ein breites Spektrum an Organisationen innerhalb des NGO-Sektors ein.[229] Somit orientiert sich diese Arbeit an einem zielspezifischen NGO-Typus, der bezogen auf seinen satzungsmäßigen Organisationszweck besondere Affinitäten zum Thema Nachhaltigkeit aufweist und zu dem entsprechend regelmäßig (insbesondere in Teil II und III) Bezugspunkte hergestellt werden. Gleichwohl sind die Ausführungen insgesamt so *allgemein* gehalten, dass ihr Aussagegehalt ausdrücklich *nicht* auf einen themenspezifischen NGO-Typus beschränkt ist. Im Mittelpunkt der Argumentation (insbesondere in Teil III) steht vielmehr die **(Informations-)Dienstleistungsfunktion einer NGO**, unabhängig von deren thematischen Ausrichtung. Die abgeleiteten Ergebnisse sind folglich, unter entsprechenden Voraussetzungen, auf andere Dienstleistungs-NGOs übertragbar, wodurch sie einen höheren Generalisierungsgrad erreichen.

Nachdem in den vorangegangenen Abschnitten detailliert beschrieben wurde, was allgemein unter einer NGO zu verstehen ist, wie die Gesamtheit der NGOs – der NGO-Sektor – strukturiert werden kann und welchen spezifischen NGO-Typus diese Arbeit fokussiert, soll daran anschließend und – gleichzeitig diesen ersten Deskriptionsteil abschließend – auf ihre Verhaltensmerkmale eingegangen werden. Diese sind zentral durch die Organisationsziele und die Möglichkeiten der Zielverwirklichung determiniert.

---

[227] Holme/Watts, 2000, S. 8.
[228] Vgl. Schäfer/Lindenmayer, 2007(a), S. 331.
[229] So werden NGOs in der Literatur mitunter in expliziter Bezugnahme auf ihre sozialen und ökologischen Zielsetzungen definiert. Bendell beispielsweise definiert NGOs als „civil society groups whose stated purpose is the promotion of environmental and/or social goals rather than the achievement of economic power in the marketplace or political power through the electoral process"; vgl. Bendell, 2000, S. 153 bzw. Bendell, 1998, S. 1. Vgl. auch das Helios-II-Programm der Europäischen Union bzw. Badelt, die jeweils auf die besondere Rolle von NGOs im Bereich sozialer Dienstleistungen (z. B. Förderung von Behinderten) verweisen; vgl. http://europa.eu.int/scadplus/leg/de/cha/c11405c.htm sowie Rondo-Brovetto, 2002, S. 638. Darüber hinaus konnten dem deutschen NGO-Sektor als Ganzes solche Zusammenhänge empirisch nachgewiesen werden; vgl. Schäfer, 2004(a), S. 274 ff. Ähnliche Ergebnisse konnten auch für US-amerikanische NGOs ermittelt werden; vgl. Guay et al., 2004, S. 125 ff.

2.4 Ziele und Zielumsetzung von NGOs

Die effektive und effiziente Führung einer Organisation – unabhängig davon, welchem Sektor (Staat, Markt, NGO-Sektor) diese Organisation angehört – erfordert das Festlegen klarer, nachvollziehbarer Ziele. Ohne das Vorliegen solcher Ziele ist die Ableitung und Umsetzung zweckmäßiger Handlungsstrategien unmöglich. Während bei FPOs die Gewinn- bzw. Einkommensmaximierung weitgehend konsensual als Oberziel akzeptiert wird[230], ist die Zielbestimmung bei NGOs ein komplexes und nach wie vor problembehaftetes Themenfeld. Nachfolgend wird zunächst auf einzelne NGO-Ziele, ihre Spezifika und ihre Beziehungen zueinander näher eingegangen (Abschnitt 2.4.1), um darauf aufbauend in Kapitel 2.4.2 zeigen zu können, welche grundsätzlichen Instrumente und Handlungsoptionen NGOs zur Verfügung stehen für eine Umsetzung dieser Ziele im Sinne von zweckgerichteten Strategien.

2.4.1 Ziele und Zielspezifika

Bislang wurden NGOs bzw. ihr Verhalten primär über Restriktionen und hier vor allem über die Beschränkung in der Gewinnverwendung, den NDC (Ausschüttungsverbot), beschrieben. Damit wurde auf eine Zwecksetzung erwerbswirtschaftlicher Unternehmen abgestellt, wie sie von NGOs ***nicht*** verfolgt wird.[231] Klare Aussagen über die handlungsleitenden Ziele von NGOs bzw. deren Zielfunktion wurden auf definitorischer Ebene noch nicht getroffen. Diesem Mangel soll nachfolgend in Grundzügen begegnet werden.[232]

Ein Ziel kann grundsätzlich als ein Zustand verstanden werden, der aufgrund einer Präferenzordnung des Entscheidungsträgers als erstrebenswert beurteilt wird.[233] Der arbeitsteiligen Struktur innerhalb von Organisationen entsprechend, können Ziele in Teil- oder Subziele zerlegt werden, die die Aufgaben für einen organisatorischen Teilbereich (z. B. eine Abteilung) bestimmen.[234] Hieraus entsteht eine Menge von Zielen, die untereinander in einer logischen Beziehung stehen sollten und die als **Zielsystem** bezeichnet werden.[235]

---

230 Vgl. z. B. Schäfer, 2002, S. 51 ff.
231 Vgl. hierzu Abschnitt 2.1.2.2.
232 Die NGO-Zielforschung im Allgemeinen und die wirtschaftswissenschaftliche NGO-Zielforschung im Besonderen sind nach wie vor durch erhebliche Erkenntnisdefizite sowohl auf theoretischer als auch auf empirischer Ebene geprägt. Ursächlich hierfür ist insbesondere die Komplexität und Heterogenität des NGO-Sektors; vgl. Badelt/von Eckardstein, 1999, S. 166 ff.
233 Vgl. Scheuch, 1993, S. 154 ff.
234 Vgl. Horak et al., 2002, S. 198.
235 Zu den Anforderungen an ein Zielsystem vgl. Horak et al., 2002, S. 200 f.

Ausgangspunkt eines jeden organisationsspezifischen Zielsystems ist ein Oberziel, dem sich die restlichen (Sub-)Ziele als instrumentelle Ziele unterzuordnen haben (vgl. Abbildung 2-6[236]). Dieses Oberziel wird bei NGOs durch den Zweck ihrer Existenz – die **Mission** – beschrieben[237], die im hier vorliegenden Kontext als Erbringung von Informationsdienstleistungen zur Generierung von Nachhaltigkeitswirkungen interpretiert werden kann. Die Mission berücksichtigt die Identität und das Selbstverständnis der NGO, ihre Werthaltungen und Organisationsphilosophie sowie ihre maßgeblichen Grundsätze zur Erreichung ideeller Sachziele.[238] In ihr kommt die besondere Orientierung von NGOs an Ideologien und Moral zum Ausdruck.[239] Es sind insofern, wie bereits erwähnt, nicht Formalziele, sondern Sachziele wie Bedarfsdeckung, Gemeinwohl oder Qualität, die für NGOs handlungsleitend sind. Diese Sachziele greifen i. d. R. Ansprüche auf, die betroffene Gruppen bzw. Stakeholder[240] gegenüber anderen Akteuren, insbesondere Unternehmen, erheben und die zumeist auf normativen, da moralischen Wertvorstellungen basieren. Damit sind sie vertraglich nicht explizit festgelegt und somit *impliziter* Natur.[241] (Man denke z. B. an Mitarbeiter, die Ansprüche wie Arbeitsplatzsicherheit oder Weiterbildungsangebote implizit von ihrem Arbeitgeber fordern. Auch Kunden stellen beim Produktkauf an das verkaufende Unternehmen häufig implizit den Anspruch, dass bei der Produktion nicht gegen allgemein anerkannte Normen verstoßen wurde – wie beispielsweise bei in Sweat-Shops hergestellten Produkten.) Den betroffenen Parteien fehlt damit die Grundlage, entsprechende Ansprüche juristisch einzufordern. NGOs setzen sich für deren Honorierung proaktiv ein, indem sie die Interessen der Betroffenen in gebündelter Form transportieren und akzentuieren.

Im Gegensatz zu den eindimensionalen, formalen Oberzielen von FPOs (Gewinn- bzw. Einkommensmaximierung) ist die Mission als NGO-Oberziel i. d. R. nicht quantitativ messbar. In NGOs dominieren qualitative Ziele (z. B. die Verbesserung der Umweltqualität oder die Einhaltung der Menschenrechte). Es fehlt daher meist an operationalen Kriterien zur Überprüfung der Zielerreichung. Zudem ist die Mission häufig über vielerlei Wirkungskanäle erreichbar, wobei letztlich kaum zu entscheiden ist, welcher Kanal am geeig-

[236] Bei der dargestellten Systematik handelt es sich um eine allgemeine Grobstruktur eines Zielsystems, die je nach NGO-Typus weiter zu spezifizieren ist.
[237] Vgl. Weisbrod, 1998(b), S. 50 ff.
[238] Vgl. Horak et al., 2002, S. 203.
[239] Vgl. Simsa, 2002, S. 137.
[240] Der Begriff „Stakeholder" stammt aus der Organisationstheorie. Als Stakeholder werden alle Personen oder Gruppen bezeichnet, ohne deren Unterstützung eine Organisation nicht dauerhaft existieren könnte (z. B. Lieferanten, Arbeitnehmer, Anleger); vgl. Freeman, 1984, S. 25 ff.
[241] Vgl. Dyllick, 1989, S. 222 und S. 226.

netsten ist.[242] Hieraus entsteht eine Ambiguität des NGO-Oberziels[243], die die Evaluierung der Tätigkeit erschwert, da Kontroll- und Sanktionsmechanismen, wie sie bei Unternehmen existieren (z. B. ein Markt für Unternehmensübernahmen), kaum vorhanden sind.[244]

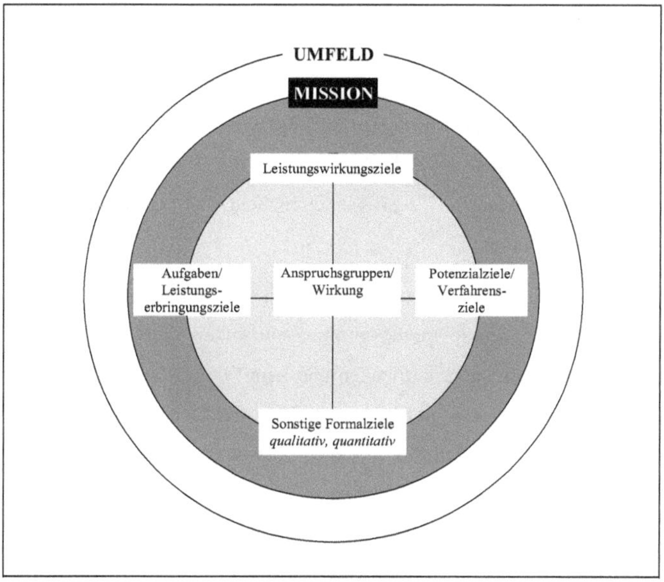

Abbildung 2-6: Das NGO-Zielsystem
Quelle: Horak, 1995, S. 165.

In einem direkten kausalen Zusammenhang mit dem Erreichen der Mission stehen die sogenannten „**Leistungswirkungsziele**"[245]. Zur Erfüllung der Mission sind NGOs dazu angehalten, bestimmte Wirkungen bei ihren (eigenen) Stakeholdern – wie z. B. Kapitalgebern, Leistungsempfängern, Mitarbeitern, Behörden – auszulösen. Es werden Zustands- und Verhaltensänderungen angestrebt, sodass auch von Beeinflussungszielen gesprochen werden kann.[246] Beispielsweise versuchen Umweltschutzorganisationen, Unternehmen zu einer Umsetzung von Ressourcen schonenden Produktionsverfahren zu veranlassen. Über welche Wirkungskanäle diese Änderungen erzielt werden können, ist hierbei von der Organisation zu bestimmen. Letztlich geht es also um die Frage, welche Wirkungen die NGO

242 Vgl. Nährlich, 1998, S. 228.
243 Vgl. z. B. DiMaggio, 1987.
244 Vgl. Weisbrod, 1998(b), S. 50 f.
245 Horak, 1995, S. 166 in Verbindung mit Blümle, 1979, S. 29.
246 Vgl. Horak et al., 2002, S. 199.

durch welche Leistungen bei welchen Stakeholdern erreichen möchte, um ihre Mission zu erfüllen. Leistungswirkungsziele dominieren das Zielsystem, da sie auf den eigentlichen Sinn der NGO eingehen. Ihre Erfüllung ist jedoch von den Zielerreichungsgraden der anderen Zielarten (Leistungserbrings-, Potenzial- und Formalziele) abhängig.

Um Wirkungen bei Anspruchsgruppen auszulösen, sind zunächst entsprechende Leistungen von NGOs zu erbringen, die durch die **Leistungserbringungsziele** determiniert werden. Hiermit sind konkret diejenigen Aktivitäten angesprochen, mit denen NGOs ihre Mission zu erfüllen versuchen und mit deren Hilfe bestimmte von den Stakeholdern an die NGOs gestellte Aufgaben gelöst werden sollen.[247] In der Forschung werden NGOs überwiegend vier Aufgaben zugeteilt[248], wobei eine einzelne NGO singuläre wie auch multiple Aufgaben wahrnehmen kann:

- **Agenda-Setting:** NGOs treten advokatorisch für die Interessen von „Betroffenen", d. h. von spezifischen Anspruchsgruppen ein, indem sie Missstände und Fehlentwicklungen identifizieren, aufdecken und somit der Öffentlichkeit zugänglich machen. Auf dieser Basis ist es ihnen möglich, öffentliche Unterstützung für ihr Anliegen zu mobilisieren und Definitionsmacht hinsichtlich politischer Agenden zu gewinnen.

- **Bereitstellung von Expertenwissen:** NGOs engagieren sich i. d. R. langfristig in den betroffenen Themengebieten, wodurch ihnen eine gewisse Erfahrung und Fachkenntnis zugeschrieben werden kann. Ferner arbeiten sie regelmäßig mit wissenschaftlichen Einrichtungen zusammen, sodass sie neben eigener Expertise zusätzlich auch Zugang zu externer Expertise haben.

- **Information und Aufklärung der Öffentlichkeit:** Die Informationsbereitstellung, die Aufklärung und Weiterbildung sowohl der breiten Öffentlichkeit als auch der eigenen Mitglieder stellen eine weitere Aufgabe von NGOs dar. Dabei informieren NGOs nicht nur über Missstände, Unfälle, Fehlentwicklungen und Fälle von Staats- und Marktversagen, sondern auch über technologische Entwicklungen, alternative Lösungskonzepte und individuell zu ergreifende Maßnahmen der Gegensteuerung.

- **Übernahme originär staatlicher Aufgaben:** Aufgrund politisch eingeleiteter Liberalisierungstendenzen, fiskalischer Restriktionen etc. ziehen sich staatliche Institutionen bereits seit Jahrzehnten bewusst aus originär öffentlichen Aufgaben und

[247] Vgl. Horak et al., 2002, S. 200.
[248] Vgl. zu den nachfolgenden Ausführungen insbesondere Take, 2002, S. 60 ff. in Verbindung mit Archer, 1983, S. 323.

Verantwortungen zurück und delegieren diese an nichtstaatliche Akteure (sowohl FPOs als auch NGOs).[249]

Zur Erbringung dieser Leistungen benötigen NGOs entsprechende Potenziale bzw. Ressourcen, wie *Breyman* es exemplarisch für Umweltschutzorganisationen herausstellt: „The success of ecology movements depends on the effective mobilization of ressources."[250] In der Literatur werden hierbei insbesondere wissensbasierte Ressourcen (z. B. wissenschaftliche Expertise, Verfahren und Prozesse zur Leistungserstellung, Technologien), personelle Ressourcen (z. B. ehrenamtliche Mitarbeiter), moralische Ressourcen (z. B. Akzeptanz), der Zugang zu politischen Foren und Entscheidungsträgern und Allianzpartner genannt, wobei der Ressource „Wissen" zentrale Bedeutung zukommt.[251] NGO-spezifisches Wissen umfasst Ursache, Natur und potenzielle Folgen eines Problems, die Fähigkeit, das Problem zu erkennen, zu beurteilen und auf die mediale und politische Agenda zu bringen, die identifizierten Probleme in einen globalen Zusammenhang einzuordnen sowie Problemlösungsstrategien zu entwickeln.[252] Zielmarken für diese ressourcenorientierten Größen werden im Rahmen der **Potenzialziele** festgelegt. Hierzu sind auch finanzielle Ziele wie z. B. Budgetmaximierung oder Gewinnmaximierung zu zählen, da finanzielle Ressourcen auch für die Umsetzung ideeller Sachziele erforderlich sind. Zu beachten ist allerdings, dass die finanziellen Ziele dem NGO-Oberziel, der Mission, hierarchisch untergeordnet sind, also instrumentellen Charakter innerhalb der bereits erläuterten Mittel-Zweck-Relation besitzen.

Eine weitere Teilzielkategorie im Rahmen des NGO-Zielsystems stellen die **Formalziele** dar. Formalziele beinhalten generelle Wertvorstellungen über die Wirkungserzielung oder Leistungserbringung von NGOs.[253] Das zuvor erwähnte Ziel der Gewinnmaximierung könnte auch hierunter subsumiert werden. Andere Beispiele sind Zielsetzungen hinsichtlich der Effizienz, Rentabilität, des Umsatzes etc.[254] Allerdings sind auch Formalziele bei NGOs oftmals qualitativer Natur. *Schwarz*[255] zählt u. a. folgende Formalziele für NGOs auf:

- Anpassungsfähigkeit als Maßstab für die Innovationsleistung

---

249 Hierauf wird in Abschnitt 4.3 dieser Arbeit detailliert eingegangen.
250 Breyman, 1993, S. 127.
251 Vgl. u. a. Take, 2002, S. 14 f.; Bendell, 2000, S. 156 oder Breyman, 1993, S. 128.
252 Vgl. Breyman, 1993, S. 140.
253 Vgl. Horak et al., 2002, S. 200.
254 Es gibt Ansätze, die das Verhalten von NGOs auf Basis der Formalziele zu erklären versuchen. Diese Optimierungsmodelle gehen davon aus, dass sich das Verhalten der NGOs daran ausrichtet, den Gegenstand eines spezifischen Formalziels (z. B. Budget, Gewinn, Absatz) zu optimieren, vgl. Hansmann, 1987, S. 37.
255 Vgl. Schwarz, 1984, S, 160.

- Macht als Fähigkeit der Beeinflussung bzw. der Durchsetzungsfähigkeit gegenüber externen Interessengruppen
- Exklusivität als Maßstab für besondere Leistungen.

In der zentralen Stellung der **Anspruchsgruppen** innerhalb des NGO-Zielsystems verdeutlicht sich die besondere Bedeutung der unterschiedlichen Wertvorstellungen zur Erreichung der Mission. NGOs sehen sich im Allgemeinen in besonders hohem Maß vielfältigen, oft widersprüchlichen Erwartungen von Anspruchsgruppen ausgesetzt.[256] Anders als bei FPOs, die dominierend mit expliziten und zugleich priorisierbaren Ansprüchen (Ansprüche der Kunden auf Leistungserstellung, Einkommensansprüche der Kapitalgeber etc.)[257] konfrontiert werden, sind die Anforderungen von NGO-Stakeholdern an NGOs ebenso wie die advokatorischen Ansprüche von NGOs an andere Akteure überwiegend nicht explizit ausbuchstabiert und daher sehr vage sowie impliziter Natur.[258] So erwarten Spender beispielsweise, dass ihre geleisteten Finanzmittel missionskonform Verwendung finden. NGOs sind aufgrund der vielfältig zu berücksichtigenden und kaum priorisierbaren Interessen auch als „Multiple Stakeholder"-Organisationen charakterisierbar[259], die – anders als FPOs mit ihrer eindimensionalen, zweckrationalen Zielorientierung – von häufig divergierenden Anforderungen der Anspruchsgruppen geprägt sind. NGOs wird dabei die Rolle zugeschrieben, auseinanderfallende Ansprüche durch ein ausgeprägtes Stakeholder-Management besser verarbeiten bzw. kompensieren zu können als andere Organisationsformen.[260]

Zusammenfassend lässt sich festhalten, dass die **Zielbildung in NGOs** aufgrund des Vorherrschens qualitativer multidimensionaler Zielgrößen und der Existenz einer Vielzahl von Anspruchsgruppen ein **komplexes Problem** darstellt. Das Zielsystem von NGOs ist daher nur bedingt mit dem gewinnorientierter Unternehmen vergleichbar, woraus auch Unterschiede in der strategischen Zielumsetzung der NGOs resultieren. Dieser Thematik widmet sich der nachfolgende Abschnitt näher, der sowohl die verschiedenen Lenkungssysteme als auch Handlungsoptionen von NGOs systematisch darstellt.

---

256 Vgl. Simsa, 2002, S. 144.
257 Zur Priorisierung der Ansprüche, die an gewinnorientierte Unternehmen gestellt werden, vgl. Abschnitt 4.4.
258 Vgl. Kötzle, 1984, S 353 f.
259 Vgl. Herman/Renz, 1997.
260 Vgl. hierzu insbesondere Abschnitt 3.1.3.

2.4.2 Zielumsetzung von NGOs

2.4.2.1 Lenkungssysteme

Wie bereits erwähnt, streben NGOs zur Erfüllung ihrer gesellschaftlichen Funktion Zustands- und Verhaltensänderungen bei ihren Stakeholder-Gruppen an. Insofern versuchen sie, lenkend auf Entscheidungsprozesse bzw. auf die Rahmenbedingungen für Entscheidungsprozesse bei den Stakeholdern einzuwirken. Hierzu stehen ihnen **verschiedene Lenkungssysteme** zur Verfügung, die grundsätzlich in **Markt**, **Politik** und **Gesellschaft** eingeteilt werden können.[261]

NGOs sind zivilgesellschaftliche Akteure.[262] Entsprechend ist das Lenkungssystem „Gesellschaft“ die von NGOs originär und bis heute dominierend genutzte Plattform, um Veränderungen im Sinne ihrer Zielvorstellungen herbeizuführen. Normative Wertvorstellungen der NGOs dienen hierbei als Richtschnur, nach denen die Handlungen der Anspruchsgruppen auf ihre moralische Legitimität hin geprüft werden.[263] Veränderungspotenzial besitzt dieses System insofern, als die Wahrnehmungsmuster der Gesellschaft bzw. Öffentlichkeit auf lokaler, regionaler, nationaler und internationaler Ebene mittels der Medien beeinflusst und damit öffentlicher Druck zur Bearbeitung von Problemen erzeugt werden kann – das Prinzip des sogenannten „naming and shaming“[264]. Gestärkt wird das Veränderungspotenzial der Gesellschaft durch die Entwicklungen in der Informationstechnologie, insbesondere im Bereich der Massenmedien wie dem Internet[265], die zu einer zunehmenden Verzahnung der internationalen Gesellschaftsräume führen. Zwingende Voraussetzung für die Funktionalität dieses Instruments ist allerdings, dass sich die NGOs als glaubhafte Repräsentanten spezifischer Anliegen erweisen. Damit verbunden ist ihr Kompetenznachweis für ein bestimmtes Sachgebiet sowie ihre nur limitierte Gewinnorientierung, die in eine höhere Glaubwürdigkeit mündet.[266] Der Lenkungsimpuls wird im Rahmen des Lenkungssystems „Gesellschaft“ im positiven Sinne durch die **soziale Achtung**, im negativen Sinne hingegen durch die **soziale Ächtung** repräsentiert.[267]

Ergänzend zur gesellschaftlichen Einflussnahme werden von NGOs klassischerweise die „Politik“ und in jüngerer Zeit zunehmend auch der „Markt“ bzw. die „Märkte“ als Lenkungssysteme genutzt, um Zustands- und Verhaltensänderungen im Sinne ihrer Mission zu

---

[261] Vgl. Dyllick, 1989 in Verbindung mit Schumacher-Hummel, 2004, S. 198 ff.
[262] Vgl. hierzu Kapitel 2.2.
[263] Vgl. Bendell, 2000, S. 161.
[264] Winston, 2002, S. 72.
[265] Vgl. Bendell, 2000, S. 159.
[266] In Teil III dieser Arbeit wird der Zusammenhang zwischen Glaubwürdigkeit und der Nichtausschüttungsrestriktion detailliert aufgezeigt.
[267] Vgl. Dyllick, 1989, S. 226.

erzeugen.[268] Die politische Einflussnahme von NGOs zielt insbesondere darauf ab, Definitionsmacht hinsichtlich politischer Agenden zu gewinnen, um damit proaktiv auf die Gesetzgebung einwirken zu können. Die moralischen und ursprünglich impliziten Ansprüche der NGOs, die sie stellvertretend für Betroffene erheben, können dadurch gesetzlich verankert und in explizite Ansprüche transformiert werden. Die Einforderung der Ansprüche kann von NGOs auf direktem und/oder indirektem Wege erfolgen.[269] So können NGOs einerseits direkt mit Regierungen bei der Gesetzgebungsvorbereitung interagieren, indem sie ihr Fachwissen zur Verfügung stellen.[270] Andererseits kann ergänzend oder alternativ an den politischen Souverän – das Volk bzw. die Wählerschaft – adressiert werden, um indirekt auf die Legislative einzuwirken. Hierzu informieren NGOs die Öffentlichkeit über staatliche Versäumnisse (z. B. die mangelhafte nationale Umsetzung international vereinbarter Maßnahmen wie etwa der Emissionsrichtlinien), um Unterstützung für ihre Anliegen zu mobilisieren und politischen Druck auszuüben. Dies wird wiederum nur dann gelingen, wenn sie sich als glaubhafte Vertreter der entsprechenden Anliegen qualifiziert haben. Final verkörpert insofern die **politische Abstimmung bzw. die Wahl** der Regierung den Lenkungsimpuls für die politische Einflussnahme von NGOs.

Märkte haben aus gesamtwirtschaftlicher Sicht die effiziente Allokation knapper Ressourcen und aus einzelwirtschaftlicher Sicht die effiziente Befriedigung von Bedürfnissen zum Zweck. Einfluss auf den Marktmechanismus ist von NGOs dadurch erzielbar, dass sie in den Allokationsprozess, d. h. in den Austauschprozess von verschiedenen marktwirtschaftlichen Einzelakteuren insbesondere der Unternehmen, lenkend eingreifen. Dies geschieht, indem sie in direkten Kontakt mit Unternehmen treten, wie dies beispielsweise bei Kooperationsprojekten von NGOs und Unternehmen der Fall ist.[271] Zusätzlich oder ergänzend können NGOs indirekte Formen der marktmäßigen Einflussnahme verfolgen. So wie sie sich an die Wählerschaft wenden, um auf indirektem Wege Einfluss auf das politische System zu nehmen, können sie sich auch an die marktlichen Souveräne wenden, um indirekten Einfluss auf die marktwirtschaftlichen Akteure, insbesondere der FPOs, zu gewinnen.[272] Abhängig von der Art des betrachteten Marktes (Güter- oder Faktormarkt) sind diese Souveräne als Konsumenten, Mitarbeiter oder Kapitalgeber darstellbar.[273] Indem NGOs die Souveräne über unternehmerische Versäumnisse informieren, werden diese u. U. in ihren

[268] Vgl. Bendell, 1998, S. 1. Gründe für die zunehmende Implementierung marktmäßiger Einflussstrategien liefern die Abschnitte 4.2 und 4.3.
[269] Simsa, 2002, S. 140, spricht in diesem Zusammenhang von der Intensität der sogenannten „Kopplung".
[270] Vgl. Take, 2002, S. 76.
[271] Nähere Ausführungen hierzu folgen im nächsten Abschnitt.
[272] Vgl. Take, 2002, S. 74.
[273] Vgl. Dyllick, 1989, S. 223.

Dispositionen (z. B. Kauf- und Verkaufsentscheidungen von Gütern oder Aktien eines Unternehmens) beeinflusst, woraus ein marktmäßiger Druck (Preisdruck) auf die betroffenen FPOs resultiert. Ökonomische Effekte wie Gewinne oder Verluste bei den betroffenen Unternehmen sind insofern das Ziel marktlicher Aktivitäten von NGOs. Der entscheidende Lenkungsmechanismus wird hierbei durch **Preisreaktionen** (z. B. beim Aktienpreis), resultierend aus entsprechenden Angebots- bzw. Nachfragedispositionen der Souveräne, repräsentiert.[274]

Zusammenfassend lässt sich feststellen: Die Auswahl eines geeigneten Lenkungssystems bzw. einer geeigneten Kombination von Lenkungssystemen ist abhängig vom jeweiligen Ziel einer NGO, von den damit verbundenen gesellschaftlichen, politischen und marktmäßigen Rahmenbedingungen sowie von der Ressourcenausstattung der NGO. Insgesamt ist ein **Trend zugunsten marktwirtschaftlich basierter Aktionsformen** feststellbar[275], der, wie in Kapitel 4 noch gezeigt wird, darin begründet liegt, dass ein dominierender und zugleich zunehmender Anteil der globalen Wertschöpfung über marktliche Allokationsmechanismen gesteuert wird.

2.4.2.2 Handlungsoptionen von NGOs

Kritisch für die Zielrealisierung von NGOs sind neben den genutzten Lenkungssystemen die von NGOs verfolgten Handlungsoptionen bzw. -strategien, da sie den Weg für die Umsetzung von Zielen vorgeben.

Unabhängig von der Art der genutzten Lenkungssysteme stehen NGOs grundsätzlich vor der Wahl, ob sie primär **konfrontativ** oder eher **kooperativ** agieren und damit verstärkt den Dialog mit ihren Interaktionspartnern und deren Anspruchsgruppen (wie Unternehmen, Regierungen, supranationale Institutionen, Kapitalgeber) aufnehmen sollten.[276] Die Auswahl der Handlungsoptionen bzw. -strategien hängt wie die Auswahl der Lenkungssysteme von der Ressourcenausstattung der NGO und insbesondere vom jeweiligen NGO-Ziel ab: Während Konfrontationsstrategien in erster Linie dazu dienen, Maximalforderungen als Alternative zu profilieren, setzen Kooperationsstrategien verstärkt auf die Problembearbei-

---

[274] Eine detaillierte Argumentation zur Kausalität zwischen Preiseffekten und Unternehmensergebnisreaktionen erfolgt in Kapitel 5.1.1 für das Beispiel von Aktienpreisen.
[275] Vgl. Bendell, 2000, S. 155 sowie Bendell, 1998, S. 1.
[276] Vgl. u. a. Sjöström, 2004, S. 10; Simsa, 2002, S. 139 ff. oder Elkington/Fennell, 1998, S. 52.

tung.[277] Ferner kann den Einstellungen der NGOs, die sie gegenüber ihren Adressaten hegen, eine gewisse Bedeutung für die Wahl einer spezifischen Handlungsstrategie eingeräumt werden. Hiernach korrelieren feindliche/misstrauische Einstellungen der NGOs eher mit konfrontativen Strategien, während positive/wohlwollende Einstellungen dominierend zu kooperativen Handlungsoptionen führen.[278] Nachfolgend sei auf die einzelnen NGO-Handlungsoptionen näher eingegangen. Hierzu wird exemplarisch auf einen speziellen Adressaten/Interaktionspartner: das Unternehmen abgestellt, da dieser für die Zielerreichung von NGOs zunehmend an Bedeutung gewinnt[279] und daran die NGO-Handlungsoptionen anhand von Beispielen illustriert werden können.

Zur Umsetzung ihrer Ziele und damit zur Einforderung impliziter Ansprüche steht NGOs eine Vielzahl von Handlungsoptionen zur Verfügung, die auf einem Kontinuum zwischen den Polen „konfrontativ“ und „kooperativ“ dargestellt werden können (vgl. Abbildung 2-7).

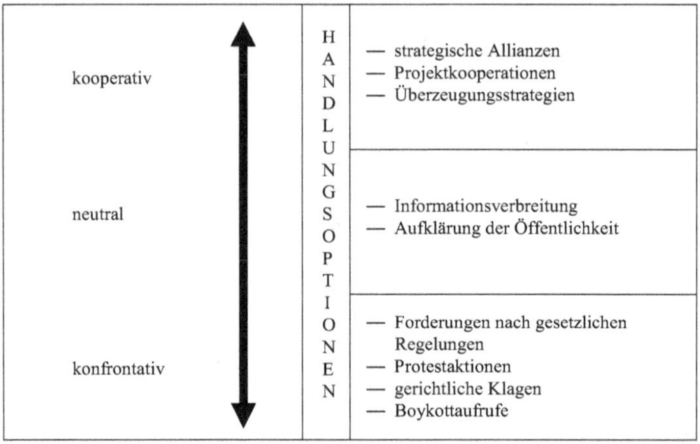

Abbildung 2-7: Kontinuum der NGO-Handlungsstrategien gegenüber Unternehmen
Quelle: in Anlehnung an Winston, 2002, S. 77 ff.

NGOs, die Unternehmen nicht nur als Teil des spezifischen Problems (z. B. der Umweltverschmutzung) betrachten, sondern auch als Bestandteil der Lösung, bevorzugen zur Umsetzung ihrer Ziele i. d. R. **kooperative Handlungsstrategien**. Hierbei vertritt die NGO

[277] Vgl. Take, 2002, S. 44.
[278] Rieth/Göbel kommen allerdings zu dem Ergebnis, dass die Korrelation zwischen den Einschätzungen der NGOs und ihren bevorzugt verfolgten Handlungsstrategien nicht so stark ist, wie weithin angenommen; vgl. Rieth/Göbel, 2005, S. 258 ff.
[279] Vgl. Abschnitt 4.2 dieser Arbeit.

ähnliche oder kompatible Ziele wie der Kooperationspartner (hier: das Unternehmen), wobei der Erfolg im Zusammenspiel unterschiedlicher Organisationen optimiert werden soll.[280] Zu den kooperativen Handlungsoptionen zählen 1) alle dialogorientierten Aktionen, d. h. alle Maßnahmen, die darauf abzielen, Unternehmen auf informellem Wege von den normativen Wertvorstellungen der NGO zu überzeugen, wie das z. B. bei Forschungsarbeiten, Lobby-Tätigkeiten bei Unternehmensvertretern, Verhandlungen und Abkommen mit Unternehmen, gemeinsamen Veranstaltungen bzw. Konferenzen oder Aktionärseingaben der Fall ist.[281] Einen Schritt weiter gehen 2) zeitlich begrenzte Kooperationen, die sogenannten „Projekt-Joint-Ventures“[282], die bei der Umsetzung spezifischer Projekte zugleich die Erfüllung der Ziele der jeweiligen NGOs und der jeweiligen Unternehmen anstreben.[283] Die am weitesten reichende Form kollaborativen Handelns stellen 3) langfristig angelegte strategische Allianzen zwischen NGOs und Unternehmen dar, die sich von vergangenen Formen der Zusammenarbeit – wie z. B. dem Sponsoring oder dem Co-Branding – darin unterscheiden, dass sie spezifische Themenaspekte in die *internen Geschäftsprozesse* der Wirtschaftspartner integrieren.[284]

Als **neutrale Handlungsoption** einzuordnen ist die Aufklärung der Öffentlichkeit mittels Informationsverbreitung (z. B. durch Magazine oder Ratings) zu positivem wie auch negativem Verhalten von Unternehmen.[285] Dies zählt zu den Kernaufgaben von NGOs (man spricht hier auch von der „Aufpasser“- bzw. „Watchdog“-Funktion).[286] „Das Aufdecken von Verfehlungen, der Hinweis auf Gesetzeslücken oder fehlende Überwachung von Vorschriften und Richtlinien dient NGOs als Teil ihrer Daseinsberechtigung, da staatliche Behörden nur unzureichend in der Lage sind, einerseits eine vollständige Kontrolle zu gewährleisten und andererseits Gesetze und Vorschriften der veränderten Bedingungen im Rahmen der weltwirtschaftlichen Globalisierung anzupassen.“[287] Auf Basis der Dokumen-

[280] Besonders häufig gehen NGOs auch Kooperationsbeziehungen mit staatlichen Institutionen ein: „Im Zuge der Entwicklung und Implementation politischer Strategien bestehen v. a. in der *Wohlfahrtssicherung* hohe Interdependenzen“; Simsa, 2002, S. 142.
[281] Vgl. Rieth/Göbel, 2005, S. 249 f.
[282] Elkington/Fennell, 1998, S. 53.
[283] Beispielhaft sei an dieser Stelle auf die Partnerschaft von Greenpeace und dem Kühlgeräte-Hersteller Foron Anfang der neunziger Jahre verwiesen, deren Zweck die Entwicklung eines FCKW-freien Kühlschranks war. Innerhalb von zwei Jahren gelang es diesem Joint-Venture, einen neuen Technologiestandard für Kühlschränke auf dem deutschen Markt zu etablieren, womit einerseits den ideellen Absichten von Greenpeace, andererseits dem ökonomischen Kalkül Forons gedient war; vgl. Schneidewind/Petersen, 1998, S. 110 f.
[284] Detaillierte Ausführungen sowie zahlreiche Beispiele hierzu finden sich u. a. in Guo/Acar, 2005; O'Regan/Oster, 2000; Bendell, 2000; Elkington/Fennell, 1998 oder Murphy/Bendell 1997.
[285] Vgl. Elkington/Fennell, 1998, S. 53.
[286] Vgl. Rieth/Göbel, 2005, S. 249 sowie die Aufgabenbeschreibung von NGOs in Abschnitt 2.4.1 dieser Arbeit. Zum Terminus „Watchdog“ vgl. u. a. Sjöström, 2004, S. 8 und S. 29.
[287] Rieth/Göbel, 2005, S. 249.

tation des Unternehmensverhaltens ergibt sich erst in einem zweiten Schritt eine kooperative oder konfrontative Handlungsoption seitens der NGOs.

Als **konfrontative Handlungsstrategien** sind alle nichtdialogorientierten Formen einzustufen, die Einflussnahme über Kritik und Protest (Boykottaktionen etc.) anstreben. Unternehmen werden mit fremden Inhalten konfrontiert, ihre eigenen Interpretationsschemata werden abgelehnt. Aufgrund mangelnder formaler und finanzieller Macht richten NGOs ihre konfrontativen Strategien mittels subtiler Formen wie der strategischen Nutzung und Verbreitung von Information i. d. R. nicht direkt, sondern indirekt über Dritte an Unternehmen, d. h. es wird nicht *mit,* sondern *über* Unternehmen gesprochen.[288] Dies schließt einerseits den Staat als primär legislativen Akteur ein; hierbei stellt der Ruf nach gesetzlichen Regelungen, die für Unternehmen verpflichtend sind, eine Hauptforderung dar (vgl. z. B. die Festlegung gesetzlicher Mindestlöhne).[289] Andererseits wird auch an die Gesellschaft adressiert, wenn durch strategische Informationspolitik (z. B. bei Protest- oder Medienkampagnen) das öffentliche Meinungsbild und damit auch die Reputation der entsprechenden Unternehmen gezielt beeinflusst wird. NGOs treten dann als sogenannte „Pressure Groups“[290] auf. Hierbei wird indirekt auch das marktmäßige Einflusspotenzial der Gesellschaft in ihrer Rolle als Konsument, Mitarbeiter oder Kapitalgeber angesprochen. Darüber hinaus werden in bestimmten Fällen Verbraucher oder Kapitalgeber auch direkt zum Boykott bestimmter Produkte bzw. zum Verkauf von Anteilsscheinen bestimmter Unternehmen aufgerufen. Beispielhaft sei an dieser Stelle auf die Konsumentenboykotts gegen Starbucks, Nestlé oder Nike bzw. auf die in den achtziger Jahren in den USA durchgeführte Desinvestitionskampagne gegenüber Unternehmen, die mit dem Apartheid-Regime in Südafrika in geschäftlichem Kontakt standen, verwiesen.[291]

Realtypisch verfolgen NGOs zur Umsetzung ihrer Ziele regelmäßig **Kombinationen aus den genannten Strategieoptionen**[292], sogenannte „Doppelstrategien“[293], die simultan, überwiegend allerdings in einer bestimmten Abfolge implementiert werden. Man kann hier von einer „Interaktionskette“ sprechen, in deren Verlauf die Interaktionspartner strategische Anpassungen an das Verhalten ihrer Kontrahenten vornehmen.[294] Klassischerweise wird zunächst mit konfrontativen Handlungsmustern der Zugang zu den Akteuren gesucht,

[288] Vgl. Sjöström, 2004, S. 10.
[289] Vgl. Winston, 2002, S. 76.
[290] Vgl. zu diesem Begriff Schäfer, 2005(a), S. 253 und grundsätzlich auch Delmas/Toffel, 2003, S. 10 ff.
[291] Vgl. Winston, 2002, S. 81.
[292] Vgl. Rieth/Göbel, 2005, S. 251 f. und S. 259; Winston, 2002, S. 77; Take, 2002, S. 23 ff. oder Bendell, 1998, S. 1.
[293] Take, 2002, S. 44.
[294] Vgl. Kriesi/Giugni, 1996, S. 341.

um anschließend mittels kooperativer Strategien Einfluss auf die Problembearbeitung zu nehmen.[295] Das Kombinieren von Handlungsoptionen geschieht auch und insbesondere vor dem Hintergrund, dass sich NGOs bei der Wahl ihrer Handlungsmuster in einem Spannungsfeld befinden, da neben den bereits genannten Einflussgrößen die Vor- und Nachteile der jeweiligen Strategie berücksichtigt und gegeneinander abgewogen werden müssen.[296] So haben konfrontative Maßnahmen wie das Anketten von Aktivisten an Bahngleise oder Demonstrationen gegen die Politik der WTO einen hohen Identifikationswert für NGOs, weshalb sie sich auch bei ihren Anhängern, insbesondere Spendern und Mitarbeitern, großer Beliebtheit erfreuen. Durch die Abgrenzung von den Adressaten wird Unabhängigkeit demonstriert und das Organisationsprofil geschärft. Gleichzeitig wird NGOs bei ausschließlicher Verfolgung konfrontativer Strategien der Zugang zu weiteren Ressourcen wie technische und managementbezogene Expertise, finanzielle Unterstützung von Kooperationspartnern etc. verwehrt.[297] Ferner wird das Veränderungspotenzial von „rein" konfrontativen, insbesondere legislativen Handlungsstrategien der NGOs zunehmend kritisch, das von kooperativen Aktivitäten dagegen zunehmend positiv bewertet.[298]

Gegen konfrontative und für kooperative Maßnahmen spricht außerdem, dass sich bei vielen NGOs eine Umorientierung zu stärker marktwirtschaftlich basierten und damit stärker unternehmensbezogenen Aktionsformen vollzogen hat.[299] Dieser Ansatz erkennt an, dass ideelle Zielsetzungen effektiv mit ökonomischen Anliegen verknüpfbar sind und in der Zusammenarbeit mit bestehenden Institutionen, insbesondere Unternehmen, ein inkrementeller Prozess der Zielerreichung eingeleitet werden kann.[300] Allerdings birgt die Verfolgung „rein" kooperativer Handlungsoptionen auch Risiken für NGOs. Die Herausforderung liegt in der Bewahrung einer ausreichenden Distanz, da aus *zu* intensiver Kooperation Annährungen an den Partner resultieren, die ihrerseits in Identitätsprobleme der NGOs münden können.[301] Wenn Vorwürfe wie der der Ökonomisierung im Sinne eines „Ausverkaufs der Werte" laut werden[302], ist die Unabhängigkeit von NGOs und damit ein Teil ihrer Glaubwürdigkeit gefährdet.[303]

---

[295] Vgl. Take, 2002, S. 24 oder Simsa, 2002, S. 142.
[296] Vgl. Take, 2002, S. 21.
[297] Vgl. Elkington/Fennell, 1998, S. 50.
[298] Vgl. Rieth/Göbel, 2005 in Verbindung mit Elkington/Fennell, 1998, S. 49 oder Take, 2002, S. 15.
[299] Vgl. Bendell, 2000, S. 155 in Verbindung mit Abschnitt 4.3.2 in Teil II dieser Arbeit.
[300] Vgl. Rieth/Göbel, 2005, S. 246 oder Take, S. 22.
[301] Vgl. Conca, 1996, S. 116.
[302] Vgl. Nährlich, 1998, S. 225.
[303] Vgl. u. a. Sjöström, 2004, S. 29.

Insgesamt scheint sich, was den Schwerpunkt der Handlungsstrategien von NGOs betrifft, ein **Trendwechsel** abzuzeichnen. Während NGOs in der Vergangenheit traditionell primär konfrontative, kampagnenbasierte Maßnahmen verfolgten[304], sind seit Beginn der neunziger Jahre **verstärkt kooperative Verhaltensmuster** zu beobachten.[305] Dahinter stehen Erfahrungen und Einsichten, wie *Norbert Beyer* vom World Wide Fund For Nature (WWF) Deutschland im Jahr 1992 sie formulierte: „Fundamentalopposition dient nur noch als Notbremse (…). Die Menschen schalten ab, wenn wir nur anprangern."[306]

2.5 Zusammenfassende Bemerkungen und Fazit

Das Wesen von NGOs betreffend lässt sich festhalten, dass NGOs Bestandteile eines sehr komplexen und heterogenen Sektors sind, der sich im Rahmen eines Gesellschaftsmodells idealtypisch zwischen den Sektoren Markt und Staat verorten lässt. NGOs werden im Rahmen dieser Arbeit als Organisationen verstanden, die in einem Mindestmaß institutionell vom Staat getrennt sind, dem Aspekt der Freiwilligkeit genügen, autonom handeln und Entscheidungen treffen und durch einen gewissen Grad an formaler Organisation gekennzeichnet sind. Vor allem jedoch dürfen sich Organisationen **keinerlei Verstöße gegen den NDC (Ausschüttungsverbot)** erlauben, um als NGO zu gelten.

Auf dieser Arbeitsdefinition basierend und der Heterogenität des NGO-Sektors begegnend, wurde ferner, im Rahmen einer Binnendifferenzierung, auf NGOs fokussiert, die sich überwiegend an den Interessen Dritter orientieren, indem sie primär spezifische Dienstleistungen erbringen und marktmäßig absetzen. Die Erbringung und der Absatz der Dienstleistung dienen dabei einer ideellen Zwecksetzung (hier: die Förderung von Nachhaltigkeit), die als Mission das Oberziel einer jeden NGO markiert. Alternative Zielsetzungen der Organisation, wie beispielsweise die Budgetmaximierung, sind der Mission stets untergeordnet und dienen letztlich nur als „Mittel zum Zweck". Zur Erfüllung der Mission können NGOs sowohl auf konfrontative als auch auf kooperative Handlungsstrategien zurückgreifen, die ihrerseits wiederum über die Plattformen „Markt", „Politik" oder „Gesellschaft" zur Entfaltung gebracht werden können. Hierbei zeichnet sich in jüngster Zeit ein Trend zugunsten kooperativer marktmäßiger und zulasten konfrontativer Maßnahmen ab.

---

[304] Vgl. Elkington/Fennell, 1998, S. 52 oder Murphy/Bendell, 1997.

[305] Vgl. u. a. Leggewie, 2004; Poncelet, 2003; Spar/La Mure, 2003, S. 94 oder Crane, 1998, S. 62. Dasselbe gilt im Übrigen auch für Unternehmen, die zunehmend kooperative Beziehungen mit NGOs bevorzugen, da sie sich hieraus die Stärkung ihrer Glaubwürdigkeit versprechen; vgl. Rieth/Göbel, 2005, S. 4 oder Simsa, 2002, S. 142. Anekdotische Evidenz hierzu liefern Spar/La Mure, 2003, S. 90 ff.

[306] In: Natur 9/1992, S. 44.

Die Beschreibung von NGOs, mit der die beiden ersten Fragen aus Kapitel 1.2 beantwortet wurden, ist damit abgeschlossen. Darauf aufbauend kann nun ein weiterer Schritt zur kapitalmarktbasierten Erklärung von NGOs folgen. Hierzu wird im anschließenden dritten Kapitel ein umfassender Überblick zu bereits existenten ökonomischen Erklärungsansätzen von NGOs gegeben. Dieser beinhaltet sowohl eine Systematisierung als auch eine Beurteilung der einzelnen Ansätze; zusammen mit der in Kapitel 2 erarbeiteten Deskription von NGOs bildet er den Ausgangspunkt für die weiteren zielgerichteten Ausführungen in den Teilen II und III.

3 Ökonomische Erklärungsansätze zur Existenz von NGOs

Ökonomische Theorien zu NGOs stellen NGOs in den Kontext von Wahlhandlungen unter Knappheitsbedingungen.[307] Sie lassen sich im Wesentlichen in zwei Hauptsegmente untergliedern: **Theorien zur Erklärung des Verhaltens von NGOs** und **Theorien zur Erklärung der Existenz von NGOs**.[308] Erstgenanntes Segment behandelt Fragestellungen wie: Welche Ziele werden von NGOs verfolgt? Was sind die treibenden Motivationen der NGOs bzw. von deren Managern, Eignern oder Teilhabern? Wie unterscheiden sich diese NGO-Handlungsanreize von denen erwerbswirtschaftlicher oder staatlicher Organisationen? Die vorangegangenen Kapitel, in denen sowohl die zentralen Wesensmerkmale der NGOs als auch ihre Zielbildung und -verfolgung herausgearbeitet werden konnten, nahmen sich bereits implizit dieser Fragen in Grundzügen an.

Zweitgenanntes Theoriesegment versucht grundsätzlich die Rolle von NGOs, also deren Existenz, zu erklären. Hierbei gilt es Fragen zu beantworten wie: Welche spezifischen ökonomischen Funktionen werden von NGOs erfüllt? Wieso kann der Organisationstypus NGO in einigen Industriezweigen gefunden werden, nicht aber in anderen? Besitzen NGOs komparative Effizienzvorteile gegenüber erwerbswirtschaftlichen oder staatlichen Organisationen, und wenn ja, welche? Im Zentrum dieser Thematik stehen die spezifischen Leistungen von NGOs und die Nebenbedingungen, unter denen sie als geeignete institutionelle Form der Güter- und Dienstleistungsproduktion erscheinen. Ferner geht es auch immer um die Abgrenzung zu gewinnorientierten und staatlichen Unternehmen und deren Anteile auf den untersuchten Gütermärkten. Eine NGO repräsentiert in diesem Sinne eine spezifische institutionelle Lösung des Institutionenwahlproblems, auch „Institutional Choice"-Problem[309] genannt.

Wenngleich beide Theoriesegmente in der Fachliteratur weitgehend getrennt voneinander untersucht werden[310], so ist ein fundiertes Verständnis der Verhaltenscharakteristika von NGOs notwendige Vorraussetzung, um ihre Existenz gehaltvoll erklären zu können. „To understand why it is that nonprofit firms arise in one industry and not in another, one must understand something about the firms' characteristic behavior."[311] Dieser Erkenntnis folgend werden im vorliegenden Kapitel und damit aufbauend auf bereits geleisteten Vorarbeiten zum Verhalten von NGOs, **ökonomische Gründe für ihre Existenz** untersucht, um

[307] Für eine grundsätzliche Kritik an ökonomischen, insbesondere neoklassischen Theorien zum NGO-Sektor vgl. Lohmann, 2001.
[308] Vgl. z. B. Hansmann, 1987, S. 27 oder Young, 1986, S. 161.
[309] Vgl. z. B. Weisbrod, 1988, S. 5.
[310] Vgl. u. a. Ott, 2001, S. 179 f.; Hansmann, 1987, S. 37 oder James/Rose-Ackerman, 1986.
[311] Hansmann, 1987, S. 28.

hiervon Anhaltspunkte zur Beantwortung der zentralen Fragestellung dieser Arbeit zu erhalten.

Hierzu werden die grundlegenden ökonomischen Theoriestränge[312] vorgestellt und beurteilt (vgl. Abbildung 3-1). Besonderes Gewicht wird auf die „Contract Failure-Theorie" gelegt, da deren zentrales Argument nachfolgend (vgl. Kapitel 7) bei der Entwicklung der modelltheoretischen Erklärung von NGOs Anwendung findet.

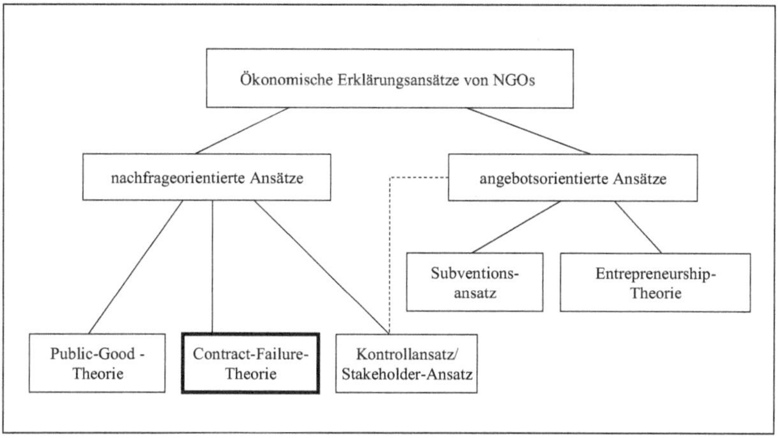

Abbildung 3-1: Ökonomische Ansätze zur Erklärung der Existenz von NGOs
Quelle: eigene Darstellung

Ökonomische Theorien zur Erklärung der Existenz von NGOs können grob in **nachfrage- und angebotsorientierte Ansätze** unterteilt werden, wobei den nachfrageorientierten Ansätzen in der wissenschaftlichen Literatur wesentlich größere Bedeutung zugemessen wird.[313] Ansätze der ersten Kategorie begründen NGOs aus Sicht der Nachfrager bzw. Konsumenten, Ansätze der zweiten Kategorie aus Sicht der Anbieter bzw. Produzenten.

[312] Von einer allumfassenden, auch politikwissenschaftliche und soziologische Theorien beinhaltenden Darstellung der Ansätze zur Erklärung von NGOs wird an dieser Stelle abgesehen, da hiervon keine Impulse für die in den folgenden Kapiteln zu entwickelnde ökonomische, speziell kapitalmarktbezogene Existenzerklärung von NGOs zu erwarten sind. Insbesondere die Interdependenz- oder Voluntary-Failure-Theorie, institutionelle Theorien und Organisationstheorien bleiben im Rahmen dieser Arbeit unberücksichtigt; vgl. hierzu u. a. Wolch, 2003; Galaskiewicz/Bielefeld, 2003 oder Salamon, 1987.

[313] Vgl. z. B. Young, 2003, S. 162; Badelt, 2003, S. 142 oder Hansmann, 1987, S. 37.

3.1 Nachfrageorientierte Erklärungsansätze

Nachfrageorientierte Erklärungsansätze liefern Argumente dafür, warum es seitens souveräner Konsumenten wünschenswert ist, Produkte und Dienstleistungen von einer NGO und nicht von einem staatlichen oder gewinnorientierten Unternehmen zu beziehen. Sie firmieren unter den Bezeichnungen „Verdrängungstheorien"[314], „Substitutivmodelle"[315] oder „Failure-Performance-Modelle"[316]. Die Wahl einer NGO wird hierbei auf das zumindest graduelle Versagen der alternativen Institutionstypen Markt und Staat zurückgeführt. Ansätze dieser Art erklären folglich die Existenz der NGO aus den Mängeln anderer institutioneller Arrangements. Dabei wird NGOs eine Rolle zugeschrieben, die als „Lückenfüller" bezeichnet werden kann: Überall dort, wo Markt und Staat versagen, weil sie nachgefragte Leistungen überhaupt nicht oder nicht zur Zufriedenheit des Konsumenten erbringen, kommen NGOs zum Einsatz.[317] [318]

Theoretischer Bezugspunkt dieser nachfrageorientierten Ansätze ist die **neoklassische Mikroökonomik**, die sich ausschließlich an Effizienzgesichtspunkten orientiert und exklusiv auf **marktliche Koordinationsmechanismen** rekurriert.[319] Grundpfeiler dieser Theoriewelt ist das „Modell vollständiger Konkurrenz", auch „ökonomisches" bzw. „neoklassisches Standardmodell" genannt.[320] Hierbei wird von den idealen und zugleich sehr restriktiven Rahmenbedingungen **„vollkommener Märkte"** ausgegangen, die sich u. a. in rational und eigennützig agierenden Akteuren[321], in der Homogenität der gehandelten Güter und Faktoren, dem Preisnehmer-Verhalten der Akteure[322] sowie in vollkommener Konkurrenz auf allen Märkten niederschlagen.[323]

---

[314] Finis-Siegler, 2001, S. 5.

[315] Hammack/Young, 1993, S. XVIII.

[316] Badelt, 1990, S. 55 ff.

[317] Die Möglichkeit des Versagens des NGO-Sektors wird im Rahmen dieser Modelle unterschlagen. Hierauf geht insbesondere Salamon, 1987 mit seiner Voluntary-Failure-Theorie ein.

[318] Der Logik der Verdrängungstheorien folgend, müssten sowohl staatliche als auch marktliche Institutionen, historisch betrachtet, länger als NGOs existieren, da NGOs erst dann gegründet werden, wenn Staat und/oder Markt zu keiner für den Konsumenten befriedigenden Lösung führen. Schaad, 1995 widerspricht dieser These mittels einer Fallstudie. Auch Hansmann selbst, einer der Begründer der nachfrageorientierten Theorie, wies darauf hin, dass „nonprofits long antedate their for-profit counterparts"; Hansmann, 1980, Fn. 32.

[319] Aus diesem Grund werden die nachfrageorientierten Erklärungsansätze auch als „neoklassische Erklärungsansätze" bezeichnet.

[320] Auf eine formal-analytische Darstellung des Modells wird an dieser Stelle verzichtet.

[321] Dies impliziert, dass sich die Unternehmen Gewinn maximierend und die Haushalte (Eigen-)Nutzen maximierend verhalten.

[322] Mit dieser Annahme wird erreicht, dass eine hinreichend große Menge an Anbietern und Nachfragern auf dem Markt existiert, die durch ihr Verhalten keinen Einfluss auf die Preise nehmen können. Die Preise werden als Datum behandelt.

[323] Die hier genannten Annahmen sind z. T. nicht als einzelne Annahmen, sondern als Annahmebündel zu verstehen. Beispielsweise impliziert die Existenz „homogener Güter" gleichzeitig, dass persönliche Präferenzen für bestimmte Verkäufer oder Käufer irrelevant sind und dass alle Kosten und Mühen, die bei der Suche

Mit dem totalen Konkurrenzgleichgewicht als Lösung dieses Ansatzes resultiert ein im Sinne des Pareto-Kriteriums optimales Allokationsergebnis, indem sämtliche Angebots- und Nachfragepläne der Einzelakteure über den Preismechanismus zum Ausgleich gebracht werden und sich folglich alle Faktor- und Gütermärkte im Gleichgewicht befinden. Hierbei wird gemäß dem Ersten Hauptsatz der Wohlfahrtstheorie[324] das gesellschaftliche Optimum erreicht, indem alle Haushalte ihren Nutzen und alle Unternehmen ihren Gewinn maximieren.[325] In dieser Konstellation existieren nur zwei Arten von Akteuren: die Anbieter in Form gewinnorientierter Unternehmen (FPOs) und die Nachfrager in Form der Haushalte, wobei den Unternehmen lediglich eine rein technische Funktion in Form der Transformation von Inputs in Outputs zukommt.[326] Die Pläne der einzelnen Akteure werden vom **Markt** perfekt koordiniert. Plausible Gründe für die Existenz weiterer Koordinationsmechanismen existieren folglich nicht – das gewinnorientierte Unternehmen, ausgedrückt in Form einer Produktionsfunktion, verkörpert die **institutionelle Benchmark**.[327]

Es stellt sich daher die Frage, weshalb in der Realität andere Akteure, wie z. B. staatliche Organisationen oder NGOs, beobachtet werden können, oder anders formuliert: Warum verkörpert der Markt nicht für alle Güter und Dienstleistungen den adäquaten Allokationsmechanismus?

Der Grund hierfür ist in den **restriktiven Annahmen des Modells** zu suchen, **die in der Realität niemals zugleich erfüllt sein werden**: Gesellschaftliche Optima sind daher keine real eintreffenden Situationen, sie haben lediglich Modellcharakter. Perfekte Koordinationsleistungen des Marktes sind nicht die Regel, vielmehr wird der Markt (bei Verletzungen der Grundannahmen) als Koordinationsmechanismus regelmäßig „versagen", wobei unter Marktversagen nicht ein vollständiges Versagen des Marktes, sondern vielmehr ein nichtoptimales Funktionieren des Marktes zu verstehen ist. **Gründe des graduellen Marktversagens** sind in erster Linie:

- **öffentliche Güter** und externe Effekte[328]

---

nach einem passenden Vertragspartner entstehen, keine Bedeutung haben. Für einen weiter spezifizierten Annahmenkatalog vgl. z. B. Geanakoplus, 1981.

[324] Dieser besagt, dass jedes denkbare totale Gleichgewicht bei vollkommener Konkurrenz ein paretooptimaler Zustand ist; vgl. z. B. Varian, 2001, S. 507.

[325] Dieser Satz gilt lediglich unter einer Reihe einschränkender Annahmen, im Wesentlichen der Abwesenheit von externen Effekten und öffentlichen Gütern. Auch die Einschränkung dieses Satzes auf Gleichgewichtszustände ist wesentlich.

[326] Vgl. Martiensen, 2000, S. 114.

[327] Vgl. Ben-Ner/Gui, 2003, S. 6 oder James/Rose-Ackerman, 1986, S. 21.

[328] In ihrer Wirkungsweise sind öffentliche Güter eng mit externen Effekten verbunden. Sie können streng genommen sogar als Sonderfall von Externalitäten verstanden werden, weshalb sie hier zusammengefasst wurden. Nachfolgend stehen insbesondere öffentliche Güter im Zentrum der Analyse.

- **Informationsasymmetrien**
- zunehmende Skalenerträge in der Produktion.[329]

Allen gemeinsam ist, dass sie zu Abweichungen vom ersten Hauptsatz der Wohlfahrtstheorie führen. Suboptimale Allokationsergebnisse sind die Folge, und ein Eingreifen „von außen", seitens des Staates oder anderer Akteure, ist erforderlich, um gesamtwohlfahrtsförderliche Resultate zu erzielen. Im vorliegenden Zusammenhang sind nicht alle Fälle des Marktversagens von Interesse, sondern lediglich jene, die das Auftreten von NGOs begünstigen können. Dies sind insbesondere **die Existenz von öffentlichen Gütern** und **Informationsasymmetrien**.[330] Hierauf beziehen sich denn auch die zentralen nachfrageorientierten Theorien zur Erklärung von NGOs, die nun, beginnend mit der Public-Good-Theorie, erläutert werden.

3.1.1 Die Public-Good-Theorie

Als öffentliche Güter oder Kollektivgüter werden Güter bezeichnet, die nichtrivalisierend im Konsum und von deren Nutzung zahlungsunwillige Personen nicht auszuschließen sind (fehlendes Ausschließungsprinzip).[331] Als Beispiele mit thematischem Bezug können hierfür saubere Luft oder der Schutz der Menschenrechte angeführt werden. Exklusivrechte mit korrespondierenden, exklusiven Preisen sind folglich im Zusammenhang mit Kollektivgütern nicht zu vergeben. Entsprechend müssten alle Nutznießer eines öffentlichen Gutes gemeinsam, und zwar jeweils in Höhe ihrer individuellen Wertschätzung, d. h. mit intersubjektiv unterschiedlichen (Lindahl-)Preisen[332], zur Finanzierung dieses öffentlichen Gutes herangezogen werden, um ein effizientes Allokationsergebnis zu erreichen.[333] Da jedoch die Konsumenten wissen, dass der von ihnen individuell zu tragende Kostenanteil (subjektiver Preis) positiv mit ihrer subjektiven Wertschätzung für das öffentliche Gut korreliert und dass sie nicht zu einer wahrheitsgemäßen Aussage hinsichtlich ihrer Präferenzen gezwungen werden können, werden alle Konsumenten eine geringere als ihrer wahren Präferenz entsprechende Wertschätzung für das Kollektivgut offenbaren. „Trittbrettfahrer-

[329] Für eine umfassende Diskussion zum Marktversagen vgl. Fritsch et al., 2003 oder Acocella, 1998.

[330] Vgl. Schaad, 1995, S. 9.

[331] Vgl. grundsätzlich Musgrave, 1959. Das Ausschließungsprinzip gilt zwar als Charakteristikum vieler öffentlicher Güter, eignet sich aber nicht zu deren Definition, weil es oftmals nicht nur von den untrennbaren Eigenschaften des Gutes selbst abhängt, sondern auch von der Rechtsordnung; vgl. Bernholz/Breyer, 1993, S. 95.

[332] Vgl. Lindahl, 1919. Technisch gesprochen, muss für eine Lindahl-Lösung die Optimalbedingung Grenzsteuersatz (MT) gleich marginale Rate der Substitution (MRS) für alle i Individuen erfüllt sein: $(MT_i = MRS_i \;\forall\; i = 1,2,\ldots,n)$.

[333] Vgl. hierzu insbesondere Samuelson, 1954 und 1958.

verhalten" seitens der Nachfrager ist das Ergebnis, in dessen Folge die Bereitstellung des öffentlichen Gutes über den Markt nicht oder in einem nicht ausreichenden Umfang erfolgen kann (Marktversagen).[334]

An diesem Grund des Marktversagens setzt die Public-Good-Theorie von *Weisbrod*[335] an, die als eine der ersten und am weitesten verbreiteten Theorien zur Erklärung der Existenz von NGOs gilt.[336] Aufgrund von Trittbrettfahrerverhalten ist die Bereitstellung öffentlicher Güter durch den Markt, wie soeben erläutert, suboptimal. Wirtschaftspolitische Interventionen seitens des Staates – wie z. B. die Finanzierung des Kollektivgutes über effiziente Steuern – sind vonnöten, um ein optimales Allokationsergebnis zu erreichen.

In praxi allerdings wird, nach *Weisbrod*, auch der Staat, als den Markt ergänzende Allokationsinstitution, regelmäßig nicht optimal intervenieren und insofern versagen.[337] Gründe hierfür sind beispielsweise fehlende Informationen[338], das Problem der Auswahl eines aus unendlich vielen Pareto-Optimas[339], fehlende oder unzureichende wirtschaftspolitische Instrumente[340] oder die Tatsache, dass der Staat nicht aus einem benevolenten Diktator, sondern aus Eigennutzen maximierenden Individuen besteht. Nach *Downs* sind demnach Politiker vom Ziel angetrieben, „das Einkommen, Prestige und die Macht zu erlangen, die mit öffentlichen Ämtern verbunden sind."[341] *Weisbrod* bezieht sich bei seiner Herleitung des Staatsversagens insbesondere auf das zuletzt genannte Argument.[342] Hieraus folgt, dass rational handelnde, eigennutzorientierte Politiker primär den Machterhalt durch Wahlsieg bzw. Wiederwahl anstreben. Entsprechend werden Politiker diejenigen Leistungen bereitstellen lassen, die von der Mehrheit der Wähler nachgefragt werden, sie orientieren sich also am Durchschnittswähler bzw. am sogenannten *Medianwähler*.[343]

---

334 Vgl. hierzu insbesondere Musgrave/Musgrave, 1976, S. 55 f.
335 Vgl. Weisbrod, 1975 und 1977.
336 Vgl. Hansmann, 1987, S. 31.
337 Vgl. Weisbrod, 1975, S. 172 ff.
338 Zum Beispiel hinsichtlich der Konsumentenpräferenzen.
339 Hierbei geht es um die Frage, welche pareto-optimale Allokation aus der unendlichen Menge derartiger Optima ausgewählt werden soll. Die Social-Choice-Theorie beschäftigt sich mich dieser Problematik. Ihre vielleicht wichtigste Erkenntnis findet Niederschlag im Unmöglichkeitstheorem von Arrow, welches aussagt, dass es im Allgemeinen unmöglich ist, eine gesellschaftliche Wohlfahrtsfunktion in der Weise aus den individuellen Präferenzen abzuleiten, die plausible Axiome nicht verletzt; vgl. Martiensen, 2000, S. 52 und Arrow, 1951.
340 Ein Instrument, das dem Staat nicht zur Verfügung steht, sind beispielsweise Pauschalsteuern.
341 Downs, 1968, S. 27.
342 Vgl. Weisbrod, 1975, S. 174 ff.
343 Vgl. Downs, 1968 sowie Black, 1948. Auch mittels anspruchsvollerer und zugleich realistischerer Instrumente der Interessenartikulation (z. B. Logrolling) ist es unwahrscheinlich, dass der Staat den idiosynkratischen Konsumwünschen der Bürger vollständig gerecht werden kann.

Ferner ist auch der Staat nicht in der Lage, Lindahl-Preise von den Nutznießern des Kollektivgutes einzufordern, d. h. ein „Lindahl tax system“[344] zu installieren[345], da auch bei der Bereitstellung durch den Staat die einzelnen Konsumenten einen Anreiz besitzen, als Trittbrettfahrer in den Genuss des öffentlichen Gutes zu gelangen. Der wahre individuelle Grenznutzen der Konsumenten wird sich entsprechend regelmäßig von ihren individuellen Grenzkosten (Steuern) unterscheiden, sodass alle Konsumenten, für die der Grenznutzen die Grenzkosten übersteigt, in Wahrheit eine größere Menge des öffentlichen Gutes bevorzugen würden *et vice versa.* Dies betrifft alle Konsumenten, deren Präferenzen sich vom „mainstream“[346], vom Medianwähler unterscheiden.

Diese Situation ist in Abbildung 3-2 dargestellt. Hierbei sind die Nachfragekurven von fünf Konsumenten abgebildet, die sich jeweils unterscheiden (D_1–D_5). Ferner wird ein Steuersystem angenommen, das jeden Konsumenten mit demselben Betrag P für eine Einheit des öffentlichen Gutes belastet, unabhängig von ihren individuellen Präferenzen.[347]

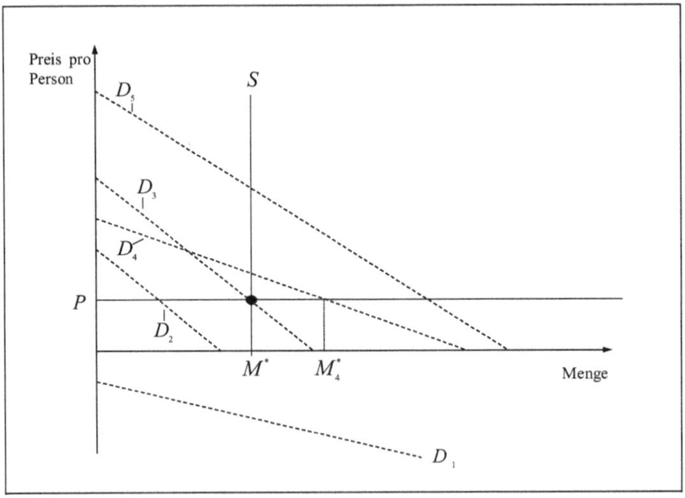

Abbildung 3-2: Staatliche Bereitstellung eines öffentlichen Gutes gemäß Mehrheitsentscheid

Quelle: in Anlehnung an Weisbrod, 1975, S. 175

[344] James/Rose-Ackerman, 1986, S. 27.
[345] Vgl. Weisbrod, 1975, S. 174.
[346] Zimmer, 1996, S. 175.
[347] Diese vereinfachte Annahme dient illustrativen Zwecken.

Aus Abbildung 3-2 ist ersichtlich, dass die Mehrheit der Konsumenten (die Konsumenten 3–5) zum Preis *P* einen Output in Höhe von mindestens M^* bevorzugt. Verbraucher 3, dessen Mengenpräferenz D_3 zum Preis *P* exakt auf M^* und damit in der Mitte des Präferenzspektrums liegt, repräsentiert hierbei den mehrheitsentscheidenden Medianwähler, der bei Mehrheitsentscheid stets seinen Willen durchsetzen kann. Mit anderen Worten: Der Staat würde unter diesen Bedingungen stets die Menge M^* des öffentlichen Gutes bereitstellen, wie es in Abbildung 3-2 durch die Angebotsfunktion *S* verdeutlicht wurde. Im Umkehrschluss bedeutet dies, dass zum gegebenen Steuersystem und zu den gegebenen Nachfragefunktionen zwei Personen zu viel und zwei Personen zu wenig vom öffentlichen Gut erhalten, d. h. dass sie Mengen erhalten, die nicht ihren Präferenzen entsprechen.[348] Insbesondere Verbraucher, die mit dem Kollektivgut unterversorgt sind (die Konsumenten 4 und 5, wobei beispielsweise Verbraucher 4 einen Output von M_4^* bevorzugen würde), sind an Angebotsanpassungen i. S. v. -ausweitungen interessiert.[349]

Sie wenden sich hierzu dem nichtstaatlichen Sektor zu. Einerseits können sie private Güter kaufen, die als Substitut zum öffentlichen Gut konsumiert werden. Beispielhaft sei hier auf Sprinkleranlagen als Ersatz für Feuerwehrdienste oder Alarmanlagen und Wachhunde als Ersatz für Polizeidienste verwiesen. Allerdings sind diese privaten Güter, die auch von FPOs produziert werden, i. d. R. keine perfekten Substitute[350], da deren Konsumeigenschaften die des öffentlichen Gutes nicht vollständig replizieren können – ansonsten wären sie nicht über den Markt absetzbar. Folglich besteht nach wie vor quantitative Unterversorgung hinsichtlich des öffentlichen Gutes. Dieser Unterversorgung können sich FPOs aus den bereits genannten Gründen nicht annehmen, sodass alternative institutionelle Arrangements gefragt sind. Entsprechend konstatiert *Weisbrod*, „that a class of voluntary organizations will come into existence as *extragovernmental providers of collective-consumption goods*“[351]. NGOs treten folglich als **Ergänzung zum Staat auf**, indem sie die nichtbefriedigten quantitativen Bedarfe der Konsumenten an öffentlichen Gütern bedienen

[348] Hierbei ist wichtig zu erwähnen, dass nur die Kombination aus Steuersystem und Nachfragefunktionen Aussagen darüber zulässt, inwiefern die individuellen Bedürfnisse der Konsumenten nicht vollständig befriedigt werden. Allein aus der Tatsache, dass die Konsumenten unterschiedliche Nachfragefunktionen besitzen, kann noch nicht der Schluss gezogen werden, dass deren Präferenzen nicht vollständig getroffen werden. Mit einem (Lindahl-)Steuersystem, das die subjektive finanzielle Belastung von den subjektiven Wertschätzungen für das Kollektivgut abhängig macht (individuelle Grenzkosten gleich individueller Grenznutzen), könnten die Bedürfnisse aller Individuen befriedigt werden; vgl. hierzu Weisbrod, 1975, S. 181.

[349] Weisbrod diskutiert mehrere Möglichkeiten zur Angebotsanpassung, von denen an dieser Stelle zwei aufgegriffen werden; vgl. Weisbrod, 1975, S. 176.

[350] Vgl. Slivinski, 2003, S. 68 und 71 ff.

[351] Weisbrod, 1975, S. 180.

und über Spenden finanzieren.[352] Wie FPOs verfügen jedoch auch NGOs über keinerlei Befugnisse, Zwangsabgaben für die Bereitstellung des öffentlichen Gutes zu erheben, um dem Trittbrettfahrerverhalten der Konsumenten zu begegnen. Letztlich kann kein Konsument des Kollektivgutes rechtlich zur Spende gezwungen werden. Nach *Weisbrod* eröffnet die Institutionsform NGO jedoch andere, nichtrechtliche Möglichkeiten, um die Begünstigten zum Spenden zu veranlassen.[353] Hier sei auf sozialen Druck[354] (z. B. Veröffentlichung von Spendenlisten), selektive Anreize[355] und Altruismus als interdependente Nutzenfunktionskomponente[356] verwiesen.

NGOs entstehen somit **als Reaktion auf eine Kombination aus Markt- und Staatsversagen**, indem sie die weder vom Markt noch vom Staat bedienten Präferenzen in Form eines geeigneten Angebots aufgreifen.[357] Die ursprüngliche Theorie *Weisbrods* stellt auf die zuvor beschriebene **quantitative Unterversorgung** ab. Wird der Blick von den unterschiedlichen Quantitäten weg auf die unterschiedlichen Qualitäten gerichtet, gelangt man zur **qualitativen Unterversorgung.**[358] Hiernach existieren NGOs insbesondere deshalb, um auf die Verschiedenartigkeit des Bedarfs der Konsumenten nach Kollektivgütern zu reagieren. Während also bei quantitativer Unterversorgung NGOs entstehen, um unterschiedliche Mengen ein und desselben öffentlichen Gutes bereitzustellen, bilden sie sich bei qualitativer Unterversorgung aus dem Wunsch der Konsumenten nach mehreren Varianten des öffentlichen Gutes. Nach dieser Theorie erhöhen NGOs die Produktvariationen; private, nichtgewinnorientierte Schulen mit besonderen pädagogischen Konzepten entstehen beispielsweise als Alternative zu standardisierten staatlichen Schulen.[359] Die Argumentation zur qualitativen verläuft analog zur quantitativen Unterversorgung. Zur grafischen Darstellung müsste in Abbildung 3-2 entsprechend nur die Quantität des Outputs durch die Qualität des Outputs ersetzt werden.

Die Public-Good-Theorie ist besonders geeignet, die unterschiedliche Ausprägung des gemeinnützigen Sektors im internationalen Vergleich zu erklären. Die entsprechende, statis-

---

[352] Spenden stellen im privaten Sektor die einzige Möglichkeit zur Finanzierung von Kollektivgütern dar; vgl. Hansmann, 1987, S. 35.
[353] Vgl. Weisbrod, 1975, S. 185 f. Vgl. hierzu auch Schaad, 1995, S. 54 ff.
[354] Vgl. auch Long, 1976.
[355] Vgl. insbesondere Olson, 1965.
[356] Vgl. u. a. Rose-Ackerman, 1996 und 1982; Schwartz, 1970 oder Ireland/Johnson, 1970 und kritisch hierzu Metzler, 1989, S. 103 ff.
[357] Vgl. Finis-Siegler, 2001, S. 8.
[358] Vgl. Weisbrod, 1975 und 1977 sowie James 1987.
[359] Vgl. James, 1987.

tisch belegte These[360], auch **Heterogenitätsthese** genannt, lautet: **Je heterogener die Bevölkerung eines Landes in Bezug auf Merkmale wie Rasse, Religion oder ethnische Herkunft ist, desto ausgeprägter ist ihr NGO-Sektor.** Allerdings hat die Unterversorgungstheorie Schwächen, insbesondere weil sich ihr Erklärungsgehalt auf NGOs beschränkt, die öffentliche Güter mithilfe von Spenden produzieren (Spenden-NGOs).[361] Die Existenz kommerzieller NGOs[362], die primär private Güter marktmäßig bereitstellen und die, wie in Abschnitt 2.3.4 vermerkt, im Zentrum dieser Arbeit stehen, können von ihr nicht erklärt werden. An diesem Defizit setzt der zweite zentrale, nachfragebasierte Erklärungsansatz an, wie er nachfolgend vorgestellt wird und wie er für den in Teil III abgeleiteten Erklärungsansatz zentrale Bedeutung hat.

3.1.2 Die Contract-Failure-Theorie[363]

Die „Contract-Failure"-Theorie, die auf *Hansmann, 1980*, zurückgeht, ihre Ursprünge allerdings im Aufsatz von *Arrow* aus dem Jahr *1963*[364] besitzt, rekurriert auf Informationsdifferenziale zwischen Transaktionspartnern. Ein optimaler Vertrag zwischen zwei Transaktionspartnern, z. B. Konsument und Produzent, erfordert vollständige Information beider Akteure, um alle möglichen zukünftigen Konstellationen vertraglich zu erfassen und zu regeln. Nichtvertragskonformes Verhalten der Vertragsparteien kann unter diesen Bedingungen nie eine sinnvolle Handlungsoption sein, da es stets aufgedeckt und sanktioniert würde. Rational handelnde Akteure halten sich folglich stets an die vertraglich vereinbarten Bedingungen – effiziente Ergebnisse sind die Folge. Entsprechend gibt es keine Notwendigkeit institutioneller Alternativen. Die **FPO ist immer pareto-optimal**, da sie durch das Recht der Einbehaltung von Residualgewinnen zu effizienten Handlungen geleitet wird.[365] **Unter vollständiger Information dominiert daher dieser Institutionstypus.**[366]

---

360 Vgl. z. B. Chang/Tuckman, 1996; James, 1993 und 1987 oder Feigenbaum, 1980.

361 Vgl. Kingma, 2003, S. 55.

362 Vgl. hierzu die Ausführungen zur Strukturierung von NGOs in Kapitel 2.3 dieser Arbeit.

363 Eng verwandt mit der Contract-Failure-Theorie ist der **Transaktionskosten-Ansatz** zur Erklärung von NGOs, der explizit auf die Folgen von Informationsasymmetrien – die Transaktionskosten – abstellt. Aufgrund seiner großen Ähnlichkeit mit der Contract-Failure-Theorie wird der Transaktionskostenansatz nicht separat aufgeführt. Detaillierte Ausführungen hierzu finden sich in insbesondere bei Krashinsky, 1986 sowie grundsätzlich bei Williamson, 1985.

364 Arrow, 1963 stellt auf die Gesundheitsversorgung ab. Er äußert die Vermutung, dass sich Krankenhäuser u. a. aufgrund der Informationsasymmetrie, die zwischen Patienten und Krankenhäusern bestehen, als nicht-erwerbswirtschaftliche Institution organisieren; vgl. Arrow, 1963, S. 941 ff.

365 Vgl. insbesondere Fama/Jensen, 1983(a).

366 Vgl. Easley/O'Hara, 1988, S. 245. Dies gilt im Übrigen auch für die Bereitstellung der zuvor behandelten öffentlichen Güter. Bei vollständiger Information besitzen die Unternehmen exakte Kenntnis über die individuellen Präferenzen der Konsumenten: Diese wissen ihrerseits genau, wer seinen Finanzierungsverpflichtun-

Aufgrund der Existenz von Transaktionskosten ist die Annahme vollständiger Information in der Realität allerdings regelmäßig verletzt.[367] Die Akteure reizt es dann, diesen Umstand auszunutzen und ihren individuellen Nutzen zulasten der Gegenpartei zu erhöhen, d. h. sich opportunistisch im Sinne *Williamsons*[368] zu verhalten. Unvollständige Information wird insbesondere dann zum Problem, wenn sie **ungleich, also asymmetrisch unter den Vertragsparteien verteilt** ist, wenn mithin ein Akteur über relevante Vertragsinhalte besser informiert ist als der andere.[369] „First-Best"-Verträge – Verträge, die zu First-Best-Resultaten führen – sind dann nicht länger konstruierbar, und die Frage nach dem unter diesen Bedingungen optimalen Institutionstypus muss neu beantwortet werden. Die Risikobereitschaft der Vertragspartner, die Höhe der Kontrollkosten und die Art der Güter spielen hierbei eine gewichtige Rolle.[370]

Nach *Hansmann* verkörpern NGOs immer dann das optimale institutionelle Arrangement, wenn eine Kontraktpartei nicht oder nur zu erheblichen Kosten in der Lage ist, die Quantität oder die Qualität des Kontraktgegenstandes, der vom Vertragspartner bereitgestellt wird, genau zu beurteilen. Hierbei ist es unerheblich, ob das Verifizierungsproblem aufgrund spezieller Eigenschaften beim Kauf und/oder Konsum oder aufgrund bestimmter Attribute des eigentlichen Kontraktgegenstands entsteht.[371] In einer solchen Situation besitzen die Produzenten Informationsvorsprünge gegenüber den Konsumenten. Hieraus resultieren für erwerbswirtschaftliche Unternehmen Anreize, (für den Konsumenten unbeobachtbar) strategische Qualitäts- oder Quantitätsreduktionen des Outputs zum Zwecke der Ergebnissteigerung vorzunehmen, da das Ergebnis der Geschäftstätigkeit für FPOs als Residualeinkommen vereinnahmbar ist. Managern von NGOs wird durch das Ausschüttungsverbot (NDC) dieser Anreiz zur Übervorteilung der Nachfrager genommen, da sie das monetäre Residuum nicht für sich verwenden dürfen. Vertragspartner von NGOs erfahren damit einen Schutz davor, dass Verträge nicht eingehalten und zu ihren Ungunsten unbemerkt verändert werden. „In this sense, nonprofit organizations were taken to be more ‚trustworthy'."[372] **Daher bilden NGOs in jenen Fällen, in denen Kontrolle nicht oder nur limitiert möglich ist und in denen daher Vertrauen an die Stelle der Kontrolle**

gen nachgekommen ist und wer nicht. Folglich ist das öffentlichen Gütern inhärente Trittbrettfahrerproblem, das letztlich aus unvollkommener Information resultiert, überwindbar.

[367] Vgl. Grossmann/Stiglitz, 1980.

[368] Nach Williamson ist auch die Zuhilfenahme von List eine Verhaltensoption, um im Sinne des Eigeninteresses zu handeln. Hierbei würden Akteure verfälschte Daten, Präferenzen etc. offenbaren, um ihrem eigenen Nutzen zu dienen; vgl. Williamson, 1975, S. 26 f.

[369] Auf die Grundtypen asymmetrischer Information wird in Kapitel 7.1.1 noch detailliert eingegangen.

[370] Vgl. Schaad, 1995, S. 45.

[371] Vgl. Hansmann, 1980, S. 843.

[372] Ortmann/Schlesinger, 2003, S. 78.

treten muss, die dominierende institutionelle Alternative.[373] Dies wird nachfolgend anhand eines einfachen vertragstheoretischen Modells gezeigt[374], indem die Vorteilhaftigkeit von NGOs (gegenüber FPOs) als institutionelle (Kontrakt-)Lösung eines Informationsproblems zwischen Produzenten und Konsumenten abgeleitet wird. Hierzu sei folgende Ausgangssituation betrachtet:

Ein Unternehmen[375], organisiert als NGO oder FPO und im Weiteren auch als Produzent bezeichnet, bietet einen bestimmten Output q an, der von einer Gruppe von Konsumenten nachgefragt wird. Beide Parteien stehen sich einmalig gegenüber und verhandeln über den Preis des Outputs, d. h. über einen **Preiskontrakt**. Die Variablen des Kontrakts, der optimale Ergebnisse für die Beteiligten erzeugt[376] (pareto-optimaler Vertrag), determinieren hierbei die Form – gemeinnützig oder gewinnorientiert – des beteiligten Unternehmens. Demgemäß wird der Organisationstypus des Unternehmens anhand des Preiskontraktes identifiziert.[377] Sowohl der Produzent (Management/Eigentümer) als auch die Konsumenten verhalten sich streng Eigennutzen maximierend. Die Konsumenten generieren ihren Nutzen positiv aus dem konsumierbaren Output q und negativ aus dem Betrag, den sie dafür verausgaben $b \in IR_+$. Es wird angenommen, dass die Präferenzen der Konsumenten mittels einer einzigen repräsentativen Nutzenfunktion darstellbar sind, die folgende Gestalt besitzt:

$$(3\text{-}1) \qquad V_k = V_k(q,b) = q - v(b), \qquad mit\ \frac{\partial V_k}{\partial q} > 0;\ \frac{\partial V_k}{\partial b} < 0;\ \frac{\partial v}{\partial b} > 0,$$

wobei v für die Nutzeneinbuße aus verausgabten finanziellen Mitteln steht. Präferenzen des Produzenten bestehen positiv hinsichtlich der Erträge r aus dem Verkauf des Outputs q und negativ hinsichtlich seines Arbeitseinsatzes e. Sie lassen sich, wiederum unter der Annahme einer repräsentativen Nutzenfunktion, folgendermaßen darstellen:

$$(3\text{-}2) \qquad V_m = V_m(r,e), \qquad mit\ \frac{\partial V_m}{\partial r} > 0;\ \frac{\partial V_m}{\partial e} < 0.$$

[373] Vgl. Schaad, 1995, S. 46 in Verbindung mit Tietzel, 1989.

[374] Das Modell, das von Easley/O'Hara, 1988 und 1983 entwickelt wurde, wird nachfolgend stark vereinfacht und nur in Auszügen dargestellt. Es werden nur die Teile des Modells betrachtet, die für die hier verfolgte Argumentation bedeutsam sind.

[375] Das Unternehmen wird von seinem Management repräsentiert. Um zusätzliche Informationsasymmetrieprobleme auszuklammern, wird im weiteren Verlauf des Modells die Identität von Management und Unternehmenseigentümern unterstellt.

[376] Genau genommen wird der Preiskontrakt gesucht, der den Nutzen des Konsumenten unter der Nebenbedingung maximiert, dass der Produzent einen Mindestnutzen erhält.

[377] Die genauen (preis-)kontraktspezifischen Definitionen von NGOs und FPOs werden nachfolgend entwickelt.

Um Risikoaspekte von der Analyse auszuschließen wird angenommen, dass sowohl der Produzent als auch die Konsumenten *risikoneutral* eingestellt sind. Der zu produzierende Output q wird alleine durch den Produzenten festgelegt. Die Kosten, die hieraus entstehen, sind eine Funktion des Outputs q, des Arbeitseinsatzes e und eines externen, stochastischen Umwelteinflusses $\theta \in \Theta$.[378] Damit folgt für die Kostenfunktion des Produzenten:

$$C: \Theta \times IR_+^2 \rightarrow IR_+,$$

(3-3) $$C = C(\theta, q, e), \quad mit \ \frac{\partial C}{\partial q} > 0; \ \frac{\partial C}{\partial e} < 0; \ \frac{\partial C}{\partial \theta} < 0 \ und \ C(\theta, 0, 0) \equiv 0.$$

Der Ertrag des Produzenten ergibt sich als Differenz der Ausgaben der Konsumenten (Umsatzerlöse) und den Produktionskosten:

(3-4) $$r(\theta) = b - C(\theta, q, e).$$

Hinsichtlich der Informationskonstellation wird angenommen, dass sowohl der Arbeitseinsatz e als auch der stochastische Umwelteinfluss θ **ausschließlich dem Produzenten** bekannt sind – alle weiteren Informationen sind (zunächst) symmetrisch auf beide Parteien verteilt.

Jeder denkbare Kontrakt ist eine Funktion des externen Umweltzustands θ und repräsentiert folglich eine θ-kontingente Allokation: $\{b(\theta), q(\theta), r(\theta), e(\theta), C(\theta)\}$.[379] Voraussetzung dafür, dass überhaupt ein Preiskontrakt zustande kommt, ist seine **Operationalisierbarkeit**. Hierzu muss der Kontrakt drei Bedingungen erfüllen. Erstens muss er technologisch umsetzbar sein, d. h. es muss ein $e(\theta) \geq 0$ existieren, sodass gilt:

(3-5) $$C(\theta) = C(\theta, q(\theta), e(\theta)).$$

Zweitens muss er gewährleisten, dass dem Produzenten das Erreichen eines Mindestnutzenniveaus ermöglicht wird. Dieses ist gleich Null, da es ihm stets freisteht, nicht zu produzieren:

(3-6) $$V_m = V_m(r(\theta), e(\theta)) \geq 0 \quad \forall \ \theta \in \Theta.$$

Drittens muss der Vertrag anreizkompatibel sein, d. h. sind im Vertrag spezifizierte Leistungen (z. B. der Output) direkt oder indirekt abhängig von Zufallsgrößen (hier θ) und verfügt der Vertragspartner, der diese Leistungen erbringen soll, über private Informatio-

[378] Damit wird implizit eine Technologie zur Produktion von q unterstellt, die von e und θ abhängt.

[379] Diese Schlussfolgerung resultiert aus dem Revelationsprinzip, auf das in Kapitel 7 detailliert eingegangen wird.

nen über diese Zufallsvariablen, dann muss der Vertrag so ausgestaltet sein, dass der besser Informierte aus einer manipulierten Informationsübertragung keinen Vorteil ziehen kann. Kontextbezogen muss es folglich stets im Interesse des Produzenten sein, den wahren Umweltzustand θ und nicht einen falschen Wert θ' an den Konsumenten zu übermitteln. Formal muss gelten:

$$(3\text{-}7) \qquad V_m = V_m(r(\theta), e(\theta)) \geq V_m(r(\theta'), e(\theta')).$$

Aus der Menge aller operationalisierbaren Kontrakte ist jetzt der pareto-optimale Kontrakt zu bestimmen. Ein operationalisierbarer Vertrag $\{b(\theta), q(\theta), r(\theta), e(\theta), C(\theta)\}$ ist pareto-optimal, wenn kein anderer operationalisierbarer Vertrag $\{b'(\theta), q'(\theta), r'(\theta), e'(\theta), C'(\theta)\}$ existiert, der den Konsument besser stellt, ohne den Produzenten schlechter zu stellen.[380]

Alle Variablen bis auf den Arbeitseinsatz e sind (zunächst) beobachtbar und können entsprechend grundsätzlich auch Bestandteil eines θ-kontingenten Preiskontrakts sein: $\{b(\theta), q(\theta), r(\theta), C(\theta)\}$. I. d. R. werden jedoch nicht alle, sondern nur einige der soeben genannten Variablen Bestandteil eines Preiskontrakts sein. Durch die Auswahl und die Kombination der zu spezifizierenden Variablen kann eine Vielzahl spezieller Kontraktformen konstruiert werden, die in Abhängigkeit von den jeweiligen Rahmenbedingungen, zu unterschiedlichen Allokationsergebnissen führen und die ihrerseits, wie bereits erwähnt, spezifische institutionelle Arrangements bzw. Organisationsformen (hier: FPO oder NGO) repräsentieren. Allen gemeinsam ist, dass sie die Restriktion

$$(3\text{-}8) \qquad b(\theta) = C(\theta) + r(\theta)$$

erfüllen müssen, d. h. die Ausgaben der Konsumenten müssen stets den Produktionskosten zzgl. der Erträge des Produzenten entsprechen. Diese Restriktion kann als Budgetrestriktion aufgefasst werden, da die Ausgaben der Konsumenten das Gesamtbudget repräsentieren, das maximal vom Produzenten vereinnahmbar ist.

Zur Ableitung der hier im Fokus stehenden Vorteilhaftigkeit von NGOs gegenüber FPOs ist es ausreichend, zwischen **zwei Kontraktarten** zu unterscheiden[381]:

1) Der einfachste Kontrakt spezifiziert lediglich q und b und überlässt die Wahl von c und r dem Produzenten – eine Kontrolle der Kosten und Erträge des Produzenten

[380] Vgl. hierzu Fußnote 376.
[381] Weitere Kontraktarten werden in Easley/O'Hara, 1988 analysiert.

durch die Konsumenten entfällt damit. Faktisch determiniert ein solcher Kontrakt einen fixen (θ-unabhängigen) Preis $\overline{p}$ und einen θ-abhängigen Output q, denn: $b(\theta)=\overline{p}\cdot q(\theta) \quad \forall\theta$.[382] Abhängig von der Outputmenge und unabhängig vom Umweltzustand erhält der Produzent vom Konsument einen fixen Preis pro Outputeinheit. Folglich wird ein solcher Vertrag als **Festpreis-Vertrag**, nachfolgend auch FP-Vertrag genannt, bezeichnet. Da hierbei lediglich Preis und Output spezifiziert werden, ergeben sich sowohl der Ertrag (und damit das Einkommen) des Produzenten als auch sein Arbeitseinsatz implizit aus der Differenz, die sich aus dem Preis und den Produktionskosten ergibt.[383] Der Produzent ist unter dieser Vertragskonstellation folglich **Residualeinkommensbezieher** und ist als solcher als FPO und nicht als NGO zu interpretieren, da letztere Organisationsform dem NDC unterliegt.

2) Alternativ kann ein **Kosten Plus-Vertrag**, nachfolgend als KP-Vertrag bezeichnet, konstruiert werden, bei dem vom Konsumenten im Austausch gegen den Output die Produktionskosten plus eine fixe Vergütung[384] des Produzenten getragen werden. Der KP-Vertrag spezifiziert den Output q, die Produktionskosten C und eine fixe Vergütung f. Folglich erhält der Produzent eine output*un*abhängige Entlohnung, weshalb diese Kontraktform als NGO interpretierbar ist – f formalisiert in diesem Kontraktdesign den NDC. Da ein solcher Kontrakt die Produktionskosten festlegt und gleichzeitig den Ertrag (Vergütung) des Produzenten fixiert, reduziert sich dessen Optimierungsproblem auf die Auswahl eines Arbeitseinsatzes $e(\theta,q,C)$, der in Einklang mit der Kostenfunktion C steht.[385]

Damit ist die grundlegende Modellstruktur skizziert. Nachfolgend wird gezeigt, dass das KP-Kontraktdesign und damit die Organisationsform NGO optimal für den Fall ist, **dass der Output, wie im hier fokussierten Fall, nicht oder nur zu hohen Kosten verifizierbar ist**. Hierzu werden die Allokationsergebnisse der beiden Vertragsarten miteinander verglichen.

Zunächst sei der FP-Vertrag betrachtet. Ist q nichtverifizierbar, kann darauf nicht kontraktiert werden. Folglich ist in einem FP-Vertrag nur noch b spezifizierbar – alle anderen Va-

[382] Alternativ könnte neben dem θ-abhängigen Output auch der Preis θ-abhängig spezifiziert werden. Easley/O'Hara, 1988, S. 234 bezeichnen einen derartigen Vertrag als „fixed price revision contract".
[383] Exakte Ergebnisse ergeben sich aus dem Optimierungsproblem des Produzenten; vgl. hierzu Easley/O'Hara, 1988, S. 236 f.
[384] Alternativ könnte auch eine variable Vergütung des Produzenten festgeschrieben werden. Dieser Fall wird bei Ealey/O'Hara, 1988, S. 239 f. analysiert.
[385] Exakte Ergebnisse sind wiederum Easley/O'Hara, 1988, S. 237 ff. entnehmbar.

riablen (*r, e, q*) werden vom Produzenten selbst, Nutzen maximierend ausgewählt.[386] Es ergibt sich folgendes Optimierungsproblem für den Produzenten:

(3-9) $$\max_{r,e,q} U_m(r,e)$$

s.t.

(3-10) $$r = b - C(\theta,q,e)$$

(3-11) $$q \geq 0, \quad l \geq 0.$$

Als Ergebnis resultiert $r^* = r(\theta,b)$, $e^* = e(\theta,b)$ und $q^* = 0$. Unabhängig vom Betrag den der Produzent (hier: eine FPO) erhält, wird stets ein Output in Höhe von Null produziert! Da der Output die Produktionskosten positiv beeinflusst und die Produktionskosten ihrerseits negativ auf die Entlohnung des Produzenten einwirken, wird bei Nichtverifizierbarkeit des Outputs und unter Zugrundelegung eines FP-Vertrags nie ein $q > 0$ produziert. „The only effect of such a contract is to transfer money from consumers to the manager."[387] Die Konsumenten werden vom Produzenten stets übervorteilt. Anders verhält es sich bei KP-Verträgen.

Bei Nichtverifizierbarkeit des Outputs *q* spezifiziert ein KP-Vertrag die Variablen *c* und *f*. Das Optimierungsproblem des Produzenten nimmt damit folgende Form an:

(3-12) $$\max_{e,q} U_m(r(\theta),e)$$

s.t.

(3-13) $$C(\theta) = C(\theta,q,e)$$

(3-14) $$q \geq 0, \quad l \geq 0.$$

Für den Produzenten ist es stets optimal, $e^* = 0$ zu leisten, da der Arbeitseinsatz seine Nutzenposition direkt negativ beeinflusst. Dies bedeutet aber nicht zwingend, dass $q^* = 0$ gilt, denn der Output ist implizit durch die Kostenfunktion *C* gegeben. Für $e^* = 0$ folgt $C(\theta) = C(\theta,q,0)$. Werden dem Unternehmen höhere Kosten als die erstattet, für die $q = 0$ resultiert und leistet der Produzent bereits einen Arbeitseinsatz von Null, dann ist der **Output des Unternehmens stets größer Null**, da die Kostenfunktion nur noch über den Output positiv beeinflusst werden kann (vgl. Gleichung (3-5)). Die Konsumenten eines nichtverifizierbaren Outputs werden entsprechend stets diese Kontraktform und damit die Orga-

[386] Aus diesem Grund wird das Optimierungsproblem nachfolgend aus Sicht des Produzenten dargestellt.
[387] Easley/O'Hara, 1988, S. 244.

nisationsform der NGO bevorzugen, da sie nur dann einen positiven Nutzen erreichen können, wenn $q > 0$ gilt (vgl. Gleichung (3-6)). Damit wurde die Optimalität der Organisationssform NGO für den Fall begründet, dass der Output nicht oder nur zu hohen Kosten verifizierbar ist.

Insbesondere für die nachfolgenden drei Situationen ist die Verifizierbarkeit des Outputs nur bedingt oder überhaupt nicht möglich, sodass Vertrauen an die Stelle von Kontrolle treten muss:

Komplexe Güter/Dienstleistungen

Vertrauen in den Vertragspartner ist beispielsweise bei jenen privaten Gütern und Dienstleistungen vonnöten, die sehr komplex, oftmals intangibel und daher schwer, d. h. nur unter Inkaufnahme erheblicher Kosten, beurteilbar sind. Beispiele hierfür sind u. a. Bildung, Altenbetreuung oder Krankenpflege. So ist die Qualität der Leistung eines Arztes nur unzureichend, oftmals gar nicht überprüfbar[388], denn ein kausaler Zusammenhang zwischen verabreichter medizinischer Leistung und Heilungsprozess ist nicht zwingend gegeben. Man bezeichnet solche Güter auch als **Vertrauensgüter**, da ihre Eigenschaften weder vor noch nach dem Kauf vollständig verifizierbar sind.[389] Vollständige Verträge können aufgrund mangelnder Information über relevante Charakteristika des Kontraktgegenstandes und damit verbundene prohibitive Kosten nicht abgeschlossen werden, woraus Unterversorgung resultiert.[390] Kommerzielle NGOs bieten Konsumenten bei derart unsicherheitsbehafteten Leistungen einen institutionellen Schutz vor opportunistischem Verhalten seitens des Anbieters und erhöhen insofern die Allokationseffizienz des Marktes für Vertrauensgüter.[391]

[388] Entsprechend dient der „hippokratische Eid" dazu, die Informationsprobleme der Patienten zu entschärfen.

[389] Grundsätzlich wird im Rahmen der Informationsökonomik zwischen Such-, Erfahrungs- und Vertrauensgütern bzw. zwischen Gütern mit Such-, Erfahrungs- und Vertrauenseigenschaften differenziert. Während sich Sucheigenschaften unmittelbar *vor* Kauf (z. B. Design etc.) feststellen lassen, können Erfahrungseigenschaften (z. B. Geschmack etc.) ausschließlich *nach* Kauf bzw. erst im Rahmen des Gebrauchs beurteilt werden. Bei Gütern mit Vertrauenseigenschaften ist der Schwierigkeitsgrad der Bewertung am höchsten; entsprechend lassen sich diese Eigenschaften weder vor noch nach dem Kauf vollständig überprüfen. Auf Nelson, 1970 geht hierbei die Unterscheidung von Gütern nach Such- und Erfahrungseigenschaften zurück. Darby/Karni, 1973 führten zusätzlich Güter mit Vertrauenseigenschaften ein; vgl. Darby/Karni, 1973, S. 68 f.; Nelson, 1970, S. 312 ff. oder Hirshleifer, 1973, S. 37 f. und aktueller Neus, 2001, S. 252 ff. sowie und mit speziellem Bezug zu NGOs Schaad, 1995, S. 13. Für die nachfolgenden Ausführungen, insbesondere für Kapitel 7 spielt diese Differenzierung von Gütern eine besondere Rolle.

[390] Vgl. Akerlof, 1970.

[391] Vgl. Kraus/Stegarescu, 2005, S. 21 oder James/Rose-Ackerman, 1986, S. 21. Vor diesem Hintergrund ist auch ein aktueller Krankenhausskandal in Deutschland zu sehen. Hierbei haben sich die Todesfälle in einem Krankenhaus auffällig stark erhöht seitdem dieses privatisiert wurde. Der Klinikleitung (, die gleichzeitig

➢ **Separation von Auftraggeber und Leistungsempfänger**

Gleiches gilt für **Güter und Dienstleistungen, bei denen Käufer und Empfänger nicht identisch sind**. Als Beispiel hierfür seien Eltern genannt, die für die Kindergartenbetreuung ihrer Kinder finanziell aufkommen, oder Kinder, die die Altenpflege ihrer Eltern bezahlen. Auch der Staat, der bestimmte Leistungen vom privaten Sektor bezieht und an die Bürger weitergibt, kann an dieser Stelle als Beispiel angeführt werden.[392]

Zwischen Geld- bzw. Auftraggeber und Leistungsempfänger bestehen Inkongruenzen, sodass die marktliche Konsumentensouveränität – die in schlüssigen Tauschbeziehungen des ökonomischen Standardmodells[393] neben einer effizienten Allokation auch (bedingt durch das Streben nach einer optimalen Bedürfnisbefriedigung) die Funktion einer Qualitätskontrolle übernimmt[394] – unterminiert wird. Es liegt daher kein Tausch vor, sondern ein einseitiger Transfer[395], bei dem der Geldgeber keine Gegenleistung erwarten kann. FPOs haben in diesen Situationen den Anreiz, die Qualität/Quantität der Leistung unbemerkt für den Geldgeber zu reduzieren, um ihr Einkommen zu maximieren.

Insbesondere in Fällen, in denen der Informationstransfer zwischen Leistungsempfänger und Geldgeber nur bedingt möglich ist, werden die adversen Anreize erwerbswirtschaftlicher Unternehmen besonders groß sein, da Monitoring faktisch unmöglich ist. Dies kann aufgrund spezifischer Eigenschaften des Leistungsempfängers der Fall sein (wie z. B. bei Babys oder demenzkranken Personen, für deren Betreuung ein Dritter finanziell aufkommt) oder aber bei räumlicher Trennung bzw. Unbekanntheit des Leistungsempfängers. Hierfür dienen international tätige Hilfsorganisationen wie MISEREOR als Beispiel, die spezifische Projekte und damit auch Personen unterstützen und diese Unterstützung größtenteils über Spenden Dritter finanzieren.[396] Auch an dieser Stelle dient der Institutionstypus NGO als Sicherheit dafür, dass die zugesagte Leistung tatsächlich erbracht wird.

auch Eigentümer der Klinik ist,) wird unterlassene Hilfeleistung mit anschließender Todesfolge in mehreren Fällen vorgeworfen. Der Prozess soll noch in diesem Jahr angesetzt werden; vgl. Der Spiegel, 2007, S. 50.

392 Vgl. u. a. Salamon, 1987.

393 Vgl. Schaad, 1995, S. 7 ff.

394 Vgl. Nährlich, 1998, S. 228.

395 Vgl. zu dieser Thematik Rippe, 1981.

396 Vgl. Hansmann, 1980, S. 846.

➢ **Öffentliche Güter**

Obwohl die Contract-Failure-Theorie ihre Ursprünge in den Informationsproblemen bei der Bereitstellung von spezifischen privaten Gütern besitzt[397], die sich primär kommerzielle NGOs zunutze machen, können ähnliche Überlegungen auch auf die Allokationsproblematik von öffentlichen Gütern übertragen werden. Hierin ist die Verbindung der Contract-Failure-Theorie zur Theorie von *Weisbrod* zu sehen[398]: Öffentliche Güter werden nach *Weisbrod* vom Staat und darüber hinaus von NGOs bereitgestellt. Kollektivgüter bereitstellende NGOs können gemäß der Typenbildung aus Kapitel 2.3 der Gruppe der Spenden-NGOs zugeordnet werden, da Spenden im privaten Sektor, wie erwähnt, die einzige Möglichkeit zur Finanzierung öffentlicher Güter darstellen. Spenden stellen bei öffentlichen Gütern folglich das Pendant zum Kaufpreis privater Güter dar.

Im Gegensatz zum Käufer eines privaten Gutes ist ein Spender jedoch nicht in der Lage, den marginalen Beitrag seiner Spende zur Bereitstellung des öffentlichen Gutes zu beurteilen.[399] So kann ein Umweltaktivist nicht beurteilen, ob seine einer Umweltschutzorganisation zugeführte Spende tatsächlich zum Zwecke des Umweltschutzes eingesetzt wird. Der **Verwendungszweck der Spende** ist damit für den (Klein-)Spender **nicht verifizierbar**.[400] Der Kollektivgutanbieter könnte die Zuwendung zweckentfremden und unbemerkt für den Spender zur Verbesserung des finanziellen Ergebnisses seiner Geschäftstätigkeit verwenden. Hieraus wird deutlich, weshalb Konsumenten, die mit einem öffentlichen Gut unterversorgt sind (wie etwa die Konsumenten 4 und 5 aus Abbildung 3-2), NGOs bevorzugen, wenn sie sich zur Beseitigung der Angebotsdefizite an den privaten Sektor wenden.[401] Wiederum begründet der NDC einen komparativen Vorteil der NGO gegenüber FPOs. NGOs können daher bei spendenfinanzierten Aktivitäten durchaus als effiziente institutionelle Lösung gelten.[402]

---

[397] Vgl. Arrow, 1963.

[398] Vgl. auch Slivinski, 2003, S. 71 ff.

[399] Vgl. Hansmann, 1987, S. 30.

[400] Bei Großspendern wie Unternehmen oder auch NGOs (z. B. Worldvision e. V.) trifft diese Aussage i. d. R. nicht zu. Sie überprüfen entweder selbstständig die ordnungsgemäße Mittelverwendung oder lassen sich hierüber Rechenschaft vom Spendenempfänger ablegen.

[401] Vgl. James/Rose-Ackerman, 1986, S. 20.

[402] Vgl. Fama/Jensen, 1983(a), S. 342 f. Ein alternatives Kooperationsdesign zur Lösung des o. g. Informationsproblems stellen Zertifizierungsleistungen dar. An dieser Stelle ist z. B. das Spendensiegel des Deutschen Zentralinstituts für soziale Fragen zu nennen. Dieses Siegel erhält, wer sich freiwillig der Kontrolle und Prüfung zur wahren, eindeutigen und sachlichen Werbung sowie zur nachprüfbaren, sparsamen und satzungsgemäßen Verwendung der Geldmittel und weiteren Kriterien unterzieht; vgl. http://www.dzi.de, Zugriff am 23.03.2007.

Zusammenfassend lässt sich sagen, dass die Contract-Failure-Theorie auf nur bedingt auflösbare Informationsasymmetrien rekurriert, die zwischen verschiedenen Transaktionspartnern (Produzent–Konsument, Anleger–Konsument etc.) bestehen. Der NDC dient dann der schlechter informierten Vertragspartei, wie im Modell gezeigt, als institutioneller Schutz vor Ausbeutung und begründet insofern einen komparativen Vorteil der NGO.

Es existieren umfangreiche empirische Untersuchungen zur Gültigkeit der Contract-Failure-Theorie.[403] Sie lassen sich grob in vier Kategorien nach bestimmten Fragestellungen einteilen[404]: 1) Wird opportunistisches Verhalten der besser informierten Vertragspartei durch den NDC effektiv unterbunden? 2) Besitzen die Gründer, Mitarbeiter etc. von NGOs stärker altruistisch und/oder ideologisch geprägte Präferenzen als ihr Pendant in erwerbswirtschaftlichen Unternehmen?[405] 3) Existieren institutionsabhängige Qualitätsunterschiede bei schwer verifizierbaren Produkteigenschaften? 4) Sind sich die Konsumenten der institutionellen Unterschiede bei den Produktanbietern bewusst? Nachfolgend werden die Kernergebnisse der Untersuchungen in prägnanter Form fragestellungsspezifisch präsentiert.

Ad 1) Das Problem empirischer Studien zur Beantwortung von Frage 1 ist, opportunistisches Verhalten zu definieren, zu identifizieren und schließlich auch systematisch zu messen. Was ist opportunistisches Verhalten? Opportunistisches Verhalten von NGOs kann vielfältige Formen annehmen von Betrug bis hin zu mehr subtileren Formen wie „mission displacement"[406]. Letztgenannte Verhaltensformen sind kaum identifizierbar und praktisch nicht mehr (systematisch) messbar. Arbeiten hierzu beschränken sich folglich auch auf anekdotische Evidenz.[407] Aussagekräftigere empirische Studien konzentrieren sich auf den Vergleich der Häufigkeit und Schadenshöhe von Betrugsfällen im NGO- und FPO-Sektor.[408] Insgesamt betrachtet existieren bislang keine empirischen Belege, dass opportunistisches Verhalten in NGOs weniger (oder stärker) ausgeprägt ist als in FPOs.[409]

Ad 2) Empirische Arbeiten aus diesem Bereich stützen sich insbesondere auf die Erforschung von Einkommensdifferenzialen zwischen NGOs und FPOs.[410] Hinter diesem Ansatz verbirgt sich die Hypothese, dass altruistisch oder ideologisch motivierte Mana-

---

[403] Für einen Überblick vgl. Ortmann/Schlesinger, 2003, S. 89 ff.; Rose-Ackerman, 1996 oder Steinberg/Gray, 1993.

[404] Vgl. Ortmann/Schlesinger, 2003, S. 89 f.

[405] Hiermit wird die indirekte Bindungswirkung des NDC angesprochen, wie sie in Fußnote 461 näher erläutert wird.

[406] Weisbrod, 1998(b), S. 57.

[407] Vgl. z. B. Cryan/Gardner, 1999.

[408] Vgl. z. B. Sparrow, 2000 für den amerikanischen Gesundheitssektor.

[409] Vgl. Ortmann/Schlesinger, 2003, S 91.

[410] Vgl. z. B. Preston, 1989 oder Weisbrod, 1983.

ger/Gründer/Mitarbeiter sich bewusst in NGOs „einselektieren“, um einer bestimmten Mission zu dienen, und dass sie dafür bereit sind, gewisse Einkommenseinbussen in Kauf zu nehmen.[411] *Leete* kommt in einer aktuellen und sehr umfangreichen Arbeit, die sich exklusiv mit den organisationsspezifischen Einkommensunterschieden von *Mitarbeitern* beschäftigt, zu dem Schluss, dass „there does not appear to be a single economy-wide nonprofit-wage effect (...). There do appear to be significant differences between nonprofit and for-profit wages within particular occupations and industries, however.“[412] Positive Einkommensdifferenziale, d. h. höhere Einkommen im NGO-Sektor, konnte sie in den Bereichen Gesundheit, Pflege und Hochschulwesen negative u. a. in den Bereichen Unterhaltung, juristische Dienstleistungen, Rundfunk und Schulwesen nachweisen. Zu gänzlich anderen Ergebnissen kommen Untersuchungen, die Einkommensunterschiede auf *Top-Management-Ebene* analysieren.[413] Sie stellen heraus, dass Manager in NGOs signifikant weniger verdienen als ihre Pendants in FPOs.

Pauschalantworten sind somit, insgesamt betrachtet, auch für Frage 2 nicht lieferbar.

Ad 3) Empirische Untersuchungen zu Qualitätsunterschieden zwischen NGOs und FPOs sind zahlreich vorhanden und konzentrieren sich primär auf den amerikanischen Raum und die vier Branchen Gesundheit, Bildung, Pflege und Kinderbetreuung.[414] Wie für Frage 2 sind die Ergebnisse auch hier von Branche zu Branche verschieden. Während im Gesundheitssektor die Mehrheit der empirischen Arbeiten keine signifikanten organisationsspezifischen Qualitätsunterschiede feststellen konnte, wiesen die Mehrheit der Untersuchungen den NGOs im Bereich „Pflege“ signifikante Qualitätsvorteile nach.[415] Für die Bereiche „Kinderbetreuung“ und „Bildung“ sind solche zusammenfassenden Aussagen nicht ableitbar. Evidenz lässt sich hier gleichermaßen für als auch gegen das vorgebrachte Qualitätsargument finden.[416]

Ad 4) Obwohl von entscheidender Bedeutung für das Vertrauensargument, erhielt Frage 4 bislang auffällig wenig Aufmerksamkeit von empirischer Seite. Die nur vereinzelt vorlie-

---

411 Diese Argumentation geht auf Young, 1986 zurück; vgl. hierzu insbesondere die Entrepreneurship-Theorie in Kapitel 3.2.2 in dieser Arbeit.

412 Leete, 2001, S. 167 f.

413 Vgl. z. B. Roomkin/Weisbrod, 1999.

414 Vgl. u. a. Kessler/McClellan, 2001 (Gesundheit), Ortmann, 2001 (Bildung), Morris/Helburn, 2000 (Kinderbetreuung) und Hirth, 1995 (Pflege). Eine Überblick liefert Ortmann/Schlesinger, 2003, S. 93 ff.

415 Vgl. hierzu insbesondere die Arbeit von Schlesinger/Gray, 2006, die eine Auswertung existenter empirischer Arbeiten liefert.

416 Unterschiedliche Ergebnisse im Bereich „Kinderbetreuung“ liefern z. B. Mocan, 1997 und Morris/Helburn, 2000.

genden Studien[417] kommen zu dem Ergebnis, dass „consumers have some awareness of ownership, but that their impressions are not always reliable.“[418] Eine bewusste Auswahl des Organisationstypus NGO seitens der Konsumenten zum Zwecke der Erzielung besserer Allokationsergebnisse bei schwer verifizierbaren Outputs lässt sich auch hiermit nicht eindeutig nachweisen.

Zusammenfassend zeigt sich somit ein ambivalentes Bild. Empirische Evidenz lässt sich, abhängig von den einzelnen Untersuchungskategorien, sowohl für als auch gegen die zentralen Thesen der Contract-Failure-Theorie finden, sodass ein abschließendes empirisches Urteil derzeit nicht möglich ist.[419]

3.1.3 Kontrollansatz/Stakeholder-Ansatz

Ebenfalls eng verbunden mit der Contract-Failure-Theorie ist der sogenannte **Kontrollansatz**, der insbesondere von *Ben-Ner* geprägt wurde.[420] Ausgangspunkt zur Erklärung von NGOs[421] sind hier, wie bei *Hansmann*, Informationsasymmetrien zwischen den schlechter informierten Konsumenten und den besser informierten Produzenten einer Leistung.[422] NGOs als institutionelle Lösung dieses Informationsasymmetrieproblems und damit als Schutz der Konsumenten vor Ausbeutung durch die Produzenten, werden bei *Ben-Ner* im Gegensatz zur Contract-Failure-Theorie jedoch nicht über den NDC, sondern über ein **alternatives Design** hergeleitet: „If the two partys are integrated so that one party dictates the other party's objectives and controls the integrated organization, the antagonistic relations between them will be eliminated, all gains are internalized, and the incentives to withhold information and exploit special advantages disappear."[423]

Integrationen dieser Art können nur Konsumenten realisieren, die i. d. R. nicht an hohen Gewinnen, sondern an hoher Qualität der Leistungen interessiert sind.[424] Ferner korreliert die Wahrscheinlichkeit des Zustandekommens derartiger Integrationen positiv mit den

[417] Vgl. z. B. Mauser, 1998 für den Bereich „Kinderbetreuung“ oder Weisbrod/Gray, 2003, die einige Umfrageergebnisse aus dem Gesundheitssektor präsentieren.
[418] Ortmann/Schlesinger, 2003, S. 98 f.
[419] Vgl. Ortmann/Schlesinger, 2003, S. 90 f.
[420] Vgl. Ben-Ner, 1994; Ben-Ner/Gui (Hrsg.), 1993; Ben-Ner/Van Hoomisson, 1992 oder Ben-Ner, 1986.
[421] Mithilfe des Kontrollansatzes können ausschließlich mitgliederorientierte Club-NGOs begründet werden, die, wie erwähnt, nicht im Mittelpunkt dieser Arbeit stehen. Der Kontrollansatz wird deshalb auch nur rudimentär vorgestellt.
[422] Vgl. Ben-Ner, 1986, S. 94.
[423] Ben-Ner, 1986, S. 94.
[424] Sind die Konsumenten vorherrschend an hohen Gewinnen interessiert, verkörpert das erwerbswirtschaftliche Unternehmen die adäquate institutionelle Form, vgl. James/Rose-Ackerman, 1986, S. 23.

Vertrauenseigenschaften bzw. „credence qualities“[425] der zugrunde liegenden Leistung. Die Verbraucher erhalten dadurch direkte Kontrolle über den Produktionsprozess der Unternehmen, womit das Informationsgefälle zwischen Produzenten und Konsumenten, das bei Vertrauensgütern auch nach dem Kauf nicht aufgelöst werden kann, eliminiert wird.[426] Man spricht in diesem Fall von einer „vertikalen Rückwärtsintegration“, bei der die Produzenten in eine nichtgewinnorientierte Konsumenten-Kooperative integriert werden.[427] Durch die Kontrolle über die Produktionsprozesse üben die Konsumenten implizit Einfluss auf das Angebot der Unternehmen aus, sodass der Kontrollansatz Nachfrage- und Angebotselemente miteinander kombiniert.[428] Als Beispiel können Eltern angeführt werden, die sich zu einem Verein zwecks Kinderbetreuung in einem Kindergarten zusammenschließen. Für Konsumenten, die der Kooperative nicht angehören, wird das Informationsasymmetrieproblem allerdings nicht gelöst, sodass sich der Kontrollansatz ausschließlich zur Erklärung von mitgliederorientierten NGOs eignet.

Die Kontrolle des Produktionsprozesses durch die Konsumenten stellt auf eine spezifische Anspruchsgruppe ab und verkörpert insofern nur einen Spezialfall einer breiteren Perspektive – den **Stakeholder-Ansatz**.[429] „Organizations exist because of their ability to create value and acceptable outcomes for various groups of stakeholders, people who have interest, claim, or stake in the organization, in what it does, and in how well it performs.“[430] Zwischen einzelnen Stakeholder-Gruppen bestehen jedoch i. d. R. Interessenkonflikte (z. B. zwischen Produzent und Konsument oder zwischen Produzent und Spender), die aus divergierenden Zielsetzungen resultieren und deren Beseitigung bzw. Linderung Kosten verursacht[431] Die NGO verkörpert diejenige Institutionsform, die für derartige Konfliktsituationen besonders geeignet scheint; ihr werden Effizienzvorteile bei der Lösung bzw. Bearbeitung der genannten Interessenkonflikte gegenüber alternativen Institutionsformen zugeschrieben, die auf den spezifischen Verhaltensanreizen von NGOs rekurrieren.[432]

[425] Tietzel, 1989, S. 55.
[426] Ansätze dieser Art liegen auch der Genossenschafts- und der Clubtheorie zugrunde; vgl. Ben-Ner, 1986; Hansmann, 1980, S. 890 ff. sowie grundsätzlich Buchanan, 1965.
[427] Vgl. Krashinsky, 2003, S. 131. Vergleichbare Zusammenschlüsse existieren auch aufseiten der Produzenten: in sogenannten arbeitsgeleiteten Firmen (Labour Managed Firms), bei denen die Arbeitnehmer den Kurs des Unternehmens bestimmen.
[428] Dieser Tatsache wird in Abbildung 3-1 durch die gestrichelte Linie Rechnung getragen.
[429] Vgl. Krashinsky, 2003 und grundsätzlich Freeman, 1984. Zur Definition von Stakeholdern vgl. Fußnote 240.
[430] Krashinsky, 2003, S. 126.
[431] Vgl. die Ausführungen in Kapitel 2.4.2.1.
[432] Vgl. Krashinsky, 2003, S. 125 ff.

3.2 Angebotsorientierte Erklärungsansätze

Die bislang vorgestellten Ansätze zur Erklärung von NGOs fokussieren die Nachfrageseite: Sie zeigen, dass souveräne Konsumenten unter bestimmten Bedingungen NGOs bevorzugen, um bestimmte Güter und Dienstleistungen zu beziehen. Damit erklären sie in erster Linie, warum die institutionelle Alternative „NGO“ *nachgefragt* wird – NGOs sind demnach Ausdruck einer Art „Konsumentensouveränität“.[433] Es wird jedoch keine Aussage darüber getroffen, weshalb speziell dieser Institutionstypus entstanden ist, vielmehr wird die Existenz von NGOs einfach als **gegeben vorausgesetzt**.[434]

Die **Angebotstheorien** versuchen diese Erklärungslücke zu schließen, indem sie nach Gründen suchen, weshalb sich Unternehmen der institutionellen Form einer NGO, und nicht eines staatlichen oder privatwirtschaftlichen Unternehmens bedienen. Sie können in diesem Sinne als angebotsseitige Lösungen des bereits erwähnten Institutional-Choice-Problems interpretiert werden.[435] Einerseits wird hierbei auf bestimmte rechtliche Regelungen des Staates verwiesen (z. B. Steuervorteile, begünstigte Postgebühren), die der Gründung einer NGO besondere Attraktivität verleihen.[436] Andererseits werden die Unternehmensgründer, die sogenannten „Entrepreneurs“, genauer betrachtet. Hierbei wird die Gründung einer NGO auf das Zielsystem des Entrepreneurs und damit auf ein bestimmtes unternehmerisches Verhalten zurückgeführt.[437]

3.2.1 Subventionsansatz

Kernargument des Subventionsansatzes ist, dass sich Unternehmer im Rahmen der Gründungsphase deshalb für den Institutionstypus NGO entscheiden, weil dieser mit **erheblichen expliziten und impliziten finanziellen Zuwendungen seitens des Staates (Subventionen)** bedacht wird.[438] Neben staatlichen Transferleistungen sind hierbei insbesondere die steuerlichen Vorteile zu erwähnen, die – abhängig von nationalen Regelungen zur Steuergesetzgebung sowie vom jeweiligen Tätigkeitsfeld der Organisation – gängigerweise die Form von fehlenden Unternehmens- und Umsatzsteuern sowie der steuerlichen Absetzbarkeit von Spenden haben.[439] Ergänzend zu diesen staatlichen Förderungen seien pri-

[433] Vgl. Badelt, 2002(b), S. 114.
[434] Vgl. Nährlich, 1998, S. 235.
[435] Vgl. Badelt, 2003, S. 142.
[436] Vgl. u. a. James/Rose-Ackerman, 1986, S. 29–31 oder Hansmann, 1980, S. 881 ff.
[437] Vgl. insbesondere auch Kapitel 2.4.1 dieser Arbeit, wo auf die Ziele von NGOs detailliert eingegangen wird.
[438] Vgl. z. B. Fama/Jensen, 1983(a), S. 344 oder Schoenfeld, 1970, S. 290.
[439] Vgl. Hansmann, 1980, S. 836 ff.

vate Subventionen (Spenden)[440] wie finanzielle Zuwendungen und freiwillige Arbeitsleistungen angeführt.[441] Die Folge sind **komparative Kostenvorteile für die NGO**, die sie im Wettbewerb mit alternativen institutionellen Arrangements zu ihren Gunsten nutzen kann, um FPOs vom Markt zu verdrängen bzw. vom Markteintritt abzuhalten.[442] Insbesondere in den Themenfeldern, die von den Steuerbehörden als förderungswürdig deklariert wurden[443] und die folglich staatliche Unterstützung in der einen oder anderen Form erfahren, sollten die Marktanteile von NGOs entsprechend ausgeprägt sein. Die empirischen Untersuchungen von *Hansmann, 1985* sowie *Vogel, 1977*, bestätigen diese These, wenn sie für unterschiedliche Branchen nachweisen, dass staatliche Subventionen signifikant positiven Einfluss auf die Marktanteile von NGOs haben.

Dem Subventionsargument steht jedoch entgegen, dass „the major activities dominated by nonprofits, such as religion, private education, research, hospital care, and certain cultural activities, were dominated by nonprofits before taxes were a major issue."[444] Folglich existierten NGOs bereits vor der Einführung staatlicher Subventionen, womit Steuererleichterungen als konstitutive Erklärungsdeterminante ausfallen.[445] Schaad weist sogar darauf hin, dass sowohl staatliche als auch erwerbswirtschaftliche Unternehmen zeitlich nachgelagert entstanden sind und sich aus NGOs heraus entwickelt haben.[446] Schwerer noch wiegt, dass sich – historisch betrachtet – die steuergesetzlichen Regelungen zu NGOs und damit deren steuerliche Vergünstigungen viel mehr an die Entwicklungen des NGO-Sektors anpassten als *vice versa*.[447] So wurden in den Internal Revenue Code 501 c (3) sukzessive neue Industriezweige integriert, *nachdem* sich in diesen Branchensegmenten NGOs etabliert hatten.

Insgesamt scheint der ausschließlich auf monetären Vorteilen basierende Subventionsansatz primär zur Erklärung der Entwicklung von Marktanteilen von NGOs in bestimmten

[440] Vgl. James/Rose-Ackerman, 1986, S. 53.
[441] Die Größenordnungen der Anteile staatlicher Transferleistungen und privater Spenden an den Gesamteinnahmen von NGOs lassen sich aggregiert in Abbildung 2-4 ablesen.
[442] Vgl. auch Bielefeld, 1994.
[443] Vgl. z. B. für die USA den Internal Revenue Code 501 c (3). In Deutschland erhält eine Organisation nach § 52 Abs. 1 S. 1 AO Gemeinnützigkeitsstatus, wenn sie nach dem Satzungszweck die Allgemeinheit auf materiellem, geistigem oder sittlichem Gebiet selbstlos fördert; vgl. die Ausführungen zur Gemeinnützigkeit in Kapitel 2.1.2.2.
[444] Fama/Jensen, 1983(a), S. 344.
[445] Vgl. Hansmann, 1980, S. 882.
[446] Vgl. Schaad, 1995, S. 6 sowie Zimmer, 1996, S. 178 oder Salamon, 1987.
[447] Vgl. Hansmann, 1980, S. 882.

Industriesegmenten geeignet zu sein. Eine sinnvolle Begründung der Entstehung von NGOs ist mit ihm nur bedingt möglich.

3.2.2 Entrepreneurship-Theorie

Anders als die bereits vorgestellten Ansätze (hier insbesondere die nachfrageorientierten Theorien der Kapitel 3.1.1 und 3.1.2) bedient sich die Entrepreneurship-Theorie primär qualitativer Analysemethoden, indem sie auf spezifische Charakteristika der **Entrepreneurs** – nachfolgend auch Unternehmertypen oder -persönlichkeiten genannt – eingeht. Letztlich liefert dieser Theorieansatz eine plausible Erklärung, weshalb bestimmte (normative) Ziele von Entrepreneurs eher durch eine NGO als durch andere institutionelle Formen erreichbar sind.[448] Nach *Schumpeter*, auf den das ursprüngliche und allgemeine Entrepreneurship-Konzept zurückgeht[449], sind Entrepreneurs Individuen, die neuartige Kombinationen im Prozess der Produktion von Gütern oder Dienstleistungen durchführen.[450] Ein Entrepreneur unterscheidet sich von einem konventionellen Manager, indem er nicht nur etablierte Managementpraktiken und Routineentscheidungen bemüht, sondern sich innovativer Verwaltungs- und Organisationsprozesse annimmt. Insofern sind es Entrepreneurs, die Organisationen gründen, neuartige Programme und Methoden entwickeln oder stagnierende Unternehmen neu ausrichten.[451]

In der traditionellen ökonomischen Theorie verkörpern die Ansprüche auf Residualerträge, die sogenannten „Residual Claims", die Anreize, weshalb sich Individuen auf das Wagnis einer Unternehmensgründung und somit auf die Rolle des Entrepreneurs einlassen.[452] Genau diese Rechte werden den Unternehmerpersönlichkeiten bei Gründung einer NGO jedoch *per definitionem* (aufgrund des NDC) genommen. Es stellt sich daher die Frage, weshalb die Institutionsform NGO überhaupt von einem Entrepreneur ausgewählt wird.[453] Die Beantwortung dieser Frage steht im Zentrum der Entrepreneurship-Theorie des dritten Sektors.[454]

In ihrem inhaltlichen Kernargument unterscheidet sich die Entrepreneurship-Theorie von anderen Ansätzen zur Erklärung der Existenz von NGOs, indem sie auf **spezifische *Ver-***

[448] Vgl. Badelt, 2002(b), S. 114.
[449] Vgl. Schumpeter, 1934.
[450] Vgl. Schumpeter, 1934, S. 74.
[451] Vgl. Young, 1986, S. 162.
[452] Vgl. insbesondere Fama/Jensen, 1983(a).
[453] Vgl. auch Ben-Ner/Gui, 2003, S. 5 ff.
[454] Daneben versucht die Entrepreneurship Theorie auch den Prozess des institutionellen Wandels zu beschreiben und zu erklären; vgl. Badelt, 2003, S. 142.

***haltensweisen* der Unternehmerpersönlichkeiten** abstellt. „Focusing on entrepreneurship implies, almost by definition, a behavioral rather than maximizing theory of organizational behavior."[455] Sie besitzt insofern einige Berührungspunkte zu Kapitel 2.4, wo die Zielbildung und die Zielverfolgung von NGOs behandelt wurden. Die Entrepreneurship-Theorie erklärt das Verhalten von NGOs bzw. ihrer Entrepreneurs nicht ausschließlich über eine Restriktion – den NDC –, sondern auch über die **individuellen Präferenzen der Unternehmertypen** selbst. Entsprechend lässt sich das unternehmerische Verhalten von NGO-Entrepreneurs nicht universal an einer einzigen Motivation ablesen bzw. vorhersagen, wie das für Unternehmerpersönlichkeiten einer erwerbswirtschaftlichen Organisation gemeinhin mit der (Proxy-)Variablen „Profit- bzw. Einkommensmaximierung" unternommen wird. Die Gründer einer NGO sind von einer **Vielzahl heterogener Motivationen** geleitet. *Young* entwickelte hierzu spezifische „**Prototypen**", die zusammengenommen ein großes Spektrum verschiedenster Entrepreneurs abbilden.[456] Jeder Prototyp personifiziert hierbei ein bestimmtes Set an Anreizen und Motivationen. Abhängig von den dominierenden Nutzenfunktionsargumenten kann ein einzelner Entrepreneur als „Artist", „Professional", „Believer", „Searcher", „Independent", „Conserver", „Power Seeker", „Controller", „Player" oder „Income Seeker" charakterisiert werden.[457]

Grundsätzlich werden sich nun die verschiedenen Unternehmerpersönlichkeiten in einer Art Selbstselektions- bzw. **Screening-Prozess**[458] jenen Sektoren mit strukturell spezifischen Eigenschaften zuordnen, die ihre individuellen Präferenzen bzw. Charakteristika am besten reflektieren.[459] Hierbei unterscheidet *Young* zwischen den zwei **Selektionskriterien „Industriezweig"** und „**Sektor**". Während sich das erstgenannte Kriterium auf branchenspezifische Dimensionen wie z. B. Geschäftsinhalt („technisch", „kreativ", „sozial") oder Markteintrittsbarrieren bezieht, lässt die Sektorauswahl eines Entrepreneurs (NGO, erwerbswirtschaftliches oder staatliches Unternehmen gleichermaßen) Rückschlüsse auf dessen Präferenzen hinsichtlich Einkommenspotenzial, Bürokratie und Verhaltensnormen zu.[460] Insbesondere das letztgenannte Selektionskriterium „Sektor" ist für die hier verfolgte Fragestellung von besonderer Bedeutung. Beispielsweise wird sich ein primär einkommensorientierter Entrepreneur („Income Seeker") dem privatwirtschaftlichen, gewinnorientierten Sektor anschließen, der ihn in seinen Einkommensmöglichkeiten nicht beschränkt

[455] Young, 1986, S. 163.
[456] Vgl. Young, 1983 und 1980.
[457] Für detaillierte Beschreibungen der einzelnen Prototypen vgl. Young, 1986, S. 165 ff.
[458] Vgl. Hansmann, 1980, S. 876 ff.
[459] Vgl. Young, 1986, S. 168.
[460] Vgl. Young, 1986, S. 168 ff.

– er selektiert sich folglich selbst aus dem NGO-Sektor aus.[461] Daneben existieren jedoch auch Unternehmerpersönlichkeiten, die nichtpekuniäre, da ideologische Ziele verfolgen und die deshalb die Gründung alternativer Institutionsformen wie z. B. einer NGO bevorzugen. „We believe that a key feature of nonprofit production is ideology", formulieren es denn auch *James* und *Rose-Ackerman*.[462] Sie verweisen auf die Bedeutung von religiös, ethisch oder altruistisch motivierten Entrepreneurs (z. B. „Believers").[463] Diese gründen NGOs mit dem primären Ziel, Überzeugungen, religiöse Auffassungen oder normative Einstellungen zu etablieren und zu verbreiten.[464] Der Anreiz zum Handeln eines solchen „sozialen" oder „moralischen" Unternehmertyps besteht dabei in der Maximierung seines ideellen Nutzens durch die Verbreitung seiner Ideologie, vergleichbar mit dem Anreiz eines gewinnorientierten Unternehmers im monetären Residuum durch seine Firma.

Zusammenfassend lässt sich festhalten, dass nicht das Versagen alternativer Institutionsformen für die Existenz von NGOs im Sinne der Entrepreneurship-Theorie verantwortlich ist. Vielmehr wird die Institutionenwahl und damit auch final die Existenz von NGOs über bewusste, individuelle und zugleich normative Wertvorstellungen und hieraus ableitbare Verhaltensweisen der Entrepreneurs begründet. **NGOs sind demnach das Vehikel der ideell motivierten Entrepreneurs zur Realisierung ihrer nichtpekuniären Ziele.**

3.3 Zusammenfassende Bemerkungen und Fazit

Die vorgestellten Ansätze zur Erklärung von NGOs basieren allesamt auf unterschiedlichen Kernargumenten.[465] Der Grund hierfür ist, dass sie auf verschiedene Segmente innerhalb des heterogenen NGO-Sektors abzielen, weshalb sie komplementär nicht substitutiv

[461] Vgl. auch Weisbrod/Schlesinger, 1986. Wird dieser Selbstselektionsmechanismus auf Manager angewendet, so lässt sich nach Hansmann ein (endogenes) *Bindungspotenzial des NDC* ableiten, das die gesamte Bindungskraft des NDC zusätzlich erhöht: Manager mit ausgeprägten Einkommenspräferenzen werden sich dem Sektor zuwenden, der sie nicht in ihren Einkommenspotenzialen beschneidet – sie werden bevorzugt den erwerbswirtschaftlichen Sektor auswählen. Entsprechend werden sich Manager, die zum Zwecke alternativer Ziele wie z. B. hohe Produktqualität etc. Einkommensreduktionen in Kauf nehmen, in den NGO-Sektor „einselektieren"; vgl. Hansmann, 1980, S. 899 ff.

[462] James/Rose-Ackerman, 1986, S. 51.

[463] Vgl. James, 1986, 1984 oder 1982 und James/Rose-Ackerman, 1986, S. 51 ff.

[464] Vgl. James/Rose-Ackerman, 1986, S. 51.

[465] Vgl. Badelt, 2002(b), S. 115.

betrachtet werden sollten.[466] Keines der abgebildeten Argumente ist für sich genommen in der Lage, den heterogenen NGO-Sektor allumfassend zu erklären.[467]

Während in der Public-Good-Theorie NGOs entstehen, um die nichtbefriedigten Bedürfnisse der Konsumenten nach öffentlichen Gütern zu stillen, werden in der Contract-Failure-Theorie NGOs über ihre Vertrauenswürdigkeit begründet. Stakeholder-Ansätze hingegen weisen NGOs spezifische Effizienzvorteile bei der Lösung von Konflikten zwischen einzelnen Stakeholder-Gruppen zu und betrachten diese Vorteile als konstitutiv für die Existenz von NGOs. Bei den Entrepreneurship-Ansätzen wiederum wird auf besondere nichtpekuniäre Wertvorstellungen der NGO-Gründer abgestellt, wohingegen beim Subventionsansatz spezifische monetäre Vorteile für die Existenz von NGOs verantwortlich gemacht werden.

Gleichwohl gibt es ein Element, das alle bisherigen theoretischen Argumente miteinander verbindet: **Sämtliche Erklärungsansätze**, insbesondere auch der hier fokussierte – Contract-Failure-Theorie –, **haben einen starken Gütermarktbezug**.[468] „(…) attention has been focused on the capacity of third sector organizations to cope with failures in the *product market* (Kursivschrift nicht im Orginal; Anm. d. Verf.) (…).“[469] Sie begründen NGOs, indem sie deren Rolle bzw. Funktion auf den Gütermärkten analysieren. Bei der Public-Good- und der Contract-Failure-Theorie ist die Gültigkeit dieser Aussage evident, beide Ansätze stellen auf spezifische Eigenschaften der gehandelten Güter (Nichtausschließbarkeit fremder Nutzer bzw. Nichtverifizierbarkeit der Qualität/Quantität) ab. Der Kontrollansatz als Vertreter der Stakeholder-Theorie begründet die NGO mit der vertikalen Rückwärtsintegration der Produzenten in eine nichtgewinnorientierte Konsumenten-Kooperative, durch die die Konsumenten direkte Kontrolle über den Produktionsprozess schwer verifizierbarer Güter erhalten. Auch beim Subventionsansatz wird die Existenz von NGOs über die Gütermärkte hergeleitet: Durch staatliche und private Zuwendungen sind NGOs in der Lage, komparative Kostenvorteile gegenüber anderen institutionellen Formen aufzubauen, wodurch ihnen Wettbewerbsvorteile bei der Bereitstellung spezifischer Güter und Dienstleistungen entstehen.

---

[466] Vgl. Ben-Ner/Gui, 2003, S. 20.
[467] Vgl. auch Hansmann, 2003, S. 116.
[468] Vgl. Ben-Ner/Gui, 2003, S. 6 oder Hansmann, 2003, S. 117. Für die Entrepreneurship-Theorie gilt diese Erkenntnis nur eingeschränkt. Hier stehen die ideellen Ziele der Unternehmertypen im Mittelpunkt des Erklärungsansatzes, indem sich die Entrepreneurs ihren Präferenzen entsprechend selbst den adäquaten institutionellen Formen zuordnen (Selbstselektion). Gleichwohl ist auch bei der Entrepreneurship-Theorie die Leistungserstellung und der anschließende Austausch von Gütern und Dienstleistungen nicht unwichtig. Sie dienen als Instrument zur Umsetzung des übergeordneten ideellen Ziels und sind insofern „Mittel zum Zweck“; vgl. Nährlich, 1998, S. 236.
[469] Bacchiega/Borzaga, 2003, S. 31.

Mit dieser Einschränkung auf die Gütermärkte werden die Faktormärkte bei der Erklärung von NGOs weitgehend ausgeblendet[470], obwohl NGOs auch auf den Märkten für Produktionsfaktoren aktiv sind.[471] Diesem Mangel wird in dieser Arbeit Rechnung getragen, indem die bisherigen theoretischen Ansätze zur Erklärung von NGOs um eine Faktormarkt-, genauer eine **Kapitalmarktperspektive** ergänzt werden. Mit anderen Worten: **Die Existenz von NGOs wird nachfolgend über den internationalen Kapitalmarkt begründet.** Hierzu müssen zunächst die Handlungsanreize bzw. die Motivationen von NGOs für solch ein kapitalmarktbasiertes Engagement erläutert werden, um anschließend ihre Rolle auf dem Kapitalmarkt zu analysieren. Diesen Aufgaben widmet sich der nachfolgende Teil II.

---

[470] Eine Ausnahme bildet der Subventionsansatz, bei dem NGOs u. a. damit erklärt werden, dass sie Zugriff auf kostengünstigere Produktionsfaktoren (z. B. private Spenden in Form von Geld und Arbeitsleistung) besitzen.

[471] Für den Kapitalmarkt vgl. z. B. Waygood, 2004 sowie Kapitel 1 dieser Arbeit.

Teil II: NGOs und Kapitalmarkt

4 Die Relevanz des Kapitalmarkts für die Zielerreichung von NGOs

Um NGOs kapitalmarktbasiert erklären zu können, muss zunächst die Verbindung zwischen NGOs und dem Kapitalmarkt aufgezeigt, d. h. die Rolle von NGOs auf dem Kapitalmarkt identifiziert und näher analysiert werden. Dies geschieht anhand der Teilfrage 4 aus Kapitel 1.2, die nachfolgend in leicht abgewandelter Form (separiert in zwei Unterfragen) nochmals aufgeführt wird:

- Warum stellt insbesondere der Kapitalmarkt eine geeignete Plattform für die Zielerreichung von NGOs dar?
- In welcher Form agieren NGOs auf dem Kapitalmarkt, um ihre Sachziele zu verwirklichen?

Während in Kapitel 5 der zweiten Fragestellung nachgegangen wird, indem die sogenannten NGO-Interventionsstrategien, die sowohl auf externe als auch auf interne Steuerungsimpulse des Kapitalmarkts rekurrieren, hergeleitet werden, beschäftigt sich dieses Kapitel mit der Beantwortung der ersten Frage. Hierzu ist es vorab erforderlich, den zentralen Begriff „Kapitalmarkt" einzugrenzen und zu erläutern, was darunter im Rahmen dieser Arbeit verstanden werden soll, um darauf aufbauend seine Bedeutung für die Zielerreichung von NGOs abzuleiten.

4.1 Begriffsbestimmung: Der Kapitalmarkt

Traditionell wird in der wirtschaftswissenschaftlichen Literatur nach der Fristigkeit des Finanzgeschäfts zwischen dem Geldmarkt und dem Kapitalmarkt unterschieden.[472] Beide Märkte sind ihrerseits Bestandteile des Finanzmarkts (vgl. Abbildung 4-1), unter dem als Oberbegriff jeder Markt subsumiert wird, an dem Angebot und Nachfrage nach Geld bzw. geldwerten Titeln zusammenkommen.[473]

[472] Vgl. z. B. Perridon/Steiner, 2007, S. 149.
[473] Vgl. Büschgen, 1997, S. 89.

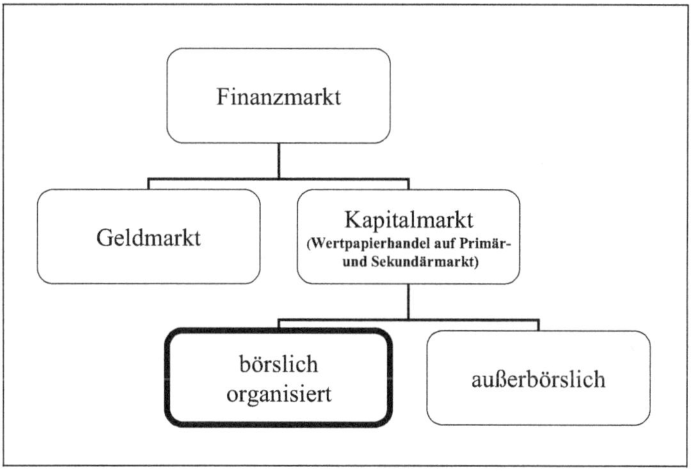

Abbildung 4-1: Unterteilung des Finanzmarkts
Quelle: in Anlehnung an Perridon/Steiner, 2007, S. 149.

Der **Geldmarkt** umfasst die kurzfristige Geldanlage und –aufnahme[474] und dient dem kurzfristigen Ausgleich des Liquiditätsbedarfs der Marktteilnehmer.[475] Der Handel ist dabei auf wenige finanzstarke Teilnehmer erstklassiger Bonität beschränkt und findet i. e. S. nur zwischen Banken sowie zwischen Banken und Zentralbanken statt. Marktteilnehmer i. w. S. sind auch Nichtbanken, wie Großunternehmen mit bester Bonität oder Gebietskörperschaften. Der Zugang zu diesem Markt ist damit den meisten Unternehmen und Privatanlegern verschlossen.[476] Der **Kapitalmarkt** bezeichnet hingegen den Markt für die längerfristige Kapitalanlage und –aufnahme[477], speziell den Markt für verbriefte Kredite (Anleihen) und Beteiligungen (Aktien[478]). Er lässt sich nach dem Organisationsgrad in ein börslich organisiertes und ein außerbörsliches Segment teilen.[479] **Börslich organisierte Kapitalmärkte** weisen den höchsten Organisationsgrad auf. Sie zeichnen sich u. a. durch eine ausgeprägte Standardisierung und Stückelung der Gesamtemission (beispielsweise in Form von Aktien) aus[480], wodurch eine hohe Handelbarkeit (Fungibilität) der zugrunde

[474] Genau genommen wird am Geldmarkt nicht Geld gehandelt, wie es der Name vermuten ließe, sondern Wertpapiere (z. B. Schatzwechsel, commercial papers) und kurzfristige Kredite (z. B. Tagesgeld).
[475] Vgl. Schäfer, 1997, S. 107 ff.
[476] Vgl. Franke/Hax, 1999, S. 61.
[477] Die Grenze zwischen Geld- und Kapitalmarkt verläuft fließend. Üblicherweise werden Titel mit (Rest-)Laufzeiten ab etwa zwei bis drei Jahren dem Kapitalmarkt zugeordnet; vgl. u. a. Jandura, 2000, S. 35 oder Kümpel, 1995, S. 14.
[478] Zu den Beteiligungen zählen nicht nur Aktien, sondern auch Anteile an anderen Gesellschaftsformen (z. B. GmbH-Anteile). Diese sind jedoch aufgrund mangelnder Standardisierung nicht börsenmäßig handelbar und stehen im Folgenden nicht im Fokus der Betrachtung.
[479] Vgl. Perridon/Steiner, 2007, S. 149 f.
[480] Weitere Merkmale börslich organisierter Märkte finden sich in Franke/Hax, 1999, S. 58 ff.

liegenden Wertpapiere gewährleistet wird. Dies macht den börslich organisierten Kapitalmarkt gerade auch für Kleinanleger besonders attraktiv. Voraussetzung hierfür ist, dass neben einem Primärmarkt (Markt für Neuemissionen) ein Sekundärmarkt existiert, auf dem der Handel bereits emittierter Papiere zwischen den Anlegern vollzogen wird. **Außerbörsliche Märkte** (sogenannte Over The Counter oder kurz OTC-Märkte) sind hingegen weniger hoch organisiert und umfassen individuelle Beziehungen zwischen Anbietern und Nachfragern außerhalb des börslich organisierten Marktes.[481] Sie sind u. a. gekennzeichnet durch geringere Standardisierungsvorschriften der dort gehandelten Finanzprodukte[482] (z. B. speziell strukturierte Derivate oder verbriefte Anteile von Publikumspersonengesellschaften wie Schiffsfondsbeteiligungen) sowie durch durchschnittlich höhere Einzeltransaktionsvolumina im Vergleich zum börslich organisierten Markt.[483] Zwei prominente Teilmärkte sind der Interbankenhandel, bei dem ausschließlich Banken und andere institutionelle Anleger außerbörslich Handelsgeschäfte abschließen, und der sogenannte freie Kapitalmarkt, auf dem vor allem nicht-standardisierte Beteiligungen (z. B. GmbH-Anteile) den Besitzer wechseln.

Im Fokus der nachfolgenden Ausführungen stehen ausschließlich die **börslich organisierten *Kapital*märkte und hier im Besonderen die Aktienmärkte**. Grund hierfür ist zum einen, dass sich die NGO-Interventionsstrategien, wie sie in Kapitel 5 entwickelt werden, an sämtliche Anlegergruppen und damit auch an Kleinanleger richten. Kleinanlegern wird der Zugang zum Finanzmarkt nur über die börslich organisierten Kapitalmärkte ermöglicht.[484] Ferner stützen sich wesentliche Teile der nachfolgenden Argumentation hinsichtlich der Lenkungsfunktion des Kapitalmarkts bzw. der dort agierenden (Eigen-)Kapital gebenden Akteure, auf die Wahrnehmung von Einwirkungsrechten.[485] Einwirkungsrechte stehen grundsätzlich nur Inhabern von Beteiligungstiteln zu, womit die Aktienmärkte und damit auch die börslich organisierten Kapitalmärkte in den Mittelpunkt des Interesses rücken. Letzter und zugleich wichtigster Grund ist, dass, die Funktionalität der in dieser Arbeit im Mittelpunkt stehenden externen, auf Kapitalkosteneffekten beruhenden Steuerungsimpulse des Kapitalmarkts[486] voraussetzt, dass (dispositionsrelevante) Information effizient

---

[481] Vgl. Loistl, 1994, S. 15.

[482] Gleichwohl werden auf den OTC-Märkten auch börsengehandelte Gegenstände in großem Umfang gehandelt.

[483] Vgl. Perridon/Steiner, 2007, S. 158 f.

[484] Vgl. Klein, 2004, S. 21

[485] Einwirkungsrechte bezeichnen die Rechte der Kapitalgeber, auf die Unternehmenspolitik Einfluss auszuüben; vgl. hierzu Kapitel 5.1.2.

[486] Die externen Steuerungsimpulse des Kapitalmarkts, werden in Kapitel 5.1.1 detailliert hergeleitet und analysiert.

verarbeitet und in den entsprechenden Marktpreisen widergespiegelt wird.[487] Dies setzt die Fungibilität der gehandelten Titel voraus, die insbesondere für börslich organisierte Märkte erfüllt ist.[488]

Aus Gründen der Übersichtlichkeit werden im Folgenden alle börslich organisierten Kapitalmärkte zusammengefasst und einheitlich als der **„Kapitalmarkt"** bezeichnet – der Begriff „Kapitalmarkt" wird damit als Bezeichnung für alle Wertpapierbörsen[489] (z. B. Deutsche Börse Group, London Stock Exchange) verwendet. Er beschränkt sich hierbei ausdrücklich **nicht** auf die *nationalen* Märkte, sondern soll als **internationaler Kapitalmarkt** im Sinne hochgradig integrierter nationaler Kapitalmärkte verstanden werden[490], auf dem Handelsgeschäfte über Staatsgrenzen hinweg getätigt werden können.[491] Entsprechend werden im weiteren Verlauf dieser Arbeit die Termini „Kapitalmarkt" und „internationaler Kapitalmarkt" synonym verwendet.

Auf Basis dieser Begriffsbestimmung kann nunmehr die Bedeutung des Kapitalmarkts für die NGO-Zielerreichung herausgearbeitet werden, indem zunächst auf die Globalisierung und ihre Konsequenzen für staatliche und nicht-staatliche Akteure eingegangen wird.

4.2 Globalisierung und strukturelle Verlagerung der Macht der Akteure

Die Liberalisierung des Welthandels mit Gütern, Dienstleistungen und Produktionsfaktoren (insbesondere Kapital), die Auflösung sozialistisch orientierter politischer Systeme sowie die Innovationen in den Bereichen Transport-, Informations- und Kommunikationstechnik führten und führen zu einer zunehmenden Verzahnung nationaler Gesellschafts- und Wirtschaftsräume. Diese Zunahme globaler Interdependenzen wird als „Globalisierung" bezeichnet. Wenngleich „Globalisierung" nicht als grundlegend neues Phänomen betrachtet werden kann, so gelten doch die hohe zeitliche Akzeleration und die räumliche Ausdehnung des Globalisierungsprozesses als spezifisches Merkmal unseres Zeitalters.[492] Triebkraft dieser Denationalisierung und Entterritorialisierung ist das, was allgemein unter *ökonomischer* Globalisierung verstanden wird: Der steigende Austausch von Waren,

[487] Vgl. hierzu die Kapitel 4.4 und 5.1.1.
[488] Vgl. Franke/Hax, 1999, S. 59. Zu den Einschränkungen der Handelbarkeit von Finanzinstrumenten auf OTC-Märkten vgl. Perridon/Steiner, 2007, S. 158 f.
[489] Devisenbörsen werden hierbei nicht betrachtet.
[490] Zur Integration der Kapitalmärkte vgl. insbesondere Kapitel 4.4.
[491] Vgl. Dennig, 1993, S. 1071. Eine detaillierte Unterscheidung zwischen nationalen und internationalen Finanzmärkten liefern u. a. Jandura, 2000, S. 35 ff. oder Franke/Hax, 1999, S. 64 ff.
[492] Vgl. Brown et al., 2000, S. 4 ff. in Verbindung mit Ollig, 2000, S. 39.

Dienstleistungen sowie Produktionsfaktoren.[493] Wie eng die Welt von heute insbesondere wirtschaftlich verflochten ist, verdeutlichen die folgenden makroökonomischen Zahlen: Belief sich der globale Warenhandel von 1970 bis 1985 auf durchschnittlich 1.260 Mrd. US$ pro Jahr, so nahm er seit der Eröffnung der GATT-Uruguay-Runde im Jahr 1986 bis zum Jahr 2003 um den Faktor 3,5 auf einen jährlichen Mittelwert von 4.285 Mrd. US$ zu.[494] Insgesamt steigt die Höhe der Weltexporte seit 1950 kontinuierlich an.[495] Auch die Bestände ausländischer Direktinvestitionen erhöhen sich seit Jahren sowohl im EU-Raum als auch in den USA.[496] Abbildung 4-2 stellt die zunehmende internationale wirtschaftliche Verflechtung anhand der Entwicklung der Exporte und Importe für ausgewählte regionale Handelszonen grafisch dar.[497]

[493] Vgl. grundsätzlich Rodrik, 1997.
[494] Vgl. Strube, 2004, S. 46.
[495] Vgl. WTO, 2000, S. 27.
[496] Detaillierte Daten hierzu liefert Eurostat, 2005, 184.
[497] Handelsdaten für die EU-25 sind nur für die Jahre ab 1999 verfügbar.

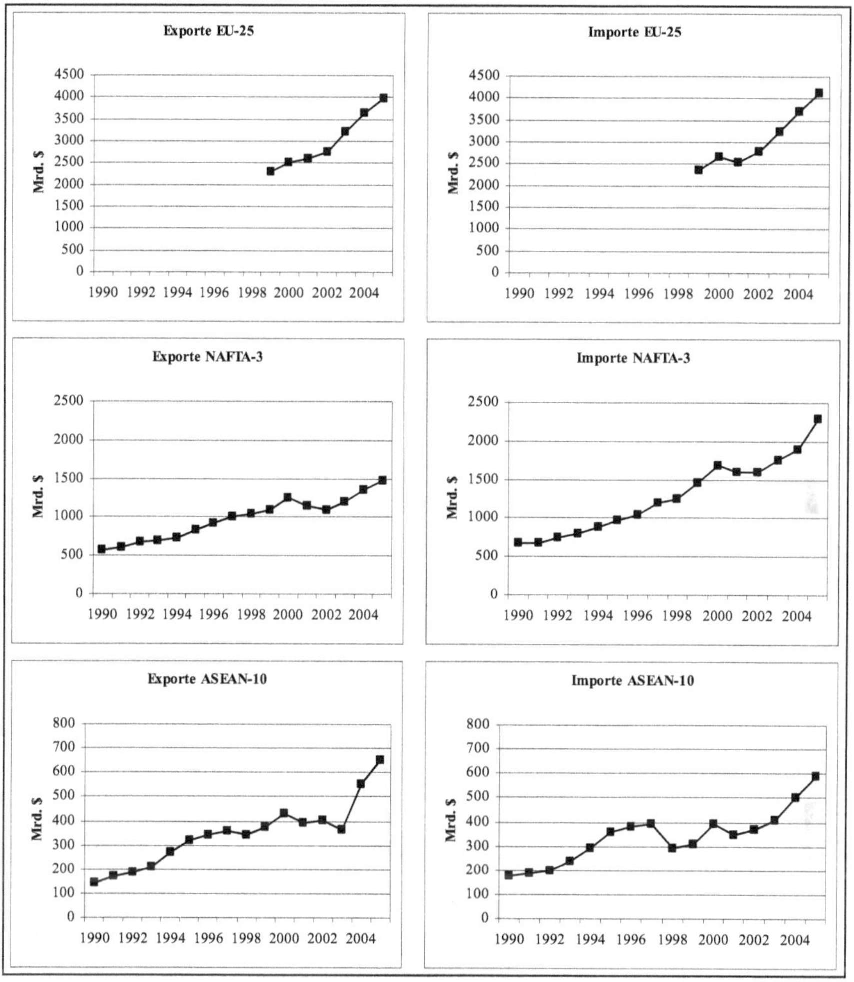

Abbildung 4-2: Entwicklung der Gesamtexporte und -importe[498] für EU-25, NAFTA-3 und ASEAN-10

Quelle: WTO, 2005, S. 27

Problemlagen, Akteure sowie Güter- und Faktormärkte überschreiten folglich zunehmend nationale Grenzen[499], wodurch die Kongruenzbedingung politischer und sozialer sowie ökonomischer Räume aus dem Gleichgewicht geraten ist: Der transnationale Raum der

[498] Unter den hier abgetragenen Gesamtexporten/-importen werden sowohl Intraexporte/-importe als auch Extraexporte/-importe subsumiert, vgl. WTO, 2005, S. 28.

[499] Vgl. auch Kapitel 1.1.2.1.

sozialen und ökonomischen Austauschbeziehungen und Handlungszusammenhänge entwächst dem nationalen Raum, indem politische Regulierungen gelten.[500] Die politischen Handlungsspielräume von Nationalregierungen zur souveränen Gestaltung ihrer Gesellschaften werden dadurch eingeschränkt und ihre Möglichkeiten, nationale Probleme im Alleingang zu lösen, werden infrage gestellt (sogenannte „Erosion interner Souveränität“[501]). „Es entsteht ein Steuerungsdefizit, eine Lücke zwischen den sich rasant globalisierenden Wirtschafts- und Kommunikationszusammenhängen und der auf den Nationalstaat fixierten politischen Handlungsfähigkeit.“[502] Aufbauend auf dieser Problemdiagnose sind verschiedene theoretische Entwürfe zu der Frage entstanden, wie eine politische (und soziale) Ordnung in einer hochgradig interdependenten Welt aussehen könnte.[503]

Eine mögliche Antwort ist die sukzessive Herausbildung einer Art **„Weltregierung“** (Global Government), die die Weltgesellschaft als vergrößerten Nationalstaat begreift und zentral politisch lenkt.[504] Eine solche durch demokratische, monozentrische Zentralgewalten ausgeübte Politik, die Rahmenordnungen festlegt, in denen sich das Handeln der Akteure in Wirtschaft und Gesellschaft abspielt, stößt auf internationaler Ebene schnell an Grenzen. Neben dem Mangel an politischer Legitimation sind von einer derart zentralistischen Institution (<u>eine</u> Weltregierung) tragfähige Antworten auf die sich wandelnden, komplexen Herausforderungen einer globalisierten Welt nicht zu erwarten.[505] Diesem Kritikpunkt begegnet ein anderer, mittlerweile dominanter theoretischer Ansatz, auf dem auch die Argumentation dieser Arbeit beruht.[506] Ihm zufolge bedarf es keiner monozentrischen Weltregierung, sondern einer **leistungsstarken polyzentrischen Global-Governance-Struktur**[507], die aus einem breiten und ausdifferenzierten Instrumentarium an global ausgerichteten direkten und indirekten Regel- und Sanktionsmechanismen besteht.[508] Global Governance basiert auf der Annahme, dass die passende Antwort auf transnationale Probleme und das politische Steuerungsdefizit in der Kooperation unterschiedlicher staatlicher und **nicht-staatlicher** Akteure liegt. An die Stelle des klassischen „Governments“ tritt eine Steuerungspolitik, die durch die Zusammenarbeit unterschiedlicher Akteure ausgeübt wird. Beteiligte Akteure bzw. Einzelakteursgruppen sind neben Nationalstaaten und supranatio-

[500] Vgl. hierzu detailliert Zürn, 1998.
[501] Messner, 2000, S. 64. Zur Unterscheidung von interner und externer Souveränität vgl. Reinicke, 1998.
[502] Curbach, 2003, S. 17 f. Bei Brunnengräber, 1999, S. 458 ist in diesem Zusammenhang von der „Entmachtung der Politik“ die Rede.
[503] Vgl. z. B. Habermas, 1998.
[504] Vgl. z. B. Finkelstein, 1995.
[505] Vgl. Schneidewind/Fichter, 2000, S. 6 in Verbindung mit Messner, 2000, S. 65.
[506] Vgl. u. a. Messner, 2000, S. 65 oder Reinicke, 1998.
[507] Vgl. auch Kapitel 1.1.2.1.
[508] Vgl. z. B. Reinicke, 1998 oder Commission on Global Governance, 1995.

nalen Institutionen auch NGOs und (multinationale) Unternehmen, die international kooperieren und gemeinsam nach geeigneten Lösungsmustern suchen.[509] Neben der Akteursdiffusion durch die Einbeziehung nicht-staatlicher Akteure sollen die Governance-Strukturen insbesondere oberhalb der nationalstaatlichen Ebene ausgebaut werden, um der Dynamik der Globalisierung gerecht zu werden und die verschiedenen Ebenen zu verbinden. Demzufolge verändern sich sowohl die Handlungsfelder als auch die Handlungsformen der Politik im Theorierahmen der Global Governance.

Global Governance erfordert eine neue Aufteilung von Souveränitäten zwischen den beteiligten Akteuren. Zur Lösung von Problemen, die der Nationalstaat nicht im Alleingang lösen kann, ist die „Übertragung von Handlungskompetenzen auf lokale und globale Organisationen sowie auf nicht-staatliche Akteure“[510] erforderlich. Die Rolle des Staates wird zwar immer noch zentral aber nur noch als Interdependenzmanager oder als ein „Scharnier“ definiert, weil er Teile seiner traditionellen Rolle aufgeben muss, um auch seine eigene langfristige Steuerungsfähigkeit langfristig zu stärken.[511] „Die ‚geteilte Souveränität’ nimmt ihnen (Staatsregierungen; Anm. d. Verf.) nicht das Gewaltmonopol nach innen, fordert ihnen aber Souveränitätsverzichte ab, um die kollektive Bearbeitung von globalen Problemen zu ermöglichen.“[512] An dieser Stelle treten im Sinne des Konzepts der Akteursdiffusion insbesondere die nicht-staatlichen Akteure in Erscheinung, da im Zusammenspiel aller Beteiligten von einem Kräftegleichgewicht **nicht** auszugehen ist. Vielmehr ist von einem **strukturellen Ungleichgewicht** die Rede[513], indem dem privatwirtschaftlichen Sektor, insbesondere jedoch dem privatwirtschaftlichen ***Unternehmens***sektor eine dominierende Rolle zugeschrieben wird.[514]

[509] Vgl. Schneidewind/Fichter, 2000, S. 7 oder Commission on Global Governance, 1995.
[510] Brunnengräber, 1999, S. 451.
[511] Vgl. Curbach, 2003, S. 19.
[512] Stiftung Entwicklung und Frieden, 1996, S. 5.
[513] Vgl. Messner, 2000, S. 62.
[514] Vgl. Brown et al., 2000, S. 6 in Verbindung mit Messner, 2000, S. 70. Bendell, 2000, S. 160 bezeichnet multinationale Großunternehmen als eine der neuen „Supermächte“ des 21. Jahrhunderts.

4.3 Privatwirtschaftliche Unternehmen als zentraler Interaktionspartner von NGOs

4.3.1 Die Dominanz privatwirtschaftlicher Unternehmen bei ökonomischen Wertschöpfungsprozessen

Eine zunehmend interdependente Welt erfordert die **Mobilität und Flexibilität der Akteure**, sich an fortwährend wechselnde Umweltbedingungen anzupassen, welche dank moderner Informationstechnologie mit nur marginaler zeitlicher Verzögerung beobachtet werden können. Immobile Akteure, insbesondere der Staat, werden dadurch tendenziell geschwächt, während hochgradig mobile Akteure aufgrund ihrer Möglichkeiten, sich rigiden nationalstaatlichen Regulierungssystemen zu entziehen, gestärkt werden. Dies begründet einen „Power Shift“[515], eine **Machtverlagerung zugunsten privatwirtschaftlicher, marktorientierter Handlungsakteure, insbesondere gewinnorientierter Unternehmen.**[516]

Gestützt wird diese Entwicklung durch Veränderungen der ökonomischen und politischen Rahmenbedingungen. Triebfedern hierbei sind einerseits bewusst eingeleitete und normativ, im Sinne des **Politikparadigmas des „Dritten Weges“**[517] begründete **Regimewechsel vom Wohlfahrtsstaat zum Sozialinvestitionsstaat**[518], wie sie sich in zahlreichen großen europäischen Industriestaaten faktisch abzeichnen.[519] Rechte und Pflichten der Akteure werden im Rahmen dieses „Dritten Weges“ neu strukturiert, vor allem indem **vormals öffentliche Aufgaben an private Akteure transferiert** werden.[520] Diese Entwicklung findet ihren Ausdruck u. a. in den global zunehmenden Liberalisierungs-, Deregulierungs- und Privatisierungstendenzen, die ganze Industriezweige (wie z. B. die Telekommunikation oder die Post) dem privatwirtschaftlichen Sektor zuführen. „Government efforts to cut taxes, curb public spending and pursue business-friendly policies of privatisation and deregulation have resulted in a worldwide transfer of power and resources from the public to the private sector.“[521]

Aufgrund fiskalischer Restriktionen ziehen sich die öffentlichen Haushalte andererseits „gezwungenermaßen“ zunehmend aus klassisch staatlichen Leistungsangeboten im Sinne

[515] Sjöström, 2004, S. 10 oder Messner, 2000, S. 69.
[516] Vgl. Winston, 2002, S. 71 f. oder Brown et al., 2000, S. 5 f. und grundsätzlich Brock, 1997 sowie Korten, 1995.
[517] Vgl. insbesondere Giddens, 1999.
[518] Vgl. Schäfer et al., 2001, S. 1.
[519] Exemplarisch sei hier auf die New-Labour-Politik in Großbritannien unter Ministerpräsident Tony Blair oder auf die „Politik der Neuen Mitte“ unter Bundeskanzler Gerhard Schröder in Deutschland verwiesen.
[520] In diesem Zusammenhang wird auch vom „Rückzug des Staates“ gesprochen; vgl. Giddens, 1999, S. 80 ff.
[521] Confederation of British Industry, 2000, S. 2.

der Bereitstellung öffentlicher Güter (z. B. Infrastruktur, Sicherheit, Sozialleistungen) zurück. Beispielhaft sei auf die private Finanzierung von besonders kostenintensiven Verkehrswegen wie z. B. dem Eurotunnel oder auf die zunehmenden Leistungskürzungen bei den gesetzlichen Krankenkassen, die durch private Zusatzversicherungen abgedeckt werden können (z. B. Zahnzusatzversicherung), verwiesen. Auch hierdurch werden vormals öffentliche Aufgaben an private, vor allem unternehmerische Haushalte (aber auch an NGOs) transferiert.[522]

Beide Effekte zusammengenommen begründen ihrerseits eine **Verschiebung der Investitionsgewichte** zugunsten privater, marktorientierter Akteure[523], denn: die Übernahme (vormals öffentlicher) Aufgaben ist i. d. R. mit Investitionstätigkeiten verbunden. So ist beispielsweise in Deutschland der staatliche Anteil an den Bruttoanlageinvestitionen[524] seit Jahren sowohl absolut als auch prozentual rückläufig, im Jahr 2004 betrug der Anteil lediglich noch 7,9 %, was einem Absolutbetrag von ca. 30 Mrd. Euro entspricht[525] (vgl. Abbildung 4-3). Dieser Trend rückläufiger Staatsinvestitionen ist weltweit beobachtbar.[526]

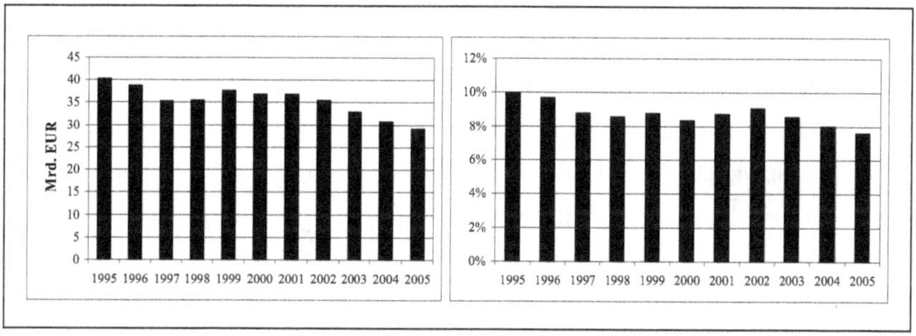

Abbildung 4-3: Staatliche Bruttoanlageinvestitionen in Deutschland (absolut und prozentual vom Gesamtniveau)
Quelle: Statistisches Bundesamt Deutschland, 2005(b), S. 43

Investitionen bilden ihrerseits die Grundlage für Wertschöpfungsprozesse. FPOs als die Produktionseinheiten einer Volkswirtschaft, die laut Eurostat für durchschnittlich ca. 85 %

[522] Vgl. Schäfer/Lindenmayer, 2004, S. 13 oder Badelt, 2002(b), S. 112.
[523] Vgl. z. B. Hildyard, 2002, S. 2.
[524] Unter den „Bruttoanlageinvestitionen" werden „Ausrüstungsinvestitionen", „Bauinvestitionen" und „sonstige, insbesondere immaterielle Anlagen" subsumiert; vgl. Statistisches Bundesamt Deutschland, 2005(a), S. 916.
[525] Eigene Berechnungen auf Basis von Statistisches Bundesamt Deutschland, 2005(a), S. 916.
[526] Für den europäischen Raum vgl. Eurostat, 2006, URL siehe Literaturverzeichnis.

aller *europäischen* Investitionen verantwortlich sind[527], können entsprechend als signifikante bzw. als die mittlerweile **herausragenden wirtschaftspolitischen Akteure** bezeichnet werden.[528] So existierten im Jahr 2004 allein in Deutschland knapp 2,5 Millionen steuerpflichtige Privatunternehmen[529], die Lieferungen und Leistungen im Gesamtwert von ca. 4 Bill. EUR umsetzten.[530] Insbesondere multinationale Großunternehmen, die als internationale Konglomerate operieren und neben dem Kapitalmarkt sozusagen die „institutionalisierte Form" der Globalisierung darstellen[531], konnten im Zuge zunehmender Integrationstendenzen der Märkte herausragende Marktmacht akkumulieren.[532] Bereits 1995 verfügten sie über ein Drittel aller produktiven Vermögensgegenstände.[533] 2002 überstiegen die Umsätze der zehn größten Unternehmen der Welt das kumulierte Bruttosozialprodukt der 100 sogenannten „Least Developed Countries".[534] Mittlerweile sind gemäß einer Pressemitteilung der United Nations Conference on Trade and Development (UNCTAD) 29 der 100 weltweit größten ökonomischen Institutionen – Nationalstaaten eingeschlossen – multinationale Unternehmen.[535] Ein kontinuierlich wachsender Anteil der globalen Wertschöpfung wird somit von privatwirtschaftlichen, insbesondere multinationalen Großunternehmen, und nicht von Nationalstaaten erbracht.

Der Wertschöpfungsprozess als solches (Beschaffung, Produktion, Absatz von Gütern/Dienstleistungen) und die mit ihm verbundenen negativen und positiven externen Effekte (Schadstoffemissionen etc.) lösen ihrerseits wiederum – unabhängig vom Organisationstypus der ihn durchführt – (Nachhaltigkeits-)Wirkungen aus, die bedeutsamen Einfluss auf die gemeinwohlorientierten Zielsetzungen von NGOs im Allgemeinen und von den hier fokussierten NGOs mit Nachhaltigkeitsfokus im Speziellen besitzen. So gehen beispielsweise von der Wahl eines Unternehmens hinsichtlich seines Produktionsstandortes erhebliche soziale (Arbeitsplätze), ökologische (Emissionsrechte) und ökonomische Effekte (Lohnkosten) aus. Damit stehen *unternehmerische* Beschaffungs-, Produktions- und Absatzprozesse auch im Fokus von NGOs und entsprechend kann seit einigen Jahren eine

[527] Dieser Durchschnittswert bezieht sich auf die EU-15-Staaten für die Jahre 1995–2004; vgl. Eurostat, 2006, URL siehe Literaturverzeichnis.
[528] Vgl. Waygood, 2004, S. 28.
[529] Der Statistik zugrunde gelegt wurden nur Unternehmen, deren Jahresumsatz 17.500 Euro übersteigt.
[530] Vgl. Statistisches Bundesamt Deutschland, o. J., URL siehe Literaturverzeichnis.
[531] Schäfer, 2005(b), S. 559 bezeichnet multinationale Großunternehmen in diesem Zusammenhang als die „Unternehmens-Inkarnation" der Globalisierung. Nach Teegen, 2003, S. 275 sind multinationale Großunternehmen „the consummate supranational players".
[532] Vgl. Brock, 1997, S. 16 ff.
[533] Vgl. United Nations Research Institute for Social Development (UNRISD), 1995.
[534] Vgl. Hildyard, 2002, S. 2.
[535] Vgl. UNCTAD, 2002. Gemäß Bendell, 2000, S. 159 sind sogar über die Hälfte der größten ökonomischen Einheiten privatwirtschaftliche Unternehmen. Eine empirische Quelle für diese Zahl bleibt er allerdings schuldig.

Verlagerung bzw. eine Ergänzung der Primäradressaten von NGOs beobachtet werden.[536]

4.3.2 Konsequenzen für das Aktionsspektrum von NGOs

Analog zu alternativen Organisationsformen versuchen NGOs, ihre Zielfunktion zu maximieren – final verfolgen sie somit die Erfüllung ihrer Mission[537], die im Kontext der hier exemplarisch fokussierten NGOs als die Erbringung von Informationsdienstleistungen zur Schaffung von Nachhaltigkeitswirkungen interpretiert wurde.[538]

Zur Erreichung ihrer Ziele stehen NGOs wie anderen Organisationsformen limitierte Ressourcen zur Verfügung, sodass sie dem ökonomischen Kalkül entsprechend (kritische) Interaktionsparteien selektieren müssen, die zur Zielerreichung der jeweiligen NGO maximal beitragen.[539] Der **privatwirtschaftliche Unternehmenssektor** avancierte hierbei aufgrund der im vorangegangenen Abschnitt herausgearbeiteten Dominanz im Bereich der ökonomischen Wertschöpfung (neben Regierungen) zum **primären Zielobjekt für NGOs**.[540] „NGOs realised that business participation was essential to the development of any long-lasting solutions."[541] Ohne die Einbeziehung dieser Akteursgruppe ist eine erfolgreiche Umsetzung der Mission von NGOs im Allgemeinen und von NGOs mit Nachhaltigkeitsfokus im Besonderen i. d. R. nicht möglich.[542] „Today it is private, not public money that is influencing levels of environmental protection."[543]

Doch wie ist der privatwirtschaftliche Unternehmenssektor wirksam beeinflussbar? Woher stammen die entscheidenden Steuerungsimpulse privatwirtschaftlicher Unternehmen?

---

536 Vgl. Spar/La Mure, 2003, S. 80.
537 Vgl. Kapitel 2.4.1.
538 Vgl. Kapitel 2.3.4.
539 Vgl. Spar/La Mure, 2003, S. 81.
540 Vgl. Sjöström, 2004, S. 10 und kritisch hierzu Take, 2002, S. 19, der die Nationalstaaten noch immer als die „primären Adressaten der Einflussnahme" sieht. Spar/La Mure liefern einige Fallbeispiele, in denen NGOs bewusst mit gewinnorientierten Unternehmen, und nicht mit Regierungen interagierten, um ihre Zielsetzungen zu erreichen; vgl. Spar/La Mure, 2003, S. 80 f.
541 Elkington/Fennell, 1998, S. 49.
542 Vgl. Schäfer/Lindenmayer, 2005, S. 16 in Verbindung mit Kurz, 1997, S. 79.
543 Bendell, 1998, S. 1. Mit dem Zitat wird verdeutlicht, dass private, von Unternehmen durchgeführte Investitionsprojekte für die sich global abzeichnenden ökologischen Entwicklungstendenzen maßgeblich sind, da von ihnen die bedeutsamsten Effekte hinsichtlich Ressourcenverbrauch, Schadstoffemission sowie Abfallproduktion ausgehen. „(…) businesses are at the very core of global environmental concerns and affect everyone. Unless these concerns are addressed, it will be impossible for WWF to achieve its mission and its goals"; WWF-UK, 1999, S. 3 zitiert nach Waygood, 2003, S. 30. Vergleichbare Schlüsse lassen sich auch bzgl. der sozialen Konsequenzen unternehmerischer Tätigkeiten ableiten, die insbesondere arbeitnehmerorientiert sind und sich beispielsweise auf Arbeitszeiten, Menschenrechte oder Vereinigungsfreiheit etc. beziehen.

(Groß-)Unternehmen agieren global und sind folglich nicht oder nur sehr reduziert speziellen nationalstaatlichen Regularien wie Gesetzen oder Auflagen unterworfen.[544] Vielmehr „buhlen“ Regierungen mittels entsprechender Anpassungen der Rahmenbedingungen (z. B. Steuersenkungen oder Subventionen) um Unternehmen. Sie erhoffen sich, Investitionen und damit mobiles Kapital anzuziehen, um positive Effekte auf den nationalen Arbeitsmarkt und die Gesamteinnahmen des Staates (Steuern, Sozialversicherungsbeiträge etc.) auszulösen.[545] „In a global market, if a transnational company (...) does not favor the policies of a particular government, it can choose to locate elsewhere.”[546] Hieraus entsteht ein Wettbewerb zwischen einzelnen Nationalstaaten, in dem die ausschließlich an eigenen Maßstäben ausgerichtete Regulierung der Unternehmen durch Regierungen unterminiert wird (sogenannter „**Prozess kompetitiver Deregulierung**“[547]). Ein **Governance-Vakuum** mit entsprechend weit reichenden gestalterischen Freiheitsgraden für die Politik der Unternehmen ist die Folge.[548] Verhaltensregeln bzw. wirtschaftspolitische Rahmenbedingungen sind insofern zu einem gewissen Grad vom Unternehmen selbst bestimm- bzw. auswählbar.[549] Die Ressourcenallokation als zentraler Pfeiler der Unternehmenspolitik und als Grundlage der unternehmerischen Wertschöpfung ist damit primär dem **ökonomischen Kalkül** der privatwirtschaftlichen Unternehmung und damit **eher marktmäßigen denn ordnungspolitischen** Restriktionen unterworfen.

Diese Erkenntnis und die erwähnte Dominanz des privatwirtschaftlichen Unternehmenssektors veranlassten NGOs zu der bereits in Kapitel 2.4.2.1 beschriebenen Öffnung ihres Aktionsraums: Neben den klassischen Lenkungsinstrumenten „Gesellschaft“ und „Politik“, über die die Beeinflussung der gesellschaftlichen und politischen Meinungs- und Entscheidungsbildung angestrebt wird[550], werden seit den neunziger Jahren verstärkt **mehr marktwirtschaftlich basierte, unternehmensorientierte Lösungsmuster** verfolgt.[551] „If economic influence can be translated into political pull, then the best way to change a country's law or practice may well be through the corporations that invest there. (...) [NGOs] have long realized the power of targeting firms directly, rather than (or at least in addition to) trying to affect the regulation that surrounds them.“[552] Die Funktionalität die-

[544] Vgl. auch grundsätzlich Camilleri/Falk, 1992.
[545] In Deutschland läuft diese Diskussion unter dem Namen „Standortdebatte“. Im Mittelpunkt der Globalisierungsängste stehen dabei die Auswirkungen auf die nationalen Arbeitsmärkte.
[546] Bendell, 1998, S. 1.
[547] Vgl. Bendell, 1998, S. 1.
[548] Vgl. Winston, 2002, S. 73.
[549] Vgl. Bendell, 2000, S. 159.
[550] Vgl. Abschnitt 2.4.2.1.
[551] Vgl. Shoham et al., 2006, S. 453 ff. oder Bendell, 2000, S. 155 und grundlegend Murphy/Bendell, 1997.
[552] Spar/La Mure, 2003, S. 81.

ser marktwirtschaftlich basierten Mechanismen zur Steuerung von Unternehmensverhalten (Lenkungsinstrument „Markt“) rekurriert hierbei auf **finanzielle** und nicht auf moralisch-ethische Anreize für die Unternehmen[553], d. h. die Aktivitäten von NGOs müssen Effekte auf das unternehmerische Kosten/Nutzen-Kalkül auslösen, um Verhaltensänderungen bei gewinnorientierten Unternehmen zu induzieren. Insbesondere der internationale Kapitalmarkt stellt vor diesem Hintergrund, wie im nachfolgenden Abschnitt gezeigt wird, ein geeignetes und in den letzten Jahren verstärkt in Anspruch genommenes Handlungsfeld für NGOs dar[554], da von ihm die *kritischen* marktmäßigen Restriktionen für Unternehmen in kapitalistischen Wirtschaftssystemen vorgegeben werden.

4.4 Das Unternehmenssteuerungspotenzial des Kapitalmarkts

Heutzutage werden Unternehmen gängigerweise als Koalition verschiedener Anspruchsgruppen betrachtet.[555] Nach diesem Verständnis dient ein Unternehmen als Instrument zur Realisierung der Ziele der Stakeholder, d. h. aller am Unternehmen beteiligten Anspruchsgruppen (z. B. Arbeitnehmer, Staat, Kapitalgeber).[556] Das Verhältnis der individuellen Ziele der Stakeholder-Gruppen ist hierbei oftmals konfliktär[557], sodass eine simultane Erfüllung aller Ziele unmöglich ist. Zur Ausrichtung seiner Politik muss das Unternehmen demzufolge eine **Priorisierung der Interessen der einzelnen am Unternehmen beteiligten Anspruchsgruppen** vornehmen. Diese Priorisierung wird, zumindest was die Identifikation der Anspruchsgruppe mit der höchsten Bedeutung für das Unternehmen angeht, von der jeweiligen Wirtschaftsverfassung eines Landes geregelt.[558]

In kapitalistischen Wirtschaftssystemen dominiert der ***kapitalgeleitete*** **Unternehmenstypus.** Hier besitzen die (Eigen-)Kapitalgeber als Träger des unternehmerischen Risikos finale Entscheidungsbefugnis, die sich bei (Stamm-)Aktionären in deren Einwirkungsrechte, insbesondere deren Stimmrechte äußert.[559] Begründet wird dies damit, dass in derartigen Wirtschaftsordnungen **die Verfügbarkeit von Kapital den entscheidenden Engpassfak-**

---

553 Vgl. Spar/La Mure, 2003, S. 81.
554 Vgl. Hildyard, 2002, S. 2.
555 Vgl. Cyert/March, 1963 sowie Freeman, 1984. Zur Definition von Anspruchsgruppen vgl. Fußnote 240.
556 Vgl. Schäfer, 2002, S. 58.
557 So sind z. B. die Arbeitnehmer vordringlich an hohen Löhnen und Gehältern und sicheren Arbeitsplätzen interessiert, während die Eigenkapitalgeber nach hohen Gewinnen und damit geringen Kosten (auch Lohn- und Gehaltskosten) streben.
558 Vgl. Schäfer, 2005(c), S. 70.
559 Vgl. Richter/Furobotn, 1996, S. 372. Demgegenüber existierten bis vor einigen Jahren (z. B. im ehemaligen Jugoslawien) auch sogenannte arbeitsgeleitete Unternehmen (Labor Managed Firms), bei denen die Arbeitnehmer den Kurs des Unternehmens bestimmten; vgl. Schäfer, 1993 oder Horvat, 1976.

tor für ein Unternehmen zur Durchführung von privatwirtschaftlichen Wertschöpfungsprozessen markiert. Dieser Logik folgend konkurrieren Unternehmen fortlaufend um den Erhalt und die Erweiterung ihrer Kapitalbasis, da die Sicherung der monetären Liquidität in einer Geldwirtschaft die existenziell wichtigste Restriktion für die Realisierung und Sicherung der Zielsetzung des Unternehmens verkörpert.[560]

Innerhalb der Gruppe der Stakeholder wird entsprechend der Kreis der Kapitalgeber, insbesondere der **Eigenkapitalgeber,** dominierende Berücksichtigung finden. „Damit wird die Unternehmensleitung prinzipiell den Forderungen der Eigenkapitalgeber nach einer risikoadäquaten Verzinsung des im Unternehmen eingesetzten Eigenkapitals höchste Priorität einräumen müssen. Andernfalls hat es den Abzug von Eigenkapital sowie die Verteuerung der Kapitalbeschaffung insgesamt zu befürchten, was bis zur Insolvenz und damit dem Unternehmensende führen kann."[561] Die Unternehmensleitung ist folglich bestrebt, den Wert des Unternehmens für die Anspruchsgruppe der Shareholder, den **Shareholder Value**, zu erhöhen. Dieser im angloamerikanischen Raum bereits seit geraumer Zeit etablierte Ansatz der Unternehmensführung hat sich in den letzten Jahren **auch in Deutschland verstärkt durchgesetzt** (vgl. Abbildung 4-4).

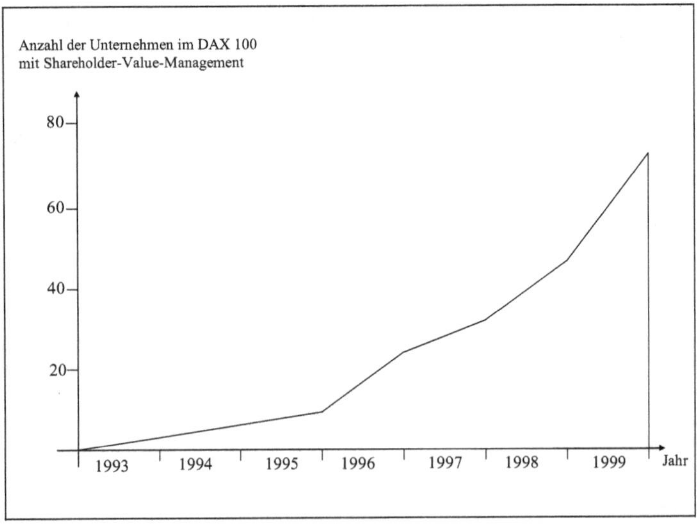

Abbildung 4-4: Shareholder-Value-Management in Deutschland
Quelle: Bühner, 2002, S. 239

560 Vgl. Schäfer, 2007.
561 Schäfer/Lindenmayer, 2005, S. 23.

Die entscheidenden Impulse zur Steuerung des Unternehmens gehen also von den Kapital gebenden Akteuren, insbesondere den **Eigenkapitalgebern**, aus. Die primäre Interaktionsplattform bildet hierbei der Kapitalmarkt, über den sie einerseits *intern* über die Ausübung von Einwirkungs,- speziell Stimmrechten unmittelbaren Einfluss auf die Unternehmenspolitik ausüben können. Andererseits sind Kapitalgeber in der Lage, *extern* im Rahmen ihrer Asset-Allocation ihre Interessen mittelbar in Form von Wertpapierkauf- und -verkaufsentscheidungen und damit verbundenen Preis- bzw. Kursreaktionen zu artikulieren.[562] Die Preismechanismen des Kapitalmarkts, die implizit die Kosten der Kapitalbeschaffung determinieren, wirken hierbei disziplinierend auf die Leitung des privatwirtschaftlichen Unternehmens.[563] „Financial markets value and price economic activity through share prices and interest rates, effectively determining a company's viability."[564] Eine starke Reagibilität des Managements auf Preisreaktionen am Kapitalmarkt ist die Folge.

Der internationale Kapitalmarkt bzw. final die dort agierenden Kapital gebenden (Groß- und Klein-)anleger übernehmen damit zunehmend die Steuerung und die Überwachung von Unternehmen[565], vor allem von börsennotierten Großunternehmen, die sich über den Kapitalmarkt im hier verstandenen Sinne[566] finanzieren. Vornehmlich zwei Eigenschaften befähigen die Institution Kapitalmarkt besonders, dem zuvor identifizierten Governance-Vakuum mit den beschriebenen Steuerungsmechanismen (intern und extern) wirksam zu begegnen:

- **Der Kapitalmarkt verkörpert einen globalen Marktplatz**
- **Der Kapitalmarkt ist weitgehend informationseffizient.**

Die Finanzmärkte gelten als die „in der Globalisierung am weitesten fortgeschrittenen Institutionen."[567] Gemeint ist damit die **Integration der Finanzmärkte (inklusive des hier fokussierten Kapitalmarkts**[568]**)**, die sich seit dem Zusammenbruch des Bretton-Woods-Systems von 1973 vor allem in den Industrienationen durchsetzte und die zu einer zuneh-

---

[562] Auf die internen und externen Einflusspotenziale von Kapitalgebern im Allgemeinen und von NGOs im Besonderen wird detailliert in Kapitel 5 eingegangen.
[563] Dieser Effekt wird im nächsten Kapitel ausführlich hergeleitet.
[564] Hildyard, 2002, S. 3.
[565] Diese Aussage bezieht sich, wie im nächsten Kapitel noch gezeigt wird, insbesondere auf finanzstarke Großanleger, da diese sowohl mittels interner Steuerungsmechanismen (Stimmrechte) als auch externer Steuerungsmechanismen (Kauf bzw. Verkauf von Wertpapieren) größeres Potenzial zur Beeinflussung der Unternehmensführung besitzen.
[566] Vgl. Kapitel 4.1.
[567] Schneidewind/Fichter, 2000, S. 8.
[568] Nachfolgend beschränken sich die Ausführungen auf den Kapitalmarkt als das hier im Fokus stehende Teilsegment des Finanzmarkts.

menden Ablösung der segmentierten nationalen Märkte durch vereinheitlichte integrierte Märkte führte.[569] Ein Kapitalmarkt wird als integriert bezeichnet, wenn zwei Investments mit identischem Risiko in unterschiedlichen (nationalen) Märkten dieselben erwarteten Renditen besitzen.[570] In diesem Fall gilt das sogenannte „Law of one Price“, wonach bei Existenz unterschiedlicher Preise für homogene Güter (hier: Finanztitel) ein Arbitrageprozess einsetzt, der solange Bestand hat, bis der arbitragefreie Gleichgewichtspreis erreicht ist. Das Ergebnis eines solchen Arbitrageprozesses ist folglich die Einheitlichkeit des Marktpreises identischer Vermögenstitel an einem international integrierten Kapitalmarkt.[571] Für individuelle Anleger ist es damit heutzutage problemlos möglich, Kapital zwischen den Industrienationen grenzenlos und ohne zeitliche Beschränkungen zu alloziieren.[572] Die Gründe hierfür sind vielfältig. Neben der Schaffung rechtlicher Rahmenbedingungen, wie z. B. der Europäischen Währungsunion, können sie grundsätzlich als Abbau von sogenannten „Investment-Barrieren“[573], die i. d. R. Kapitalmarktineffizienzen verkörpern, charakterisiert werden, wobei sich diese Barrieren grob als direkte und indirekte Kapitalverkehrsbeschränkungen[574] (z. B. Begrenzungen oder Verbote von Kapitalimporten bzw. speziellen Kapitalimporten wie Direktinvestitionen oder gesonderte Kapitalertragssteuern auf ausländisches Kapital), diskriminierende Besteuerung (z. B. Doppelbesteuerung), Transaktionskosten (z. B. Maklercourtage) und Informationskosten (z. B. Informationsbeschaffungskosten oder Kommunikationskosten) äußern.[575] Während der Abbau von Kapitalverkehrsbeschränkungen und die Abmilderung bzw. Beseitigung von diskriminierenden Steuergesetzen politisch eingeleitet und umgesetzt werden – hier seien z. B. die zahlreichen i. d. R. bilateral abgeschlossenen Doppelbesteuerungsabkommen genannt – sind für die Reduktion von Transaktions- und Informationskosten primär technologische Entwicklungen, wie die Automatisierung der Handelsprozesse verantwortlich.[576] So können Anleger heutzutage, durch den hohen Stand der Elektronifizierung von Händlern und Brokern, Börsen i. d. R. permanent und mit nur geringem Kostenaufwand kontaktieren

[569] Jandura, 2000 liefert einen sehr guten Überblick über theoretische Argumente und insbesondere empirische Studien, die diese Aussage stützen; vgl auch Cheng, 1998 aus empirischer Sicht und Huber, 2000 aus theoretischer Sicht. Darüber hinaus stellt Jandura umfangreiche eigene empirische Berechnungen zur Integration internationaler Finanzmärkte an. Herrmann, 2005 untersucht empirisch die Integration der Finanzmärkte von Schwellenländern.
[570] Vgl. Bekaert/Harvey, 2003, S. 4.
[571] Vgl. Jandura, 2000, S. 67 sowie Uhlir/Steiner, 1994, S. 33 ff.
[572] Dies werden sie aus Risikoaspekten auch tun, um im Sinne der Portfolio-Selection-Theorie größtmögliche Diversifikationseffekte zu generieren.
[573] Solnik, 1996, S. 137.
[574] Kapitalverkehrsbeschränkungen können – ähnlich wie Zölle im güterwirtschaftlichen Bereich – direkt (über die Menge) oder indirekt (über den Preis) erfolgen; vgl. hierzu Dieckheuer, 1995, S. 484 ff.
[575] Vgl. hierzu detailliert Jandura, 2000, S. 78 ff. Weitere Investment-Barrieren sind in den Risikoprämien zu sehen, die z. B. für Wechselkurs- oder Länderrisiken erhoben werden; vgl. Jandura, 2000, S. 100 ff.
[576] Vgl. hierzu auch Herrmann, 2005, S. 23 ff.

(z. B. über das XETRA-System).[577] Damit konkurrieren Unternehmen, vor allem global operierende, börsennotierte Großunternehmen, **weltweit** um die knappe und zugleich hochgradig mobile Ressource „Kapital“. Anders als Staatsregierungen, deren Einfluss an nationalstaatlichen Grenzen weitgehend erlischt, sind die Kapital, insbesondere Eigenkapital gebenden Akteure in der Lage, ***global*** (mittels interner und/oder externer Einflussmöglichkeiten) auf die Steuerung von Kapital nachfragenden Unternehmen einzuwirken: Während sich Unternehmen dem legislativen Einfluss nationaler Regierungen durch Standortwechsel entziehen können, sind sie den Gesetzen der Märkte, insbesondere des Kapitalmarkts, weltweit unterworfen.

Eine weitere wichtige Eigenschaft des Kapitalmarkts hinsichtlich seiner Fähigkeit zur Steuerung von Unternehmensverhalten kann als Anpassungsfähigkeit an die im Zeitablauf eintretenden Änderungen des Informationsstandes charakterisiert werden. Ein Markt wird allgemein als **informationseffizient** bezeichnet, wenn die Marktpreise zu jedem Zeitpunkt alle relevanten Wert beeinflussenden Informationen vollständig reflektieren, d. h. „wenn die Anpassung der Preise sich stets und ohne zeitliche Verzögerung vollzieht.“[578] Zentral für die Gültigkeit dieser „vollkommenen Informationseffizienz“[579] sind die Prämissen: keine Transaktionskosten, kostenlose Information und rationale sowie homogene Erwartungen der Marktteilnehmer. In Abhängigkeit von der Art der in den Wertpapieren abgebildeten Informationen unterscheidet *Fama, 1970* drei „testbare“ Grade von Informationseffizienz, die als theoretischer Bezugsrahmen für empirische Untersuchungen gelten: Strenge, mittelstrenge und schwache Informationseffizienz.[580] Ein Kapitalmarkt wird streng informationseffizient genannt, wenn alle, auch nicht-öffentlich zugänglich Informationen, wie z. B. Insiderinformationen, im aktuellen Marktpreis berücksichtigt sind.[581] Die halbstrenge Informationseffizienz impliziert, dass alle öffentlich verfügbaren Informationen im Preis enthalten sind. Schwache Informationseffizienz liegt hingegen vor, wenn nur die in den historischen Kursen enthaltende Informationsmenge eingepreist wird. In einer Vielzahl von empirischen Studien[582] ist die Informationseffizienz bzw. der Grad der In-

[577] Vgl. Schäfer, 2005(c), S. 81 und grundsätzlich zum elektronischen Wertpapierhandel Domowitz/Steil, 1999.
[578] Franke/Hax, 1999, S. 389 in Verbindung mit Fama, 1970, S. 383.
[579] Bruns/Meyer-Bullerdiek, 2000, S. 79.
[580] Vgl. Fama, 1970, S. 383 ff.
[581] Dieser Effizienzgrad entspricht der zuvor beschriebenen *vollkommenen* Informationseffizienz.
[582] Je nach Effizienzgrad, der untersucht wird, lassen sich diese empirischen Untersuchungen nach Fama in i) tests for private information (strenge Informationseffizienz), ii) event studies (halbstrenge Informationseffizienz und iii) tests for return predictability (schwache Informationseffizienz) teilen; vgl. Fama, 1991, S. 1576 ff.

formationseffizienz des Kapitalmarkts untersucht worden.[583] Wenngleich insbesondere in der jüngeren Literatur bestimmte Anomalien nachgewiesen werden[584], **so gilt der Kapitalmarkt insgesamt doch als weitgehend informationseffizient.**[585] Das bedeutet, dass sich die Preise bzw. Kurse bei neuen (bewertungsrelevanten) Informationen ohne bzw. mit nur marginaler zeitlicher Verzögerung auf dem Niveau einstellen, das sich ergäbe, wenn alle Anleger diese Information gleichzeitig erhielten und unverzüglich ihre Dispositionen träfen. Die überwiegende Mehrheit der empirischen Studien zur Informationseffizienzhypothese befasst sich allerdings mit der Untersuchung (isolierter) nationaler Märkte.[586] Obwohl die Fama-Hypothesen in ihrer Formulierung „allgemein" sind und damit keine Vorbedingungen bezüglich der Beschaffenheit des betrachteten Markts stellen[587], muss zusätzlich überprüft werden, ob die Theorie in unveränderter Form auch auf einen Kapitalmarkt zutrifft, der, wie hier dargestellt, international integriert ist. Die Informationseffizienz eines *integrierten* Kapitalmarkts kann dadurch überprüft werden, dass zunächst die nationalen Märkte auf Informationseffizienz getestet werden, um darauf aufbauend aus der Effizienz der nationalen Teilmärkte die Effizienz des integrierten Kapitalmarkts herzuleiten.[588] Hierbei muss beachtet werden, dass trotz der Existenz informationseffizienter nationaler Märkte (Intra-Effizienz) der Zusammenschluss dieser nationalen Märkte – der integrierte Kapitalmarkt – nicht zwangsläufig informationseffizient sein muss (Inter-Effizienz).[589] Gründe hierfür können gesetzliche Vorschriften für den internationalen Kapitalverkehr oder hohe Transaktions- und Informationskosten im internationalen Kontext sein. Der Grad an Informationseffizienz eines integrierten Kapitalmarkts ist primär von der zeitlichen Struktur der Informationsverarbeitung zwischen den Märkten abhängig, wobei zusätzlich sichergestellt sein sollte, dass allen Marktteilnehmern die gleichen Informationen zugänglich sind, um eine konsistente Informationsmenge über alle Märkte zu gewährleisten.[590] Aufgrund technologischer Entwicklungen insbesondere in den Bereichen Kommunikation und Datenübertragung können, wie bereits erwähnt, Informationen in Sekun-

[583] Eine Zusammenfassung wichtiger empirischer Studien und deren Ergebnisse findet sich u. a. bei Gruber et al., 2003, S. 402 ff. oder Solnik, 1996, S. 131 ff.

[584] Wichtige empirisch beobachtbare Anomalien sind der Small-Firm- und der Price/Earnings-Effekt sowie der zeitbezogene Turn-of-the-Year-, Turn-of-the-Month-, Day-of-the-Week- und Time-of-the-Day-Effekt; vgl. insbesondere Fama/French, 1996 oder für einen Überblick Fama, 1991. Aus theoretischer Perspektive konzentriert sich die Kritik an der Informationseffizienzhypothese insbesondere auf die der Theorie zugrunde liegende Rationalitätsannahme. Demnach weichen individuelle Anleger regelmäßig und systematisch vom Rationalitätsprinzip ab, indem sie spezifischen nicht-rationalen Verhaltensmustern, wie z. B. einer überschätzten Selbstsicherheit in ihren Beurteilungen (Overconfidence), folgen; vgl. z. B. Shleifer, 2000.

[585] Vgl. u. a. Gruber et al., 2003, S. 433 oder Fama, 1991.

[586] Vgl. z. B. Dreman/Berry, 1995; Zarowin, 1999 oder Keim, 1983.

[587] Vgl. Jandura, 2000, S. 51.

[588] Vgl. Herrmann, 2005, S. 62 und Abschnitt 3.4 in Verbindung mit Poddig, 1996, S. 362.

[589] Vgl. Solnik, 1996, S. 136 f. und zu den Begriffen Intra- und Inter-Effizienz Poddig, 1996, S. 362.

[590] Vgl. Jandura, 2000, S. 52 f.

denschnelle verfügbar gemacht werden, sodass zeitlich verzögerte (Preis-)Reaktionen in unterschiedlichen Märkten (sogenannte Lead/Lag-Strukturen) unrealistisch erscheinen, was die Informationseffizienz des integrierten Markts bestätigen würde. Dies wird weitgehend durch empirische Untersuchungen belegt.[591] Das bedeutet, dass sich die Preise bzw. Kurse bei neuen (bewertungsrelevanten) Informationen **auch im internationalen Kontext** ohne bzw. mit nur marginaler zeitlicher Verzögerung auf dem Niveau einstellen, das sich ergäbe, wenn alle Anleger diese Information gleichzeitig erhielten und unverzüglich ihre Dispositionen träfen. Preise verkörpern insofern zu jedem Zeitpunkt den auf dem internationalen Kapitalmarkt gegebenen Informationsstand. Diese Eigenschaft des Kapitalmarkts rekurriert im Wesentlichen auf die hohe Fungibilität monetärer Ansprüche, wodurch die vertraglichen und physischen Austauschprozesse auf dem Kapitalmarkt, die die Preisanpassungseffekte auslösen, erheblich beschleunigt werden.

Die beschriebene Anpassungsfähigkeit des Preismechanismus' bedeutet, dass neue Informationen umgehend vom Kapitalmarkt zu „Handlungsanleitungen" für das Unternehmensmanagement in Form von Preissignalen führen: So werden Unternehmensinformationen, die sich negativ auf zukünftige Ertragschancen und -risiken eines Unternehmens auswirken, umgehend von den Anlegern verarbeitet und interpretiert und mittels Anteilsverkäufe des betreffenden Unternehmens bedacht. Die hieraus resultierenden Kursverluste wirken unmittelbar sanktionierend auf die Unternehmensleitung.

Zusammengefasst kann dem Kapitalmarkt ein bedeutendes Potenzial zur Beeinflussung des Managements insbesondere börsennotierter internationaler Großunternehmen attestiert werden, da er die Plattform abbildet, über die (Eigen-)Kapitalgeber ihre Interessen intern über die Ausübung von Einwirkungsrechten und extern über den Kauf und Verkauf von Wertpapieren artikulieren. Seine internationale Steuerungswirkung basiert vor allem auf seiner globalen Reichweite und seinem Preismechanismus, über den sämtliche bewertungsrelevanten Informationen ohne zeitliche Verzögerungen transportiert und in Handlungsanleitungen für die Unternehmensführungen „übersetzt" werden. Er kann entsprechend als eine neue Kraft bzw. als ein **neues Element der sich im Zuge der Globalisierung etab-**

[591] Vgl. Poddig, 1996, S. 372 ff. und die dort angegebene Literatur sowie Wahab/Lashgari, 1993. Vgl. auch Herrmann, 2005, Abschnitt 3.4 und Jandura, 2000, S. 61 ff., die die Informationseffizienz eines integrierten Kapitalmarkts nachweisen.

lierenden Global-Governance-Architektur beschrieben werden.[592] Aus dieser Perspektive übt der Kapitalmarkt eine **ordnungspolitische Rolle** aus.

Dieses Unternehmenssteuerungspotenzial rückt die Institution Kapitalmarkt bzw. die Gruppe der Kapital-, insbesondere der Eigenkapitalgeber auch ins Zentrum des Interesses von NGOs, denn: Die Erfüllung der gemeinwohlorientierten Ziele von NGOs im Allgemeinen und von NGOs mit Nachhaltigkeitsfokus im Speziellen, hängt, wie zuvor herausgearbeitet wurde, entscheidend von der Politik privatwirtschaftlicher Unternehmen ab, die ihrerseits von den Anlegern mittels interner und/oder externer Einflussmöglichkeiten gesteuert werden kann. NGOs können grundsätzlich zwei Strategien verfolgen, um auf die Unternehmenspolitik einzuwirken: Sie können einerseits selbst als (Eigen-)Kapitalgeber agieren, um *direkten* Einfluss auszuüben. Andererseits können sie versuchen, fremde (Eigen-)Kapitalgeber zu beeinflussen, um *indirekt* auf die Unternehmenspolitik einwirken.[593] In beiden Fällen **dient der Kapitalmarkt NGOs folglich als Instrument zur Veränderung der Unternehmenspolitik.**[594] Speziell für die in dieser Arbeit fokussierten NGOs mit Nachhaltigkeitsfokus können hiervon wesentliche Impulse für den Strukturwandel bei Kapitalnehmern und beim Management von Anlageobjekten und damit für die nachhaltige Entwicklung von privatwirtschaftlichen Unternehmen ausgehen. Damit wird der Kapitalmarkt von NGOs letztlich zur Internalisierung sowohl negativer als auch positiver externer Effekte genutzt, die ihre Ursprünge gerade im Versagen der Märkte haben. *Esty/Gentry, 1997*, führen hierzu aus: „From an environmental perspective, how the hundreds of billions of private capital are spent matters far more than how the few billion dollars of official assistance devoted to environmental investments gets dispensed."[595]

4.5 Zusammenfassende Bemerkungen und Fazit

Zusammenfassend lässt sich festhalten, dass sich im Zuge zunehmender Globalisierungstendenzen privatwirtschaftliche Unternehmen verstärkt als dominierende wirtschaftspolitische Akteursgruppe herausbilden. **Insbesondere im Rahmen ökonomischer Wertschöpfungsprozesse**, von denen die zentralen Wirkungen auf die NGO-Zielerreichung (hier: Förderung der Nachhaltigkeit) ausgehen, **nehmen Unternehmen eine herausgehobene**

[592] Vgl. Scheidewind/Fichter, 2000, S. 8.
[593] Eine ausführliche Herleitung aller kapitalmarktbasierten NGO-Strategien zur Beeinflussung der Unternehmenspolitik (sogenannte Interventionsstrategien) folgt im nächsten Kapitel 5.
[594] Vgl. Waygood, 2004, S. 42.
[595] Esty/Gentry, 1997, S. 2.

Stellung ein. NGOs sind deshalb bestrebt, **die Leistungserstellungsprozesse von Unternehmen**, wie z. B. Investitionen etc. in ihrem Sinne zu **steuern**.

Hierzu eignet sich in besonderem Maße der **Kapitalmarkt**, denn in einer Geldwirtschaft müssen privatwirtschaftliche Unternehmen aufgrund der Liquiditätsrestriktion jederzeit den Anforderungen des internationalen Kapitalmarkts gerecht werden, um ihre Existenz zu sichern. Der ausschlaggebende Engpassfaktor von Unternehmen wird folglich durch Kapital verkörpert, weshalb die Anbieter dieses Engpassfaktors – die Kapitalgeber – als die dominierende Anspruchsgruppe innerhalb eines Unternehmens bezeichnet werden können. Dementsprechend wird die Unternehmenspolitik insbesondere börsennotierter Großunternehmen im Sinne der Shareholder-Value-Maximierung zunehmend exklusiv an den Interessen dieser Stakeholder-Gruppe, vor allem an den Interessen der ***Eigen***kapitalgeber, ausgerichtet, denen einerseits über Wertpapierkauf- und -verkaufsentscheidungen und die damit verbundenen Preis- bzw. Kursreaktionen sowie andererseits über die Ausübung von Einwirkungs- speziell Stimmrechten wirksame Instrumente der Interessensartikulation zur Verfügung stehen.

NGOs versuchen deshalb, entweder i) selbst als Eigenkapitalgeber zu agieren oder ii) Einfluss auf fremde Kapitalgeber auszuüben, um auf die Politik erwerbswirtschaftlicher Unternehmen in ihrem Sinne einzuwirken. Die spezifischen kapitalmarktbasierten Optionen, die NGOs hierbei zur Verfügung stehen, werden im nachfolgenden Kapitel aufgezeigt.

5 Kapitalmarktbasierte Interventionsmöglichkeiten von NGOs

Im vorangegangenen Kapitel konnte herausgearbeitet werden, dass (Eigen-)Kapitalgeber die dominierende Anspruchsgruppe innerhalb eines erwerbswirtschaftlichen Unternehmens verkörpern und in dieser herausgehobenen Stellung das Potenzial besitzen, bedeutsamen Einfluss auf die Unternehmenspolitik auszuüben. Damit soll gewährleistet werden, dass sich die Geschäftsführung als das von den Kapitalgebern beauftragte Ausführungsorgan stets im Sinne der Unternehmenseigentümer und nicht Eigennutzen maximierend verhält. Die entsprechenden Regelungen, die die o. g. Agency-Problematik (zwischen Kapitalgebern und Unternehmensführung) lindern sollen, sind in den jeweiligen nationalen Corporate Governance-Systemen manifestiert und können entsprechend national unterschiedlich ausgeprägt sein.[596] Die zentrale Interaktionsplattform zwischen den (Eigen-)Kapitalgebern und dem Management eines Unternehmens bildet hierbei, wie in Kapitel 4.4 dargestellt, der Kapitalmarkt ab. Er leitet insofern wichtige Steuerungsimpulse der Kapitalgeber, insbesondere der Eigenkapitalgeber an die Unternehmensleitungen weiter und kann daher als **Vehikel zur Übertragung von Anlegerinteressen** angesehen werden. Damit spielt der internationale Kapitalmarkt eine Schlüsselrolle für NGOs, um das Unternehmensverhalten im Sinne ihrer gemeinnützigen Zielsetzung steuern zu können: „Financial markets are key in the pursuit of sustainable development because they hold the scorecard, allocate and price capital, and provide risk coverage and price risks.“[597]

Es stellt sich nunmehr die Frage, über welche spezifischen kapitalmarktbasierten Steuerungskanäle NGOs ihre Interessen akzentuieren können. Hierfür ist zunächst zu klären, auf welche Weise der Kapitalmarkt grundsätzlich in der Lage ist, Steuerungsimpulse an die Unternehmensleitungen abzugeben, mit anderen Worten: Wie kann das für die Unternehmenspolitik verantwortliche Ausführungsorgan „Geschäftsführung“ durch die Institution „Kapitalmarkt“ bzw. durch die dort agierenden Kapital gebenden Akteure im Sinne einer funktionierenden Corporate Governance beeinflusst und kontrolliert werden?

[596] „Corporate Governance“ bezeichnet die Gesamtheit der Regelungen und Sachverhalte, durch die sichergestellt werden soll, dass sich die Manager einer Unternehmung an den Interessen der Eigentümer bzw. Aktionäre orientieren; vgl. Shleifer/Vishny, 1997, S. 738. In der deutschen Literatur ist der Begriff der „Corporate Governance“ zumeist weiter gefasst. Hierbei werden nicht ausschließlich die Interessen der Aktionäre, sondern die aller Stakeholder-Gruppen berücksichtigt; vgl. z. B. Schmidt/Grohs, 1999, S. 2. In diesem Zusammenhang werden auch die Termini „Corporate Governance im engeren Sinne“ und „Corporate Governance im weiteren Sinne“ verwendet; vgl. Behr/Schäfer, 2003, S. 9.

[597] Stigson, 2003, S. 16.

5.1 Steuerungsimpulse des Kapitalmarkts für die Unternehmenspolitik

Prinzipiell eröffnet der Kapitalmarkt seinen (Kapital gebenden) Akteuren ***zwei*** Handlungsmuster, um auf die Politik einer FPO Einfluss auszuüben. Diese können danach differenziert werden, ob sie von außen oder von innen, d.h. *unternehmensextern oder -intern* disziplinierend auf die Unternehmensleitung wirken.

5.1.1 Externe Steuerungsimpulse

Kernfunktion des Kapitalmarkts ist die effiziente Versorgung der Kapitalnachfrager mit Kapital der Kapitalanbieter. Zentrale Steuerungsgröße dieser Kapitalallokation sind die **Kapitalkosten**, also der Preis, den Kapitalgeber für die Bereitstellung von Eigen- und/oder Fremdkapital in Form einer Rendite (Dividende bzw. Zinsen) fordern. Sie setzen sich aus der Zeitpräferenzrate der Marktakteure[598] und einem kapitalnehmerspezifischen Risikoaufschlag zusammen. Aus Sicht der Kapitalnehmer z. B. eines Unternehmens stellen die Kapitalkosten diejenigen Kosten dar, die sie zur Finanzierung des eigentlichen Geschäftsbetriebs aufzuwenden haben, denn: Investitionen als Basis der unternehmerischen Leistungserstellung erfordern Kapital, für das Kosten – die Kapitalkosten – zu entrichten sind. Je höher die Kapitalkosten sind, desto rationierter ist die FPO in ihrer Kapitalaufnahmemöglichkeit und desto beschränkter ist damit das Ausmaß der Investitionen, die ihrerseits die Träger der unternehmensinternen Wertschöpfung sind. **Die Kapitalkosten determinieren insofern das Ausmaß der unternehmerischen Geschäftstätigkeit bzw. das Ausmaß des unternehmerischen Produktionspotenzials!**

Bei den hier fokussierten börsennotierten Unternehmen[599] werden die Kapitalkosten auf dem Kapitalmarkt durch das Angebot an und die Nachfrage nach Kapital und die daraus resultierenden Marktpreise implizit determiniert[600]: Eine steigende (sinkende) Nachfrage nach (verbrieften) Zahlungsansprüchen eines Unternehmens führt hierbei *ceteris paribus* zu steigenden (sinkenden) Preisen bzw. Kursen der Finanzierungstitel dieses Unternehmens und entsprechend zu sinkenden (steigenden) Kapitalkosten.[601] Dieser Zusammenhang ist trivial: Die erwartete Rendite eines Beteiligungstitels (bzw. aus Kapitalnehmersicht der Eigenkapitalkostensatz) entspricht dem Diskontierungssatz, mit dem die zukünftigen jährlichen ausschüttbaren Gewinne nach Zinsen des Unternehmens abdiskontiert

---

[598] Vgl. insbesondere die Zeitpräferenztheorie des Zinses von Fisher, 1930.
[599] Vgl. Abbildung 4-1.
[600] Vgl. Goedeckemeyer, 2006, S. 20; Waygood/Wehrmeyer, 2003, S. 373.
[601] Vgl. Waygood, 2004, S. 90 in Verbindung mit Schäfer, 2003, S. 32 und Kahlenborn, 1999, S. 68.

werden müssen, um dem aktuellen Preis des Titels zu entsprechen[602] – sie gibt somit an, zu welcher Verzinsung diese Titel vom Markt aufgenommen werden. Sinkt nun aufgrund von Verkaufsentscheidungen der Preis des Titels, so muss der Diskontierungs- bzw. der Kapitalkostensatz *ceteris paribus* steigen, damit die zuvor beschriebene Gleichung der Bestimmung der Eigenkapitalkosten erfüllt ist.[603] Zusätzlich werden mit fallenden Kursen der Beteiligungspapiere i. d. R. auch die Fremdkapitalkosten steigen, da sich diese nach der Bonität des Unternehmens bemessen, die ihrerseits entscheidend von den Aktienkursen abhängt.[604] Wertpapierkauf- und -verkaufentscheidungen rationaler Marktakteure rekurrieren dabei auf die im neoklassischen Sinn entscheidenden Anlagekriterien „erwartete Rendite" und „Risiko"[605], die in den gängigen Modellen zur Unternehmensbewertung verarbeitet werden (z. B. Discounted-Cash-Flow-Modelle). Auf einem vollkommenen Kapitalmarkt stellt sich insofern unverzüglich der Preis eines Wertpapiers ein, der dem Barwert der zukünftig erwarteten Cash-Flows des dem Finanzierungstitel zugrunde liegenden Unternehmens entspricht. Nur bis zu maximal diesem „fairen" Preis (Fair Value) werden rationale Anleger das Wertpapier kaufen (horizontale Nachfragekurve der Anleger nach einzelnen Unternehmensaktien[606]).

Externe Steuerungsimpulse der Kapitalgeber werden folglich durch **Wertpapier-, insbesondere Aktienhandelsaktivitäten** auf dem internationalen Kapital(sekundär)markt und entsprechende marktmäßige **Preisreaktionen** der Finanzierungstitel repräsentiert. Hierbei

602 In formaler Schreibweise gilt somit:

$$EK = \sum_{t=0}^{T} \frac{E(d_t)}{(1+k_e)^t};$$

mit k_e = Eigenkapitalkostensatz bzw. Kalkulationszinsfuß der Eigenkapitalgeber, *EK* = Marktwert des Eigenkapitals, $E(d_t)$ = erwartete Zahlungen des Unternehmens an seine Eigenkapitalgeber im Zeitpunkt *t* des Gesamtzeitraums *T*. Für unendliche, gleich bleibende, erwartete Dividenden lässt sich o. g. Gleichung vereinfacht folgendermaßen darstellen:

$$k_e = \frac{E(d)}{EK}.$$

603 Siehe hierzu auch die vereinfachte Gleichung in Fußnote 602. Dieser Kapitalkosten erhöhende Effekt sinkender Marktpreise bzw. Aktienkurse kann an einem einfachen Beispiel verdeutlicht werden: Ein Unternehmen plant eine Kapitalerhöhung in Höhe von 500 EUR durch die Ausgabe junger Aktien. Der Besitz einer jungen Aktie berechtigt zum Bezug einer Dividende von jährlich 1 EUR. Der Ausgabekurs der jungen Aktien wird zwischen 20 EUR und 25 EUR festgelegt, abhängig von der Kursentwicklung der alten Aktien. Angenommen, das Unternehmen könnte die jungen Aktien zu einem Kurs von 25 EUR je Stück am Markt platzieren. Um das gewünschte Kapitalvolumen von 500 EUR zu erhalten, müsste das Unternehmen 20 junge Aktien emittieren. Die damit verbundenen zusätzlichen jährlichen Kapitalkosten beliefen sich dann auf: 20 Aktien · 1 EUR/Aktie = 20 EUR. Müsste das Unternehmen die jungen Aktien jedoch aufgrund eines Kursverfalls der alten Aktien zu einem reduzierten Preis von 20 EUR je Stück am Markt platzieren, so beliefen sich die zusätzlichen jährlichen Kapitalkosten zur Generierung des angestrebten Kapitalvolumens auf: 25 Aktien · 1 EUR/Aktie = 25 EUR. Die zusätzlichen Kapitalkosten hätten sich folglich durch die Kursreduktion um 5 EUR pro Jahr erhöht.

604 Vgl. z. B. Bassen, 2002, S. 121.

605 „Liquidität" stellt aus theoretischer neoklassischer Sicht kein Anlageentscheidungskriterium dar, da Liquidität beliebig über den vollkommenen Kapitalmarkt beschafft werden kann.

606 Vgl. Shleifer, 1986.

wird davon ausgegangen, dass der Aktienkurs alle öffentlich zugänglichen und wirtschaftlich relevanten Informationen eines börsennotierten Unternehmens widerspiegelt und so die unternehmerischen Ertragsaussichten korrekt abbildet (sogenannte „Kapitalmarkteffizienzthese"[607]): „(...) security prices at any time fully reflect all available information."[608] Insofern wird die Politik eines Unternehmens durch den Kapitalmarkt über den Kurs der Wertpapiere des Unternehmens honoriert bzw. bestraft. In Analogie zur Haushaltstheorie üben Kapitalanleger demnach eine Form von „Anlegersouveränität"[609] aus: Es wird lenkend in die Struktur des Produktionspotenzials und -prozesses von Kapital nachfragenden Unternehmen eingegriffen.[610] So kann beispielsweise die Unternehmens-, speziell die Investitionspolitik einer Geschäftsführung durch den Verkauf von Aktien dieses Unternehmens sanktioniert werden. Verkaufsentscheidungen werden von Anteilseignern gewählt, die die Rendite/Risiko-Konstellation des Unternehmens aufgrund verfehlter Investitionspolitik zukünftig schlechter einschätzen und daher auf sinkende Aktienkurse „wetten". Der Marktmechanismus führt *ceteris paribus* zu sinkenden Aktienkursen[611] und damit zu steigenden Kosten der Beteiligungsfinanzierung. Ein größerer Anteil des verfügbaren Eigenkapitals muss nun dazu verwendet werden, die Ansprüche der Eigenkapitalgeber in Form von Dividenden zu bedienen. Unternehmensinterne Wertschöpfungsprozesse, insbesondere geplante Investitionen, sind nur noch in einem anteilsmäßig reduzierten Ausmaß realisierbar, womit das Ziel der Kapitalgeber (Sanktionierung der Investitionspolitik der Unternehmensführung) erreicht wurde. Im Extremfall führt die Sanktionierung via Wertpapierverkauf sogar so weit, dass die Unternehmensleitung entlassen wird. Dies kann dann der Fall sein, wenn es für den Kursverfall keine plausiblen Gründe wie z. B. Kaufzurückhaltung der Konsumenten gibt.[612] Die Unternehmensführung wird also stets bestrebt sein, derartige Situationen zu vermeiden und entsprechend im Sinne der Aktionäre zu handeln.

Diese **Wertpapier-, insbesondere Aktienhandelsaktivitäten** und die damit verbundenen marktmäßigen Preis- und Kapitalkostenreaktionen figurieren den in dieser Arbeit **zentra-**

[607] Vgl. Fama, 1970 sowie die Ausführungen zur Informationseffizienz im vorangegangenen Abschnitt.
[608] Fama, 1970, S. 383.
[609] Schäfer, 2003, S. 29.
[610] Vgl. Schäfer, 2001, S. 741 ff.
[611] Diese Preisreaktion erfolgt natürlich nur dann, wenn den Verkaufsentscheidungen keine Kaufentscheidungen bzw. Kaufentscheidungen in geringerem Ausmaß entgegenstehen. Dies kann bei vollkommenen Kapitalmärkten unterstellt werden, da von homogenen Erwartungen der Anleger hinsichtlich des Werts der Unternehmung auszugehen ist; vgl. Sharpe, 1964.
[612] Vgl. Schmidt/Grohs, 1999, S. 25 f.

len externen Steuerungsimpuls (Sanktionsmechanismus) des Kapitalmarkts bzw. der sie ausführenden Kapitalmarktakteure für das Verhalten börsennotierter Unternehmen.[613]

Daneben existieren weitere über den Kapitalmarkt implementierbare Mechanismen zur externen Beeinflussung der Unternehmenssteuerung, die zwar nicht im Fokus dieser Arbeit stehen, zur Vervollständigung jedoch kurz vorgestellt werden sollen: Einerseits kann Managementfehlverhalten durch an den Kursverlauf der Unternehmensaktie gekoppelte **variable Vergütungskomponenten der Managementführung** (z. B. Aktienoptionen), wie sie vor allem in angloamerikanischen Unternehmen verbreitet sind, bestraft werden.[614] Verkaufsentscheidungen von Eigenkapitalgebern münden in einen Wertverlust der betreffenden Aktien, wodurch direkt Einkommens- und Vermögensreduktionen der Unternehmensleitung realisiert und entsprechende Handlungsanreize induziert werden.[615]

Andererseits besteht für potenzielle Anteilseigner grundsätzlich die Möglichkeit, durch ein öffentliches Übernahmeangebot an die Altaktionäre ein börsennotiertes Unternehmen mehrheitlich zu übernehmen, um anschließend mit ihrer Stimmenmehrheit die Unternehmensleitung und möglicherweise andere hochrangige Mitarbeiter auszuwechseln (sogenannte „**feindliche Übernahme**").[616] Der damit verbundene **Reputationsverlust der Unternehmensleitung** dient als **Bestrafung** für eine Investitionspolitik, die in den Augen der Mehrheit der Anleger ertragreicher hätte ausfallen müssen. Insbesondere ein gesunkener oder niedriger Aktienkurs ist hierbei ein geeignetes Signal für ineffizientes Management.[617] „The lower the stock price, relative to what it could be with more efficient management, the more attractive the takeover becomes to those who believe that they can man-

[613] Neben diesen rein marktmäßigen, auf Wertpapierkauf- und -verkaufentscheidungen basierenden externen Steuerungsimpulsen des Kapitalmarkts verfügen insbesondere Banken durch die Möglichkeiten der Kreditrationierung und der Erhebung von Risikoaufschlägen bei der Kreditvergabe über Potenzial, das Managementverhalten eines Unternehmens kapitalmarktbasiert und ebenfalls extern zu sanktionieren.

[614] Anreizkompatible Entlohnungsformen könnten auch als *internes* Instrument der Beeinflussung der Unternehmenssteuerung deklariert werden, da sie die Vergütung des Managements innerhalb des Unternehmens determinieren. Da die Antriebe zur Steuerung des Unternehmens jedoch extern, vom Aktienkurs ausgehen, werden sie im Rahmen dieser Arbeit unter die externen Steuerungsimpulsen des Kapitalmarkts subsumiert.

[615] Vgl. insbesondere Jensen/Murphy, 1990 und Murphy, 1985, die mittels empirischer Studien einen signifikant positiven Zusammenhang zwischen der Vergütung des Managements und Unternehmenserfolgskennzahlen wie Gewinn, Rentabilität oder Aktienkurs nachweisen.

[616] Vgl. Schäfer, 2002, S. 144. Manne war der erste, der die disziplinierende Wirkung von Unternehmensübernahmen auf das Verhalten des Managements beschrieb; vgl. Manne, 1965. Seit Mitte der achtziger Jahre ist die Zahl feindlicher Übernahmen jedoch stetig gesunken; vgl. insbesondere Jensen, 1989. Theoretische Argumente hierfür liefern vor allem Grossmann/Hart, 1980.

[617] Franks/Mayer, 1994(a) konnten jedoch für den britischen Markt keinen statistisch signifikanten Zusammenhang zwischen geringen Aktienkursen (als Signal für schlechtes Unternehmensmanagement) und feindlichen Übernahmen feststellen. Im Gegenteil, die „bid-premiums" bei feindlichen Übernahmen waren vergleichbar mit denen bei freundlichen Übernahmen. Ähnliche Ergebnisse für den US-Markt liefern Martin/McConnell, 1991.

age the company more efficiently."[618] Um Reputationsverluste zu vermeiden, ist das Management angehalten, sich so zu verhalten, dass eine feindliche Übernahme möglichst unwahrscheinlich wird. Dies wird durch eine Unternehmens-, insbesondere Investitionspolitik erreicht, die eine Übernahme möglichst teuer macht, also den Aktienkurs maximiert – wie es exakt den Wünschen der Aktionäre entspricht.[619]

Alle *externen* Steuerungsimpulse der Kapitalgeber bzw. des Kapitalmarkts rekurrieren somit fundamental auf den an der Börse ermittelten Preis eines Unternehmens – den Aktienkurs –, der auf einem informationseffizienten Kapitalmarkt als monetäres Informationsaggregat grundsätzlich einen zentralen Indikator der Unternehmensleistung repräsentiert.[620] In diesem Kontext wird auch von der „Informationsfunktion des Preises" gesprochen.[621] Dieser Sichtweise liegt implizit die Annahme zugrunde, dass sogenannte „Windfalleffekte" (Windfall Profits bzw. Windfall Losses), d. h. Aktienkursbewegungen, die auf alternative Einflussgrößen wie Zinsniveauschwankungen, Wechselkursbewegungen und/oder sonstige Konjunkturschwankungen rekurrieren, nur marginale Bedeutung besitzen, unsystematisch sind bzw. bei der Beurteilung der Unternehmensleistung adäquat berücksichtigt werden.[622]

5.1.2 Interne Steuerungsimpulse

Bei börsennotierten Kapitalgesellschaften, insbesondere bei Aktiengesellschaften, wird die Geschäftsführungsbefugnis der Unternehmenseigentümer an die Unternehmensleitung delegiert. In Deutschland gilt für Aktiengesellschaften beispielsweise das sogenannte Strukturprinzip, nach dem der Vorstand die Gesellschaft unter eigener Verantwortung zu leiten

[618] Manne, 1965, S. 113.
[619] Vgl. Lentfer, 2005, S. 80. Solche sogenannten „Märkte für Unternehmenskontrolle" zur externen Überwachung des Managementverhaltens sind in Deutschland aufgrund dessen Eigenheiten im Finanzsystem bislang unterentwickelt. Die Gründe hierfür liegen insbesondere im rechtlichen Rahmenwerk (z. B. Höchststimmrechtsbeschränkungen, Möglichkeiten der Ausgabe von stimmrechtslosen Vorzugsaktien und vinkulierten Namensaktien, Mitbestimmungsrecht der Mitarbeiter), in einem umfassenden Netzwerk aus wechselseitigen Kapitalbeteiligungen (z. B. Überkreuz-, Ring- und wechselseitige Verflechtungen), Personalverflechtungen, in der Konzentration des Anteilsbesitzes (vgl. z. B. Höpner/Jackson, 2001, S. 547), im Hausbankprinzip und in der Verfassung des deutschen Börsenwesens (das z. B. keine gesetzliche Richtlinie zur Unternehmensübernahme kennt); vgl. hierzu Beyer/Höpner, 2005, S. 27 oder Schäfer, 2002, S. 144 ff. Diese gemeinhin mit „Deutschland AG" umschriebene Marktcharakteristik in Deutschland ist trotz der beobachtbaren Veränderungsabsichten angelsächsisch geprägter Kapitalmarktakteure noch existent, befindet sich aber im Wandel. Beispielhaft sei hier auf die Einflussnahme des britischen Hedgefonds TCI zur Absetzung des Vorstandsvorsitzenden der Deutsche Börse AG im Frühjahr 2005 und infolge die „Entthronung" des Aufsichtsratsvorsitzenden hingewiesen; vgl. Schäfer/Lindenmayer, 2005, S. 97.
[620] Vgl. Schäfer, 2007.
[621] Vgl. z. B. Andersen, 1985, S. 354 ff.
[622] Vgl. z. B. Winter, 2003, S. 111. So können durch die Verwendung eines Markt- bzw. Branchenindexes als Vergleichsmaßstab systematische bzw. branchenspezifische Windfall Profits oder Losses eliminiert werden.

hat.[623] Durch diese Funktionstrennung gewähren die Kapitalgeber der Unternehmensleitung nicht nur Zugang zu monetären Mitteln, sie übertragen ihnen zusätzlich auch Entscheidungs- und Verfügungsrechte. Die Kapitalgeber sehen sich folglich Verhaltensrisiken der Unternehmensleitung ausgesetzt, die auf deren Informationsvorsprünge rekurrieren und die sich insbesondere als Moral-Hazard- und Hold-Up-Situationen[624] in Form von Shirking[625], Verschwendung, Veruntreuung etc. äußern können. Adverse Anreize dieser Art wurden der Unternehmensleitung bereits von *A. Smith* zugeschrieben. Er führte hierzu aus: „(...) being the managers rather of other people's money than of their own, it cannot well be expected that they should watch over it with the same anxious vigilance with which the partners in a private copartnery frequently watch over their own (...). Negligence and profusion, therefore, must always prevail, more or less in the management of the affairs of such a company."[626]

Um derartige Verhaltensrisiken zu reduzieren und damit die Unternehmensleitung zu einem kooperativen Verhalten zu veranlassen, greifen **interne Steuerungsmechanismen**: Den Kapitalgebern stehen besondere, gesetzlich und satzungsmäßig verankerte Rechte zu, die sich als **Einwirkungs- und Informationsrechte** äußern und deren zentrale Elemente in allen bedeutenden Industrienationen im Grundsatz weitgehend deckungsgleich, wenn auch in unterschiedlichen Ausprägungen zu finden sind.[627]

Einwirkungsrechte

Einwirkungsrechte bezeichnen die **Rechte der Kapitalgeber, auf die Unternehmenspolitik, d. h. auf die Geschäftsführung Einfluss auszuüben**. Sie stehen grundsätzlich nur Inhabern von *Beteiligungstiteln* zu[628], da diese, als Residualeinkommensbezieher und da-

[623] Vgl. § 76 Abs. 1 AktG.
[624] Vgl. hierzu auch Tabelle 7-1 in Teil III dieser Arbeit.
[625] Vgl. insbesondere Alchian/Demsetz, 1972.
[626] Smith, 1776, S. 700, zitiert nach Waygood, 2004, S. 106.
[627] Für einen internationalen Vergleich von Aktionärsrechten vgl. insbesondere den von La Porta et al. entwickelten Index; vgl. La Porta et al., 1998 und kritisch hierzu Höpner, 2005. Pagano/Volpin, 2001 liefern ein Update dieses Indexes.
[628] Diese Aussage bedarf einiger Einschränkungen. Fremdkapitalgeber werden versuchen, insbesondere mit steigendem Verschuldungsgrad, die Vergabe von Krediten an die Erfüllung bestimmter Auflagen durch den Kapitalnehmer zu knüpfen. Ist der Kreditnehmer an dem Kredit interessiert, wird er bereit sein, entsprechende Auflagen zu akzeptieren. Diese können auf die Geschäftspolitik des Kreditnehmers direkt oder indirekt einwirken. Von einer direkten Einwirkung spricht man, wenn der Kreditvertrag Vorschriften für die Geschäftspolitik enthält. Von einer indirekten Einwirkung spricht man hingegen, wenn der Kreditvertrag die Mitwirkung des Kreditgebers in einem Organ der Geschäftsführung des Kreditnehmers, wie z. B. dem Aufsichtsrat, vorsieht. Darüber hinaus kann der Inhaber eines Forderungstitels, soweit ihm ein Kündigungsrecht zusteht, möglicherweise durch die Androhung, dieses Gestaltungsrecht zu nutzen, auf die Geschäftspolitik des Kreditnehmers einwirken. Je schwerer dem Fremdkapitalnehmer die Refinanzierung fällt, desto wirksa-

mit als Risikokapitalgeber, die Risiken des Unternehmens primär zu tragen haben.[629] Die nachfolgenden Ausführungen konzentrieren sich daher auf Eigenkapitalgeber und speziell auf Aktionäre.

Der Wert eines Einwirkungsrechts wird zentral von der Art der Entscheidungen bestimmt, auf die der Titelinhaber einwirken kann. In Deutschland steht jedem Aktionär laut § 119 AktG ein gesetzliches Einwirkungsrecht zu auf:

- die Bestellung der Mitglieder des Aufsichtsrats
- die Verwendung des Bilanzgewinns
- die Entlastung der Mitglieder des Vorstands und des Aufsichtsrats
- die Bestellung des Abschlussprüfers
- Satzungsänderungen
- Maßnahmen der Kapitalbeschaffung und der Kapitalherabsetzung
- die Bestellung von Prüfern zur Prüfung der Geschäftsführung
- die Auflösung der Gesellschaft.

Über diese Einwirkungsrechte, insbesondere zur Bestellung des den Vorstand wählenden Aufsichtsrats, zur Entlastung des Vorstands und des Aufsichtsrats, zur Mitbestimmung von Satzungsänderungen, zur Gewinnverwendung und zur Mitbestimmung bei Finanzierungsfragen verfügen die Aktionäre über Instrumente, die Geschäftspolitik zu überwachen und sie **theoretisch** wirksam zu beeinflussen. Inwieweit ein Aktionär ***in praxi*** seine Interessen durchsetzen kann, hängt dabei wesentlich von der Anzahl seiner Stimmrechte und dem Abstimmungsmodus ab.[630]

Grundsätzlich wächst (bei Stammaktien) die Anzahl der Stimmrechte proportional mit der Höhe der Kapitalbeteiligung („One share, one vote")[631]: Je höher die Kapitalbeteiligung eines Gesellschafters ist, desto ökonomisch bedeutsamer ist sein Recht und seine Möglichkeit, mittels der Ausübung von Stimmrechten auf der Hauptversammlung aktiv auf die

mer wird diese Art der Einwirkung sein. Eine wirksame Drohung kommt einer Mitentscheidung gleich; vgl. Franke/Hax, 1999, S. 48 f.

629 Vgl. Richter/Furobotn, 1996, S. 372.

630 Vgl. Franke/Hax, 1999, S. 49.

631 Zur Optimalität dieser Regel vgl. Harris/Raviv, 1988 sowie Grossman/Hart, 1988. In Deutschland ist dieser Grundsatz allerdings durch Höchststimmrechtsbeschränkungen oder durch die Emission von Vorzugsaktien ohne Stimmrecht aushöhlbar. Höchststimmrechtsbeschränkungen sind jedoch seit 1998 nur noch bei nichtbörsennotierten Gesellschaften zulässig.

Geschäftspolitik einzuwirken.[632] Insofern herrscht eine positive Korrelation zwischen der Anteilsgröße eines Aktionärs und seinen Einflussmöglichkeiten auf das Management.[633] So kann in Deutschland ein Gesellschafter, der im Besitz von mehr als einem Viertel der stimmberechtigten Aktien ist, jeden Beschluss blockieren, der eine Dreiviertelmehrheit der abgegebenen Stimmen erfordert (sogenannte „Sperrminorität").[634] Verfügt ein bzw. verfügen einige wenige Großaktionär(e) über mehr als die Hälfte der Stimmen, kann er/können sie den Aufsichtsrat nach seinen/ihren Vorstellungen bestellen. Der/die Großaktionär(e) ist/sind dann indirekt über den Aufsichtsrat in der Lage, den Vorstand mit Personen zu bestücken, die eine Unternehmenspolitik verfolgen, die exklusiv seinen/ihren Vorstellungen entspricht.[635]

[632] Dies schränkt die wirksame Implementierung der internen Steuerungsmechanismen faktisch auf den Bereich institutioneller Anlegergruppen ein; vgl. Garz et al., 2002, S. 27. Ferner stehen die „direkten Kosten des Widerspruchs" (Hirschmann, 1970, S. 33) für einen Kleinaktionär in keinem Verhältnis zu dem sich ergebenden Ertrag, sodass auch aus Kosten-Nutzen-Überlegungen heraus dominierend institutionelle Anleger interne Steuerungsmechanismen nutzen werden.

[633] Vgl. Bassen, 2002, S. 56 f. Nach Shleifer/Vishny ist beispielsweise ein Besitzanteil von 10 bis 20 % geeignet, um auf die Unternehmensleitung wirksam Einfluss auszuüben. Sie argumentieren theoretisch mittels eines Agency-Ansatzes. Demnach besitzt ein Aktionär mit o. g. Besitzanteil „the incentive to collect information and monitor the management, thereby avoiding the traditional free rider problem. He also has enough voting control to put pressure on the management in some cases, or perhaps even to oust the management through a proxy fight or a takeover"; Shleifer/Vishny, 1997, S. 754 in Verbindung mit Shleifer/Vishny, 1986. Vgl. hierzu auch grundsätzlich Becht, 1997, S. 11–28, der die Beziehungen zwischen Aktionär und Management mittels einer Matrix erläutert, in der die Überwachungsmöglichkeiten der Aktionärsseite mit der Konzentration des Eigentums variieren.

[634] Für eine ordentliche Kapitalerhöhung benötigt der Vorstand beispielsweise eine Dreiviertelmehrheit des bei der Hauptversammlung anwesenden Grundkapitals; vgl. § 182 Abs. 1 AktG.

[635] Diese Möglichkeit ist *in praxi* jedoch nur bedingt gegeben. So wird in Deutschland das Einwirkungsrecht von Aktionären, insbesondere bei der Bestellung und Abberufung des Vorstands, durch das Betriebsverfassungsrecht und die Mitbestimmungsgesetze faktisch eingeschränkt, soweit die entsprechenden Unternehmen dem Mitbestimmungsgesetz (MitbestG) von 1976 unterliegen. Die Bestellung und Abberufung des Vorstands erfolgt durch den Aufsichtsrat (§ 31 MitbestG), der bei den dem Mitbestimmungsgesetz unterliegenden Unternehmen jedoch nur zur Hälfte aus Vertretern der Aktionäre besteht. Die andere Hälfte wird mit Arbeitnehmervertretern aufgefüllt (§ 7 MitbestG). Entsteht jedoch bei Abstimmungen, z. B. über personelle Besetzungen des Vorstands, eine Pattsituation, gibt der Aufsichtsratsvorsitzende den Ausschlag, der stets von einem Aktionärsvertreter bekleidet wird; vgl. hierzu insbesondere die entsprechenden Paragrafen des Mitbestimmungsgesetzes. Im monistischen System der USA (One-Tier- vs. Two-Tier-System in Deutschland) besitzt demgegenüber der Vorstandsvorsitzende, der sogenannte „Chief Executive Officer" (CEO) bei der Wahl des sogenannten „Board of Directors" (ein dem deutschen Aufsichtsrat vergleichbares Organ), das seinerseits wiederum die Officers (Entscheidungsorgan) wählt, starke exekutive Macht. Diese äußert sich u. a. im sogenannten „Proxy-System": Danach ist die Stimmrechtsübertragung eines Aktionärs an eine dritte Person möglich. Diese dritte Person kann nun, im Gegensatz zum deutschen System, auch der CEO selbst sein. Bei der Wahl des Board of Directors kommt es entsprechend regelmäßig zu einem Wettbewerb um die Gewinnung von Stimmen zwischen einzelnen Aktionärsgruppen und den Officers, insbesondere dem CEO. (Anders als in Deutschland können Board-Mitglieder gleichzeitig die Funktion eines Officers bekleiden – Einstufigkeit der Überwachungs- und Geschäftsführungsfunktion). Dieser „Proxy-Kampf" wird aufgrund von Transaktionskosten, die vor allem aus dem Sammeln von Stimmrechten resultieren, häufig zugunsten des CEO entschieden, wodurch die Einwirkungsrechte amerikanischer Aktionäre bei der Wahl der Geschäftsführung beschnitten werden; vgl. Schäfer, 2002, S. 143 f.

Bei Unternehmen, die sich dem „Deutschen Corporate Governance Kodex“[636] verschrieben haben, sind die Einflussmöglichkeiten über die Wahl der Aufsichtsratsmitglieder jedoch für alle Aktionäre, also nicht nur für Großaktionäre, besonders wichtig, denn: Bei allen Geschäften von grundlegender Bedeutung – besonders wichtige Investitions-, Desinvestitions- und Finanzierungsvorhaben – unterliegt die Geschäftsführung Zustimmungsvorbehalten des Aufsichtsrats.[637] Der Aufsichtsrat, den die Aktionäre mehrheitlich bestimmen, kann insofern jede grundlegende Entscheidung des Vorstands (insbesondere größere Investitionsvorhaben) blockieren.

Neben dem eigentlichen Stimmrecht, das den Aktionären abhängig von ihrem Anteilsbesitz eine mehr oder weniger starke Beteiligung an den Beschlussfassungen der Hauptversammlung einräumt und damit das wichtigste Verwaltungsrecht verkörpert, verfügen die Inhaber von stimmberechtigten Beteiligungstiteln zusätzlich über Rede- und Antragsrechte, um auf die Geschäftspolitik einzuwirken.[638] Das Rederecht gestattet hierbei jedem Aktionär, sich auf der Hauptversammlung zu einzelnen Tagesordnungspunkten kritisch und i. d. R. zeitlich begrenzt[639] zu äußern.[640] Aufgrund der regelmäßigen Medienpräsenz bei Hauptversammlungen ist dieses Instrument durchaus geeignet, die Öffentlichkeit und darüber auch die Geschäftsführung und die Unternehmensinhaber für bestimmte Themen – darunter z. B. auch Nachhaltigkeitsthemen – zu sensibilisieren.[641] Das Antragsrecht ermöglicht den Aktionären ferner, Anträge bzw. Gegenanträge zu speziellen Tagesordnungspunkten einzureichen, über die die Hauptversammlung rechtsverbindlich zu beschließen hat.[642] Gegenanträge sind hierbei Anträge, die von den Beschlussvorschlägen der Verwal-

---

[636] Der „Deutsche Corporate Governance Kodex“ verfügt zwar mit der Entsprechungserklärung gemäß § 161 AktG über eine gesetzliche Grundlage, verkörpert jedoch kein eigenständiges Gesetz bzw. keinen eigenständigen Gesetzesbestandteil und besitzt folglich keine unmittelbaren Rechtswirkungen. Deutsche Unternehmen, insbesondere börsennotierte Großunternehmen, für die der Kodex primär konzipiert wurde, können sich *freiwillig* dazu entschließen, den Regelungen des Kodex' Folge zu leisten; vgl. von Werder/Talaulicar, 2003, S. 2.

[637] Vgl. Deutscher Corporate Governance Kodex, Ziffer 3.3 in Verbindung mit Höpner, 2002, S. 27.

[638] Das Rederecht ist hierbei gesetzlich zwar nicht geregelt, als Bestandteil des Teilnahmerechts des Aktionärs gemäß § 118 Abs. 1 AktG aber allgemein anerkannt.

[639] Das Gesetz zur Unternehmensintegrität und Modernisierung des Anfechtungsrechts (UMAG) ermächtigt die Unternehmen, das Frage- und Rederecht von Aktionären zeitlich zu begrenzen; vgl. REGIERUNGonline, 2006, URL siehe Literaturverzeichnis.

[640] Einschränkend muss allerdings darauf hingewiesen werden, dass nach der Bestimmung des § 118 Abs. 1 AktG die Aktionäre ihre Rechte „in den Angelegenheiten der Gesellschaft in der Hauptversammlung“ ausüben. Demnach ist die Ausübung des Rederechts an die Voraussetzung geknüpft, dass Gegenstand der Ausführungen nur Angelegenheiten der Gesellschaft sein können. Allerdings wurde der Begriff der „Angelegenheiten der Gesellschaft“ vom Gesetzgeber bislang noch nicht exakt abgegrenzt, sodass ein breites Begriffsverständnis seitens des Aktionärs zugrunde gelegt werden kann.

[641] Vgl. hierzu kontextbezogen Wellhöfer, 1977, S. 82 ff. in Verbindung mit S. 152.

[642] Vgl. §§ 125, 126 AktG in Verbindung mit Deutscher Corporate Governance Kodex, Ziffer 2.2.3. sowie das einleitende Beispiel in Kapitel 1.

tung (Vorstand und Aufsichtsrat) zu spezifischen Tagesordnungspunkten[643] abweichen.[644] Liegen von der Verwaltung keine Vorschläge zu einzelnen Tagesordnungspunkten vor, wie z. B. im Fall des § 124 Abs. 3 S. 2 AktG, können dennoch Anträge gestellt werden, die dann allerdings nicht Gegenanträge im Sinne des Gesetzes, sondern Vorschläge zur Beschlussfassung verkörpern. Grundsätzlich sind in Deutschland nur Aktionäre zu einem (Gegen-)Antrag berechtigt, die einerseits zur Teilnahme an der Hauptversammlung befugt sind und andererseits ein Stimmrecht besitzen.[645] Nach der Einreichung des (Gegen-)Antrags wird dieser bei Erfüllung spezifischer Restriktionen[646] mitgeteilt. Abschließend wird über die Tagesordnungspunkte, nicht über die (Gegen-)Anträge abgestimmt.[647] Beispielsweise können Aktionäre einen von den Beschlussvorschlägen der Verwaltung abweichenden Gegenantrag stellen, mit dem ein umstrittenes Engagement des Unternehmens (z. B. eine Produktionsstätte in einem Entwicklungsland, in der Kinder beschäftigt sind) kritisiert wird. Sind die Aktionäre mit dem Inhalt des Gegenantrags einverstanden, müssten sie anschließend dem Tagesordnungspunkt die Zustimmung verweigern, zu dem der Gegenantrag gestellt wurde (z. B. Entlastung des Vorstands). Entsprechende Stimmenmehrheiten vorausgesetzt, können Aktionäre mit diesem Instrument unmittelbaren (*formalen*) Einfluss auf die Unternehmenspolitik ausüben.[648]

Ein (Gegen-)Antrag muss jedoch nicht zwingend zur Abstimmung gestellt werden, damit Aktionäre ihren Einfluss geltend machen können. Oftmals verständigen sich Unternehmensleitungen und Antragsteller bereits im Vorfeld einer Hauptversammlung bzw. einer Abstimmung über die Umsetzung der den (Gegen-)Anträgen zugrunde liegenden Themen. Das bewirkt, dass die Antragssteller i. d. R. ihre (Gegen-)Anträge zurückziehen, womit diese nicht länger Gegenstand des Abstimmungsprozesses sind.[649] Über diesen Kanal ent-

---

[643] Vgl. § 124 Abs. 3 S. 1 AktG.
[644] Vgl. Henn, 1984, S. 105.
[645] Die Bedingungen für die Einreichung von Aktionärsanträgen bzw. -gegenanträgen sind international unterschiedlich restriktiv ausgestaltet. Während es in den Vereinigten Staaten bereits genügt, Aktien im Marktwert von 2000 $ oder 1 % der Anzahl der Aktien über die Zeitdauer von einem Jahr zu halten, müssen Aktionäre in der Schweiz mindestens 10 % des Grundkapitals oder Aktien im Nennwert von 1.000.000 SFr besitzen, um einen Antrag bzw. Gegenantrag stellen zu können; vgl. O'Rourke, 2003, S. 232 sowie Ethos, 2004, S. 75 f.
[646] Vgl. § 126 AktG.
[647] Vgl. Ethos, 2004, S. 76 in Verbindung mit Henn, 1984, S. 107.
[648] Stimmenmehrheiten sind jedoch keine notwendige Voraussetzung dafür, die Unternehmensleitungen zum Einlenken zu veranlassen. Aufgrund der Abstimmungsmodalitäten (Depotstimmrechte etc.) genügen häufig schon relativ geringe Stimmanteile, um das Management von der aus Sicht der Aktionäre großen Bedeutung bestimmter Themenkomplexe zu überzeugen; vgl. Social Investment Forum, 2006(a), S. 17 ff. sowie das einleitende Beispiel in Kapitel 1.
[649] Vgl. Wenger/Knoll, 2001 im Themenkontext Guay et al., 2004, S. 135 f. sowie Hildyard, 2002, S. 7 ff.

steht für Aktionäre die Möglichkeit, *informell* auf das Unternehmensverhalten einzuwirken.[650]

Aktionärsminderheiten sind darüber hinaus berechtigt, die Einberufung einer außerplanmäßigen Hauptversammlung und die Erweiterung der Tagesordnung zu verlangen.[651] Auch diese Instrumente sind geeignet, auf spezifische Themen hinzuweisen.

Informationsrechte

Nur die Existenz einer adäquaten Informationsgrundlage ermächtigt den Aktionär, sinnvoll und sachgemäß auf die Unternehmenspolitik einzuwirken. So wird ein Aktionär, der nicht darüber informiert ist, ob der Aufsichtsrat den Vorstand wirkungsvoll unterstützt und kontrolliert hat, kaum in der Lage sein, bei der Wahl der Aufsichtsratsmitglieder sinnvoll mitzuwirken. Der Wert der Einwirkungsrechte hängt folglich entscheidend von den Informationsrechten ab, die mit dem Beteiligungstitel verbunden sind. Grundsätzlich kann der Aktionär dabei auf Auskunfts- bzw. Fragerechte[652] und Informationspflichten des Emittenten zurückgreifen. Zu den Informationspflichten des Kapitalgebers zählt insbesondere die Veröffentlichung des Jahresabschlusses.[653]

Das Auskunfts- bzw. Rederecht ist verbunden mit dem Recht des stimmberechtigten Aktionärs auf Teilnahme an der Hauptversammlung[654], auf der die Beschlüsse zu allen von Gesetz und Satzung bestimmten Tagesordnungspunkten gefasst werden. Es ermächtigt den Aktionär, Auskünfte über Angelegenheiten der Gesellschaft[655] einzuholen bzw. Beschlussvorschläge des Vorstands und des Aufsichtsrats zu Tagesordnungspunkten kritisch zu hinterfragen, und ist insofern wie das Rederecht[656] geeignet, die Interessen des Aktionärs proaktiv zu akzentuieren.

Interne Steuerungsimpulse der Kapitalgeber bzw. des Kapitalmarkts werden folglich primär durch die **Einwirkungsrechte der Aktionäre**, insbesondere durch die **Ausübung des**

[650] Vgl. Hildyard, 2002, S. 7 in Verbindung mit Loew, 2002, S. 18 und zur faktischen Wirksamkeit dieses Instruments Carleton et al., 1998.
[651] Vgl. grundsätzlich und zu den speziellen Definitionen von Aktionärsminderheiten § 122 Abs. 1 und 2 AktG in Verbindung mit Deutscher Corporate Governance Kodex, Ziffer 2.3.1.
[652] Vgl. exemplarisch für Deutschland § 131 AktG.
[653] Vgl. §§ 148 ff. AktG sowie § 325 HGB in Verbindung mit § 10 PublG.
[654] Vgl. § 118 Abs. 1 AktG.
[655] Dies gilt nur, soweit die Anfragen zur sachgemäßen Beurteilung der Tagesordnungspunkte erforderlich sind; ansonsten kann der Vorstand die Auskunft verweigern; vgl. § 131 Abs. 1 und Abs. 2 AktG.
[656] Hierbei gelten dieselben Einschränkungen wie beim Rederecht, wo ausschließlich Angelegenheiten der Gesellschaft behandelt werden dürfen; vgl. Wellhöfer, 1977, S. 107.

Stimmrechts verkörpert. Anteilseigner haben hiermit die Möglichkeit, aktiv an den Beschlüssen der Gesellschaft zu partizipieren.

5.1.3 Zusammenfassende Bemerkungen

Steuerungsimpulse sind über den Kapitalmarkt entweder **extern** in Form von Finanzinvestitionen bzw. -desinvestitionen oder **intern** via Ausübung von Aktionärsrechten an die Unternehmensleitung übertragbar. Diese beiden Wirkungskanäle können einerseits als sich gegenseitig ausschließende Alternativen betrachtet werden[657]: Wird die Aktie eines Unternehmens verkauft (Desinvestition), erlöschen damit die mit der Aktie verbundenen Verwaltungsrechte des Aktionärs. Gleichwohl können andererseits beide Handlungsoptionen miteinander verlinkt sein: Ein Aktionär, der seine Interessen auch nach intensiver Nutzung seiner Stimm-, Rede- und Antragsrechte nicht annähernd durch die Unternehmensleitung berücksichtigt sieht, wird geneigt sein, die von ihm gehaltenen Titel zu verkaufen.[658]

Die Optionen der externen und internen kapitalmarktbasierten Steuerung des Unternehmensverhaltens sind im Sinne *Hirschmans* als **Strategien des „Exit“ und „Voice“** zu charakterisieren.[659] Während marktmäßige Mechanismen zur Druckerzeugung auf Abwanderungs- oder Exit-Optionen insbesondere der Shareholder rekurrieren, sind interne Steuerungsimpulse darauf angelegt, die Unternehmenspolitik durch Widerspruch oder Voice der Anteilseigner zu beeinflussen. Die Auswahl des finanziellen Engagements ist hierbei sekundär. Effekte auf das Unternehmensverhalten werden erst durch das Management der Kapitalanlage erzielt. Abbildung 5-1 verdeutlicht diese Zusammenhänge in grafischer Form.

---

[657] Vgl. Waygood, 2004, S. 45.

[658] Solche integrierten Strategien werden in der Fachliteratur als „Twin-Track-Strategien“ bezeichnet; vgl. z. B. Lewis/Mackenzie, 2000.

[659] Vgl. Hirschman, 1970, S. 4.

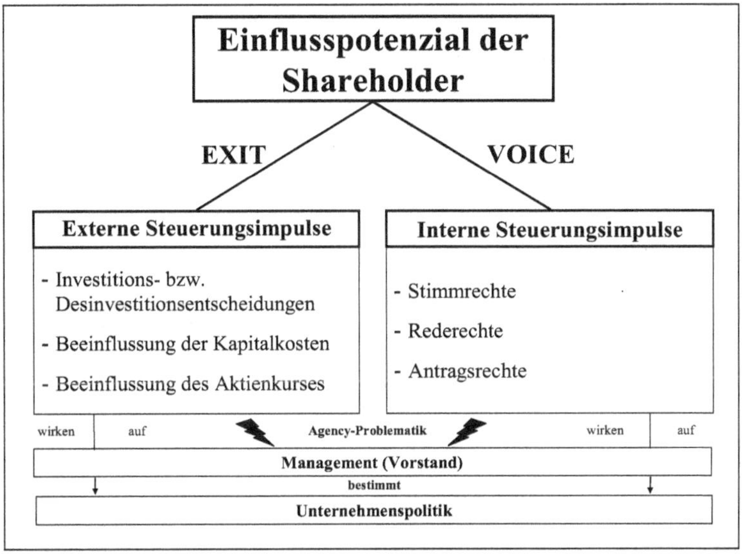

Abbildung 5-1: Einflussmöglichkeiten von Aktionären auf die Unternehmenspolitik
Quelle: eigene Darstellung

Die länderspezifische Relevanz interner und externer Steuerungsmechanismen rekurriert, wie bereits erwähnt, entscheidend auf die nationalen rechtlichen und marktinstitutionellen Gegebenheiten und damit verbunden auf die nationalen Corporate Governance-Systeme.

Grundsätzlich kann bei der Ausgestaltung der Corporate Governance zwischen Insider- und Outsider-Systemen unterschieden werden.[660] Ein **Outsider-System der Corporate Governance**, das typischerweise im angloamerikanischen Raum zu finden ist, ist durch Interessenmonismus, Streuung der Anteilseigner und Shareholder-Orientierung gekennzeichnet. Seine Funktionsfähigkeit beruht auf Marktmechanismen. Die auf Märkten gegebenen **Abwanderungsoptionen** repräsentieren für Stakeholder, insbesondere Shareholder, wirksame Instrumente zur mittelbaren Steuerung der Unternehmenspolitik. Insgesamt wird das Verhalten des Managements durch Marktmechanismen im Sinne der Shareholder-Value-Maximierung extern gesteuert.

Demgegenüber ist ein **Insider-System der Corporate Governance**, wie es klassischerweise im kontinentaleuropäischen Raum und mit Abstrichen auch in Japan vorzufinden ist, pluralistisch, Stakeholder-orientiert und von einer hohen Konzentration des Anteilsbesitzes

[660] Vgl. Franks/Mayer, 1995, S. 184. Für einen Vergleich der beiden Systeme vgl. grundsätzlich Franks/Mayer, 1994(b).

geprägt. Seine Funktionsweise rekurriert sowohl auf kapitalmäßige als auch auf personelle Verflechtungen, um insbesondere implizite Vereinbarungen abzusichern. Verschiedene Interessengruppen, vertreten durch bestimmte Akteure mit privilegierten Informations- und Einflussmöglichkeiten (Unternehmensinsider), nehmen aktiv Einfluss auf die Unternehmenspolitik, indem sie mit der Unternehmensführung interagieren resp. ihren *Widerspruch* gegenüber der Unternehmenspolitik artikulieren. Sie tun dies formell im Aufsichtsrat oder auch informell.[661]

Somit existieren bedeutende Unterschiede zwischen diesen beiden Kernsystemen der Corporate Governance[662] und damit verbunden zwischen den entsprechend vorherrschenden Steuerungsmechanismen, die jedoch im Zuge welt-, insbesondere europaweiter Harmonisierungsbemühungen[663] zunehmend abgebaut werden.[664] Hierzu heißt es in einer bereits 1995 von der *OECD* veröffentlichten Studie: „(...) an overall trend towards a degree of convergence in governance and financing patterns may eventually emerge, with Anglo-American systems accepting the best features of the German, and vice versa."[665]

Die Annäherung dieser beiden bipolaren Systeme wird stellvertretend für Deutschland bzw. für den deutschen Finanzmarkt nachgezeichnet.[666] **Das deutsche System der Corporate Governance ist ein Insider-System.** Die **Gewaltenteilung** zwischen Vorstand (Geschäftsführung unter eigener Verantwortung im Interesse der Unternehmung[667]) und dem aus verschiedenen Interessenvertretern besetzten Aufsichtsrat (Kontrolle der Geschäftsführung) stellen seine Kernelemente dar. Entscheidungen werden idealtypisch durch intensive informelle Abstimmungen zwischen Aufsichtsrat und Geschäftsführung vorbereitet. Infolgedessen wird das Management kontrolliert und angehalten, bei seinen Entscheidungen die Ziele der verschiedenen Interessenvertreter zu berücksichtigen.[668]

Allerdings befindet sich das **deutsche Insider-System im Wandel**. Der im Februar 2002 von der Regierungskommission verabschiedete „Deutsche Corporate Governance Kodex"

---

661 Vgl. Schmidt/Weiß, 2003, S. 13.
662 Für einen Vergleich des deutschen, französischen und britischen Corporate Governance-Systems vgl. Schmidt/Grohs, 1999. Für einen Vergleich der entsprechenden Finanzsysteme vgl. Schmidt et al., 1999.
663 Vgl. Hopt, 1998 und kritisch Schmidt/Grohs, 1999, S. 38 ff.
664 Vgl. z. B. Schmidt, 2006, S. 23.
665 OECD, 1995, S. 119.
666 Das US-amerikanische Corporate Governance-System wurde insbesondere durch den im Jahre 2002 eingeführten Sarbanes-Oxley Act, das britische Corporate Governance-System insbesondere durch den im Jahre 2000 von der London Stock Exchange eingeführten „Combined Code" reformiert und einem Insider-System angenähert. Beide Regelungen zielen darauf ab, die Möglichkeiten zur *internen* Kontrolle des Unternehmensmanagements zu stärken, z. B. durch eine striktere Trennung der Officers und Directors oder durch die Installation von sogenannten „Committees" etc.; vgl. z. B. Dutzi, 2005.
667 Vgl. § 76 Abs. 1 AktG in Verbindung mit Raiser, 1969.
668 Vgl. Schmidt/Grohs, 1999, S. 5.

(DCGK), der über die Entsprechungserklärung gemäß § 161 AktG über eine gesetzliche Grundlage verfügt, sowie mehrere Regelungen der letzten (zehn bis zwanzig) Jahre im Gesellschafts- und Kapitalmarktrecht zielen auf eine **Verschärfung der unternehmens*externen*** **Kontrolle der Geschäftsführung**, wie sie durch die Stärkung des Kapitalmarkts erreicht werden soll. Hier sind vor allem das Transparenz-Publizitätsgesetz (TransPuG), das Gesetz zur Kontrolle und Transparenz im Unternehmensbereich (KonTraG), das Kapitalaufnahmeerleichterungsgesetz (KapAEG) und die europäischen Finanzmarktförderungsgesetze zu nennen. Die hierin und im DCGK enthaltenen Regelungen und Empfehlungen – wie z. B. die Zulassung internationaler Rechnungslegungsstandards (KapAEG), die Vorschrift über die Ad-hoc-Publizität (Zweites Finanzmarktförderungsgesetz), höhere Auflagen im Bereich der Berichterstattung (TransPuG) oder die Zulassung von an den Aktienkurs gekoppelten Vergütungsformen des Managements (KonTraG) – führen zu einer Verschiebung der relativen Gewichte der Kontrollmechanismen hin zu unternehmensexterner Kontrolle. Zusätzlich verstärkt werden könnte diese Entwicklung durch gesetzliche Regelungen zu Unternehmensübernahmen. Hierbei konnten allerdings bislang keine Fortschritte erzielt werden – es bleibt vorerst bei einem freiwilligen Übernahmekodex.[669]

Neben diesen rechtlich-institutionellen Veränderungen sind zunehmend **Veränderungen in der Wirtschaftspraxis** zu beobachten, die sich, wie zu Beginn dieses Abschnitts erwähnt, in einer verstärkten Shareholder-Value-Orientierung der Unternehmensführungen äußern.[670] Die Gründe hierfür sind vielfältig: die Liberalisierung der Märkte, insbesondere des Kapitalmarkts, und die damit verbundene Internationalisierung der Aktionärsstrukturen[671], der zunehmende Wettbewerbsdruck auf den globalen Märkten, die steigende Bedeutung rein renditeorientierter institutioneller Anleger (z. B. bei Investmentfonds), die Aufspaltung von Konglomeraten etc.[672]

Die genannten rechtlichen und marktmäßigen Veränderungen lassen den Schluss zu, dass sich **das deutsche System der Corporate Governance stärker marktorientierten, angloamerikanischen Standards annähert**, weshalb zukünftig vermehrt **externe Steuerungsimpulse** im Sinne von Ausstiegsmöglichkeiten der Stake-, insbesondere der Shareholder zu verzeichnen sein werden. So wurde auch der DCGK explizit mit der Vorgabe

[669] Vgl. Schmidt/Grohs, 1999, S. 18.
[670] Vgl. auch Abbildung 4-4.
[671] Damit einher geht eine allmähliche Entflechtung der sogenannten „Deutschland AG".
[672] Vgl. Schmidt, 2006, S. 22 in Verbindung mit Beyer/Höpner, 2005, S. 27.

entwickelt, „die mangelhafte Ausrichtung auf Aktionärsinteressen"[673] zu beseitigen.[674] Analoge Schlüsse lassen sich im Grundsatz auch für andere europäische und außereuropäische Länder mit bislang stark insidergeprägten Governance-Strukturen ziehen. Die bereits an anderer Stelle erwähnte Annäherung der beiden bipolaren Corporate Governance-Systeme wird damit bestätigt.

Beide den Kapitalgebern theoretisch zur Verfügung stehenden Steuerungsmechanismen sind folglich grundsätzlich auch *in praxi* geeignet, die Politik der Geschäftsführung sowohl deutscher als auch internationaler Unternehmen zu beeinflussen.

5.2 Interventionsstrategien von NGOs

Im vorangegangenen Abschnitt wurde erörtert, welche grundsätzlichen Möglichkeiten existieren, über die Plattform Kapitalmarkt Impulse auf die Steuerung von Unternehmen zu übertragen. Die *unmittelbare* Steuerung des Managements durch die Ausübung von Einwirkungs-, insbesondere Stimmrechten (Voice) und die *mittelbare* Steuerung des Managements durch entsprechende Kapitalanlagedispositionen (Exit) konnten hierbei als grundlegende Strategien identifiziert werden.

In diesem Kapitel wird nun darauf aufbauend gezeigt, **welche kapitalmarktbasierten Optionen speziell NGOs zur Verfügung stehen**, um das Verhalten börsennotierter Unternehmen im Sinne ihrer Zielfunktion theoretisch zu beeinflussen. Aus Platzgründen kann hierbei *nicht* auf die praktische Funktionsfähigkeit einzelner Handlungsoptionen eingegangen werden – ob spezielle Optionen erfolgreicher sind bzw. waren als andere, ist demnach *nicht* Gegenstand dieser Arbeit.[675] Die nachfolgend abgeleiteten Interventionsstrategien sind allgemein für NGOs, unabhängig von ihrer thematischen Ausrichtung, gültig. Gleichwohl werden sie hier für die exemplarisch im Fokus dieser Arbeit stehenden NGOs mit Nachhaltigkeitsfokus entwickelt. Die Interventionsstrategien basieren zentral auf den Arbeiten von *Waygood, 2004* und *Waygood/Wehrmeyer, 2003*.[676] [677] Das dort beschriebene,

[673] Regierungskommission Deutscher Corporate Governance Kodex, 2006, URL siehe Literaturverzeichnis.

[674] Als weiterer, wenn auch nur anekdotischer Beleg für die zunehmende Marktorientierung des deutschen Corporate Governance-Systems dient das bereits an anderer Stelle erwähnte Beispiel der Einflussnahme des britischen Hedgefonds TCI zur Absetzung sowohl des Vorstands-, als auch des Aufsichtsratsvorsitzenden der Deutsche Börse AG im Frühjahr 2005.

[675] Waygood, 2004, liefert empirische Daten zur Funktionsfähigkeit einzelner Interventionsstrategien für britische NGOs. Für eine diesbezüglich kritische Stellungnahme vgl. Haigh/Hazelton, 2004, S. 60 ff.

[676] Anders als in den genannten Arbeiten werden in diesem Beitrag ausschließlich rein kapitalmarktmäßige Einflussmöglichkeiten von NGOs betrachtet. Legislativer Einfluss von NGOs (z. B. im Sinne einer Veränderung der Gesetzgebung zum Zwecke einer stärkeren Berücksichtigung von Nachhaltigkeitsaspekten bei der

auf empirischen Daten basierende NGO-Interventionsmodell wird allerdings **explizit um ein Strategieelement ergänzt**, das in einer im Jahr *2004* durchgeführten explorativen empirischen Erhebung des *Autors* in Zusammenarbeit mit *Schäfer*[678] identifiziert werden konnte: **marktmäßige Informationsdiffusion durch NGOs**[679]. Diese zusätzliche Interventionskomponente stellt einen neuen und wichtigen Befund dar und ist von entscheidender Bedeutung für den weiteren Gang der Untersuchung, da sie die Grundlage für den in Teil III dieser Arbeit entwickelten kapitalmarkttheoretischen Erklärungsansatz von NGOs bildet.

In Übereinstimmung mit den abgeleiteten Ergebnissen aus Kapitel 5.1 stehen auch NGOs **zur kapitalmarktbasierten Beeinflussung des Managements** eines Unternehmens und damit zur kapitalmarktbasierten Umsetzung ihrer Sachziele auf Unternehmensebene grundsätzlich **zwei Strategien** zur Verfügung[680]:

- **Exit-Strategie:** NGOs versuchen über Kapitalanlagedispositionen den Aktien- und/oder Anleihekurs eines Unternehmens und entsprechend dessen Eigen- bzw. Fremdkapitalkosten zu beeinflussen, um damit extern auf die Unternehmensführung bzw. -politik einzuwirken.
- **Voice-Strategie:** NGOs versuchen über die Wahrnehmung von Einwirkungs-, insbesondere Stimmrechten, intern auf die Unternehmensführung bzw. -politik einzuwirken.

Dies sind die beiden kapitalmarktbasierten **NGO-Basisstrategien** zur Steuerung von Unternehmensverhalten. Beide Basisstrategien können in einer zweiten Dimension danach unterschieden werden, ob sie **direkt** oder **indirekt von NGOs implementiert** werden[681]:

- **direkte Intervention:** NGOs nutzen ihre eigenen finanziellen Ressourcen, um Exit- und/oder Voice-Strategien zu verfolgen.

Kapitalanlage), den sowohl Waygood, 2004 als auch Waygood/Wehrmeyer, 2003 in die Analyse einbeziehen und der bereits in Abschnitt 2.4.2.1 in Grundzügen vorgestellt wurde, wird nachfolgend nicht berücksichtigt.

677 Die grundlegenden Ideen sind jedoch auch in anderen Arbeiten, wie z. B. Guay et al., 2004 oder Haigh/Hazelton, 2004, zu finden.

678 Vgl. Schäfer/Lindenmayer, 2004.

679 Vgl. auch Guay et al., 2004, S. 132 f.

680 Schoenheit, 2005 nimmt eine andere Einteilung vor, wenn er zwischen „taktischen“ und „strategischen“ kapitalmarktbasierten Strategien differenziert. Während sich erstgenannte auf öffentlichkeitswirksame Aktionsformen stützen (Lenkungsinstrumente „Gesellschaft“ bzw. „Politik“), steht bei den letzteren die kapitalmäßige Beteiligung am Unternehmen im Mittelpunkt des Handelns. Die Wirksamkeit beruht hierbei auf dem Lenkungsinstrument „Markt“ bzw. auf dem Lenkungsmedium „Geld“; vgl. Schoenheit, 2005, S. 80 f.

681 Vgl. Guay et al., 2004, S. 126 und 136. Teegen et al., 2004, S. 468 verwenden alternativ die Bezeichnungen „Insider-Strategie” und „Outsider-Strategie“; vgl. hierzu auch Peterson, 1992.

- **indirekte Intervention:** NGOs versuchen, fremde Kapitalanleger zu beeinflussen, um indirekt über die finanziellen Ressourcen dieser Kapitalanleger Exit- und/oder Voice-Strategien zu verfolgen.

Durch Kombination der genannten Dimensionen lassen sich **vier Strategie-Optionen** identifizieren, die NGOs grundsätzlich zur Verfügung stehen: **Direkt-Voice, Indirekt-Voice, Direkt-Exit, Indirekt-Exit**. Abbildung 5-2 liefert einen Überblick über die geschilderten Zusammenhänge in Form einer 2-x-2-Matrix.

	DIREKT	INDIREKT
VOICE	**Direkt-Voice**: NGOs üben die mit ihrem *eigenen* Aktienbesitz verbundenen *Einwirkungsrechte* aus, um die Unternehmenspolitik der entsprechenden Gesellschaften ***intern*** zu beeinflussen.	**Indirekt-Voice**: NGOs versuchen, *fremde Aktionäre* zu beeinflussen, um mithilfe derer Einwirkungsrechte die Unternehmenspolitik der entsprechenden Gesellschaften ***intern*** zu beeinflussen.
EXIT	**Direkt-Exit**: NGOs nutzen ihre *eigenen finanziellen Ressourcen*, um mit entsprechenden Kapitalanlagedispositionen die Kapitalkosten spezifischer Unternehmen zu verändern und damit ***extern*** auf die entsprechenden Unternehmensführungen einzuwirken.	**Indirekt-Exit**: NGOs versuchen, die *finanziellen Ressourcen fremder Kapitalanleger* zu nutzen, um mit entsprechenden Kapitalanlagedispositionen die Kapitalkosten spezifischer Unternehmen zu verändern und damit ***extern*** auf die entsprechenden Unternehmensführungen einzuwirken.

Abbildung 5-2: Kapitalmarktbasierte Interventionsstrategien von NGOs
Quelle: in Anlehnung an Waygood, 2004, S. 87

Nachfolgend werden die einzelnen Interventionsstrategien[682] näher erläutert.[683] Der Analyse der **Indirekt-Exit-Strategie** wird hierbei **besondere Beachtung** mit entsprechendem Seitenumfang eingeräumt, da diese Möglichkeit der NGO-Intervention durch die im Rah-

[682] Die vier den NGOs grundsätzlich zur Verfügung stehenden Strategien weisen deutliche Affinitäten zum „Four-Part Model of Socially Responsible Investment" auf, das von N. Smith, 1996, entwickelt wurde. Die hierin enthaltenen Anlagestrategien sind „Exclusion", „Inclusion", „Engagement" und „Confrontation"; vgl. N. Smith, 1996, URL siehe Literaturverzeichnis sowie McLachlan/Gardner, 2004, S. 13.

[683] Auf praktische Funktionsbeschränkungen der einzelnen Strategien wird, wie erwähnt, aus Platzgründen nicht eingegangen. Nähere Informationen hierzu sind den Arbeiten von Waygood, 2004, S. 118 ff. und Waygood/Wehrmeyer, 2003, S. 377 f. entnehmbar.

men dieser Arbeit identifizierte Strategiekomponente „marktmäßige Informationsdiffusion" ergänzt wird, die für den weiteren Verlauf dieses Beitrags von fundamentaler Bedeutung ist.

5.2.1 Direkt-Voice

„(...) one of the best ways for people to ensure that their interests are represented in the corporate decision-making process is for them to buy shares and use them to take shareholder action."[684] In diesem Sinne berücksichtigen NGOs bei ihrer Vermögensanlage regelmäßig Aktien[685], um die damit verbundenen Teilhaberrechte wahrzunehmen.[686] Wird diese Wahrnehmung der Aktionärsrechte proaktiv betrieben, spricht man von „**Shareholder-Aktivismus**" bzw. vom sogenannten „**Engagement-Ansatz**"[687]: In seiner minimalen Ausprägung übt ein Anleger, hier die NGO, bzw. der von ihm beauftragte Portfolio-Manager *Stimmrechte* auf der Hauptversammlung der entsprechenden Aktiengesellschaft aus, um die Geschäftspolitik dieser Aktiengesellschaft nach seinen Vorstellungen unternehmensintern zu beeinflussen. Der **aktive, konstruktive Dialog mit dem Management der Gesellschaft** zur Sensibilisierung der Geschäftsführung für die vom Anleger vertretenen Werte (wie z. B. Nachhaltigkeit) kann auf einer nächsten Intensitätsstufe eingeordnet werden.[688] Hierzu dienen kritische Fragen im Rahmen des **Auskunftsrechts**, das **Rederecht** und insbesondere von NGOs eingereichte **(Gegen-)Anträge** zu entsprechenden Tagesordnungspunkten. So ist in den Vereinigten Staaten die Anzahl eingereichter Aktionärsanträge[689] mit sozial-ökologischer Orientierung seit Jahren stark steigend (vgl. Tabelle 5-1).

---

[684] Mackenzie, 1993, S. 9.

[685] Einen Überblick über die Struktur der Vermögensanlage deutscher Stiftungen bzw. deutscher NGOs liefern Heissmann, 2004 bzw. Schäfer et al., 2001. Richter/Sturm, 2005 diskutieren rechtliche Restriktionen der Vermögensanlage rechtsfähiger Stiftungen in Deutschland.

[686] Neben der Einwirkung auf die Unternehmenspolitik verfolgen NGOs mit der Kapitalanlage in Aktien auch reine Renditezwecke, um mit entsprechenden Erträgen ihre inhaltlichen Ziele erreichen zu können.

[687] Engagement ist „a conscious process in which areas of improvement are identified for individual companies; the investor then seeks to persuade or assist these companies to commit themselves to change and then monitors the implementation of any commitment made. Engagement comprises three main elements: persuasion, support, voting"; EIRIS, 1999, S. 6. O'Rourke, 2003 liefert einen Überblick über die historische Entwicklung des „Shareholder Activism". Empirische Studien zu den Wirkungen von Shareholder-Engagement auf den Unternehmenswert liefern u. a. Barber, 2006; Nelson, 2006 für den US-amerikanischen Markt; UKSIF, 2006; Short/Keasey, 2005 für den britischen Markt, und Szczesny/Wilhelm, 2005 für den bundesdeutschen Markt.

[688] Vgl. Schäfer, 2003, S. 32.

[689] An dieser Stelle werden die sogenannten „Shareholder Proposals", auch „Shareholder Resolutions" genannt, des amerikanischen Handelsrechts (SEC, Rule 14a-8) mit den im deutschen Aktienrecht verankerten Aktionärs-Anträgen (§ 126 AktG) gleichgesetzt, was streng genommen nicht exakt zutrifft. Der Shareholder Proposal verkörpert das Recht eines jeden Aktionärs, seine Anliegen, Vorschläge oder Anweisungen in

	Resolutions Proposed				
Issue	2001	2002	2003	2004	2005
AIDS Pandemic	-	-	3	10	27
Animal Welfare	-	-	3	10	27
Board Diversity	13	11	12	13	14
Charitable Contributions	6	9	28	17	6
Climate Change	6	21	25	25	35
Energy	-	-	6	4	3
Environment: Mgt./ Reporting	9	8	25	20	18
Equal Employment	27	34	31	32	32
Executive Pay & Social Benchmark	17	8	9	17	18
Global Labor Standards	48	48	31	27	25
GMOs (Genetic Modified Organisms)	19	14	12	10	12
Healthcare	9	20	11	10	8
Human Rights	19	16	15	13	11
Military	13	10	11	11	10
Northern Ireland	11	13	10	10	6
Other Issues	10	11	12	20	38
Political Contributions	12	9	5	51	42
Tobacco	13	13	24	18	14
Total	**232**	**245**	**273**	**318**	**346**

Tabelle 5-1: Entwicklung eingereichter Aktionärsanträge mit Nachhaltigkeitsbezug in den USA von 2001–2005

Quelle: in Anlehnung an Social Investment Forum, 2006, S. 19 sowie Social Investment Forum, 2003, S. 18

NGOs tragen zu dieser Entwicklung *direkt* als Aktionäre, aber auch *indirekt*[690] maßgeblich bei. Exemplarisch für den direkten Einfluss sei hierbei auf die NGO „Friends of the Earth" verwiesen, die als Aktionär von Exxon auf deren Hauptversammlung im Jahre 1990 allein vier Aktionärsanträge einreichte, die im Zusammenhang mit dem 1989 geschehenen Öltankerunglück „Exxon-Valdez" standen.[691]

In seiner stärksten Ausprägung wird der Engagement-Ansatz als **Shareholder Advocacy** betrieben. Hierbei steht die NGO als Aktionär in einem **kontinuierlichen kritischen Dialog** mit dem Management der Gesellschaft.[692] Diese Form geht über die beiden zuvor genannten Ausprägungen des Engagements (Stimmrechtswahrnehmung und Ausübung von Rede- sowie Antragsrechten) insofern hinaus, als dass nicht nur zu Hauptversammlungen, sondern ganzjährig der Dialog mit dem Management der Unternehmen aufrechterhalten

schriftlicher Form dem Management zu übermitteln, worüber anschließend auf der Hauptversammlung abzustimmen ist. Dies geschieht im Rahmen des sogenannten „Proxy Statements", dem der Aktionär neben der Stimmabgabe einen Brief mit maximal 500 Wörtern beifügen kann. Anders als die Aktionärsanträge haben die Shareholder Proposals jedoch nur eine beratende Funktion und sind für das Management *nicht* zwingend; vgl. SEC, Rule 14a-8.

690 Vgl. den nachfolgenden Abschnitt.

691 Vgl. Guay et al., 2004, S. 135.

692 Vgl. ausführlich: Social Investment Forum, http://www.sriadvocacy.org, Zugriff am 24.01.2006 sowie Sparkes, 2002, S. 27 ff.

wird. Insbesondere in den Vereinigten Staaten wird Shareholder Advocacy durch volumenstarke Aktionäre wie z. B. Pensionsfonds, Stiftungen oder Investmentfonds praktiziert.[693] Ursächlich hierfür sind die in den Vereinigten Staaten herrschenden wenig restriktiven rechtlichen Regelungen.[694] Im deutschsprachigen Raum sei beispielhaft auf die schweizerische Anlagestiftung „Ethos“ verwiesen, die sich, wie im Einleitungsfall dokumentiert, u. a. dieser Strategie bedient.

Alle drei Formen des Engagements zielen darauf ab, Zugang zu den jeweiligen Unternehmen zu erhalten, um im Dialog die entsprechenden Themenkomplexe innerhalb der Firmen voranzutreiben. Sie sind dabei umso wirksamer, je größer der Anteilsbesitz der NGO ist, da hiermit gemäß der Regel „One share, one vote“ das Stimmrechtsvolumen und damit final der Beschlusspartizipationseinfluss steigen.[695] Dies kennzeichnet gleichzeitig den Nachteil der Direkt-Voice-Strategie: Um eine Unternehmensleitung wirkungsvoll advokatorisch zu beeinflussen, benötigen NGOs ausreichend finanzielle Ressourcen.[696] Da dies i. d. R. nicht der Fall ist[697], werden NGOs bestrebt sein, Einfluss auf fremden Anteilsbesitz auszuüben.[698]

5.2.2 Indirekt-Voice

In ihrer Funktionsweise ist die Indirekt-Voice-Strategie deckungsgleich mit der Direkt-Voice-Strategie: Wiederum versuchen NGOs, über die aktive Ausübung von Einwirkungsrechten (Engagement-Ansatz) intern die Steuerung des Unternehmens zu beeinflussen. Der entscheidende Unterschied zur Direkt-Voice-Strategie besteht jetzt darin, dass NGOs nicht

---

693 Vgl. Schäfer, 2003, S. 32. Zur besonderen Eignung von Pensionsfonds zur Durchführung von Engagement-Ansätzen vgl. Monks/Minow, 2004, S. 184 f. In den USA ist die Wahrnehmung der Stimmrechte für Pensionsfonds durch den „Employee Retirement Income Security Act“ (ERISA) sogar grundsätzlich gesetzlich festgeschrieben, während diese Art der aktiven Einflussnahme in Deutschland noch „in den Kinderschuhen steckt“; vgl. Szczesny/Wilhelm, 2005, S. 23. Klassisches Beispiel für einen solchen aktiv-agierenden Pensionsfonds ist der „California Public Employees' Retirement System“, kurz CalPERS genannt, der den größten öffentlichen Pensionsfonds der Vereinigten Staaten repräsentiert. M. Smith, 1996 untersucht empirisch, welche Unternehmen von CalPERS in den Jahren 1989–1993 mittels Shareholder-Aktivismus vorzugsweise beeinflusst wurden und welche Auswirkungen der Shareholder-Aktivismus auf deren Performance und Aktienkurs hatte; vgl. hierzu auch Barber, 2006.

694 Vgl. Fußnote 645 in dieser Arbeit.

695 Vgl. auch Abschnitt 5.1.2.

696 Vgl. hierzu kontextbezogen Garz et al., 2002, S. 27 sowie grundsätzlich Hirschman, 1970, S. 40.

697 Vgl. Waygood/Wehrmeyer, 2003, S. 377 oder Waygood, 2004, S. 91 ff., der hierzu einige Beispiele liefert.

698 Vgl. hierzu auch die von der EU-Kommission vorgeschlagene Richtlinie zur vereinfachten Ausübung von Stimmrechten durch Aktionäre von Gesellschaften, die auch die Vereinfachung von Stimmrechtsübertragungen beinhaltet; vgl. EU-Kommission, 2006, URL siehe Literaturverzeichnis.

selbst im Besitz der für die Ausübung von Einwirkungsrechten erforderlichen Aktien sind. Vielmehr versuchen sie durch die **Beeinflussung fremder Eigenkapitalgeber**, also *indirekt*, eine Unternehmenspolitik im Sinne ihrer Zielfunktion zu bewirken, wobei aufgrund der hohen Anlagevolumina und dem damit verbundenen bedeutenden Beschlusspartizipationseinfluss insbesondere institutionelle Anleger fokussiert werden.[699] „NGOs are lobbying other large and small shareholders on CSR issues."[700] Hierzu stehen NGOs grundsätzlich **zwei Möglichkeiten** zur Verfügung:

- **Stimmrechtsübertragung**
- **Beeinflussung der Ausübung der Einwirkungsrechte fremder Aktionäre.**

Stimmrechtsübertragung

In diesem Fall versucht die NGO, Aktionäre zu einer Übertragung ihrer Stimmrechte auf die NGO zu bewegen. Hierzu teilt sie den Aktionären mit, welche unternehmensspezifischen Themen – wie z. B. höhere Sicherheitsstandards für die Mitarbeiter – von ihr aufgegriffen und auf der Hauptversammlung systematisch und proaktiv akzentuiert werden sollen. Entscheiden sich Aktionäre zur Delegation ihrer Stimmrechte, ist die NGO in der Lage, durch einheitliche Ausübung dieser sogenannten **Depot- oder Vollmachtsstimmrechte** (im Englischen auch „Proxy-Votes" genannt) internen Druck auf die Unternehmensleitung – z. B. in Form von (Gegen-)Anträgen auf den Hauptversammlungen[701] – auszuüben, ohne dabei im Besitz der entsprechenden Anteilsscheine zu sein. Hierdurch lassen sich Hebelwirkungen erzielen, die für NGOs zur Zielerreichung vor dem Hintergrund beschränkter finanzieller Ressourcen sehr reizvoll sein können. Als Beispiele für Organisationen, die sich u. a. dieser Strategie bedienen, seien „Friends of the Earth", die deutsche Vereinigung „Kritische Aktionäre e. V." und wiederum „Ethos"[702] genannt.[703]

---

[699] Vgl. Guay et al., 2004, S. 125. Wenngleich der Aktienanteilsbesitz institutioneller Anleger aufgrund länderspezifischer Regularien besonders bzgl. der Altersvorsorge international variiert, so befindet er sich weltweit in einem auf hohem Niveau basierenden stetigen Wachstum. 2002 betrug er in den USA 46,9 %, in Großbritannien 60,5 %, in der Schweiz 54,9 % und in Deutschland 16,8 % – Tendenz steigend; vgl. Behr/Schäfer, 2003, S. 11. Damit verkörpern institutionelle Anleger diejenige Anlegergruppe, die die signifikanten Kapitalanlagevolumina bewegt; vgl. Bassen, 2002, S. 4.

[700] O'Rourke, 2003, S. 231.

[701] Beispiele hierzu finden sich u. a. unter http://www.kritischeaktionaere.de

[702] Vgl. Ethos, 2005, S. 5; http://www.kritischeaktionaere.de und zu „Friends of the Earth" Guay et al., 2004, S. 135.

[703] Einzelne Beispiele zur Indirekt-Voice-Strategie sind beispielsweise in EIRIS, 2001(a), S. 3 zu finden.

Beeinflussung fremder Aktionäre

In diesem Fall zielen NGOs nicht auf eine **Übertragung der Aktionärsstimmrechte** ab. Vielmehr versuchen sie direkt, Aktionäre, insbesondere institutionelle Aktionäre wie Pensionskassen, Versicherungsunternehmen etc., so zu beeinflussen, dass diese die ihnen zur Verfügung stehenden Stimmrechte im Interesse der NGO ausüben.[704] Dies kann **sowohl mit kooperativen als auch konfrontativen Aktivitätsformen** erreicht werden.[705] Beispielsweise kann eine NGO einen Großaktionär im Vorfeld bzw. auf der Hauptversammlung eines Unternehmens davon überzeugen, für einen von ihr eingereichten Antrag bzw. Gegenantrag und gegen den Beschlussvorschlag des Vorstands und des Aufsichtsrats zu stimmen[706], um gemeinsam eine Neuausrichtung der Unternehmenspolitik zu erreichen. Andererseits ist das Investitions- und Abstimmungsverhalten institutioneller Anleger von NGOs mittels öffentlichkeitswirksamer Kampagnen wie z. B. Proteste oder Kundgebungen multimedial anprangerbar, wodurch öffentlicher Druck auf diese Anleger erzeugt wird. So veröffentlichte „Friends of the Earth" im Jahr 2000 einen Bericht, in dem führende britische Versicherungsunternehmen hinsichtlich ihres finanziellen Engagements und der damit verbundenen materiellen wie auch stimmrechtsbezogenen Unterstützung kontroverser Projekte scharf kritisiert werden.[707] Institutionelle Anleger können hiermit zu einem Überdenken ihrer Finanzpositionen angehalten werden.[708]

Abschließend lässt sich festhalten, dass NGOs durch Indirekt-Voice-Strategien den großen Vorteil erfahren, **internen Einfluss ausüben** zu können, **ohne dabei eigene finanzielle Ressourcen verausgaben zu müssen**. Diese Schlussfolgerung bestätigend, kann ein Trend bei NGO-Voice-Strategien in Richtung indirekte Anwendungen festgestellt werden.[709]

5.2.3 Direkt-Exit

Zur Implementierung von Direkt-Exit-Strategien verwenden NGOs ***eigene* finanzielle Ressourcen**, um mithilfe entsprechender Kapitalanlagedispositionen Unternehmensverhalten im Sinne ihrer Zielsetzung extern zu sanktionieren. Speziell bedeutet dies, dass NGOs

---

[704] Vgl. Guay et al., 2004, S. 129 und S. 132 in Verbindung mit Loew, 2002, S. 19.
[705] Vgl. Abschnitt 2.4.2.2.
[706] Waygood, 2004, S. 117 liefert hierzu einige Beispiele.
[707] Vgl. Friends of the Earth, 2000. Vgl. auch Hildyard, 2005, der einige Beispiele zu kontroversen Investitionsprojekten liefert, die mithilfe institutioneller Finanzmittel implementiert wurden.
[708] Vgl. Loew, 2002, S. 18 f.
[709] Vgl. Waygood/Wehrmeyer, 2003, S. 378.

nachhaltige Unternehmen bzw. Unternehmen mit nachhaltigen Investitionsprojekten mit zusätzlichem Fremd- und/oder Eigenkapital belohnen (sogenanntes „**Positiv-Screening**"), während weniger nachhaltige Unternehmen durch Kapitalentzug (Desinvestition) abgestraft werden (sogenanntes „**Negativ-Screening**").[710] Auf diese Weise soll entweder eine aus nachhaltigen Gesichtspunkten erwünschte Wertschöpfungsstruktur hergestellt oder eine aus nachhaltigen Gesichtspunkten unerwünschte abgebaut werden.[711] Im konventionellen neoklassischen Paradigma können so ausgerichtete Anlagepolitiken als Beiträge zur Internalisierung negativer externer Effekte interpretiert werden, wenn NGOs als Kapitalgeber „nur ein für sie ethisch akzeptables Produktionspotenzial von Unternehmen (...) finanzieren und Kapitalnehmer daraufhin letztendlich ihre Ausstattung an Produktionsvermögen sowie die Wertschöpfungsprozesse nach den ethisch gewünschten Gesichtspunkten der Investoren (um)strukturieren."[712]

Neben ökonomisch-pekuniären werden demzufolge auch außerökonomische, da nachhaltige Determinanten bei der Kapitalanlageentscheidung berücksichtigt[713] – **NGOs streben entsprechend eine an Prinzipien der Nachhaltigkeit ausgerichtete Kapitalreallokation an!** Damit soll nachhaltigen Unternehmen ein systematischer Finanzierungsvorteil gewährt werden, der sich (eine kritische Höhe von Marktteilnehmern und Anlagedispositionen vorausgesetzt) im Sinne des sogenannten „Capital Cost Argument"[714] in tendenziell geringeren Kapitalkosten äußert.[715] Einschränkend muss an dieser Stelle allerdings erwähnt werden, dass Direkt-Exit-Strategien wirtschaftlich nur dann wirksam sind, wenn von Unvollkommenheiten des Kapitalmarkts auszugehen ist, da sich ansonsten, aufgrund der vollkommen elastischen Nachfrage der Anleger nach Wertpapieren (horizontale Nachfragekurve der Anleger), stets und unmittelbar der „faire" Preis des Wertpapiers einstellt, der sich ausschließlich aus den abdiskontierten zukünftig erwarteten Kapitalrückflüssen des Unternehmens ergibt.[716] Veränderungen der Nachfrage nach einem bestimmten Wertpapier, die auf nichtfundamentalen Faktoren, also nicht auf Rendite/Risiko-Faktoren beruhen, werden entsprechend unmittelbar durch reziproke Veränderungen der Nachfrage nach demselben Wertpapier kompensiert, wodurch weder Preis- noch Kapitalkosteneffekte er-

[710] Zu den Methoden des Positiv- und des Negativ-Screenings vgl. Schäfer/Lindenmayer, 2007(b), S. 27 ff.
[711] Vgl. Haigh/Hazelton, 2004, S. 61 oder Homolka, 1992, S. 30.
[712] Schäfer, 2001, S. 742.
[713] Ein derartiges Anlageverhalten wird auch als „Socially Responsible Investing" bezeichnet. Nähere Ausführungen hierzu folgen in Abschnitt 5.2.4.
[714] Haigh/Hazelton, 2004, S. 61. Kahlenborn/Interwies, 2001, S. 45 sprechen von „positiven Finanzierungseffekten".
[715] Vgl. Kapitel 5.1.1 dieser Arbeit sowie mit spezifischem Themenbezug von Arx, 2005, S. 4; Schaltegger/Figge, 1999, S. 5 oder Kahlenborn/Krämer, 1999, S. 20.
[716] Vgl. Kapitel 5.1.1.

zielbar sind.[717] Würde beispielsweise eine NGO ihre Nachfrage nach einem bestimmten Wertpapier nur deshalb erhöhen, weil das dem Wertpapier zugrunde liegende Unternehmen „nachhaltig“ agiert (ohne dass dadurch die Rendite/Risiko-Konstellation dieses Unternehmens verändert wird), so würde diese Nachfrageerhöhung unmittelbar durch den Nachfragerückgang anderer (konventioneller) Anleger kompensiert, die so lange Stücke desselben Wertpapiers verkaufen, bis der künstlich erhöhte Preis dieses Wertpapiers (resultierend aus der Nachfrageerhöhung der NGO) wieder auf sein Ursprungsniveau gesunken ist. In einem vollkommenen Kapitalmarkt vollzieht sich dieser Anpassungsprozess unendlich schnell. Um Direkt-Exit-Strategien erfolgreich anwenden zu können, bedarf es daher Unvollkommenheiten auf dem Kapitalmarkt, die sich darin äußern, dass die Nachfragekurve der Anleger eine negative Steigung besitzt (nichtvollkommene Preiselastizität der Nachfrage der Anleger nach Wertpapieren). Solche Marktunvollkommenheiten – wie z. B. inhomogene Erwartungen der Anleger, unvollständige Substitutionsmöglichkeiten oder limitierte Diversifikationsmöglichkeiten – sind in praxi unterstellbar.[718] Erhöhungen der Nachfrage nach bestimmten Wertpapieren führen dann zu Veränderungen der Preise dieser Wertpapiere und damit zu Veränderungen der Kapitalkosten der sie emittierenden Unternehmen. Grafisch gesprochen wird bei einer Nachfrageerhöhung (resp. -reduzierung) die Nachfragekurve nach rechts-oben (resp. links-unten) verschoben, woraus eine entsprechende Preiserhöhung (resp. -reduktion) des Wertpapiers resultiert.[719]

Solche Direkt-Exit Strategien zielen mithin darauf ab, nicht nur durch die Vermögensverwendung, sondern auch durch die Vermögensanlage die inhaltlichen Ziele der Organisation zu erreichen.[720] W. Zideck, Deputy Chief Executive Officer von WWF Deutschland, führt hierzu aus: „Als Stiftung, die sich dem Natur- und Umweltschutz verschrieben hat, sehen wir ökologische und soziale Aspekte in der Kapitalanlage nicht nur als logische, sondern als zwingende Konsequenz unseres Stiftungszweckes.“[721]

Wie zuvor die „Direkt-Voice“-Strategie, so unterliegt jedoch auch die hier betrachtete Direkt-Exit-Strategie der Ressourcenproblematik: Je höher das zur Verfügung stehende Finanzvolumen ist, desto stärker sind die Kapitalkosteneffekte, die damit auslösbar sind. Da

[717] Vgl. hierzu die Ausführungen zur Informationseffizienz des Kapitalmarkts in Kapitel 4.4.
[718] Vgl. Rivoli, 2003, S. 280.
[719] Theoretische und empirische Belege zum Capital Cost Argument finden sich u. a. in Harte et al., 1991 sowie bei Gray et al. 1988 und mit spezifischem Themenbezug bei Rivoli, 2003.
[720] Schäfer et al., 2001 liefern einen empirischen Überblick darüber, inwieweit das Anlageverhalten deutscher NGOs von außerökonomischen, da ethisch-ökologischen Determinanten geprägt ist.
[721] Zitiert nach Oekom, 2005, S. 1.

einzelne NGOs i. d. R. nur über limitierte Finanzvolumina verfügen, werden sich auch im Rahmen der Exit-Strategien, ergänzend zu direkten Ansätzen, zunehmend indirekte Anwendungen etablieren.[722]

5.2.4 Indirekt-Exit

Auch mithilfe von Indirekt-Exit-Strategien versuchen NGOs extern, **über die Höhe der Kapitalkosten**, auf die Steuerung von Unternehmen einzuwirken.[723] Der entscheidende Unterschied zu den Direkt-Exit-Strategien besteht nun darin, dass NGOs die zur Kapitalreallokation notwendigen Kapitalanlagedispositionen, die ihrerseits auf Positiv- und/oder Negativ-Screening-Ansätze rekurrieren, nicht auf eigene Rechnung vornehmen: Sie versuchen, das Anlageverhalten **fremder, insbesondere institutioneller Kapitalgeber** in einer ihrer eigenen Zielfunktion zuträglichen Weise dergestalt zu beeinflussen, dass bei der Kapitalanlage neben ökonomischen auch außerökonomische, da soziale und/oder ökologische Kriterien berücksichtigt werden.[724] Demzufolge streben sie eine Modifikation der Struktur der Wertpapiernachfrage an, um dadurch, wie bei der Direkt-Exit-Strategie, eine Kapitalreallokation zugunsten nachhaltiger Unternehmen zu erreichen.[725] Hierzu steht ihnen das Instrument der **Informationsdiffusion** zur Verfügung, das folgendermaßen zweigeteilt werden kann:

- **außermarktmäßige Informationsdiffusion** mittels öffentlichkeitswirksamer Kampagnen
- **marktmäßige Informationsdiffusion.**

Bevor diese beiden Mechanismen zur Verbreitung von Information (hier: Nachhaltigkeitsinformation) vorgestellt werden, muss zunächst geklärt werden, ob, und wenn ja, warum Kapitalanleger außerökonomische Faktoren bei der Anlageentscheidung integrieren, denn: Eine Steuerung des Anlageverhaltens der Kapitalgeber (und damit indirekt des Unternehmensverhaltens) mittels Verbreitung von Information zur Nachhaltigkeit von Unternehmen erfordert die Nachfrage der Anleger nach dieser spezifischen Information. Existieren keine

[722] Vgl. Waygood, 2004, S. 91 ff., der hierzu einige Beispiele liefert.
[723] Die Einschränkungen der Wirksamkeit der Direkt-Exit-Strategie, wie sie zuvor dargelegt wurden, gelten entsprechend auch für die Indirekt-Exit-Strategie.
[724] Guay et al., 2004, S. 129.
[725] In einer explorativen Befragung aus dem Jahre 2002 wurden englische Unternehmen nach den positiven ökonomischen Effekten einer Aufnahme des jeweiligen Unternehmens in einen Investment-Fonds mit nachhaltiger Ausrichtung befragt. Neben anderen Effekten wurden der Einfluss auf den Aktienkurs sowie die verbesserten Finanzierungsmöglichkeiten erwähnt, womit die Wirksamkeit des Kapitalreallokationsmechanismus' indirekt gestützt wird, vgl. Miles et al., 2002, S. 41.

entsprechenden Bedarfe, verpufft die Informationsproduktionsleistung der NGOs und damit ihre Lenkungsfunktion hinsichtlich sozialer und ökologischer Zielsetzungen – sie ist wirkungslos. Die erwähnte Frage ist letztlich nur empirisch zu beantworten und steht nicht im Fokus dieser Arbeit[726]; gleichwohl sollen erste Anhaltspunkte zu ihrer Beantwortung geliefert werden.[727]

Nachhaltigkeitsinformation kann aus mehreren Gründen für Anlageentscheidungen relevant sein.[728] In Abhängigkeit vom Typus des Kapitalanlegers und seiner Motivationslagen sind dies:

i) **Die Kapitalanleger sind ideologisch bzw. ethisch oder moralisch motiviert.** Soziale und/oder ökologische Belange des Kapitalnehmers besitzen für diesen Anlegertypus einen Wert an sich, der sich neben den konventionell neoklassischen Argumenten (Rendite, Risiko) in Form eines zusätzlichen Arguments in seiner Nutzenfunktion niederschlägt[729] und der entsprechend seine Anlageentscheidungen beeinflusst.[730] Demzufolge misst dieser ethisch motivierte Anlegertypus, der auch als „Idealist" [731] bezeichnet werden kann (z. B. Kirchen[732], NGOs etc.), dem **Verwendungszweck** seiner finanziellen Mittel durch den Kapitalnehmer einen Nutzen bei. „Kapitalgeber mit ethischen Motiven sehen dann ein Unternehmen nicht mehr ausschließlich als Quelle der monetären Einkommenserzielung zur Befriedigung eines unspezifischen, materiellen menschlichen Erlebnishungers i. S. Fishers, sondern als Instrument, das einen Wunsch nach Verwirklichung ethischer Bedürfnisse (wie z. B. Umweltmanagement, Nächstenliebe, Gerechtigkeit) stillen soll."[733] Dieses Postulat weicht von der Fisher'schen Zeitpräferenztheorie des Zinses[734], auf die die neoklassische Investitions- und Finanzierungstheorie rekurriert, entscheidend ab. Nach dieser Theorie lässt sich jegliche Art von Nutzen approximativ in Form finanzieller Parameter abbilden (individueller Geldeinkommensstrom für Konsumzwecke). Kapitalanleger sind demnach ausschließlich an dem für sie relevanten *Einkommensstrom* aus den finanzierten Investitionsobjekten interessiert. Aus welchen Kapitalanlagen, resp. Wertschöp-

[726] Vgl. die empirischen Erhebungen von imug, 2002 sowie imug/muk (Hrsg.), 2001.
[727] Vgl. auch Sjöström, 2004, S. 11 ff.
[728] Vgl. auch Schueth, 2003.
[729] Vgl. z. B. McLachlan/Gardner, 2004, S. 12 oder World Bank, 2003.
[730] Vgl. Schueth, 2003, S. 190. Dieses von außerökonomischen nichtfundamentalen Faktoren beeinflusste Anlageverhalten ist im Sinne der Neoklassik irrational und kann entsprechend als „Noise-Trading" bezeichnet werden; vgl. hierzu Röckemann, 1995, S. 50 ff.
[731] Vgl. imug/muk (Hrsg.), 2001.
[732] Zu Restriktionen der Kapitalanlage bei deutschen Kirchen siehe Stoll, 2001, S. 30.
[733] Schäfer, 2000, S. 6.
[734] Vgl. Fisher, 1930.

fungsprozessen dieser Einkommensstrom generiert wird, ist dem neoklassischen Anleger letztlich gleichgültig – ob die monetären Einkommen beispielsweise aus dem Handel mit Waffen oder aus der Produktion von umweltfreundlichem Solarstrom stammen, findet in seine Nutzenfunktion keinen Eingang.[735] Demgegenüber besitzt für den „Idealisten" die Nachhaltigkeit eines Unternehmens einen Wert, der nicht über verbesserte finanzielle Kennziffern wie z. B. eine erhöhte Rendite abgebildet werden kann, d. h. der Verzicht auf Nachhaltigkeit kann bei diesem Anlegertypus *ceteris paribus* nicht oder zumindest nicht vollständig durch die Steigerung bzw. Verbesserung pekuniärer Nutzenfunktionsargumente kompensiert werden.

ii) Die Kapitalgeber entsprechen dem der Neoklassik unterstellten konventionellen Anlegertypus Fisher'scher Prägung (*homo oeconomicus)*, dessen Anlageentscheidung ausschließlich auf pekuniäre Nutzenüberlegungen rekurriert.[736] Damit ist die Integration außerökonomischer Kriterien in die Anlageentscheidung im Sinne des Rationalitätspostulats der neoklassischen Theorie nur zulässig, wenn zwischen diesen außerökonomischen Determinanten und den monetären Ergebnissen der Unternehmen, und entsprechend den risikoadjustierten Renditen der jeweiligen Anlagefazilitäten, positive, zumindest aber keine negativen Zusammenhänge bestehen – wenn also die **Nachhaltigkeitsfaktoren „materialisierbar" und in diesem Sinne einzupreisen sind** oder alternativ i. S. der Managementtheorie formuliert: wenn sie einen positiven „Business Case"[737] begründen.

Folglich stellt sich die Frage, inwieweit Informationen zur Nachhaltigkeit eines Unternehmens von fundamentaler Bedeutung für dessen Wert sind.[738] Hierzu existiert eine umfangreiche empirische Literatur, die primär Performance-Fragen behandelt und die sich in die Bereiche Fondsanalysen, Ereignisstudien und langfristig ausgerichtete ökonometrische Untersuchungen einteilen lässt.[739] Bislang konnten jedoch **weder eindeutig negative noch eindeutig positive Zusammenhänge (Korrelationen) von nachhaltiger und finanzieller Performance nachgewiesen** werden. Aus

---

735 Vgl. Schäfer, 2000, Fn. 15.

736 McLachlan/Gardner, 2004 liefern einen empirischen Vergleich zwischen SRI- und konventionellen Kapitalanlegern.

737 Vgl. Schäfer/Lindenmayer, 2005, S. 22 ff. Das Pendant zum „Business Case" stellt der im Fall i) implizit beschriebene „Ethical Case" dar, in dem Anlageentscheidungen auf moralische/ethische Vorstellungen des Anlegers rekurrieren; vgl. Waygood, 2004, S. 100 ff.

738 Diese Frage ist nicht Gegenstand dieser Arbeit, sie soll jedoch zum besseren Verständnis ebenfalls kurz angerissen werden. Detailliert wird dieses Thema bei Schäfer/Langer, 2007, behandelt.

739 Vgl. Ziegler et al., 2002, S. 4.

theoretischer Sicht existieren Arbeiten, die primär auf Shareholder-Value-Modelle rekurrieren.[740] Diese Arbeiten zielen darauf ab, Kausalzusammenhänge zwischen spezifischen Nachhaltigkeitskomponenten und dem Wert eines Unternehmens aus Eigentümersicht abzuleiten.[741] Abhängig von den jeweiligen Komponenten liefern sie gewisse **Hinweise auf einen positiven Zusammenhang zwischen Nachhaltigkeit und Unternehmenswert**. Dies könnte beispielsweise über eine verbesserte, da genauere Risikoermittlung und -quantifizierung der Fall sein.[742] Im neoklassischen Capital Asset Pricing Model (CAPM) wird die Rendite eines Wertpapiers über den risikofreien Zinssatz und einen spezifischen Risikoaufschlag ermittelt, wobei lediglich das systematische Risiko (Marktrisiko), also der Risikoanteil des zu bewertenden Wertpapiers am Risiko des Marktportfolios, berücksichtigt wird. Ökologische Risiken besitzen vornehmlich systematischen Charakter[743], so z. B. Preisrisiken nichtsubstituierbarer Ressourcen. Ein klassisches Beispiel sind die Energiekosten eines Unternehmens: Reduziert das Unternehmen seinen Energieverbrauch, führt eine generelle Erhöhung der Energiepreise (ausgelöst z. B. durch eine Energiesteuererhebung oder eine Ölkrise) zur Verminderung des systematischen Risikos dieses Unternehmens.[744] Sind nun nachhaltige Unternehmen geringeren systematischen Risiken ausgesetzt als nichtnachhaltige, lässt dies auf einen positiven Einfluss auf den Shareholder Value und folglich auch auf die Kursentwicklung entsprechender Unternehmen schließen.

Dass derartige, neoklassisch geprägte Motivlagen zur Generierung von Nachhaltigkeitsinformationen *in praxi* tatsächlich bestehen, wird durch die im Oktober 2004 vollzogene Gründung der „Enhanced Analytics Initiative" (EAI) – eine internationale

[740] Vgl. Schäfer/Lindenmayer, 2005; Rauschenberger, 2002 sowie Schaltegger/Figge, 1998. Einen alternativen, mikroökonomischen Ansatz liefert von Arx, 2005.

[741] Amalric/Hauser, 2005 gehen ergänzend der Frage nach, unter welchen ökonomischen Rahmenbedingungen nachhaltiges Unternehmensmanagement positive Wirkungen auf den Wert des Unternehmens hat. „The question is not ‚does' corporate social responsiblity pay but ‚when' does it pay?"; Amalric/Hauser, 2005, S. 28.

[742] Vgl. Bassen et al., 2006, die empirisch nachweisen, dass CSR-Performance und Unternehmensrisiken stark korrelieren. Vgl. ebenfalls Reed, 2001, S. 13 ff. und Schaltegger/Figge, 1998, S. 16. Eine weitere Möglichkeit wäre die u. U. verbesserte Abschätzung und Bewertung Cashflow-relevanter zukünftiger, insbesondere intangibler Unternehmenspotenziale (z. B. Reputation, Differenzierung, Corporate Governance, Innovation) durch die bei der Anlageentscheidung erfolgte Berücksichtigung von Nachhaltigkeitsindikatoren wie Humankapitalinvestitionen oder Motivation der Mitarbeiter. Beispielsweise zeigt Willard, 2002, dass die Reduktion der Fluktuationskosten sowie die Erhöhung der Mitarbeitermotivation zwei signifikante Faktoren zur Maximierung des Unternehmenswertes sind. Diesem Verständnis folgend, werden durch die geschäftspolitische Umsetzung von Nachhaltigkeitsmaßnahmen die Kernkompetenzen eines Unternehmens gestärkt, dessen Dynamic Capabilities erhöht und dadurch der Unternehmenswert tendenziell gesteigert; vgl. hierzu Schäfer/Lindenmayer, 2005, S. 23 ff. oder Dowell et al., 2000, S. 1062 ff.

[743] Vgl. Figge, 1997, S. 261.

[744] Vgl. Schaltegger/Figge, 1998, S. 16.

Vereinigung *konventioneller* Kapitalanleger und Analysten – bestätigt.[745] Zweck der Initiative ist die Förderung von "better investment research, in particular research that takes account of the impact of *extra-financial issues* on long-term investment."[746] Die Initiative ist davon überzeugt, dass durch das Management von „extra-financial issues"[747] Risiken reduzierbar sind und ggf. Mehrwert geschaffen werden kann.[748]

Verstärkt wird dieser Eindruck durch diverse Umfragen unter konventionellen Analysten und Fondsmanagern, die speziellen Nachhaltigkeitsfaktoren Fundamentalcharakter attestieren.[749] Auch die verstärkte, gerade von großen Unternehmen durchgeführte **Integration sozialer, ökologischer und ethischer Aspekte** in die nach finanzwirtschaftlichen Grundsätzen geführte **externe Rechnungslegung**[750] sowie die zunehmend praktizierte Publizierung von **Nachhaltigkeitsberichten** lassen auf ein steigendes Interesse *konventioneller* Shareholder (und anderer Stakeholder) an diesen Themen schließen. Ferner richten auch die Kredit gebenden Finanzinstitutionen die Disposition ihrer Finanzmittel zunehmend an außerökonomischen Kriterien aus. So haben bereits 1992 die ersten Bankenvertreter die „UNEP[751]-Erklärung der Finanzin-

[745] Mitglieder sind u. a. BNP Paribas Asset Management, Deutscher Investment Trust (dit) und Hermes Pension Management Ltd.
[746] Enhanced Analytics Initiative, 2006, URL siehe Literaturverzeichnis.
[747] Extra-financial Issues zeichnen sich dadurch aus, dass sie im Allgemeinen eine oder mehrere der nachfolgend aufgeführten Eigenschaften erfüllen: "they tend to be *qualitative* and not readily quantifiable in monetary terms (e. g. corporate governance, intellectual capital); they relate to *externalities* not well captured by market mechanisms (e. g. environmental pollution); they relate to wider elements of the *supply chain* (e. g. suppliers, products and services); they are the focus of *public concern* (e. g. GMOs (**G**enetically **M**odified **O**rganisms; Anm. d. Verf.)); they have a *medium to long-term* horizon (e. g. global warming); the *policy and regulatory framework* is tightening (e. g. greenhouse gas emissions)"; Enhanced Analytics Initiative, 2006, URL siehe Literaturverzeichnis.
[748] Vgl. auch Loew, 2002, S. 19.
[749] Vgl. z. B. Pearce/Ganzi, 2002 oder Cap Gemini/Ernst & Young, 2000. Auch auf Unternehmensebene stehen Nachhaltigkeitsfaktoren zunehmend im Fokus. Risks Control, eine unabhängige britische Beratungsgesellschaft, die auf das Management von Geschäftsrisiken spezialisiert ist, fand bei einer im Jahr 2000 unter britischen Unternehmen durchgeführten Umfrage heraus, dass 71 % der befragten Unternehmen sozialen und ethischen Risikofaktoren große Bedeutung zumessen. 77 % der befragten Unternehmen glauben außerdem, dass die Relevanz derartiger Faktoren zukünftig weiter steigen wird; vgl. http://www.crg.com/, Zugriff am 13.03.2006.
[750] So müssen (große) deutsche Unternehmen mit Beginn des Jahres 2005 in ihren Lagebericht auch ökologische und soziale Risiken aufnehmen. Der entsprechende Gesetzestext lautet: „Bei einer großen Kapitalgesellschaft (...) gilt Absatz 1 Satz 3 entsprechend für nichtfinanzielle Leistungsindikatoren, wie Informationen über Umwelt- und Arbeitnehmerbelange, soweit sie für das Verständnis des Geschäftsverlaufs oder der Lage von Bedeutung sind"; HGB § 289 Abs. 3. HGB § 289 Abs. 1 Satz 3 lautet: „In die Analyse sind die für die Geschäftstätigkeit bedeutsamsten finanziellen Leistungsindikatoren einzubeziehen und unter Bezugnahme auf die im Jahresabschluss ausgewiesenen Beträge und Angaben zu erläutern." In Großbritannien existieren bereits seit 1999 Richtlinien zum adäquaten Umgang mit relevanten Risikogrößen eines Unternehmens, die vom Institute of Chartered Accountants veröffentlicht wurden. Hiernach sind alle an einer britischen Börse gelisteten Unternehmen verpflichtet, sämtliche „significant risks" zu erfassen, zu managen und zu dokumentieren, wobei erstmals auch explizit Umwelt- und Sozialrisiken zu berücksichtigen sind; vgl. Hildyard, 2002, S. 12.
[751] UNEP steht für „United Nations Environment Program".

stitute zur Umwelt und zur nachhaltigen Entwicklung" unterzeichnet.[752] Damit wird anerkannt, dass „(...) ökologische und soziale Risiken gleichzeitig Kreditausfall-, Haftungs- und Reputationsrisiken sind."[753] Hierauf aufbauend finden im Rahmen der derzeitigen Umsetzung der internationalen bankenaufsichtsrechtlichen Auflagen zur Kreditbeurteilung und -entscheidung mittels bankinterner (und teilweise auch bankexterner) Credit-Rating-Systeme (sogenanntes „Basel-II-Konkordat") vor allem weiche und kontrastarme Informationen (z. B. Qualität des Managements) Verwendung.[754]

Es bleibt festzuhalten, dass konventionelle Kapitalanleger vom Typ *homo oeconomicus* nur dann außerökonomische Faktoren bei der Anlageentscheidung berücksichtigen, wenn diese eine Aussicht auf überdurchschnittliche Rendite (bei gleichem Risiko) oder geringeres Risiko (bei gleich bleibender Rendite) für die Geldanlage bieten. Nach diesem Verständnis trägt die Integration außerökonomischer Faktoren in die Anlageentscheidung zur Verbesserung der Allokationseffizienz des Kapitalmarkts bei.

iii) Grundsätzlich ist es auch möglich, dass Anleger resp. bestimmte Anlegertypen gesetzlich, satzungsmäßig oder vertraglich **verpflichtet** sind, **ihre Finanzanlagedispositionen auch an außerökonomischen Kriterien auszurichten.** Dies trifft beispielsweise auf Gewerkschaften oder Wohlfahrtsorganisationen zu, wenn Satzung oder Verträge die Einhaltung bestimmter Prinzipien in der Kapitalanlage vorschreiben.[755] Auch für zahlreiche amerikanische Pensionsfonds besteht seit einigen Jahrzehnten satzungsgemäß das Gebot, in ihrer Anlagepolitik auch ethische Grundsätze zu verfolgen. Im europäischen Raum bestehen ähnliche Vorgaben für schwedische Pensionskassen (per Gesetz) und für schweizerische Pensionsfonds (durch deren Mitglieder).[756] Ferner wurden in einigen europäischen Mitgliedsländern in den letz-

[752] Vgl. UNEP, 1997.
[753] Kubusch, 2004, S. 10. Angewendet werden diese außerökonomischen Kriterien von Banken bislang insbesondere zur Beurteilung ökologischer Risiken von Kredit suchenden Unternehmen. Kubusch, 2004, S. 10 f. und Michalik, 2001, S. 70 ff. haben empirisch ermittelt, dass zwischen 10 % und 25 % der von ihnen untersuchten Kreditausfälle auf ökologische Risiken zurückzuführen sind.
[754] Vgl. Schäfer/Lindenmayer, 2005, S. 32 ff.
[755] Vgl. Schäfer, 2000, S. 19.
[756] Vgl. Loew, 2002, S. 33 ff. So hat beispielsweise eine der größten Schweizer Pensionskassen – die Caisse de prévoyance du personnel enseignant de l'instruction public et des fonctionnaires de l'administration du canton de Genève (CIA) – in ihrer Anlagepolitik für ihr ca. 4 Mrd. Schweizer Franken umfassendes Vermögen bei der Kapitalanlage neben finanziellen auch ökologische und soziale Kriterien zugrunde zu legen; vgl. Schäfer, 2003, S. 26.

ten Jahren Gesetze erlassen, die Pensionskassen verpflichten, nachzuweisen, ob bzw. in welchem Umfang soziale, ökologische und ethische Belange in der Kapitalanlage berücksichtigt werden. So z. B. das Amendment „Occupational Pension Schemes Regulation", das am 3. Juli 2000 in Großbritannien ergänzend zum „UK Pensions Act" von 1995 in Kraft trat. Hiernach müssen die (betrieblichen) Pensionsfonds laut Gesetzestext „(...) the extent (if at all) to which social, environmental or ethical considerations are taken into account in the selection, retention and realisation of investments; and their policy (if any) in relation to the exercise of rights (including voting rights) attaching to investments" nachweisen.[757] Die Fondsgesellschaften sind somit verpflichtet, ihre Anlagestrategie als ein Statement of Investment Principles (SIP) zu formulieren. Das SIP soll dabei explizit Auskunft geben, ob und ggf. welche nachhaltigen Aspekte im Rahmen der Anlagestrategie berücksichtigt werden. Werden keine derartigen Kriterien beachtet, muss dies im SIP explizit durch Fehlanzeige zum Ausdruck gebracht werden. Das Pendant in Deutschland stellt die sogenannte „Riester-Rente" dar, bei der allerdings lediglich eine Pflicht zur Angabe, ob soziale, ökologische und ethische Gesichtspunkte berücksichtigt wurden, besteht.[758]

Unabhängig von den zugrunde liegenden Motivationen betreiben alle drei Anlegertypen (i, ii, iii) „**Social Responsible Investment**" bzw. „Socially Responsible Investing" (SRI)[759], auch „Ethical Investment"[760] genannt.[761] Social Responsible Investment „involves considering the ethical, social, and environmental performance of companies selected for investment, as well as their financial performance."[762] Konstituierend für SRI-Kapitalanlagen ist demnach, dass neben ökonomischen auch soziale und/oder ökologische Aspekte in die

---

757 1995 Pensions Act, London, The Stationary Office, http://www.hmso.gov.uk./acts.

758 Einen internationalen Überblick über bestehende staatliche Regulierungen zur Förderung von nachhaltigen Kapitalanlagen liefert Loew, 2002.

759 Dieses Begriffspaar wird insbesondere in den USA verwendet, wo es sich in den sechziger und siebziger Jahren zuerst etabliert hat; vgl. Schäfer, 2003, S. 20. Die Meinungen darüber, ob SRI ausschließlich Eigenkapitalanlagen oder sowohl Eigenkapitalanlagen als auch festverzinsliche Investments beinhaltet, divergieren; vgl. hierzu Domini, 2001, S. 26 gegenüber Sparkes, 2002, S. 22 ff. Grundsätzliche Ausführungen zu SRI beinhalten u. a. Sparkes, 2001; Schäfer, 2001 oder Cooper/Schlegelmilch, 1993.

760 Dieser Terminus erfährt vor allem in Großbritannien, aber auch in einigen Ländern Kontinentaleuropas (z. B. Niederlande) Anwendung. Zur weitgehenden Äquivalenz von SRI- und Ethical Investment vgl. Schäfer, 2004(a), S. 270. Schueth, 2003, S. 189 sowie Loew, 2002, S. 11 f. liefern weitere, synonym verwendete Begriffe.

761 Im deutschen Sprachgebrauch werden primär die Termini „ethisch-ökologisches" oder „nachhaltiges Investment" bzw. „ethisch-ökologische" oder „nachhaltige Kapitalanlage" verwendet; vgl. Schäfer, 2003, S. 21 in Verbindung mit Schäfer, 2005(b). Nachfolgend werden die Termini SRI und nachhaltige Kapitalanlage verwendet.

762 EIRIS, 2000, S. 1. „Sozialverantwortlich" umfasst im englischen Sprachgebrauch somit ebenfalls die wichtigsten Nachhaltigkeitsdimensionen, auch wenn der Begriff „Nachhaltigkeit" als solcher nicht verwendet wird.

Kapitalanlageentscheidung einfließen.[763] Im Allgemeinen handelt es sich bei Social Responsible Investments also um Anlagestrategien, die zwar unterschiedlich motiviert sein können, gleichwohl aber in Einklang stehen mit den Paradigmen der Nachhaltigkeit und CSR.[764] Nachfolgend werden die dargestellten Anlegertypen entsprechend ***einheitlich*** als **„nachhaltige" bzw. „SRI-Anleger"** bezeichnet, was ihre Präferenz, in nachhaltige Unternehmen zu investieren (unabhängig von ihren Motivlagen), verdeutlichen soll.[765]

International betrachtet stellen **SRI-Kapitalanlagen** einen zunehmend wichtig werdenden Teilbereich des gesamten Kapitalmarkts dar.[766] In den Vereinigten Staaten betrug das Volumen solcher Anlagefazilitäten 2005 insgesamt 2,29 Billionen US-Dollar, was einem **Anteil am Gesamtvolumen von ca. 10 %** entspricht.[767] In Europa ist dieses Kapitalmarktsegment wesentlich kleiner, weist jedoch konstant hohe Wachstumsraten auf, wodurch der Abstand zum US-amerikanischen Markt in den letzten Jahren zunehmend verringert werden konnte. Gemäß den neuesten Zahlen aus dem Jahr 2006 beträgt das Gesamtvolumen von SRI-Kapitalanlagen 1,03 Billionen Euro. Dies entspricht **einem Anteil am gesamten europäischen *Fonds*volumen (Fonds under Management) von ca. 10 %**[768] und verkörpert ein **reales Wachstum seit 2003 von 36 %.**[769] Deutschland trägt hierzu allerdings nur mit einem verschwindend kleinen Anteil von 5,3 Mrd. EUR bei.

Grundsätzlich existiert **bei allen SRI-Anlegern** (unabhängig von ihren Motivationen) **Potenzial, ihre Kapitaldispositionsentscheidungen mittels Produktion und Diffusion von Nachhaltigkeitsinformation systematisch zu steuern**. An genau dieser Stelle setzt die von NGOs implementierbare Indirekt-Exit-Strategie an, deren zentrale Komponenten nachfolgend näher erläutert werden.

---

[763] Guay et al., 2004, S. 126.

[764] Vgl. Sparkes/Cowton, 2004, S. 50 ff.

[765] Unter dem Begriff „nachhaltiger bzw. SRI-Anleger" werden folglich nicht nur ethisch motivierte Anleger („Idealisten") subsumiert. Vielmehr wird auf konventionelle Anleger abgestellt, die sich entweder aufgrund von erwarteten größeren risikoadjustierten Ertragschancen oder aufgrund von rechtlichen oder satzungsmäßigen Verpflichtungen zur Berücksichtigung von Nachhaltigkeitsfaktoren entschlossen haben. Insofern wird dem Kapitalmarkt als Transformationsvehikel zur Steuerung des Unternehmensverhaltens keine ethische Sonderrolle beigemessen; vgl. hierzu auch Gerke, 2005, S. 22 ff.

[766] Guay et al., 2004, S. 127 geben einen internationalen historischen Überblick über die Meilensteine im SRI. Die nachfolgenden Zahlen beinhalten alle Kapitalanlagen, denen entweder aktive oder passive SRI-Ansätze zugrunde liegen oder die sowohl nach aktiven als auch nach passiven SRI-Ansätzen gemanaged werden. Während beim passiven SRI Screening-Ansätze Anwendung finden, wird beim aktiven SRI Engagement betrieben; vgl. hierzu die Ausführungen in Abschnitt 5.2.1 und Abschnitt 5.2.3. Eine detaillierte Beschreibung der genannten SRI-Ansätze findet sich bei Schäfer/Lindenmayer, 2007(b), S. 31 ff.

[767] Vgl. Social Investment Forum, 2006(b), S. 1.

[768] Vgl. Eurosif, 2006(a), S. 5 und Eurosif, 2006(b).

[769] Vgl. Eurosif, 2006(a), S. 11.

5.2.4.1 Außermarktmäßige Informationsdiffusion

Außermarktmäßige Informationsdiffusion stellt *die* Form der Indirekt-Exit-Strategie dar, wie sie in den Beiträgen von *Waygood, 2004* und *Waygood/Wehrmeyer, 2003* umfassend beschrieben wird. Dementsprechend werden die Erläuterungen hierzu kurz gehalten.[770]

Um Informationen zur Nachhaltigkeit von Unternehmen außermarktmäßig zu verbreiten, treten NGOs als **„Pressure Groups"** auf. Sie initiieren Unternehmenskampagnen (Aktivismus[771]), deren Informationsgehalt durch den Einsatz diverser, insbesondere (Massen-)Medien[772] nach außen getragen wird und von den Stakeholder-Gruppen der jeweiligen Unternehmen (wie z. B. Konsumenten, Staat, Öffentlichkeit oder Anleger) kostenfrei empfangbar ist. Die so verbreitete Nachhaltigkeitsinformation erfüllt im Wesentlichen die Eigenschaften eines öffentlichen Gutes, mit dessen Hilfe NGOs auf die Außenwirkung von Unternehmen Einfluss auszuüben versuchen.[773]

In dieser Rolle erfüllen NGOs eine **Aufpasser- oder „Watchdog"-Funktion**, in der sie i. d. R. auf (ihrer Meinung nach) kontroverse Aktivitäten spezifischer Unternehmen hinweisen (sogenanntes „Whistle Blowing").[774] Ein klassisches Beispiel hierfür stellt die Greenpeace-Kampagne gegen die von Shell geplante Versenkung der Ölplattform Brent-Spar dar.[775] Auch der im Rahmen der Indirekt-Voice-Strategie bereits erwähnte und durch „Friends of the Earth" veröffentlichte Bericht, in dem führende britische Versicherungsunternehmen für ihre finanziellen Engagements in kontroversen Projekten scharf kritisiert werden[776], kann hier als Beispiel angeführt werden. Einerseits sind NGOs damit regelmäßig in der Lage, ***direkt* auf das Verhalten von Unternehmen einzuwirken**, da mögliche Auswirkungen von Kampagnen (z. B. Gesetzesinitiativen, Absatzrückgänge durch Kaufzurückhaltung der Konsumenten, Reputationsverluste) durch die Unternehmen abschätzbar sind; die Androhung einer Kampagne reicht oftmals schon aus, um das betreffende Unternehmen zum Einlenken zu veranlassen.

---

[770] Für nähere Informationen siehe Waygood, 2004, S. 91 ff. und Waygood/Wehrmeyer, 2003, S. 374 ff.

[771] Aktivismus ist hierbei nicht zu verwechseln mit Shareholder-Aktivismus. Während NGOs zur Anwendung von Shareholder-Aktivismus Aktionärsrechte proaktiv ausüben und entsprechend im Besitz von Aktien oder Depotstimmrechten sein müssen, stellt Aktivismus auf die Durchführung von Kampagnen ab und kann folglich ohne entsprechenden Anteilsbesitz betrieben werden.

[772] Die Medien stellen nicht nur ein Werkzeug, sozusagen das „Sprachrohr" von NGOs dar, sondern operieren selbst als „Watchdogs", indem sie eigenverantwortlich über kontroverse Aktivitäten von Unternehmen berichten.

[773] Vgl. auch Abschnitt 2.4.2.2.

[774] Vgl. auch Kaas, 1992(a), S. 484.

[775] Weitere Beispiele finden sich in Hildyard, 2002.

[776] Vgl. Friends of the Earth, 2000.

Im Zuge von ***kapitalmarktorientierten*** **Indirekt-Exit-Strategien** sind dagegen andererseits der Kapitalmarkt bzw. die hier agierenden Akteure die primären Adressaten der von NGOs produzierten Information[777], um entsprechende kapitalmarktbasierte Unternehmenssteuerungsimpulse der Anleger im Sinne von Kursreaktionen auszulösen und damit das Verhalten von Unternehmen ***indirekt*** zu beeinflussen.[778] Hierbei stehen nicht primär ethisch motivierte SRI-Anleger („Idealisten") im Fokus von NGOs, da deren verhältnismäßig geringer Marktanteil kaum zu spürbaren Effekte führen dürfte. Vielmehr versuchen NGOs, konventionelle, insbesondere institutionelle Kapitalanleger zu beeinflussen.[779] „Campaigns can highlight key risks – financial, political, legal and non-financial – and ‚translate' environmental and human rights concerns into arguments that exert pressure on investors."[780]

Als geeignetes **Angriffsziel** dient insbesondere die **Reputation des Unternehmens resp. eine ihrer spezifischen Marken**, die gemeinhin bedeutende, mitunter sogar die bedeutendsten Vermögenswerte von Unternehmen darstellen (z. B. Coca Cola, Nike).[781] Je größer der Wert der Reputation eines Unternehmens ist, desto größer sind die durch Kampagnen auslösbaren Verlustpotenziale des Aktienkurses des betreffenden Unternehmens.[782] Entsprechend stellen Unternehmen mit hohem Markenwert, d. h. Unternehmen, deren Cash-Flows entscheidend von der Reputation ihrer Marke bzw. Marken abhängen (z. B. in der Bekleidungs- oder Automobilindustrie), geeignete Ziele für NGO-Kampagnen dar.[783] Sind nach diesem Verständnis die Einschätzungen der Anleger hinsichtlich zukünftiger risikoadjustierter Ertragschancen spezifischer Unternehmen durch Kampagnen zur Nachhaltigkeit dieser Unternehmen veränderbar, so werden entsprechende Kapitalanlagedispositionen folgen, die ihrerseits bestimmte **Kursreaktionen und damit auch Kapitalkos-**

[777] Hiermit wird folglich das Lenkungsinstrument „Markt", genauer „Kapitalmarkt" angesprochen; vgl. auch Abschnitt 2.4.2.1 in Teil I dieser Arbeit.

[778] Ausgelöst durch zahlreiche Initiativen von NGOs wurde beispielsweise in den USA in den achtziger Jahren mittels Kapitalentzug im Sinne von Anteilsverkäufen Druck auf Firmen ausgeübt, die mit dem Apartheidregime in Südafrika in geschäftlichem Kontakt standen. Zu den Auswirkungen dieser Maßnahme auf den Aktienkurs der jeweiligen Unternehmen existieren zahlreiche empirische Untersuchungen mit zum Teil gegensätzlichen Ergebnissen; vgl. hierzu z. B. Teoh et al. 1999; Meznar et al., 1994 oder Patten, 1990.

[779] Vgl. Guay et al., 2004, S. 133.

[780] Hildyard, 2002, S. 3.

[781] Vgl. z. B. Sjöström, 2004, S. 10 f. oder Hildyard, 2002, S. 5 in Verbindung mit Bendell, 1998, S. 2. Laut Schätzungen geht rund ein Drittel des Shareholder Values in vielen Industriesegmenten auf die Reputation eines Unternehmens zurück; vgl. Bendell, 2000, S. 158.

[782] Brammer/Pavelin, 2005, S. 48 zeigen, dass Unternehmen aus besonders reputationsabhängigen Sektoren (z. B. Einzelhandel) sowie Unternehmen, die kontroversen Industriezweigen (z. B. Chemie-, Tabak-, Alkoholindustrie) angehören, überdurchschnittlich hohe Spendenbeiträge für wohltätige Zwecke leisten. Sie argumentieren, dass solche „Sozialinvestitionen" als Versicherungsschutz gegenüber Reputationsverlusten dienen.

[783] Vgl. Spar/La Mure, 2003, S. 84 und S. 95. Weitere Determinanten, die die Wahrscheinlichkeit einer NGO-Kampagne erhöhen, sind der Bekanntheitsgrad und das Geschäftsfeld eines Unternehmens, vgl. Brammer/Pavelin, 2005, S. 46.

teneffekte auslösen, die auf das Verhalten des Managements einwirken. So konnten Knight/Pretty im Zuge der zuvor genannten „Brent-Spar-Kampagne“ einen zehnprozentigen Kursrückgang der Shell-Aktie identifizieren.[784]

5.2.4.2 Marktmäßige Informationsdiffusion

Während NGOs die im letzten Abschnitt beschriebene außermarktmäßige Informationsverbreitung primär *ad hoc*, also aus gegebenen Anlässen wie z. B. Umweltkatastrophen oder Arbeitsunfälle praktizieren, wird das Instrument der marktmäßigen Informationsverbreitung **kontinuierlich** genutzt. Entsprechend ist von einer größeren Wirkung auszugehen, sodass die **marktmäßige Informationsdiffusion** als ein bedeutsamer Einflusskanal für die Berücksichtigung sozial-ökologischer Interessen angesehen werden kann.[785] Hierbei werden **Informationen zur Nachhaltigkeit von Unternehmen systematisch und in einem fortlaufenden Prozess**, d. h. nicht anlassgebunden, an interessierte Kapitalmarktteilnehmer in Form separater marktmäßiger Dienstleistungsangebote[786] i. d. R. kostenpflichtig veräußert.[787] Nachfolgend wird gezeigt, dass und wie diese spezifische Art der indirekten Strategie der Kapitalreallokation von NGOs faktisch praktiziert wird. Dies stellt einen **neuen Befund** innerhalb der NGO-Forschung dar, der daher einen zentralen Beitrag dieser Arbeit generiert und in nachfolgender Übersichtsabbildung fett markiert wurde.

---

[784] Vgl. Knight/Pretty, 2001, S. 24 f. Der beschriebene Kurseffekt resultierte allerdings nicht ausschließlich aus dem direkten finanzwirtschaftlichen Effekt, den die Kampagne auf die Anlagedispositionen der Aktionäre auslöste, sondern auch aus einem indirekten realwirtschaftlichen Effekt: Die Kampagne führte u. a. zu Kauf- bzw. Tankstellenboykotts von Konsumenten, die sich ihrerseits unmittelbar auf Shells Cash-Flows und damit als Veränderung der Fundamentaldaten final über entsprechende Dispositionen der Aktionäre auf dessen Aktienkurs auswirkten.

[785] Vgl. Loew, 2002, S. 60.

[786] Vgl. Schäfer, 2006, S. 665.

[787] Vgl. Schoenheit, 2005, S. 132.

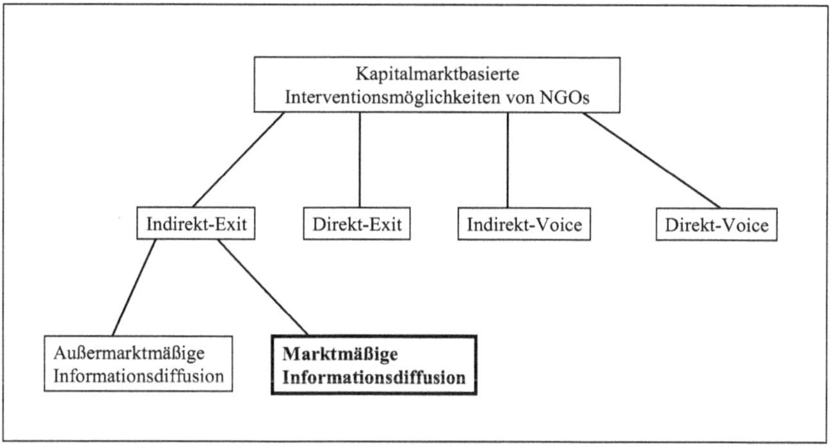

Abbildung 5-3: Marktmäßige Informationsdiffusion als Bestandteil der Interventionsmöglichkeiten von NGOs
Quelle: eigene Darstellung

5.2.4.2.1 Ausgangspunkt: Nachhaltigkeitsrating

Der Ausgangspunkt des noch zu zeigenden Erkenntnisbeitrags ist die Tatsache, dass sich seit Mitte der 90er Jahre im Zuge wachsender Nachfrage nach SRI-Anlagefazilitäten neue Marktakteure etabliert haben, die sich insbesondere mit den notwendigen informatorischen Begleitprozessen beschäftigen. Hierzu sei zunächst auf Abbildung 5-4 verwiesen, die den stilisierten Investmentprozess von nachhaltigen Kapitalanlegern darstellt.

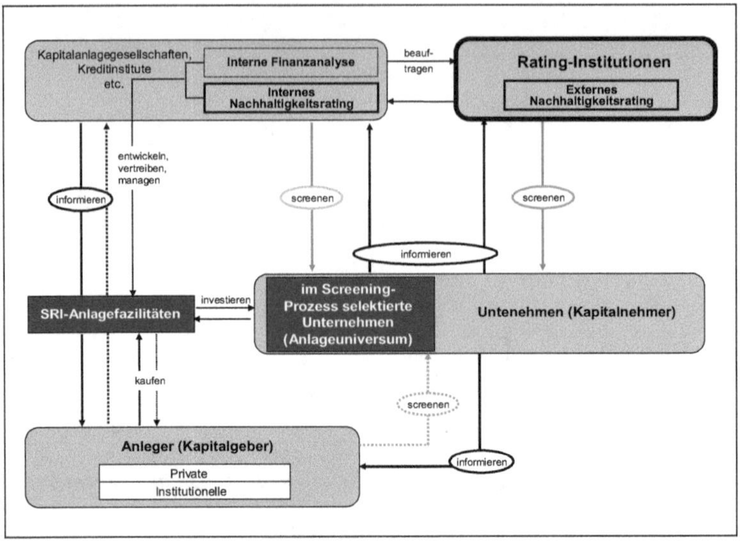

Abbildung 5-4: Der Kapitalanlageprozess eines nachhaltigen Kapitalgebers
Quelle: in Anlehnung an Schoenheit, S. 112

Nachhaltige Kapitalgeber kaufen i. d. R. spezielle Anlageprodukte, die von Banken, Kapitalanlagegesellschaften (KAG) etc. entwickelt, vertrieben und verwaltet werden, um ihr Kapital ausgewählten, an Prinzipien der Nachhaltigkeit ausgerichteten Unternehmen zukommen zu lassen. Große institutionelle Anleger (z. B. Pensionsfonds, Stiftungen etc.) können davon abweichend über ein eigenes (nachhaltigkeitsorientiertes) Asset-Management verfügen. So wird der „Umweg" über die Anlageproduktanbieter vermieden und deren Funktionen vollständig von den originären Kapitalgebern übernommen.[788]

Zum nachhaltigen Asset-Management (unabhängig davon, ob durch die Produktanbieter oder durch die Kapitalgeber selbst praktiziert) gehört zentral das **Bewerten und anschließende Selektieren von Unternehmen nach sozial-ökologischen Kriterien**. Grundsätzlich kann die Bereitstellung dieser Information – die Beurteilung der sozial-ökologischen Qualitäten von Unternehmen (Corporate Sustainability), auch SRI-Research genannt – sowohl **intern** vom Produktanbieter bzw. vom Asset-Management selbst als auch **extern** von spezialisierten Informationsanbietern erbracht werden. Weil für den einzelnen (institutionellen oder privaten) Anleger die Einschätzung der Nachhaltigkeitsleistung der Unternehmen aufgrund der Komplexität der Dimensionen meist prohibitiv hohe Transaktions-

788 Der Kapitalanlageprozess in Abbildung 5-4 würde sich entsprechend um eine Prozessstufe reduzieren.

kosten auferlegen würde, übernehmen i. d. R. eigenständige, unabhängige, sogenannten „**Nachhaltigkeitsrating-Institutionen**“ diese signifikante Marktfunktion[789] – es findet also ein **Outsourcing des SRI-Research** statt.[790] Folgerichtig haben sich *in praxi* Strukturen eines eigenständigen, internationalen Markts für Informationsdienstleistungen zur Nachhaltigkeit von Unternehmen, sogenannte „Nachhaltigkeitsratings“[791] (auch CSR[792]- oder Ethik-Ratings genannt)[793], herausgebildet.[794]

Wörtlich übersetzt bedeutet der angelsächsische Begriff „Rating“ ‚Bewertung‘, ‚Beurteilung‘ oder ‚Note‘. Ein Rating kann allgemein als ein Verfahren zur Einschätzung oder Beurteilung von Personen, Gegenständen oder Situationen mithilfe von Skalen definiert werden.[795] Die zu bewertenden Objekte werden „hinsichtlich einer bestimmten Zielsetzung in eine ordinale Rangordnung“[796] gebracht. Folglich verkörpert ein Rating inhaltlich eine methodische Dimension – den Prozess der Erfassung und Bewertung – sowie eine Ergebnisdimension – den Ausdruck des Beurteilungsergebnisses in einem aggregierten Rating-Urteil, auch „Rating-Note“ genannt.[797]

Während beim klassischen Credit-Rating, auch Finanz-Rating genannt, die finanzielle Bonität von Wertpapieremittenten (generell oder mit Blick auf einen bestimmten Schuldtitel) beurteilt wird, um mögliche Ausfallrisiken zur Fundierung von Kapitalvergabeentschei-

---

[789] Vgl. Loew, 2002, S. 60.
[790] Vgl. Sjöström, 2004, S. 9.
[791] Schäfer, 2004(b), S. 4.
[792] Vgl. Schäfer, 2005(a), S. 252; siehe auch Kap. 2.3.4.
[793] Vgl. Schäfer/Lindenmayer, 2004, S. 17 ff. Während bei ethischen oder ethisch-ökologischen Unternehmensratings primär ethisch-normative Wertvorstellungen der Adressaten die Kriterienauswahl bestimmen, stützt die überwiegende Mehrheit derzeit existierender und auf Konzepten der Nachhaltigkeit basierender CSR-Ratings ihre Kriterienauswahl explizit auf ein primär ökonomisches Verständnis; vgl. Schäfer et al., 2006, S. 2 in Verbindung mit Homolka/Nguyen-Khac, 1996, S. 677. Nachfolgend werden die Begriffe „Nachhaltigkeitsrating“ und „CSR-Rating“ verwendet.
[794] Derartige Ratings werden primär zum Zwecke von Kapitalanlagedispositionen, d. h. zur Asset Allocation eingesetzt, vgl. Schäfer, 2005(a), S. 251. Neben kapitalmarktorientierten Nachhaltigkeitsratings existieren noch einige wenige, die sich an Konsumenten richten; vgl. Schäfer, 2005(a), S. 252. Kapitalmarktteilnehmer dominieren jedoch eindeutig als wichtigste Zielgruppe und stehen auch im Rahmen dieses Beitrags im Fokus; vgl. Schäfer, 2005(d), S. 53. Seinen Ursprung hat das Nachhaltigkeitsrating (wie auch das Finanz-Rating) in den USA. Die ersten SRI-Rating-Agenturen wurden Ende der sechziger/Anfang der siebziger Jahre im Zuge gesellschaftspolitischer Konflikte, die im Zusammenhang mit dem Vietnamkrieg standen, gegründet. Aus dem Interesse, nicht in Unternehmen zu investieren, die in Rüstungsgeschäfte involviert sind, entstanden so das Council on Economic Priorities (CEP) und das Investor Responsibility Research Center (IRRC). Zur gleichen Zeit wurde das Interfaith Center on Corporate Responsibility (ICCR) gegründet, dem die Ablehnung des Handels mit Südafrika zugrunde lag. In den achtziger Jahren entstanden ähnliche Einrichtungen in Großbritannien. Erst in den neunziger Jahren zogen kontinentaleuropäische Länder wie die Niederlande oder Deutschland nach; vgl. hierzu Kahlenborn/Krämer, 1999, S. 15.
[795] Eine umfassende, auf Finanzkontrakte bezogene Definition liefert Everling. Hiernach ist ein Rating „jedes durch ein Symbol bzw. ein Zeichen oder eine semantische Verkettung von Zeichen (Zeichenfolge) ausgedrückte Urteil einer Beurteilungsinstanz über ein bestimmtes Merkmal eines Finanzierungstitels resp. Wirtschaftssubjektes“; Everling, 1994, S. 1600.
[796] Serfling et al., 1996, S. 632.
[797] Vgl. Schäfer/Lindenmayer, 2007(a), S. 331.

dungen zu identifizieren, ist analog das **Nachhaltigkeitsrating als Methode zur Beurteilung der „Nachhaltigkeitsbonität“**[798] zu verstehen. Der Untersuchungsgegenstand des Nachhaltigkeitsratings wird insofern durch die Nachhaltigkeit von Unternehmen (Corporate Sustainability) verkörpert. Grundlage hierfür ist das anthropogene Entwicklungskonzept der „nachhaltigen Entwicklung“, wie es in Abschnitt 2.3.4 vorgestellt wurde. Es soll ermittelt werden, in welchem Umfang ein Unternehmen als Wertpapieremittent den von Stakeholdern bzw. der Gesellschaft artikulierten finanziellen und insbesondere den ökologischen und sozialen Forderungen nachkommt. Den „Kredit“, den es in diesem Kontext von Stakeholdern aufgenommen hat, kann man vertragstheoretisch in der „License to operate“ und der „License to co-operate“ sehen.[799]

Zur Bestimmung dieser Nachhaltigkeitsperformance werden unternehmensindividuelle Daten von den **spezialisierten Rating-Institutionen**[800] (vgl. Abbildung 5-4) mittels **eigens entwickelter Analysetechnologien** ausgewertet und zu einem Gesamtergebnis, dem bereits erwähnten Rating-Urteil, komprimiert. Dadurch werden die vorhandenen Informationsasymmetrien zwischen den weniger informierten Kapitalanlegern und den besser informierten Emittenten von Wertpapieren (Kapitalnehmer) hinsichtlich der Nachhaltigkeitsperformance der Kapitalnehmer überbrückt und insofern für Transparenz[801] gesorgt.[802] Die Rating-Institutionen stellen somit, wie die Anbieter von klassischen Finanz-Ratings auch, ein ökonomisches Bindeglied zwischen Finanzinvestoren und Unternehmen dar[803], indem sie das Informationsgefälle zwischen diesen beiden Akteuren reduzieren. Ihre ökonomische Aufgabe ist die **Intermediation auf informationsineffizienten Märkten**.[804] Dabei kommunizieren sie einerseits die Anforderungen der Kapitalgeber hinsichtlich der Nachhaltigkeit an Unternehmen, andererseits teilen Unternehmen interessierten Anleger-

[798] Vgl. Schäfer, 2003, S. 19.

[799] Vgl. Schäfer/Lindenmayer, 2007(b), S. 17.

[800] Im Wesentlichen operieren drei Gruppen von Institutionen: eigenständige Rating-Agenturen, Inhouse-Research-Teams, insbesondere von Kreditinstituten, und Betreiber von Wertpapierindizes; vgl. Schäfer, 2003, S. 34. Zur allgemeinen Bezeichnung dieser drei Gruppen wird der Begriff „Rating-Institution“ verwendet.

[801] Nach Steiner haben Rating-Institutionen die wichtige ordnungspolitische Funktion, Markttransparenz herzustellen; vgl. Steiner, 1996, S. 514.

[802] Schäfer, 2005(a)/2005(d) liefert eine detaillierte Beschreibung von Nachhaltigkeitsratings. Kritik an methodischen und kriterienspezifischen Aspekten des Nachhaltigkeitsratings liefern u. a. Schäfer/Lindenmayer, 2004, S. 133 ff.

[803] Zu weiteren Gemeinsamkeiten von Finanz- und Nachhaltigkeitsratings vgl. Kahlenborn/Krämer, 1999, S. 21 f.

[804] Vgl. Sjöström, 2004, S. 29.

kreisen über die Rating-Institutionen ihre Ziele, Maßnahmen und den Stand ihrer Aktivitäten in Sachen Nachhaltigkeit mit.[805]

Anders als das Credit-Rating wird das CSR-Rating derzeit fast ausschließlich als sogenanntes „Unsolicited Rating" praktiziert, d. h. in der Regel liegt keine explizite Auftragserteilung seitens des zu beurteilenden Unternehmens für eine Rating-Institution vor.[806] Neben der kostenlosen Verbreitung werden die Ratings meist in geschlossene Nutzernetzwerke vor allem für Kapitalanleger (z. B. Informationsdienste wie Bloomberg) von den Rating-Institutionen eingespeist oder direkt von interessierten Anlegerkreisen bei den Rating-Institutionen gegen Entgelt[807] abgerufen.[808] Insbesondere Kreditinstitute, Fondsgesellschaften, Pensionsfonds und andere institutionelle Anleger geben auch direkt Nachhaltigkeitsratings in Auftrag, um so eine Grundlage zur Auswahl nachhaltig wirtschaftender Unternehmen für die Aktienanlage zu gewinnen. Mit anderen Worten: **Nachhaltigkeitsratings werden einerseits auftragsbezogen erstellt und verkauft, andererseits aber auch „auf eigene Rechnung" erstellt und erst in einem zweiten Schritt an die Interessenten veräußert.**[809] Aufgrund schwer zu überwachender Qualitätseigenschaften des Produkts „Rating-Urteil" spielt die **Verlässlich- bzw. Glaubwürdigkeit der Rating-Institution**, die im Fokus der Analyse von Teil III steht, eine entscheidende Rolle bei der Vermarktung des Produkts.[810]

Als weiterer zentraler Unterschied zum Credit-Rating, das auf einem weitgehenden Konsens hinsichtlich der Input-Variablen und der Modellzusammenhänge basiert[811], kann die bei derzeitigen Messkonzepten von Nachhaltigkeit existierende hohe Spezifität verwendeter Beurteilungskriterien angeführt werden.[812] Ursächlich hierfür sind vorrangig die indivi-

---

[805] Vgl. Schäfer, 2005(d), S. 53. Schoenheit bezeichnet diese Tätigkeit der Rating-Institutionen als „Gatekeeper-Funktion"; vgl. Schoenheit, 2005, S. 130 ff.

[806] Vgl. Schäfer, 2005(a), S. 253.

[807] Ein einzelner, von oekom erstellter sogenannter „Company Rating Report" kostet beispielsweise 350 EUR; vgl. Vivian et al., 2004, S. 51.

[808] Ob die Nachhaltigkeitsratings den Nutzern allgemein, quasi als öffentliches Gut, oder exklusiv durch die Erhebung eines Entgelts zugänglich werden, ist abhängig von der spezifischen Form der Rating-Institutionen. Von den drei genannten Gruppen besitzen lediglich die Wertpapier-Indizes ein wirtschaftlich begründetes Interesse daran, die Research-Ergebnisse der positiv-selektierten Unternehmen umfassend, d. h. als öffentliches Gut zu veröffentlichen.

[809] Vgl. Schäfer/Lindenmayer, 2007(b), S. 18. Wie bereits erwähnt, verkörpern institutionelle Anleger diejenige Anlegergruppe, die die signifikanten Kapitalanlagevolumina bewegt. Dies gilt sowohl im Allgemeinen (vgl. Bassen, 2002, S. 4) als auch im Speziellen unter Berücksichtigung von Nachhaltigkeitsaspekten; vgl. Schäfer, 2003, S. 26. Entsprechend wird auch im Kontext dieser Arbeit – vor allem bei der Skizzierung der modelltheoretischen Ausgangssituation in Teil III – besonderes Augenmerk auf diese Anlegergruppe gelegt.

[810] Verlässlich- bzw. Glaubwürdigkeit der Rating-Institution spielt auch bei Solicited-Credit-Ratings eine entscheidende Rolle. Nur wenn die Rating-Institution diesem Attribut genügt, wird ihr Urteil von den Kapitalgebern als glaubwürdiges Signal hinsichtlich der Finanzbonität des Auftraggebers angenommen.

[811] Vgl. Weinrich/Jakobs, 2003, S. 115 ff. in Verbindung mit Howe, 2001, S. 417 ff.

[812] Vgl. Schäfer/Lindenmayer, 2004, S. 18 in Verbindung mit Homolka/Nguyen-Khac, 1996, S. 677.

duellen Motive der Anbieter und deren u. U. sehr unterschiedliche Vorstellungen hinsichtlich der Paradigmen der Nachhaltigkeit bzw. der Corporate Sustainability.[813] Gleichwohl lassen sich im Rekurs auf bestehende Studien Konturen eines allgemeinen Strukturmodells des Nachhaltigkeitsratings identifizieren.[814] Abbildung 5-5 zeigt dieses Strukturmodell, bei dem es sich um einen stilisierten Prozess des CSR-Ratings zur Beurteilung von Unternehmen oder von durch diese emittierten Aktien und/oder Anleihen handelt.[815]

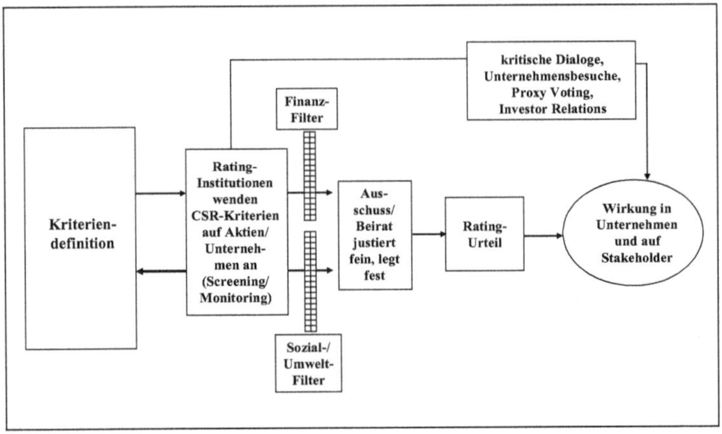

Abbildung 5-5: Strukturmodell des Nachhaltigkeitsratings für Kapitalmarktakteure
Quelle: in Anlehnung an Schäfer, 2005(d), S. 54

Die Spezifikation, Qualifizierung und Quantifizierung der für das individuelle Nachhaltigkeitsrating relevanten Kriterien, kurz: die **Kriteriendefinition** bildet den Ursprung eines jeden CSR-Rating-Modells. Sie verkörpert einen für die Urteilsfindung zentralen Schritt, da mit Art und Anzahl der Erhebungskriterien und der Definition von Grenzwerten das Rating-Urteil entscheidend beeinflusst wird. Basierend auf diesen Kriterien erheben und verarbeiten die Rating-Institutionen mittels spezifischer Beurteilungsmethoden[816] und Produktionstechnologien (wie Datenbanken, Analysesoftware etc.) Daten zur Nachhaltigkeit einzelner Unternehmen und Branchen. Das endgültige Rating-Urteil fällt für die meisten

[813] Vgl. Sjöström, 2004, S. 15.
[814] Vgl. Schäfer, 2003, S. 152 f.
[815] Neben Nachhaltigkeitsratings zur Beurteilung von Unternehmen existieren ferner CSR-Ratings zur Analyse von öffentlichen Stellen oder Staaten. Sie spielen *in praxi* jedoch eine untergeordnete Rolle und sollen daher auch in dieser Arbeit nicht weiter berücksichtigt werden; vgl. Schäfer, 2005(a), S. 253.
[816] Grundsätzlich lassen sich die Bewertungsmethoden der Rating-Institutionen in Positiv- und Negativ-Screening-Ansätze unterteilen. Schäfer/Lindenmayer, 2007(b), S. 27 ff. liefern hierzu detaillierte Informationen.

Rating-Institutionen ein sogenannter „Expertenbeirat“ oder „Ausschuss“ resp. ein „Komitee“, womit dieser Instanz, neben den eigentlichen Analysten, zentrale Bedeutung für die Urteilsvergabe zukommt. Nach der erstmaligen Nachhaltigkeitsüberprüfung und Rating-Vergabe (Screening) werden die Urteile auf einer fortlaufenden Basis mithilfe aktueller Daten überwacht und ggf. modifiziert (Monitoring).[817]

Abhängig von der Informationsproduktionsdienstleistung der Rating-Institution resultiert aus diesem Prozessschritt explizit, zumindest aber implizit ein Universum der im Sinne der Rating-Institution nachhaltigen Unternehmen. *Explizit* ist das Ergebnis dann, wenn das Anlageuniversum von der Rating-Institution selbst definiert wird, wie dies für Index-Betreiber der Fall ist. Ein Anlageuniversum wird von der Rating-Institution *implizit* vorgegeben, wenn ihre Informationen (z. B. Rating-Note, Ranking) als Grundlage für die Erstellung des Universums dienen. Abbildung 5-6 fasst die verschiedenen Wertschöpfungsstufen dieses Informationsproduktionsprozesses zusammen und liefert ergänzend einige institutionelle Beispiele.[818]

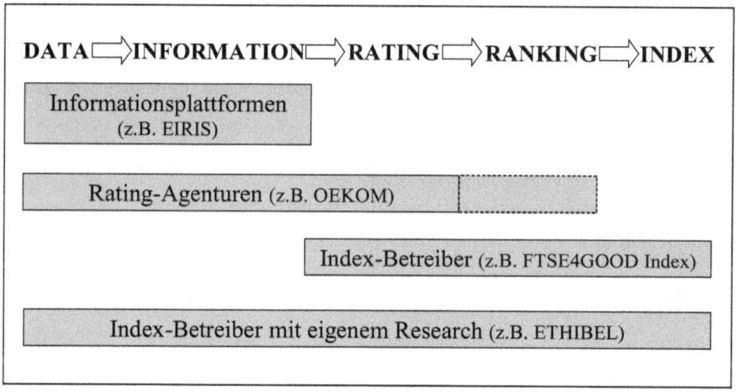

Abbildung 5-6: Wertschöpfungsstufen des Informationsproduktionsprozesses
Quelle: in Anlehnung an Vivian et al., 2004, S. 33

Vor dem Hintergrund des in Abbildung 5-5 dargestellten stilisierten Strukturmodells stellt sich nun die Frage: Wie resp. an welcher spezifischen Stelle des Modells üben NGOs Einfluss auf das Rating-Urteil aus?

[817] Vgl. Schäfer/Lindenmayer, 2004, S. 26.
[818] Die genauen Bezeichnungen der abgebildeten Institutionen finden sich in Tabelle 5-2.

5.2.4.2.2 Datengrundlage der empirischen Erhebung

Zur Beantwortung dieser Frage wird auf eine (im Rahmen eines durch die Hans-Böckler-Stiftung finanzierten Forschungsprojektes durchgeführte) explorative empirische Erhebung des *Autors* in Zusammenarbeit mit *Schäfer* aus dem Jahr *2004* zurückgegriffen, die die zentrale Informationsgrundlage der nachfolgenden Ausführungen darstellt. Darin wurden auf induktivem Weg Daten der verschiedenen Messkonzepte aller zum damaligen Zeitpunkt im deutschsprachigen Raum operierenden Nachhaltigkeitsrating-Institutionen[819] erhoben und deren Schnittmengen sowie Abweichungen in Form von vergleichenden Übersichten strukturiert herausgearbeitet und größtenteils in einer begleitenden Studie veröffentlicht.[820] Nachfolgend werden, ergänzend zu einzelnen bereits im Rahmen der Originalstudie publizierten Resultaten, weitere, bislang unpublizierte Ergebnisse der Erhebung, die für die hier interessierende Fragestellung relevant sind, erstmals veröffentlicht.[821] Da die in dieser Arbeit vorgestellten empirischen Ergebnisse im Kontext des o. g. Forschungsprojekts erarbeitet wurden, wird methodisch das Instrument der Sekundäranalyse bemüht.[822]

Für die Erhebung wurden sowohl primäre als auch sekundäre Informationsquellen verarbeitet. Als Sekundärquellen dienten wissenschaftliche Beiträge.[823] Als primäre Informationsquellen wurden die Internetseiten der Rating-Anbieter, verschriftlichtes Material der Rating-Institutionen sowie Vorträge von Anbieterrepräsentanten ausgewertet. Abseits dieser öffentlich zugänglichen Informationen wurden ergänzend auf einem Fragebogen basierende telefonische bzw. schriftliche[824] Interviews[825] zu auserwählten Themenkomplexen mit den zuständigen Stellen der jeweiligen Rating-Institution geführt.[826]

Eine Vorauswahl wurde bei der Erhebung bereits dahingehend vorgenommen, indem nur solche auf dem deutschsprachigen Markt operierenden Rating-Institutionen berücksichtigt

[819] Eine Rating-Institution, das Schweizer Inhouse-Research-Team der Privatbank Lombard Odier & Cie, konnte in der Studie aufgrund der Bitte um vertrauliche Behandlung der zur Verfügung gestellten Informationen nicht dargestellt werden und soll folglich auch in dieser Arbeit nicht weiter berücksichtigt werden.

[820] Vgl. Schäfer/Lindenmayer, 2004.

[821] Bereits im Rahmen der Studie publizierte Ergebnisse werden explizit gekennzeichnet.

[822] Vgl. Beutelmeyer/Kaplitza, 1999.

[823] Hier insbesondere der Beitrag von Schäfer, 2003.

[824] Die schriftlichen Interviews wurden nicht auf postalischem Weg, sondern in Form von E-Mail-Befragungen durchgeführt.

[825] Aus wissenschaftsmethodischer Sicht wurde auf ein sogenanntes „halbstandardisiertes Interview" zurückgegriffen. Hierbei sind zwar alle Fragen, nicht aber alle Antworten verbindlich festgelegt. Offene Fragen mit freier Antwortmöglichkeit werden mit geschlossenen Fragen kombiniert. Der Vorteil dieser Befragungstechnik besteht darin, dass einerseits bekannte Themenkomplexe mittels geschlossener Fragen quantifiziert, andererseits aber auch neue Aspekte eines Themenbereichs mittels offener Fragen auf explorativem Wege erforscht werden können; vgl. hierzu Schumacher-Hummel, 2004, S. 17 ff in Verbindung mit Schnell et al., 2005, S. 321 ff. oder Atteslander, 2000, S. 178 ff.

[826] Zu diesen spezifischen Fragekomplexen vgl. Schäfer/Lindenmayer, 2004, S. 12. Zu den institutionsspezifischen Informationsquellen vgl. Schäfer/Lindenmayer, 2004, S. 23 f.

wurden, deren Messkonzepte neben Kriterien der ökologischen Dimension auch Kriterien der sozialen Dimension beinhalteten. Ferner wurden Institutionen von der Analyse ausgeschlossen, wenn CSR-Ratings lediglich sporadisch angeboten wurden bzw. wenn deren Bewertungsdienste als Kooperationsleistung für andere im Rahmen der Studie untersuchte Institutionen anzusehen waren. Vier der ursprünglich 20 Institutionen wurden aus diesen Gründen nicht weiter berücksichtigt[827], als Grundgesamtheit resultierten entsprechend 16 Institutionen.

Tabelle 5-2 gibt einen Überblick über die analysierten CSR-Rating-Institutionen, wobei diese den gängigen, bereits erwähnten Kategorien (Inhouse-Research-Teams von Kreditinstituten, eigenständige Rating-Agenturen, Betreiber von Nachhaltigkeitsindizes) zugeordnet wurden.

Kategorie	**Institution**
Inhouse-Research-Teams	Bank Sarasin
	Union Bank of Switzerland (UBS)
	Zürcher Kantonalbank (ZKB)
Rating-Agenturen	Oekom
	Institut Markt–Umwelt–Gesellschaft e. V. (imug e. V.)
	Sustainable Asset Management Group (SAM)
	Scoris
	Centre Info
	E.Capital Partners
	INrate
	Ethical Investment Research Services (EIRIS)
Betreiber von Nachhaltigkeitsindizes	Dow Jones Sustainability Indexes (DJSI)
	Naturaktienindex (NAI)
	FTSE4Good
	Ethibel Sustainability Index (Ethibel)
Sonstige	Dr. Höller

Tabelle 5-2: Grundgesamtheit der CSR-Rating-Institutionen im Rahmen der Erhebung
Quelle: Schäfer/Lindenmayer, 2004, S. 24

Nachfolgend werden aus der umfassenden, auf den gesamten methodischen und kriterienspezifischen Prozess des Ratings abstellenden empirischen Erhebung diejenigen Ergebnis-

[827] Namentlich waren dies: Hamburger Umwelt Institut e. V., Eco Rating International, Suedwind e. V. und ecos; vgl. Schäfer/Lindenmayer, 2004, S. 11.

se extrahiert, die Rückschlüsse auf die Einwirkungsmöglichkeiten von NGOs auf die Urteilsfindung zulassen. Die folgende Präsentation der für diese Arbeit wichtigsten Resultate stellt folglich nur einen Ausschnitt aus der Erhebung dar.

5.2.4.2.3 Ergebnisse der empirischen Erhebung

Drei spezifische Interventionskanäle, über die NGOs prägenden Einfluss auf das Rating-Urteil hinsichtlich der Nachhaltigkeit eines Unternehmens besitzen, konnten im Rahmen der Erhebung identifiziert werden. Im Einzelnen sind dies:

- als NGO institutionalisierte Rating-Institutionen
- mittelbarer Einfluss von NGOs auf das Rating-Urteil über die Kriteriendefinition
- unmittelbarer Einfluss von NGOs auf das Rating-Urteil über die Präsenz in Expertenbeiräten.

Jede der genannten Einwirkungsmöglichkeiten wird nachfolgend kurz erläutert und anhand entsprechender Erhebungsdaten empirisch belegt.

5.2.4.2.3.1 NGOs als Rating-Institutionen

Das erste und für die weitere Argumentation dieser Arbeit wohl auch wichtigste Ergebnis der Erhebung betrifft die Rating-Institution als solche. Es konnte bereits nach der Auswahl der zu analysierenden Untersuchungsobjekte abgeleitet werden, dass **der Organisationstypus der Rating-Institution zwischen der konventionellen Form der FPO und der Form der NGO** im Sinne der Definition aus Kapitel 2.1.2.2 **variiert**. Grundlage dieser Erkenntnis war die im Rahmen der Erhebung identifizierte ***Koexistenz*** von NGOs und FPOs in der Rolle der Rating-Institution, wie sie in Tabelle 5-3 dargestellt ist.

Kategorie	**Institution**	**NGO**	**FPO**
Inhouse-Research-Teams	Bank Sarasin		X
	UBS		X
	ZKB		X
Rating-Agenturen	Oekom		X
	imug e. V.	**X**	
	SAM		X

Kategorie	Institution	NGO	FPO
	Scoris		X
	Centre Info		X
	E.Capital Partners		X
	INrate		X
	EIRIS	**X**	
Betreiber von Nachhaltigkeitsindizes	DJSI		X
	NAI		X
	FTSE4Good		X
	Ethibel	**X**	
Sonstige	Dr. Höller		X

Tabelle 5-3: Die Koexistenz von FPOs und NGOs in der Rolle der CSR-Rating-Institution
Quelle: eigene Darstellung

Drei der insgesamt 16 Institutionen konnten mittels der bereits genannten Informationsquellen, hier insbesondere *Schäfer, 2003*, eindeutig als NGOs identifiziert werden.[828] Im Einzelnen sind dies:

- imug e. V.
- EIRIS
- Ethibel.[829]

Wie der Bezeichnung entnommen werden kann, ist imug e. V. ein eingetragener Verein und besitzt demzufolge Gemeinnützigkeitsstatus.[830] EIRIS als Wohlfahrtsorganisation[831] und Ethibel, der Betreiber der Ethibel Sustainability-Index-Familie, als nichtgewinnorientierte Beratungsagentur[832] besitzen ebenfalls Gemeinnützigkeitscharakter, womit sie allesamt dem „Nonprofit"-Kriterium vollständig genügen und entsprechend NGOs im hier verstandenen Sinne verkörpern.[833]

---

[828] Zwei weitere Rating-Institutionen, die ebenfalls als NGO organisiert sind, wurden in der Erhebung wegen bereits genannter Gründe nicht berücksichtigt und auch entsprechend in Tabelle 5-3 nicht mit einbezogen. Namentlich sind dies Suedwind e. V. und das Hamburger Umwelt Institut e. V.
[829] Das Nachhaltigkeitsresearch wird bei Ethibel von der Tochtergesellschaft Stock at Stake SA, einer Gesellschaft mit beschränkter Haftung, geliefert. Ethibel als NGO vertreibt allerdings das Research im Rahmen der Ethibel Index-Familie und ist ferner der Hauptanteilseigner von Stock at Stake SA.
[830] Vgl. Schäfer, 2003, S. 80 ff.
[831] Vgl. http://www.eiris.org, Stand 02.02.2006.
[832] Vgl. Schäfer, 2003, S. 130 in Verbindung mit Ethibel, 2002, S. 2.
[833] Centre Info ist als Gesellschaft mit beschränkter Haftung organisiert. Die Anteilsmehrheit wird allerdings von einer NGO, der Pier Luigi Giovannini-Stiftung, gehalten, sodass Centre Info mit Abstrichen ebenfalls als

In diesen Fällen beeinflussen NGOs das Rating-Urteil nicht nur substanziell, es wird von ihnen selbst produziert und vermarktet. NGOs in der Rolle der Rating-Institution schalten sich insofern *direkt* in den Kapitalallokationsprozess zwischen Kapitalgeber und Kapitalnehmer ein, indem sie als **direkte Informationsverkäufer** agieren. Dieses zentrale Ergebnis bezieht sich auf den im Rahmen der Erhebung fokussierten deutschsprachigen Markt für Nachhaltigkeitsrating-Dienstleistungen. Ein analoges Resultat ist jedoch auch weltweit ableitbar.[834] Hierzu wurde die Erhebung von *Schäfer et al., 2006*, bei der weltweit alle Nachhaltigkeitsrating-Institutionen analysiert wurden, herangezogen und die der Erhebung zugrunde liegenden Institutionen gemäß ihrer Gewinnerzielungsabsichten in NGOs und FPOs unterteilt. Das Ergebnis ist im Anhang 1 dargestellt.

5.2.4.2.3.2 Mittelbarer Einfluss von NGOs auf das Rating-Urteil via Kriteriendefinition

Wie bereits erwähnt, stellt die Spezifikation, Qualifizierung und Quantifizierung der Beurteilungskriterien einen für die Urteilsfindung zentralen Schritt dar. Kriteriologien zur Bewertung der Nachhaltigkeit von Unternehmen basieren auf institutionsspezifischen Werturteilen, die sich ihrerseits an gesellschaftlichen (Wert-)Vorstellungen orientieren. Sie sind daher keine statischen Gebilde, die im Zeitablauf konstant sind: Kriteriologien passen sich den ökologischen und sozialen Rahmenbedingungen sowie dem Wandel in den individuellen Vorstellungen von Nachhaltigkeit bei den Rating-Adressaten an. Die Bestimmung und Weiterentwicklung der nichtfinanziellen Kriterien aus den Bereichen Ökologie und Soziales durch die Institutionen rekurriert wesentlich auf zweierlei Formen von NGO-Input:

Kriterienstandards

Einerseits orientieren sich die Rating-Institutionen bei der institutsindividuellen Ausgestaltung ihrer Kriterienkataloge an **bestehenden, allgemein anerkannten Normen und Konventionen**, die entsprechend **als legitimierte Standards für die Kriteriendefinition** betrachtet werden.[835] Kriterienstandards verkörpern gewissermaßen das Fundament, auf dem

Rating-Institution *ohne* Gewinnabsichten deklariert werden kann; vgl. http://www.centreinfo.ch/de/, Zugriff am 21.04.2004.

[834] Ferner bestätigen Schäfer, 2005(a), S. 253; Guay et al., 2004, S. 136; van den Brink, 2002, S. 10 sowie Elkington/Fennell, 1998, S. 53 implizit und unabhängig voneinander, dass NGOs als Nachhaltigkeitsrating-Institutionen agieren.

[835] Der Rekurs auf bestehende Konventionen dient insbesondere auch dem Zweck, Subjektivitätsprobleme zu umgehen; vgl. Koellner et al., 2005, S. 65.

institutionsspezifisch Rating-Systeme errichtet und betrieben werden.[836] Tabelle 5-4 zeigt, welche dieser Kriterienstandards zahlenmäßig am stärksten bei der Kriterienerstellung von den untersuchten Rating-Institutionen berücksichtigt wurden. Sie sind allerdings als Zeitpunktbetrachtung zu verstehen, an denen sich die Institutionen bis zum Erhebungszeitpunkt (2004) orientierten.

Kriterienstandards	**Σ Nennungen von max. 16**
ILO (International Labor Organisation)[837]*:* Arbeitsrechte	**15**
SA 8000[838]*:* Arbeitsbedingungen	**15**
GRI (Global Reporting Initiative[839]*):* Publikationsrichtlinien, die alle Nachhaltigkeitsdimensionen betreffen	**13**
UN Global Compact: Menschenrechte, Arbeitsrechte, Umweltaspekte[840]	**13**
Amnesty International Human Rights Principles for Companies: Menschenrechte[841]	**11**
OECD-Guidelines for multinational companies[842]*:* Soziale, ökologische und ökonomische Inhalte	**10**
International Confederation of Free Trade Unions' model code regarding worker rights[843]*:* Arbeitsrechte	**8**
Social Performance Indicators[844]*:* Soziale Kriterienstandards, bezogen auf den Finanzsektor	**6**
AccountAbility 1000[845]*:* Soziale, ökologische und ökonomische Inhalte	**5**

Tabelle 5-4: Kriterienstandards und ihre institutionsspezifische Berücksichtigung
Quelle: Schäfer/Lindenmayer, 2004, S. 41

Insbesondere NGOs, die auf Erfahrungen im Umgang mit Unternehmen auf ganz spezifischen Konfliktfeldern zwischen der Gesellschaft, einzelnen Stakeholdern und Unternehmen selbst (Pressure-Group-Funktion, Aktivismus, Whistle Blowing) zurückgreifen können[846], werden von Rating-Institutionen quasi als „Standard Setter" den Ratings zugrunde

[836] Vgl. Schäfer, 2005(a), S. 254.
[837] Vgl. http://www.ilo.org, Zugriff am 12.12.2005.
[838] Vgl. http://www.sa8000.org, Zugriff am 23.12.2005.
[839] Vgl. http://www.gri.org, Zugriff am 13.12.2005.
[840] Vgl. http://www.unglobalcompact.org, Zugriff am 13.12.2005.
[841] Vgl. http://www.web.amnesty.org, Zugriff am 14.12.2005.
[842] Vgl. http://www.oecd.org, Zugriff am 12.12.2005.
[843] Vgl. http://www.icftu-apro.org, Zugriff am 17.12.2005.
[844] Vgl. http://www.spifinance.com, Zugriff am 12.01.2006.
[845] Vgl. http://www.accountability.org, Zugriff am 17.12.2005.
[846] Vgl. Schäfer, 2005(d), S. 54.

gelegt.[847] Exemplarisch sei auf den „SA 8000" der Social Accountability International (SAI) – vormals Council on Economic Priorities Accreditation (CEPAA) – die Publikationsrichtlinien der Global Reporting Initiative und die „Human Rights Principles for Companies" von Amnesty International verwiesen, die dominierend als Bezugspunkt für die institutsindividuelle Kriterienerstellung dienen. Dies lässt den Schluss zu, dass NGOs über die Formulierung und Weiterentwicklung von Kriterienstandards ***indirekten* Einfluss auf die Kriterienbildung und damit auf die Urteilsfindung der Rating-Institutionen** besitzen.

Expertenbeiräte

Andererseits verfügt die überwiegende Mehrheit der Rating-Institutionen mit dem Expertenbeirat bzw. -komitee über ein Gremium, das je nach Institution die Nachhaltigkeitsbeurteilung der Unternehmen mehr oder weniger stark beeinflusst. Tabelle 5-5 zeigt zunächst, dass alle bis auf drei der insgesamt 16 Institutionen einen bzw. mehrere Epertenbeirat/-räte in ihre Organisationsstruktur installiert haben, und führt diese namentlich auf.

Institution	**Beirat**	**Name des Beirats**
Bank Sarasin	X	Interdisziplinärer Beirat
UBS	X	Wissenschaftlicher, interdisziplinärer Beirat
ZKB	X	ZKB-Umwelt-Beirat[848] Swissca Umweltbeirat
Oekom	X	Wissenschaftlicher Beirat Projektgruppe „Ethisch-ökologisches Rating"
imug e. V.	X	Beirat[849]
SAM	X	Expertengremium produktspezifische Beiräte
Scoris		Beirat ist in Gründung
Centre Info		
INrate	X	Externer Fachrat
E.Capital Partners	X	E.Capital Partner's Advisory Committee
EIRIS		

[847] Doh/Guay, 2004, S. 13 liefern eine Klassifikation des Einflusses von NGOs auf die Formulierung diverser international anerkannter Umwelt- und Sozialstandards.
[848] Der ZKB-Umweltbeirat wurde im April 2004 aufgelöst und durch den erweiterten ZKB-Nachhaltigkeitsrat im Juli 2004 ersetzt; vgl. ZKB, 2006, URL siehe Literaturverzeichnis.
[849] imug e. V. verfügt mittlerweile über keinen eigenen Beirat mehr. Die beratende Funktion, die dieser vormals erfüllte, wurde vom imug-Vorstand übernommen. Gleichwohl kann imug auf projektbezogene Beiräte zurückgreifen, die für diverse langfristige Projekte installiert wurden; vgl. Franck, 2006.

Institution	Beirat	Name des Beirats
DJSI	X	DJSI Advisory Committee
NAI	X	NAI-Ausschuss
FTSE4Good	X	FTSE4Good Advisory Committee[850]
Ethibel	X	Registerkommission
Dr. Höller	X	Ethik-Komitee

Tabelle 5-5: Rating-Institutionen und Expertenbeiräte bzw. -komitees
Quelle: Schäfer/Lindenmayer, 2004, S. 118 f.

Die Aufgabe der **Expertenbeiräte** ist institutsindividuell unterschiedlich festgelegt. Mehrheitlich besteht sie darin, die Agenturen in methodischen und *kriterienspezifischen* Angelegenheiten zu beraten. Dazu gehören die erstmalige Bestimmung, die regelmäßige Überprüfung und ggf. Weiterentwicklung der Bewertungskriterien sowie die wissenschaftliche Fundierung der Bewertungsmethodik.[851] Aber auch andere Tätigkeiten wie die Verifizierung[852] und/oder Überwachung der Unternehmensbewertungen (Plausibilitätsprüfung bzw. Monitoring) werden von den Beiräten ausgeübt. Ausgehend von den in Tabelle 5-5 identifizierten Expertenbeiräten wurden in nachfolgender Tabelle 5-6 diejenigen Beiräte herausgefiltert, die seitens der Institutionen explizit mit *kriterienspezifischen Aufgaben* betraut werden.

Institution	Beirat/-räte mit kriterienspezifischen Aufgaben
Bank Sarasin	X
UBS	X
ZKB	X
Oekom	X
imug e. V.	X
SAM	X
INrate	X
E.Capital Partners	
DJSI	X
NAI	X
FTSE4Good	X
Ethibel	

[850] Das FTSE4Good Advisory Committee wurde mittlerweile ersetzt durch das FTSE4Good Policy Committee, vgl. Harris, 2006.
[851] Schäfer/Lindenmayer, 2004, S. 120.
[852] Durch die Verifizierung bzw. Nichtverifizierung der von den Analysten vorgeschlagenen Rating-Urteile avancieren die Beiräte faktisch zum urteilsfällenden Gremium.

Institution	Beirat/-räte mit kriterienspezifischen Aufgaben
Dr. Höller	X

Tabelle 5-6: Beiräte mit kriterienspezifischen Aufgaben
Quelle: eigene Darstellung, basierend auf Schäfer/Lindenmayer,2004, S. 118 ff.

Mit Ausnahme von zwei über einen Beirat verfügenden Rating-Institutionen bildet die **Definition und Weiterentwicklung der Beurteilungskriterien** stets die Aufgabe bzw. eine der Aufgaben des Expertengremiums ab. Der Beirat/die den Beirat repräsentierenden Individuen hat/haben folglich einen unmittelbaren Einfluss auf die Kriteriendefinition und entsprechend einen mittelbaren Einfluss auf die Urteilsfindung.[853] Kann jetzt nachgewiesen werden, dass NGO-Vertreter regelmäßig den Beiräten der Rating-Institutionen[854] angehören und somit ihre Interessen innerhalb dieser Gremien zu artikulieren in der Lage sind, wäre ein weiterer Interventionskanal identifiziert, über den NGOs mittelbar auf das Rating-Urteil einwirken können.

Hierzu wurden im Rahmen der empirischen Erhebung die Expertengremien der jeweiligen Rating-Institutionen detailliert analysiert und auf Präsenz von NGO-Vertretern hin inspiziert. Tabelle 5-7 fasst die Ergebnisse zusammen. Auch an dieser Stelle sei darauf hingewiesen, dass die Daten den Stand der Beiratsmitglieder zum Erhebungszeitpunkt (2004) widerspiegeln – Veränderungen, die sich seitdem vollzogen haben, sind in den Fußnoten aufgeführt.

Institution	Beirat/-räte mit kriterienspezifischen Aufgaben *und* mit NGO-Vertretern	Name der NGO(s), die im Beirat vertreten ist (sind)[855]
Bank Sarasin	X	k. A.[856]
UBS	X	Brot für alle[857]

[853] Neben den Kriterien besitzt der von der Institution implementierte und von den Beiräten ebenfalls mitbestimmte Methodenapparat entscheidenden Einfluss auf das Rating-Urteil, vgl. hierzu insbesondere Schäfer/Lindenmayer, 2007(b), S. 27 ff.

[854] Hierbei wird ausschließlich auf Rating-Institutionen abgestellt, deren Beirat/-räte explizit mit kriterienspezifischen Aufgaben betraut ist/sind.

[855] Es werden nur Organisationen aufgeführt, die anhand aufgeführter Informationsquellen eindeutig als NGO identifiziert werden konnten.

[856] Seitens Sarasin wird explizit darauf verwiesen, dass NGO-Vertreter im Expertenbeirat vertreten sind. Namentlich werden die NGOs allerdings nicht erwähnt; vgl. Bank Sarasin, 2004, URL siehe Literaturverzeichnis.

[857] Im aktuellen Beirat der UBS ist kein Repräsentant der NGO „Brot für alle" mehr vertreten. Ersatzweise ist die führende „Vertreterin der Nichtregierungsorganisationen bei den internationalen Verhandlungen zu Biodiversität und Biosafety" in den Beirat aufgenommen worden, die zugleich Leiterin der deutschen NGO „Ecoropa" ist; vgl. UBS, 2006, URL siehe Literaturverzeichnis.

Institution	**Beirat/-räte mit kriterienspezifischen Aufgaben *und* mit NGO-Vertretern**	**Name der NGO(s), die im Beirat vertreten ist (sind)**[855]
ZKB	X	GENET, WWF Schweiz
Oekom	X	Ecologic, BUND
imug e. V.	X	Deutscher Tierschutzbund e. V., Hamburger Umwelt Institut e. V.
SAM	X	WWF International
INrate	k. A.	k. A.
DJSI	k. A.	k. A.
NAI	X	Germanwatch e. V., Suedwind e. V., Katalyse e. V.
FTSE4Good	X	UNICEF UK, EIRIS, AccountAbility[858]
Dr. Höller	X	Umwelt Akademie e. V., WWF Deutschland, Hamburger Umweltinstitut e. V.

Tabelle 5-7: NGO-Repräsentanten in Expertenbeiräten mit kriterienspezifischen Aufgaben
Quelle: eigene Darstellung

Wie Tabelle 5-7 belegt, konnte für die überwiegende Mehrheit der untersuchten Rating-Institutionen tatsächlich nachgewiesen werden, **dass NGO-Vertreter den jeweiligen Expertengremien**, die ihrerseits die Bildung insbesondere nichtfinanzieller Kriterien aus dem Umwelt- und Sozialbereich bestimmen, **angehören**. Neben der Definition von Kriterienstandards stellt dies eine weitere kriterienspezifische Vorarbeit von NGOs dar, die das Rating-Urteil zur Nachhaltigkeitsperformance von Unternehmen mittelbar beeinflusst.

5.2.4.2.3.3 Unmittelbarer Einfluss von NGOs auf das Rating-Urteil via Präsenz in Expertenbeiräten

Die Expertenbeiräte der Rating-Institutionen erfüllen, wie bereits im vorangegangenen Abschnitt erwähnt, unterschiedliche Aufgaben, die institutsindividuell definiert sind. Neben den bereits aufgeführten Aufgaben (Kriterienerstellung, -verifizierung und -weiterentwicklung, Beratung in methodischen Angelegenheiten, Plausibilitätsprüfung, Monitoring) ist darüber hinaus der Ausschuss bei diversen Rating-Institutionen für die ei-

[858] Dies sind die NGO-Vertreter im FTSE4Good Policy Committee, dem Vorläufer des FTSE4Good Advisory Committee; vgl. FTSE, 2005, URL siehe Literaturverzeichnis. Über Veränderungen der Beiratszusammenstellung im Zuge der Umstellung liegen keine Angaben vor.

gentliche Beurteilung der Unternehmen, d. h. für die **operative Durchführung des Ratings**, zuständig. Die Institutionen, auf die dies zutrifft, sind im Einzelnen[859]:

- NAI
- Ethibel
- Dr. Höller.

Während bei Ethibel die Evaluierung per Handbuch bzw. per Kriteriengewichtung[860] geregelt ist und somit der Beirat (Registerkommission) nur beschränkt Einfluss auf das Urteil nehmen kann, sind solche Beurteilungsrichtlinien weder bei Dr. Höller noch beim NAI vorhanden. Dadurch besitzt das jeweilige **Expertengremium überragenden Einfluss** auf die Unternehmensbeurteilung.

Analog zum vorangegangenen Abschnitt stellt sich nun die Frage, ob in den Beiräten der jeweiligen Rating-Institutionen NGOs repräsentiert sind. Zur Beantwortung dieser Frage kann für die Organisationen NAI und Dr. Höller auf Tabelle 5-7 zurückgegriffen werden. Dort ist ersichtlich, dass in den Beiräten beider Rating-Institutionen NGO-Repräsentanten vertreten sind. Für Ethibel können analoge Schlüsse gezogen werden. Vertreter der NGOs SOLIDAR und Transport & Environment gehören deren Beirat an.[861]

Durch Repräsentanten in den Expertengremien der Rating-Institutionen haben NGOs folglich nicht nur mittelbar über die Kriterienerstellung Einfluss auf die Rating-Urteile, sondern auch unmittelbar, indem sie selbst an der Produktion des Urteils mitwirken. Einschränkend muss hinzugefügt werden, dass diese unmittelbare Form der Beeinflussung des Rating-Urteils nur bei einem sehr geringen Anteil der Grundgesamtheit (drei Institutionen) Anwendung findet. Abbildung 5-7 fasst die Ergebnisse der empirischen Studie nochmals zusammen.

[859] Vgl. Schäfer/Lindenmayer, 2004, S. 120.
[860] Vgl. Schäfer/Lindenmayer, 2004, Tabelle 2.3.14 in Verbindung mit Tabelle 2.4.2.
[861] Vgl. Ethibel, 2004, URL siehe Literaturverzeichnis.

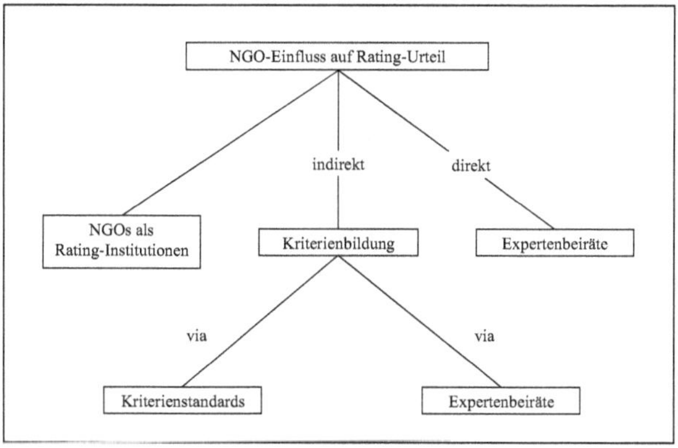

Abbildung 5-7: Einflusspotenzial von NGOs auf Nachhaltigkeitsrating-Urteile
Quelle: eigene Darstellung

5.2.4.2.4 Zusammenfassende Bemerkungen

Wie Abbildung 5-7 zeigt, konnten im Rahmen der Erhebung **drei spezifische Interventionskanäle** identifiziert werden, über die NGOs mittelbar oder unmittelbar auf das CSR-Rating-Urteil von Unternehmen, das von Kapitalmarktteilnehmern zur Dispositionssteuerung ihrer Kapitalanlagen verwendet wird, einwirken können. Bildlich gesprochen, intervenieren NGOs an **drei verschiedenen Stellen** des in Abbildung 5-5 dargestellten Strukturmodells des CSR-Ratings. In Abbildung 5-8, die die Abbildung 5-5 leicht modifiziert wiedergibt, sind diese drei Stellen fett markiert.

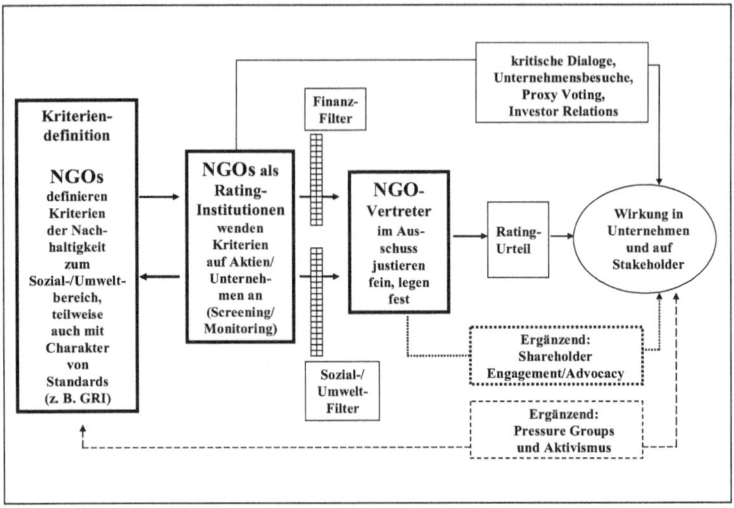

Abbildung 5-8: Der Einfluss von NGOs auf das Rating-Urteil
Quelle: in Anlehnung an Schäfer, 2005(a), S. 252

Schlüsseldeterminante ist hierbei sicherlich die Tatsache, dass NGOs vereinzelt das CSR-Rating als **Rating-Institution** eigenständig durchführen und vermarkten. Sie produzieren folglich Informationen hinsichtlich der Nachhaltigkeit von Unternehmen (Rating-Urteil) und bieten diese den schlechter informierten Kapitalanbietern zur Reduktion des Informationsgefälles direkt zum Kauf an. In dieser Rolle schalten sich NGOs direkt zwischen die Kapitalanbieter und -nachfrager, indem sie, wie bereits erwähnt, als **direkte Informationsverkäufer** fungieren.

Daneben verfügen NGOs über weitere Optionen, um auf das Rating-Urteil und somit mittelbar auf die Kapitalallokation einzuwirken. Einerseits prägen sie durch ihr Mitwirken in den **Expertenbeiräten** und insbesondere durch das Setzen von allgemein anerkannten **Standards** sowohl die ursprüngliche Kriteriendefinition als auch die fortlaufende Kriterienweiterentwicklung der Rating-Institutionen.[862] Durch diese Vorarbeiten schaffen sie das Fundament, auf dem die Nachhaltigkeitsanalysen der Rating-Institutionen durchgeführt werden.[863] Andererseits sind NGOs durch ihre **Präsenz in den Expertengremien** darüber hinaus in der Lage, direkt bei der Erstellung der Rating-Urteile mitzuwirken.[864] Dies gilt allerdings nur eingeschränkt für die Institutionen, deren Beiräte mit entsprechenden Kom-

[862] Vgl. Kapitel 5.2.4.2.3 dieser Arbeit.
[863] Vgl. Schäfer, 2005(d), S. 54.
[864] Vgl. Kapitel 5.2.4.2.3 dieser Arbeit.

petenzen ausgestattet sind. In beiden Fällen liefern NGOs mit ihrem auf Erfahrung gestützten Expertenwissen in den Bereichen Umwelt und Soziales wichtigen Input zur Erstellung der CSR-Ratings. Sie stellen insofern Grundlagen zur Produktion und Vermarktung des CSR-Ratings zur Verfügung, treten jedoch nicht eigenständig als Verkäufer der Nachhaltigkeitsinformation auf. In dieser Funktion liefern NGOs letztlich einen einzigen, allerdings zwingend notwendigen Faktor zur Produktion des Gutes bzw. der Dienstleistung „Rating-Urteil". Dieser Produktionsfaktor wird durch **Fachwissen** verkörpert und drückt sich in Form von **Informationen zur Nachhaltigkeit** aus.[865]

Als wichtiges Ergebnis im Rahmen der marktmäßigen Informationsverbreitung durch NGOs bleibt somit festzuhalten, dass NGOs unabhängig von der ausgeführten und im Rahmen des Strukturmodells abgebildeten Funktion (Rating-Institution, Kriteriendefinition, Mitwirkung beim Rating-Urteil) Kapitalmarktakteure zum Zwecke der Asset Allocation mit Nachhaltigkeitsinformationen versorgen – sie bedienen insofern die Informationsnachfrage der Kapitalanleger. In allen drei Funktionen sind sie daher stilisiert als **Informationsproduzenten** zu charakterisieren, deren Produkt bzw. Dienstleistung in Form eines CSR-Rating-Urteils teilweise von ihnen selbst, teilweise von anderen Rating-Institutionen am Markt für Informationsdienstleistungen (marktmäßig) veräußert wird.

Marktmäßige und außermarktmäßige Informationsdiffusionen sind nicht als substitutionale, vielmehr als komplementäre Komponenten der Indirekt-Exit-Option zu betrachten (vgl. Abbildung 5-8). So nutzen NGOs ergänzend zu marktmäßigen Instrumenten auch die in Kapitel 5.2.4.1 behandelten Formen außermarktmäßiger Informationsverbreitung (Pressure Group, Aktivismus etc.), um einerseits direkt auf das Verhalten von Unternehmen im Sinne ihrer Zielfunktion einzuwirken. Andererseits wird dieses Instrument auch verwendet, um Kapitalanleger für kontroverse Aktivitäten von Unternehmen zu sensibilisieren (Whistle Blowing). Hierdurch induzieren NGOs zusätzliche Nachfrage nach marktmäßigen Informationen zur Nachhaltigkeitsperformance von Unternehmen, die ihrerseits mittelbar oder unmittelbar von ihnen selbst produziert und geliefert werden.

Gleiches gilt für die Interventionsstrategien im Allgemeinen. Auch sie sind i. d. R. nicht als sich gegenseitig ausschließende Alternativen zu verstehen. Vielmehr nutzen NGOs eine Vielzahl der dargestellten Interventionsstrategien im Verbund, um ihre Ziele zu erreichen.[866] Hierzu sei nochmals auf Abbildung 5-8 verwiesen. Exit-Strategien werden dabei

865 Vgl. Bendell, 2000, S. 156.
866 Vgl. Guay et al., 2004, S. 136.

häufig durch Voice-Strategien im Sinne von z. B. Engagement-Ansätzen oder Proxy-Votings begleitet.

5.3 Fazit

In den vorangegangenen Kapiteln wurden vier kapitalmarktbasierte Interventionsstrategien vorgestellt, die NGOs grundsätzlich zur Verfügung stehen, um auf die Steuerung von börsennotierten Unternehmen einzuwirken. Im Sinne des Exit-und-Voice-Ansatzes von *Hirschman* wurden sie als „Direkt-Voice", „Indirekt-Voice", „Direkt-Exit" und „Indirekt-Exit" bezeichnet. Im Fokus stand insbesondere die **Indirekt-Exit-Option**, die ihrerseits in die beiden Strategiekomponenten „außermarktmäßige Informationsdiffusion" und „marktmäßige Informationsdiffusion" unterteilt werden konnte. Während auf erstgenannte bereits in anderen Beiträgen hingewiesen wurde[867], konnte letztgenannte exklusiv im Rahmen dieser Arbeit und im Rekurs auf eine vom *Autor* in Zusammenarbeit mit *Schäfer* durchgeführte Erhebung identifiziert und empirisch belegt werden.

Hierbei wurde die Rolle von NGOs auf dem Kapitalmarkt positivistisch dargestellt. Auf der Basis detaillierter Beobachtungen konnte das folgende fundamentale Ergebnis abgeleitet werden, an dem sich der weitere Gang der Untersuchung ausrichtet: **NGOs fungieren auf dem Kapitalmarkt als spezialisierte Finanz-, genauer Informationsdienstleister[868], indem sie spezifische Informationen produzieren und Kapitalmarktakteuren mittelbar oder unmittelbar zum Zwecke von Kapitalanlagedispositionen zur Verfügung stellen.**

Aus Sicht der NGOs ist diese Verhaltensweise rational im Sinne ihrer Zielsetzung: NGOs veröffentlichen Informationen zur Nachhaltigkeit von Unternehmen, um über Modifikationen der Nachfragestruktur von Kapitalanlegern die Kapitalkosten von Unternehmen unternehmensindividuell zu verändern und um damit die Unternehmenspolitik mittelbar im Sinne ihrer Mission zu beeinflussen.

Aus ökonomischer Sicht stellt sich allerdings die Frage, ob die Informationsproduktionsleistung durch NGOs effizient erfüllt wird oder ob andere Organisationsformen, etwa erwerbswirtschaftliche Unternehmen, bei der Ausführung dieser Funktion Effizienzvorteile genießen. Dieser Frage widmet sich Teil III.

---

867 Vgl. insbesondere Waygood, 2004 und Waygood/Wehrmeyer, 2003.

868 Guay et al. bezeichnen NGOs in dieser Funktion als „Information Analysts"; Guay et al., 2004, S. 133.

Teil III: Ein finanzintermediationstheoretischer Erklärungsansatz von NGOs

6 Einführung in die Theorie der Finanzintermediation

Vordringliches Ziel dieser Arbeit ist die Ableitung einer kapitalmarktbasierten Existenzberechtigung von NGOs. Nach einer ausführlichen Erörterung der themenspezifischen Grundlagen wurde hierzu in Teil II die Rolle von NGOs auf dem Kapitalmarkt analysiert. Insbesondere konnte im vorangegangenen Kapitel das wichtige Ergebnis herausgearbeitet werden, dass NGOs eine Informationsproduktionsfunktion zum Zwecke der Kapitalanlage sowie -aufnahme erfüllen: Sie schalten sich als Dienstleister in den eigentlichen Kapitalallokationsprozess ein, indem sie originäre Kapitalgeber mit Informationen über die originären Kapitalempfänger versorgen, und nehmen damit eine Zwischen- bzw. **Intermediärsstellung** ein. Die Theorie der Finanzintermediation drängt sich folglich als geeigneter Theoriezweig geradezu auf, um eine fundierte Existenzerklärung von NGOs in ihrer Intermediärsrolle auf dem Kapitalmarkt abzuleiten.

Nachfolgend werden zunächst die Grundlagen dieser Theorie in ausgewählter Form dargestellt, wobei besonderes Augenmerk auf die von NGOs erfüllte **Informationsproduktions**funktion gelegt wird. Sie bilden den adäquaten Ausgangspunkt für die nachfolgende modelltheoretische Analyse. Hierbei ist zunächst auf die Begriffe der „Finanzintermediation" und insbesondere des „Finanzintermediärs" einzugehen, um vorab zu klären, ob NGOs in ihrer Funktion als Informationsproduzent tatsächlich als Finanzintermediäre zu charakterisieren sind, und wenn ja, welcher spezifischen Ausprägung bzw. Gattung von Finanzintermediären sie zuzuordnen sind.

6.1 Begriffliches: Finanzintermediation und Finanzintermediäre

Der Begriff „Finanzintermediär", im Folgenden auch mit FI abgekürzt, findet in der wirtschaftswissenschaftlichen Literatur auf sehr heterogene Art Anwendung. So beschreiben *Ramakrishnan/Thakor* in ihrer Arbeit FIs als „diversified information brokers"[869], während *Diamond* unter einem FI einen Akteur versteht, „[who] obtains funds from lenders and lends them to entrepreneurs."[870] Nach *Greenbaum/Thakor* sind Finanzintermediäre ganz

[869] Ramakrishnan/Thakor, 1984, S. 415.
[870] Diamond, 1984, S. 398.

allgemein „entities, that intermediate between providers and users of financial capital“[871]. Um dieser Vielfalt an Begriffsinhalten begegnen zu können, ist der Terminus „**Finanzintermediär**“ zunächst grundsätzlich zu analysieren.

Etymologisch ist das Adjektiv „intermediär“ als „in der Mitte liegend“ oder als „ein Zwischenglied bildend“ zu verstehen.[872] Im ökonomischen Kontext bezeichnet Intermediation dem Wortursprung entsprechend „die Zwischenschaltung eines Dritten, des Intermediärs, zwischen zwei (originäre) Tauschpartner.“[873] Der Intermediär wird dann zum FI, wenn sich die Zwischenschaltung auf Finanztransaktionen beschränkt. Folglich kann ein FI definiert werden als ein **Intermediär, der an Tauschvorgängen beteiligt ist, die auf Finanzkontrakte – d. h. Verträge, die Ansprüche auf gegenwärtige und/oder zukünftige Zahlungen darstellen – rekurrieren.**[874] Demnach ist Finanzintermediation ein Spezialfall der Intermediation, nämlich derjenige für Finanzkontrakte.

Ausgangspunkt dieses Begriffsverständnisses ist, dass in arbeitsteiligen Volkswirtschaften bestimmte Wirtschaftssubjekte (Kapitalnehmer) in einzelnen Perioden beabsichtigen, für bestimmte Zwecke mehr Auszahlungen zu leisten, als ihnen aus Einkommensquellen als Einzahlungen zufließen. Zur Deckung dieses Finanzbedarfs sind sie darauf angewiesen, dass andere Wirtschaftssubjekte (Kapitalgeber) beabsichtigen, geringere Auszahlungen zu leisten, als sie erzielen, und bereit sind, die entsprechenden Überschüsse den Kapitalnehmern auf dem Wege gesonderter Finanztransaktionen zu überlassen (Anlagebedarf).[875] FIs schalten sich insofern in den Kapitalanlage- sowie Kapitalaufnahme-/Finanzierungsprozess von „Überschuss-“ resp. „Defiziteinheiten“[876] ein und stehen insofern in Konkurrenz zum Kapitalmarkt, der nach *Nyberg* als „die direkte Allokation zwischen Kapitalgebern und Kapitalnachfragern ohne die Zwischenschaltung eines Intermediärs“[877] zu verstehen ist. Abbildung 6-1 verdeutlicht diese Zusammenhänge grafisch.[878]

[871] Greenbaum/Thakor, 1995, S. 49.
[872] Vgl. Pedergnana/Schacht, 2003, S. 951.
[873] Breuer, 1993, S. 20.
[874] Vgl. Börner, 2004, S. 494 in Verbindung mit Hartmann-Wendels et al., 2006, S. 3. Zu Finanzkontrakten vgl. grundsätzlich Hart, 1995, Kapitel 5 oder Harris/Raviv, 1991.
[875] Vgl. Bitz, 1989, S. 430.
[876] Dietrich/Vollmer, 2005, S. 1.
[877] Nyberg, 1998, S. 27.
[878] Allen/Gale prognostizieren eine zunehmende Ablösung dieses in Abbildung 6-1 dargestellten traditionellen Paradigmas (Konkurrenz zwischen Markt und FI). Aufgrund zunehmender Disintermediationstendenzen erhalten Märkte eine immer größere Bedeutung. Begleitet wird dieser Umstand durch die Tatsache, dass mit zunehmender Bedeutung der Märkte auch deren Komplexität und Risiko steigt, sodass Kapitalgeber und -nehmer Finanzintermediäre benötigen, um mit deren Hilfe auf Märkten direkt interagieren zu können (Komplementarität von Märkten und FI); vgl. Allen/Gale, 1998.

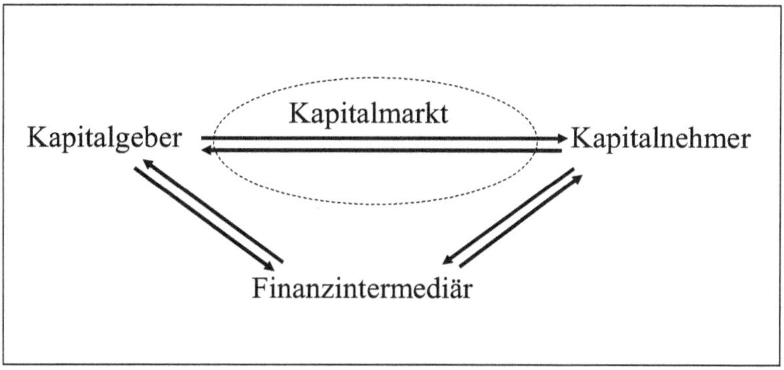

Abbildung 6-1: Kapitalmarkt und Finanzintermediäre zwischen Kapitalgebern und -nehmern

Quelle: in Anlehnung an Hartmann-Wendels et al., 2006, S. 3

6.2 Klassifikationsmöglichkeiten von Finanzintermediären

Ausgehend von dieser noch immer sehr allgemeinen Definition werden in der Literatur FIs weitgehend konsensual danach unterschieden, ob sie mittelbar oder unmittelbar in den Kapitaltransfer zwischen Kapitalgeber und -nehmer eingreifen.[879] Entsprechend kann zwischen **zwei Ausprägungsformen von FIs** unterschieden werden:

Finanzintermediäre im engeren Sinne (i. e. S.)

Finanzintermediäre i. e. S. sind Institutionen, „deren primäre Geschäftstätigkeit darauf gerichtet ist, in der Weise zu einem Ausgleich von Anlage- und Finanzbedarf beizutragen, dass sie sich bereithalten, einerseits Zahlungsmittel von den originären Geldgebern gegen das Versprechen späterer Rückzahlung entgegenzunehmen (Anlageleistung) und andererseits den originären Geldnehmern die benötigten Zahlungsmittel ebenfalls gegen das Versprechen späterer Rückzahlung zur Verfügung zu stellen (Finanzierungsleistung).“[880]

[879] Während hinsichtlich dieser inhaltlichen Zweiteilung von Finanzintermediären weitgehend Konsens herrscht, besteht bzgl. der *Bezeichnung* der beiden Arten keine Einigkeit. Die bekanntesten deutschen und auch im Rahmen dieser Arbeit verwendeten Termini stammen von Bitz. Er unterscheidet zwischen „Finanzintermediären im engeren Sinne“ und „Finanzintermediären im weiteren Sinne“; vgl. Bitz, 2002, S. 14–27 sowie Bitz, 1989, S. 430–432 oder Hackethal, 2000, S. 45 ff. Demgegenüber sprechen Bryant bzw. Schäfer, derselben Einteilungssystematik folgend, von „direkten/ indirekten Finanzintermediären“ bzw. von „monetären/nichtmonetären Finanzintermediären“; vgl. Bryant, 1987, S. 9 bzw. Schäfer, 2007. Als weiteres Begriffspaar werden von Bernet die Termini „Finanzintermediäre mit Selbsteintritt“ und „Finanzintermediäre ohne Selbsteintritt“ verwendet; vgl. Bernet, 2002, S. 44 f.

[880] Bitz, 1989, S. 430.

Finanzintermediäre i. e. S. schalten sich folglich direkt in den Finanztransaktionsprozess ein, indem sie mit beiden Marktakteuren voneinander unabhängige Finanzkontrakte abschließen und damit das Anspruchs- und Verpflichtungsverhältnis zwischen originärem Kapitalgeber und -nehmer ersetzen. Die Bilanz des FI i. e. S. dient sozusagen als „Scharnier" zwischen den beiden Marktpartnern. Passivseitig schließt er Einlagen- oder Finanzierungskontrakte mit den Kapitalgebern ab, aktivseitig stellt er die so akquirierten Finanzmittel z. B. in Form von Kreditkontrakten den Kapitalnachfragern zur Verfügung. Als Beispiele für diese Art von Finanzintermediären seien Kreditinstitute einschließlich Teilzahlungs- und Realkreditinstitute, Bausparkassen, Kapitalanlagegesellschaften, Leasing- und Factoring-Unternehmen, Kapitalbeteiligungsgesellschaften oder Versicherungsunternehmen genannt.[881]

Finanzintermediäre im weiteren Sinne (i. w. S.)

Finanzintermediäre i. w. S. sind Institutionen, „deren Geschäftstätigkeit darauf gerichtet ist, den unmittelbaren Abschluss von Finanzkontrakten zwischen originären und/oder intermediären Geldgebern und -nehmern einfacher und kostengünstiger herbeizuführen oder überhaupt erst zu ermöglichen, ohne dabei jedoch selbst als Partner eines solchen Vertrages aufzutreten."[882]

In dieser Form beschränkt sich der FI auf die Rolle eines Vermittlers oder Beraters, der den Marktakteuren Informations-, Vermittlungs- und/oder Risikoübernahmeleistungen anbietet.[883] Der eigentliche Kapitaltransfer vom Kapitalgeber zum Kapitalnehmer findet dabei keinen Niederschlag in der Bilanz des FI i. w. S. Die genannten Leistungen werden teilweise ebenfalls von FI i. e. S. erbracht (z. B. Kapitalanlageberatung durch Kreditinstitute), darüber hinaus aber auch von vorrangig auf diese Tätigkeiten spezialisierten Institutionen wie zum Beispiel Rating-Agenturen, Börsendienste, Finanzmakler, Kreditvermittler, Wertpapiermakler oder Kreditversicherer.[884]

Abbildung 6-2 veranschaulicht die beiden Ausprägungsformen von FIs in grafischer Form.

---

[881] Vgl. Bitz, 1989, S. 430.

[882] Bitz, 1989, S. 431.

[883] Vgl. z. B. Bernet, 2003, S. 44 oder Schäfer, 2002, S. 81.

[884] Vgl. Bitz, 1989, S. 431. Büschgen unterscheidet, derselben Klassifikation folgend, zwischen einem *Transaktions- und einem Transformationsprozess*, wobei letztgenannter Prozess den eigentlichen Kapitaltransfer beinhaltet und erstgenannter diesen Kapitaltransfer zu kostengünstigeren Konditionen ermöglicht. Konstitutives Merkmal eines FI i. e. S., insbesondere einer Bank, ist hierbei der aktive Eingriff in den Transformationsprozess; vgl. Büschgen, 1998, S. 38 ff.

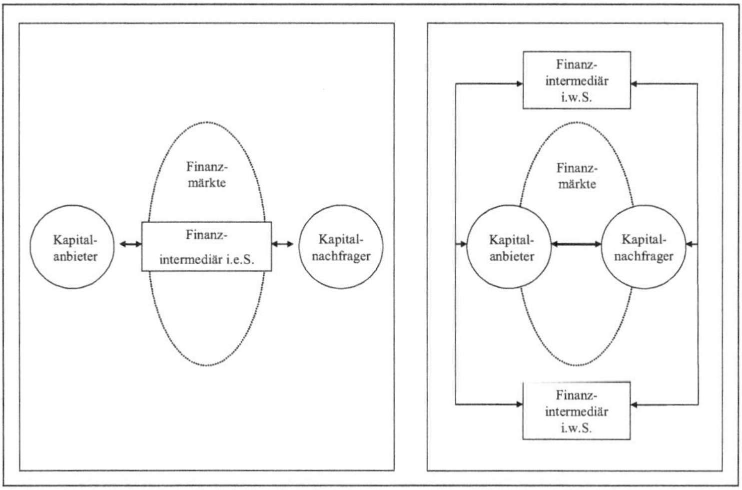

Abbildung 6-2: Finanzintermediäre i. e. S. versus Finanzintermediäre i. w. S.
Quelle: in Anlehnung an Bernet, 2003, S. 45

Breuer geht in der Spezifikation einzelner Finanzintermediationsakteure noch einen Schritt weiter, indem er die Gruppe der FIs funktional in vier Typen unterteilt.[885] Hierbei gliedert er implizit sowohl die Ausprägungsform der Finanzintermediäre i. e. S. als auch die Ausprägungsform der Finanzintermediäre i. w. S. jeweils in zwei Subkategorien.[886] Die Gruppe der Finanzintermediäre i. e. S. teilt er auf in:

- Finanz-Market-Maker: Der Finanz-Market-Maker schaltet sich in den Austausch von Finanzkontrakten zwischen Kapitalgeber und -nehmer, ohne dabei die Finanzkontrakte zu transformieren (z. B. Wertpapierhändler, Clearing-Stellen).
- Finanzproduzent: Der Finanzproduzent schaltet sich in den Austausch von Finanzkontrakten zwischen Kapitalgeber und -nehmer und transformiert dabei die Finanzkontrakte (z. B. Losgrößen- oder Fristentransformation[887]). Als Beispiele dienen Kreditinstitute oder Unternehmensbeteiligungsgesellschaften.

Unter Finanzintermediäre i. w. S. subsumiert *Breuer*:

[885] Vgl. Breuer, 1993, S. 15.
[886] Breuer geht nicht explizit von der in dieser Arbeit dargestellten Zweiteilung von Finanzintermediären aus, um die einzelnen Arten dann nochmals zu unterteilen. Vielmehr teilt er die Gesamtheit aller Finanzintermediäre unmittelbar in vier Gruppen auf. Jeweils zwei der Gruppen können jedoch wiederum der Gattung „Finanzintermediäre i. e. S." bzw. der Gattung „Finanzintermediäre i. w. S." zugeordnet werden; vgl. Breuer, 1993, S. 9–16.
[887] Vgl. Kapitel 6.4.1.

- Finanz-Auktionator: Der Finanz-Auktionator beschränkt sich auf die reine Preisermittlung. Er unterscheidet sich vom Finanz-Market-Maker dadurch, dass Ersterer im Gegensatz zu Letzterem selbst nicht als Tauschpartner auftritt (z. B. Broker, Emissionsbanken).
- Finanzgutachter: Der Finanzgutachter beschränkt sich auf die reine Informationsproduktion (z. B. Rating-Agenturen, Unternehmens- oder Anlageberater, Finanzzeitungen) zum Zwecke von Finanzdispositionen.

Werden beide Klassifikationsmuster – das von *Bitz* und das von *Breuer* – miteinander kombiniert, lässt sich das Ergebnis als Schaubild wie folgt darstellen.

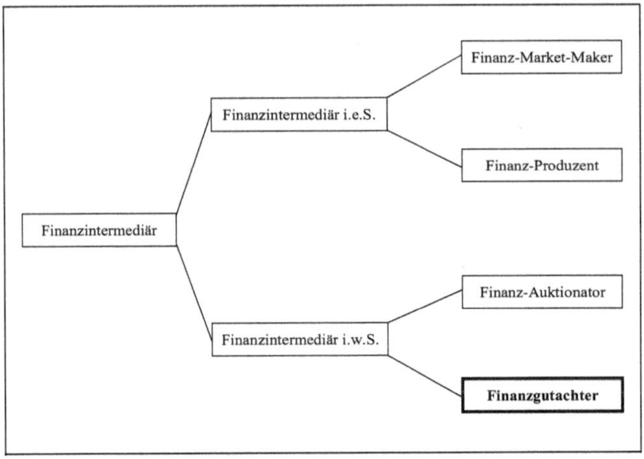

Abbildung 6-3: Klassifikation von Finanzintermediären
Quelle: in Anlehnung an die Ausführungen von Breuer, 1993 und Bitz, 1989

6.3 Zwischenergebnis: NGOs als Finanzintermediäre i. w. S. bzw. Finanzgutachter

In Kapitel 5.3 konnten NGOs im Rückgriff auf die Ergebnisse der empirischen Erhebung aus Kapitel 5.2.4.2.3 als reine **Informationsproduzenten** zum Zwecke der Kapitalanlage sowie -aufnahme identifiziert werden: NGOs versorgen nachhaltige Kapitalgeber direkt oder indirekt mit nachhaltigkeitsrelevanten Unternehmensinformationen, die für diesen Anlegertyp Dispositionsrelevanz besitzen. Damit greifen sie nicht *direkt*, sondern nur *indirekt* in den Kapitaltransfer zwischen Kapitalgeber und -nehmer ein, indem sie quasi als Berater bzw. Vermittler den Marktakteuren Informationsdienstleistungen anbieten. Hierdurch reduzieren sie die ursprünglich vorhandenen Friktionen und damit Kosten der eigentlichen Finanztransaktion zwischen Kapitalgeber und -nehmer.

Im vorangegangenen Kapitel wurden FI i. w. S. als Institutionen definiert, „deren Geschäftstätigkeit darauf gerichtet ist, den unmittelbaren Abschluss von Finanzkontrakten zwischen originären und/oder intermediären Geldgebern und -nehmern einfacher und kostengünstiger herbeizuführen oder überhaupt erst zu ermöglichen, ohne dabei jedoch selbst als Partner eines solchen Vertrages aufzutreten."[888] Darüber hinaus wurden FI i. w. S., die ausschließlich eine Informationsproduktionsfunktion erfüllen, als Finanzgutachter definiert.

Ein Abgleich dieser beiden definitorischen Erkenntnisse mit dem Sachverhalt, dass NGOs als reine Informationsdienstleister auf dem Kapitalmarkt agieren, lässt folgende zentrale Schlussfolgerungen zu:

- **NGOs sind im Sinne von *Bitz* als „Finanzintermediäre i. w. S." zu charakterisieren.**
- **Spezifischer und damit der Klassifikation *Breuers* folgend, können NGOs als „Finanzgutachter" bezeichnet werden.**[889]

Damit sind **NGOs in ihrer Rolle als Informationsproduzenten eindeutig als Finanzintermediäre, genauer Finanzgutachter gekennzeichnet**. Eine Fokussierung auf die Theorie der Finanzintermediation zum Zwecke der Ableitung einer kapitalmarktbasierten Existenzerklärung von NGOs ist damit gerechtfertigt.

In einem nächsten Schritt zur Generierung einer ökonomischen Legitimation von NGOs auf dem Kapitalmarkt wird auf die Funktionen von FIs im Allgemeinen und von **Finanzgutachtern** im Besonderen eingegangen, da dies Anhaltspunkte dafür erwarten lässt, wie NGOs in ihrer Rolle als Informationsproduzenten zu einer effizienten Kapitalallokation beitragen können.

6.4 Ökonomische Funktionen von Finanzintermediären

Finanzkontrakte werden auf dem Kapitalmarkt gehandelt, dessen zentrale Aufgabe es ist, das Angebot an und die Nachfrage nach Kapital auszugleichen. Diese Anpassung ist grundsätzlich auch ohne die Zwischenschaltung eines FI, durch direkte Interaktion der ori-

[888] Vgl. Kapitel 6.2.

[889] Aus diesem Grund besitzt der Finanzintermediärstypus „Finanzgutachter" für den weiteren Verlauf dieser Arbeit besondere Bedeutung und wurde deshalb auch in Abbildung 6-3 fett markiert.

ginären Marktakteure erreichbar (vgl. Abbildung 6-1). Allerdings sind hierbei Kosten verursachende Probleme zu überwinden, die sich im Einzelnen als Liquiditäts-, Losgrößen-, Fristen-, Risiko sowie Informationsprobleme darstellen lassen.[890] Die *in praxi* beobachtbare Vielzahl an FIs lässt vermuten, dass durch die Einschaltung eines FI diese Probleme entschärft bzw. die damit verbundenen Kosten reduziert werden können, wodurch eine effizientere Kapitalallokation gewährleistet würde.[891] Den angeführten Problemen entsprechend, erfüllen FIs hierbei im Wesentlichen eine Transformations- und/oder Informationsfunktion, wobei sich erstgenannte Funktion in die Teile Liquiditäts-, Losgrößen-, Fristen- und Risikotransformation aufspalten lässt.[892]

6.4.1 Transformationsfunktion

Finanzintermediäre sind in der Lage, Finanzressourcen hinsichtlich ihrer Liquidität, Fristigkeit, Volumina und Risiko-Exposure entsprechend den Wünschen der beteiligten Akteure zu transformieren (vgl. Abbildung 6-4).[893]

[890] Vgl. z. B. Hartmann-Wendels et al., 2006, S. 4 ff. oder Bitz, 1989, S. 433.

[891] Vgl. Franke/Hax, 1999, S. 446.

[892] Vgl. z. B. Schäfer, 2002, S. 81; Greenbaum/Thakor, 1995, S. 53 oder Baltensperger, 1990, S. 1 ff. Neben diesen „Kernfunktionen" werden Finanzintermediären zahlreiche andere Funktionen – wie z. B. die Auswahl- oder Logistikfunktion (vgl. z. B. Hartmann-Wendels et al., 2006, S. 5 f.) oder die Zahlungsverkehrsfunktion (vgl. z. B. Vives, 1991, S. 11; Gurley/Shaw, 1960, S. 21) – zugeschrieben, die in dieser Arbeit jedoch nicht weiter berücksichtigt werden können. Zusätzliche bzw. alternative Anhaltspunkte zu den Kernfunktionen von Finanzintermediären ergeben sich auch aus den Funktionen, die Finanzsysteme im Allgemeinen zu erfüllen haben. Einen Überblick hierzu liefern Crane et al. (Hrsg.), 1995, S. 12 ff.; Rose, 1994, S. 9 ff. oder Sanford, 1994, S. 21 ff.

[893] Vgl. z. B. Freixas/Rochet, 1997, S. 18.

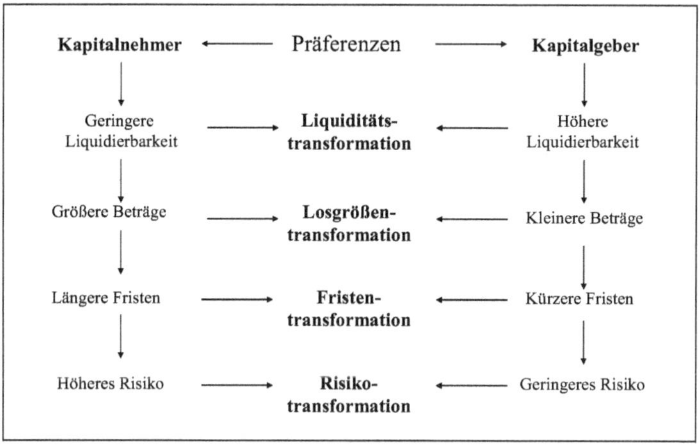

Abbildung 6-4: Transformationsleistungen von Finanzintermediären
Quelle: in Anlehnung an Schoenheit, 2005, S. 126

Im Rahmen der **Liquiditätstransformation** transformiert der FI illiquide Vermögenswerte, wie z. B. Maschinen, in möglichst liquide Forderungen (z. B. Aktien, Bankeinlagen).[894] Er überbrückt damit die differierenden Liquiditätsvorstellungen der Akteure und ermöglicht den indirekten Fluss von Zahlungsmitteln.[895] Durch die **Losgrößentransformation** sind FIs in der Lage, in ihrer Betragshöhe unterschiedliche Finanz- und Anlagepläne[896] der Akteure in Einklang zu bringen. Sie sorgen damit für einen permanenten Abgleich von Kapitalangebot und Kapitalnachfrage. Selbst bei (zufälliger) Übereinstimmung der Betragshöhen von Kapitalangebot und Kapitalnachfrage ist es möglich, dass ein Finanzkontrakt zwischen den originären Parteien nicht zustande kommt. Dies ist genau dann der Fall, wenn ihre Vorstellungen bezüglich der Dauer des Kontrakts divergieren. Im Rahmen der **Fristentransformationsfunktion** werden Anlage- und Finanzbedarf unterschiedlicher Fristigkeit durch den FI zusammengeführt und folglich Fristenkongruenz geschaffen – die Fristentransformation ist damit eng mit der Liquiditätstransformation verbunden. Die einem Finanzkontrakt inhärent zugrunde liegende zeitliche Differenz zwischen Leistung und Gegenleistung bewirkt, dass Finanzverträge nur dann zustande kommen, wenn die Kapitalgeber die daraus resultierenden Risiken (z. B. Ausfallrisiken) in einem bestimmten

---

894 Für Rombach stellt die Liquiditätsversorgung der Wirtschaft die „zentrale ökonomische Funktion des Bankensystems" dar; Rombach, 1993, S. 31. Zur Liquiditätsfunktion vgl. auch Süchtling/Paul, 1998, S. 3 ff.
895 Vgl. Kaiser, 2006, S. 113.
896 I. d. R. stehen den betragsmäßig großen Finanzierungswünschen von Unternehmen betragsmäßig kleinere Anlagewünsche von Anlegern gegenüber.

Ausmaß mitzutragen bereit sind. Letztlich erwirbt ein Kapitalgeber durch den Abschluss eines Finanzkontrakts lediglich ein Rückzahlungs*versprechen*, dessen Realisation von zukünftigen, zum Zeitpunkt des Vertragsabschlusses noch unsicheren Größen abhängt. Jedoch unterscheiden sich die Marktakteure im Hinblick auf ihre Neigung und Fähigkeit, Risiken einzugehen (Risikoneigung und Risikotragfähigkeit). Eine kostenoptimale Allokation von Risiken auf die jeweiligen Akteure mit unterschiedlichen Risikopräferenzen wird nun durch FIs im Zuge ihrer **Risikotransformationsfunktion** mittels spezifischer Risikotransferinstrumente (z. B. Hedging, Diversifikation, Versicherung) unterstützt.[897]

Um die genannten Transformationsfunktionen ausfüllen zu können, hat sich ein FI *unmittelbar* in den Finanztransaktionsprozess einzuschalten.[898] Er schließt sowohl mit dem Kapitalgeber als auch mit dem Kapitalnehmer voneinander unabhängige Finanzkontrakte ab und ersetzt damit das Anspruchs- und Verpflichtungsverhältnis zwischen den originären Kontraktparteien. Entsprechend werden die Transformationsfunktionen fast ausnahmslos von Finanzintermediären i. e. S., insbesondere von Banken, erfüllt.[899] **Diesem Intermediationstypus sind NGOs in ihrer Rolle als Informationsproduzenten nicht zurechenbar**! Vielmehr lässt sich das von NGOs auf dem Kapitalmarkt verfolgte und in Kapitel 5.2.4.2 dargestellte Aktionsspektrum exklusiv der Funktionskategorie „Informationsfunktion" zuordnen, die damit in den Mittelpunkt der Analyse dieser Arbeit rückt.

6.4.2 Informationsfunktion

Ausgangspunkt eines jeden Entscheidungsprozesses von Kapitalgebern und -nehmern sind Informationen über alternative Marktpartner bzw. alternative Finanzkontrakte. Die Generierung und Verarbeitung dieser Informationen ist mitunter sehr komplex und zeitaufwendig, sodass der damit verbundene Ressourcenverzehr für den einzelnen Marktteilnehmer u. U. prohibitiv ist. Diese Problematik ist, wie bereits in Kapitel 5.2.4.2.1 herausgearbeitet wurde, insbesondere im hier fokussierten Themenkontext akut, denn: Aufgrund der Kom-

[897] Vgl. u. a. Kaiser, 2006, S. 111.

[898] Dies gilt für die Risikotransformationsfunktion nur zum Teil. Beispielsweise können durch Kredit-Versicherungskontrakte Risiken transferiert werden, ohne dass unmittelbar in den eigentlichen Kapitaltransfer zwischen originärem Kapitalgeber und -nehmer eingegriffen wird.

[899] Büschgen, 1998, S. 38 f. führt hierzu aus: „Die Einschaltung in den Transaktionsprozess zur Kostensenkung (Transaktionsfunktion) kann nicht nur von Banken, sondern auch von anderen FIs – wie Börsenmaklern, Finanzmaklern, Kassenvereinen oder Rating-Agenturen – wahrgenommen werden. Folglich konstituiert diese Finanzintermediation (…) auf Basis der Transaktionsfunktion aber noch keine Bank, sie ist notwendige, aber noch keine hinreichende Bedingung für Banken." Erst die „Einschaltung in den Transformationsprozess (…) grenzt eine Bank hinreichend von anderen Finanzintermediären ab."

plexität der Dimensionen stellt die Beurteilung von Nachhaltigkeit eine besondere und zugleich sehr kostenintensive Herausforderung dar. Zurückzuführen ist dies darauf, dass Nachhaltigkeitsinformation als sehr kontrastarm und schwer zu quantifizieren gilt.[900] Gleichzeitig existieren zwischen den Parteien i. d. R. Informationsasymmetrien[901], die sowohl für den Kapitalgeber als auch für den Kapitalnehmer inhärent mit endogenen Risiken (insbesondere Verhaltensrisiken) verbunden sind.[902] Auch hierbei treten, wie nachfolgend in Kapitel 7.3.3 noch ausführlich gezeigt wird, besondere themenspezifische Probleme auf. So sind für die Beurteilung der Nachhaltigkeitsbonität – im Gegensatz zur klassischen Beurteilung der finanziellen Bonität – bislang keine konsensualen objektivierbaren Bewertungskriterien verfügbar. Auch besteht hinsichtlich der zu verwendenden Bewertungsmethoden kein Konsens, sodass zusätzliche (themenspezifische) Freiheitsgrade existieren, die der besser informierte Akteur zu Lasten des schlechter Informierten ausnutzen kann. Eine zentrale Funktion von FIs ist daher die Schaffung einer stetigen Verbesserung der Informationsbasis der Marktakteure sowie die Reduktion vorhandener Informationsungleichgewichte durch die Bereitstellung adäquater Information (vgl. Abbildung 6-5). Dieser Informationsfunktion wird zukünftig – durch die zunehmenden Möglichkeiten der Sekuritisierung und durch technologischen Fortschritt – dominierende Bedeutung zugewiesen.[903]

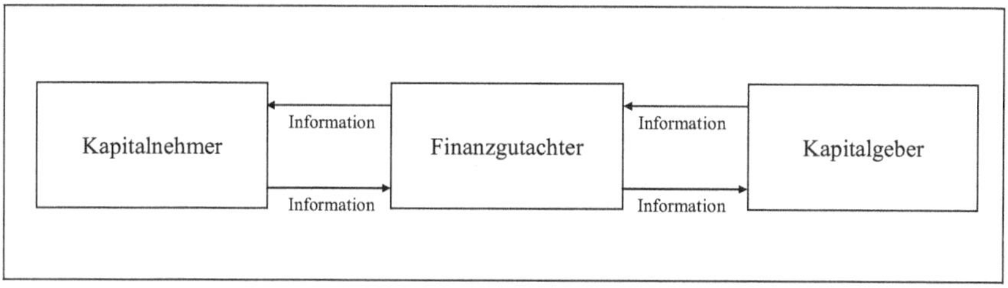

Abbildung 6-5: Die Informationsfunktion des Finanzgutachters
Quelle: eigene Darstellung

Zusammenfassend lässt sich festhalten, dass NGOs als mittel und/oder unmittelbar beteiligte Akteure im CSR-Ratingprozess, wie bereits dargestellt, eine reine Informationsfunktion erfüllen. Komparative (Kosten-)Vorteile der NGO gegenüber anderen Organisations-

---

900 Detaillierte Ausführungen hierzu finden sich in Kapitel 7.3.3.

901 In der Regel wird der Kapitalnehmer über einen Informationsvorsprung gegenüber dem Kapitalgeber verfügen, da er über weiterreichende Informationen bzgl. der zu finanzierenden Investitionsobjekte und der damit verbundenen Wahrscheinlichkeitsverteilung der Kapitalrückflüsse verfügt.

902 Verhaltensrisiken sind ein Teil der endogenen Risiken; vgl. insbesondere Kaas, 1992(a), S. 478, Fn. 27 oder Williamson, 1990, S. 66.

903 Vgl. Cecchetti, 1999, S. 1 ff. oder grundsätzlich Allen/Gale, 1998.

(z. B. FPO) bzw. Institutionsformen[904] (z. B. Kapitalmarkt), die ihre Existenz bzw. Notwendigkeit ökonomisch legitimieren, können folglich nur auf dieser Funktion und nicht auf Transformationsleistungen beruhen. Folgerichtig konzentrieren sich die weiteren, insbesondere die modelltheoretischen Ausführungen dieser Arbeit auf die **Informationsfunktion von Finanzintermediären** und damit auf die **FI-Gattung „Finanzgutachter"**.

6.5 Existenzerklärungen von Finanzintermediären

Im vorangegangenen Abschnitt wurden die klassischen Funktionen von FIs, die sie zum Zwecke einer effizienten Kapitalallokation zu erfüllen haben, erörtert. Damit wurde die Existenz von Finanzintermediären einfach angenommen und nicht begründet. Eine Begründung soll nachfolgend dadurch abgeleitet werden, indem die Kernfunktionen im Allgemeinen und die Informationsfunktion im Besonderen auch theoretisch weiter analysiert werden.

Eine ökonomisch gehaltvolle Existenzberechtigung erhalten FIs bzw. NGOs in der Rolle des Finanzgutachters nur dann, wenn durch ihre Zwischenschaltung **Wohlfahrtsverbesserungen im Sinne des Pareto-Kriteriums** nachgewiesen werden können.[905] Hierzu ist vorab zu überprüfen, welcher theoretische Rahmen für die Modellbildung zu wählen ist.

6.5.1 Finanzintermediäre und vollkommener Kapitalmarkt

Wie in der neoklassischen Kapitalmarkttheorie üblich, wird zunächst auf das walrasianische Paradigma vollständiger Märkte und damit auf das theoretische Fundament des vollkommenen Kapitalmarkts abgestellt.[906] In dieser Modellwelt neoklassischer Ausprägung treffen Angebot und Nachfrage auf einem Markt direkt zusammen und beeinflussen den Preis, bis dieser als markträumender Gleichgewichtspreis im Sinne der „unsichtbaren

---

[904] Richter/Furubotn definieren die Institution als „ein System formgebundener (formaler) und formungebundener (informeller) Regeln einschließlich der Vorkehrungen zu deren Durchsetzung", während die Organisation die „persönliche Seite der Institution" verkörpert; Richter/Furubotn, 1996, S. 7 f. In einer etwas plastischeren Formulierung versteht North unter einer Institution die „rules of the game", während die Organisation die „players" umfasst; North, 1994, S. 361. Für einen detaillierten Überblick über die Wechselwirkungen zwischen Institutionen und Organisationen vgl. North, 1992, S. 5 und S. 8.

[905] Eine Pareto-Verbesserung liegt dann vor, wenn es, ausgehend von einer bestimmten Ausgangssituation, gelingt, wenigstens ein Wirtschaftssubjekt besser zu stellen, ohne dabei ein anderes schlechter zu stellen. Ein Zustand, indem keine Pareto-Verbesserungen mehr möglich sind, wird als Pareto-Optimum bezeichnet; vgl. z. B. Varian, 2001, S. 14 f.

[906] So rekurrieren zentrale Eckpfeiler der Kapitalmarkttheorie, wie beispielsweise die sogenannten Irrelevanztheoreme, das Capital Asset Pricing Model (CAPM) oder die Optionspreistheorie, auf die Prämissen des vollkommenen Kapitalmarkts.

Hand" des Marktes Angebot und Nachfrage in Einklang bringt. Diesem Theoriezweig liegen insbesondere folgende Marktprämissen zugrunde[907]:

- Es herrscht vollkommener Wettbewerb
- Alle Marktteilnehmer besitzen freien Marktzugang
- Der Markt ist friktionslos: Es existieren weder Transaktionskosten noch Steuern
- Alle Marktteilnehmer sind rational handelnde Nutzenmaximierer
- Aller Güter bzw. Faktoren sind beliebig teil- und handelbar
- Information ist kostenlos verfügbar.

In der neoklassischen Theorie ist die Institutionenstruktur exogen vorgegeben – Institutionen werden als reine Produktionsfunktionen aufgefasst.[908] Entsprechend wird Institutionen Allokationsneutralität unterstellt, d. h. es ist beispielsweise gleichgültig, ob sich ein Unternehmen über Bankkredite oder direkt am Kapitalmarkt – z. B. über Obligationen – finanziert. Damit können Institutionen nicht erklärt werden.[909] Folglich kann auch die Existenz von Finanzintermediären im Allgemeinen und Finanzgutachtern im Speziellen nicht ökonomisch sinnvoll begründet werden.[910] Die Ursache hierfür ist, dass im Rahmen der neoklassischen Modellierung ein Pareto-Optimum bereits erreicht wird.[911] Das Einschalten eines Dritten, des FI, kann folglich zu keinen Wohlfahrtssteigerungen mehr führen und ist damit redundant. Dies sei speziell für den in dieser Arbeit fokussierten Finanzintermediationstypus „Finanzgutachter" nochmals hergeleitet:

Den Finanzgutachter kennzeichnet, dass er Informationen über Finanzierungstitel bzw. sie emittierende Institutionen zum Verkauf anbietet, die ihrerseits Ergebnis einer Begutachtung waren. In obiger Modellökonomie sind alle entscheidungsrelevanten, auch die im

---

[907] Vgl. z. B. Franke/Hax, 1999, S. 334 f. oder Copeland/Weston, 1992, S. 331.

[908] Vgl. Williamson, 1997, S. 2.

[909] Vgl. Stillhart, 2002, S. 13.

[910] Vgl. z. B. Freixas/Rochet, 1997, S. 11 oder Müller/Eisen, 1985, S. 2. Eine Ausnahme hiervon stellt der Finanz-Auktionator im Sinne Breuers dar. Breuer zeigt, dass die Existenz eines Finanz-Auktionators im Rahmen des CAPM begründet werden kann. Ausschlaggebend dafür ist die Mengenanpasser-Eigenschaft der Marktakteure (sogenannte Price-Taker), die im CAPM unterstellt wird. Diese Prämisse führt dazu, dass zwar die Mengen, nicht aber die Preise angepasst werden können. Hierzu bedarf es vielmehr eines zusätzlichen, exogenen Akteurs, nämlich den des walrasianischen Auktionators, der die Angebots- und Nachfragepläne der einzelnen Marktteilnehmer einsammelt und entsprechend den Preisvektor so lange anpasst, bis ein Gleichgewicht erreicht ist; vgl. Breuer, 1993, S. 42 ff.

[911] So halten beispielsweise im Rahmen des CAPM alle Marktakteure aufgrund homogener Erwartungen dasselbe Portfolio an riskanten Assets (Marktportfolio). Kein Wirtschaftssubjekt ist hierbei in der Lage, sich (durch Veränderungen der Portfoliostruktur) besser zu stellen, ohne dabei eine anderes schlechter zu stellen; vgl. z. B. Elton et al., 2003, S. 294 ff.

Rahmen eines CSR-Ratings erhobenen nachhaltigkeitsrelevanten Informationen, den Marktakteuren fortlaufend bekannt. Unter diesen Voraussetzungen kann sich keine Institution herausbilden, die Informationen zum Kauf anbietet, da alle Akteure kostenlosen Informationszugang besitzen und folglich zur Zahlung eines positiven Preises für diese Information nicht bereit sein werden.

Wie die hier skizzierte im Rahmen dieser Arbeit besonders bedeutungsvolle Informationsfunktion, lassen sich auf einem vollkommenen Kapitalmarkt alle in Kapitel 6.4 dargestellten Finanzintermediationsfunktionen kostengünstiger durch direkte Interaktion der originären Marktparteien erfüllen, da hieraus per Annahme keine Kosten entstehen. Um FIs ökonomisch gehaltvoll begründen zu können, müssen folglich die Annahmen des vollkommenen Kapitalmarkts abgeschwächt und einige der *in praxi* vorhandenen Friktionen und Unvollkommenheiten in das Modell intergriert werden. Diesbezüglich sind vorrangig **zwei Stoßrichtungen von Marktunvollkommenheiten** zu berücksichtigen[912]:

- **die Existenz von Transaktionskosten**
- **die asymmetrische Informationsverteilung zwischen den Akteuren.**

In der Literatur existiert eine Vielzahl an Erklärungsansätzen für die Existenz von Finanzintermediären[913], die sich aufgrund schnell wachsender Komplexität jeweils nur auf wenige Marktunvollkommenheiten beschränken.[914]

Traditionelle Ansätze stützen ihre Argumentation auf die Existenz von Transaktionskosten: Finanzintermediäre haben den Zweck, Transaktionskosten erzeugende Friktionen zu reduzieren und die Märkte dadurch näher an einen vollständigen Markt im Sinne von *Arrow* und *Debreu* zu führen. Diese Ansätze werden deshalb auch als **neoklassische Ansätze** bezeichnet.[915] Moderne mikroökonomische Ansätze suchen den Nutzen von Finanzintermediären nicht mehr primär bei den Transaktionskosten. Sie betonen die Existenz von Informationsasymmetrien und der damit verbundenen Verhaltensrisiken der Akteure, die auf den Verhaltensannahmen „begrenzte Rationalität" und „Opportunismus" beruhen, wie sie

[912] Vgl. Hellwig, 1994, S. 26.
[913] Einen Überblick über bestehende Erklärungsansätze geben u. a. Fox, 2006, S. 49 ff.; Hartmann-Wendels et al., 2006, S. 110 ff. und ausführlicher Hartmann-Wendels et al., 2000, S. 140 ff.; Langer, 1999, S. 119 oder Breuer 1993, S. 75ff.
[914] Vgl. Hartmann-Wendels, 2006, S. 111.
[915] Eine Übersicht über diese transaktionskostenbasierten neoklassischen Ansätze liefern z. B. Hellwig, 1991 oder Santomero, 1984. Vgl. hierzu auch insbesondere die Arbeiten von Benston/Smith, 1976 und Gurley/Shaw, 1960.

in der (Neo-)Institutionenökonomik Anwendung finden.[916] Sie werden deshalb auch als **(neo-)institutionenökonomische oder informationsökonomische Ansätze** bezeichnet.[917] Wenngleich die genannten Theoriezweige in der Literatur und auch hier (zunächst) separat behandelt werden, so hängen sie doch eng miteinander zusammen, da die Beseitigung von Informationsasymmetrien stets mit Kosten verbunden ist, die final den Transaktionskosten zuzuordnen sind.[918]

Bei beiden Ansatzgruppen findet die Erklärung von Banken, die gemäß den zuvor skizzierten Klassifikationen den Finanzintermediären i. e. S. resp. den Finanzproduzenten zuzuordnen sind, dominierende Beachtung.[919] Finanzgutachter im Sinne *Breuers*, die aufgrund der Ergebnisse der empirischen Erhebung aus Kapitel 5.2.4.2.3 im Fokus dieser Arbeit stehen, werden nur vereinzelt zu erklären versucht. Hier sind insbesondere die Arbeiten von *Millon/Thakor, 1985* und *Ramakrishnan/Thakor, 1984*, zu nennen[920], von denen entsprechend wichtige Impulse für die modelltheoretische Erklärung von NGOs im nächsten Kapitel ausgehen.

Nachfolgend werden zunächst die Auswirkungen von Transaktionskosten und daran anschließend, in Kapitel 6.5.2.2, die Auswirkungen von Informationsungleichgewichten auf mögliche Erklärungsansätze von Finanzintermediären isoliert voneinander analysiert. Besonderes Augenmerk wird dabei auf die hier im Fokus stehenden Finanzgutachter im Nachhaltigkeitskontext gelegt. Speziell wird untersucht, weshalb Finanzgutachter die genannten Transaktionskosten verursachenden Friktionen wirksamer lindern können als einzelne Anleger.

6.5.2 Finanzintermediäre und Marktunvollkommenheiten

6.5.2.1 Finanzintermediäre und Transaktionskosten

Eine Transaktion ist definiert als „der Austausch von Gütern oder Dienstleistungen zwischen Wirtschaftseinheiten."[921] Die Durchführung einer Transaktion verläuft typischerweise in mehreren Schritten, die als Anbahnung (Suche nach geeignetem Tauschpartner), Ver-

[916] Zur (Neo-)Institutionenökonomik vgl. grundsätzlich Richter/Furubotn, 1996.
[917] Vgl. z. B. Straßberger, 2005, S. 526 und Stillhart, 2002, S. 32. Einen Überblick über diese Art von Erklärungsansätzen liefern z. B. Stillhart, 2002, S. 31 ff. oder Bhattacharya/Thakor, 1993. Vgl. hierzu auch insbesondere die Arbeiten von Diamond, 1984 und Leland/Pyle, 1977.
[918] Vgl. hierzu auch Kapitel 6.5.2.2.
[919] Vgl. hierzu beispielsweise die Arbeiten von Breuer, 1995; von Thadden, 1995; Boot et al., 1991; Boyd/Prescott, 1986; Diamond, 1984 oder Leland/Pyle, 1977.
[920] Eigentlich müsste die Arbeit von Chan, 1983 ebenfalls dazugezählt werden, da sie letztlich Finanzgutachter, und nicht, wie Chan behauptet, Finanzproduzenten erklärt, vgl. hierzu auch Breuer, 1993, S. 131 ff.
[921] Hartmann-Wendels et al., 2000, S. 723.

einbarung (Vereinbarung des Leistungsaustauschs), Durchführung und Kontrolle (Abwicklung des vereinbarten Austauschs) sowie Anpassung (Anpassung der Vereinbarung an veränderte Umweltbedingungen) beschrieben werden können.[922] Jede Phase der Transaktion verursacht Kosten, die entsprechend **Anbahnungs-, Vereinbarungs-, Durchführungs-, Kontroll- und Anpassungskosten** genannt werden. In Summe betrachtet, ergeben sie die Transaktionskosten.[923] Transaktionskosten sind somit Kosten, die nicht durch die *Produktion* von Gütern oder Dienstleistungen, sondern durch die *Übertragung* eines Aktivums von einem Wirtschaftssubjekt auf ein anderes entstehen.[924] Sie hängen entscheidend von der *Transaktionstechnologie* des jeweiligen die Transaktion ausführenden Akteurs ab, die wie folgt charakterisiert werden kann: Die Transaktionstechnologie spezifiziert „the technological possibilities of transacting goods while incurring transaction costs. On a deeper level the ‚transaction technology' and the way it is used provide a complete characterization of the nature of exchange. (…) It also reflects the legal system since it may specify the legal requirements concerning changes in titles to commodities."[925] Gemäß der Transaktionskostentheorie sind diejenigen Organisations- bzw. Institutionsformen optimal, die die kosteneffizientesten Transaktionstechnologien besitzen und die entsprechend zu minimalen Transaktionskosten führen.[926] Diese sind Bestandteil der Gesamtstruktur der Austausch- bzw. Handelsaktivitäten, die sich aus der Transaktionskostentheorie ergibt.[927]

Auch Finanztransaktionen verursachen die aufgeführten Kosten. Beispielsweise seien hier Depotverwaltungs- oder Kontoführungskosten, Kosten der Informationsbeschaffung (z. B. bezüglich des Kontraktpartners) und -verarbeitung oder Provisionskosten zu nennen. Können nun durch die Zwischenschaltung eines FI diese Kosten gesenkt werden, so ist ihre Existenz gemäß der Transaktionskostentheorie ökonomisch legitimiert. In diesem Zusammenhang sind vorrangig **zwei durch den Einsatz eines FI erzielbare Kostenreduktionspotenziale** zu nennen[928]:

(1) Reduktion der Transaktionsbeziehungen

(2) Ausnutzung von Skalen-, Spezialisierungs- und/oder Verbunderträgen.

Punkt (1) lässt sich in Abbildung 6-6 grafisch verdeutlichen.

---

[922] Vgl. Picot, 1991, S. 147.
[923] Vgl. zum Transaktionskostenbegriff insbesondere auch Albach, 1988, S. 1160 f. oder Picot, 1982, S. 270.
[924] Vgl. Breuer, 1993, S. 59.
[925] Kurz, 1974, S. 3 f. Vgl. auch Ulph/Ulph, 1975, S. 358 ff.
[926] Vgl. Picot, 1991, S. 149. Zur Transaktionskostentheorie vgl. grundsätzlich auch Williamson, 1981 und Coase, 1937.
[927] Vgl. auch Müller/Eisen, 1985, S. 12 f.
[928] Vgl. Straßberger, 2005, S. 526; Börner, 2004, S. 498 sowie Breuer, 1993, S. 75.

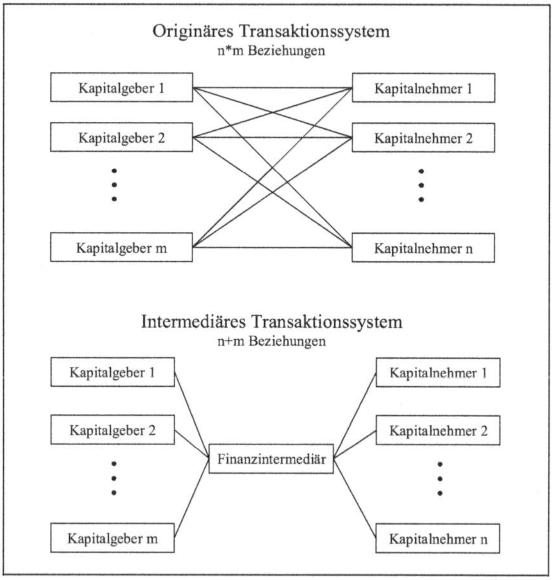

Abbildung 6-6: Originäres vs. intermediäres Transaktionssystem
Quelle: in Anlehnung an Breuer, 1993, S. 68

Bei *m* Anlegern und *n* Kapitalnehmern lässt sich durch die Einschaltung eines FI die Anzahl der insgesamt durchzuführenden Finanztransaktionsbeziehungen von $n \cdot m$ auf $n+m$ reduzieren. Wird nun angenommen, dass die Höhe der Transaktionskosten positiv von der Anzahl der Transaktionsbeziehungen abhängt, lassen sich Kosteneinsparungseffekte erzielen. So könnten bei Annahme pauschaler Vertragskosten in Höhe von einer Geldeinheit pro Vertrag die gesamten Transaktionskosten von $n \cdot m$ auf $n+m$ Geldeinheiten reduziert werden.

Auf den von NGOs verkörperten FI-Typus „Finanzgutachter" können die skizzierten Zusammenhänge folgendermaßen übertragen werden: Wie bereits erwähnt, beschränkt sich die Intermediationsfunktion des Finanzgutachters auf einen Teilbereich der Transaktion, nämlich den der Informationsbeschaffung. Der Finanzgutachter sammelt und analysiert Informationen über Finanzierungstitel bzw. sie emittierende Institutionen (z. B. Unternehmen) und bietet sie anschließend zum Verkauf an. Verursacht ein solches Unternehmensrating[929] annahmegemäß Kosten in Höhe von einer Geldeinheit, so hat *ein* Kapitalgeber (z. B. Kapitalgeber 1), der Informationen über alle *n* Unternehmen wünscht, Gesamtkosten

[929] Unter Unternehmensrating kann hierbei sowohl die klassische Überprüfung der finanziellen Bonität als auch die Überprüfung der nachhaltigen Bonität eines Unternehmens verstanden werden.

in Höhe von n Geldeinheiten zu tragen. Ein zweiter Kapitalgeber (z. B. Kapitalgeber 2), der ebenfalls Informationen über alle n Unternehmen wünscht, hat ebenfalls Kosten in Höhe von n Geldeinheiten zu tragen. Er untersucht dabei dieselben Unternehmen wie zuvor Kapitalgeber 1: Die kostenintensive Informationsbeschaffung wird parallel von zwei unterschiedlichen Kapitalgebern durchgeführt. Diese Arbeits- und folglich auch Kostenduplikation kann vermieden werden, wenn ein FI zwischen die m Kapitalgeber und die n Kapitalnehmer geschaltet wird: Der FI generiert Informationen über alle n Unternehmen. Da Information die Eigenschaft der Nichtrivalität im Konsum besitzt[930], ist der FI folglich in der Lage, dieselbe Information bzw. dasselbe Unternehmensrating an alle m Kapitalgeber zu verkaufen, es somit vielfach zu verwenden. Dieser Effekt wird in der Literatur als „Reusability-Argument" bezeichnet.[931] Hierdurch können die Gesamtkosten über alle m Anleger verteilt werden – ein Kapitalgeber hat folglich nur noch Kosten in Höhe von n/m Geldeinheiten zu tragen.[932]

Das zweitgenannte Kostenreduktionspotenzial (Ausnutzung von Skalen-, Spezialisierungs- und/oder Verbunderträgen) resultiert zum einen aus der Tatsache, dass die Durchführung von Finanztransaktionen mit hohen Fixkosten und daher mit sinkenden Durchschnittskosten verbunden ist.[933] So wird ein Großteil aller Finanztransaktionen mittlerweile vollständig elektronisch abgewickelt, wofür eine adäquate IT-Infrastruktur und entsprechendes Know-How aufzubauen und zu unterhalten ist. Dies gilt auch und insbesondere für die hier im Fokus stehende *Anbahnungsphase*[934] von Finanzkontrakten, in der Information (z. B. bezüglich potenzieller Kontraktpartner) mithilfe moderner Kommunikationstechnologie und leistungsstarker IT-Datenbanken generiert und verwaltet wird.[935] Die hierfür notwendige technische Infrastruktur erfordert hohe Investitionsausgaben und damit hohe Fixkosten (z. B. in Form von Abschreibungen oder Finanzierungskosten). Gegenüber einzelnen Anlegern besitzen Finanzintermediäre im Allgemeinen und Finanzgutachter im Besonde-

930 Krashinsky, 1986, S. 130 bezeichnet Information im Rekurs auf Baumol/Oates, 1975, S. 19 als „undepletable externality".
931 Vgl. Chan et al., 1986, S. 244 f. und 248 f. sowie Chan, 1983, S. 1552 f. Dass Information durch wiederholten Gebrauch keinen Abnutzungseffekten unterliegt und dass eine zentrale Stelle mit deren Wiederverwendung Kosten einsparen kann, ist nicht typisch für den Finanzbereich, sondern erklärt auch den Nutzen von Dienstleistungen außerhalb des Finanzbereichs (z. B. Heiratsvermittlungen etc.); vgl. Stillhart, 2002, S. 9, Fußnote 15.
932 Auf diesen Effekt wird im Rahmen der modelltheoretischen Analyse in Kapitel 7.1 noch detaillierter eingegangen.
933 Vgl. insbesondere Benston/Smith, 1976 oder Ulph/Ulph, 1975, S. 358 ff. Man spricht in diesem Zusammenhang auch von sogenannten nicht-konvexen Transaktionskostenverläufen; vgl. z. B. Heller/Starr, 1976.
934 Die modelltheoretischen Ausführungen der folgenden Kapitel 7 und 8 beziehen sich primär auf den Nachhaltigkeits-Screeningprozess, der im Rahmen der Anbahnungsphase durchgeführt wird.
935 Vgl. Michaelsen, 2001, S. 62.

ren den Vorteil, dass sie die bei ihren Aktivitäten entstehenden Fixkosten an mehrere Kapitalgeber auf ein i. d. R. größeres Anlagevolumen verteilen können (**Fixkostendegression**).[936] Damit sind die Fixkosten pro investierter Geldeinheit bei der Einschaltung von Finanzintermediären bzw. Finanzgutachtern geringer als bei selbständiger Tätigkeit durch die Kapitalgeber. Je geringer das individuelle Anlagevolumen eines Anlegers, desto größer ist der durch Fixkostendegression zu erzielende komparative Kostenvorteil der FIs.[937] Zusätzlich sind Finanzintermediäre in der Lage, Spezialisierungs- und/oder Verbunderträge zu erzielen.[938] Spezialisierungserträge oder „Economies of Specialisation" können durch einen Akteur grundsätzlich dadurch realisiert werden, dass sich sein Wertschöpfungsprozess auf spezielle Arbeitsschritte innerhalb der Wertschöpfungskette oder Themenfelder konzentriert.[939] Im Themenkontext kann davon ausgegangen werden, dass Finanzgutachtern (gegenüber einzelnen Anlegern) überlegene, d. h. **effizientere Transaktionstechnologien** zur Verfügung stehen, da ihr Geschäftsprozess auf die Generierung und Verarbeitung von spezifischen Informationsvektoren (hier: Nachhaltigkeitsinformationen) spezialisiert ist.[940] Zu nennen ist hierbei insbesondere die fachspezifische als auch die prozessspezifische Expertise des Finanzgutachters, die wesentliche Bestandteile der Transaktionstechnologie verkörpern und die der einzelne Anleger zunächst erwerben muss. Alternativ oder ergänzend können FIs Verbunderträge oder „Economies of Scope" nutzen.[941] Wie bei den Skalen- oder Spezialisierungserträgen wird auch bei den Verbunderträgen eine Verbesserung der Input-Output-Relation angestrebt. „There are economies of scope where it is less costly to combine two or more product lines in one firm than to produce them separately."[942] Verbunderträge liegen folglich dann vor, wenn durch die Erhöhung der Leistungsbreite (oder Leistungstiefe) die Aktivitäten des Unternehmens effizienter durchgeführt werden können als zuvor. Grundsätzlich kann zwischen sachlichen, räumlichen oder zeitlichen Economies of Scope unterschieden werden, wobei die einzelnen Ertragsarten *in praxi* oftmals mitein-

936 Vgl. Diamond, 1984, S. 408 und Ramakrishnan/Thakor, 1984, S. 416.
937 Vgl. Michaelsen, 2001, S. 70. Auf diesen Effekt wird in Kapitel 8.2 detailliert eingegangen.
938 Einen hierzu interessanten Beitrag liefert Breuer, 2001.
939 Vgl. Fontenay/Hogendorn, 2005, S. 4 ff. oder themenspezifisch Benston/Smith, 1976, S. 222 f. Detaillierte Ausführungen hierzu finden sich in Abschnitt 8.2.
940 Vgl. Müller/Eisen, 1985, S. 16.
941 Vgl. Müller/Eisen, 1985, S. 16 und insbesondere Panzar/Willig, 1981. Klassischerweise stehen Verbund- und Spezialisierungserträge in einem Konfliktverhältnis, da mit zunehmender Spezialisierung die Verbundvorteile abnehmen *et vice versa*; vgl. hierzu aus modelltheoretischer Sicht Breuer, 2001. Gleichwohl ist in begrenztem Ausmaß auch ein simultanes Auftreten beider Ertragsarten möglich. Hierauf wird in Kapitel 8.2 für den hier fokussierten Fall der Generierung von Nachhaltigkeitsinformation eingegangen.
942 Panzar/Willig, 1981, S. 268. Hiermit werden die sogenannten horizontalen Verbunderträge angesprochen, die auch im Fokus dieser Arbeit stehen. Grundsätzlich kann zwischen horizontalen und vertikalen Verbunderträgen unterschieden werden. Während die horizontalen Verbunderträge, auch Bündelungserträge genannt, einer Erhöhung der Leistungsbreite entstammen (z. B. die Produktion von zwei Fahrzeugen auf einer Produktionsplattform), resultieren die vertikalen Verbunderträge, auch Verkettungserträge genannt, aus einer Erhöhung der Leistungstiefe; vgl. Lindstädt/Hauser, 2004, S. 22 ff.

ander gepaart sind bzw. ineinander übergehen. Sachliche Verbunderträge liegen vor, wenn sachliche Eigenschaften von Aktivitäten deren Bündelung vorteilhaft machen. Dies ist insbesondere für die Bündelung von Produktionsprozessen – sogenannte Kuppelproduktion – der Fall, wodurch spezifische Ressourcen (z. B. Information) für die Produktion mehrerer Leistungsangebote nutzbar sind. So können im Themenkontext Informationen bezüglich der (finanziellen und/oder nachhaltigen) Bonität von Unternehmen nicht nur bei Kreditvergabeentscheidungen, sondern auch bei der (theoretischen) Preisermittlung von Aktien und dem darauf aufbauenden Wertpapierhandel Verwendung finden. Das (zumindest temporär) vermehrte Aufkommen von Allfinanzanbietern, wie sie beispielsweise durch die Allianz verkörpert werden, die durch einen höheren Grad der (Produkt-)Diversifikation Verbundvorteile realisieren können, weisen auf die Bedeutung dieser Effekte für die Finanzdienstleistungsindustrie hin.[943] Räumliche Verbundeffekte nutzen die räumliche Nähe von Aktivitäten (z. B. gemeinsame Nutzung von IT). Zeitliche Verbunderträge resultieren, wenn die gleichzeitige Durchführung von Aktivitäten vorteilhaft ist (z. B. Verkauf von Hardware inklusive Software).[944] Themenspezifisch stehen insbesondere die sachlichen Verbundeffekte, die durch **Kuppelproduktion** ausgelöst werden, im Fokus. Wie noch in Kapitel 8.2 zu zeigen ist, besitzen gerade NGOs (in der Rolle des Finanzgutachters) durch ihre Herkunft und Mission Potenziale, Nachhaltigkeitsinformationen als Kuppelprodukt aus ihren originären missionsfokussierten Tätigkeiten (z. B. Aktivismus) zu generieren und als eigenständiges Produkt (CSR-Unternehmensrating) am Kapitalmarkt zu veräußern. Auch im Bereich des Marketings kann eine NGO Verbunderträge realisieren, indem sie z. B. über Imagetransfers den Verkauf ihrer marktmäßig absetzbaren Informationsdienstleistung fördert.

Aus den genannten Kostenreduktionspotenzialen sind mitunter erhebliche komparative Transaktionskostenvorteile für FIs ableitbar. *Benston/Smith* kommen deshalb zu dem Schluss: „the raison d'être for this industry (die Finanzintermediationsindustrie; Anm. d. Verf.) is the existence of transaction costs."[945]

6.5.2.2 Finanzintermediäre und Informationsasymmetrie

Neoklassische Erklärungsansätze, wie sie im vorangegangenen Kapitel beschrieben wurden, gehen davon aus, dass der Informationsstand beider Marktakteure identisch, da voll-

[943] Vgl. Breuer, 2001, S. 1.
[944] Vgl. Lindstädt/Hauser, 2004, S. 22 ff.
[945] Benston/Smith, 1976, S. 215.

ständig ist.[946] Finanzkontrakte sind hingegen dadurch gekennzeichnet, dass der Kapitalnehmer als Insider i. d. R. über einen Informationsvorsprung gegenüber dem Kapitalgeber (Outsider) bezüglich des Verwendungszwecks des Kapitals verfügt.[947] So sind nach *Williamson* viele Konsumentenmärkte durch vergleichsweise „shallow knowledge, confusion, inability to craft a specialized governance structure, weak reputation effects and costly legal processes"[948] gekennzeichnet.

Wird die Annahme symmetrischer Information aufgegeben, verfügt der besser informierte Kapitalnehmer über diskretionäre Handlungsspielräume, die er zulasten des Kapitalgebers ausspielen kann. Das Beseitigen bzw. das Einengen dieser Opportunitätsspielräume verursacht Kosten, die als „Agency-Kosten"[949] bezeichnet werden und grundsätzlich in zweierlei Formen auftreten können. Zum einen können Kosten durch die Reduktion der Informationsdefizite entstehen; so müssen etwa zusätzliche Informationen beschafft, analysiert und ausgewertet werden. Zum anderen können Kosten aus ineffizienten, aber anreizkompatiblen Vertragskonstruktionen entstehen, die sich als Differenz aus First-Best- und Second-Best-Allokationsergebnis äußern.[950] Die Kosten zur Reduktion der Informationsdefizite, auch **Informationskosten** genannt, können hierbei als Transaktionskosten im herkömmlichen Sinne charakterisiert werden.[951] Solche Transaktionskosten lassen sich dadurch reduzieren, dass ein FI bzw. Finanzgutachter eingeschaltet wird. Analog zur Argumentation des vorangegangenen Kapitels wird dadurch einerseits die Duplikation kostenintensiver Informationsbeschaffung vermieden, andererseits können aufgrund von Fixkostendegressions-, Spezialisierungs- und/oder Verbundeffekten weitere Kosteneinsparungen erzielt werden.

Moderne informationsökonomische Ansätze zur Erklärung von FIs beschränken sich jedoch nicht auf diese, bereits im vorangegangenen Kapitel skizzierte transaktionskostenbasierte Argumentation. Vielmehr rücken sie eine andere Problemstellung in den Mittelpunkt der Analyse: Durch die Einschaltung eines FI ist zwar die Informationsasymmetrie zwischen Kapitalgeber und -nehmer eliminier- bzw. reduzierbar, allerdings nur unter Inkauf-

---

[946] Vgl. Straßberger, 2005, S. 526. Ob die Marktakteure bei der Existenz von Transaktionskosten tatsächlich über vollständige Information verfügen, darf stark bezweifelt werden, da die damit verbundenen Kosten prohibitiv wären. Entscheidend für die weiteren Ausführungen ist ausschließlich, dass die Akteure, im Gegensatz zum vorangegangenen Abschnitt, asymmetrische Informationsstände besitzen.

[947] Die Bedeutung von Informationsdifferenzialen zwischen den Teilnehmern der Wirtschaft ist bereits im Jahre 1945 von Hayek herausgearbeitet worden.

[948] Williamson, 1997, S. 18.

[949] Jensen/Meckling, 1976, S. 308.

[950] Vgl. Kapitel 7.2.

[951] Vgl. Hartmann-Wendels et al., 2006, S. 113. Vgl. auch Börner, 2003, S. 354; Krasa/Kubitschek, 1991, S. 29 oder Müller/Eisen, 1985, S. 20 ff., die jegliche Kosten asymmetrischer Information als Transaktionskosten bezeichnen. Leland/Pyle lehnen diese Kostenvermischung ab. Für sie sind beide Kostenarten klar voneinander zu trennen; vgl. Leland/Pyle, 1977, S. 383.

nahme einer „neuen" Informationsasymmetrie, nämlich der zwischen Kapitalgeber und Finanzintermediär. *Leland/Pyle* waren wohl die Ersten, die in ihrer Arbeit die Bedeutung der Informationsasymmetrie für die Existenz von Finanzintermediären betonten[952]: „Transaction costs could explain intermediation, but their magnitude does not in many cases appear sufficient to be the sole cause. We suggest that informational asymmetries may be a primary reason that intermediaries exist."[953] Dieses „neue" Informationsproblem verursacht ebenfalls Kosten, die sich wiederum entweder in Form von Informationskosten oder in Form von Kosten eines anreizkompatiblen Vertrags äußern. Nur wenn netto ein Kostenvorteil besteht – wenn also die Summe der Kosten der intermediären Finanztransaktion geringer ist als die Kosten, die bei direkter Interaktion der originären Marktakteure entstehen –, ist der Einsatz eines FI ökonomisch sinnvoll.

Eine fundierte, aussagekräftige modelltheoretische Existenzerklärung von Finanzintermediären im Allgemeinen und von Information produzierenden Finanzgutachtern im Besonderen hat folglich **stets zwei Kooperationsprobleme (Kapitalgeber–FI–Beziehung und Kapitalnehmer–FI–Beziehung)** zu berücksichtigen und zu lösen (vgl. auch Abbildung 6-5). Dies ist vor allem für den hier im Fokus stehenden Gutachter von Nachhaltigkeitsinformation valid. Eine rein transaktionskostenbasierte Modellierung, die ausschließlich die Kapitalnehmer–FI-Beziehung analysiert und die Delegationsbeziehung (Kapitalgeber–FI-Beziehung) folglich ausklammert, übersieht die Anreizproblematik, die insbesondere mit der Auftragserteilung bezüglich der Erstellung schwer kontrollierbarer **intangibler** Auftragsgegenstände (hier: Nachhaltigkeitsinformation) entsteht. Auftragnehmer haben hier besondere Anreize den Auftraggeber zu übervorteilen. Themenspezifisch werden diese adversen Anreize zusätzlich dadurch verstärkt, dass hinsichtlich der Beurteilung von Nachhaltigkeit, wie bereits erwähnt, nach wie vor kein Konsens herrscht.[954] **Interessante Ergebnisse resultieren dann**, wenn die beiden Informationsasymmetrien durch eine Kombination von Lösungsdesigns (anreizkompatible Kontrakte und zusätzliche Informationsgenerierung) entschärft werden, d. h. **wenn also sowohl Transaktionskosten (im herkömmlichen Sinn) als auch Vertragskosten berücksichtigt werden.**

---

[952] Rothschild/Stiglitz haben bereits 1976 auf die Bedeutung von Informationsproblemen im Zusammenhang mit dem *Kapitalmarkt* hingewiesen: „(…) many of the peculiar institutions (…) arise as responses to the difficulties that they, or any competitive market, have in handling problems of information"; Rothschild/Stiglitz, 1976, S. 648.
[953] Leland/Pyle, 1977, S. 383.
[954] Vgl. hierzu detailliert Kapitel 7.3.3.

Dieses Vorgehen wurde von *Diamond, 1984*, in seiner Arbeit „Financial Intermediation and Delegated Monitoring"[955] gewählt, die erstmals eine schlüssige Existenzerklärung für Finanzintermediäre bot.[956] *Diamonds* Modell dient deshalb auch als **Referenzrahmen** für die theoretischen Ausführungen zur Existenzerklärung von NGOs in Kapitel 7 dieser Arbeit und wird nachfolgend in ausgewählter Form dargestellt. Zu beachten ist allerdings, dass *Diamonds* Ansatz **Finanzproduzenten** im Sinne *Breuers* begründet, die, wie schon mehrfach erwähnt, ***nicht*** durch NGOs verkörpert werden. Folglich wird lediglich die von *Diamond* zugrunde gelegte **Modellstruktur** (Methodik) für das weitere Vorgehen übernommen – seine inhaltliche Argumentationskette hingegen weicht fundamental von der in dieser Arbeit entwickelten ab.

6.6 Das Delegated-Monitoring-Modell von Diamond als Referenzmodell[957]

Diamond modelliert das Problem einer ***ex-post*-Informationsasymmetrie** zwischen Kapitalgebern und -nehmern: Erstere besitzen keine Möglichkeit, die wahren und zugleich unsicheren Kapitalrückflüsse (Erträge) der von ihnen finanzierten Investitionsprojekte zu beobachten (*ex-post*-Unsicherheit). Die Kapitalnehmer haben einen Anreiz, gute Projektverläufe zu verschweigen, um einen möglichst großen Anteil der Gewinne einzubehalten. Grundsätzlich existieren **zwei Möglichkeiten**[958]**, das *ex-post*-Informationsasymmetrieproblem zu lösen**:

(1) Es können **anreizkompatible Finanzierungsverträge** abgeschlossen werden, sodass die Kapitalnehmer von einer unwahrheitsgemäßen Bekundung der Projekterträge abgehalten werden.

(2) Die Kapitalnehmer und die entsprechenden Investitionsprojekte können überwacht werden (**Monitoring**).

Beide Lösungsdesigns sind allerdings stets mit Kosten verbunden, die zu Wohlfahrtsverlusten führen. Vorteilhaft wird Finanzintermediation nun dadurch, dass sie, wie im vorangegangenen Abschnitt erwähnt, Kostenreduktion sowohl bezüglich der Überwachungskosten (Transaktionskosten) als auch bezüglich der Kosten eines anreizkompatiblen Vertrags

---

[955] Vgl. Diamond, 1984.
[956] Vgl. Hartmann-Wendels et al., 2006, S. 114 ff.
[957] Die Ausführungen dieses Kapitels basieren grundlegend auf Diamond, 1984. Vgl. auch Straßberger, 2005 und Stillhart, 2002, S. 37 ff.
[958] Eine zusätzliche Möglichkeit stellt Reputation dar, die aber, aufgrund der einperiodigen Modellierung von Diamond, an dieser Stelle unterschlagen wird; vgl. hierzu auch Tabelle 7-1.

herbeiführt. Dies mündet, wie im nächsten Kapitel gezeigt wird, in einen komparativen Kostenvorteil der indirekten gegenüber der direkten Finanzbeziehung.

6.6.1 Situation ohne Finanzintermediär

Ein Kapitalnehmer (Unternehmen), auch „Investor"[959] genannt, verfügt über ein einmaliges, einperiodisches Investitionsprojekt, das in $t = 0$ eine Anschaffungsauszahlung von eins erfordert. Ferner existieren $m > 1$ Kapitalgeber, auch „Anleger" genannt, die über ausreichend Finanzmittel verfügen, um in $t = 0$ jeweils $1/m$ des Investitionsvolumens zu finanzieren. Zur Durchführung des Investitionsprojekts benötigt das Unternehmen folglich m Kapitalgeber. Sowohl die Kapitalgeber als auch das Unternehmen sind risikoneutral.[960] Das Investitionsprojekt des Unternehmens führt zu Kapitalrückflüssen, die, wie bereits erwähnt, unsicher und gleichzeitig von den m Kapitalgebern nicht beobachtbar sind. Bei direkter Interaktion der beiden Marktakteure, d. h. bei Nichteinschaltung eines FI, kann der Investor die Kapitalgeber trotz *ex-post*-Unsicherheit mittels der beiden zuvor erwähnten Möglichkeiten zur Kooperation bewegen.

Die erstgenannte Möglichkeit wird von *Diamond* mithilfe einer Straffunktion operationalisiert. Hierbei finden nichtmonetäre *ex-post*-Strafen (z. B. Haftstrafen oder Reputationsverluste[961]) Anwendung, die zwar monetäre Äquivalente für den Investor, jedoch keinen Nutzen für die Kapitalgeber besitzen. Wird vom Investor der im Finanzvertrag *ex ante* vereinbarte Schuldbetrag *ex post* zurückgezahlt, so entfällt die Strafe. Wird hingegen ein geringerer (als der vereinbarte) Schuldbetrag zurückgezahlt, wird eine Strafe fällig, die monoton mit der Höhe des ausstehenden Differenzbetrags steigt.[962] Die Kosten des Vertrags sind vom Investor zu tragen[963] und verkörpern die Differenz aus vereinbartem Rückzahlungsbetrag und erwarteter Rückzahlung eines alternativen Investitionsprojekts des Kapitalgebers (Reservationsbetrag). Der vereinbarte Rückzahlungsbetrag hängt seinerseits wiederum von

959 Man stelle sich hier zur Abgrenzung von einem *Finanz*investor, der im Folgenden als Anleger bezeichnet wird, einen *Real*investor vor.

960 Die Annahme risikoneutraler Kapitalgeber kann durch die realitätsnähere Annahme risikoaverser Kapitalgeber ersetzt werden, ohne dass sich das entscheidende Resultat der Vorteilhaftigkeit des FI dadurch verändert; vgl. Diamond, 1984, S. 403 f. in Verbindung mit Breuer, 1993, S. 189 ff.

961 Vgl. Diamond, 1996, S. 54 f.

962 Der durch die Straffunktion repräsentierte Finanzvertrag hat folglich die Eigenschaften eines klassischen Schuldvertrags; vgl. Hartmann-Wendels, 2006, S. 120.

963 Für eine alternative Modellierung vgl. Kapitel 7.

der Wahrscheinlichkeitsverteilung der tatsächlich realisierten Projekterträge (*F*) ab[964], sodass auch die beschriebene Differenz und damit die Kosten des Vertrags von dieser Wahrscheinlichkeitsverteilung *F* abhängen. Folglich lassen sich die Kosten eines anreizkompatiblen Vertrags beschreiben als $C_V = C_V(F)$[965].

Die zweite Möglichkeit, die Projekterträge durch die Kapitalgeber überwachen zu lassen, verursacht bei jedem Kapitalgeber einheitlich Kosten in Höhe von C_m. Insgesamt entstehen dadurch Kosten in Höhe von $m \cdot C_m$, die der Investor seinen Kapitalgebern zu vergüten hat. Ein Monitoring-Vertrag stellt dann das effizientere Lösungsdesign dar, wenn gilt:

(6-1) $$m \cdot C_m < C_V(F).$$

6.6.2 Situation mit Finanzintermediär

Die Einschaltung eines FI verlängert zunächst grundsätzlich die Interaktionskette und erhöht damit die Gesamtkosten. Nur wenn bestimmte Vorteile eines FI diesen Effekt überkompensieren können, ist seine Existenz ökonomisch gerechtfertigt. *Diamond* sieht diesen Vorteil in der **Minimierung der einzelnen Kostenkomponenten zur Überwachung der Kapitalnehmer**.[966] Er betrachtet hierbei einen FI, dem die Kapitalgeber ihre Finanzmittel überlassen und der diese Finanzmittel gebündelt an die Kapitalnehmer bzw. Investoren weiterreicht. Folglich konzentriert sich *Diamond* in seiner Analyse, wie bereits erwähnt, auf einen **Finanzintermediär i. e. S.** bzw. auf einen **Finanzproduzenten**, der sich direkt in den Kapitaltransfer einschaltet. Der FI wird hierbei als risikoneutral angenommen.

Es gilt nun zwei Kooperationsprobleme – zwischen Kapitalgeber und FI und zwischen FI und Kapitalnehmer – zu lösen. Letzteres kann mittels eines anreizkompatiblen Kontrakts mit Straffunktion nie kostengünstiger als im Fall ohne FI gelöst werden, da die Kosten dieser Lösung unabhängig von der Anzahl der Kooperationspartner sind.[967] Anders verhält es sich, wenn die Unternehmen bzw. die Projektrückflüsse der Unternehmen durch den FI überwacht werden. Hierdurch entstehen dem FI ebenfalls Kosten in Höhe von C_m, die allerdings nicht, wie im Fall ohne FI, iterativ für jeden Kapitalgeber stets aufs Neue anfallen. Die Monitoring-Kosten können folglich über alle *m* Anleger verteilt und damit insgesamt

[964] Je höher hierbei das Risiko (die Streuung) der tatsächlich realisierten Erträge ist, desto höher wird der vereinbarte Rückzahlungsbetrag angesetzt.
[965] Die Abhängigkeit der Vertragskosten C_V von der Ertragsverteilungsfunktion *F* wird hier ganz allgemein dargestellt. Im Speziellen hängen die Vertragskosten von der Streuung der Erträge ab. Hierbei steigen die Vertragskosten mit zunehmender Streuung der Erträge und *vice versa*.
[966] Vgl. Stillhart, 2002, S. 37.
[967] Vgl. auch die Ausführungen zur Situation ohne FI in Abschnitt 6.6.1.

von $m \cdot C_m$ auf C_m reduziert werden. Eine effiziente Lösung des Kooperationsproblems zwischen FI und Kapitalnehmer kann somit nur durch **delegiertes Monitoring** erreicht werden.[968]

Die Kooperation zwischen Kapital*geber* und FI basiert auf der Delegation des Monitoring vom Kapitalgeber an den FI. Auch hier entstehen Kosten, die entsprechend **„Delegationskosten"**[969], im Folgenden mit C_d abgekürzt, genannt werden.[970] Anders als bei der FI–Kapital*nehmer*-Beziehung aber kann bei dieser Kooperation Monitoring nie ein geeignetes Lösungsdesign sein, da hierzu jeder Kapitalgeber die Rückzahlung des FI überwachen müsste, wodurch Kosten der gesamten Intermediärsbeziehung in Höhe von insgesamt $(m+1) \cdot C_m$ [971] entstünden. Folglich kann nur ein Vertrag mit Straffunktion zur erwünschten Kostenreduktion führen. Allerdings kann auch dieses Lösungsdesign keine Verbesserung bringen, solange der FI nur in *ein* Projekt investiert, da der FI von den Rückzahlungsbeträgen der Investoren stets noch den von ihm geleisteten Monitoring-Aufwand C_m abziehen wird, bevor er sie an die Kapitalgeber weiterleitet. Die Gesamtkosten eines anreizkompatiblen Vertrags wären in diesem Fall $C_V(F) + C_m$ und damit um C_m höher als im Fall der direkten Interaktion der Marktakteure.

Vorteilhaft wird die Einschaltung eines FI erst, wenn dieser in verschiedene Projekte investiert und dadurch Diversifikationseffekte erzielt. *Diamond* betrachtet $n > 1$ Unternehmen mit identischen Verteilungen der Erträge, die nicht perfekt positiv korreliert sind. Damit finanzieren die Kapitalgeber nicht mehr direkt ein einzelnes Projekt, sondern indirekt, über den Finanzintermediär, n verschiedene Projekte.[972] Folglich hängen auch die Kosten eines anreizkompatiblen Vertrags nicht mehr von der Wahrscheinlichkeitsverteilung der tatsächlich realisierten Erträge eines **einzigen** Projekts, sondern von der Wahrscheinlichkeitsverteilung der aggregierten Erträge der ***n*** **Projekte** ab, die ihrerseits nicht perfekt positiv korrelieren. Die Streuung des aggregierten Ertrags der n Projekte ist entsprechend geringer als die Streuung des Ertrags eines einzelnen Projekts. Damit sinkt auch die Wahrscheinlichkeit dafür, dass die aggregierten Erträge den *ex ante* vereinbarten Rück-

968 Vgl. Straßberger, 2005, S. 527.
969 Vgl. Diamond, 1984, S. 393.
970 Nähere Ausführungen zu den Delegationskosten finden sich in Kapitel 7.
971 Während die Überwachung der Investoren durch den FI *einmalig* Monitoring-Kosten verursacht, entstehen durch die Überwachung des FI durch die m Kapitalgeber *m-malig* Monitoring-Kosten. Die Summe der Kosten bei Überwachung mit FI übersteigt somit die Kosten bei Überwachung ohne FI: $(m+1)C_m > m \cdot C_m$.
972 Die Kapitalgeber investieren in ein Projekt „Finanzintermediär": Der Finanzintermediär erhält Einzahlungen von $n \cdot m$ Kapitalgebern und investiert diese in die n Projekte.

zahlungsbetrag unterschreiten, wodurch automatisch die Kosten des anreizkompatiblen Vertrags (Delegationskosten) reduziert werden, da gilt: $C_V = C_V(F)$.

Insgesamt ist Finanzintermediation genau dann vorteilhaft, wenn die Kosten des intermediären Beziehungssystems geringer sind als die des originären Beziehungssystems, wenn also gilt:

$$(6\text{-}2) \qquad C_m + C_d < min[\, m \cdot C_m ,\, C_V(F)\,].$$

Entsprechend den vorangegangenen Überlegungen kann (6-2) nur erfüllt sein, wenn $C_d = C_V(F)$, sodass (6-2) überführt werden kann in:

$$(6\text{-}3) \qquad C_m + C_V(F) < min[\, m \cdot C_m ,\, C_V(F)\,].$$

Wie gezeigt, sinken die Kosten eines anreizkompatiblen Vertrags, wenn mehrere nicht vollständig positiv korrelierte Projekte durch den FI finanziert werden. Bei hinreichend großem n werden die Delegationskosten, also $C_V(F)$ auf der linken Seite von (6-3), vernachlässigbar klein. Folglich reduziert sich die Bedingung für die Vorteilhaftigkeit des wohldiversifizierten FI auf:

$$(6\text{-}4) \qquad C_m < min[\, m \cdot C_m ,\, C_V(F)\,],$$

was für $m > 1$ gleichbedeutend ist mit

$$(6\text{-}5) \qquad C_m < C_V(F).$$

In den meisten Fällen[973] wird diese Bedingung erfüllt sein, womit die **Vorteilhaftigkeit der Existenz des FI** modellendogen abgeleitet wurde.

6.7 Zusammenfassende Bemerkungen und Fazit

Zusammenfassend kann festgehalten werden, dass ein FI einen Intermediär charakterisiert, der an Tauschvorgängen beteiligt ist, die auf Finanzkontrakte rekurrieren. Hierbei kann

[973] Finanzintermediation wird nur dann nicht vorteilhaft sein, wenn bereits die einmaligen Monitoring-Kosten zur Überwachung der Projekterträge (C_m) aufgrund der Projektart sehr hoch sind oder wenn bereits das einzelne Projekt ein vernachlässigbares Ausfallrisiko besitzt.

zwischen mehreren Typen von FIs unterschieden werden. NGOs, die auf dem Kapitalmarkt, wie in Kapitel 5.2.4.2.3 nachgewiesen werden konnte, eine reine Informationsfunktion erfüllen und damit nicht direkt in den Kapitaltransfer zwischen Kapitalgeber und -nehmer eingreifen, verkörpern FI i. w. S. bzw. genauer **Finanzgutachter**. Folglich drängt sich die Theorie der Finanzintermediation als geeigneter Theoriezweig geradezu auf, um eine fundierte Existenzerklärung von NGOs in ihrer Rolle als Finanzgutachter auf dem Kapitalmarkt abzuleiten.

Ökonomisch gehaltvoll erklärt werden können FIs im Allgemeinen und Finanzgutachter im Besonderen nur bei Unterstellung eines unvollkommenen Kapitalmarkts. Vorrangig zwei Stoßrichtungen von Marktunvollkommenheiten werden in der Literatur angeführt. Diese stellen sich als Transaktionskosten und Informationsasymmetrien zwischen Kapitalgeber und -nehmer dar. Ein Ansatz zur Erklärung von FIs, der beide Unvollkommenheiten integriert und entsprechend den (neo-)institutionenökonomischen Erklärungsansätzen zuzuordnen ist, wurde von *Diamond* geschaffen. Sein Ansatz gilt als methodisch ausgereift, weshalb er als Referenz für die Modellentwicklung im nächsten Abschnitt zugrunde gelegt wird.

Nach *Diamond* ist Finanzintermediation immer dann effizienzfördernd, wenn die Einsparung, die der FI aufgrund seiner kostengünstigeren Überwachung erreicht, die Delegationskosten, d. h. die Kosten zur Sicherstellung der richtigen Anreize beim FI, überkompensiert. Im Mittelpunkt von *Diamonds* Analyse steht folglich der **Vergleich der Kosten der direkten oder originären Finanzbeziehung mit den Kosten der indirekten oder intermediären Finanzbeziehung**. Zentral für die Vorteilhaftigkeit von FIs im Modell von *Diamond* ist dabei ein spezifischer Diversifikationseffekt: „Diversification within the financial intermediary is the key to understanding why there is a benefit from delegating monitoring to an intermediary which is not monitored by its depositors.“[974] Diese Möglichkeit der Diversifizierung rekurriert fundamental auf die Spezifikation des FI als FI i. e. S. bzw. als Finanzproduzent. Ein FI, der nicht auf eigene Rechnung Kapital von Anlegern entgegennimmt und an Investoren weiterleitet, also ein **FI i. w. S., ist *per definitionem* nicht in der Lage, diesen von *Diamond* implementierten Diversifikationseffekt zu erzielen.**[975] Im nachfolgenden Kapitel zur Erklärung von NGOs als Finanzgutachter werden daher **alternative (Delegations-)Kostenreduktionsmöglichkeiten** abgeleitet.

---

[974] Diamond, 1984, S. 409. Zur Bedeutung von Diversifikation für die Existenz von FIs siehe auch Bond, 2004.

[975] Durch FIs i. w. S. lässt sich jedoch ein alternativer, nicht auf Kapitaleinlage und -vergabe basierender Diversifikationseffekt (sogenanntes „diversification by subdividing risks“) erzielen, auf den im weiteren

Ein weiterer zentraler Unterschied der modelltheoretischen Analyse dieser Arbeit zu *Diamonds* Modell besteht im **Zeitpunkt der Informationsasymmetrie**. Das durch *Diamond* modellierte Informationsdifferenzial existiert lediglich *ex post.* Es besteht keine zu adverser Selektion führende *ex ante* ungleich verteilte Information, wie sie beispielsweise von *Leland/Pyle, 1977*, *Ramakrishnan/Thakor, 1984* oder *Millon/Thakor, 1985*, beschrieben und im nächsten Kapitel modelliert wird.

Folglich ist der überzeugende Ansatz von *Diamond*[976] an entsprechender Stelle zu modifizieren, um ihn im nachfolgenden Kapitel für eine Erklärung von NGOs in ihrer Rolle als Finanzgutachter adaptieren zu können. Die grundlegende Modellstruktur *Diamonds* – der Kostenvergleich zwischen direkter und indirekter Finanzbeziehung – bleibt hiervon unberührt.

Verlauf dieser Arbeit allerdings nicht eingegangen wird; vgl. Millon/Thakor, 1985, S. 1404 oder Ramakrishnan/Thakor, 1984, S. 419 ff.

[976] Vgl. Breuer, 1993, S. 149.

7 NGOs als Finanzgutachter – Das Delegated-Screening-Modell

Im Modell von *Diamond* wurde sachgerecht das doppelte Kooperationsproblem zwischen FI und Kapitalgeber einerseits und FI und Kapitalnehmer andererseits betont sowie der Übergang vom originären zum intermediären Beziehungssystem charakterisiert. Dieses theoretische Grundverständnis intermediärer Beziehungen soll im weiteren Verlauf dieser Arbeit konsequent beibehalten werden. Ferner wurde in Teil II dieser Arbeit ein positivistisches, also auf realen Beobachtungen basierendes Bild von NGOs auf dem Kapitalmarkt gezeichnet. Hierbei wurde insbesondere deren Informationsproduktionsfunktion zum Zwecke der Kapitalanlage und -aufnahme identifiziert und empirisch belegt. Darauf aufbauend konnten in Kapitel 6.3 NGOs eindeutig als Finanzintermediäre im Allgemeinen und als Finanzgutachter im Besonderen gekennzeichnet werden.

Nachfolgend werden diese Befunde und der Ansatz von *Diamond* kombiniert und mit der in Teil I vorgestellten Contract-Failure-Theorie zu einem finanzintermediationstheoretischen Modell – das Delegated-Screening-Modell[977] – verwoben, mit dem die Existenz von NGOs in ihrer Funktion als Finanzgutachter[978] modellendogen begründet wird. Hierzu werden die im Rahmen der empirischen Erhebung aus Kapitel 5.2.4.2.3 gemachten Beobachtungen stark vereinfacht nachgezeichnet. Insbesondere herrsche die wie folgt spezifizierte Ausgangssituation.

7.1 Allgemeiner Modellrahmen

7.1.1 Ausgangssituation

Analog zu *Diamonds* Modell existieren ***m*** **Kapitalgeber**, auch Anleger genannt, die ihre verfügbaren Finanzmittel Gewinn bringend anlegen möchten. In fortgesetzter Analogie zu *Diamond* existieren ferner ***n*** **Kapitalnehmer** bzw. Unternehmen, auch Investoren genannt, die jeweils über eine einmalige ertragreiche Investitionsmöglichkeit verfügen. Zur Durchführung der Investition kann keines der *n* Unternehmen auf eigene finanzielle Ressourcen oder alternative Finanzierungsmöglichkeiten zurückgreifen – sie sind folglich auf die externe Finanzierung durch die *m* Kapitalgeber angewiesen.

---

[977] Der Name wurde in Anlehnung an Diamonds „Delegated-Monitoring-Modell" gewählt, auf dem die nachfolgenden Ausführungen methodisch rekurrieren.

[978] Die nachfolgenden Ausführungen beziehen sich allesamt auf den FI-Typus „Finanzgutachter". Wird nun allgemein von einem FI gesprochen, so ist stets der FI-Typus „Finanzgutachter" gemeint. Eventuelle Abweichungen werden im Text explizit angegeben.

Die *n* Unternehmen sind nach konventionell finanzwirtschaftlichen Gesichtspunkten einheitlich zu beurteilen, d. h. ihre Rendite/Risiko-Konstellationen sind identisch. Alternativ lässt sich dieser Sachverhalt folgendermaßen deuten: Die **Investitionsmöglichkeiten** sind hinsichtlich Rendite- und Risikoaspekten für alle *n* Unternehmen **identisch**. Wird angenommen, dass der Anfangswert eines jeden Unternehmens exakt Null beträgt, so entspricht der Gesamtwert jedes einzelnen Unternehmens dem (Erwartungs-)Wert der korrespondierenden Investition, der, wie zuvor angenommen, aus konventionell finanzwirtschaftlicher Sicht jeweils einheitlich zu bewerten ist.[979] Alle *m* Anleger kennen diesen Unternehmenswert und sind, was die ökonomischen Daten betrifft, **indifferent** zwischen den einzelnen Unternehmen.

Die *n* Unternehmen bzw. deren Investitionsprojekte unterscheiden sich allerdings hinsichtlich ihrer Nachhaltigkeits- bzw. CSR-Performance![980]

Alle *n* Unternehmen möchten in den Genuss des Kapitals der *m* Anleger kommen, um ihr Gewinn bringendes Investitionsprojekt durchführen zu können. Die *n* Unternehmen sind damit gewillt, mit den Anlegern zu kooperieren oder, alternativ formuliert, mit den Anlegern einen (Finanz-)Kontrakt einzugehen. Die Kooperation besteht darin, dass zunächst die Anleger eine Leistung erbringen (Kapitaleinlage), woraufhin die Unternehmen eine vertraglich fixierte Gegenleistung zu erbringen haben (Rückzahlung der Kapitaleinlage zzgl. Verzinsung). Der in Abbildung 5-4 dargestellte Kapitalanlageprozess wird daher vereinfacht modelliert, indem eine Intermediationsebene, die Ebene der Kapitalanlagegesellschaften (KAGs), vernachlässigt wird: Die Kapitalgeber interagieren nicht, wie in dieser Abbildung dargestellt, mit KAGs – indem sie sich in Kapitalanlageprodukte (z. B. Fonds, etc.), die von den KAGs entwickelt, vertrieben und gemanaged werden, einkaufen –, sondern direkt mit den Kapitalnehmern (Unternehmen). Dies trifft beispielsweise, wie bereits in Kapitel 5.2.4.2.1 dargestellt, für viele große institutionelle Anleger zu, die über ein eigenes Asset-Management verfügen und die auch im Fokus der nachfolgenden Ausführungen stehen sollen. Alternativ könnte die hier verfolgte Modellierung aus der KAG-Perspektive begründet werden. Danach verkörpern die KAGs (derivative) Kapitalgeber, die im Auftrag der originären Anleger mit den Unternehmen interagieren.

---

[979] Dies gilt natürlich nur, wenn die entsprechende Investition auch tatsächlich durchgeführt wird.

[980] Zu den Begriffen und Konzepten der „Nachhaltigkeit“ bzw. der „nachhaltigen Entwicklung“ und der „CSR“ vgl. die Ausführungen in Kapitel 2.3.4 dieser Arbeit und ausführlich Schäfer/Lindenmayer, 2004, S. 32 ff.

Nachfolgend werden, beginnend mit Annahme A 1, die einzelnen Modellprämissen spezifiziert.

(A 1) Die *m* Anleger stellen ihr Kapital (aus welchen Gründen auch immer) nur nachhaltig operierenden Unternehmen zur Verfügung.[981]

Im Rekurs auf die Ausführungen in Abschnitt 5.2.4 werden sie deshalb als „nachhaltige" bzw. „SRI-Anleger" bezeichnet. Annahme A 1 impliziert **Nachfrage nach Informationen über die Nachhaltigkeit von Unternehmen**, im Folgenden **auch „SRI-" oder „CSR-Informationen"** genannt, da eine entsprechend verfolgte Asset Allocation[982] die ständige Versorgung der Anleger (originär private und/oder institutionelle Kapitalgeber, derivativ Portfolio-Manager) mit Daten und Einschätzungen über anlagewürdige Unternehmen bzw. Aktien und/oder Anleihen erfordert. Hierdurch wird ein neuer Informationsdienstleistungsmarkt eröffnet[983], auf dem neben klassischen Finanz- resp. Unternehmensdaten auch Informationen marktmäßig ausgetauscht, d. h. gehandelt werden, die auf soziale und/oder ökologische Aspekte der Unternehmen rekurrieren.[984]

(A 2) Nicht alle *n* Unternehmen operieren nachhaltig: Ein Anteil *p* der *n* Unternehmen genüge diesem Kriterium. Alle übrigen Unternehmen *(1-p)* seien nichtnachhaltig. Die *m* Kapitalanleger besitzen keine Kenntnis darüber, welche der *n* Unternehmen nachhaltig sind bzw. welche Unternehmen nachhaltige Investitionsprojekte verfolgen wollen.

Aus Annahme A 1 und A 2 resultiert ein **Kooperationsproblem bei asymmetrischer Information**. Ein solches liegt genau dann vor, „wenn die Vertragspartner zu irgend einem Zeitpunkt der Kooperation über relevante Sachverhalte unterschiedlich gut informiert

---

[981] Hierbei wird unterstellt, dass die *m* Anleger über homogene Wertvorstellungen bzgl. der Nachhaltigkeit von Unternehmen verfügen, d. h. alle *m* Anleger definieren die Nachhaltigkeit von Unternehmen identisch; vgl. hierzu auch Koellner et al., 2005, S. 65.

[982] Eine an Prinzipien der Nachhaltigkeit ausgerichtete Asset Allocation kann, wie bereits erwähnt, mittels unterschiedlicher Strategien (aktive vs. passive Strategien) umgesetzt werden; vgl. auch Fußnote 766 sowie detailliert Schäfer/Lindenmayer, 2007(b), S. 31 ff. oder McLachlan/Gardner, 2004, S. 13 ff.

[983] Vgl. Schäfer, 2004(b), S. 4 sowie Sjöström, 2004, S. 29.

[984] Allgemein zu Märkten für Finanzinformationen vgl. Bernet, 2003, S. 30.

sind."[985] Die Informationsasymmetrie zwischen Kapitalnehmern und potenziellen Anlegern bezieht sich hierbei ausschließlich auf die *Nachhaltigkeits-* und nicht auf die Finanzkomponente der *n* Unternehmen, da letztere den Anlegern per Annahme bekannt und zugleich identisch ist. Dieser postulierte Sachverhalt korrespondiert mit dem *in praxi* beobachtbaren Kernproblem der nachhaltigen Kapitalanlage. „Im Kern der Transparenz-Problematik des SRI steht die soziale und ökologische und/oder die nach anderen ethisch reflektierten Kriterien durchgeführte Bewertung von Unternehmen (...)."[986]

In Anlehnung an *Arrow* kann grundlegend zwischen den folgenden Formen asymmetrischer Informationsverteilung unterschieden werden, welche zur Verdeutlichung themenspezifisch adaptiert wurden[987]:

	Qualitätsunsicherheit/ adverse Selektion	**Hold Up**	**Moral Hazard**
Entstehungs-zeitpunkt	*vor* Vertragsabschluss	*vor* oder *nach* Vertragsabschluss	*nach* Vertragsabschluss
Informationsproblem des Prinzipals	Unternehmen weiß *ex ante* mehr als Anleger über die Qualität bzw. die Nachhaltigkeit des Investitionsprojekts *(Hidden Characteristics)*	- Unternehmen kann *ex interim* das Investitionsprojekt beeinflussen - Verhalten des Unternehmens nicht bzw. nicht vollständig einschätzbar *(Hidden Intention)*	Anleger kann *ex post* das Verhalten bzw. bestimmte Informationen des Unternehmens nicht bzw. nicht vollständig beobachten *(Hidden Action/Hidden Information)*
Problemursache	Verbergbarkeit von Charakteristika	Ressourcenabhängigkeit	Kontrollmöglichkeiten und -kosten
Fragen des Anlegers	Welche Unternehmen bzw. Investitionsprojekte sind nachhaltig?	- Welche Absichten hat das Unternehmen? - Wie nachhaltig wird das Unternehmen das Kapital einsetzen?	Wie nachhaltig hat das Unternehmen das Kapital eingesetzt?

Tabelle 7-1: Themenspezifische Grundtypen asymmetrischer Information
Quelle: in Anlehung an Arrow, 1969

Das in dieser Arbeit verfolgte Modell beschäftigt sich ausschließlich mit dem Informationsasymmetrietypus „**Qualitätsunsicherheit**", womit den übrigen Fällen, die in den rech-

[985] Hartmann-Wendels et al., 2006, S. 96.
[986] Schoenheit, 2005, S. 170; vgl. auch speziell Kahlenborn, 1999, S. 74 ff. Empirisch bestätigt wird das Transparenzproblem von privaten/institutionellen Anlegern hinsichtlich der nachhaltigen Performance von Unternehmen durch imug, 2002 und imug/muk, 2001.
[987] Vgl. Arrow, 1969. Vgl. aber auch Feess, 2000, S. 580; Breuer, 1993, 104 ff. oder Spremann, 1990, 562 ff. bzw. 1989, S. 9 ff. Spremann betont, dass es Überschneidungsformen der erwähnten Probleme gibt. Für eine gedankliche Abgrenzung sollen die jeweiligen Typen dennoch in isolierter Form aufgezeigt werden.

ten Spalten von Tabelle 7-1 aufgeführt sind, nicht weiter nachgegangen wird.[988] Wie bereits erwähnt, stellt dies einen zentralen Unterschied zur Arbeit von *Diamond* dar, der exklusiv *ex-post*-Informationsdifferenziale berücksichtigt.

Qualitätsunsicherheit ist dadurch gekennzeichnet, dass eine Partei vor Kooperation (*ex ante*) besser informiert ist als die andere, die Gegenleistung, die im Kontrakt genau spezifiziert ist, **während oder nach Kooperation (*ex interim*, *ex post*) selbst aber nicht beeinflussen kann**.[989] Der schlechter informierte Kontraktpartner hat vor Kooperation ein Interesse an der verborgenen Information. Dadurch hätte er die Möglichkeit, die Vorleistung korrekt zu bemessen und entsprechend zu entlohnen bzw. bei nicht seinen Vorstellungen entsprechenden Informationen überhaupt keine Kooperation mit dem besser informierten Partner einzugehen. Das Problem der Qualitätsunsicherheit besteht folglich als Risiko der Auswahl unerwünschter Kontraktpartner.[990] Bezogen auf die dieser Arbeit zugrunde liegende Fragestellung kann das Problem der Qualitätsunsicherheit wie folgt beschrieben werden: Ein Kapitalgeber ist vor Kooperation mit einem bestimmten Unternehmen nicht in der Lage, dessen Nachhaltigkeit (bzw. die Nachhaltigkeit des von ihm durchführbaren Investitionsprojekts) korrekt zu beurteilen. Bereits *ex ante* steht allerdings fest, ob das Unternehmen den *p* nachhaltigen oder den *(1-p)* nichtnachhaltigen Unternehmen zuzuordnen ist. Das Unternehmen selbst besitzt *ex interim* oder *ex post* keine Möglichkeit, seine eigene Nachhaltigkeit proaktiv zu beeinflussen. Die Ungewissheit der *m* Kapitalgeber bezieht sich folglich darauf, ob die zugesicherten Nachhaltigkeitsstandards auch tatsächlich realisiert werden – dies markiert ein spezielles **Nachhaltigkeitsrisiko** bzw. eine **Nachhaltigkeitsqualitätsunsicherheit**.[991]

Jeder Kapitalgeber sieht sich als Außenstehender einer sogenannten „Poolsituation“ ausgesetzt: Er steht vor dem Problem, die nicht direkt beobachtbaren Kapitalnachfrager nach ihrer spezifischen Nachhaltigkeitsstruktur zu identifizieren und entsprechenden Nachhaltigkeitsklassen zuzuordnen (Separation).

Ohne zusätzliche Information wird der Anleger die imaginäre durchschnittliche Nachhaltigkeit aller Kapitalnachfrager berechnen und entsprechend sein Kapital gleichmäßig über

---

[988] Moral Hazard wird nachfolgend, bei der detaillierten Analyse des Qualitätsunsicherheitsproblems, implizit ausführlich behandelt. Zu Hold Up vgl. insbesondere Alchian/Woodward, 1988 und Klein et al., 1978.

[989] Aufgrund dieses konstitutiven Merkmals von Qualitätsunsicherheit lässt sich nachfolgend das Problem der Informationsqualität, das auf *ex post*-Verhalten rekurriert, eindeutig als Moral-Hazard bzw. Hidden-Action spezifizieren; vgl. Kapitel 7.1.3.

[990] Vgl. Arrow, 1985, S. 38 ff.

[991] Vgl. Schäfer, 2000, S. 43.

alle *n* Unternehmen verteilen.[992] Hieraus resultieren Vorteile für die nichtnachhaltigen Unternehmen, die unberechtigterweise Kapital von den *m* nachhaltigen Anlegern erhalten. Es kommt zur **adversen Selektion**, in deren Folge sich immer mehr nachhaltige Unternehmen vom Markt zurückziehen und die (Nachhaltigkeits-)Qualität der verbliebenen Unternehmen sukzessive erodiert. Dies wissen wiederum die nachhaltigen Anleger und stellen letztlich keinem Unternehmen mehr Kapital zur Verfügung – der Markt bricht zusammen.[993]

Es existieren jedoch bestimmte Kategorien von Kooperationsdesigns, um diesem skizzierten Hidden-Characteristics-Problem zu begegnen[994]:

- Screening: „One of the most important kinds of information concerns the qualities of a factor or a commodity. (…) The identification of these qualities we call screening (…).“[995] Die schlechter informierte Vertragspartei überprüft die besser informierte Vertragspartei durch Einholung zusätzlicher Informationen und beseitigt bzw. verringert dadurch die Informationsasymmetrie.
- Signaling/Selfselection: Eine Vertragspartei übermittelt der anderen Partei gewünschte und zugleich glaubhafte Informationen durch adäquate Signale (z. B. Garantien, etc.). Abhängig davon, ob diese Signale durch die Vertragsgestaltung vom besser oder schlechter informierten Akteur hervorgerufen werden, unterscheidet man zwischen Signaling und Selfselection.[996]
- Reputation: Die besser informierte Vertragspartei hat sich über mehrere Perioden hinweg eine gute Reputation aufgebaut. Dies kann dazu führen, dass sie die Qualitätsunsicherheit nicht zum Zwecke einer kurzfristigen Verbesserung ihrer Position ausnutzt und sich im Sinne der schlechter informierten Partei verhält, um sich eine

[992] Dies stellt die „No-Screening“-Situation dar. Stiglitz verwendet den Begriff „No-Screening Equilibrium“; Stiglitz, 1975, S. 284. Ob tatsächlich ein Gleichgewicht zustande kommt, hängt allerdings davon ab, ob die Screening-Kosten die zusätzlichen, privaten Erträge der „guten“ (hier: nachhaltigen) Partei überkompensieren oder nicht.

[993] Vgl. insbesondere das bekannte Gebrauchtwagenmarkt-Modell von Akerlof, 1970. Weitere Beispiele zu anderen Märkten sind Jaffee/Russell, 1976 (Kapitalmarkt); Rothschild/Stiglitz, 1976 (Versicherungsmarkt) und Spence, 1973 (Arbeitsmarkt).

[994] Vgl. z. B. Hartmann-Wendels et al., 2006, S. 101; Bernet, 2003, S. 94 oder Spremann, 1990, S. 576 ff.

[995] Stiglitz, 1975, S. 283.

[996] Ein klassisches Beispiel für Signaling ist die Informationsübertragung eines Arbeitsplatzsuchenden mittels Qualifikationszeugnissen; vgl. Spence, 1973. Selfselection findet sich beispielsweise im Versicherungsmarkt: Versicherungen bieten wahlweise Verträge ohne Selbstbeteilung mit hoher Prämie und Verträge mit Selbstbeteiligung und niedriger Prämie an. Durch die Vertragsauswahl signalisiert der Käufer als besser informierte Vertragspartei sein Risiko-Exposure; vgl. z. B. Arrow, 1986 oder Stiglitz, 1974.

langfristige Kooperationsbeziehung zu sichern. Dies wird genau dann der Fall sein, wenn die langfristigen Vorteile die kurzfristigen Nachteile überkompensieren.[997]

Diese Arbeit beschränkt sich im Folgenden auf die bereits im Titel dieses Kapitels anklingende Lösungsmöglichkeit des **Screenings**, womit die Relevanz und Wirksamkeit der beiden anderen Methoden nicht unterminiert werden soll. Vielmehr wird dadurch den Beobachtungen aus Kapitel 5.2.4.2 Folge geleistet, wo das CSR-Rating als das dominierende Kooperationsdesign identifiziert werden konnte. Die folgenden beiden Annahmen werden hierdurch impliziert:

(A 3) Es existiert kein wirksamer Signaling-Mechanismus.[998]

(A 4) Es wird lediglich eine Periode betrachtet – d. h. Reputation, deren Aufbau mehrere Perioden in Anspruch nimmt, ist zur Lösung des Informationsasymmetrieproblems ungeeignet.[999]

Um zu erfahren, welche der n Unternehmen nachhaltig operieren und um damit die Qualität ihrer Kredit- bzw. Anlageentscheidung zu erhöhen, haben die m Kapitalgeber somit lediglich die Möglichkeit, die Unternehmen zu überprüfen, d. h. sie müssen „nachhaltige" und „nichtnachhaltige" Unternehmen filtern. Durch die Überprüfung der Unternehmen wird per Annahme das Informationsproblem der Anleger beseitigt. Dafür stehen dem einzelnen Anleger zwei grundsätzliche Möglichkeiten zur Verfügung: Er kann die Überprüfung der Unternehmen (Unternehmensscreening)

(i) selbst durchführen (MAKE)

oder

(ii) an einen externen Dritten, einen FI, delegieren, der sich auf diese spezielle Informationsdienstleistung, d. h. die Produktion und Bereitstellung von Nachhaltigkeitsinformationen, spezialisiert hat (BUY).[1000]

---

997 Vgl. grundsätzlich Klein/Leffler, 1981, bzw. für eine einführende formale Behandlung von Reputationseffekten Kreps, 1990, S. 531 ff. In Bezug auf Finanzintermediäre liefert Breuer, 1995 einen interessanten Beitrag.

998 Diese Annahme erscheint restriktiv, wird aber auch in anderen zum Thema Finanzintermediation veröffentlichten Arbeiten verwendet; vgl. z. B. Ramakrishnan/Thakor, 1984, S. 417. Sie wird in Kapitel 8.3.4.2 gelockert.

999 Vgl. Millon/Thakor, 1985, S. 1412 und grundsätzlich zu Reputation als Kooperationsdesign Spremann, 1988. Diese Annahme wird später, in Abschnitt 8.4, fallengelassen.

7.1.2 Originäre Informationsbeschaffung

Fall (i) lässt sich als direkte bzw. originäre Informationsbeschaffung durch den Anleger charakterisieren und kann folgendermaßen grafisch dargestellt werden:

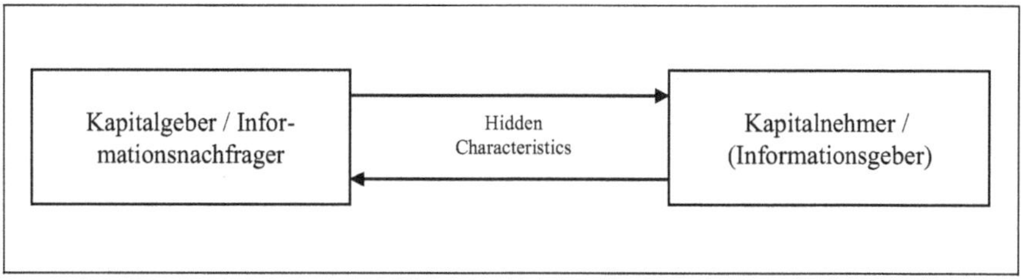

Abbildung 7-1: Informationsasymmetrie bei direkter Informationsbeschaffung
Quelle: eigene Darstellung

Der Anleger, der den Informationsnachfrager verkörpert, generiert selbständig Nachhaltigkeitsinformationen über ein Unternehmen, das den Informationsgeber darstellt. Er kann allerdings nicht schlichtweg ein Unternehmen zu seiner Nachhaltigkeitsperformance befragen[1001], da dieses weiß, dass der Anleger nur nachhaltige Unternehmen mit Kapital versorgt, welches von den Unternehmen zur Durchführung der renditeträchtigen Investition benötigt und somit erwünscht wird. Das Unternehmen hat folglich ein begründetes Interesse daran, dem Anleger stets mitzuteilen, es operiere nachhaltig. Die Information des Unternehmens wäre insofern nichts anderes als „Cheap Talk“.[1002] [1003] Bereits *Hobbes* stellte hierzu fest: „(…) the force of words (…) [is] too weak to hold men to the performance of their covenants.“[1004] Folgerichtig bezeichnet *The Economist* die Nachhaltigkeitsberichterstattung der Unternehmen als „Corporate Storytelling“[1005]. Nur eine Überprüfung seitens der Anleger verhindert die Wertlosigkeit der Information.

1000 Vgl. grundsätzlich Müller/Eisen, 1985, S. 22 f. und im Themenkontext Eurosif, 2006(a), S. 24 oder Sjöström, 2004, S. 9.

1001 Hierunter könnte man sich vorstellen, dass der Anleger den Nachhaltigkeitsbericht des entsprechenden Unternehmens liest.

1002 Dies ist der Grund, weshalb in Abbildung 7-1 der Begriff „Informationsgeber“ in Klammern gesetzt wurde.

1003 Vor diesem Hintergrund ist auch die insbesondere in der deutschsprachigen Literatur geführte Diskussion zu verstehen, bei der die *Glaubwürdigkeit* von sogenannten „Nachhaltigkeitsberichten“ im Fokus steht. Es wird eine Reihe von Berichtselementen, wie z. B. Testate, zur Überwindung des Glaubwürdigkeitsproblems vorgeschlagen; vgl. z. B. Clausen/Loew, 2005; ECC Kothes Klewes (Hrsg.), 2003 oder IÖW/imug (Hrsg.), 2002.

1004 Hobbes, 1651, S. 92, zitiert nach Jost, 2001, S. 14.

1005 Vgl. o. V., 2004(a), S. 13 f., in: The Economist.

Diese Informationsgenerierung bzw. dieses Unternehmensscreening, das zur Beseitigung der *ex-ante* Informationsasymmetrie benötigt wird, erfordert Ressourceneinsatz. Dem Anleger entstehen hieraus annahmegemäß Screening-Kosten in Höhe von C_s. Die Wahl eines geeigneten Kooperationsdesigns stellt demnach ein Problem des Anlegers dar, denn er ist bestrebt, sein verfügbares Kapital nachhaltig zu allozieren. Die Kosten zur Beseitigung der ungleichen Informationsverteilung sind nach dieser Modellierung auch vom Anleger zu tragen.[1006]

Die gesamten Kosten, die *einem* Anleger durch direkte Überprüfung *eines* Unternehmens entstehen, können folgendermaßen beschrieben werden:

(7-1) $$C_{gd} = C_s,$$

wobei C_{gd} für die Gesamtkosten bei direkter Informationsbeschaffung steht.

7.1.3 Delegierte Informationsbeschaffung – Delegated Screening

Alternativ kann der Anleger einen spezialisierten FI engagieren, der in seinem Auftrag die Nachhaltigkeit bzw. die Nachhaltigkeitsbonität eines Unternehmens in Form eines (Nachhaltigkeits-)Ratings beurteilt und den Auftraggeber anschließend davon unterrichtet (Fall ii).[1007] Dies funktioniert analog zur Evaluation der finanziellen Bonität von Emittenten von Anleihen durch konventionelle Rating-Agenturen. Es wird an dieser Stelle nochmals betont, dass der FI hierbei lediglich *mittelbar* in den Finanztransaktionsprozess eingreift, indem er dem Anleger ausschließlich Informationen und keine Kapitaleinlagemöglichkeit zur Verfügung stellt und insofern eine **(Nachhaltigkeits-)Gutachterfunktion** erfüllt. Letztlich fungiert er als klassischer Anlageberater. Analog zu Abbildung 7-1 lässt sich diese Situation folgendermaßen grafisch darstellen[1008]:

[1006] Alternativ könnten die Kosten eines geeigneten Kooperationsdesigns dem Unternehmen auferlegt werden – schließlich konkurrieren die Kapitalnachfrager um knappes Kapital; vgl. zu dieser Modellierung Diamond, 1984.

[1007] Dies entspricht, wie bereits in den Kapiteln 5.2.4.2.1 und 7.1.1 erwähnt, insbesondere dem Vorgehen großer institutioneller Anleger, die Nachhaltigkeitsratings *direkt* in Auftrag geben.

[1008] Vgl. auch Abbildung 6-5, die große Ähnlichkeit zu Abbildung 7-2 besitzt.

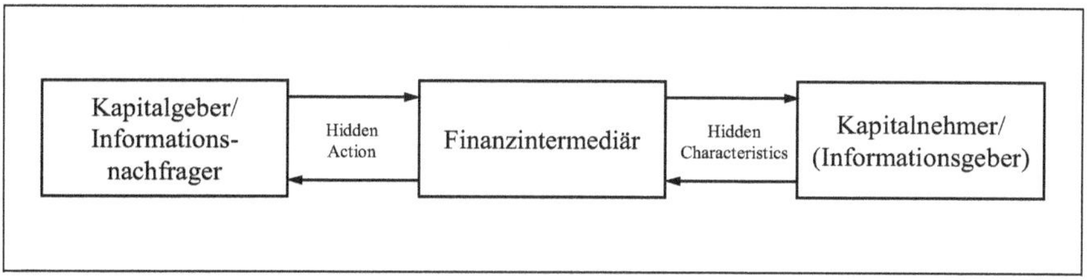

Abbildung 7-2: Informationsasymmetrie bei indirekter Informationsbeschaffung
Quelle: eigene Darstellung

Die ursprünglich **einstufige** Kooperation (Kapitalgeber–Kapitalnehmer) wird durch die Auftragserteilung des Kapitalgebers and den FI in eine **zweistufige** Kooperation (Kapitalgeber–FI und FI–Kapitalnehmer) transformiert. Dem ursprünglichen **Hidden-Characteristics-Problem** wird hierdurch ein zusätzliches Informationsasymmetrieproblem hinzugefügt, das sich, wie nachfolgend erläutert wird, als Moral Hazard bzw. **Hidden-Action** äußert. Entsprechend wird in der Literatur von einem **zweistufigen Informationsasymmetrieproblem** gesprochen[1009]:

(1) zwischen dem FI und dem Unternehmen → Hidden-Characteristics-Problem

(2) zwischen dem FI und dem Anleger → Hidden-Action-Problem.

Informationsasymmetrie (1) ist identisch mit der Informationsasymmetrie im Fall direkter Informationsbeschaffung (Fall i). Zur Überwindung dieser ungleichen Informationsverteilung hat auch der FI lediglich die Möglichkeit, ein Unternehmensscreening durchzuführen[1010], das annahmegemäß identische Kosten in Höhe von C_s verursacht wie für den Anleger bei direkter Informationsbeschaffung.[1011] Aufgrund der Nichtrivalitätseigenschaft von Information ist der FI in der Lage, dasselbe Unternehmensscreening bzw. -rating, das er einem bestimmten Anleger zukommen lässt, iterativ zu verwenden, indem er es allen restlichen m-1 Anlegern zur Verfügung stellt (Reusability-Argument).[1012] So lassen sich die aus dem Screening *eines* Unternehmens resultierenden Kosten auf alle m Anleger ver-

[1009] Vgl. z. B. Hartmann-Wendels et al., 2006, S. 124.
[1010] Vgl. die Annahmen A 3 und A 4.
[1011] Zur Validität dieser Annahme vgl. Abschnitt 8.2.
[1012] Vgl. hierzu die allgemeinen Ausführungen zur Finanzintermediation in Kapitel 6.6 und insbesondere Abbildung 6-6 dieser Arbeit sowie Bhattacharya/Thakor, 1993, S. 8.

teilen.[1013] Die Screening-Kosten für *einen* Anleger entsprechen folglich dem Betrag C_S/m[1014], der mit steigender Anlegerzahl sinkt. Absolut gesehen, reduzieren sich die Kosten für einen einzelnen Anleger durch diesen Effekt aufgrund seines linearen Zusammenhangs umso stärker, je höher die operativen Kosten C_S sind.[1015] Gerade für schwer identifizierbare, mit hohen Erhebungskosten verbundene Informationen wie die hier betrachteten Nachhaltigkeitsinformationen hat daher das Reusability-Argument besondere Bedeutung. Allerdings ist damit noch nicht das Informationsasymmetrieproblem behoben, denn:

Woher weiß der Anleger, dass die vom FI gelieferten Nachhaltigkeitsinformationen tatsächlich qualitativ hochwertig bzw. überhaupt wahr sind?

Mit dieser Frage wird Kooperation (2) angesprochen, die die Akteure „nachhaltiger Anleger" und „FI" betrifft. Diese Kooperation lässt sich als **Kauf- bzw. Dienstleistungsvertrag** charakterisieren. Der Anleger kauft vom FI eine **Finanz*dienstleistung***, nämlich die Generierung von Informationen über die Nachhaltigkeit eines Unternehmens zum Zwecke von Kapitalanlagedispositionen. Finanzdienstleistungen sind prinzipiell dem Bereich der Dienstleistungen zuzuordnen, da sie mit ihnen zentrale konstitutive Merkmale teilen.[1016] Hierbei zu nennen sind neben der fehlenden Stofflichkeit auch besondere Charakteristika von Potenzial, Prozess und Ergebnis der Dienstleistungserstellung.[1017] So ist der Gegenstand des Dienstleistungskontrakts (hier: die Nachhaltigkeitsinformation) zum Zeitpunkt des Kaufes (*ex ante*) i. d. R. noch gar nicht existent, wie das bei normalen Austauschgütern der Fall ist; er besteht vielmehr in einem vonseiten des FI abgegebenem Leistungsversprechen, woraus sich zwangsläufig besondere Informations- und Unsicherheitsprobleme ergeben.[1018] Diese äußern sich darin, dass die Erstellung des Kontraktgegenstands Arbeitsprozesse (Arbeitseinsatz) erfordert, die *ex ante* nicht vollständig determinierbar (sogenannte

[1013] Von der Möglichkeit der selbstständigen Weiterveräußerung der erworbenen Information durch den Informationserwerber wird an dieser Stelle abstrahiert. Gründe hierfür könnten beispielsweise vertragliche Auflagen seitens des FI sein. Ausführlich wird dieser Punkt bei Leland/Pyle, 1977, S. 383 ff. diskutiert.

[1014] Dieser Betrag besitzt nur dann Gültigkeit, wenn für den FI die Nullgewinnbedingung bindend ist, d. h. wenn auf dem Markt für Beschaffung von Nachhaltigkeitsinformationen vollständige Konkurrenz herrscht. Ist dies nicht der Fall, kann der FI zusätzlich zu den faktisch entstandenen Kosten einen Gewinnzuschlag einfordern.

[1015] Hierzu sei folgendes Zahlenbeispiel gegeben: Es wird angenommen, dass $m = 2$ ist. Kostet das Nachhaltigkeits-Screening eines Unternehmens *10* EUR, führt die intermediäre Informationsbeschaffung zu einem Screening-Kostenvorteil von *5* EUR pro Anleger, da C_s auf die *m* Anleger verteilt werden kann. Wird stattdessen angenommen, dass die Überprüfung eines Unternehmens Screening-Kosten in Höhe von $C_S = 100$ EUR verursacht, wächst der Screening-Kostenvorteil pro Anleger von 5 auf 50 EUR. Dieser Punkt wird an anderer Stelle nochmals aufgegriffen.

[1016] Vgl. Schäfer, 2000, S. 7.

[1017] Vgl. Hilke, 1989, S. 10 ff.

[1018] Vgl. Holström, 1985, S. 183. Vgl. auch Kaas, 1992(a), S. 478 ff., der darauf hinweist, dass sich auf die Umweltverträglichkeit beziehende Produkteigenschaften besonderen Informations- und Unsicherheitsproblemen unterliegen.

„indeterminierte Dienstleistungsprozesse"[1019]) und *ex post* nicht vollständig verifizierbar sind. Folglich hängt die Qualität des Kontraktgegenstands entscheidend vom noch (*ex post*) zu erbringenden Arbeitseinsatz des FI ab, der jedoch vom Auftraggeber nicht bzw. nicht vollständig verifizierbar ist.[1020] Durch diese Nichtverifizierbarkeit der Aktivität (Hidden-Action) des FI wird der Kapitalgeber einem moralischen Risiko (Moral-Hazard) ausgesetzt, das sich darin ausdrückt, dass sich im hier zu untersuchenden Fall der FI besser stellen kann, wenn er das kostenintensive Nachhaltigkeitsscreening überhaupt nicht durchführt – er somit einen Arbeitseinsatz von Null leistet – und stattdessen eine beliebige (qualitativ minderwertige) Information an den Auftraggeber weitergibt.[1021] Obwohl seitens des Kapitalgebers Unsicherheit bezüglich der ***Qualität*** der Nachhaltigkeitsinformation besteht, **handelt es sich bei Informationsasymmetrieproblem (2) folglich um ein Hidden-Action- und nicht um ein Hidden-Characteristics- bzw. Qualitätsunsicherheits-Problem.**[1022] Entscheidend hierfür ist, **dass die Qualität der Nachhaltigkeitsinformation vom FI selbst - über den Arbeitseinsatz - *ex post* beeinflussbar ist.**[1023] Diese Feststellung ist für die weiteren Ausführungen wichtig, da sie Auswirkungen auf die anwendbaren Kooperationsdesigns besitzt.

Derartige Güter, deren zentrales Kennzeichen einerseits darin besteht, dass sie im Moment des Kaufes noch nicht existieren, und deren Erstellung andererseits durch das Verhalten des Verkäufers (oder Käufers) beeinflusst werden kann, bezeichnet man als **Kontraktgüter.**[1024] Sie sind i. d. R. erklärungsbedürftig und können vom Kontraktpartner erst nach Vertragsabschluss (Güter bzw. Dienstleistungen mit Erfahrungseigenschaften) oder überhaupt nicht (Güter bzw. Dienstleistungen mit Vertrauenseigenschaften) beurteilt werden.[1025] Finanzdienstleistungen sind i. d. R. der Klasse der Kontraktgüter zuzuordnen.[1026]

1019 Schäfer, 1995, S. 533.

1020 Vgl. Ramakrishnan/Thakor, 1984, S. 417.

1021 Vgl. Hartmann-Wendels et al., 2006, S. 113.

1022 Vgl. Ramakrishnan/Thakor, 1984, S. 417 f. Zur gedanklichen Abgrenzung stelle man sich im Folgenden, wenn von der „Informationsqualität" gesprochen wird, die „Güte" der Nachhaltigkeitsinformation vor.

1023 Vgl. hierzu insbesondere auch die Ausführungen in Kapitel 7.2.1. Hold-Up kann ausgeschlossen werden, da der die Informationsqualität bestimmende Arbeitseinsatz nicht-verifizierbar ist.

1024 Vgl. Alchian/Woodward, 1988, S. 66 sowie Kaas, 1992(b), S. 884 f. Kontraktgüter bedingen ferner das Einbringen eines externen Input-Faktors durch den Kunden, wobei dieser vielfältige Formen und unterschiedliche Intensitäten annehmen kann. In dieser Arbeit wird der einfachste Fall betrachtet, in dem der Kunde nur seine Vorstellungen spezifiziert und der Hersteller (FI) daraufhin seine Leistung ohne weitere Rückkopplung erbringt. Hierbei „handelt es sich um eine Delegation der Leistungserstellung durch den Kunden an den Hersteller"; Kaas, 1992(b), S. 886.

1025 Vgl. Schäfer, 2000, S. 9 sowie Fußnote 389. Diese Klassifizierung von Gütern und Dienstleistungen im Allgemeinen und von Finanzdienstleistungen im Besonderen spielt im weiteren Verlauf der Argumentation dieser Arbeit eine entscheidende Rolle.

Der Anleger kann demzufolge dem FI genauso wenig Glauben schenken wie im Fall i dem Unternehmen. Das Informationsasymmetrieproblem ist somit durch die Einschaltung eines FI nicht gelöst, sondern lediglich **verschoben** worden. Die Lösung dieses zusätzlichen, durch die Delegation einer Aufgabe entstandenen klassischen Moral-Hazard- oder Hidden-Action-Problems verursacht zusätzliche Kosten, die bereits erwähnten Delegationskosten. Delegationskosten entstehen entweder durch den Abbau von Informationsasymmetrie (Monitoring) oder durch die Formulierung eines anreizkompatiblen Vertrags zwischen Anleger und FI.[1027] Die Kosten eines anreizkompatiblen Vertrags repräsentieren hierbei die Differenz aus dem Ergebnis bei vollkommener Information (First-Best) und dem Ergebnis bei unvollkommener bzw. asymmetrischer Information (Second-Best, Third-Best etc.) zzgl. der eigentlichen Vertragskosten. Insofern entsprechen die Delegationskosten den Kosten zur Lösung von Informationsasymmetrieproblemen, die, wie bereits in Kapitel 6.5.2.2 erwähnt, klassischerweise als „Agency-Kosten"[1028] bezeichnet werden und die auch als „Reibungsverluste" zu verstehen sind (vgl. Abbildung 7-3).

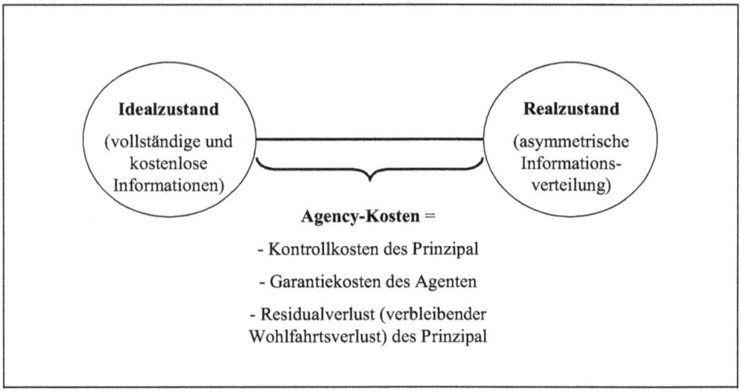

Abbildung 7-3: Agency-Kosten
Quelle: eigene Darstellung

[1026] Ausnahmen hiervon sind extrem standardisierte Finanzprodukte wie z. B. Spareinlagen mit vereinbarter Kündigungsfrist. Bankdienstleistungen im Lichte der Informationsökonomik werden grundlegend von Schäfer, 1995 diskutiert.

[1027] Eine weitere Möglichkeit, ein Moral-Hazard-Problem zu lösen, stellt *Reputation* dar. Aufgrund der in diesem Kapitel gewählten einperiodigen Betrachtungsweise ist dieses Lösungsdesign allerdings irrelevant, vgl. hierzu 7.1.1. In Kapitel 8.4 wird diese Annahme aufgehoben und exklusiv auf das Kooperationsdesign „Reputation" abgestellt.

[1028] Vgl. insbesondere Jensen/Meckling, 1976, S. 308. Sie subsumieren unter die Agency-Kosten drei Komponenten: „Bonding Costs" für die vertragliche Vereinbarung eines Handlungsrahmens, „Monitoring Costs" für die Überwachung und Kontrolle des Agenten, „Residual Loss" als Differenz zwischen einem für den Prinzipal optimalen und dem tatsächlichem Verhalten des Agenten.

Folglich müssen die Delegationskosten zu den reduzierten Screening-Kosten hinzuaddiert werden, um einen aussagekräftigen Vergleich zwischen **indirekter und direkter Informationsbeschaffung** anstellen zu können. Die Gesamtkosten, die *einem* Anleger durch die indirekte Informationsbeschaffung bezüglich *eines* Unternehmens entstehen, lassen sich somit folgendermaßen darstellen:

(7-2) $$C_{gi} = C_s/m + C_d,$$

wobei C_{gi} die Gesamtkosten bei indirekter Informationsbeschaffung und C_d die Delegationskosten beschreibt.

7.1.4 Kosten der originären vs. Kosten der delegierten Informationsbeschaffung

Wie bei *Diamond* wird die Vorteilhaftigkeit von Finanzintermediation über einen einfachen Kostenvergleich begründet (vgl. Gleichung (6-2). Es resultiert folgende Bedingung:

Nur wenn netto ein Kostenvorteil besteht – wenn also die Summe der Kosten zur Lösung der Informationsasymmetrieprobleme im Fall der indirekten Informationsbeschaffung geringer ist als die Screening-Kosten im Fall der direkten Informationsbeschaffung – führt die Einschaltung eines FI zu Effizienzsteigerungen (vgl. Abbildung 7-4).

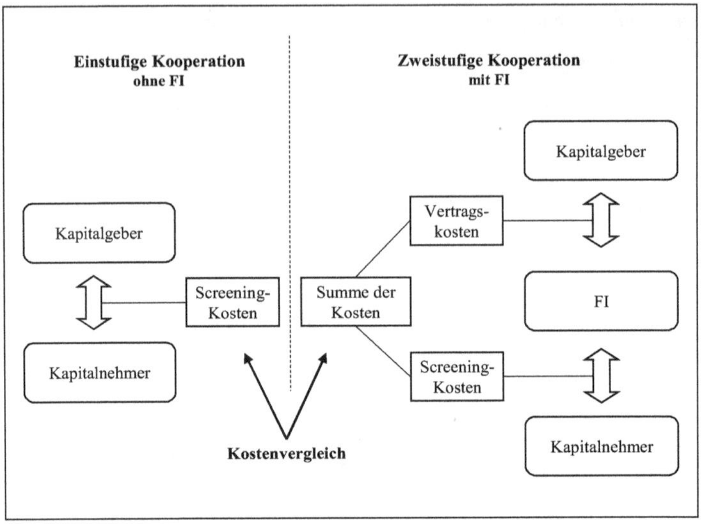

Abbildung 7-4: Vertragskosten bei originärer und intermediärer Informationsbeschaffung
Quelle: in Anlehnung an Langer, 1999, S. 121

Formal lautet diese Bedingung wie folgt:

$$C_{gi} \overset{!}{<} C_{gd}$$

$$(7\text{-}3) \quad \Leftrightarrow \quad C_s/m + C_d \overset{!}{<} C_s.$$

Da für beide Fälle der Informationsbeschaffung (direkt vs. indirekt) Screening-Kosten derselben Höhe C_s angenommen wurden, kann Ungleichung (7-3) nur über **zwei** Variablen erreicht werden:

- Anzahl der Anleger (m)
- Delegationskosten (C_d).

Die Anzahl der Anleger ist **modellexogen** gegeben und kann daher nicht beeinflusst werden. Dennoch gilt: Je höher die Anzahl der Anleger, die vom FI Informationen zu einem bestimmten Unternehmen verlangen, umso wahrscheinlicher ist es, dass die Einschaltung eines FI effizienzfördernd ist, da $\partial C_{gi} / \partial m < 0$ gilt.

Die Delegationskosten werden hingegen **modellendogen** bestimmt. Sie drücken sich, wie bereits beschrieben, entweder in Form von Monitoring-Kosten oder eines anreizkompatiblen Vertrags aus.

Grundsätzlich kann nicht ohne weiteres davon ausgegangen werden, dass die Monitoring-Kosten (C_m), die ein Anleger zur Kontrolle der Aktion des FI aufbringen muss, signifikant geringer sind als die Screening-Kosten, die er für die Kontrolle der Nachhaltigkeitsperformance eines Unternehmens benötigt. Die Überwachung der Aktion des FI (Monitoring) kann dann nie eine geeignete Lösung sein, denn hierfür müsste gelten:

(7-4) $$C_s/m + C_m \overset{!}{<} C_s.$$

Entsprechen sich jedoch, wie oben angenommen, Monitoring- und Screening-Kosten ungefähr, gilt also $C_m \approx C_s$, und wird entsprechend C_m durch C_s substituiert, so folgt:

(7-5) $$C_s/m + C_s > C_s, \qquad \textit{für alle } C_s > 0 \textit{ und } m \neq \infty.$$

Somit kann die Delegation des Screenings auf einen FI nur dann lohnend sein, wenn die Kooperation zwischen FI und Anleger mittels eines anreizkompatiblen Vertrags geregelt wird. Entsprechend werden im Folgenden unter den Delegationskosten ausschließlich die Kosten zur Formulierung eines anreizkompatiblen Vertrags verstanden.

Bei Betrachtung von Ungleichung (7-3) ist unmittelbar evident, dass mit abnehmenden Delegationskosten C_d die Wahrscheinlichkeit der Erfüllung der Ungleichung steigt. Daher stellt sich die Frage, wie die Delegationskosten C_d minimiert werden können. Im *Diamond*-Modell, dessen Struktur bis zu diesem Punkt weitgehend übernommen werden konnte, waren hierfür spezifische Diversifikationseffekte verantwortlich.[1029] Finanzgutachter, wie sie hier betrachtet werden, sind jedoch *per definitionem* nicht in der Lage, diese Diversifikationseffekte zu erzielen.[1030] Vielmehr werden organisationsspezifische Lösungsdesigns angeboten, um die Delegationskosten zu senken.

Speziell soll nachfolgend gezeigt werden, dass konventionelle Unternehmen (FPOs) und NGOs in der Rolle des FI unterschiedlich hohe Kosten verursachen, sodass gilt:

[1029] Vgl. hierzu Kapitel 6.6.
[1030] Vgl. Kapitel 6.7.

(7-6) $C_s/m + C_{d(NGO)} \neq C_s/m + C_{d(FPO)}$

was gleichbedeutend ist mit

(7-7) $C_{d(NGO)} \neq C_{d(FPO)}$.

Entscheidend wird folglich sein, welche Organisationsform ***geringere*** **Delegationskosten** verursacht. Eine NGO stellt genau dann das effiziente Lösungsdesign dar, wenn gilt:

(7-8) $C_{d(NGO)} < C_{d(FPO)}$

Um dies zu zeigen, konzentrieren sich die nachfolgenden Ausführungen auf das Kooperationsproblem (2) – das Delegationsproblem – von Seite 207, also auf den linken Ast aus Abbildung 7-2.

7.2 Das Delegationsproblem als Prinzipal-Agenten-Beziehung

7.2.1 Grundsätzliche Aspekte

Abbildung 7-5 stellt den Analysegegenstand der nachfolgenden Ausführungen nochmals grafisch mithilfe einer gestrichelten Linie dar.

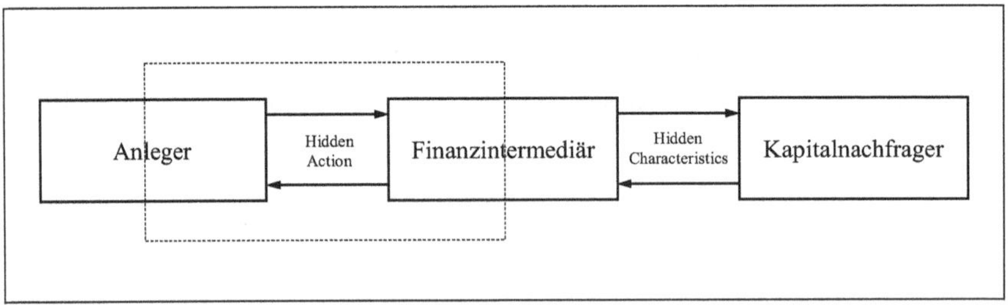

Abbildung 7-5: Grafische Darstellung des Analysegegenstands
Quelle: eigene Darstellung

Die markierte Kooperation stellt eine typische Prinzipal-Agenten-Beziehung im Sinne der klassischen Agency-Literatur dar, bei der in einer bestimmten Entscheidungssituation die eine Partei, der Agent, als Vertreter der anderen Partei, des Prinzipals, handelt[1031]: Der Anleger als Auftraggeber (Prinzipal) delegiert das Nachhaltigkeitsscreening eines Unternehmens an einen FI, der als Auftragnehmer (Agent) fungiert.

Die Qualität dieser Informationsdienstleistung ist – wie bei fast allen Dienstleistungen, vor allem jedoch bei indeterminierten Dienstleistungsprozessen – in besonderem Maße von der Qualifikation[1032] und der Motivation, d. h. vom Arbeitseinsatz des Produzenten (FI) abhängig, wobei im Folgenden von homogenen Qualifikationsniveaus der FIs ausgegangen wird.[1033] Im hier betrachteten speziellen Fall der Produktion von *Nachhaltigkeits*information ist die Qualität der Information auch und insbesondere von den Wertvorstellungen des Dienstleisters bezüglich der Nachhaltigkeit von Unternehmen abhängig.[1034] Um diese Einflusskomponente vernachlässigen zu können, werden den Rating-Dienstleistern, wie zuvor den Anlegern, homogene Wertvorstellungen bezüglich der Nachhaltigkeit von Unternehmen unterstellt.[1035]

Die Qualität der Informationsdienstleistung bemisst sich danach, inwieweit sie eine verlässliche Einschätzung über die für die Kapitalgeber nichtbeobachtbare Nachhaltigkeit der Kapitalnehmer verkörpert, um auf dieser Grundlage Kapitalanlageentscheidungen zu treffen. Je höher hierbei der Arbeitseinsatz und damit das Arbeitsleid des FI ist, desto höher ist die Qualität der Information[1036] und damit der Nutzen des nachhaltigen Anlegers. Durch die Entscheidung des FI, einen bestimmten Arbeitseinsatz zu leisten, wird folglich nicht nur die Nutzenposition des FI selbst, sondern auch die des Kooperationspartners beeinflusst.[1037] Dem Arbeitseinsatz sind demzufolge negative Externalitäten zueigen: Ein erhöhter Arbeitseinsatz des FI bedeutet einerseits Nutzenzuwächse für den Anleger, andererseits jedoch Nutzeneinbußen für den FI selbst – es besteht ein Interessen- bzw. Zielkonflikt. Um den Agenten zu einer erhöhten Arbeitsleistung zu bewegen, ist der Prinzipal angehalten, diesem eine seinem Arbeitseinsatz adäquate Entschädigung zukommen lassen. Problema-

---

[1031] Vgl. u. a. Harris/Raviv, 1979, S. 232; Jensen/Meckling, 1976, S. 308 oder Ross, 1974, S. 215 oder 1973, S. 134.

[1032] Die besondere Bedeutung der Qualifikation des Produzenten für die Qualität von Dienstleistungen im Allgemeinen und von sozialen Dienstleistungen im Besonderen wird von Schaad, 1995, S. 13 herausgestellt.

[1033] Vgl. auch Schoenheit, 2005, S. 301.

[1034] Vgl. Koellner et al., 2005, S. 65.

[1035] Einschränkende Ausführungen zu dieser Annahme liefert Abschnitt 7.3.3.

[1036] Vgl. hierzu die Produktionsfunktion des Finanzintermediärs in Abschnitt 7.2.3.

[1037] Diese Eigenschaft gilt als zentrales Definitionsmerkmal von Agency-Beziehungen in klassischen Arbeiten; vgl. z. B. Arrow, 1985, S. 37 oder Rees, 1985, S. 3 f. Hierbei können Agency-Beziehungen allgemein durch externe Effekte beschrieben werden. Es muss somit weder eine formale Delegation von Handlungs- und Entscheidungsrechten noch ein hierarchisches Verhältnis vorliegen; vgl. auch Jensen/Smith, 1985, S. 96.

tisch wird es, wenn der Arbeitseinsatz nicht mehr direkt vom Prinzipal beobachtet und entsprechend entlohnt werden kann.

Die einem Prinzipal-Agenten-Problem inhärent anhaftende asymmetrische Informationsverteilung – der Auftragnehmer besitzt Informationsvorsprünge gegenüber dem Auftraggeber – begründet diskretionäre Handlungsspielräume der besser informierten Vertragspartei, die zulasten der schlechter informierten Seite genutzt werden können. Opportunistisches Verhalten bzw. unvollkommene Moral sind die Folge.[1038] „Consequently, there is a strong incentive to embed the relationship in a contractual framework, or ‚governance structure'."[1039] Das Ziel anreizkompatibler Kontrakte ist es, diese Reibungsverluste zu minimieren bzw. Zielkongruenz zwischen Agent und Prinzipal zu erreichen. Hierzu müssen alternative Variablen identifiziert werden, die mit dem unbeobachtbaren Arbeitseinsatz des FI korrelieren und von denen die Entlohnung des FI abhängig gemacht werden kann. Eine solche Variable stellt im Normalfall der **Output** dar. Was aber, wenn der Output vom Prinzipal ebenfalls nicht vollständig beobachtbar ist?

Nachfolgend wird gezeigt, dass unter ganz bestimmten Bedingungen die Organisationsform NGO bei der vertragstheoretischen Lösung des Prinzipal-Agenten-Problems komparative (Kosten-)Vorteile[1040] gegenüber der FPO besitzt. Hieraus resultiert eine modellendogen abgeleitete Existenzbegründung von NGOs in der Rolle als FI, die sich nicht, wie weite Teile der NGO-Literatur auf altruistisches[1041], sondern auf egoistisches, da Eigennutzen maximierendes Verhalten stützt.

Die folgende **agencytheoretische Analyse** orientiert sich eng am traditionellen kontrakttheoretischen Modellansatz, wie er z. B. bei *Grossman/Hart, 1983, Harris/Raviv, 1979, Holmström, 1979* oder *Shavell, 1979*, zu finden ist. Dieser Ansatz wird um eine zusätzliche Annahme, die **Nichtverifizierbarkeit des Outputs**, erweitert, um der hier verfolgten Fragestellung im Sinne der Contract-Failure-Theorie gerecht zu werden.[1042]

[1038] Vgl. Arrow, 1985, S. 38 f.

[1039] Williamson, 1979, zitiert nach Finis-Siegler, 2001, S. 19.

[1040] Genau genommen sind es komparative *Agency-Kostenvorteile*, mit denen NGOs nachfolgend erklärt werden.

[1041] Vgl. hierzu die Ansätze der Entrepreneurship-Theorie aus Kapitel 3.2.2.

[1042] Zu dieser zusätzlichen Annahme vgl. grundsätzlich Hansmann, 1987 und 1980 und interpretiert als Agency-Problem Hansmann, 1987, S. 31 ff. Modelltheoretisch wurde dieses Argument erstmals von Easley/O'Hara, 1983, analysiert. Weitere Arbeiten, die die Nichtverifizierbarkeit des Outputs analytisch verwerten, sind Glaeser/Shleifer, 2001; Hirth, 1999; Chillemi/Gui, 1991; Biedermann/Ehrmann, 1990; Easley/O'Hara, 1988; Ben-Ner, 1986. Andere agencytheorethische Modellierungen mit explizitem NGO-Bezug sind in Caers et al., 2006 oder Bryce, 2006 zu finden.

7.2.2 Kontrakttheoretische Differenzierung von NGOs und FPOs

Es werden hierzu ausschließlich **zwei** Akteure bzw. Akteursgruppen betrachtet. Der erste Akteur wird durch den FI, also den Informationsdienstleister bzw. -produzenten, verkörpert. Er kann entweder in Form einer **NGO** oder in Form einer **FPO** organisiert sein. Damit wird der in Kapitel 5.2.4.2.3 beobachteten Koexistenz von NGOs und FPOs Rechnung getragen. Der FI wird im Folgenden, wie bereits erwähnt, auch als „Agent" bezeichnet. Die Anleger bzw. Informationsnachfrager stellen die zweite Akteursgruppe dar; sie wird im weiteren Verlauf dieses Modells auch „Prinzipal" genannt. Abbildung 7-6 stellt die Zusammenhänge in grafischer Form dar.

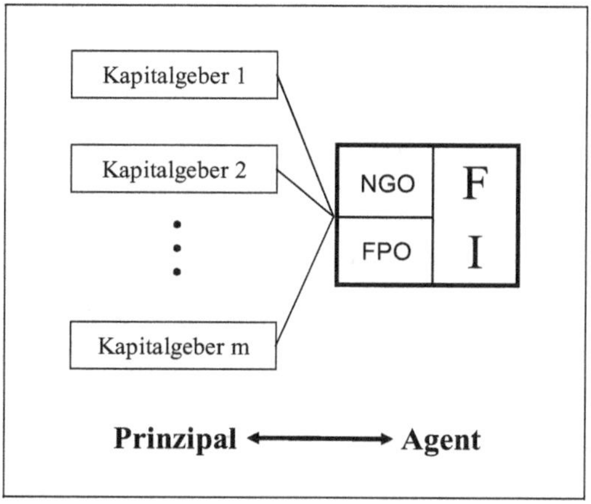

Abbildung 7-6: NGOs und FPOs als FIs
Quelle: eigene Darstellung

Wie in Abschnitt 2.1.2.2 dargelegt, existiert aus finanzwirtschaftlicher Sicht ein zentrales konstitutives Unterscheidungsmerkmal zwischen den Organisationsformen NGO und FPO: **die Gewinnverwendung**. Während eine FPO über die erwirtschafteten Gewinne frei verfügen und sie somit an ihre Eigentümer ausschütten darf und dies auch tut, ist diese Art der Gewinnverwendung einer NGO aufgrund des NDC (Ausschüttungsverbot) untersagt.[1043] NGOs sind hieraus angehalten, eventuell erwirtschaftete Periodenüberschüsse innerhalb der Organisation zu thesaurieren.

[1043] Vgl. die Ausführungen zur Deskription von NGOs in Kapitel 2 dieser Arbeit.

Kontrakttheoretisch ist dieses Unterscheidungsmerkmal folgendermaßen nutzbar: In enger Anlehnung an *Easley/O'Hara*[1044] wird die optimale Lösung des Agency-Problems, d. h. der optimale Kontrakt zwischen Prinzipal und Agent, als das optimale institutionelle Arrangement bzw. als optimale Organisationsform des Agenten interpretiert. Mithilfe idealtypischer Vertragsformen lässt sich die Existenz von NGOs als institutionelle Lösung des skizzierten Informationsproblems zwischen dem Nutzen maximierenden Prinzipal und dem ebenfalls Nutzen maximierenden Agenten modellendogen ableiten. Kontraktgegenstand ist die **Vergütungsstruktur des Managements des FI (Agenten)**. Um zusätzliche Agency-Probleme auszuschließen, wird im Folgenden die Identität von Managern und Eigentümern des FI vorausgesetzt.[1045] Andernfalls müsste zusätzlich und zunächst das optimale Kooperationsdesign zwischen Eigentümer (Prinzipal) und Manager (Agent) ermittelt werden.[1046]

Die Manager/Eigentümer des FI können grundsätzlich mittels **fixer** oder **variabler**, vom Output abhängiger Löhne vergütet werden. Im Rahmen dieser Arbeit wird nun aus kontrakttheoretischer Sicht und unter Zugrundelegung des konstitutiven Unterscheidungsmerkmals des NDC **eine NGO durch einen fixen und eine FPO durch einen variablen, outputabhängigen Lohnkontrakt definiert.**[1047] Akkord- oder Prämienlöhne, Mitarbeiteraktien, Aktienoptionsprogramme etc. stellen folglich für NGOs keine Entlohnungspraktiken dar. Demgemäß wird der Institutionstypus anhand des Lohnkontraktes identifiziert: Die Variablen des Vertrags determinieren die Form – gewinnorientiert oder gemeinnützig – des beteiligten Unternehmens.[1048]

Die skizzierte lineare Übertragung der Vergütungsstruktur auf die Organisationsform bzw. das institutionelle Arrangements ist in dieser strengen Form sicherlich nicht ganz realitäts-

[1044] Vgl. Easley/O'Hara, 1983, S. 532; siehe auch Easley/O'Hara, 1988, S. 234 ff. und 1986, S. 87.

[1045] Vgl. Easley/O'Hara, 1983, Fn. 2 auf S. 532 oder 1986, Fn. 1 auf Seite 86, die ebenfalls diese Annahme setzen. Hierbei wird implizit eine einstufige Betrachtungsweise der FIs gewählt, um die Analyse übersichtlich zu gestalten. Mehrstufige Organisationen mit mehreren Hierarchieebenen (Führungsebene vs. tiefer liegende Hierarchieebene) und deren Implikationen bzgl. der optimalen Organisationsform werden in der Arbeit von Maßmann, 2003 durchleuchtet. Maßmann unterstellt dabei fälschlicherweise, dass in einer FPO alle Hierarchieebenen mittels outputabhängiger Kontrakte bedacht werden müssen, um der kontrakttheoretischen Klassifizierung zu genügen. Entscheidend ist jedoch, ob eventuell erwirtschaftete Gewinne final an die Eigentümer ausbezahlt werden dürfen. Im hier dargestellten Fall, in dem von der Existenz von Management und Eigentümern ausgegangen wird, reicht es folglich aus, wenn das Management outputabhängig entlohnt wird. Würden zusätzlich tiefer liegende Hierarchieebenen betrachtet, so dürften diese durchaus fix entlohnt werden, ohne insgesamt das kontrakttheoretische Klassifizierungsmerkmal „outputabhängige Entlohnung" zu verletzen; vgl. Maßmann, 2003, S. 123 ff.

[1046] Dies würde die Analyse komplexer gestalten, ohne dabei einen zusätzlichen Erkenntnisgewinn zu liefern. Zur Analyse des Eigentümer-Manager-Problems vgl. z. B. Green, 1988 oder Fama/Jensen, 1983(b).

[1047] Eine empirische Bestätigung der hier postulierten fixen Managementvergütung im NGO-Sektor liefern Frumkin/Keating, 2001. Für eine detaillierte empirische Analyse der Managementvergütung im NGO-Sektor vgl. zudem Oster, 1998.

[1048] Vgl. Easley/O'Hara, 1988, S. 234.

gemäß.[1049] Vielmehr stellt sie die **idealtypischen Formen** der beiden institutionellen Arrangements dar, die sich an den gegenüberliegenden Polen eines Kontinuums befinden.[1050] So existieren durchaus FPOs, deren Management voll oder teilweise fix entlohnt wird.[1051] Ebenso gibt es NGOs, deren Einkommen zum Teil vom Output abhängig ist, NGOs also, die kommerzielle Aktivitäten verfolgen.[1052] Ein Beispiel für den zuletzt genannten Fall sind professionelle Sportvereine, deren Einnahmen (z. B. aus dem Ticketverkauf) größtenteils kommerziellen Charakter aufweisen. Zur Veranschaulichung und zur Ableitung von modelltheoretischen Lösungen ist die o. g. strikte Unterscheidung dennoch sinnvoll. Der soeben geschilderte Zusammenhang wird in Abbildung 7-7 grafisch verdeutlicht.

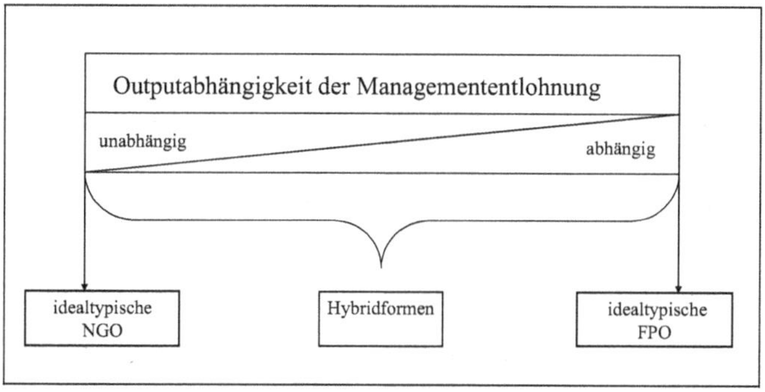

Abbildung 7-7: Die Outputabhängigkeit der Managemententlohnung bei verschiedenen Organisationsformen
Quelle: eigene Darstellung

7.2.3 Weitere Modellspezifikationen

Abseits dieser kontraktspezifischen Definition der beiden Organisationstypen NGO und FPO sollen im weiteren Verlauf des Modells folgende zusätzliche Annahmen gelten:

(A 5) Der Prinzipal unterbreitet dem Agenten das einmalige Vertragsangebot, Nachhaltigkeitsinformationen zu beschaffen. Der Agent kann dieses Angebot annehmen oder ablehnen, Rückverhandlungen sind ausgeschlossen. Man spricht in diesem

[1049] Vgl. Easley/O'Hara, 1988, S. 231.
[1050] Vgl. auch Abbildung 2-2.
[1051] Vgl. Easley/O'Hara, 1988, S. 231.
[1052] Vgl. Finis-Siegler, 2001, S. 4. Allerdings führen solche kommerziellen Aktivitäten nur unter der hier zugrunde gelegten Annahme der Identität von Eigentümern und Managern zwangsweise zur variablen Entlohnung. Wird diese Annahme fallen gelassen, hat die Gewinnerzielung an sich noch keinen Einfluss auf die Gewinnverwendung und somit die Entlohnung.

Zusammenhang auch von einer „take-it-or-leave-it-offer".[1053] Lehnt er das Vertragsangebot ab, sind die Verhandlungen unmittelbar gescheitert und die Parteien wenden sich ihren Außenoptionen zu. Diese extrem einseitig verteilte Verhandlungsmacht zugunsten des Prinzipals ist damit zu rechtfertigen, dass viele Intermediäre (Agenten) um den gleichen Prinzipal konkurrieren.

(A 6) Zur Erfüllung des Vertrages hat der Agent ein bestimmtes Aktionsniveau e, auch Effort genannt, zu erfüllen. E ist dabei die Menge aller möglichen Aktionsniveaus, sodass gilt: $e \in E$. Ferner ist e eindimensional und bemesse die Arbeitsanstrengung des Agenten, d. h. $E \subseteq IR^+$. Der Prinzipal kann e nicht beobachten.[1054]

(A 7) Gegenstand des Auftrages ist die vom Agenten gelieferte Qualität der Nachhaltigkeitsinformation bzw. die Genauigkeit des Rating-Urteils, die in der Literatur häufig auch als „Output" oder „Payoff" bezeichnet wird. Der Output wird in Anlehnung an die Qualität der Information mit q bezeichnet. Es wird angenommen, dass q monetär bewertbar ist, jedem q somit ein monetärer Äquivalenzbetrag zugeordnet werden kann.

(A 8) q hängt nicht nur von e, sondern auch von einem externen, stochastischen Umwelteinfluss θ ab. Θ stellt dabei die Menge aller möglichen θ dar. θ könnte beispielsweise die Informationsbereitschaft der zu screenenden Unternehmen oder informationstechnologische Entwicklungen repräsentieren. Die Verteilung von θ sei allgemein bekannt. Der Output wird somit gemäß folgender Produktionsfunktion bestimmt:

(7-9) $$q = q(e,\theta), \quad mit\ \frac{\partial q}{\partial e} > 0;\ \frac{\partial q}{\partial \theta} > 0.$$

q ist damit selbst eine stochastische Variable:

(7-10) $$q: E \times \Theta \rightarrow Q,$$

[1053] Vgl. beispielsweise Schweizer, 1999, S. 27.
[1054] Vgl. Ramakrishnan/Thakor, 1984, S. 417.

wobei Q ein Intervall darstellt, für das gilt $Q=[\underline{q}, \overline{q}]\subseteq IR^{+}$. $\underline{q}$ ($\overline{q}$) repräsentiert dabei den minimalen (maximalen) Output.

(A 9) Kontraktgegenstand ist der Output q bzw. dessen Aufteilung auf die beiden Akteure. Der Agent erhält für seine Tätigkeit eine vertraglich festgelegte Entlohnung in Höhe von $\alpha(q)$, die vom Output abhängig ist.[1055] Der Nettoertrag $\beta(q)$ – die Differenz aus dem Output und der Entlohnung des Agenten: $\beta(q) = q - \alpha(q)$ – steht dem Anleger zur Verfügung.

(A 10) Aufgrund des exogenen Umweltparameters θ können beide Parteien einem Risiko ausgesetzt sein. Analog zu weiten Teilen der Prinzipal-Agenten-Literatur wird bezüglich der Risikopräferenzen der Akteure angenommen, dass der *Prinzipal risikoneutral* und der *Agent risikoavers* ist. Entsprechend ist für den Prinzipal ausschließlich der Erwartungswert seines Einkommens von Bedeutung:

(7-11) $$E[\beta(q)]=E[q-\alpha(q)].$$

Der Agent hingegen berücksichtigt den Erwartungswert seines Nutzens[1056], den er positiv aus seinem Einkommen $\alpha(q)$ und negativ aus seinem Arbeitsleid, resultierend aus geleisteter Arbeit e, generiert. Sein Nutzen wird durch die von-Neumann-Morgenstern-(Risiko-)Nutzenfunktion U repräsentiert:

(7-12) $$E(U)=E\{U[\alpha(q),e]\}, \text{ mit } \frac{\partial U(.)}{\partial q}=\frac{\partial U(.)}{\partial \alpha}\cdot\frac{\partial \alpha}{\partial q}>0;\ \frac{\partial U(.)}{\partial e}<0.$$

(A 11) U sei ferner additiv separabel, sodass gilt:

(7-13) $$U=U[\alpha(q),e]=u[\alpha(q)]-d(e),$$

[1055] Genau genommen muss zwischen der Entlohnung α und der Informationsqualität q eine positive Abhängigkeit ($d\alpha/dq > 0$) bestehen, um beim Prinzipal Arbeitsanreize zu schaffen. Eine Entlohnung, für die $d\alpha/dq = 0 = \overline{\alpha}$ gilt, wird Fixlohn genannt. Im hier untersuchten Fall, in dem der Prinzipal stets an einer Steigerung des Outputs interessiert ist, wäre eine Entlohnung mit der Eigenschaft $d\alpha/dq < 0$ kontraproduktiv und kann deshalb nie eine geeignete Lösung sein. Wäre der Output jedoch anders definiert und wird vom Prinzipal eine Senkung des Outputs angestrebt (z. B. Senkung des Schadstoffausstoßes oder der Ausschussquote eines Industrieunternehmens), ist eine negative Lohn-Output-Abhängigkeit zielführend.

[1056] Es wird angenommen, dass die Präferenzen des Agenten durch eine Nutzenfunktion ausgedrückt werden können. Zu den axiomatischen Anforderungen hierzu vgl. z. B. Mas-Colell et al., 1995, S. 41 ff.

mit $u' > 0;\ u'' < 0;\ d' > 0,\ d'' > 0$, wobei u' die erste und u'' die zweite Ableitung von u nach α darstellen. Entsprechend sind d' und d'' zu deuten, wobei d für die Nutzeneinbuße (Disutility), auch Disnutzen genannt, aus der Arbeitsleistung steht. Die entscheidenden Resultate des Modells hängen nicht von der Risikoeinstellung des Prinzipals ab. Es ist ohne weiteres möglich, den Anleger (Prinzipal) als risikoavers zu modellieren, ohne die Validität des Modells zu beeinträchtigen. Dies wird an geeigneter Stelle auch getan.

Insgesamt lässt sich die intertemporale Struktur der Interaktion zwischen den beiden Parteien bzw. der zeitliche Ablauf (das Timing) des einperiodischen Modells auf einem Zeitstrahl grafisch darstellen:

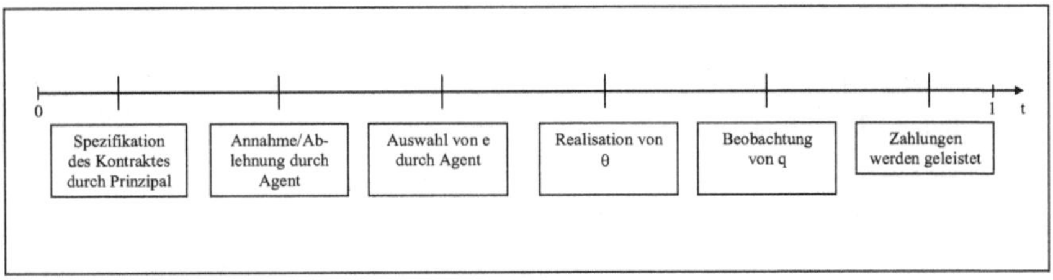

Abbildung 7-8: Zeitlicher Ablauf des Prinzipal-Agenten-Modells
Quelle: in Anlehnung an Edelmann et al., 1998, S. 5

Der Prinzipal spezifiziert einen Kontrakt, der vom Agenten abgelehnt oder angenommen werden kann. Bei Ablehnung durch den Agenten findet keine Kooperation statt. Bei Annahme wählt der Agent anschließend seinen Arbeitseinsatz e aus. Nach der Realisation von θ und der Beobachtung von q werden abschließend, am Ende der Periode, die vertraglich spezifizierten Zahlungen geleistet. Danach endet die Geschäftsbeziehung.

Bei der Spezifizierung des Kontrakts kann der Prinzipal die Arbeitsleistung des Agenten nicht beobachten – er kann somit nicht auf e kontraktieren. Allerdings kann der Prinzipal (zunächst) den Output q beobachten, wobei q lediglich einen durch θ verrauschten *ex-post*-Indikator für e darstellt. Unter Kenntnis des Outputs q und unter Kenntnis der Existenz einer exogenen Störgröße θ ist der Prinzipal in der Lage, die Entlohnung des Agenten zu gestalten. Ferner weiß er genau, wie der Agent auf Änderungen von α reagiert, er kann somit die „Response"-Funktion des Agenten berechnen. Der Prinzipal induziert nun indirekt über α Anreize auf e.[1057] Man spricht bei dieser Form von Kontrakten auch von Self-Enforcing Contracts.[1058]

Formal ist das beschriebene Agency-Modell folgendermaßen darstellbar. Der Prinzipal maximiert seine erwartete Entlohnung unter Wahl eines geeigneten Entlohnungsschemas für den Agenten. Seine Zielfunktion lautet:

$$(7\text{-}14) \qquad \underset{\alpha(q)}{Max} \; E[q-\alpha(q)].$$

Der Prinzipal weiß jedoch, dass der Agent nur unter ganz bestimmten Bedingungen in diesen Kontrakt einwilligt: nur dann, wenn ihm durch den Kontrakt ein bestimmter Mindestnutzen $\overline{U}$ zugesichert wird. Dieser Mindestnutzen kann als Reservationsnutzen aufgefasst werden, den er alternativ erreichen könnte und der entweder über den Markt oder als Ergebnis eines bilateralen Einigungsprozesses zwischen Agenten und Prinzipal bestimmt wird. Der Prinzipal muss also beachten, dass gilt:

$$E\{U[\alpha(q),e]\} \geq \overline{U}$$

$$(7\text{-}15) \quad \Leftrightarrow \quad E\{u[\alpha(q)]-d(e)\} \geq \overline{U}.$$

Dies stellt die **Kooperationsbedingung** dar: Der Agent willigt dann, und nur dann, in den Kontrakt ein, wenn (7-15) mindestens mit Gleichheit erfüllt ist. Ferner muss der Prinzipal Anreize setzen, damit der Agent einen Arbeitsanreiz e, der vom Prinzipal bekanntlich nicht beobachtet werden kann, von größer Null wählt. Der Agent wird bereit sein, ein $e > 0$ zu wählen, wenn dadurch sein erwarteter Nutzen steigt. Diese Bedingung wird **Anreizkompatibilitätsbedingung** genannt. Allerdings ist der Prinzipal nicht in der Lage, e selbst festzulegen. Vielmehr wird e vom Agenten so gewählt, dass dieser seinen eigenen erwarteten Nutzen maximiert. Formal lautet diese Bedingung:

$$(7\text{-}16) \qquad e \in \underset{e^* \in E}{arg\,max} \, E\{U[\alpha(q), e^*]\}.$$

[1057] Zu den Anforderungen an ein wirksames Anreizsystem vgl. Mayer et al., 2005, S. 13 ff.
[1058] Vgl. Edelmann et al., 1998, S. 5.

Hierbei bezeichnet der Ausdruck „arg max“ die Menge von Argumenten, die die dahinterstehende Funktion maximiert.[1059] Diese Bedingung stellt letztlich ein Kontinuum an Bedingungen der Form

$$(7\text{-}17) \qquad E\{U[\alpha(q), e]\} \geq E\{U[\alpha(q), e^*]\}$$

für jedes $e^* \in E$ dar.[1060] Gesucht werden nun pareto-optimale Lösungen. Diese sind erreicht, wenn die Zielgröße des Prinzipals unter Beibehaltung des Nutzenniveaus des Agenten (Reservationsnutzen) nicht weiter erhöht werden kann.[1061] Analytisch wird dies in einem zweistufigen Prozess erreicht: Zunächst werden alle operationalisierbaren Verträge gesucht, d. h. es werden zu allen möglichen Aktionen des Agenten $e \in E$ diejenigen Verträge ermittelt, die die beiden Nebenbedingungen (Kooperations- und Anreizkompatibilitätsbedingung) erfüllen. Anschließend wird aus dieser Menge der operationalisierbaren Verträge derjenige Vertrag ausgewählt, der den Nutzen des Prinzipals maximiert.[1062] Das o. g. Programm mit Zielfunktion und Nebenbedingungen ist insofern eine formalisierte Darstellung des Pareto-Kriteriums.

Zur analytischen Herleitung dieser pareto-optimalen Ergebnisse werden weitere, vereinfachende Annahmen zugrunde gelegt, wie sie in der Agency-Literatur üblich sind.[1063]

(A 12) Der Agent kann lediglich zwischen zwei Arbeitseinsätzen entscheiden:

$$(7\text{-}18) \qquad E = \{\underline{e}, \bar{e}\},$$

wobei $\underline{e}$ für einen niedrigen und $\bar{e}$ für einen hohen Arbeitseinsatz steht.

(A 13) Die Dichtefunktion f der Zufallsvariablen q hängt parametrisch von e ab, d. h. die Dichtefunktion lässt sich formal als bedingte Dichte, auch „Likelihood-Function“ genannt, darstellen:

[1059] Vgl. Holmström, 1979, S. 76.
[1060] Vgl. Rogerson, 1985(a), S. 1360.
[1061] Vgl. zur Pareto-Optimalität grundsätzlich auch Fußnote 905.
[1062] Vgl. Grossman/Hart, 1983. Leicht nachvollziehbar ist diese Vorgehensweise bei der Verwendung konkreter Daten, wie dies in Abschnitt 7.3.4 getan wird.
[1063] Vgl. beispielsweise Mas-Colell et al., 1995, S. 478 ff.

(7-19) $f = f(q|e).$

Praktisch lässt sich hierdurch mit der von e induzierten Verteilung von q arbeiten. Dieser Ansatz wurde von Mirrlees[1064] eingeführt und in zahlreichen renommierten Arbeiten übernommen.[1065] Je nachdem ob $\underline{e}$ oder $\overline{e}$ vom Agenten gewählt wurde, gilt $f = f(q|\underline{e})$ oder $f = f(q|\overline{e})$.

(A 14) Ferner wird angenommen, dass die Wahrscheinlichkeit, einen hohen Output $(q \geq q_{gut})$[1066] zu realisieren, mit steigendem Arbeitseinsatz steigt, d. h. dass die Höhe des erwarteten Outputs bei Wahl $\overline{e}$ des Agenten größer ist als die Höhe des erwarteten Outputs bei Wahl $\underline{e}$. Folglich gilt:

(7-20) $$\int_{q_{gut}}^{\overline{q}} q\, f(q|\overline{e})\,dq > \int_{q_{gut}}^{\overline{q}} q\, f(q|\underline{e})\,dq.$$

Diese Annahme wird als „stochastische Dominanz erster Ordnung“ bezeichnet und ist in Abbildung 7-9 dargestellt:

1064 Vgl. Mirrlees, 1976, S. 109 ff.
1065 Vgl. z. B. Holmström, 1979 oder Shavell, 1979.
1066 Vgl. hierzu Abbildung 7-9.

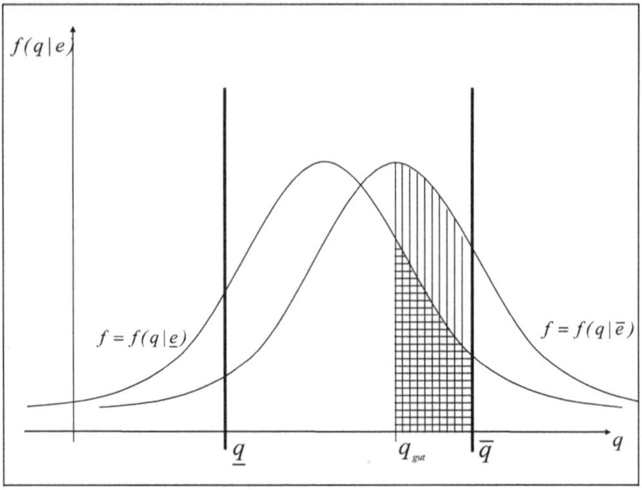

Abbildung 7-9: Parametrische Abhängigkeit der Output-Verteilung vom Arbeitseinsatz und stochastische Dominanz erster Ordnung
Quelle: eigene Darstellung

Zur Verdeutlichung sei angenommen, dass die Qualität der Information q in Abhängigkeit des Arbeitseinsatzes des Agenten und des stochastischen Umweltparameters θ per Annahme zwischen $\underline{q}$ und $\overline{q}$ schwanken kann. Leistet der Agent lediglich ein geringes Arbeitsanstrengungsniveau $\underline{e}$, resultiert die linke Dichtefunktion $f = f(q|\underline{e})$; leistet er den höheren Arbeitseinsatz $\overline{e}$, folgt entsprechend $f = f(q|\overline{e})$. Grafisch wird die Dichtefunktion durch die Erhöhung von $\underline{e}$ auf $\overline{e}$ nach rechts verschoben. Es wird deutlich, dass bei guten Ergebnissen $(q \geq q_{gut})$ mit größerer Wahrscheinlichkeit auf einen hohen Arbeitseinsatz geschlossen werden kann als auf einen niedrigen. Demgemäß ist die in der Grafik einfach schraffierte Fläche deutlich größer als die doppelt schraffierte. Dies impliziert, dass für die Verteilungsfunktionen $F(q|\overline{e})$ und $F(q|\underline{e})$ folgendes gilt:

(7-21) $$F(q|\overline{e}) < F(q|\underline{e}) \qquad \forall q \in [\underline{q}, \overline{q}].$$

Der Modellrahmen ist damit skizziert. Nachfolgend werden optimale Lösungen des Agency-Problems abgeleitet. In einem Gedankenexperiment wird zunächst das optimale Kontraktdesign bei symmetrischer Information bezüglich der Agentenaktion e als First-Best-

Lösung ermittelt, um ein aussagekräftiges Referenzergebnis zu erhalten. Danach werden sukzessive Informationsasymmetrien in das Modell integriert und die daraus resultierenden Veränderungen des optimalen Kontraktdesigns und damit des optimalen institutionellen Arrangements aufgezeigt und analysiert.

7.3 Bestimmung optimaler Kontraktdesigns – Organisationsspezifische Minimierung der Delegationskosten

7.3.1 Optimales Kontraktdesign bei symmetrischer Information

Bei Informationssymmetrie herrscht kein Konfliktpotenzial zwischen den beiden Vertragsparteien. Die Aktion e des Agenten ist vollständig bzw. kostenlos beobacht- und verifizierbar[1067] – Annahme A 6 wird zunächst nicht beachtet. Der Prinzipal muss in diesem Fall keine Anreize zur Leistungssteigerung des Agenten setzen, da er die Entlohnung des Agenten direkt von dessen Arbeitseinsatz abhängig machen kann. Er ist somit in der Lage, dem Agenten einen Vertrag anzubieten, der sowohl das Aktionsniveau e als auch die Entlohnung α determiniert. Er wird einen Entlohnungskontrakt (e, α) definieren, nach dem der Agent nur dann eine positive Entlohnung erhält, wenn er einen Arbeitseinsatz leistet, der das erwartete Einkommen des Prinzipals maximiert. Leistet der Agent einen geringeren Arbeitseinsatz, wird er vom Prinzipal eine Entlohnung von Null erhalten, d. h. er wird drakonisch bestraft.[1068] Der Agent wird sich daher stets im Sinne des Prinzipals verhalten. Im Englischen wird in diesem Zusammenhang auch der Terminus „Forcing Contract" benutzt.[1069]

Formal gesprochen, muss der Prinzipal keine Anreizkompatibilitätsbedingung beachten. Er generiert für die beiden Aktionsniveaus $\underline{e}$ und $\bar{e}$ die jeweils optimalen Entlohnungsfunktionen, um in einem zweiten Schritt diejenige Entlohnungsfunktion auszuwählen, die seinen eigenen individuellen Nutzen maximiert. Aus redaktionellen Gründen wird die Analyse des symmetrischen Falls vereinfachend für ein festes $e \in \{\underline{e}, \bar{e}\}$ durchgeführt. Der Prinzi-

[1067] Ein Vertragselement heißt beobachtbar, wenn es sowohl vom Agenten als auch vom Prinzipal beobachtet oder erfasst werden kann. Hingegen heißt ein Vertragselement verifizierbar, wenn es überprüft werden kann, nachdem es eingetreten ist. Insbesondere kann folglich eine außenstehende, dritte Partei (z. B. ein Gericht) eine solche Größe verifizieren; vgl. z. B. Jost, 2001, S. 13 oder Schweizer, 1999, S. 22 f. In dieser Arbeit wird davon ausgegangen, dass eine beobachtbare Größe stets gleichzeitig verifizierbar ist. Demzufolge werden beide Begriffe synonym verwendet.

[1068] Vgl. Holmström, 1979, S. 74.

[1069] Vgl. Holmström, 1979, S. 74 oder Harris/Raviv, 1978, S. 24. Petersen verwendet den Begriff „Forcing-Type"-Vertrag; vgl. Petersen, 1989, S. 57, Fußnote 95.

pal maximiert seinen Nettonutzen unter der Nebenbedingung, dass der Agent mindestens seinen Reservationsnutzen erreicht:

$$(7\text{-}22)\qquad \underset{\alpha(q)}{Max}\; E[\,q-\alpha(q)\,] = \int_{\underline{q}}^{\overline{q}} [\,q-\alpha(q)\,]\, f(q|e)\,dq$$

s.t.

$$(7\text{-}23)\qquad E\{u[\alpha(q)]-d(e)\} = \int_{\underline{q}}^{\overline{q}} [u(\alpha(q))-d(e)]\, f(q|e)\,dq \ge \overline{U}\,.$$

Die entsprechende Lagrange-Funktion mit λ als Lagrange-Multiplikator lautet:

$$(7\text{-}24)\qquad \underset{\alpha(q)}{\Psi} = \int_{\underline{q}}^{\overline{q}} [\,q-\alpha(q)\,]\, f(q|e)\,dq + \lambda\{\int_{\underline{q}}^{\overline{q}} [u(\alpha(q))-d(e)]\, f(q|e)\,dq - \overline{U}\}.$$

Zu beachten ist an dieser Stelle, dass eine Entlohnungsfunktion $\alpha(q)$ gesucht wird, die Ψ über dem gesamten Intervall $[\underline{q}, \overline{q}]$ maximiert. Eine solche optimale Entlohnungsfunktion muss die Zielfunktion für jedes $q \in [\underline{q}, \overline{q}]$ maximieren, sodass die Aufgabe der Maximierung statt über dem gesamten Intervall **vielmehr an jeder Stelle** des Intervalls, also **punktweise** für jedes q, separat gelöst werden kann.[1070] Punktweise Differenzierung von Ψ nach $\alpha(q)$ liefert nun unter Anwendung des Kuhn-Tucker-Theorems[1071] folgende Bedingung erster Ordnung für alle $q \in Q$:

$$(7\text{-}24a)\qquad -f(q|e)+\lambda[u'(\alpha(q))f(q|e)] = 0$$ [1072]

Division durch $f(q|e)$ liefert:

$$-1+\lambda[u'(\alpha(q))]=0$$

$$(7\text{-}25)\quad \Leftrightarrow \qquad \lambda = \frac{1}{u'(\alpha(q))}.$$

1070 Vgl. z. B. Feess, 2000, S. 599 oder Mas-Colell et al., 1995, S. 481, Fn. 6.

1071 Grundsätzliche Ausführungen zum Kuhn-Tucker-Theorem finden sich u. a. in Hoy et al., 2001, S. 676 ff.

1072 Es wird damit implizit unterstellt, dass $\alpha(q) > 0$ gilt. In Hoy et al., 2001, S. 689 ff. werden die Kuhn-Tucker-Bedingungen detailliert diskutiert und im Rahmen eines Beispiels ökonomisch interpretiert.

Gleichung (7-25) stellt die Regel für die optimale Aufteilung des Outputs q dar. Weitere Kuhn-Tucker-Bedingungen lauten:

$$(7\text{-}24b) \qquad \frac{\partial \Psi}{\partial \lambda} = \int_{\underline{q}}^{\bar{q}} [u(\alpha(q)) - d(e)] f(q|e) dq - \overline{U} \geq 0; \quad \lambda \geq 0 \;;$$

$$\lambda \{ \int_{\underline{q}}^{\bar{q}} [u(\alpha(q)) - d(e)] f(q|e) dq - \overline{U} \} = 0.$$

Im Optimum muss $\lambda > 0$ gelten (bindende Nebenbedingung), da ansonsten der Nutzen des Agenten höher als sein Reservationsnutzen wäre. Dies würde bedeuten, dass der Prinzipal die Entlohnung des Agenten reduzieren könnte, ohne dass dieser aus dem Vertrag ausstiege. Für den Prinzipal kann das kein Optimum sein.

Bei Betrachtung der Optimalitätsbedingung (7-25) ist Folgendes unmittelbar ersichtlich: Da $u''(\alpha(q)) < 0$[1073] und λ fix ist, kann $\frac{1}{u'(\alpha(q))} = \lambda$ nur für $\alpha(q) = \bar{\alpha} = const.$ gelten. Dies bedeutet, dass die Entlohnung α unabhängig vom stochastischen Output q und somit **fix** ist. Unabhängig davon, wie hoch der Output letztlich ausfällt, wird der Agent stets eine Entlohnung von $\bar{\alpha}$ erhalten. Die Höhe von $\bar{\alpha}$ hängt natürlich von der geleisteten Arbeit e ab. Je nachdem ob $\underline{e}$ oder $\bar{e}$ vom Agenten erbracht wurde, variiert die Höhe von $\bar{\alpha}$. Da vereinfachend von einem festen e ausgegangen wurde, ist dieser Effekt hier nicht darstellbar.[1074] Allgemein lässt sich die exakte Höhe des Fixlohns aus der Kooperationsbedingung (7-23) leicht ableiten. Mit $\bar{\alpha}$ für $\alpha(q)$ folgt unmittelbar:

$$u(\bar{\alpha}) - d(e) = \overline{U}$$

$$(7\text{-}26) \quad \Leftrightarrow \quad \bar{\alpha} = u^{-1}(\overline{U} + d(e)).$$

Um ein Optimum für den Prinzipal zu erhalten, müsste in einem zweiten Schritt aus den beiden Kontrakten, die mit den Arbeitsleistungen $\underline{e}$ und $\bar{e}$ korrespondieren, derjenige ausgewählt werden, der dem Prinzipal einen höheren erwarteten Nettoertrag bringt. Das Ergebnis der Auswahl ist davon abhängig, ob die mit einem erhöhten Arbeitseinsatz verbundene Bruttoertragserhöhung die gestiegene Lohnforderung des Agenten, die aufgrund er-

[1073] Vgl. Annahme A 11.
[1074] Vgl. aber das numerische Beispiel in Kapitel 7.3.4, wo auf den genannten Effekt eingegangen wird.

höhter Nutzeneinbuße aus Arbeitsleid entsteht, überkompensieren kann. Ist dies der Fall, wird der Prinzipal dem Agenten das erhöhte Arbeitsanstrengungsniveau $\bar{e}$ abverlangen. Der entsprechende „Forcing Contract" hätte dann folgende Gestalt[1075]:

$$(7\text{-}27) \qquad \alpha(q) = \begin{cases} \bar{\alpha}; & \textit{für } e=\bar{e} \\ 0; & \textit{sonst.} \end{cases}$$

Das Ergebnis des outputunabhängigen Fixlohns ist ein Spezialfall: Weil die Arbeitsleistung e des Agenten direkt vom Prinzipal beobachtet werden kann, muss kein Leistungsanreiz induziert werden. Das Ergebnis rekurriert allein auf die Risikoeinstellungen der Akteure. Da der Prinzipal annahmegemäß risikoneutral, der Agent hingegen risikoavers eingestellt ist, übernimmt der Prinzipal das gesamte Umweltrisiko θ, indem er dem Agenten einen Fixlohnkontrakt anbietet. Der Prinzipal bietet dem Agenten quasi vollständigen Versicherungsschutz. Jede andere Risikoaufteilung wäre suboptimal.

Angenommen, der Prinzipal wäre ebenfalls **risikoavers**, dann wäre, analog zum Agenten, der erwartete Nutzen die entscheidende Größe des Prinzipals. Die ursprüngliche Zielfunktion $E[q - \alpha\ (q)]$ würde sich ändern zu $E[W(q - \alpha(q))]$, mit $\frac{\partial W(.)}{\partial q} \lesseqgtr 0; \frac{\partial W(.)}{\partial \alpha} < 0;$ wobei W die von-Neumann-Morgenstern-(Risiko-)Nutzenfunktion des Prinzipals repräsentiert. Entsprechend würde sich die Optimalitätsbedingung (7-25) ändern zu:

$$(7\text{-}25a) \qquad \lambda = \frac{W'(q-\alpha(q))}{u'(\alpha(q))},$$

mit W' als erster Ableitung der Nutzenfunktion W nach α. Gemäß der sogenannten Borch-Regel muss das Verhältnis der Grenznutzen bei optimaler Risikoteilung stets konstant sein.[1076] Dies ist durch (7-25a) garantiert.

Nun ist allerdings die Entlohnung nicht länger unabhängig von q, da auch W' offensichtlich von q abhängt ($W'' \neq 0$). Unter der Annahme der Risikoaversion des Prinzipals erhält auch der Agent einen von q abhängigen Lohn, da nun der Prinzipal nicht länger bereit ist, das gesamte Risiko auf sich zu nehmen.

[1075] Vgl. auch Harris/Raviv, 1979, S. 246, Satz 5.
[1076] Vgl. Borch, 1962, Abschnitt 2 in Verbindung mit Bolton/Dewatripont, 2005, S. 131.

Für den Fall der symmetrischen Informationsverteilung hängt das Design des optimalen Entlohnungskontrakts folglich entscheidend von den Risikoeinstellungen der Akteure ab.[1077] Ein Fixlohnkontrakt kommt in dieser First-Best-Welt ausschließlich dann zur Anwendung, wenn mindestens einer der Akteure risikoneutral ist.[1078] Dieser Akteur (im hier dargestellten Fall der Prinzipal) ist ohne das Verlangen einer Prämie dazu bereit, das exogene Umweltrisiko vollständig zu übernehmen. Ein Fixlohnkontrakt kann entsprechend zur Absicherung eines risikoaversen FI-Managements genutzt werden. Zur Erklärung der Vorteilhaftigkeit einer NGO in ihrer Funktion als FI ist diese Modellierung aufgrund der implizierten Annahme der Beobachtbarkeit des Arbeitseinsatzes nicht geeignet. Daher wird sie im Folgenden weiter spezifiziert.

7.3.2 Optimales Kontraktdesign bei einfacher Informationsasymmetrie – Nichtverifizierbarkeit des Arbeitseinsatzes *e*

Nachdem im vorangegangenen Abschnitt ein Fixlohnkontrakt als Optimallösung bei symmetrischer Informationsverteilung ermittelt wurde, wird in diesem Abschnitt eine **erste Informationsasymmetrie** in das Modell integriert, um sich den Gegebenheiten der Realität anzunähern.

Im Folgenden wird davon ausgegangen, dass der Prinzipal die Aktion $e \in E = \{\underline{e}, \bar{e}\}$ des Agenten **nicht mehr beobachten kann** und somit nicht länger über einen „Forcing Contract" direkt das Aktionsniveau des Agenten bestimmen kann – der Agent besitzt entsprechend ein Informationsmonopol hinsichtlich des von ihm geleisteten Arbeitseinsatzes *e*. Der Prinzipal muss nun outputbezogene Anreize setzen, um den Agenten zu einem für den Prinzipal optimalen Verhalten $\underline{e}$ oder $\bar{e}$ zu veranlassen. Kontrakte, die sowohl das Aktionsniveau *e* als auch die Entlohnung α determinieren, sind durch Verträge zu ersetzen, in denen das Aktionsniveau *e* mit der Entlohnung korreliert. Dies stellt einen fundamentalen Unterschied zur First-Best-Situation dar, wie sie im vorangegangenen Abschnitt diskutiert wurde.[1079]

Formal lässt sich die Situation durch die Hinzunahme der Anreizkompatibilitätsbedingung (7-16) darstellen. Im Gegensatz zum vorangegangenen Abschnitt werden nun beide Akti-

[1077] Vgl. auch Easley/O'Hara, 1988, S. 243.
[1078] Ein fixer Nettoertrag des Prinzipals wird hierbei ebenfalls als Fixlohnkontrakt bezeichnet.
[1079] Vgl. Spremann, 1989, S. 7.

onsniveaus ($\underline{e}$ und $\overline{e}$) getrennt voneinander analysiert. Zunächst wird für das hohe Aktivitätsniveau $\overline{e}$ der optimale Entlohnungskontrakt ermittelt. Das Optimierungsprogramm dafür lautet:

$$(7\text{-}28) \qquad \underset{\alpha(q)}{Max} \int_{\underline{q}}^{\overline{q}} [q-\alpha(q)] f(q|\overline{e}) dq$$

s.t.

$$(7\text{-}29) \qquad \int_{\underline{q}}^{\overline{q}} [u(\alpha(q)) - d(\overline{e})] f(q|\overline{e}) dq \geq \overline{U}$$

$$(7\text{-}30) \qquad \int_{\underline{q}}^{\overline{q}} u(\alpha(q)) f(q|\overline{e}) dq - d(\overline{e}) \geq \int_{\underline{q}}^{\overline{q}} u(\alpha(q)) f(q|\underline{e}) dq - d(\underline{e}).$$

(7-28) und (7-29) sind identisch mit dem symmetrischen Fall.[1080] Ungleichung (7-30) hingegen ist neu. Sie stellt die bereits erwähnte Anreizkompatibilitätsbedingung dar. Während diese Bedingung in Gleichung (7-16) für alle möglichen Arbeitseinsätze allgemein formuliert wurde, ist sie in diesem Programm für die zwei Aktionsmöglichkeiten $\underline{e}$ und $\overline{e}$ vereinfacht dargestellt. Sie stellt sicher, dass der erwartete Nutzen des Agenten bei hohem Arbeitseinsatz mindestens so hoch ist wie bei geringem Arbeitseinsatz. Ist diese Bedingung nicht erfüllt, wird der Agent aus Eigeninteresse immer die Aktion $\underline{e}$ wählen, da er damit die geringste Nutzeneinbuße aus seiner Arbeitsleistung erfährt.

Die entsprechende Lagrange-Funktion mit λ und μ als Multiplikatoren lautet nun:

$$(7\text{-}31) \qquad \underset{\alpha(q)}{\psi} = \int_{\underline{q}}^{\overline{q}} [q-\alpha(q)] f(q|\overline{e}) dq + \lambda\{ \int_{\underline{q}}^{\overline{q}} [u(\alpha(q)) - d(\overline{e})] f(q|\overline{e}) dq - \overline{U} \}$$

$$+ \mu\{ \int_{\underline{q}}^{\overline{q}} u(\alpha(q)) f(q|\overline{e}) dq - d(\overline{e}) - \int_{\underline{q}}^{\overline{q}} u(\alpha(q)) f(q|\underline{e}) dq + d(\underline{e})\}$$

Punktweise Differenzierung von Ψ nach $\alpha(q)$ liefert unter Anwendung des Kuhn-Tucker-Theorems folgende Bedingung erster Ordnung für alle $q \in Q$:

[1080] Vgl. (7-22) und (7-23). Im Fall der Informationssymmetrie wurde lediglich die Analyse für ein festes $e \in \{\underline{e}, \overline{e}\}$ durchgeführt, sodass sich die Notation leicht unterscheidet.

(7-31a) $$-f(q|\bar{e}) + \lambda u'(.) f(q|\bar{e}) + \mu u'(.)[f(q|\bar{e}) - f(q|\underline{e})] = 0$$ [1081]

Division durch $f(q|\bar{e})$ liefert:

$$-1 + \lambda u'(.) + \mu u'(.)[1 - \frac{f(q|\underline{e})}{f(q|\bar{e})}] = 0$$

(7-32) $$\Leftrightarrow \quad \lambda + \mu[1 - \frac{f(q|\underline{e})}{f(q|\bar{e})}] = \frac{1}{u'(\alpha(q))}.$$

Gleichung (7-32) stellt wiederum die Regel für die optimale Aufteilung des Outputs dar. Weitere Kuhn-Tucker-Bedingungen lauten:

(7-31b) $$\frac{\partial \Psi}{\partial \lambda} = \int_{\underline{q}}^{\bar{q}} [u(\alpha(q)) - d(\bar{e})] f(q|\bar{e}) dq - \bar{U} \geq 0; \quad \lambda \geq 0;$$

$$\lambda[\int_{\underline{q}}^{\bar{q}} [u(\alpha(q)) - d(\bar{e})] f(q|\bar{e}) dq - \bar{U}] = 0$$

(7-31c) $$\frac{\partial \Psi}{\partial \mu} = \int_{\underline{q}}^{\bar{q}} u(.)[f(q|\bar{e}) - f(q|\underline{e})] dq - d(\bar{e}) + d(\underline{e}) \geq 0; \quad \mu \geq 0;$$

$$\mu\{\int_{\underline{q}}^{\bar{q}} u(.)[f(q|\bar{e}) - f(q|\underline{e})] dq - d(\bar{e}) + d(\underline{e})\} = 0$$

Die Optimalitätsbedingung (7-32) ähnelt stark der Optimalitätsbedingung im symmetrischen Fall. Sie unterscheidet sich lediglich durch den Zusatzterm $+\mu[1 - \frac{f(q|\underline{e})}{f(q|\bar{e})}]$ auf der linken Seite der Gleichung. Dieser Zusatzterm ist entscheidend für das Ergebnis. Auch an dieser Stelle ist jedoch zunächst zu prüfen, ob die weiteren Nebenbedingungen bindend sind, ob also sowohl $\lambda > 0$ als auch $\mu > 0$ gilt. Für λ kann analog zum symmetrischen Fall argumentiert werden. Wäre $\lambda = 0$, könnte der Prinzipal die Höhe der Agentenentlohnung zu jedem Outputniveau q dergestalt reduzieren, dass der Agent den Vertrag dennoch nicht ablehnen würde, da er noch immer seinen Reservationsnutzen erreicht. Dies heißt im Umkehrschluss, dass der Nutzen des Agenten vor Entlohnungsreduktion seinen Reservations-

[1081] Hierbei wurde wiederum implizit angenommen, dass $\alpha(q) > 0$ gilt.

nutzen überstiegen hätte, was für den Prinzipal nicht optimal wäre. Auch μ muss streng größer Null sein, da ansonsten die Anreizwirkung zur Leistung des Arbeitsniveaus $\bar{e}$ verlorenginge. Für den Fall $\mu = 0$ wäre die Optimalitätsbedingung im asymmetrischen Fall gleich der Optimalitätsbedingung im symmetrischen Fall und der Lohn entsprechend ein Fixlohn. Der Agent würde stets den geringstmöglichen Arbeitseinsatz wählen, da er ohnehin eine fixe Entlohnung erhält. Zur Induzierung der höheren Arbeitsleistung muss daher $\mu > 0$ gelten.

Unter diesen Bedingungen weist Gleichung (7-32) zwei Lohnkomponenten aus. Zum einen erhält der Agent eine **Fixkomponente** in Höhe von λ. Zum anderen erhält er eine **outputabhängige Komponente** in Höhe von $\mu[1-\frac{f(q|\underline{e})}{f(q|\bar{e})}]$. Die Outputabhängigkeit wird hierbei durch das Verhältnis der beiden Dichtefunktionen, das sogenannte „Likelihood-Ratio“, verkörpert. Je nachdem ob dieses Verhältnis größer oder kleiner als 1 ist[1082], erhält der Agent einen Lohnabschlag bzw. -aufschlag. Anreizkompatibilität wird nun dadurch erreicht, dass mit steigendem Arbeitseinsatz die Wahrscheinlichkeit dafür steigt, dass der o. g. Quotient kleiner als 1 ist.[1083]

Insgesamt ist die **Entlohnung des Agenten** für die Arbeitsleistung $\bar{e}$ somit **outputabhängig**, da $\lambda+\mu[1-\frac{f(q|\underline{e})}{f(q|\bar{e})}]\neq const.$, d. h. es gilt $\alpha=\alpha(q)$. Während bei Informationssymmetrie sowohl Arbeitseinsatz als auch Agentenentlohnung (e, α) explizit spezifiziert wurden, kann der Arbeitseinsatz bei Hidden-Action-Problemen nur indirekt über die Entlohnung, die nun vom Output abhängig ist, beeinflusst werden. Der Arbeitseinsatz ist insofern eine Funktion der Entlohnung:

(7-33) $$e=e(\alpha)=e(\alpha(q)).$$

Dieses Ergebnis ist auch intuitiv plausibel: Zu einer höheren Arbeitsleistung muss der Agent mittels eines Anreizes „geködert“ werden, da er ansonsten stets den geringen Arbeitseinsatz leistet. Den Anreiz erhält er dadurch, dass sein Einkommen vom stochasti-

[1082] Vgl. hierzu auch Abbildung 7-9.

[1083] Genau genommen muss das „Likelihood-Ratio“ mit steigendem Arbeitseinsatz stetig kleiner werden, um Anreizkompatibilität zu erreichen. Diese Bedingung wird in der Literatur als „Monotone Likelihood-Ratio Condition“ bezeichnet; vgl. hierzu Milgrom, 1981, S. 386 f.

schen Output abhängig gemacht wird, auf den er seinerseits durch seine eigene Arbeitsleistung Einfluss nehmen kann. Gemäß Annahme A 14 steigt die Wahrscheinlichkeit, einen guten Output zu erreichen, mit steigendem Arbeitseinsatz (stochastische Dominanz erster Ordnung). Der Agent verhält sich insofern (beschränkt) rational[1084], wenn er einen höheren Arbeitseinsatz leistet, da hierdurch *ceteris paribus* sein erwarteter Nutzen steigt.

Die outputabhängige Entlohnung hat allerdings auch zur Folge, dass der Agent einen Teil des Umweltrisikos (θ) übernehmen muss, obwohl er risikoavers ist. Es besteht ein **Trade-off** zwischen Anreizübertragung und Risikoübernahme: Die outputabhängige Entlohnung fördert zwar den Arbeitsanreiz des Agenten, führt allerdings gleichzeitig zu einer suboptimalen Risikoallokation, was auch daran zu erkennen ist, dass das Verhältnis der Grenznutzen bzw. die Grenzrate der Risikosubstitution nicht mehr konstant ist, wodurch die Borch-Regel verletzt wird. Der ermittelte outputabhängige Entlohnungskontrakt verkörpert demnach kein **First-Best-**, sondern lediglich ein **Second-Best-Resultat**. Dies ist auch einleuchtend, da die Vertragsparteien nun mit Informationsbarrieren konfrontiert sind. Transaktionen, die sich bei Informationssymmetrie problemlos durchführen lassen, sind nun nicht mehr möglich. Die Überwindung bzw. die Reduzierung der aus den Informationsbarrieren resultierenden Verhaltensunsicherheiten und damit einhergehenden Wohlfahrtsverluste ist i. d. R. nur unter Inkaufnahme von Agency-Kosten möglich. Die Höhe der Agency-Kosten, und damit die Abweichung vom First-Best-Ergebnis, orientiert sich an der „Störung" der linken Seite der Gleichung (7-32) – also aller Terme außer λ. Je größer der Betrag dieses zweiten Summanden $(+\mu[1-\frac{f(q|\underline{e})}{f(q|\bar{e})}])$ ist, umso größer ist auch die Abweichung vom First-Best-Ergebnis.

Für den Fall beidseitiger Risikoaversion der Akteure würde sich die Optimalitätsbedingung (7-32) analog zur Vorgehensweise bei symmetrischer Informationsverteilung verändern zu:

$$\text{(7-34)} \qquad \lambda+\mu[1-\frac{f(q|\underline{e})}{f(q|\bar{e})}]=\frac{W'(q-\alpha(q))}{u'(\alpha(q))}.$$

Die Agentenentlohnung wäre noch stärker vom Output abhängig, da vom Prinzipal neben einer Leistungsanreiz- eine Risikoübertragungskomponente in das Entlohnungsschema

[1084] Streng oder vollständig rationales Verhalten erfordert vollständige Information der Interaktionsparteien. Da das hier spezifizierte Modell auf unvollständige Information der Akteure rekurriert, können sich diese lediglich beschränkt rational verhalten. Im weiteren Verlauf dieser Arbeit wird jener Tatsache nicht mehr explizit Rechnung getragen, und es wird von rational handelnden bzw. rationalen Akteuren berichtet.

einkalkuliert würde. Wie bereits im Fall der Informationssymmetrie dargestellt, wäre der Prinzipal nicht länger bereit, Risiko kostenlos zu übernehmen.[1085]

Die Entlohnungsfunktion zum zweiten Fall, in dem der Prinzipal den Agenten zu einer Arbeitsleistung von $\underline{e}$ verleiten will, ist leicht ableitbar. Wie bereits zuvor beschrieben, wird der Agent, bei Unbeobachtbarkeit seiner Arbeitsleistung, immer genau dann den geringsten Arbeitseinsatz wählen, wenn der Prinzipal keine Anreizkompatibilitätsbedingung beachtet und dem Agenten daher einen outputunabhängigen Fixlohn gewährt. Der Entlohnungskontrakt für diesen Fall entspricht exakt dem bei Informationsasymmetrie, d. h. der Prinzipal bietet dem Agenten wiederum einen Fixlohn in Höhe von $\overline{\alpha}=u^{-1}(\overline{U}+d(\underline{e}))$ an, bei dem der Agent exakt seinen Reservationsnutzen erhält. In diesem Fall kann der zusätzliche Output, der durch den höheren Arbeitseinsatz des Agenten erreichbar wäre, die Lohnsteigerung des Agenten nicht kompensieren. Der einzige Unterschied zur Situation mit Informationssymmetrie ist, dass der Prinzipal die Aktion des Agenten nicht mehr beobachten kann. Ein First-Best-Ergebnis ist für diesen Sonderfall weiterhin möglich. Das ist nicht weiter verwunderlich, da die Problematik, wie zuvor beschrieben, gerade aus dem Trade-off zwischen Anreizübertragung und Risikoübernahme resultiert. Müssen nun keine Anreize zur erhöhten Arbeitsleistung gesetzt werden, existiert auch kein Trade-off, der Agency-Kosten verursacht und dadurch ein Second-Best-Ergebnis bedingt.

Es bleibt festzuhalten, dass bei einfacher, die Agentenaktion *e* betreffender Informationsasymmetrie bis auf eine Ausnahme[1086] **variable, outputabhängige Entlohnungskontrakte pareto-optimal** sind. Entsprechend der zuvor skizzierten kontraktspezifischen Definition stellen für diese Annahmenkonstellation demnach **FPOs das optimale institutionelle Arrangement** dar.

7.3.3 Optimales Kontraktdesign bei zweifacher Informationsasymmetrie – Nichtverifizierbarkeit des Arbeitseinsatzes *e* sowie Nichtverifizierbarkeit des Outputs *q*

In den bisherigen Ausführungen wurde davon ausgegangen, dass der verrauschte, da stochastische Output *q* vollständig bzw. kostenlos von beiden Akteuren beobachtbar ist.[1087] In

[1085] Vgl. Edelmann et al., 1998, S. 22.
[1086] Diese Ausnahme trifft dann zu, wenn der geringere Arbeitseinsatz zum optimalen Ergebnis führt.
[1087] Es wurde somit auch davon ausgegangen, dass der Output vollständig *messbar* und entsprechend *entlohnbar* ist.

einem nächsten Schritt stellt sich die Frage, ob diese Annahme für den hier untersuchten Fall realistisch ist.

Der Output q repräsentiert die Qualität der Nachhaltigkeitsinformation, die der Agent gegen eine Entschädigung an den Prinzipal liefert. Information bzw. die Bereitstellung von Information stellt ein intangibles Gut bzw. eine Dienstleistung dar[1088], das/die ***nicht* direkt und vollständig bzw. nur zu prohibitiv hohen Kontrollkosten vollständig verifizierbar ist.**[1089] Nach *Leland/Pyle* „it may be difficult or impossible for potential users to distinguish good information from bad.“[1090] Eine unmittelbare und vollständige Beobachtung der Informationsqualität ist aufgrund fehlender physischer Wahrnehmbarkeit unmöglich.[1091] *Easley/O'Hara* schreiben hierzu: „The unobservability problem could arise, for example, if donors to charity are unable to observe the charity's actual recipients. *The same problem also arises, however, if important product characteristics such as quality are difficult to observe or measure.*"(Kursivschrift nicht im Original, Anm. d. Verf.)[1092]

Bestellt beispielsweise ein Gast in einem Restaurant eine Tasse Kaffee, kann er direkt während bzw. nach Verzehr die Qualität des Kaffees anhand bestimmter Kriterien, wie z. B. Temperatur oder Aroma, beurteilen/messen. Woran soll nun aber der Prinzipal im untersuchten Fall erkennen, ob die vom Agenten gelieferte Information über die Nachhaltigkeit eines Unternehmens von hoher Qualität ist? Er kennt die Nachhaltigkeitsperformance des Unternehmens nicht, um mit diesem Wissen die Informationen des Agenten zu beurteilen.[1093] Würde er sie kennen, hätte er den Intermediär/Agenten nie beauftragt, Informationen zu generieren. Auch wird er die Information nicht selbständig einholen, um darauf aufbauend die Leistung des Agenten zu beurteilen, da dies eine Delegation des Screening redundant macht. Insofern kann der Prinzipal die Informationsqualität bzw. die Genauigkeit des Rating-Urteils nicht bzw. nur zu (prohibitiv) hohen Kosten vollständig retrograd überprüfen.[1094] Bei nachhaltigen Kapitalanlagen werden „Qualitäten (...) in den Vorder-

---

[1088] Finanzintermediationsprodukte sind unterschiedlich definierbar. Während die aktivitätsorientierte Definition Finanzintermediationsprodukte als Bündel menschlicher und/oder technologischer Tätigkeiten betrachtet, versteht die resultatsorientierte Definition unter Finanzintermediationsprodukten ausschließlich das Ergebnis einer Tätigkeit bzw. eines Prozesses; vgl. Bernet, 2003, S. 60. Entsprechend lässt sich der Output im Rahmen des Modells entweder primär aktivitätsorientiert als Dienstleistung (Bereitstellung von Information) oder primär resultatsorientiert als die gelieferte Nachhaltigkeitsinformation deuten.

[1089] Vgl. Ramakrishnan/Thakor, 1984, S. 415 sowie Holström, 1985, S. 183. Ben-Ner/Gui, 2003, S. 19 stellen allgemein auf die Beurteilungsproblematik bei intangiblen Gütern ab.

[1090] Leland/Pyle, 1977, S. 383.

[1091] Immaterialität bzw. fehlende Stofflichkeit ist eines der wesentlichen Charakteristika von Finanzprodukten im Allgemeinen, vgl. hierzu auch grundsätzlich Schäfer, 2000, S. 7 ff.

[1092] Easley/O'Hara, 1986, S. 89.

[1093] Vgl. auch Kahlenborn, 1999, S. 74 der auf die Transparenzproblematik des Marktes für nachhaltige Kapitalanlagen grundsätzlich hinweist.

[1094] Vgl. Schoenheit, 2005, S. 148.

grund gestellt, die von einem einzelnen Investor (hier: Anleger; Anm. d. Verf.) letztlich nicht nachgeprüft und bewertet werden können."[1095]

An dieser Stelle kommen noch spezifische Charakteristika des Nachhaltigkeitsrating-Prozesses erschwerend hinzu.[1096] In Abschnitt 5.2.4.2.1 wurde bereits darauf hingewiesen, dass konsensuale, objektivierbare Bewertungskriterien, wie sie beispielsweise im klassischen Credit-Rating Anwendung finden (z. B. Verschuldungsgrad, Rentabilitätskennziffern etc.[1097]), bisweilen nur bedingt vorhanden sind.[1098] Ursächlich hierfür sind einerseits die individuellen Motive der Anbieter, andererseits besitzen diese u. U. sehr unterschiedliche Vorstellungen hinsichtlich der Paradigmen der Nachhaltigkeit bzw. der Corporate Sustainability. Bei Nachhaltigkeit handelt es sich, wie in Kapitel 2.3.4 dargestellt, um ein Konzept zur Klärung von Verteilungsvorstellungen. Die so offen gelegte Verteilungsfrage wird determiniert von Gerechtigkeitsvorstellungen, die ihrerseits ethisch-normative Wurzeln besitzen und über die nach wie vor kein Konsens herrscht. Nachhaltigkeit ist demzufolge kein ökonomisches oder wissenschaftliches Konzept, sondern eine ethische Forderung, deren Interpretation individuell unterschiedlich sein kann. Entsprechend gibt es nicht nur bezüglich der Operationalisierung von Nachhaltigkeit (Kriteriologie) geteilte Meinungen, sondern darüber hinaus auch hinsichtlich der Frage, was überhaupt unter Nachhaltigkeit zu verstehen ist. Dies stellt einen gravierenden Unterschied zum Credit-Rating dar, wo ein allgemeiner Konsens hinsichtlich des Verständnisses der finanziellen Bonität besteht.[1099]

Auch die Einhaltung der dem jeweiligen Nachhaltigkeitskonzept zu Grunde gelegten Kriterien ist nur schwer zu objektivieren und zu quantifizieren. Schwerer noch wiegt, dass das Bewertungsmodell, über das die Bewertungskriterien zu einem Gesamturteil aggregiert werden, für die Anleger intransparent und damit nicht nachvollziehbar ist.[1100] Beispielsweise geben die Rating-Institutionen die jeweiligen Indikatoren ihrer Bewertungskriterien nur bedingt preis. Gleiches gilt für die genauen Normen und Grenzwerte, über die die Zielerreichungsgrade der Unternehmen hinsichtlich einzelner Kriterien ermittelt werden, d. h. über die Unternehmensinformationen in Wert- bzw. Rating-Urteile „übersetzt" werden.[1101] Auch ist Externen die Begründung der angewandten Kriteriengewichtungen im Detail ver-

[1095] Schoenheit/Hansen, 2001, S. 26.
[1096] Diese Charakteristika verdeutlichen, dass die zuvor unterstellten homogenen Wertvorstellungen der Rating-Institutionen bzgl. der Nachhaltigkeit von Unternehmen *in praxi* nicht bzw. nicht vollständig gegeben sind, woraus sich weitere Qualitätsunsicherheiten für die Anleger ableiten lassen.
[1097] Vgl. Howe, 2001, S. 426 ff.
[1098] Vgl. zu diesen Kriterien aus dem Sozialbereich Schäfer/Lindenmayer, 2004, S. 81 ff.
[1099] Eine ausführliche Diskussion hierzu findet sich in Schäfer/Lindenmayer, 2004, S. 27 ff.
[1100] Vgl. Schäfer/Lindenmayer, 2004, S. 133 ff.
[1101] Vgl. Schäfer/Lindenmayer, 2004, S. 105.

schlossen – **das Rating stellt eine „Black-Box" für den Kapitalgeber dar.**[1102] Diesen Beobachtungen entsprechend, besitzt der FI im themenspezifischen Kontext zusätzlich signifikante Spielräume, sein produziertes und an den Anleger geliefertes Kontraktgut „Nachhaltigkeitsrating" als qualitativ hochwertig zu „verkaufen".[1103]

Es stellt sich nunmehr im Anschluss die Frage, welche Konsequenzen sich hieraus für das optimale Kontraktdesign ergeben. Zuvor wurde gezeigt, dass sich die optimalen Verträge bei Informationssymmetrie und einfache Informationsasymmetrie fundamental voneinander unterscheiden.[1104] Während im ersten Fall auf die beiden Variablen Arbeitseinsatz und Agentenentlohnung (e, α) direkt kontraktiert werden konnte, war dies im zweiten Fall nicht mehr möglich. Hier wurden Self-Enforcing Contracts als optimale Vertragsform identifiziert. Bei Self-Enforcing Contracts benötigt der Prinzipal den Output (wenn auch verrauscht), um darauf zu kontraktieren. Dieser ist nun allerdings annahmegemäß unbekannt, sodass sich die Ausgangslage für den Prinzipal entscheidend verändert, wie in Abbildung 7-10 grafisch dargestellt.

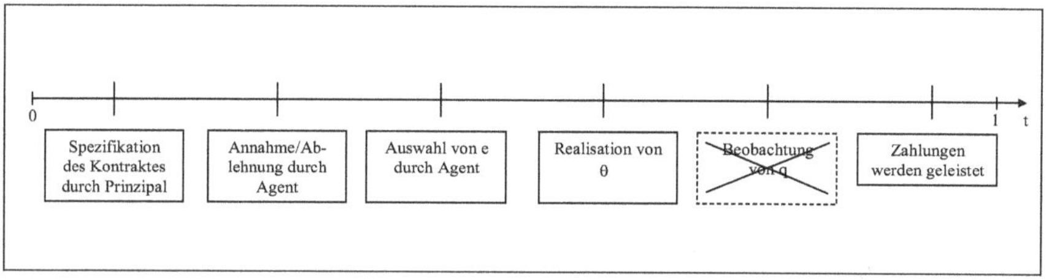

Abbildung 7-10: Modifizierte Ausgangslage des Prinzipals
Quelle: eigene Darstellung

Wie lässt sich dieses Problem lösen?

Der Anleger sieht sich an dieser Stelle der Kontraktanalyse einer ähnlichen Art von Informationsasymmetrieproblem gegenüber wie zu Beginn, wenn er auf die Zwischenschaltung eines Finanzintermediärs verzichtet hätte. Bei direkter Informationsbeschaffung hat der Anleger mit Qualitätsunsicherheitsproblemen bezüglich der Nachhaltigkeit der Kapitalnehmer zu kämpfen. Setzt er einen FI zur Beurteilung der Kapitalnehmer ein, wird diese Informationsasymmetrie aufgehoben. Es entsteht jetzt jedoch das neue, bereits in Kapi-

[1102] Vgl. Schäfer 2005(a), S. 256 f.
[1103] Zur Problematik, die mit der Überprüfung der Einhaltung nachhaltiger Anforderungen durch die Agenten (Unternehmen oder FI) verbunden ist, vgl. grundsätzlich auch Schäfer, 2000, S. 40 ff oder für den ökologischen Bereich Kaas, 1992(a), S. 479 ff.
[1104] Von der zuvor erwähnten Ausnahme wird an dieser Stelle abgesehen.

tel 7.1.3 beschriebene Informationsasymmetrieproblem (zwischen FI und Anleger), das sich auf die Informationsqualität des FI bezieht und das sich jetzt als Hidden-Action-Problem darstellt, da mit steigendem Arbeitseinsatz des FI dessen Output gemäß stochastischer Dominanz erster Ordnung ansteigt. Ist der Anleger jedoch nicht in der Lage, die Qualität der vom Agenten gelieferten Information zu beurteilen, sieht er sich einem zusätzlichen Informationsasymmetrieproblem ausgesetzt. Eine Möglichkeit, dieses durch die Einschaltung eines FI neu entstandene Informationsproblem zu lösen, sind Kosten verursachende Signale.[1105] Dies ist im Rahmen dieser Arbeit per Annahme ausgeschlossen.[1106]

Nachfolgend wird herausgearbeitet, dass dem Informationsasymmetrieproblem auch organisationsspezifisch, mittels anreizkompatibler Lohnkontrakte begegnet werden kann. Es wird sich zeigen, dass die Organisationsform NGO bei der Lösung dieser doppelten Informationsasymmetrie (Nichtverifizierbarkeit der Arbeitsleistung e und, wie nachfolgend dargestellt, Nichtverifizierbarkeit des Outputs q) komparative (Kosten-, genauer Agency-Kosten-)Vorteile gegenüber der FPO besitzt. Das ursprüngliche Qualitätsunsicherheitsproblem bezüglich der Nachhaltigkeit der Kapitalnehmer war mithilfe dieses institutionsspezifischen Ansatzes nicht lösbar, da alle Kapitalnehmer als FPOs angenommen wurden. **Erst durch die Verschiebung der Informationsasymmetrie von der Ebene des Kapitalnehmers auf die Ebene des FI und die gleichzeitige Koexistenz von FPOs und NGOs in der Rolle des FI wird die organisationsspezifische Kontraktlösung möglich!**

Der einzige Akteur, der den Output weiterhin beobachten kann, ist der Agent – die **Informationsqualität** als Output stellt damit **private Information des Agenten** dar. Der Prinzipal benötigt den Output jedoch zwingend, um darauf zu kontraktieren. Zur Vertragskonstruktion ist der Prinzipal folglich angehalten, den Agenten nach seiner privaten Information q aus Q zu befragen, um danach in Abhängigkeit von der Antwort q' die zu leistende Zahlung $\alpha=\alpha(q')$ verbindlich festzulegen. Diese Vorgehensweise wird als „direkter Me-

[1105] Vgl. Leland/Pyle, 1977. Sie betrachten einen FI, genauer einen „Finanzgutachter", der engagiert wird, um die Vorteilhaftigkeit von Investitionsprojekten konventionell zu überprüfen und somit das Informationsgefälle zwischen Kapitalnehmer und -geber zu beseitigen. Ein direkter Informationstransfer vom Kapitalnehmer zum Kapitalgeber wird aufgrund von Moral Hazard nur sehr beschränkt eintreten. Doch auch der Finanzgutachter hat einen Anreiz, geringen Arbeitseinsatz zu leisten und qualitativ schlechte Information zu liefern, da der Informationskäufer (Kapitalgeber) die Qualität nicht beobachten kann. Der FI löst dieses Informationsasymmetrieproblem dadurch, dass er sich selbst in die von ihm positiv bewerteten Investitionsprojekte einkauft. Er nutzt somit seine produzierte Information zur Portefeuille-Selektion und signalisiert damit dem potenziellen Informationskäufer, dass seine angebotene Information von hoher Qualität ist. Es ist aber darauf hinzuweisen, dass der ursprünglich von Leland/Pyle beschriebene und in dieser Arbeit im Mittelpunkt stehende Finanzgutachter durch seinen direkten Eingriff in den Kapitaltransfer zum „Finanzproduzenten" und damit zum FI i. e. S. mutiert.

[1106] Vgl. Annahme A 3.

chanismus" bezeichnet.[1107] Die vom Agenten gelieferte Nachhaltigkeitsinformation wird damit zu einer Art Vertrauensgut (Credence Good)[1108], das ein Unsicherheitselement in sich trägt.[1109]

Der Prinzipal muss sich nun darauf verlassen können, dass der Agent den Output q korrekt an ihn weitergibt. Der Agent könnte jedoch seinen eigenen Nutzen durch eine künstliche Erhöhung von q steigern, da $\partial u / \partial q > 0$ wegen $\partial u / \partial \alpha > 0 \wedge \partial \alpha / \partial q > 0$ gilt. Dies weiß wiederum der Prinzipal und berücksichtigt es in seinen Überlegungen. Er hat nun einen Entlohnungskontrakt zu konstruieren, der **zwei Informationsasymmetrien** beinhaltet:

(i) **Hidden-Action-Problem** → der Prinzipal kann e weiterhin nicht beobachten

(ii) **Hidden-Knowledge-Problem**[1110] → der Prinzipal kann den Output q *ex post* nicht beobachten.

Zwar besitzt auch der Agent *vor* Vertragsabschluss keine Kenntnis über den sich realisierenden Output q , da auch für ihn θ unbekannt ist. Allerdings weiß sowohl der Prinzipal als auch der Agent, dass ausschließlich der Agent den Output nach seiner Realisation und damit auch *nach* Vertragsabschluss beobachten kann. Durch dieses zusätzliche Informationsasymmetrieproblem hat der Agent bei der Ermittlung eines geeigneten Kooperations- bzw. Kontraktdesigns eine zusätzliche Nebenbedingung zu beachten, die ihrerseits wiederum i. d. R. zusätzliche Agency-Kosten verursacht. Im Vergleich zum vorangegangenen Fall mit einfacher Informationsasymmetrie müssen zusätzliche Informationsbarrieren überwunden werden, wodurch der Transaktionsmöglichkeitenraum weiter verkleinert wird.

1107 Vgl. hierzu z. B. Fudenberg/Tirole, 1991; Kreps, 1990 oder Myerson, 1979.

1108 Vgl. Schoenheit, 2005, S. 158 ff. und insbesondere S. 163.

1109 Zur informationsökonomischen Spezifizierung von Nachhaltigkeitsratings als Vertrauensgüter vgl. auch Schäfer, 2005(a), S. 257.

1110 Vgl. Petersen, 1989, S. 32. Petersen führt hierzu aus: „Viele (...) Informationen, die zur Beurteilung und zur leistungsgerechten Entlohnung des Agenten sinnvoll wären, sind nur dem Agent und nicht dem Prinzipal zugänglich. Der Agent kann versucht sein, die ihm zur Verfügung stehende *Private Information* zu seinen Gunsten auszunutzen und nicht die volle Wahrheit zu berichten. Dieses Problem wird *Hidden Knowledge* (...) genannt"; Petersen, 1989, S. 32. Für die Unbeobachtbarkeit des realisierten Outputs wird in der Literatur nicht einheitlich der Begriff „Hidden Knowledge" gebraucht. Schäfer, 2002 und Breuer, 1993 verwenden beispielsweise den Terminus „Hidden Action"; Schäfer, 2002, S. 77 und Breuer, 1993, S. 105. Für eine trennscharfe Abgrenzung vom Informationsasymmetrieproblem (i) erscheint Petersens Begriff „Hidden Knowledge" an dieser Stelle jedoch zweckmäßiger. Hidden Knowledge ist hierbei nicht zu verwechseln mit dem bei dynamischen Transaktionskostenansätzen verwendeten tacitem Wissen, das als unterbewußt nicht explizit vorhandenes Wissen beschrieben werden kann; vgl. z. B. Conner/Prahalad, 1996.

Dies ist gewöhnlich gleichbedeutend mit Wohlfahrtsverlusten. Folglich scheint ein Third-Best-Resultat ein in dieser Annahmenkonstellation pareto-optimales Ergebnis zu sein.

Der Agent darf durch eine falsche Angabe von q seinen Nutzen nicht erhöhen können, d. h. er muss zu einer wahrheitsgemäßen Aussage über q animiert werden. Die Wahl der Ausprägung von q erfolgt allerdings allein durch den Agenten. Hierbei muss der Prinzipal berücksichtigen, dass der Agent stets bestrebt ist, durch geeignete Wahl und Weitergabe von q seinen individuellen Nutzen zu maximieren.

Formal lässt sich dieser Sachverhalt folgendermaßen darstellen:

$$(7\text{-}35) \qquad q \in \underset{q^* \in Q}{\arg\max}\,[u(\alpha(q^*)) - d(e)].$$

Zu beachten ist, dass nicht der erwartete, sondern der deterministische Nutzen des Agenten maximiert wird. Zum Zeitpunkt der Übermittlung des Outputs q an den Prinzipal ist dem Agenten bereits bekannt, welcher Umweltzustand θ und damit welcher Output faktisch eingetreten ist.[1111] Damit ist der Output für den Agenten nicht länger eine stochastische, sondern nunmehr eine deterministische Größe.

Nebendingung (7-35) soll ebenfalls, wie Nebenbedingung (7-16), vereinfachend dargestellt werden. Wie bereits zuvor angedeutet, bezeichnet hierbei q aus Q den **wahren** und q' aus Q den vom Agenten an den Prinzipal **faktisch weitergegebenen Wert des Outputs**. Der vom Agenten übermittelte Wert q' kann, muss aber nicht der Wahrheit entsprechen. Wenn aber für alle möglichen Paare q und q' aus Q die Anreizkompatibilitätsbedingung

$$(7\text{-}36) \qquad u(\alpha(q)) - d(e) \geq u(\alpha(q')) - d(e), \qquad \forall q\ \forall q'$$

erfüllt ist, dann wird sich eine unwahre Übermittlung der Ausprägung des Outputs Q für den Agenten nie lohnen, da der Nutzen des Agenten bei Offenbarung des wahren Wertes q mindestens so groß ist wie bei der Enthüllung eines unwahren Wertes q'.[1112] Ist diese Bedingung, auch Selbstselektionsbedingung genannt, erfüllt, entfällt für den Agenten jeglicher Anreiz, bezüglich des Outputs zu lügen. Entsprechend wird Nebenbedingung (7-35) auch als **„Truth-Telling oder Truth-Revealing Constraint"** bezeichnet.[1113] Die Zahlungsverpflichtung des Prinzipals konditioniert über den direkten Mechanismus nicht auf

[1111] Vgl. Abbildung 7-8.
[1112] Vgl. Schweizer, 1999, S. 39.
[1113] Der „Truth-Telling Constraint" geht auf Meyerson zurück; vgl. Meyerson, 1979.

den wahren Output, sondern ausschließlich auf die vom Agenten übermittelte Information, die ihrerseits verifizierbar ist. Hieraus wird der auf den Output kontingente Vertrag selbst verifizierbar.[1114] Erfüllt der direkte Mechanismus die Anreizkompatibilitätsbedingung (7-36), ist folglich die wahre Allokation *[q, α(q)]* erreichbar. Dies ist die Kernaussage des **Revelationsprinzips**, das besagt, dass jede überhaupt vertraglich erreichbare Allokation durch einen direkten Mechanismus, der die Anreizkompatibilitätsbedingung erfüllt, erreichbar ist.[1115] Zur Bestimmung von pareto-optimalen Ergebnissen ist es nun ausreichend, lediglich **über die Klasse aller direkten, anreizkompatiblen Mechanismen zu optimieren.**[1116]

Für diesen Annahmenkranz wird wiederum zunächst überprüft, welche Gestalt das Kontraktdesign zur Induzierung des höheren Arbeitseinsatzes $\bar{e}$ annehmen muss. Formal hat das Optimierungsprogramm des Prinzipals nun folgendes Aussehen:

$$(7\text{-}37) \qquad \underset{\alpha(q)}{Max} \int_{\underline{q}}^{\bar{q}} [q-\alpha(q)]\, f(q|\bar{e})\,dq$$

s.t.

$$(7\text{-}38) \qquad \int_{\underline{q}}^{\bar{q}} [u(\alpha(q)) - d(\bar{e})]\, f(q|\bar{e})\,dq \geq \bar{U}$$

$$(7\text{-}39) \qquad \int_{\underline{q}}^{\bar{q}} u(\alpha(q)) f(q|\bar{e})\,dq - d(\bar{e}) \geq \int_{\underline{q}}^{\bar{q}} u(\alpha(q)) f(q|\underline{e})\,dq - d(\underline{e})$$

$$(7\text{-}40) \qquad u(\alpha(q)) - d(\bar{e}) \geq u(\alpha(q')) - d(\bar{e}).$$

Analog zu den vorangegangenen Optimierungsprogrammen hat die entsprechende Lagrange-Funktion mit den Multiplikatoren λ, μ, η folgende Form:

$$(7\text{-}41) \qquad \underset{\alpha(q)}{\psi} = \int_{\underline{q}}^{\bar{q}} [q-\alpha(q)]\, f(q|\bar{e})\,dq + \lambda\{ \int_{\underline{q}}^{\bar{q}} [u(\alpha(q)) - d(\bar{e})]\, f(q|\bar{e})\,dq - \bar{U} \}$$

$$+ \mu\{ \int_{\underline{q}}^{\bar{q}} u(\alpha(q)) f(q|\bar{e})\,dq - d(\bar{e}) - [\int_{\underline{q}}^{\bar{q}} u(\alpha(q)) f(q|\underline{e})\,dq - d(\underline{e})]\}$$

$$+ \eta\{ u(\alpha(q)) - d(\bar{e}) - u(\alpha(q')) + d(\bar{e})\}$$

[1114] Vgl. Jost, 2001, S. 72.

[1115] Vgl. zum Revelationsprinzip Harris/Townsend, 1981 und Meyerson, 1979.

[1116] Vgl. Schweizer, 1999, S. 52 f. in Verbindung mit S. 39.

Punktweise Differenzierung von Ψ nach $\alpha(q)$ liefert unter Anwendung des Kuhn-Tucker-Theorems folgende Bedingungen erster Ordnung für alle $q \in Q$:

(7-41a) $$-f(q|\bar{e})+\lambda[u'(\alpha(q))f(q|\bar{e})+\mu[u'(\alpha(q))f(q|\bar{e}) -u'(\alpha(q))f(q|\underline{e})]+\eta[u'(\alpha(q))]=0$$ [1117]

(7-42) ⇔ $$\lambda+\mu[1-\frac{f(q|\underline{e})}{f(q|\bar{e})}]+\eta[\frac{1}{f(q|\bar{e})}]=\frac{1}{u'(\alpha(q))}$$

Weitere Kuhn-Tucker-Bedingungen lauten:

(7-41b) $$\frac{\partial\Psi}{\partial\lambda}=\int_{\underline{q}}^{\bar{q}}[u(\alpha(q))-d(\bar{e})]f(q|\bar{e})dq-\bar{U}\geq 0;\quad \lambda\geq 0;$$

$$\lambda\{\int_{\underline{q}}^{\bar{q}}[u(\alpha(q))-d(\bar{e})]f(q|\bar{e})dq-\bar{U}\}=0$$

(7-41c) $$\frac{\partial\Psi}{\partial\mu}=\int_{\underline{q}}^{\bar{q}}u(\alpha(q))f(q|\bar{e})dq-d(\bar{e})-[\int_{\underline{q}}^{\bar{q}}u(\alpha(q))f(q|\underline{e})dq-d(\underline{e})]\geq 0;\quad \mu\geq 0;$$

$$\mu\{\int_{\underline{q}}^{\bar{q}}u(\alpha(q))f(q|\bar{e})dq-d(\bar{e})-[\int_{\underline{q}}^{\bar{q}}u(\alpha(q))f(q|\underline{e})dq-d(\underline{e})]\}=0$$

(7-41d) $$\frac{\partial\Psi}{\partial\eta}=u(\alpha(q))-d(\bar{e})-u(\alpha(q'))+d(\bar{e})\geq 0;\qquad \eta(q)\geq 0;$$

$$\eta(q)\{u(\alpha(q))-d(\bar{e})-u(\alpha(q')+d(\bar{e})\}=0;\quad \forall q\ \forall q'$$

Zunächst werden wiederum die Nebenbedingungen überprüft.

Damit der Agent keinen Anreiz hat, eine unwahre Information an den Prinzipal weiterzuleiten, muss Nebenbedingung (7-41d) bindend sein, d. h. es muss gelten: $\eta > 0$. Hieraus folgt:

$$u(\alpha(q))-d(\bar{e})-u(\alpha(q')+d(\bar{e})=0$$

[1117] Es wurde wiederum implizit unterstellt, dass $\alpha(q) > 0$ gilt.

(7-43) $\Leftrightarrow \quad u(\alpha(q))=u(\alpha(q')) \qquad \forall q \ \forall q'$

Da $u' > 0$, kann (7-43) nur erfüllt sein, wenn gilt:

(7-44) $\quad \alpha(q)=\alpha(q') \qquad \forall q \ \forall q'.$

Da Nebenbedingung (7-41d) für alle q und q' greifen muss, also auch für alle $q' \neq q$, kann (7-44) nur dann gelten, wenn $\partial\alpha(q)/\partial q = 0$ für alle q erfüllt ist, d. h. wenn gilt: $\alpha(q)=\overline{\alpha}=const.$ **Damit ist die Entlohnung unabhängig vom Output q und fix!**

Aus Risikoteilungsgesichtspunkten ist dieser Fixlohnkontrakt optimal – der risikoneutrale Prinzipal übernimmt zugunsten des risikoaversen Agenten das gesamte Outputrisiko. Aus Arbeitsanreizgesichtspunkten trifft hingegen das Gegenteil zu: Ist die Entlohnung des A-genten unabhängig vom Output, wird ihm jeglicher Anreiz genommen, sich stärker als dem Mindestniveau entsprechend zu engagieren. Der Agent wird nun stets den kleinstmöglichen Arbeitseinsatz wählen. Formal lässt sich das an Nebendingung (7-41c) zeigen, wenn $\alpha(q)=\overline{\alpha}$ gesetzt wird:

$$\int_{\underline{q}}^{\overline{q}} u(\overline{\alpha})f(q|\overline{e})dq - d(\overline{e}) - [\int_{\underline{q}}^{\overline{q}} u(\overline{\alpha})f(q|\underline{e})dq - d(\underline{e})] \geq 0$$

$$\Leftrightarrow \quad u(\overline{\alpha})\underbrace{\int_{\underline{q}}^{\overline{q}} f(q|\overline{e})dq}_{=1} - u(\overline{\alpha})\underbrace{\int_{\underline{q}}^{\overline{q}} f(q|\underline{e})dq}_{=1} - d(\overline{e}) + d(\underline{e}) \geq 0$$

(7-45) $\Leftrightarrow \quad -d(\overline{e})+d(\underline{e}) \geq 0 \ \text{ bzw. } d(\underline{e}) \geq d(\overline{e}).$

Per definitionem muss allerdings gelten:

(7-46) $\quad -d(\overline{e})+d(\underline{e}) < 0 \ \text{ bzw. } d(\underline{e}) < d(\overline{e}),$

da die Nutzeneinbuße mit steigendem Arbeitseinsatz steigt. Folglich ist die Arbeitsanreizkompatibilitätsbedingung (7-45), die zur Erreichung von $e = \bar{e}$ erfüllt sein muss, **zwingend verletzt**. Der Agent wählt stets $e = \underline{e}$.[1118]

Die exakte Höhe des Fixlohns lässt sich wiederum mittels der Kooperationsbedingung ermitteln. Um dem Agenten bei dessen Wahl der geringen Arbeitsleistung $\underline{e}$ exakt den Reservationsnutzen zu gewährleisten, wird ihm der Prinzipal einen Fixlohn in Höhe von

$$(7\text{-}47) \qquad \bar{\alpha} = u^{-1}(\bar{U} + d(\underline{e}))$$

anbieten. Eine separate Analyse für den Fall $e = \underline{e}$ erübrigt sich damit natürlich, da sich das Kontraktdesign nicht verändert.

Auch an dieser Stelle soll der Fall besprochen werden, dass sowohl Agent als auch Prinzipal risikoavers eingestellt sind. Das zuvor abgeleitete Ergebnis der Optimalität eines Fixlohnkontraktes in Verbindung mit einer Arbeitsleistung des Agenten von $e = \underline{e}$ basiert ausschließlich auf den Nebenbedingungen (7-41c) und (7-41d) des Optimierungsprogramms bei zweifacher Informationsasymmetrie. Insbesondere Nebenbedingung (7-41d) ist von zentraler Bedeutung für das Ergebnis. Eine Modifikation der Risikoeinstellung des Prinzipals hat keinen Einfluss auf die o. g. Nebenbedingungen, sondern tangiert ausschließlich die Zielfunktion (7-37), indem der Erwartungswert durch den Nutzen des Erwartungswertes ersetzt wird. Folglich bleiben auch die Ergebnisse $\alpha(q) = \bar{\alpha}$ und $e = \underline{e}$ unberührt. Interessant ist, dass es für den Prinzipal, obwohl nun risikoavers eingestellt, weiterhin optimal ist, das gesamte Risiko zu übernehmen. Dies lässt sich damit erklären, dass er durch den Fixlohnkontrakt die vom Agenten ausgehende **Manipulationsgefahr und damit das Ausbeutungsrisiko eliminiert.**

Die abgeleiteten Resultate der Managemententlohnung des FI zu den drei Informationskonstellationen der Anleger werden im Folgenden an einem einfachen numerischen Beispiel[1119] illustriert, bevor in Kapitel 7.4 zusammenfassend die wichtigsten Resultate allgemein dargestellt werden.

[1118] Zu dieser Ineffizienz von NGOs, die das Ergebnis fehlender Vereinnahmbarkeit der Residualgewinne ist, vgl. Hansmann, 1987, S. 38 und Hansmann, 1980, S. 878 sowie grundsätzlich Alchian/Demsetz, 1972.

[1119] Das Beispiel ist eng angelehnt an Levinthal, 1988, S. 157 f. Vgl. auch Edelmann et al., 1998, S. 23 f.

7.3.4 Ein numerisches Beispiel

Ein Anleger vergibt an einen Finanzintermediär den Auftrag, Nachhaltigkeitsinformationen über bestimmte Unternehmen einzuholen. Der Anleger repräsentiert wiederum den Prinzipal, der FI den Agenten. Es gelten dieselben Annahmen wie in den vorangegangenen Abschnitten. Wie zuvor hat das Management des FI nur die Möglichkeit, zwischen zwei Aktionsniveaus ($\bar{e}$ oder $\underline{e}$) auszuwählen. Insgesamt können nun jedoch nur vier stochastische Umweltzustände mit jeweils derselben Wahrscheinlichkeit eintreten, d. h. die Umweltzustände sind rechtecks- bzw. gleichverteilt. In Tabelle 7-2 sind die Werte möglicher Outputs bzw. Cash-Flows, $q=q(e,\theta)$, in monetären Einheiten für die entsprechenden Umweltzustände und Aktionsniveaus aufgeführt. Je höher der Arbeitseinsatz des Managements ist, umso höher ist der Erwartungswert des Outputs (siehe letzte Spalte).

Der FI ist risikoavers und somit Erwartungsnutzenmaximierer. Seine Nutzenfunktion ist aus (A 11) bekannt und besitzt nun im konkreten Fall folgende Gestalt:

$$u(\alpha(q))=(\alpha(q))^{1/2} \text{ und } d(\bar{e})=40 \text{ bzw. } d(\underline{e})=10. \tag{7-48}$$

Gesucht wird nun ein Entlohnungskontrakt, der den erwarteten Netto-Cash-Flow (erwartete Output-Entlohnung des Prinzipals) unter der Nebenbedingung maximiert, dass der Agent mindestens seinen Reservationsnutzen erhält, der mit $\overline{U}=110$ angenommen wird. Ferner muss die Entlohnung des FI an die Höhe des Outputs gekoppelt werden, um gewünschte Arbeitsanreize zu schaffen. Dies bedeutet, dass der FI eine Entlohnung in Höhe von α_H erfährt, wenn ein Output von *80.000* beobachtet wird. Beträgt der Output hingegen lediglich *40.000*, wird der FI geringer, in Höhe von α_L, entlohnt.

		Umweltzustand (Eintrittswahrscheinlichkeit je 0,25)				E(q)
		θ_1	θ_2	θ_3	θ_4	
Aktions-niveaus	$\bar{e}$	*80.000*	*80.000*	*80.000*	*40.000*	*70.000*
	$\underline{e}$	*80.000*	*40.000*	*40.000*	*40.000*	*50.000*

Tabelle 7-2: Ausgangsdaten
Quelle: in Anlehnung an Levinthal, 1988, S. 158

Zunächst wird die Lösung für **symmetrische Informationsverteilung** ermittelt, d. h. für den Fall, dass der Anleger die Aktion des FI beobachten kann. Analog zu den vorangegangenen Ausführungen sieht das Optimierungsprogramm für das geringere Aktionsniveau $\underline{e}$ folgendermaßen aus:

(7-49) $$\max_{\alpha_H, \alpha_L} \; 0{,}25[80.000 - \alpha_H] + 0{,}75[40.000 - \alpha_L]$$

s.t.

(7-50) $$0{,}25(\alpha_H)^{1/2} + 0{,}75(\alpha_L)^{1/2} - 10 \geq 110.$$

Die Lösung des Programms ist leicht ableitbar und lautet $\overline{\alpha} = \alpha_H = \alpha_L = 14.400$. Der Prinzipal wird dem Agenten für die geringe Arbeitsleistung exakt einen optimalen Lohn in Höhe von *14.400* anbieten. Dieser Lohn ist unabhängig von der Höhe des erzielten Outputs und beschert dem Agenten **exakt seinen Reservationsnutzen.**

Für den höheren Arbeitseinsatz $\overline{e}$ kann analog vorgegangen werden. Hier entspricht die optimale Entlohnung: $\overline{\alpha} = \alpha_H = \alpha_L = 22.500.$

Darauf aufbauend kann der Anleger berechnen, welches Aktionsniveau des Agenten verbunden mit der korrespondierenden Entlohnung seinen erwarteten Netto-Cash-Flow maximiert. Für das Aktionsniveau $\underline{e}$ ergibt sich folgender Erwartungswert: $50.000 - 14.400 = 35.600$. Entsprechend resultiert für das Aktionsniveau $\overline{e}$: $70.000 - 22.500 = 47.500$. Der Anleger wird sich in dieser Konstellation und unter diesen spezifischen Rahmenbedingungen (spezielle Nutzenfunktion und Wahrscheinlichkeitsverteilung der Cash-Flows) für das höhere Aktionsniveau $\overline{e}$ entscheiden, da der zusätzlich erwartete Ertrag ($70.000 - 50.000 = 20.000$) den gestiegenen Agentenlohn ($22.500 - 14.400 = 8.100$) überkompensiert. Dieses Ergebnis hängt sehr stark von den zugrunde gelegten Modellparametern ab. Wird beispielsweise die Nutzenfunktion modifiziert, lässt sich leicht zeigen, dass auch der geringere Arbeitseinsatz $\underline{e}$ zu dominanten Ergebnissen führen kann.

Für den Fall **einfacher Informationsasymmetrie** muss zusätzlich zur Kooperationsbedingung die Anreizkompatibilitätsbedingung erfüllt sein. Für das geringere Aktionsniveau $\underline{e}$ ändert sich an der Entlohnung, wie bereits zuvor gezeigt, nichts im Vergleich zum symmetrischen Fall. Es wird wiederum ein Fixlohn in Höhe von *14.400* angeboten. Der Anleger ist nun allerdings nicht mehr in der Lage, die Aktion des FI zu beobachten.

Für $\bar{e}$ muss der Anleger folgendes Programm lösen:

(7-51) $$\max_{\alpha_H, \alpha_L} \; 0{,}75[80.000 - \alpha_H] + 0{,}25[40.000 - \alpha_L]$$

s.t.

(7-51a) $$0{,}75(\alpha_H)^{1/2} + 0{,}25(\alpha_L)^{1/2} - 40 \geq 110;$$

(7-51b) $$0{,}75(\alpha_H)^{1/2} + 0{,}25(\alpha_L)^{1/2} - 40 \geq 0{,}25(\alpha_H)^{1/2} + 0{,}75(\alpha_L)^{1/2} - 10$$

Die optimale Entlohnung zu diesem Programm lautet: $\alpha_H = 27.255$ und $\alpha_L = 11.025$. Nun sind die Löhne offensichtlich outputabhängig. Wird ein hoher Output erzielt, erhält der FI einen höheren Lohn als den Fixlohn, den er bei Informationssymmetrie bezieht. Bei einem geringen Output muss er allerdings einen Lohnabschlag im Vergleich zum Fixlohn bei Informationssymmetrie hinnehmen. Wird der hohe Arbeitseinsatz gewählt, ist jedoch die Wahrscheinlichkeit, einen hohen Output zu erreichen, viel höher als bei Wahl des geringen Arbeitseinsatzes. Der Erwartungswert der Entlohnung bei Aktionsniveau $\bar{e}$ beträgt exakt: $0{,}75 \cdot 27.255 + 0{,}25 \cdot 11.025 = 23.197{,}50$. Dieser ist höher als der Fixlohn im First-Best-Fall, d. h. die Anreizkompatibilität wirkt wie gewünscht: Das Management hat den Anreiz, einen höheren Arbeitseinsatz zu wählen. Dieses numerische Ergebnis entspricht den bereits zuvor für den allgemeinen Fall abgeleiteten Ergebnissen.

Der erwartete Nettoertrag des Anlegers beträgt nun: $70.000 - 23197{,}50 = 46.802{,}50$. Dieser Betrag ist höher als der, den er erhielte, wenn er $\underline{e}$ induzieren würde (Netto-Cash-Flow = *35.600*). Als Second-Best-Ergebnis ist allerdings der Nettoertrag bei Informationssymmetrie und Induktion von $\bar{e}$ nicht länger erreichbar (Nettoertrag = *47.500*).

Abschließend wird der Fall der **zweifachen Informationsasymmetrie** numerisch analysiert. Ist der Output nicht verifizierbar, resultiert exakt ein anreizkompatibles Ergebnis bzw. ein anreizkompatibler Lohnkontrakt, nämlich ein Fixlohnkontrakt. Gleichzeitig setzt dieser Fixlohnkontrakt die Anreizkompatibilitätsbedingung des Moral-Hazard-Problems zur Erreichung des Aktionsniveaus $e = \bar{e}$ außer Kraft, sodass maximal ein Einsatz des Agenten von $e = \underline{e}$ erreicht werden kann. Folglich sind die numerischen Werte für dieses Beispiel unmittelbar ablesbar:

Entlohnung des Agenten: $\overline{\alpha} = \alpha_H = \alpha_L = 14.400$

Erwartetes Gesamtergebnis: $E(q(\underline{e}, \theta)) = 50.000$

Erwartetes Nettoergebnis des Prinzipals: $E(q) - \overline{\alpha} = 35.600$

Dies ist das einzige erreichbare Allokationsergebnis. Der Vergleich zweier unterschiedlicher Netto-Cash-Flows, wie im informationssymmetrischen Beispiel, entfällt für diesen Fall.

Tabelle 7-3 fasst die Ergebnisse der drei unterschiedlichen Informationskonstellationen abschließend zusammen.

	Symmetrie	Einfache Asymmetrie	Zweifache Asymmetrie
Erw. Gesamtergebnis	*70.000*	*70.000*	*50.000*
FI-Entlohnung	*22.500*	*23.197,50*	*14.400*
Erw. Nettoergebnis	***47.500***	***46.802,50***	***35.600***

Tabelle 7-3: Ergebnisse der unterschiedlichen Informationskonstellationen
Quelle: in Anlehnung an Edelmann et al., 1998, S. 26

7.4 Zusammenfassung der Ergebnisse und Fazit

In einem Zustand vor Vertragsabschluss, in dem sowohl Hidden-Action- als auch Hidden-Knowledge-Probleme existieren, ist lediglich ein einziges anreizkompatibles und damit operationalisierbares Kontraktdesign realisierbar. Dies wird durch einen **Fixlohnkontrakt** in Höhe von $\overline{\alpha} = u^{-1}(\overline{U} + d(\underline{e}))$ verkörpert, der beim Agenten einen Arbeitseinsatz von $e = \underline{e}$ induziert. Ein höheres Aktionsniveau als $e = \underline{e}$ kann unter diesen Bedingungen niemals erreicht werden. Ob dieser Kontrakt ein First-Best- oder ein Third-Best-Ergebnis darstellt, hängt davon ab, ob ein höheres Aktionsniveau den Output dergestalt steigen lässt, dass die zu entrichtende erhöhte Agentenentlohnung überkompensiert wird. Ist das der

Fall, kann aufgrund der schwerwiegenden Informationsasymmetrien lediglich ein Third-Best-Resultat erreicht werden. Diese Konstellation ist im o. g. numerischen Beispiel dargestellt (vgl. Tabelle 7-3). Im anderen Fall ist ein First-Best-Ergebnis weiterhin möglich – dies wird allerdings nur in Ausnahmen zutreffen.

Die Aufteilung des Outputs besitzt bei einem **fixen Vergütungskontrakt** des Agenten folgendes Aussehen:

Entlohnung α des Agenten: $\alpha=\overline{\alpha}=u^{-1}(\overline{U}+d(\underline{e}))$,

Entlohnung β des Prinzipals: $\beta=\underbrace{q(\theta,\underline{e})}_{\text{wahrer Output}}-\underbrace{\overline{\alpha}}_{\text{korrekte Entlohnung}}$.

Welche Folgen hätte eine auch nur marginal **vom Output abhängige Entlohnung**?

Auch unter Zugrundelegung eines variablen Lohnkontrakts wird der Agent einen Arbeitseinsatz von $e=\underline{e}$ wählen, da der Prinzipal weder e noch q beobachten kann und damit sanktionsunfähig ist. Folglich wird diese den Arbeitseinsatz betreffende Ineffizienz, die gemeinhin nur NGOs aufgrund fehlender „Residual Claims" zugeschrieben wird[1120], bei Nichtverifizierbarkeit des Outputs auch FPOs (hier ausgedrückt als outputabhängiger Lohnkontrakt) zuteil. Darüber hinaus wird der Agent einen Output q' an den Prinzipal kommunizieren, der seinen eigenen Nutzen maximiert, d. h. der

(7-52) $$\max_{q'} u(\alpha(q'))-d(\underline{e})$$

s.t.

(7-53) $$\underline{q}\leq q'\leq\overline{q}$$

erfüllt. Da $\partial u(.)/\partial\alpha>0$ sowie $d\alpha(.)/dq'>0$ für alle $q'\in[\underline{q},\overline{q}[$ gilt und $d(e)$ unabhängig von q' ist, wird der Agent seinen Nutzen maximieren, indem er so lange den Output künst-

1120 Dieser Effekt kommt im Modell in Kapitel 7.3.3 durch die Auswahl des geringstmöglichen Arbeitseinsatzes zum Ausdruck; vgl. hierzu insbesondere auch Alchian/Demsetz, 1972. Steinberg, 1986 gibt einen Überblick über Literatur, die versucht, diese Ineffizienzen zu messen.

lich (durch Angabe falscher, zu hoher q'-Werte) erhöht, bis die obere Schranke des Intervalls Q erreicht ist. Diese Bedingung ist bei $q'=\overline{q}$ erfüllt. Der Prinzipal müsste dem Agenten damit stets die mit dem größtmöglichen Outputwert $\overline{q}$ korrespondierende Entlohnung gewähren. Bei einer innerhalb des Intervalls Q monoton steigenden Entlohnungsfunktion entspricht dies der maximalen Entlohnung. Für die Aufteilung des Outputs hätte das folgende Auswirkungen, wobei zu beachten ist, dass der Prinzipal nicht den Output, wohl aber die FI-Entlohnung verifizieren kann:

Entlohnung α des Agenten: $\alpha=\alpha(\overline{q})$

Entlohnung β des Prinzipals: $\beta= \underbrace{q(\theta,\underline{e})}_{\textit{wahrer Output}} \underbrace{-\alpha(\overline{q})}_{\textit{falsche, zu hohe Entlohnung}}$.

Bei einem Vergleich der Betas bei fixer und bei variabler Entlohnung ist unmittelbar evident, dass der **Prinzipal im Falle des Fixlohnkontrakts besser gestellt** wird, da hier nie die maximale Entlohnung an den Agenten ausbezahlt wird. Aufgrund von $\overline{\alpha} < \alpha(\overline{q})$ wird das Residualeinkommen des Prinzipals bei fixer Entlohnung stets höher sein als bei variabler Entlohnung. Würde der Agent dennoch variabel entlohnt, wäre er stets in der Lage, den Prinzipal mithilfe seines Informationsmonopols bezüglich Output und Arbeitseinsatz auszubeuten. Die Höhe des Ausbeutungspotenzials kann wie folgt beschrieben werden:

$$(7\text{-}54) \qquad \Delta\alpha = \alpha(\overline{q} - q(\theta,\underline{e})).$$

Im Extremfall erhält der Prinzipal bei variabler Entlohnung einen Nettoertrag von $\beta = 0$, nämlich genau dann, wenn die an den Agenten ausbezahlte maximale Entschädigung $\alpha(\overline{q})$ den wahren Output $q(\theta,\underline{e})$ vollständig aufbraucht.

Dies bestätigt das bereits zuvor abgeleitete Ergebnis der **Optimalität eines Fixlohnkontrakts**. Es ergibt sich daraus, dass der Agent im Fall der variablen Vergütung neben dem Anreiz, den geringstmöglichen Arbeitseinsatz zu leisten, zusätzlich den Anreiz besitzt, durch eine künstliche Erhöhung des Outputs seinen Nutzen durch eine Erhöhung der monetären Entlohnung zu maximieren. Dieser Anreiz entfällt bei fixer Entlohnung, da hier eine Informationsübermittlung vom Agenten an den Prinzipal redundant ist. Welche Ausprägung die Entlohnung des Prinzipals bzw. des Agenten im Detail besitzt, hängt von der Spezifizierung der Produktionsfunktion q und der Entlohnungsfunktion α ab.[1121]

Insgesamt ergeben sich für den Prinzipal bei Wahl eines variablen gegenüber einem fixen Lohnkontrakts Kostennachteile, da er dem Agenten stets eine zu hohe, nicht dem wahren Output korrespondierende Entlohnung gewährt – **ein variabler Lohnkontrakt ist für den Prinzipal** folglich **ineffizient**. Diese Nachteile, die auf die Informationsasymmetrieprobleme zurückzuführen sind, stellen Agency-Kosten dar. Ein Fixlohnkontrakt verursacht demzufolge geringere Agency-Kosten als ein variabler, vom Output abhängiger Lohnkontrakt. Eingangs dieses Kapitels wurden NGOs aus kontrakttheoretischer Sicht über einen Fixlohnkontrakt und FPOs über einen outputabhängigen Lohnkontrakt definiert.

Folglich verkörpert die **NGO** in dieser hybriden, sowohl Hidden-Action- als auch Hidden-Knowledge-Probleme beinhaltenden Informationsasymmetriesituation die **pareto-optimale Organisationsform.**[1122] Mit dieser Erkenntnis kann die Ausgangsfrage auf Seite 214 (Welches institutionelle Arrangement, NGO oder FPO, minimiert die Delegationskosten, die zwangsläufig bei einem auf eine fremde Partei übertragenen Informationsgenerierungsprozess entstehen?) direkt beantwortet werden: **Die Kooperation eines Anlegers mit einer NGO ist kostengünstiger als die mit einer FPO!**

Unter den getroffenen Annahmen konnte damit die Validität von Ungleichung

(7-8) $$C_{d(NGO)} < C_{d(FPO)}$$

bewiesen werden. **Damit wurde eine ökonomische Legitimation bzw. eine Existenzberechtigung für NGOs in der Rolle von Finanzgutachtern modellendogen abgeleitet und formal begründet!**

Dieser Delegationskostenvorteil der NGO gegenüber der FPO kann seinerseits zur Klärung der Frage verwendet werden, ob die Informationsgenerierung über einen FI tatsächlich effizient ist. Es gilt: Die Wahrscheinlichkeit dafür, dass ein FI die Informationsbereitstellung effizienter als ein einzelner Anleger bewerkstelligen kann, also dass

---

[1121] Vgl. hierzu auch das numerische Beispiel dieses Kapitels.

[1122] Zu vergleichbaren Ergebnissen kommen Easley/O'Hara, 1988 allerdings unter Zugrundelegung eines alternativen Kontraktgegenstandes. Sie analysieren optimale Designs von *Preis*kontrakten und unterscheiden zwischen Festpreis- und Kosten-Plus-Verträgen. Kosten-Plus-Verträge sind das Pendant zu den in dieser Arbeit verwendeten Fixlohnkontrakten, da bei diesem Vertragstypus der Verkäufer seine Kosten plus eine fixe Gebühr erhält, die seinem Gewinn bzw. Einkommen entspricht; vgl. Easley/O'Hara, 1988, 231 ff. und insbesondere das Modell aus Kapitel 3.1.2.

(7-3) $C_s/m + C_d < C_s$

erfüllt ist, steigt für den Fall, dass die Intermediärsfunktion von einer NGO erfüllt wird. Zusätzlich erhöht sich die Wahrscheinlichkeit der Gültigkeit von Ungleichung (7-3) immer dann, wenn die Screening-Kosten, die aus der Überprüfung von Unternehmensspezifika resultieren, absolut betrachtet sehr hoch ausfallen (vgl. Abschnitt 7.1.3 und Fußnote 1015). Diese Eigenschaft ist insbesondere den weichen, kontrastarmen und schwer quantifizierbaren Nachhaltigkeitsinformationen zu konstatieren.[1123]

Unter den getroffenen Annahmen sollte der in dieser Arbeit analysierte **FI-Typus „Finanzgutachter“** demnach **in das institutionelle „Gewand“ der NGO gekleidet** werden bzw. und damit Bezug nehmend auf den Kontinuum-Aspekt aus Abbildung Abbildung 7-7 outputunabhängig entlohnt werden[1124], **um die Agency- oder Reibungskosten zu minimieren**. Dieses Ergebnis ist auch intuitiv plausibel: Aufgrund der Intangibilität ihres Outputs haben Finanzgutachter stets ein **Glaubwürdigkeitsproblem.**[1125] Der Anleger kann dem Finanzgutachter nicht vertrauen, dass dieser ihm qualitativ hochwertige Informationen liefert, da er, aufgrund der Unbeobachtbarkeit des Outputs, keine Sanktionen (wie z. B. Auftragsentzug oder Entlohnungskürzungen) ausüben kann. Folglich wird der Finanzgutachter als rationales Wirtschaftssubjekt gemäß dem ökonomischen Kalkül seinen Ressourceneinsatz minimieren, um seinen Gewinn zu maximieren und entsprechend an seine Eigentümer und sein Management auszuschütten.

Wird der Finanzgutachter nun durch eine NGO verkörpert, entfällt dieser Anreiz aufgrund des Gewinnausschüttungsverbots (NDC).[1126] Ein höherer Gewinn bringt den Managern/Eigentümern des als NGO geführten Finanzgutachters keinen monetären Zusatznutzen, da alle Gewinne innerhalb der Organisation thesauriert und damit dem Organisationsvermögen zum Einsatz für den Organisationszweck zugeführt werden müssen.[1127] Dies weiß wiederum der Anleger, der folglich der NGO mehr Vertrauen entgegenbringt – Ver-

1123 Vgl. Schäfer, 2000, S. 41.
1124 Wie in Kapitel 7.2.2 dargestellt, existieren *in praxi* durchaus auch FPOs, deren Management voll oder teilweise fix entlohnt wird. Die hier vorgenommene lineare Übertragung der Vergütungsstruktur auf die Organisationsform ist in dieser strengen Form folglich nicht ganz realitätskonform; vgl. Easley/O'Hara, 1988, S. 231.
1125 Das beschriebene Glaubwürdigkeitsproblem ist nicht nur für die hier betrachteten Nachaltigkeitsrating-Institutionen, sondern für alle, also auch für die klassischen Credit-Rating-Institutionen charakteristisch; vgl. Schäfer/Lindenmayer, 2004, S. 17. Ihm könnte *in praxi* auch durch die Installation einer spezialisierten staatlichen Aufsicht begegnet werden – diese ist allerdings *de facto* (sowohl für klassische Credit-Ratings als auch für Nachhaltigkeitsratings) weder existent noch geplant; vgl. Schäfer, 2005(d), S. 56.
1126 Zur Diskussion des Non-Distribution Constraint vgl. Abschnitt 8.3.
1127 Vgl. Kapitel 2.1.2.

trauen bzw. Glaubwürdigkeit oder Reliabilität stellt insofern ein wichtiges Asset[1128] der NGO dar.[1129] Durch die Reduzierung von Verhaltensrisiken trägt Vertrauen zur **Überwindung von Agency-Problemen** bei, indem es Reibungsverluste minimiert und dadurch Agency-Kosten reduziert.[1130]

In diesem Sinne kann die Organisationsform NGO implizit[1131] als **Signal**[1132] aufgefasst werden: Sie signalisiert dem Anleger glaubhaft, nicht vom Finanzgutachter übervorteilt zu werden.[1133] „It is general scholarly consensus that (…) the nonprofit form serves as a crude but effective *consumer protection device* (Kursivschrift nicht im Orginal, Anm. d. Verf.) in severe situations of asymmetric information. More particularly, nonprofit constraints reduce opportunism where consumers (…) are unable to evaluate accurately the quantity or quality of the service that the firm produces for them. The advantage of a nonprofit firm in such situations is that, by virtue of the nondistribution constraint, the managers of the firm are limited in their ability to benefit personally from providing consumers with fewer or lower quality services than promised, and thus have less incentive to do so."[1134] Der Organisationstypus NGO dient dem Anleger folglich als Prädiktor für normatives Verhalten seitens des Finanzgutachters.[1135]

Alternativ zu anreizkompatiblen Kontrakten bzw. zu NGOs als optimales institutionelles Arrangement können auch Kosten verursachende Signale die skizzierten Informationsasymmetrieprobleme beseitigen bzw. reduzieren.[1136] Insbesondere FPOs, die offensichtlich einen institutionsspezifischen Nachteil gegenüber NGOs besitzen, sollten demnach diese Form des Kooperationsdesigns verfolgen. Eine Möglichkeit des FI wäre, seine produzierte Information zur **Portefeuille-Selektion** zu nutzen, wodurch er dem potenziellen Informationskäufer signalisiert, dass seine angebotene Information hohe Qualitätseigenschaften er-

[1128] Glaubwürdigkeit wird von Rieth/Göbel, 2005, S. 259 als das wichtigste Kapital von NGOs bezeichnet; vgl. hierzu auch Ferris/Grady, 1991. Entsprechend verkörpert der Name bzw. die Marke regelmäßig das wertvollste Asset von NGOs; vgl. O'Flanagan/Taliento, 2004, S. 116 f. Auf die Bedeutung der Reliabilität von Finanzintermediären im Allgemeinen geht Cosimano, 2004, ein.

[1129] In diesem Zusammenhang wird auch der Begriff „Vertrauenskapital" verwendet. Die wissenschaftliche Literatur weist Vertrauen/Vertrauenskapital bzw. Glaubwürdigkeit einheitlich zentrale Bedeutung für den Absatz nachhaltiger Finanzdienstleistungen zu; vgl. hierzu z. B. Goedeckemeyer, 2006, S. 18; Garz et al., 2002, S. 23 ff. oder Schäfer, 2000, S. 41.

[1130] Vgl. Sjurts, 1998, S. 285 oder Arrow, 1974, S. 23.

[1131] Das mit diesem Modell explizit abgeleitete Ergebnis stellt die NGO als Optimallösung in Form eines Fixlohnkontrakts dar. Gleichzeitig kann dieses Ergebnis implizit als glaubhaftes Signal dem Prinzipal gegenüber interpretiert werden.

[1132] Vgl. z. B. Hirth, 1999, S. 221.

[1133] Vgl. Kingma, 2003, S. 62. Bendell bezeichnet in diesem Zusammenhang NGOs als „Warenhäuser für ethische und ökologische Glaubwürdigkeit"; Bendell, 2000, S. 156.

[1134] Hansmann, 1994, S. 2, zitiert nach Ortmann/Schlesinger, 2003, S. 80.

[1135] Vgl. auch Young, 1986, S. 172.

[1136] Vgl. Kapitel 7.1.1. In diesem Modell wurden Signale als Kooperationsdesign allerdings per Annahme ausgeschlossen.

füllt.[1137] Hierdurch würde der Finanzgutachter jedoch zum Finanzproduzenten mutieren[1138], und dieser steht nicht im Fokus dieser Arbeit.

Als weitere Signaling-Option besitzt der **Finanzgutachter die Möglichkeit**, sich bzw. **seinen Leistungserstellungsprozess freiwillig prüfen zu lassen**. „On the other hand, because of the absence of loan- and deposit-type contracts to dissipate informational problems, a model explaining IGA's [information gathering agencies] must rely on monitoring-related mechanisms."[1139] Dies kann durch die Zertifizierung des FI bzw. des Finanzgutachters erreicht werden.[1140] Als Zertifizierung wird die Überprüfung der Qualität eines Agenten durch einen Dritten bezeichnet, um die zwischen Agent und Prinzipal existierende Informationsasymmetrie hinsichtlich der Qualität des zu Beauftragenden zu reduzieren.[1141] Vorteilhaft ist die Übertragung dieser Aufgabe an eine darauf spezialisierte Zertifizierungsstelle, wenn damit im Vergleich zur direkten Informationsübertragung vom FI zum Anleger Vorteile für beide Parteien verbunden sind. Sinnvoll aus Sicht des Anlegers ist die Einschaltung einer Zertifizierungsstelle, wenn diese die Evaluierung des FI kostengünstiger und präziser durchführen kann als der Anleger selbst.[1142]

Davon ist nicht ohne weiteres auszugehen: Zwar greift auch an dieser Stelle wieder das „Reusability"-Argument[1143], und Skalen-, Spezialisierungs- und/oder Verbunderträge sind zusätzlich in der Lage, die Evaluierungskosten pro Anleger zu senken.[1144] Jedoch muss auch an dieser Stelle bedacht werden, dass durch die Einschaltung eines (zusätzlichen) Intermediärs das Informationsasymmetrieproblem **letztlich nicht gelöst, sondern lediglich verschoben wird**. Auch die Zertifizierungsstelle hat u. U. einen Anreiz, qualitativ schlechte oder falsche Informationen an den Anleger weiterzuleiten. Sie könnte beispielsweise mit dem FI kooperieren und stets nur positive Informationen übermitteln, um für beide Parteien wünschenswerte Ergebnisse zu erreichen. Vorteilhaft für den FI ist die Einschaltung einer Zertifizierungsstelle allerdings nur, wenn diese die Informationen über seine Qualität glaubwürdiger als er selbst an den Anleger übermitteln kann. Letztlich stellt sich auch an

---

[1137] Dies ist der Ansatz, mit dem Leland/Pyle das Informationsasymmetrieproblem bzgl. des Outputs „Information" lösen; vgl. Leland/Pyle, 1977, S. 382 ff. Damit dieser Ansatz für den hier untersuchten Fall anwendbar ist, müsste der FI als **nachhaltiger** Anleger modelliert werden.

[1138] Eine Ausnahme hiervon wäre, wenn der FI nur seine eigenen Finanzmittel seiner Information entsprechend anlegen würde. Damit würde er faktisch gleichzeitig die „Direkt-Exit"- und die „Indirekt-Exit"-Strategie verfolgen.

[1139] Vgl. Millon/Thakor, 1985, S. 1403.

[1140] Beispielsweise lässt SAM ihre Rating-Urteile stichprobenmäßig von einer externen Revisionsgesellschaft verifizieren und kommuniziert dies auch nach außen; vgl. Schäfer/Lindenmayer, 2004, S. 121 ff.

[1141] Vgl. Booth/Smith, 1986, S. 266.

[1142] Vgl. Chan, 1983, S. 1552.

[1143] Vgl. Kapitel 6.5.2.1.

[1144] Vgl. Michaelsen, 2001, S. 189 sowie Abschnitt 8.2.1.

dieser Stelle die Frage, **wer bzw. wie die Qualität der Zertifizierungsstelle kontrolliert wird**. Um die Vorteilhaftigkeit der Zwischenschaltung einer Zertifizierungsstelle insgesamt und abschließend beurteilen zu können, müsste folglich wiederum eine detaillierte Analyse, die explizit die Kosten der direkten und indirekten Beziehung miteinander vergleicht, durchgeführt werden.

Ein denkbares Ergebnis wäre beispielsweise, die Zertifizierungsstelle wiederum als NGO zu organisieren, da dann, wie zuvor abgeleitet, die Zertifizierungsstelle keinen Gewinnerzielungsanreiz besitzt. In diesem Zusammenhang ist der Bundesverband der Ratinganalysten und Ratingadvisor e. V. (BdRA)[1145] zu nennen, der u. a. (Nachhaltigkeits-)Rating-Agenturen akkreditiert, sofern sie den BdRA-Grundsätzen des Nachhaltigkeitsratings genügen.[1146] Ferner kann auch u. U. der Aufbau von Reputation durch die Zertifizierungsstelle dazu beitragen, das Informationsasymmetrieproblem zu lösen.[1147]

In praxi sind **Zertifizierungsdienstleistungen** durchaus beobachtbar. Neben dem bereits genannten BdRA wurde im Jahr 2004 der **freiwillige Qualitätsstandard** „Corporate Sustainability and Responsibility Research-Quality Standard 1.0“ (kurz: **CSRR-QS 1.0**), von der Association for Independent Corporate Sustainability and Responsible Research (AICSRR) eingeführt, damit „Qualität und Glaubwürdigkeit innerhalb der Branche (…) sichergestellt und erhöht werden.“[1148] Um dem CSRR-QS 1.0 zu genügen, werden die Finanzgutachter seit 2006 von einem unabhängigen Gremium (AICSRR) auf die **Einhaltung von zehn Qualitätsprinzipien** regelmäßig überprüft. Hierzu gehören u. a. Transparenz, Unabhängigkeit und der Dialog mit den zu überprüfenden Unternehmen.[1149] Die zentrale Bedeutung, die Vertrauen und Glaubwürdigkeit für die Existenz von Nachhaltigkeits-

---

[1145] Der Bundesverband der Ratinganalysten und Ratingadvisor e. V. ist aus dem ehemaligen RatingCert e. V. hervorgegangen.

[1146] Die BdRA-Grundsätze des Nachhaltigkeitsratings gliedern sich in die folgenden vier Teilgebiete: *Allgemeine Pflichten der Rating-Agentur* (Unabhängigkeit, Verbot der widerstreitenden Interessen, Qualifikation der Analysten, Sicherung der gewissenhaften Analysedurchführung, Sicherung der qualifizierten Urteilsfindung etc.), *Erhebungsgrundsätze* (Entkoppelung von Erhebung und Beurteilung, Dokumentation der Erhebung, Plausibilitätsprüfung etc.), *Beurteilungsgrundsätze* (Einzelbeurteilung der Erfolgsfaktoren, Ausgewogenheit zwischen Vergangenheits- und Zukunftsbezogenheit, Branchenorientierung und Länderorientierung, Nachvollziehbarkeit), *Allgemeine Pflichten des Analysten* (Unparteilichkeit, Gewissenhaftigkeit, Unvereinbarkeit von Analystentätigkeit und Beratung etc.). Für nähere Informationen siehe BdRA, 2004 sowie grundsätzlich http://www.bdra-ev.de., Zugriff am 29.03.2007.

[1147] Zum Kooperationsdesign „Reputation“ vgl. Kapitel 8.4.

[1148] Offizielle Pressemitteilung der AICSRR; vgl. imug, 2005, URL siehe Literaturverzeichnis.

[1149] Vgl. imug, 2006, URL siehe Literaturverzeichnis in Verbindung mit AICSRR, 2006, S. 3 ff., URL siehe Literaturverzeichnis.

Finanzgutachter besitzen[1150], wird mit diesen exemplarischen Qualitätsprinzipien nochmals unterstrichen.

[1150] Vgl. insbesondere auch Schoenheit, 2005, S. 247 ff. und 295 ff.

8 Prämissendiskussion und Modellerweiterung

Wie bei jeder modelltheoretischen Analyse, hängen auch die im vorigen Kapitel abgeleiteten Ergebnisse entscheidend von den zugrunde gelegten komplexitätsreduzierenden Prämissen ab. Nachfolgend werden die zentralen Annahmen kritisch diskutiert, um die Robustheit der abgeleiteten Ergebnisse zu prüfen. Hierbei wird auch eine Erweiterung des Grundmodells vorgenommen (Kapitel 8.4): Zur kritischen Reflexion der Annahme der Einperiodigkeit wird das ursprünglich statische Modell dynamisiert und damit einer intertemporalen Analyse zugänglich gemacht. Zunächst wird jedoch die Abhängigkeit der Ergebnisse von der zugrunde gelegten Annahme der Nichtverifizierbarkeit des Outputs erörtert.

8.1 Die Verifizier- bzw. Nichtverifizierbarkeit des Outputs

Die zwischen Anleger und FI evidente asymmetrische Informationsverteilung hinsichtlich des Outputs q ist konstitutiv für die ökonomische Legitimation bzw. für die Existenzberechtigung von NGOs. Wird, wie in Abschnitt 7.3.2 gezeigt, das Informationsmonopol des Agenten über den Output aufgehoben, verkörpert nicht die NGO, sondern die FPO in Form eines outputabhängigen Lohnkontrakts (bis auf eine Ausnahme) das pareto-optimale institutionelle Arrangement. Damit wurden Optimallösungen für die Fälle

- vollständige bzw. kostenlose Verifizierbarkeit des Outputs

  und

- vollständige Nichtverifizierbarkeit des Outputs

abgeleitet. Es stellt sich nunmehr im Anschluss die Frage, welche Organisationsform bei teilweiser bzw. Kosten verursachender Verifizierbarkeit des Outputs komparative Kostenvorteile besitzt. Kosten verursachend kann die Verifizierung des Outputs deshalb sein, weil Überwachungs- und Kontrolltätigkeiten üblicherweise den Einsatz von Ressourcen erfordern. Je schwieriger sich die Verifizierung des Outputs herausstellt, desto mehr Ressourcen verschlingen die Kontroll- und Überwachungstätigkeiten. Ist der Output teilweise verifizierbar, stellt es für den Prinzipal grundsätzlich eine Option dar, mit einer FPO zu kontrahieren, da die den Output betreffende Informationsasymmetrie beseitigt bzw. reduziert werden kann. Dadurch sinken die Manipulationsmöglichkeiten des Agenten, und es sinkt auch der Versicherungsschutz, den NGOs gegen Ausbeutung mittels des NDC gewähren.

Gleichzeitig steigt die Möglichkeit des Prinzipals, vom Output Rückschlüsse auf den tatsächlich erbrachten Arbeitseinsatz des Agenten zu ziehen, wodurch Anreize zur Wahl eines hohen Arbeitseinsatzes grundsätzlich induzierbar sind.

Diese Agency-Kosten reduzierenden Effekte muss sich der Prinzipal jedoch durch das Tragen anderer Agency-Kosten, nämlich der Überwachungskosten, „erkaufen". Bei nur marginaler Verifizierbarkeit des Outputs sind sehr hohe Überwachungskosten zu leisten, die mit steigender Beobachtbarkeit des Outputs abnehmen. Nur wenn durch die Überwachung netto Agency-Kosten eingespart werden können, kontrahiert der Prinzipal unter Durchführung von Verifikationstätigkeiten mit einer FPO. **Mit steigender Verifizierbarkeit des Outputs steigt folglich die Wahrscheinlichkeit dafür, dass FPOs gegenüber NGOs Kostenvorteile für den Prinzipal aufweisen**, da mit steigender Verifizierbarkeit des Outputs die Agency-Kosten der Organisationsform FPO (NGO) sinken (steigen)! Die konkrete Lösung des skizzierten Entscheidungsproblems hängt im Einzelnen von den jeweiligen Verifikationstechnologien und den damit verbundenen Verifikationskosten der Prinzipale ab. Allgemein lassen sich die beschriebenen Zusammenhänge wie in Abbildung 8-1 dargestellt abbilden, wobei lineare Kostenverläufe unterstellt wurden.

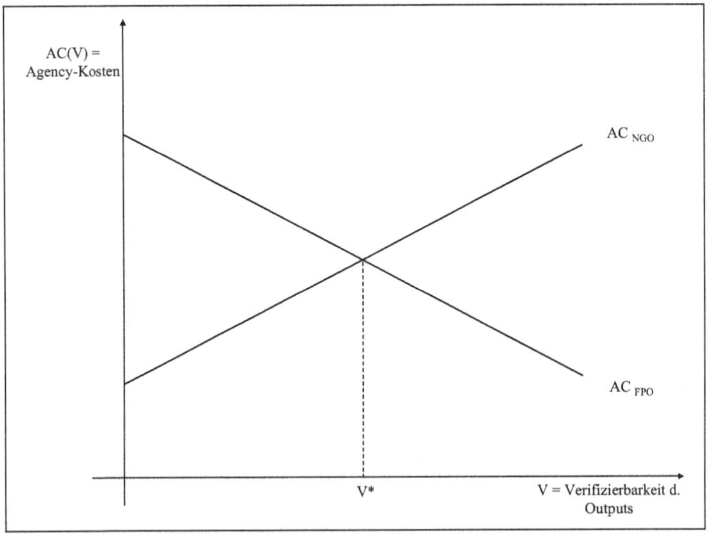

Abbildung 8-1: Abhängigkeit der institutionsspezifischen Agency-Kosten von der Verifizierbarkeit des Outputs
Quelle: eigene Darstellung

Folgendes Ergebnis ist unmittelbar ableitbar:

$$\text{für} \begin{cases} V < V^*: \textit{NGO ist vorteilhaft, da } AC_{NGO} < AC_{FPO}; \\ V > V^*: \textit{FPO ist vorteilhaft, da } AC_{NGO} > AC_{FPO}. \end{cases}$$

Bis zu einem bestimmten kritischen Wert der Verifizierbarkeit des Outputs V^* ist die Organisationsform NGO der FPO hinsichtlich der Agency-Kosten überlegen. Der Versicherungsschutz überwiegt hier die Nachteile, die aus den geringen Arbeitsanreizen resultieren. Ab diesem kritischen V^* dominiert die FPO. Die Überwachungskosten werden nun durch die höheren Ergebnisse, die durch entsprechende Arbeitsanreize induziert werden, überkompensiert.

Welche Organisationsform – NGO oder FPO – insgesamt, d. h. bei Berücksichtigung beider Agency-Kostenkomponenten, **Effizienzvorteile besitzt, hängt entsprechend von der relativen Stärke der jeweiligen gegenläufigen Kosteneffekte ab**, die ihrerseits von der Art der zu produzierenden Güter oder Dienstleistungen und den Marktbedingungen (Informationsstand der Akteure etc.) determiniert werden.[1151]

8.2 Die Rolle der Screening-Kosten C_s

Im Grundmodell mit zweifacher Informationsasymmetrie wurde gezeigt, dass delegierte Informationsbeschaffung und -übermittlung effizienter durch eine NGO als durch eine FPO bewerkstelligt werden kann. Simultan wurde damit gezeigt, dass mit Anweisung einer NGO die Wahrscheinlichkeit dafür steigt, dass das Unternehmensscreening durch einen FI kostengünstiger als durch einen einzelnen Anleger geleistet werden kann. Formal ausgedrückt: Die Wahrscheinlichkeit dafür, dass

$$(7\text{-}3) \qquad C_s/m + C_d < C_s$$

gilt, steigt für den Fall, dass eine NGO den FI verkörpert. Beide Resultate rekurrieren ausschließlich auf **Transaktions**kosten[1152], nämlich auf der Minimierung der Delegationskos-

[1151] Vgl. auch Kraus/Stegarescu, 2005, S. 22 sowie Hansmann, 1987, S. 38 und 1980, S. 878.

[1152] Darüber hinaus konnte jedoch hinsichtlich der operativen Kosten des Unternehmens-Ratings gezeigt werden, dass die Wahrscheinlichkeit für die Kostenvorteilhaftigkeit der intermediären Informationsbeschaffung aufgrund des Reusability-Arguments mit zunehmenden Screening-Kosten steigt; vgl. Abschnitt 7.4 und insbesondere Fußnote 1015.

ten C_d, die sich durch die Beauftragung einer NGO ergibt.[1153] Im bisherigen Modellverlauf wurde stets angenommen, dass die operativen Kosten zur Durchführung eines komplexen Unternehmensratings – d. h. die **Produktions**kosten, die innerhalb des Modells durch die Screening-Kosten C_s repräsentiert wurden[1154] – sowohl für die Akteure *Anleger* und *FI* als auch für die Organisationstypen *NGO* und *FPO*, die in dieser Arbeit den FI verkörpern können, in ihrer Höhe jeweils identisch sind.[1155] Dieses zweite Kostenelement des Kontrakts wurde bislang folglich weitgehend ausgeklammert.

Auch diese Annahme bedarf einer kritischen Prüfung, da die Höhe der anfallenden Screening-Kosten von der individuellen Informationsproduktionstechnologie des jeweiligen Anlegers bzw. FIs abhängt.[1156] Könnte nämlich gezeigt werden, dass ein FI komparative Screening-Kosten-Vorteile gegenüber einem einzelnen Anleger besitzt, würde dies die Wahrscheinlichkeit der Vorteilhaftigkeit der Informationsbeschaffung durch einen FI gegenüber einem einzelnen Anleger weiter erhöhen. Darüber hinaus ist zu untersuchen, ob innerhalb des FI eine der beiden Organisationsformen (NGO oder FPO) komparative Screening-Kosten-Vorteile bei der Überprüfung der Nachhaltigkeit eines Unternehmens besitzt, um daraus die entsprechenden Rückschlüsse auf die Ergebnisse des Kapitels 7.3.3 zu ziehen.

8.2.1 Screening-Kosten eines FI vs. Screening-Kosten eines einzelnen Kapitalgebers

Zunächst wird der FI *nicht* in seiner organisationsspezifischen Ausprägung betrachtet. Vielmehr werden die Kosten betrachtet, die der FI – unabhängig von der Organisationsform (FPO oder NGO) – bei der Überprüfung der Nachhaltigkeitskomponente eines Unternehmens verursacht, und den Screening-Kosten eines einzelnen Anlegers gegenübergestellt. Entscheidend hierbei ist, wie bereits erwähnt, die Informationsproduktionstechnolo-

[1153] Die Kosten anreizkompatibler Kontrakte (Agency-Kosten) werden hierbei unter die Transaktionskosten subsumiert; vgl. auch Fußnote 951.

[1154] Ob die Screening- bzw. Informationsproduktionskosten, die im Rahmen der Anlageentscheidung eines Kapitalanlegers anfallen, als *Transaktions*kosten wie in Kapitel 6 oder wie hier und in Kapitel 7 als *Produktions*kosten zu bezeichnen sind, hängt vom Betrachtungswinkel ab. In Kapitel 6 wurden die Informationsproduktionskosten als Kosten bei der Anbahnung von Finanztransaktionen definiert und folgerichtig als Transaktionskosten bezeichnet, die beim Abschluss von Finanzkontrakten anfallen. Im Mittelpunkt der Betrachtung stand dabei die (übergeordnete) Finanzdienstleistung, deren Verkauf u. a. begleitende Informationsdienstleistungen erfordert. In Kapitel 7 wurde hingegen exklusiv der dem eigentlichen Finanztransaktionsprozess (untergeordnete) Informationsproduktionsprozess fokussiert. Information wurde als eigenständiges Produkt betrachtet, das wie andere Güter auf Märkten gehandelt wird. Folglich wurden (und werden innerhalb dieses Kapitels) die Kosten zur Herstellung von Information als Produktionskosten bezeichnet.

[1155] Vgl. Abschnitt 7.1.3, Seite 207.

[1156] Vgl. Kurz, 1974, S. 3.

gie[1157]. Diese lässt sich ihrerseits in zwei Komponenten einteilen: Während Überwachungstechnologien auf die reine Erhebung von Unternehmensdaten rekurrieren, wird mit der Produktionstechnologie die Transformation der ursprünglichen Informationen in neue Informationen (z. B. in Form eines Rating-Reports oder Rating-Urteils) angesprochen. Es ist somit der Prozess zur Beschaffung, Verarbeitung, Strukturierung und Transformation von Information im Allgemeinen und von SRI-Information im Speziellen genauer zu beleuchten.[1158]

Die Aktivitäten zur Beurteilung eines Unternehmens lassen sich in verschiedene Elemente aufteilen. Diesbezüglich wird zwischen Informationsaktivitäten unterschieden, die sich einerseits auf die Bereitstellung von **Basisinformationen** und andererseits auf **unternehmensspezifische Informationen** beziehen (vgl. Abbildung 8-2). „*Basisinformationen* stellen die Grundlage für eine Vielzahl von Unternehmensbewertungen dar, während *unternehmensspezifische Informationen* zu einem bestimmten Zeitpunkt beschafft werden, um eine einzelne Gesellschaft zu bewerten (...) (Kursivschrift nicht im Original; Anm. d. Verf.).“[1159]

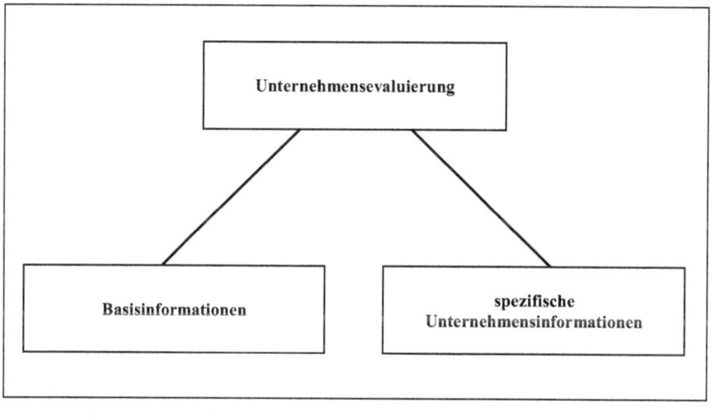

Abbildung 8-2: Informationselemente zur Beurteilung eines Unternehmens
Quelle: eigene Darstellung

[1157] Nach Müller/Eisen, 1985, S. 21 wird die Transaktionstechnologie durch die Informationstechnologie operationalisiert, denn: „(...),transaction costs' are the resource losses incurred due to imperfect information“.
[1158] Vgl. Müller/Eisen, 1985, S. 21 in Verbindung mit S. 25.
[1159] Michaelsen, 2001, S. 71.

8.2.1.1 Economies of Scale

Um aussagekräftige unternehmensspezifische Analysen zu produzieren, sind zunächst spezielle Basisaktivitäten zu leisten bzw. Basisinformationen zu generieren, die Investitionen darstellen. Hierzu zählen z. B. der Aufbau von fachspezifischem Know-How hinsichtlich grundsätzlich bewertungsrelevanter Unternehmensinformationen sowie adäquater Bewertungsmodelle, der Erwerb von Kenntnissen über verfügbare Informationsquellen oder die Beschaffung von Informationen zu relevanten Umfeldbedingungen wie beispielsweise die Branchenentwicklung.[1160]

Diese Basisaktivitäten fallen stets an, egal ob ein einziges oder eine Vielzahl von Unternehmen evaluiert werden. Folglich können die damit verbundenen Kosten als Fixkosten charakterisiert werden, die über alle Evaluierungen verteilbar sind und mit zunehmender Anzahl der zu überprüfenden Unternehmen abnehmen (Fixkostendegression).[1161] Aus diesen Skalenerträgen kann *per se* noch kein komparativer Kostenvorteil für den spezialisierten FI abgeleitet werden, da grundsätzlich auch jeder Anleger die ihm bei der Akquisition von Basisinformationen entstehenden Fixkosten auf eine Vielzahl von Einzelengagements verteilen kann. Allerdings wird aufgrund limitierter Anlagemittel eines einzelnen Kapitalgebers ab einer bestimmten Anzahl von Titeln das investierte Finanzvolumen pro Titel so klein, dass sich die beim Kauf und Verkauf anfallenden Transaktionskosten als prohibitiv erweisen.

Der FI unterliegt dieser Restriktion in geringerem Maße, da er die aufbereiteten Nachhaltigkeitsinformationen aufgrund ihrer Nichtrivalität im Konsum an eine Vielzahl von m Anlegern veräußern kann. In Summe betrachtet verfügen die m Anleger i. d. R. über ein größeres Finanzvolumen als ein einzelner Anleger[1162], sodass sich die beim Kauf und Verkauf anfallenden Transaktionskosten mit großer Wahrscheinlichkeit als *nicht*prohibitiv erweisen. Notwendige Bedingung für die uneingeschränkte Realisierung von Economies of Scale bei der Bereitstellung von Basisinformationen ist allerdings, dass die m Anleger in eine hinreichend große Anzahl verschiedener Unternehmen investieren möchten. Nur dann

---

[1160] Fast ausnahmslos alle in Kapitel 5.2.4.2 analysierten Informationsanbieter verwenden einen sogenannten Best-in-Class-Ansatz, bei dem die Nachhaltigkeitsperformance eines Unternehmens im Verhältnis zur korrespondierenden Branche dargestellt wird; vgl. Schäfer/Lindenmayer, 2004, S. 101 ff.

[1161] Die gesamten Screening-Kosten und damit auch deren Fixkostenanteil können natürlich auch über die Nachfrageseite über die m Investoren verteilt werden (Reusability-Argument); vgl. hierzu auch Kapitel 6.5.2.1. Dieser Effekt ist jedoch explizit in Ungleichung (7-3) durch den Term C_s/m abgebildet und wird im Weiteren nicht mehr weiterverfolgt.

[1162] Im Rahmen des Modells in Kapitel 7 wurde das Anlagevolumen eines einzelnen Finanzinvestors nicht näher spezifiziert. Wird beispielsweise davon ausgegangen, dass alle m Anleger über denselben Anlagebetrag verfügen, wie z. B. im Ausgangsmodell von Diamond, ist das Finanzvolumen der m Anleger insgesamt m mal so groß wie das eines einzelnen Finanzinvestors.

resultiert entsprechend eine Nachfrage nach unterschiedlichen, unternehmensspezifischen Informationsdienstleistungen, die ihrerseits jedoch allesamt auf dieselben Basisinformationen rekurrieren. Die Kosten zur Beschaffung von Basisinformationen können dann auf alle nachgefragten Unternehmensevaluierungen umgelegt werden.

Die Screening-Kosten C_s bestehen jedoch nicht ausschließlich aus Fixkosten, sondern besitzen zusätzlich eine variable Kostenkomponente, die linear mit der Anzahl zu überprüfender Unternehmen steigt. Mit diesen Kosten korrespondieren die unternehmensspezifischen Informationen, die sich *per definitionem* lediglich auf einen Titel bzw. ein Unternehmen beziehen. Diese variablen Kosten fallen grundsätzlich aufs Neue für jede Evaluierung eines noch ungeprüften Unternehmens an, egal ob die Überprüfung durch einen FI oder durch einen einzelnen Anleger vorgenommen wird. Allerdings ist der Anteil der variablen Kosten an den gesamten Screening-Kosten nicht konstant, sondern von der jeweils verwendeten Informationsproduktions- und Kommunikationstechnologie determiniert. Hierbei ist zu beachten, dass Intermediation u. U. den Einsatz von Technologien vorteilhaft werden lässt, die bei höheren Fixkosten *ceteris paribus* zur einer Verringerung der variablen Kostenkomponente führen, während sich der Transfer zu einer solchen Technologie für einzelne Anleger nicht auszahlt.[1163] Insbesondere im Bereich der Informationsdienstleistung basieren Transaktionen auf einer entsprechenden technologischen und physischen Infrastrukur. Denkbar sind im thematischen Kontext beispielsweise leistungsstarke IT-Datenbanken, die bestimmte Anforderungen an Hard- und Software voraussetzen, die für einen einzelnen Anleger u. U. prohibitive Kosten verursachen. Der Aufbau und der Unterhalt dieser Infrastruktur führen zu Fixkosten der Informationsproduktion. Folglich ist ein FI durch Implementierung solcher „Technologie-Switches" in der Lage, den variablen Kostenanteil zu reduzieren. Gleichzeitig steigt hierdurch der prozentuale Anteil der Fixkosten an den gesamten Screening-Kosten C_s, der allerdings wiederum auf alle Unternehmensevaluierungen umgelegt werden kann – zusätzliche Fixkostendegressionseffekte sind möglich.

Es bleibt festzuhalten, **dass Screening-Aktivitäten zu einem Großteil Fixkosten** (Aufbau von Know-How, Informatik etc.) **produzieren, die mit steigender Menge der zu beurteilenden Projekte bzw. Unternehmen zu sinkenden Grenzkosten führen**. Dieser Tatsache wird durch die Dynamik des technologischen Fortschritts, insbesondere im Bereich der Informations- und Kommunikationstechnologie, zusätzlich Gewicht verliehen, da zuneh-

[1163] Vgl. Breuer, 1993, S. 73.

mender Technologieeinsatz zu einer wachsenden Substitution von Arbeits- durch Kapitalkosten und damit von mittelfristig variablen zu langfristig fixen Kosten führt.[1164]

8.2.1.2 Economies of Specialisation/Economies of Scope

Neben Skalenerträgen können FIs auf dem sowohl Arbeitsprozess bezogen als auch thematisch eng abgesteckten Feld des Nachhaltigkeitsratings zusätzlich Economies of Specialisation realisieren.[1165] Prozessbezogene Spezialisierungserträge sind durch FIs dadurch erzielbar, dass sie sich auf spezielle Arbeitsschritte innerhalb der Wertschöpfungskette konzentrieren und diese optimieren (z. B. durch die Automatisierung von Handlungsabläufen).[1166] So dürften die Suchkosten, die bei der Identifikation relevanter Unternehmensinformationen entstehen, bei einem einzelnen Anleger deutlich höher sein als beim spezialisierten FI, der in der Lage ist, auf die Kenntnis entsprechender Informationsquellen und auf Erfahrungswerte zurückzugreifen. Ferner können bei der Beschaffung und Verarbeitung bewertungsrelevanter Informationen (themenbezogene) Economies of Specialisation realisiert werden, indem FIs ihre Informationsaktivitäten auf einzelne Marktsegmente konzentrieren.[1167] Ressourcen können auf diese Weise gezielter für den Aufbau einer ausgeprägten Expertise im fokussierten Tätigkeitsfeld der Nachhaltigkeit eingesetzt, relevante Informationen schneller identifiziert und umfassender genutzt werden. Die so zur Verfügung stehenden Daten ermöglichen eine präzisere und zeitnahere Bewertung der Unternehmen.[1168] Zusätzlich können FIs Verbunderträge realisieren, wenn spezifische Inputfaktoren für mehrere Produkte verwendbar und die entstandenen Kosten entsprechend auf mehrere Produkte umlegbar sind. Insbesondere Inputfaktoren, die nicht-rivalisierend im Konsum sind (vor allem Information), eröffnen FIs im Allgemeinen und Finanzgutachtern im Besonderen hierdurch bedeutende Kostenreduktionspotenziale. Notwendige Bedingung ist allerdings, dass sie mehr als ein Produkt bzw. eine Dienstleistung anbieten – sie folglich Mehrproduktunternehmen verkörpern. Für die überwiegende Mehrheit der im Rahmen des Kapitel 5 analysierten FIs ist diese Bedingung erfüllt.[1169]

[1164] Vgl. z. B. Mishkin/Eakins, 2006, S. 473.

[1165] Für eine Gegenüberstellung von Economies of Scale und Economies of Specialisation siehe Benston/Smith, 1976, S. 222 f. oder aktueller de Fontenay/Hogendorn, 2005, S. 4 ff.

[1166] Vgl. Mishkin/Eakins, 2006, S. 25.

[1167] Vgl. Benston/Smith, 1976, S. 222 f.

[1168] Vgl. Michaelsen, 2001, S. 75.

[1169] Vgl. hierzu die entsprechenden Internetseiten der Rating-Institutionen. So bietet beispielsweise Scoris vier verschiedene Produkte bzw. Dienstleistungen an (SiRi-Pro, SOCRATES, Anleihen-Research, Investmentberatung), die allesamt auf dem Inputfaktor „Nachhaltigkeitsinformation" rekurrieren, den sie selbst produzieren; vgl. http://www.scoris.de/leistungen.htm; Stand: 24.03.2007.

Folglich sind auch hinsichtlich dieser Spezialisierungs- und Verbundeffekte klare komparative Kostenvorteile des FI gegenüber einem einzelnen Anleger ableitbar, der sich zunächst adäquates prozessbezogenes sowie themenbezogenes Fachwissen aneignen müsste, um zu aussagekräftigen (Nachhaltigkeits-)Urteilen zu gelangen und diese darüber hinaus i. d. R. nur ein einziges Mal, für eine einzige Transaktion (z. B. für einen Aktienkauf) verwendet. Die sogenannten Partizipationskosten[1170] – die Kosten, die den Marktteilnehmern entstehen, wenn sie selbst am Kapitalmarktgeschehen partizipieren wollen –, fallen somit für den spezialisierten FI in geringerer Höhe an als für den individuellen Kapitalgeber.

8.2.1.3 Fazit

Der FI kann insgesamt die Höhe der Screening-Kosten C_s durch Nutzung von Economies of Scale, Economies of Specialisation und/oder Economies of Scope signifikant reduzieren. Dem einzelnen Anleger stehen diese Möglichkeiten nur sehr bedingt zur Verfügung. Somit kann konstatiert werden, dass die Überprüfung der Nachhaltigkeit eines Unternehmens beim FI geringere Screening-Kosten verursacht als bei einem einzelnen Anleger. Ungleichung (7-3) kann entsprechend umformuliert werden zu:

$$(7\text{-}3') \qquad C_{sFI}/m + C_d < C_{sI}\,, \qquad mit \;\; C_{sFI} < C_{sI},$$

wobei C_{sFI} die Screening-Kosten des FI und C_{sI} die Screening-Kosten eines individuellen Anlegers darstellt. Ungleichung (7-3') besitzt mit höherer Wahrscheinlichkeit Gültigkeit als Ungleichung (7-3). Unter Berücksichtigung von akteursspezifischen Screening-Kosten in ungleicher Höhe ist es demnach wahrscheinlicher geworden, dass die Einschaltung eines FI zu Effizienzsteigerungen führt.

8.2.2 Screening-Kosten einer NGO vs. Screening-Kosten einer FPO

Im vorigen Abschnitt wurde gezeigt, dass **FIs**, egal ob in Form einer FPO oder einer NGO institutionalisiert, **gegenüber einzelnen Anlegern einen komparativen Produktionskostenvorteil** besitzen, da sie in der Lage sind, **Skalen-, Spezialisierungs- und/oder Verbunderträge in stärkerem Ausmaß zu realisieren**. Es stellt sich nunmehr die Frage, ob die Organisationsformen NGO und FPO, die im Rahmen dieser Arbeit den FI verkörpern können, bei der Überprüfung der Nachhaltigkeit eines Unternehmens Screening-Kosten in unterschiedlicher Höhe verursachen. Wäre dies der Fall, ist von besonderem Interesse,

[1170] Vgl. Bernet, 2003, S. 128.

welche der beiden Organisationsformen geringere Screening-Kosten produziert. Auch an dieser Stelle werden die einzelnen Kostenreduktionspotenziale getrennt voneinander analysiert.

8.2.2.1 Economies of Scale

Weder eine NGO noch eine FPO besitzt *per se* einen Vorteil in der Realisierung von Economies of Scale. Als Intermediäre sind beide grundsätzlich in der Lage, ihre Produkte/Dienstleistungen an eine Vielzahl von Anleger zu veräußern. Geht man von einer heterogenen Nachfragestruktur der Anlegerseite aus, können folglich beide Intermediärstypen die mit der Einholung von Basisinformationen verbundenen Fixkosten über alle nachgefragten Unternehmensevaluierungen verteilen und Fixkostendegression erzielen. Auch die Implementierung von „Technologie-Switches", beispielsweise in Form der Anschaffung einer leistungsstarken IT-Datenbank, um zusätzliche Fixkostendegression bei der Akquise spezieller Unternehmensdaten zu realisieren, unterliegt keinen organisationsspezifischen Limitationen.

Auf Skalenerträge rekurrierende komparative Kostenvorteile, die in der spezifischen Organisationsform des FI begründet liegen, sind folglich weder für die FPO noch für die NGO zu erwarten.

8.2.2.2 Economies of Specialisation/Economies of Scope

Spezialisierungserträge kann der FI dadurch erzielen, dass er sich auf bestimmte Marktsegmente oder Arbeitsprozesse konzentriert, um durch den Aufbau einer ausgeprägten geschäftsfeldspezifischen Expertise Wettbewerbsvorteile gegenüber Konkurrenten zu erreichen. Der Markt für die Akquise, Verarbeitung und Übermittlung von **Nachhaltigkeitsinformationen** kann als ein Beispiel eines solchen spezifischen Geschäftsfeldes charakterisiert werden.

Prozessbezogene Spezialisierungsvorteile können NGOs gegenüber FPOs hierbei **nicht** unterstellt werden, da die Organisationsform grundsätzlich keine Konsequenzen für die prozessbezogene Spezialisierungskompetenz besitzt: Beide Organisationstypen – NGO oder FPO - können ihren Geschäftsprozess auf die Generierung, Verarbeitung und Transformation von Nachhaltigkeitsinformation spezialisieren und entsprechende Kostenreduktionspotenziale ausschöpfen. Jedoch kann NGOs gegenüber FPOs ein (zumindest temporärer) themenspezifischer Spezialisierungsvorteil und damit ein Vorteil in der Informationsproduktionstechnologie zugeschrieben werden, der entsteht, weil NGOs auf langjährige

Erfahrung „in critical communication with and activities related to companies"[1171] zurückgreifen können. Die Beschaffung und Verarbeitung von (Nachhaltigkeits-)Information stellt insofern einen inhärenten Bestandteil des NGO-Kerngeschäfts dar. Hierdurch verfügen NGOs insbesondere über spezielle Möglichkeiten der Kommunikation, Datenbeschaffung und -verarbeitung, etwa in Form spezifischer Informationsquellen (z. B. Zugang zu kritischen Stakeholder-Gruppen wie z. B. Arbeitnehmer von Zulieferbetrieben in Entwicklungsländern) oder fachspezifischen Expertenwissens (z. B. unique Datenbanken mit statistischem Datenmaterial zu relevanten sozialen und/oder ökologischen Aspekten). In dieser strengen Form trifft das allerdings nur auf die hier fokussierten NGOs zu, die durch ihren satzungsmäßigen Organisationszweck besondere Affinitäten zu Themen der Nachhaltigkeit, wie z. B. dem Schutz der Umwelt oder der Einhaltung von Menschenrechten, aufweisen[1172], wobei einschränkend hinzugefügt werden muss, dass der Satzungszweck einer NGO oftmals sehr allgemein formuliert und folglich interpretationsfähig ist. Eindeutige Rückschlüsse vom Satzungszweck auf die faktischen Aktivitäten der Organisation sind oftmals nicht möglich.

Diese langfristig entwickelten und zugleich hochgradig spezifischen Informationsproduktionstechnologien können von gewinnorientierten Konkurrenten (wenn überhaupt) nur langfristig und unter Inkaufnahme hoher Investitionen repliziert werden – insofern verkörpern sie für FPOs eine Markteintrittsbarriere. Folglich kann **NGOs ein kurz- bis mittelfristiger komparativer Kostenvorteil gegenüber FPOs** bescheinigt werden, der **jedoch mit zunehmender Dauer tendenziell kleiner** wird, denn: Profitorientierte Informationsanbieter werden alles daran setzen, selbst die entsprechenden Strukturen und Geschäftsprozesse aufzubauen, um (themenspezifische) Spezialisierungseffekte zu realisieren. **In der langen Frist ist folglich davon auszugehen, dass weder FPOs noch NGOs substanzielle Vorteile bei der Erzielung von Economies of Specialisation besitzen.**

Das Oberziel von NGOs wird durch die gemeinwohlorientierte Mission ausgedrückt, die im Rahmen dieser Arbeit als Förderung von Nachhaltigkeit bezeichnet wurde. Wie in Kapitel 2.4 herausgearbeitet, steht die Mission in einem kausalen Zusammenhang mit den Leistungswirkungszielen, die ihrerseits über die Leistungserbringungsziele erreicht werden

---

[1171] Schäfer, 2005(e), S. 112.

[1172] Wie bereits erwähnt, konnten dem deutschen NGO-Sektor als Ganzes solche Zusammenhänge empirisch nachgewiesen werden; vgl. Schäfer, 2004(a), S. 274 ff. Ähnliche Ergebnisse konnten auch für US-amerikanische NGOs ermittelt werden; vgl. Guay et al., 2004, S. 125 ff. Organisationsspezifisch betrachtet, dürften jedoch beispielsweise Sportvereine oder Automobilclubs dieser Restriktion in geringerem Ausmaß genügen als die hier fokussierten NGOs. So konnten z. B. britischen Wohlfahrtsverbänden besondere Affinitäten zu Themen der CSR bzw. der Nachhaltigkeit nachgewiesen werden, vgl. EIRIS, 2001(b), S. 1 ff.

sollen. Jede Aktivität der hier fokussierten NGOs hat folglich Beiträge zur Förderung von Nachhaltigkeit zu leisten und weist somit auch spezifische Bezüge zum Thema Nachhaltigkeit auf. Aus diesen themenspezifischen Gemeinsamkeiten der Aktivitäten sind zusätzliche, FPOs nicht zur Verfügung stehende Potenziale zur Realisierung (sachlicher) Verbunderträge für die NGO als Finanzgutachter ableitbar, denn: **Jede NGO-Aktivität generiert explizit, zumindest aber implizit als Begleit- oder Kuppelprodukt Nachhaltigkeitsinformation**, die zur Erstellung und Veräußerung eines hier im Fokus stehenden eigenständigen Produkts „CSR-Rating" genutzt werden kann. Beispielhaft sei hier auf Aktivismus in Form von Unternehmenskampagnen verwiesen, der nur auf Basis einer fundierten Informationsgrundlage umsetzbar sind. Die Erstellung dieser Informationsgrundlage dient somit explizit der Durchführung von Unternehmenskampagnen, kann jedoch auch andererseits implizit zur Erstellung von CSR-Unternehmensratings verwendet werden.

Darüber hinaus kann die NGO bei der Vermarktung des CSR-Ratings Imagetransfers nutzen und dadurch zusätzliche Verbunderträge realisieren.[1173] Das Vertrauensgut CSR-Rating kann unter dem Markendach bzw. unter dem „Label" der NGO vertrieben werden, wodurch den SRI-Anlegern hohe Glaubwürdigkeit signalisiert wird.

FPOs, deren Aktivitäten am Formalziel „Profit- bzw. Einkommensmaximierung" und nicht am Sachziel „Förderung der Nachhaltigkeit" ausgerichtet sind, können auf solche Kuppelprodukte nicht zurückgreifen, wodurch sie gegenüber NGOs einen komparativer Kostennachteil erfahren. Notwendige Bedingung zur Realisierung derartiger themenspezifischer Economies of Scope ist jedoch auch an dieser Stelle, wie zuvor in Kapitel 8.2.1.2, dass die jeweilige NGO mehrere Produkte bzw. Dienstleistungen anbietet.

8.2.2.3 Fazit

Bezüglich einer vorteilhaften organisationsspezifischen Ausgestaltung des FI zeigt die konkrete Analyse der Informationsproduktionskosten C_s insgesamt ein ambivalentes Bild: Im Hinblick auf die Ausnutzung von Skalenerträgen konnten keinem der beiden Organisationstypen Vorteile nachgewiesen werden. Bei zusätzlicher Berücksichtigung von Spezialisierungs- und/oder Verbunderträgen verändert sich das Bild in Abhängigkeit von der zugrunde gelegten Frist. Während in der langen Frist zu vermuten ist, dass NGOs ausschließlich von themenspezifischen Verbundeffekten profitieren können, werden bei kurz- bis mittelfristiger Betrachtung die komparativen Kostenvorteile von NGOs zusätzlich

[1173] Vgl. hierzu insbesondere Kapitel 8.3.4.

durch Spezialisierungserträge erhöht, wodurch die in Abschnitt 7.4 abgeleiteten Ergebnisse insgesamt gestärkt werden.

8.3 Die Bedeutung des NDC

In Abschnitt 7.3.3 wurde anhand einer Konstellation mit hybrider Informationsasymmetrie die Existenz von NGOs modellendogen begründet. Der durch den Anleger repräsentierte Prinzipal maximiert hierbei seine Nutzenfunktion unter Berücksichtigung einer Reihe von Nebenbedingungen. Modelltheoretisch konnte die Pareto-Optimalität von Fixlohnverträgen, die aus kontrakttheoretischer Sicht als NGOs interpretierbar sind, abgeleitet werden. Entscheidend für dieses Ergebnis und damit konstitutiv für die Existenz von NGOs in ihrer Funktion als FI ist der **„Truth-Revealing Constraint"**, der dem Prinzipal garantiert, vom FI die wahre Information bezüglich des nichtbeobachtbaren Outputs zu erhalten. Für den Fall, dass dieser Constraint keine Bindungskraft besitzt, konnte gezeigt werden, dass der Agent seinem Nutzenkalkül gemäß stets einen zu hohen Output an den Prinzipal übermitteln wird, da Output und Agentenentlohnung positiv miteinander korrelieren. Der Prinzipal wird unter dieser Bedingung (Ungültigkeit des Truth-Revealing Constraint) regelmäßig vom Agenten übervorteilt bzw. ausgebeutet.

Die Bindungswirkung des Truth-Revealing Constraint hängt ihrerseits entscheidend von der Existenz und Bindungswirkung des NDC ab. Retrograd betrachtet, bewirkt der NDC, dass der Agent eine outputunabhängige Entlohnung erhält – womit er keine „Residual Claims" besitzt. Hierdurch wird die positive Korrelation zwischen Output und Agentenentlohnung außer Kraft gesetzt, die den Impuls des Agenten, bezüglich des Outputs zu lügen, verkörpert. Die adversen Anreize des Agenten werden beschnitten – der NDC stellt für den Prinzipal folglich einen Schutz vor Ausbeutung durch den Agenten dar.[1174] Letztlich ist also die **Existenz und Bindungswirkung des NDC entscheidend dafür, dass die NGO als einzige der beiden Organisationsformen dem Truth-Revealing Constraint genügt und damit das pareto-optimale Arrangement abbildet**.

Es stellt sich daher die Frage, in welcher Form und Ausgestaltung der NDC geregelt ist, und darauf aufbauend, welche reale Bindungswirkung der NDC für NGOs besitzt. Wegen der Fokussierung dieser Arbeit auf den deutschen bzw. deutschsprachigen Markt werden nachfolgend die bundesdeutschen Regelungen exemplarisch beleuchtet. Entsprechende

[1174] Vgl. auch Fama/Jensen, 1983(a), S. 342 f.

US-amerikanische Statuten werden aufgrund der Bedeutung des amerikanischen NGO-Sektors ergänzend aufgeführt.

8.3.1 Gesetzliche Regelungen zum NDC

Wie bereits in Abschnitt 2.1.2 dargestellt, existiert in der bundesdeutschen Gesetzgebung, abweichend zu den Regelungen in den USA, keine eigene Rechtsform für den Organisationstypus NGO. NGOs sind im juristischen Sinne über den Status der Gemeinnützigkeit definiert. Unabhängig von der jeweiligen Rechtsform ist in den §§ 51–69 AO geregelt, ob eine Organisation Gemeinnützigkeitscharakter besitzt und folglich als NGO interpretiert werden kann.[1175] Ist eine Organisation bereit, nach dem Satzungszweck die Allgemeinheit auf materiellem, geistigem oder sittlichem Gebiet *selbstlos* zu fördern, so verfolgt sie gemeinnützige Zwecke und ist entsprechend von allen Ertragssteuern dispensiert.[1176] Diesem sogenannte „Selbstlosigkeitsgebot" genügt eine Organisation gemäß § 55 Abs. 1 AO genau dann, wenn sie bei ihren Aktivitäten nicht in erster Linie **eigenwirtschaftliche Zwecke** verfolgt. Dies beinhaltet gemäß § 55 AO u. a. folgende Restriktionen:

- Die finanziellen Mittel der Organisation sind ausschließlich für satzungsmäßige Zwecke zu verwenden. Die NGO ist hierbei gemäß § 63 Abs. 3 AO ausdrücklich dazu verpflichtet, die satzungsmäßige Mittelverwendung nachzuweisen.
- Die Organisationsmitglieder oder -gesellschafter dürfen **keine Gewinnanteile** oder sonstige Zuwendungen aus Mitteln der Körperschaft erhalten (§ 55 Abs. 1 Nr. 1 Satz 2 AO).[1177]
- Der Organisation ist untersagt, eine Person durch Ausgaben, die dem Zweck der Organisation fremd sind, oder durch unverhältnismäßig hohe Vergütungen zu begünstigen.
- Bei Ausscheiden von Mitgliedern dürfen diese allenfalls ihre gezahlte Kapitaleinlage oder den Wert ihrer Sacheinlage zurückerhalten, keinesfalls mehr.
- Bei Auflösung der Organisation ist das Vermögen nur für steuerbegünstigte Zwecke zu verwenden.

[1175] Vgl. auch Kapitel 2.1.2.2.

[1176] Vgl. § 52 Abs. 1 S. 1 AO in Verbindung mit Ettel/Nowotny, 2002, S. 227.

[1177] Eine Ausnahme gilt nur dann, wenn die Gesellschafter oder Mitglieder als Begünstigte ihrerseits ausschließlich steuerbegünstigte Körperschaften sind; vgl. Schauhoff, 2005 (c), S. 600.

Diese Regelung der Selbstlosigkeit, insbesondere § 55 Abs. 1 Nr. 1 Satz 2 AO, bildet den Non-Distribution Constraint in der bundesdeutschen Gesetzgebung ab.[1178]

In den USA ist der NDC ebenfalls gesetzlich fest verankert. So stellt der Ausschluss persönlicher Bereicherung eine zwingende Voraussetzung dar, um den NGO-Status im Sinne des IRC 501 c (3) zu erhalten.[1179] Hierzu schreibt das Gesetz: „The organization must not be organized or operated for the benefit of private interests, such as the creator or the creator's family, shareholders of the organizations, other designated individuals, or persons controlled directly or indirectly by such private interests. *No part of the net earnings of an IRC Section 501 c (3) organization may inure to the benefit of any private shareholder or individual* (Kursivschrift nicht im Original; Anm. d. Verf.).“[1180]

NGOs ist die Ausschüttung von Gewinnen an Gesellschafter oder Mitglieder damit *explizit* sowohl per bundesdeutschem als auch per US-amerikanischem Gesetz untersagt. Zuwiderhandlung wird als Verstoß gegen das Gebot der Selbstlosigkeit gewertet und juristisch geahndet. Der Organisation kann der Gemeinnützigkeitsstatus entzogen werden, womit das juristisch konstitutive Wesensmerkmal einer NGO entfällt. Faktisch kommt dies einer Liquidation der Organisationsform NGO im entsprechenden Veranlagungszeitraum gleich, die sich insbesondere im Entzug der Steuerbefreiungen äußert.[1181] Der NDC stellt insofern eine für die mit NGOs interagierenden Parteien explizite und damit zugleich juristisch einklagbare Vereinbarung dar, die aus kontrakttheoretischer Sicht entsprechend als **hartes Kooperationsdesign**[1182] interpretiert werden kann. Gleichwohl ist der NDC letztlich nur so wirkungsvoll wie seine Durchsetzung, womit die faktische Einhaltung des NDC angesprochen ist.

[1178] Vgl. Maßmann, 2003, S. 164.
[1179] Vgl. Hopkins, 1996, S. 107.
[1180] IRS, 2005, URL siehe Literaturverzeichnis.
[1181] Vgl. Littich, 2002, S. 369 f. So wurde beispielsweise in Deutschland einem Verein für die Jahre 1988–1990 die Steuerbefreiung mangels Gemeinnützigkeit versagt, da der Anteil seiner Ausgaben für Werbe- und Verwaltungsprovisionen in diesem Zeitraum zwischen 61,5 % und 98,5 % der gesamten Einnahmen betrug und diese Ausgaben gleichzeitig (verdeckt) an die Gesellschafter zurückflossen; zu Einzelheiten vgl. Entscheidung BGH, Urteil vom 10.11.1994 – 4 StR 331/94, in: Betriebs-Berater, 1995, S. 483 f.
[1182] Nach Spremann wird ein Design als hart bezeichnet, „wenn es stark formalisiert, präzise geregelt [und] an objektivierbare Bedingungen geknüpft ist“. Als weich wird hingegen ein Design bezeichnet, „wenn es wenig formal ist, vage bleibt, wenn es vielleicht nur gelegentlich durchgesetzt wird oder wenn seine Anwendungsgrundlage subjektiv bleibt“; Spremann, 1990, S. 577. Zu harten vs. weichen Kooperationsdesigns vgl. ferner Schäfer, 2002, S. 80.

8.3.2 Praktische Regelungen zum NDC

Abseits der genannten gesetzlichen Regelungen zum NDC existiert *in praxi* jedoch eine Reihe von **Möglichkeiten**, die *per se* **existente Gültigkeit bzw.** (aus modelltheoretischer Sicht) **Bindungskraft des NDC wirksam auszuhöhlen**. NGO-Gewinne, die per Gesetz zu thesaurieren und damit dem Organisationsvermögen zum Einsatz für den Organisationszweck zuzuführen sind, können in verdeckter Form ausgeschüttet und damit dem Organisationsvermögen künstlich entzogen werden.[1183]

1) So können gezielt Ausgaben getätigt werden, um den Konsum in der Organisation, d. h. am Arbeitsplatz, zu erhöhen.[1184] Die Ausgestaltungsmöglichkeiten des Konsums sind hierbei vielfältig. Sie beinhalten jegliche Form geldwerter Vorteile, sogenannte „Perquisites“ (kurz *perks*), sowohl in materieller als auch in immaterieller Form.[1185] Als Beispiele für **materielle perks** dienen exklusiv ausgestattete Büroräume oder Chauffeurdienste. Das Engagement zusätzlicher, unnötiger Arbeitskräfte – um die Organisationsgröße künstlich „aufzublähen“ und damit die Macht und das Prestige der Organisationsleitung zu erhöhen – stellt ein Beispiel für **immaterielle perks** dar. Ebenso sind bewusst in Kauf genommene Ineffizienzen innerhalb der NGO, wie z. B. verlängerte Arbeitspausen, als eine Form des Konsums zu interpretieren.[1186] Besondere Bedeutung erhalten diese Strategien aus der Tatsache, dass historisch betrachtet NGOs geringerer regulatorischer Aufsicht unterliegen als FPOs.[1187]

2) Neben Konsumausgaben konterkarieren auch **unangemessen hohe Mitarbeitervergütungen** die Wirksamkeit des NDC.[1188] Erwartete Einnahmenüberschüsse (Gewinne) sind durch entsprechende Anpassungen der Vergütungsstrukturen und somit der Ausgabenseite eliminierbar. Erwartete Gewinne können mittels dieses Instruments streng gesetzeskonform ausgeschüttet werden. Beachtet werden muss vonseiten der NGO-Leitung allerdings die sowohl im US-amerikanischen als auch im bundesdeutschen Recht verankerte Restriktion (vgl. § 55 AO), dass Vergütungen nicht unverhältnismäßig hoch sein dürfen („Reaso-

---

[1183] Hierbei ist zu beachten, dass gemäß § 55 Abs. 1 Nr. 1 Satz 2 AO grundsätzlich auch verdeckte Gewinnausschüttungen (sogenannte unangemessene Zuwendungen) untersagt sind. Steht der Leistung der Körperschaft eine Gegenleistung des Begünstigten gegenüber und sind die Werte von Leistung und Gegenleistung nach wirtschaftlichen Grundsätzen gegeneinander abgewogen, so liegt keine Zuwendung vor. Hierdurch werden jedoch *de facto* Freiheitsgrade sowohl für die Körperschaft als auch für den Begünstigten geschaffen.

[1184] Zur finanzpolitischen Wirkung von Konsum am Arbeitsplatz vgl. Arrow, 1986, S. 1185.

[1185] Zu verdeckter Gewinnausschüttung mittels perks innerhalb von NGOs vgl. z. B. James/Rose-Ackerman, 1986, S. 37 ff. Auch die empirische Arbeit von Clarkson, 1972 liefert hierzu interessante Einblicke.

[1186] Vgl. Ortmann/Squire, 2000, S. 380 oder Duizendstraal/Nentjes, 1994, S. 298 ff.

[1187] Vgl. Facchina et al., 1993.

[1188] Vgl. z. B. Ortmann/Schlesinger, 2003, S. 82 ff. oder Maßmann, 2003, S. 150. Fremont-Smith/Kosaras, 2003 liefern einen auf Zeitungsartikeln basierenden allgemeinen Überblick über das Fehlverhalten von Führungskräften US-amerikanischer Stiftungen, der sowohl Pflichtverletzungen (wie Selbstkontrahierung oder Missionsverletzungen) als auch kriminelle Aktivitäten (wie Diebstahl oder Betrug) beinhaltet.

nable Compensation Constraint"[1189]). Speziell **in Deutschland** herrscht jedoch aufgrund geringer Publizitätspflichten, die insbesondere im Vereinswesen gelten, **völlige Intransparenz bezüglich der Vergütungsstruktur und -höhe der Leitungsebenen gemeinnütziger Organisationen.**[1190] Lediglich einzelne vage Anhaltspunkte werden von den Körperschaften publiziert.[1191] Eine wirksame Kontrolle der Vergütungspraktiken innerhalb von NGOs wird dadurch verhindert.

3) Eine weitere Möglichkeit für NGOs, den NDC wirkungsvoll zu unterwandern, besteht in der **Gründung von Tochtergesellschaften**, die ihrerseits als NGOs wie auch als FPOs ausgestaltet werden können. Tabelle 8-1 liefert einen Überblick über ausgewählte Tochtergesellschaften der US-amerikanischen NGO „United Way of America"[1192].

United Way of America	
Tochtergesellschaft	**Organisationstypus**
United Way International, Inc.	NGO
Sales Service America, Inc.	FPO
The Partnership Umbrella, Inc.	FPO
Charities Fund Transfer, Inc.	NGO
Voluntary Initiative America	NGO
Mobilization for America's Children	NGO
Professional Travel System, Inc.	FPO
Gifts in Kind America	NGO
Mutual of America Life Insurance	NGO

Tabelle 8-1: Ausgewählte Tochtergesellschaften der United Way of America
Quelle: Bennett/DiLorenzo, 1994, S. 51

Inhärent verbunden mit solchen organisationalen Konstruktionen ist die **Ausweitung kommerzieller Aktivitäten**, die **zumeist in gewinnorientierte Organisationssparten** ausgelagert werden.[1193] Organisationsstrukturen der beschriebenen Art ermöglichen ferner **organisationsinterne Gewinnverschiebungen zugunsten von FPOs**, die dem NDC *per definitionem* nicht unterliegen. Ebenso werden sowohl externe als auch interne Möglich-

[1189] Hansmann, 1987, S. 31. Hier stellt sich allerdings das Problem der Definition einer „Reasonable Compensation"; vgl. hierzu Ortmann/Schlesinger, 2003, S. 83.
[1190] Vgl. Kraus/Stegarescu, 2005, S. 37 f.
[1191] Vgl. Maßmann, 2003, S. 150.
[1192] „United Way of America" ist eine der bedeutendsten amerikanischen NGOs, die Spendenkampagnen koordiniert und an andere NGOs weiterleitet. Für nähere Informationen siehe: http://www.national.unitedway.org
[1193] Vgl. Maßmann, 2003, S. 155 ff.

keiten der Kontrolle der Mittelverwendung erheblich erschwert, wodurch der Freiheitsgrad des NGO-Managements hinsichtlich der Mittelverwendung zusätzlich erhöht wird. Dies wiegt umso schwerer, als der (externen) Kontrolle der Mittelverwendung von NGOs aufgrund limitierter Ressourcenausstattung der verantwortlichen Behörden nur sehr beschränkt nachgekommen werden kann.[1194]

8.3.3 Zwischenfazit

Die genannten Punkte lassen den Schluss zu, dass NGOs faktisch aufgrund mangelhafter Überwachung des NDC[1195] durchaus in der Lage sind, Gewinne an Gesellschafter oder Mitglieder (verdeckt) auszuschütten und damit das aus finanzwirtschaftlicher Sicht konstitutive NGO-Merkmal – den NDC – zu untergraben.[1196] **Bestehende Unterschiede in der Mittelverwendung zwischen idealtypischen NGOs und FPOs werden dadurch verwässert**. „If enforcement [of the NDC] is lax, then the advantages of the nonprofit firm disappear."[1197] Vereinzelt werden Organisationen sogar nur deshalb als NGO institutionalisiert, um die entsprechenden Privilegien (wie z. B. Steuerermäßigungen) beanspruchen zu können, sodass Unterschiede zu konventionellen FPOs kaum mehr erkennbar sind.[1198] In dieser Form stellen NGOs letztlich nur **getarnte FPOs** oder „Forprofits in Disguise"[1199] dar. Je umfangreicher hierbei die Begünstigungen für den Organisationstypus NGO sind, desto größer wird der Anteil der „Forprofits in Disguise" an der Menge der NGOs sein.[1200]

Eine wirkungsvolle Beschränkung der adversen Anreize des Agenten ist durch den NDC folglich nicht mehr garantiert. In dieser Argumentation ist der NDC nach *Rose-Ackerman* lediglich „a weak guarantee that gifts are not being syphoned off as profits."[1201] Demgemäß könnte nun auch eine NGO bzw. das Management einer NGO ein begründetes Interesse an der Maximierung von Gewinnen besitzen, um sie verdeckt an Mitglieder bzw. Gesellschafter auszuschütten. Unter diesen Bedingungen können jedoch die Prinzipale einer NGO *per se* kein stärkeres Vertrauen entgegenbringen als einer konventionellen FPO. Der organisationsspezifische komparative Kostenvorteil der NGO geht hierdurch verloren. Entsprechend stellt *James* fest: „(...) it is not immediately obvious that nonprofit

---

1194 Vgl. Ortmann/Schlesinger, 2003, S. 83.
1195 Vgl. z. B. Facchina et al., 1993; Ben-Ner, 1986; James, 1983, S. 356 ff. oder Hansmann, 1980, S. 873 ff.
1196 Sparrow, 2000 diskutiert diese Problematik ausführlich am Beispiel des amerikanischen Gesundheitssystems.
1197 Krashinsky, 2003, S. 133.
1198 Vgl. z. B. Steinberg/Weisbrod, 1998, S. 65 ff., Weisbrod, 1988, S. 11 oder Rose-Ackerman, 1996, S. 721.
1199 Weisbrod, 1998(a), S. 11.
1200 Vgl. Krashinsky, 1998, S. 115.
1201 Rose-Ackerman, 1997, S. 120.

organizations are more trustworthy than forprofit entities."[1202] Das ursprünglich harte Kooperationsdesign NDC wird aufgeweicht und hat nur dann für das Verhalten des NGO-Managements weiterhin bindende Wirkung, wenn dieses es unterlässt, Maßnahmen zum Zwecke der verdeckten Gewinnausschüttung zu verfolgen.

Woher soll jedoch ein repräsentativer Anleger wissen, ob aus der Gruppe der NGOs ein bestimmtes NGO-Management dem NDC Folge leistet oder nicht?

Das Informationsasymmetrieproblem bezüglich der vom FI gelieferten Information, dem im Modell mithilfe des streng bindenden NDC in Form eines Fixlohnkontraktes begegnet wurde, gilt es nun aufs Neue zu lösen.

Zwar besitzen die Anleger grundsätzliche Kenntnis darüber, dass aus der Gruppe der FI der Organisationstypus FPO aufgrund der zweifach asymmetrischen Informationskonstellation nie ein geeigneter Interaktionspartner sein kann. Worüber die Kapitalgeber jedoch nicht informiert sind, ist, welche der NGOs den NDC in streng bindender Form[1203] berücksichtigen. Folglich können die Kapitalgeber auch nicht die Informationsqualität der einzelnen NGOs beurteilen. Dieser Zusammenhang kann folgendermaßen erhellt werden: In Abschnitt 7.4 konnte gezeigt werden, dass eine FPO in der Rolle des FI bei Unbeobachtbarkeit des Outputs **die outputabhängige Entlohnung stets künstlich zulasten des Prinzipals erhöhen** wird, um ihren Nutzen zu maximieren. Dies läuft parallel zu der Handhabe, den zu gegebenen Outputpreisen von einer FPO **wahrhaftig geleisteten Output** (also die wahrhaftig produzierte Informationsqualität) für den Prinzipal unbeobachtbar **zu reduzieren**, um Kosteneinsparungseffekte zu erzielen.[1204] Hierdurch wird *ceteris paribus* der Gewinn des Agenten maximiert, der seinerseits als Grundlage für die Bemessung der FPO-Entlohnung dient.[1205] Für FPO-ähnliche Organisationstypen – d. h. dem NDC nicht genügende NGOs wie z. B. Forprofits in Disguise – ist von der Gültigkeit derselben Zusammenhänge auszugehen.

Die Kapitalgeber sehen sich somit wiederum einem Pool-Markt ausgesetzt. Das Qualitätsunsicherheitsproblem besteht nun jedoch hinsichtlich der unterschiedlichen Güte[1206] (Reliabilität) einzelner NGOs und nicht, wie in der Ausgangssituation beschrieben, hinsichtlich

[1202] James, 1983, S. 356.
[1203] Werden von einer NGO keine Gewinne verdeckt ausgeschüttet, so berücksichtigt sie den NDC in streng bindender Form.
[1204] Vgl. hierzu insbesondere das Ergebnis des FP-Vertrags aus dem Contract-Failure Modell in Kapitel 3.1.2.
[1205] Vgl. Easley/O'Hara, 1988.
[1206] Unter der Güte einer NGO wird hierbei deren Einhaltung des NDC verstanden.

der unterschiedlichen Nachhaltigkeit einzelner Unternehmen. Der Einfachheit halber wird nachfolgend angenommen, dass sich die Menge aller NGOs ausschließlich aus zwei verschiedenen Gruppen zusammensetzt:

- **„gute" NGOs**: NGOs, die keine Gewinne verdeckt ausschütten, d. h. die den NDC streng einhalten und folglich qualitativ hochwertige Information liefern
- **„schlechte" NGOs:** NGOs, die der Einhaltung des NDC nicht nachkommen und folglich zum Zwecke des Formalziels der Gewinn- und somit auch der Einkommensmaximierung die Qualität der Information unbemerkt für den Kapitalgeber reduzieren.

Zur Lösung dieses „neuen" Qualitätsunsicherheitsproblems bedarf es alternativer Kooperationsdesigns, die darauf ausgelegt sind, die organisationsspezifische Bindungskraft des Truth-Telling Constraint **implizit** zu erhöhen.

8.3.4 Alternative Kooperationsdesigns

8.3.4.1 Intrinsische Motivation/Interessenkongruenz

In der ökonomischen, insbesondere der Agency-Theorie basiert das Verhalten rationaler Akteure auf externen, zumeist monetären Anreizen[1207]: „(...) people change their actions because they are induced to do so by an external intervention."[1208] In diesem Sinne sind rationale Akteure nur dann bereit, einen Arbeitseinsatz zu leisten, wenn sie dafür eine (monetäre) Kompensation erhalten, die ihnen Konsum ermöglicht. Der Konsum stellt seinerseits wiederum das Instrument zum Zweck der Bedürfnisbefriedigung bzw. Nutzenerzielung dar. In dieser Fisher'schen Denkweise kann folglich Nutzen nur über Konsum erzielt werden, wofür (Geld-)Einkommen generiert werden muss – Geldeinkommen kann als Nutzensurrogat interpretiert werden.

Dieser Logik folgend wurden auch in der agencytheoretischen Analyse in Abschnitt 7.2 ausschließlich externe Anreize in Form der Vergütungshöhe betrachtet: Der Agent, repräsentiert durch den FI, wurde bislang mit einer Nutzenfunktion spezifiziert, die ausschließlich pekuniären Nutzen und arbeitsleidbedingten Disnutzen berücksichtigt. Nur durch die Erhöhung des pekuniären Nutzenelements „Entlohnung" oder durch die Reduktion des

---

[1207] Dies stellt auch den zentralen Kritikpunkt von Arrow an der Agency-Theorie dar; vgl. Arrow, 1985, S. 50.

[1208] Frey, 1997, S. 13. Vgl. auch grundsätzlich Coleman, 1990 oder Becker, 1976.

Arbeitsleids war für den Agenten ein höheres Nutzenniveau erreichbar, wobei ein negativer Zusammenhang zwischen beiden Parametern unterstellt wurde.

Diese Modellierung wird insbesondere dem Wesen idealtypischer, also „guter" NGOs *nicht* gerecht.[1209] Anders als FPOs oder „schlechte" NGOs, die die Erfüllung von Formalzielen wie vorzugsweise Gewinn- oder Einkommensmaximierung (wenn auch verdeckt) anstreben, verfolgen „gute" NGOs vorrangig Sachziele. Es gilt die Maxime, Leistungen zu produzieren, „um gemeinschaftliche Bedürfnisse zu decken, die überhaupt nicht oder nicht entsprechend befriedigt würden."[1210] Idealtypische NGOs streben demzufolge nach der Erfüllung ideeller und sozialer Ziele – sie verfolgen ihre Mission. „(...) ideology is a major driver of those who found, and work in, nonprofits."[1211] Der „Schutz der Umwelt" oder die „Förderung einer nachhaltigen Wirtschaftsentwicklung" beispielsweise könnten die Mission einer NGO beschreiben.

Das Erreichen von Sachzielen stellt einen spezifischen nichtmonetären Nutzen für die jeweilige „gute" NGO dar, der im agencytheoretischen Modell nicht in ihrer Nutzenfunktion eingefangen wird.[1212] Entsprechend folgt die NGO immer noch dem Kalkül der **Eigennutzenmaximierung**, wenngleich dieser Eigennutzen durch die Deckung von gemeinschaftlichen Bedürfnissen erzeugt wird.[1213]

Gleichzeitig erfordert die Verfolgung von Sachzielen Arbeitseinsatz. Anders als im Modell beschrieben, muss die „gute" (im Gegensatz zur „schlechten") NGO zur Erbringung dieses Arbeitseinsatzes jedoch nicht (vollständig) extrinsisch in Form materieller Anreize motiviert werden. Vielmehr trägt die Ausübung der Arbeit zur Erreichung des Sachziels bei, welches den Nutzen der „guten" NGO über immaterielle (ideologische) Kanäle erhöht. Mit anderen Worten: Über die Leistungserstellung wird die Mission, d. h. das Sachziel, transportiert. Folglich steigert nicht nur die Vergütung der Arbeit, sondern auch die Arbeit als

---

[1209] Vgl. Frey, 1997, S. 7. Frey weist darauf hin, dass faktisch jedes Wirtschaftssubjekt, abhängig von der jeweiligen Situation, von der dargestellten, rein auf monetären Anreizen basierenden Modellierung abweicht. Dies erläutert er an folgendem Beispiel: Eine Person wird von Freunden zu einem selbstgekochten Essen eingeladen. Eine monetäre Entlohnung der Freunde für deren Arbeitsleistung hätte wahrscheinlich unerwünschte adverse Anreizeffekte zur Folge; vgl. Frey, 1997, S. 7. In dieser Situation bestünde folglich ein negativer Zusammenhang zwischen monetärer Entlohnung und Arbeitseinsatz. Dieser negative Motivationseffekt verursacht Kosten, die als „Hidden Costs of Reward" bezeichnet werden; vgl. Lepper/Greene (Hrsg.), 1978. Streng nach der agencytheoretischen Modellierung verhalte sich letztlich nur ein einziger idealtypischer Wirtschaftsakteur: der *homo oeconomicus*.

[1210] Eichhorn, 1984, S. 243; vgl. auch Abschnitt 2.1.2.2.

[1211] Ortmann/Schlesinger, 2003, S. 83. Vgl. zu diesem Punkt Abschnitt 3.2.2 in dieser Arbeit sowie insbesondere auch Rose-Ackerman 1997 und 1996; James, 1987 und Young, 1983.

[1212] Der Nutzen der „schlechten" NGO wird durch das Erreichen eines Sachziels annahmegemäß nicht positiv beeinflusst, da es keine Auswirkungen auf die Einkommenszahlungsströme besitzt, die deren Nutzen determinieren.

[1213] Vgl. James, 1990, S. 23. Diese Feststellung ist wichtig, da andernfalls die auf Eigennutzenmaximierung basierende Modellierung in Abschnitt 7 grundsätzlich in Frage zu stellen wäre.

solche den Nutzen der „guten“ NGO. Zur Motivation der „guten“ NGO bzw. ihres Managements bedarf es daher keiner bzw. geringer externer Anreize, da sie „von innen heraus“, also *intrinsisch* motiviert ist.[1214] Nach *Deci* „one is said to be intrinsically motivated to perform an activity when one receives no apparent reward except the activity itself.”[1215] Sofern es sich um eine „gute” NGO handelt, geht sachzielgerichteter und damit missionsfokussierter Arbeitseinsatz dieser Ansicht nach nicht (wie in der vorangegangenen modelltheoretischen Analyse implizit angenommen[1216]) negativ, sondern positiv in die Nutzenfunktion des FI ein.

Bezogen auf die Fragestellung dieser Arbeit bedeutet dies, dass „gute“ NGOs dann, und nur dann, ein intrinsisches Interesse an der Produktion qualitativ hochwertiger Nachhaltigkeitsinformation besitzen, wenn diese Aktivität ihrem Sachziel dienlich ist. Den in dieser Arbeit fokussierten NGOs, deren Zwecksetzung mit der Förderung von „Nachhaltigkeit“ beschrieben wurde, kann dies zugeschrieben werden.[1217] Zur Zielumsetzung besitzen diese NGOs, wie bereits in Abschnitt 5.2 herausgearbeitet, u. a. die kapitalmarktorientierte Option, Nachhaltigkeitsinformation zu produzieren und an interessierte Kapitalgeber zu transferieren, um nachhaltigen Unternehmen einen Refinanzierungsvorteil am Kapitalmarkt zu verschaffen. Trotz Unbeobachtbarkeit des Outputs und faktisch nur bedingter Bindungskraft des NDC besitzen „gute“ NGOs, anders als vergleichbare „schlechte“ NGOs, aufgrund intrinsischer Motivation nie einen Anreiz, qualitativ minderwertige Information zu allozieren, da hierdurch ihre Mission unterminiert würde.[1218] Insofern werden „gute“ NGOs mit entsprechender Zwecksetzung auch ohne die Existenz eines real wirksamen NDC davon abgehalten, bezüglich des Outputs zu lügen – der Truth-Telling Constraint erfährt über den Kanal der intrinsischen Motivation Bindungskraft und kann insofern als **impliziter** Kontrakt charakterisiert werden.[1219]

Notwendige Bedingung für die Wirksamkeit der intrinsischen Motivation einer „guten“ NGO in der Rolle des FI ist allerdings, dass Interessenkongruenz zwischen ihr und den

[1214] Vgl. insbesondere Clark, 2006, S. 20 ff. Intrinsische Motivation ist in der Psychologie ein etabliertes Konzept, das auf Deci, 1975 und 1972 und DeCharms, 1968 zurückgeht.
[1215] Deci, 1971, S. 105. Vgl. zu intrinsischer Motivation grundsätzlich auch Lindenberg, 2001. Frey, 1997 liefert einen aus ökonomischer Sicht interessanten Beitrag.
[1216] Im Modell wird nicht nach sachzielgerechtem und sonstigem Arbeitseinsatz differenziert. Arbeitseinsatz, egal welcher Art, geht negativ in die Nutzenfunktion des Agenten ein.
[1217] Beispielsweise verfolgen alle der in Tabelle 5-3 identifizierten NGOs explizit Nachhaltigkeitsziele; vgl. hierzu die Internetseiten von imug e.V., EIRIS und Ethibel.
[1218] Vgl. auch James/Rose-Ackerman, 1986, S. 51 ff.
[1219] Diesem Ansatz entspricht auch die bereits an anderer Stelle dargelegte Argumentation, dass sich Manager mit nichtgewinn-, da bedarfsorientierter Zielsetzung automatisch in den NGO-Sektor und hier in „gute“ NGOs einselektieren, wodurch der NDC ein zusätzliches (endogenes) Bindungspotenzial erfährt; vgl. hierzu Abschnitt 3.2.2 und insbesondere Fußnote 461.

Kapitalgebern bzw. Informationsnachfragern besteht. Nur bei gleichgerichteten Interessen des Prinzipals und des Agenten kann intrinsische Motivation ein geeignetes (weiches) Kooperationsdesign darstellen.[1220] Wenngleich von unterschiedlichen Kalkülen geleitet[1221], haben alle *m* Anleger ein Interesse an qualitativ hochwertiger Information über die **Nachhaltigkeit** von Unternehmen, um ihr Kapital entsprechend zu alloziieren. Folglich können nur „gute" NGOs, die bezogen auf ihre Mission resp. ihren satzungsmäßigen Organisationszweck besondere Affinitäten zu Themen der Nachhaltigkeit besitzen, die Informationsasymmetriebarrieren mithilfe intrinsischer Motivation überwinden.[1222] Für die hier fokussierten Organisationen kann dies, wie bereits erwähnt, angenommen werden.

8.3.4.2 Kosten verursachendes Signaling

Um der Bindungswirkung des „Truth-Telling Constraint" zusätzliches Gewicht zu verleihen und sich entsprechend wirkungsvoll von „Forprofits in Disguise" abzugrenzen, steht NGOs alternativ bzw. ergänzend zu intrinsischer Motivation eine weitere Möglichkeit offen:

Ausgehend von der in Abschnitt 8.3 skizzierten Poolsituation berechnen die Kapitalgeber, wie im Fall drohender adverser Selektion üblich, die durchschnittliche Güte bzw. Glaubwürdigkeit aller NGOs und vergeben entsprechend gleichmäßig die Aufträge zur Informationsproduktion. Durch die gleichmäßige Verteilung der Aufträge über alle NGOs („gute" und „schlechte") werden die „schlechten" NGOs durch die „guten" subventioniert. „Gute" NGOs werden folglich ein Interesse daran haben, den Kapitalgebern die für sie unbeobachtbare Information mitzuteilen, um dadurch in den Genuss zusätzlicher lukrativer Informationsproduktions- bzw. Nachhaltigkeitsrating-Aufträge zu gelangen. Hierzu können NGOs ein (direktes) informationsübertragendes, da beobachtbares Signal aussenden[1223], mit dem sie sich selbst als „gute" NGOs deklarieren. Notwendige Bedingung ist, dass das Signal für die Kapitalgeber eine zuverlässige Extrapolation auf die für sie unbeobachtbare Güte der NGOs zulässt.[1224] Diese Bedingung gilt dann als erfüllt, wenn sich das Aussenden eines gefälschten Signals stets ökonomisch nachteilig für den Absender auswirkt, wenn also die Kosten eines gefälschten Signals um so viel höher sind als die eines wahrheitsge-

---

[1220] Zur Interessenkongruenz als Kooperationsdesign vgl. auch Zimmer, 1996, S. 172 f.
[1221] Vgl. die Ausführungen in Abschnitt 5.2.4.
[1222] Einschränkend zu diesem Kausalschluss vgl. die Ausführungen in Kapitel 8.2.2.2.
[1223] Das Aussenden eines Signals war in der modelltheoretischen Analyse per Annahme ausgeschlossen; vgl. Kapitel 7.1. Von dieser Annahme wird im weiteren Verlauf dieses Abschnitts abgesehen.
[1224] Vgl. Schäfer, 2002, S. 280.

mäßen Signals, dass ein gefälschtes Signal ökonomisch nicht lohnt.[1225] Nur dann ist für den Kapitalgeber die Separation von NGOs unterschiedlicher Güte möglich.

Sachzielkonforme und zugleich medienwirksame Verhaltensformen (Aktivismus) der NGOs wie z. B. Protestaktionen, Demonstrationen oder Kundgebungen können als ein solches Signal interpretiert werden.[1226] Es ermöglicht NGOs, Glaubwürdigkeit zu erzeugen und damit den informationsbenachteiligten Kapitalgebern hohe Informationsqualität zu signalisieren. Mittels adäquater medienwirksamer Umweltschutzmaßnahmen kann beispielsweise eine Umweltschutzorganisation satzungsgerechtes und damit dem NDC genügendes Verhalten gegenüber externen Adressaten wie z. B. Kapitalgebern glaubhaft dokumentieren. Die 1995 von Greenpeace aufwendig und erfolgreich durchgeführte Protestaktion gegen die Versenkung der Shell-Ölplattform Brent Spar in der Nordsee mag hierfür als passendes Beispiel dienen.

Grundsätzlich können jedoch alle NGOs, also auch die „schlechten", Aktivismus betreiben, um dadurch ihr Auftragsvolumen zu erhöhen. Dieser verursacht jedoch Kosten[1227], die sich u. a. in Form von Informations-, Planungs-, Organisations-, Durchführungs- und Kontrollkosten äußern können. Entscheidend für die Funktionalität von Aktivismus als Signal ist nun, dass er für „schlechte" NGOs viel höhere Kosten[1228] mit sich bringt als für „gute", sodass es sich für sie trotz zusätzlicher lukrativer Auftragseingänge gemäß dem ökonomischen Kalkül nicht lohnt, Aktivismus zu betreiben. Die höhere Kostenbelastung entsteht „schlechten" NGOs einerseits dadurch, dass Aktivismus für sie *per se* keinen (kurzfristigen) Nutzen produziert. „Schlechte" NGOs, die den NDC durch verdeckte Gewinnausschüttung bewusst zum Zweck der Einkommensmaximierung unterminieren, generieren ihren Nutzen ausschließlich aus pekuniären bzw. pekuniärähnlichen Quellen (z. B. perks). Aktivismus löst jedoch in der kurzen Frist lediglich Auszahlungsströme aus, denen erst in der langen Frist unsichere Einzahlungsströme entgegenstehen. Im Gegensatz zu „guten" NGOs stellt Aktivismus für „schlechte" NGOs insofern schlicht eine (Opportunitäts-)

[1225] Vgl. Franke/Hax, 1999, S. 414.
[1226] Vgl. auch Ebrahim, 2006.
[1227] Neben Kosten verursachendem Signaling gibt es als weitere Variante kosten*loses* Signaling. Hierbei werden durch das Signalisieren *per se* keine Kosten verursacht; vgl. hierzu beispielsweise Franke, 1987 der die Signalwirkung unterschiedlicher Finanzierungsformen von Neuinvestitionen analysiert.
[1228] Kosten werden in diesem Zusammenhang nicht ausschließlich in einer rein monetären Dimension verstanden. Vielmehr werden auch Zeit, Arbeitsanstrengung etc. unter Kosten subsumiert.

Kostenkomponente dar, die den verdeckt ausschüttbaren Gewinn schmälert und der entsprechend (zumindest kurzfristig) keine monetäre Nutzenkomponente gegenübersteht.[1229]

Andererseits dürften die Kosten der operativen Implementierung des Aktivismus bei „schlechten“ NGOs deutlich höher ausfallen. Aufgrund fehlender Sachzieldominanz und der damit einhergehenden nur bedingt vorhandenen Missionsfokussierung müssen „schlechte“ NGOs die für Aktivismus zwingend notwendige Infrastruktur (z. B. organisatorisches Know-How, Medienzugänge) erst aufbauen, wofür entsprechende (Investitions-)Ausgaben zu tätigen sind. Bei „guten“ NGOs (z. B. bei kirchlichen Einrichtungen) dürften diese Ausgaben bereits getätigt worden sein, stehen sie doch im Einklang mit ihrem Sachziel, wodurch den Interessen der Organisation bzw. ihrer Stakeholder gedient wird. Ferner ist davon auszugehen, dass „guten“ NGOs die Produktionsfaktoren „Arbeit“ und „Kapital“ zu kostengünstigeren Konditionen zur Verfügung stehen. Dies rührt daher, dass die Höhe des Spendenaufkommens, egal ob in Form von Geld oder Arbeitszeit, positiv mit der Sachzieldominanz der Organisation und insofern mit der Wirksamkeit des NDC korreliert.[1230] So ist z. B. das Phänomen ehrenamtlicher Tätigkeit[1231] fast ausschließlich im NGO-Sektor und kaum in den Bereichen „Markt“ und „Staat“ zu beobachten.[1232] „Schlechte“ NGOs, definiert als den NDC nicht einhaltende NGOs, haben ein dominierendes Interesse an pekuniären Nutzenelementen und verkörpern schlechtestenfalls „Forprofits in Disguise“, deren Unterschied zu klassischen FPOs nur marginaler Natur ist. Folglich stehen ihnen im Vergleich zu „guten“ NGOs tendenziell weniger ehrenamtliche und damit unentgeltliche (Arbeits-)Ressourcen zur Verfügung, wodurch sich die arbeitsintensive Implementierung von Aktivismus verteuert.

Die negative Korrelation zwischen Signalerzeugungskosten (Kosten des Aktivismus) und zu signalisierender Qualität (Güte der NGO), die wie bereits erwähnt die notwendige Bedingung für die Funktionsfähigkeit eines Signals darstellt[1233], ist für Aktivismus somit er-

[1229] An Sachzielen ausgerichteter Aktivismus stellt für „gute“ NGOs eine nichtmonetäre Nutzenkomponente dar.

[1230] Vgl. Badelt, 2002(b), S. 116; Rose-Ackerman, 1996, S. 702 ff. oder grundlegend Hansmann, 1980.

[1231] Unter ehrenamtlicher Tätigkeit wird eine Arbeitsleistung verstanden, der kein monetärer Gegenfluss gegenübersteht; vgl. Badelt, 2002(c), S. 573 in Verbindung mit Pearce 1993, S. 8. Badelt weist darauf hin, dass der in der Fachliteratur bisweilen synonym verwendete Begriff „Freiwilligenarbeit“ (z. B. Kinds et al., 1995, S. 284 f.), der der wörtlichen Übersetzung des englischen Terminus „Volunteer Labor“ oder „Voluntary Work“ (z. B. Freeman, 1997, S. 140 oder Olk, 1991, S. 11) entspricht, missverständlich ist: „Auch bezahlte Arbeit ist in der Regel keine ‚Zwangsarbeit‘ und müsste daher im Hinblick auf den Begriffsinhalt eigentlich als ‚Freiwilligenarbeit‘ bezeichnet werden“; Badelt, 2002(c), S. 573.

[1232] Priller/Zimmer, 2001 geben einen quantitativen Überblick über ehrenamtliche Tätigkeit im NGO-Sektor in Deutschland.

[1233] Vgl. Spence, 1973, S. 358.

füllt. Unter bestimmten Bedingungen[1234] sind **„gute“ NGOs folglich in der Lage, sich durch Aktivismus glaubhaft von „schlechten“ NGOs zu distanzieren** – ein **Separating Equilibrium** ist somit grundsätzlich erreichbar.

8.4 Die Rolle der Zeit – Eine intertemporale Betrachtungsweise

Alle bisherigen Ansätze zur Lösung des Informationsasymmetrieproblems wurden unter der Annahme abgeleitet, dass der maximale Zeithorizont **eine** Periode beträgt (vgl. Annahme A 4 auf Seite 204). Für die Analyse des in Abschnitt 5.2.4.2 skizzierten Bildes, die den Fokus dieser Arbeit markiert, war **diese statische Vorgehensweise zielführend**, da der Markt für nachhaltige Informationsdienstleistungen zum Zwecke von Kapitalanlagedispositionen **als sehr jung charakterisiert werden kann.**[1235] Iterative Kooperationen zwischen den Parteien sind daher bislang eher die Ausnahme als die Regel, und Reputation war als Möglichkeit zur Lösung der Informationsasymmetrie zwischen Prinzipal und Agent vernachlässigbar.[1236] Es wurde vielmehr die Bedeutung der Glaubwürdigkeit für die Existenz von NGOs hervorgehoben, denn „when a new market develops, the demand for NPO's special trustworthiness is the greatest.“[1237]

Darüber hinaus stellt sich nun in einer Art Ausblick die Frage, ob die Ergebnisse aus Abschnitt 7.4 bei intertemporaler Betrachtung aufrechterhalten werden können. Damit soll versucht werden, mögliche Entwicklungstendenzen des o. g. Informationsmarktes zu prognostizieren.

[1234] Auf eine detaillierte modelltheoretische Analyse und damit eine Formulierung spezifischer Bedingungen sei an dieser Stelle verzichtet, da lediglich die grundsätzliche Möglichkeit eines Signaling-Ansatzes, einer Aufweichung des NDC entgegenzuwirken, aufgezeigt werden soll. Ein analytischer Ansatz, der vollständig auf den hier untersuchten Fall übertragbar ist, ist in der Arbeit von Spence zu finden; vgl. Spence, 1973, S. 361 ff.

[1235] Vgl. z. B. Schäfer et al., 2004, S. 1; Schueth, 2003, S. 189 oder Schäfer, 2000, S. 44.

[1236] Hierbei wird von der Möglichkeit von Reputationstransfers abstrahiert. FIs, die zusätzlich in anderen Geschäftsfeldern tätig sind oder waren und sich dort bereits profiliert und eine Marke etabliert hatten, sind u. U. in der Lage, Reputation-Spill-Over-Effekte bzw. Imagetransfers zu generieren. Beispielsweise untersuchte imug, lange bevor es mit der Nachhaltigkeitsanalyse von Finanzanlagefazilitäten begann, Konsumgüter auf deren Umwelt- und Sozialverträglichkeit; vgl. hierzu auch die Ausführungen in den Kapiteln 6.5.2.1 und 8.2, wo die Möglichkeit von NGOs beschrieben wird, Verbunderträge im Marketing durch Imagetransfers zu generieren sowie die Studie von Schäfer et al., 2006, wo dargestellt wird, dass viele Rating-Institutionen (wie z. B. die Inhouse-Research-Teams) Einheiten einer übergeordneten Gesamtorganisation verkörpern.

[1237] Ben-Ner/Gui, 2003, S. 23, Fn. 31. Vgl. auch Ortmann/Schlesinger, 2003.

8.4.1 Modifikationen des statischen Modells

Das Modell aus Kapitel 7 wird zum Zweck der intertemporalen Betrachtung dynamisiert – Annahme A 4 des statischen Modells wird folglich fallengelassen – und damit einer mehrperiodigen Betrachtung zugänglich gemacht. Ausgangspunkt einer solchen intertemporalen Analyse ist die Vermutung, dass Zeit die Anreizprobleme lösen oder zumindest die damit verbundenen Agency-Kosten reduzieren kann.[1238] Die beteiligten Parteien stehen sich im dynamischen Modell nicht nur einmal, sondern wiederholt gegenüber, wodurch **Reputation** als zusätzliches (weiches) Kooperationsdesign mit in Betracht gezogen werden kann.[1239] Voraussetzung für den Aufbau von Reputation ist ein den Interessen des Prinzipals adäquates Verhalten des Agenten, das zu den vom Auftraggeber angestrebten Ergebnissen führt und entsprechend in positive Erwartungen über das zukünftige kooperative Verhalten des Agenten mündet.[1240] Für den in dieser Arbeit untersuchten Fall gilt: Die Wahrscheinlichkeit, dass ein schlechtes Ergebnis (schlechte Informationsqualität) trotz hoher Anstrengung des Agenten *einmal* realisiert wird, ist höher als die Wahrscheinlichkeit, dass dies in *mehreren* aufeinanderfolgenden Perioden der Fall ist.[1241] Der Prinzipal kann folglich die wahre Arbeitsanstrengung des Agenten einfacher abschätzen als im Falle einer Beobachtung – oder wie *Holmström* ausführt: „When the same situation repeats itself over time, the effects of uncertainty tend to be reduced and dysfunctional behavior is more accurately revealed, thus alleviating the problem of moral hazard."[1242]

Die nachfolgende dynamische Analyse basiert auf einer Arbeit von *Lambert*[1243], die analog zum statischen Fall erweitert wird, um die zusätzliche Nebenbedingung der Nichtverifizierbarkeit des Outputs zu integrieren. Sie rekurriert auf dieselbe Modellierung, wie sie in Abschnitt 7.3 bei statischer Betrachtung verwendet wurde, und garantiert damit eine methodisch stringente Vorgehensweise.

Hierbei wird angenommen, dass sich beide Parteien (Anleger und FI) *ex ante* **dazu verpflichten, über einen vertraglich vereinbarten Zeitraum zu kooperieren**. Das entspricht der gängigen Praxis, dass sich insbesondere institutionelle Anleger wie Pensionskassen oder Investmentfonds beim externen Bezug von Nachhaltigkeitsinformationen lang-

---

[1238] Vgl. Fama, 1980.
[1239] Vgl. Michaelsen, 2001, S. 171.
[1240] Vgl. Milgrom/Roberts, 1982, S. 288 ff.
[1241] Den Grund hierfür liefert das Gesetz der großen Zahlen; vgl. hierzu auch Stremitzer, 2005, S. 167 und Spremann, 1988, S. 618 ff.
[1242] Holmström, 1979, S. 90.
[1243] Vgl. Lambert, 1983. Das Modell von Lambert ist diskret formuliert, während hier in Analogie zu Abschnitt 7.3 eine stetige Modellversion präsentiert wird. Vgl. zu intertemporalen Agency-Ansätzen grundsätzlich auch Holmström/Milgrom, 1987; Rogerson, 1985(b) und Radner, 1985 und 1981. Bolton/Dewatripont, 2005 liefern einen instruktiven Überblick.

fristig an **einen spezifischen Informationsanbieter vertraglich binden.**[1244] Weder der Agent noch der Prinzipal können folglich die Kooperation vorzeitig aufkünden.[1245] Der Fokus dieses Modells liegt insofern auf der Analyse des strategischen Verhaltens der Parteien **innerhalb** der Laufzeit eines Kontrakts, wobei sich die Parteien innerhalb der Vertragslaufzeit **mehrmals** gegenüberstehen.[1246] Darüber hinaus bleiben die Annahmen des statischen Modells weitgehend bestehen.

Der FI, im Folgenden wieder mit „Agent" bezeichnet, entscheidet sich nun in jeder Periode für einen Arbeitseinsatz $e_t \in E_t$. Der Anleger als Prinzipal kann den periodenspezifischen Arbeitseinsatz des Agenten e_t nicht beobachten. Zusammen mit dem stochastischen Umwelteinfluss θ_t resultiert ein Output aus der endlichen Menge aller möglichen Outputs in der Periode t: $q_t \in Q_t$.

Die Verteilung des Outputs q_t hänge wiederum parametrisch von der Aktion e_t ab und sei durch die bedingte Dichte $f_t = f_t(q_t|e_t)$ gegeben. Der Arbeitseinsatz habe über die Periode hinaus, in der er erbracht wird, keinen Einfluss auf den Output der nachfolgenden Perioden. Ferner werden die stochastischen Umweltparameter θ_t der einzelnen Perioden als unabhängig voneinander angenommen. Die gemeinsame Wahrscheinlichkeit von beispielsweise zwei aufeinanderfolgenden Outputs kann somit mittels eines multiplikativen Zusammenhangs dargestellt werden:

$$(8\text{-}1) \qquad P(q_1, q_2 | e_1, e_2) = f_1(q_1 | e_1)\, f_2(q_2 | e_2)\ .$$

Die bedingten Dichten f_t seien bezüglich des Parameters e_t differenzierbar mit der Ableitung $f_t'(q_t|e_t)$.

Es wird wiederum angenommen, dass sich durch steigenden Arbeitseinsatz in einer bestimmten Periode die Verteilung des stochastischen Outputs derselben Periode nach rechts verschiebt – die Wahrscheinlichkeit der Erzielung eines hohen Outputs nimmt folglich mit steigendem Arbeitseinsatz zu (stochastische Dominanz erster Ordnung). Die Verteilung der Outputs sei beiden Parteien bekannt, ferner müssen sie nicht über alle Perioden hinweg

[1244] Vgl. z. B. oekom, 2004, S. 2 in Verbindung mit Kloberdanz, 2006.

[1245] Auch im Rahmen des klassischen Credit Ratings verfahren Rating-Institutionen häufig nach dem Prinzip der Joint Contracts, wonach die finanzielle Bonität eines Unternehmens als Kreditnehmer nicht einmalig, sondern über mehrere Perioden hinweg beurteilt wird, um ebenfalls Reputation aufzubauen; vgl. Ramakrishnan/Thakor, 1984 oder Campbell/Kracaw, 1980.

[1246] Die Analyse des strategischen Verhaltens der Parteien über eine Sequenz von Kontrakten hinweg muss mittels einer anderen, da spieltheoretischen Modellierung erfolgen und wird im Rahmen dieser Arbeit nicht betrachtet; vgl. zur spieltheoretischen Modellierung in Verbindung mit Reputationsbildung z. B. Holmström/Tirole, 1989 oder Tirole, 1988. Die nachfolgend abgeleiteten entscheidenden Ergebnisse behalten jedoch auch bei spieltheoretischer Modellierung Validität.

identisch sein. Beispielsweise könnte die Produktionsfunktion q_t *ceteris paribus* eine steigende (fallende) Funktion von t sein. Lerneffekte (Abschreibungen) könnten hiermit berücksichtigt werden.

Analog zum statischen Modell wird angenommen, dass der Prinzipal risikoneutral und der Agent risikoavers ist. Folglich lässt sich der Nutzen des Prinzipals als Erwartungswert seines Einkommens $E[\beta_t(q_t)] = E[q_t - \alpha_t(q_t)]$ darstellen. Der Agent berücksichtigt hingegen den Erwartungswert der von-Neumann-Morgenstern-(Risiko-)Nutzenfunktion $U_t[\alpha_t(q_t), e_t]$, die ihrerseits wiederum in die Teile monetärer Nutzen u_t und arbeitsbedingter Disnutzen d_t separierbar ist: $U_t[\alpha_t(q_t), e_t] = u_t[\alpha_t(q_t)] - d_t(e_t)$. Die Nutzenfunktion U_t darf sich im Zeitablauf beliebig verändern.[1247] Ferner gelten dieselben partiellen Ableitungen wie im statischen Modell. Während im statischen Modell sowohl vom Prinzipal als auch vom Agenten ausschließlich über *eine* Periode maximiert wurde, optimieren im dynamischen Modell beide ihre Zielfunktion über die *gesamte* Vertragslaufzeit von T Perioden. Hierbei wird angenommen, dass die entsprechenden Funktionen additiv separabel bezüglich der Zeit sind. Sie verändern sich gegenüber dem statischen Modell folglich zu:

(8-2) $$E[\sum_{t=1}^{T} q_t - \alpha_t(q_t)],$$

(8-3) $$E\{\sum_{t=1}^{T} u_t[\alpha_t(q_t) - d_t(e_t)]\}.$$

Außerdem wird angenommen, dass den Parteien keine anderweitigen Einkommen als die hier skizzierten (α_t, β_t) zur Verfügung stehen und die Einkommen der Periode t vollständig in derselben Periode aufgebraucht werden müssen – Sparen stellt also keine Option für die Parteien dar.[1248]

In diesem dynamischen Modell legt der Prinzipal zu Beginn der ersten Periode eine Vergütungsfunktion für den Agenten für alle Perioden fest. Die Höhe der Vergütungen hängt dabei nicht nur vom aktuellen Output, sondern von allen Outputs der Vergangenheit ab. Damit schafft er einen Anreiz für den Agenten, konstant bzw. langfristig hohen Arbeitseinsatz zu leisten. Die Vergütungsfunktion lautet demnach:

(8-4) $$\alpha_t = \alpha_t(q_1, q_2, \ldots, q_t) \in IR^+.$$

[1247] Mit dieser Annahme könnte beispielsweise die Diskontierung von Nutzen in späteren Perioden berücksichtigt werden.

[1248] Vgl. Lambert, 1983, S. 443.

Eine Strategie des Prinzipals ist folglich als eine Sequenz von Funktionen der Form $\alpha_t(q_1, q_2, ..., q_t)$ darstellbar.

Strategisches Verhalten des Agenten rekurriert auf seinen Arbeitsaufwand in der jeweiligen Periode. Es wird angenommen, dass der Arbeitseinsatz des Agenten ebenfalls vom Output der Vergangenheit abhängt, der seinerseits wiederum von den in der Vergangenheit erbrachten Arbeitseinsätzen abhängt. Seine „Arbeitsangebotsfunktion" lässt sich entsprechend darstellen als:

$$(8\text{-}5) \qquad e_t(q_1, q_2, ..., q_{t-1}) \in [\underline{e_t}, \overline{e_t}] \subseteq IR^+,$$

wobei $\underline{e_t}$ ($\overline{e_t}$) die Arbeitseinsatz-Untergrenze (-Obergrenze) in der Periode t darstellt. Eine Strategie des Agenten ist insofern eine Sequenz von Funktionen der Form $e_t(q_1, q_2, ... q_{t-1})$.

Um die Berechnungen so übersichtlich wie möglich zu gestalten, beschränkt sich die Analyse im Folgenden auf ein **Zwei-Perioden-Modell.**

8.4.2 Bestimmung optimaler Kontraktdesigns – Organisationsspezifische Minimierung der Delegationskosten

8.4.2.1 Optimales Kontraktdesign bei einfacher Informationsasymmetrie – Nichtverifizierbarkeit des Arbeitseinsatzes e_t

Wie im statischen Modell wird zunächst angenommen, dass der Output q_t sowohl vom Agenten als auch vom Prinzipal beobachtbar ist. Der zeitliche Ablauf des dynamischen Zwei-Perioden-Modells sei zur Verdeutlichung nochmals beschrieben:

In $t = 0$ legt der Prinzipal die Vergütungsstrategie für beide Perioden fest. In Periode $t = 1$ wählt der Agent seinen Arbeitseinsatz e_1. Am Ende der ersten Periode beobachten beide den Output q_1, der wie im statischen Modell eine stochastische Größe darstellt.[1249] Der Agent wird entsprechend der Ausprägung von q_1 entlohnt. In Periode $t = 2$ wählt der Agent seinen Arbeitseinsatz $e_2(q_1)$. Am Ende der zweiten Periode beobachten Agent und Prinzipal den Output q_2. Der Agent wird entsprechend den Ausprägungen von q_1 und q_2 entlohnt. Abbildung 8-3 stellt diese Zusammenhänge nochmals in grafischer Form dar.

[1249] Die Realisation der Umweltzustände θ_1 und θ_2 werden in Abbildung 8-3 und später in Abbildung 8-4 aus Platzgründen nicht mehr explizit aufgeführt.

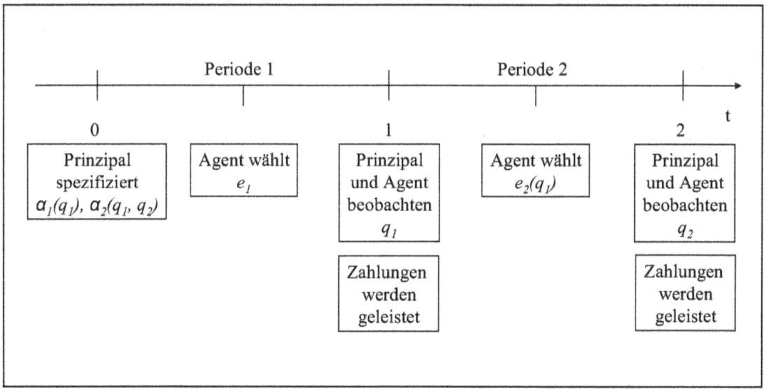

Abbildung 8-3: Zeitlicher Ablauf des dynamischen Prinzipal-Agenten-Modells
Quelle: in Anlehnung an Lambert, 1983, S. 443

Analog zum statischen Modell lautet das vom Prinzipal zu lösende Optimierungsprogramm nun:

(8-6) $$\underset{\alpha_t}{Max} \quad E[\sum_{t=1}^{2} q_t - \alpha_t(q_1, q_t)]$$

s.t.

(8-7) $$E\{\sum_{t=1}^{2} U_t[\alpha_t(q_1, q_t), e_t(q_1, q_{t-1})]\} \geq \overline{U}$$

(8-8) $$e_{t=1,2} \in \underset{e_t^* \in E_t}{arg\,max} \quad E\{\sum_{t=1}^{2} U_t[\alpha_t(q_1, q_t), e_t^*(q_1, q_{t-1})]\}.$$

(8-7) bezeichnet wiederum die Kooperationsbedingung und Gleichung (8-8) die Anreizkompatibilitätsbedingung. Sie werden, wie auch die Zielfunktion (8-6), über beide Perioden hinweg optimiert. So maximiert der Prinzipal mit Gleichung (8-6) die Summe seines Einkommens, das er in Periode eins und in Periode zwei generiert. Analog liest sich (8-7): Nur wenn die Summe der periodenspezifischen Nutzen des Agenten größer ist als der Reservationsnutzen, den er alternativ erreichen könnte, willigt er in den vom Prinzipal angebotenen Kontrakt ein.

Die Anreizkompatibilitätsbedingung fängt das optimale Verhalten des Agenten bezüglich seiner intertemporalen Arbeitseinsatz-Wahl ein. Wird sie aufgehoben, existiert formal **kein Informationsasymmetrieproblem** mehr. Der Prinzipal kann den Arbeitseinsatz e_t des Agenten in jeder Periode t beobachten und ihn entsprechend mittels eines „Forcing

Contract" entlohnen.[1250] Der optimale Kontrakt hätte analog zur statischen Lösung folgende Gestalt:

$$(8\text{-}9)\qquad \lambda = \frac{1}{u_t'(\alpha_t(q_t))},$$

wobei λ den Lagrange-Parameter aus der Kooperationsbedingung (8-7) darstellt. Wie im statischen Fall ist zu den gegebenen Risikopräferenzen der Akteure ein Fixlohnkontrakt die pareto-optimale Lösung in jeder Periode t. Der Arbeitseinsatz und die Auszahlungen in einer Periode haben keinerlei Auswirkungen auf andere Perioden im Vertrag.

Ist der Arbeitseinsatz des Agenten vom Prinzipal **nicht beobachtbar**, muss er zur Ableitung der Optimallösung die Anreizkompatibilitätsbedingung (8-8) zwingend beachten. Sie kann durch folgende Überlegungen vereinfacht werden: Da sich der Arbeitseinsatz des Agenten in Periode eins nicht auf den Output der Periode zwei auswirkt (Unabhängigkeit der periodenspezifischen Produktionsfunktionen) und gleichzeitig auch die Nutzenfunktion des Agenten additiv separabel bezüglich der Zeit ist, beginnt der Agent damit, den Arbeitseinsatz für Periode zwei zu optimieren.[1251] Auf Basis dieser optimalen Strategie für Periode zwei, wählt er dann seine optimale Strategie für Periode eins. Diese Strategie beinhaltet implizit die Arbeitseinsätze für beide Perioden, da der Agent weiß, dass der Arbeitseinsatz in Periode eins Einfluss auf den Output in Periode eins ausübt. Der Output in Periode eins stellt seinerseits wiederum eine Bemessungsgrundlage des Prinzipals für die Entlohnung des Agenten in Periode zwei dar. Folglich hat der Arbeitseinsatz der ersten Periode nicht nur Einfluss auf die Entlohnung der ersten Periode, sondern auch auf die der zweiten Periode. Dies ist die grundlegende Idee von Reputationseffekten.[1252]

Umgekehrt hängt der Arbeitseinsatz des Agenten in der zweiten Periode vom Output der ersten Periode ab, der bekanntlich nicht nur durch den Arbeitseinsatz des Agenten, sondern auch durch den stochastischen Umweltparameter θ_t beeinflusst wird. Je nach Output und damit einhergehender Entlohnung in Periode eins wählt der Agent einen bestimmten Arbeitseinsatz in Periode zwei, um insgesamt (über beide Perioden hinweg) sein Nutzenmaximum zu erreichen. Hieraus entsteht für den Agenten die Möglichkeit, seine Arbeitsanstrengungen unter strategischen Gesichtspunkten auszuwählen.[1253] Beispielsweise kann der

[1250] Vgl. Abschnitt 7.3.1.
[1251] Vgl. Witt, 2001, S. 92 f. oder Petersen, 1989, S. 88 ff.
[1252] Vgl. Stremitzer, 2005, S. 173.
[1253] Dies verkörpert die einzige Möglichkeit des Agenten, sich gegen sein Einkommensrisiko zu schützen, da er weder sparen noch auf andere Einkommensquellen zurückgreifen kann.

Agent bei Realisation eines sehr hohen Outputs in Periode eins seinen Arbeitseinsatz in Periode zwei reduzieren, *et vice versa*. Damit gilt:

(8-10) $$de_2 / dq_1 \leq 0.$$ [1254]

Der Agent kann folglich durch Maximierung seines Nutzens in der ersten Periode unter Zugrundelegung der optimalen Strategie für die zweite Periode sein Gesamtmaximum erreichen.[1255] Formal lassen sich die Zusammenhänge wie folgt darstellen:

(8-11) $$e_2(q_1) \in \underset{e_2^* \in E_2}{\arg\max}\; E\{U_2[\alpha_2(q_1,q_2), e_2^*]\} \quad \forall\, q_1,$$

(8-12) $$e_1 \in \underset{e_1^* \in E_1}{\arg\max}\; E\{U_1[\alpha_1(q_1), e_1^*] + U_2[\alpha_2(q_1,q_2), e_2(q_1)]\}.$$

Folglich wählt der Agent seinen Arbeitseinsatz so, dass sein über die beiden Perioden hinweg kumulierter Erwartungsnutzen maximiert wird:

(8-13) $$\underset{e_t}{Max}\; E\{\sum_{t=1}^{2} U_t[\alpha_t(q_1,q_t), e_t(q_1,q_{t-1})]\}.$$

Dies kann der Agent aufgrund der Separabilität der Produktions- und seiner Nutzenfunktion bezüglich der Zeit dadurch erreichen, dass er die Nutzenerwartungswerte in den einzelnen Perioden maximiert.

Während im statischen Modell die Anreizkompatibilitätsbedingung für lediglich zwei bestimmte Arbeitseinsätze dargestellt wurde[1256], sollen im Folgenden die Beschränkungen (8-11) und (8-12) allgemein für alle möglichen Arbeitseinsätze dargestellt werden. Zur Vereinfachung wird angenommen, dass beide Restriktionen mithilfe des sogenannten „First-Order-Approach“ analysiert werden können.[1257] Die Gleichungen (8-11) und (8-12)

[1254] Vgl. Petersen, 1989, S. 87 oder Lambert, 1984, S. 611. Dieser Effekt hat die Eigenschaft, dass Einkommen im Zeitablauf geglättet wird. Hieraus wächst der Gesamtnutzen des Agenten, der risikoavers modelliert wurde.

[1255] Vgl. Witt, 2001, S. 93 f.

[1256] Die statische Analyse wurde jeweils für einen hohen ($\bar{e}$) und einen niedrigen Arbeitseinsatz ($\underline{e}$) geführt.

[1257] Beim „First-Order-Approach“ wird bei einer Optimierung nicht direkt nach Maxima, sondern allgemein nach Nullstellen der ersten Ableitung gesucht; vgl. zum First-Order-Approach z. B. Holmström, 1979 oder Rogerson, 1985(a). Mirrlees, 1999 oder Grossmann/Hart, 1983 diskutieren Probleme, die in Zusammenhang mit der Anwendung des First-Order-Ansatzes stehen.

werden gemäß dieser Methode nach ihren Aktionsparametern abgeleitet und gleich Null gesetzt.[1258] Dies ist zunächst für die Gleichung (8-11) dargestellt[1259]:

$$\frac{d}{de_2*}\left\{\int_{\underline{q_2}}^{\overline{q_2}} u_2[\alpha_2(q_1,q_2)]\, f_2(q_2|e_2*(q_1))dq_2 - d_2(e_2*)\right\} = 0$$

$$(8\text{-}11') \Leftrightarrow \quad \int_{\underline{q_2}}^{\overline{q_2}} u_2[\alpha_2(q_1,q_2)]\, f_2'(q_2|e_2(q_1))dq_2 - d_2'(e_2) = 0; \qquad \forall\, q_1.$$

Für die Anreizkompatibilitätsbedingung (8-12) folgt analog:

$$\frac{d}{de_1*}\left\{\int_{\underline{q_1}}^{\overline{q_1}} \{u_1[\alpha_1(q_1)] + E[u_2(\alpha_2(q_1,q_2)) - d_2(e_2(q_1))]\}\, f_1(q_1|e_1*)dq_1 - d_1(e_1*)\right\} = 0$$

$$\Leftrightarrow \quad \int_{\underline{q_1}}^{\overline{q_1}} \{u_1[\alpha_1(q_1)] + E[u_2(\alpha_2(q_1,q_2))$$

$$(8\text{-}12') \qquad - d_2(e_2(q_1))]\}\, f_1'(q_1|e_1)dq_1 - d_1'(e_1) = 0;$$

wobei f_t' und d_t' die jeweils ersten Ableitungen der entsprechenden Variablen nach e_2 bzw. e_1 in den jeweiligen Perioden darstellen. Werden die Gleichungen (8-11') und (8-12') in das zu lösende Optimierungsprogramm eingesetzt, resultiert die folgende Lagrange-Funktion mit λ, μ_1 und $\mu_2(q_1)$ als Multiplikatoren:

[1258] Es wird folglich davon ausgegangen, dass innere bzw. (Tangential-)Lösungen existieren.

[1259] Der Erwartungswertoperator wurde hierbei entsprechend substituiert und die allgemeine Nutzenfunktion U_t spezifiziert.

(8-14)

$$\begin{aligned}
&\Gamma(\alpha_1(q_1),\alpha_2(q_1,q_2),e_1,e_2(q_1),\lambda,\mu_1,\mu_2(q_1)) \\
&= \int_{\underline{q_1}}^{\overline{q_1}} [(q_1-\alpha_1(q_1)) + \int_{\underline{q_2}}^{\overline{q_2}} (q_2-\alpha_2(q_1,q_2)) f_2(q_2|e_2(q_1))dq_2]\, f_1(q_1|e_1)dq_1 \\
&+\lambda\{ \int_{\underline{q_1}}^{\overline{q_1}} [u_1(\alpha_1(q_1)) + \int_{\underline{q_2}}^{\overline{q_2}} u_2(\alpha_2(q_1,q_2)) f_2(q_2|e_2(q_1))dq_2 - d_2(e_2(q_1))]\, f_1(q_1|e_1)dq_1 \\
&-d_1(e_1)-\overline{U}\} \\
&+\mu_1\{ \int_{\underline{q_1}}^{\overline{q_1}} [u_1(\alpha_1(q_1)) + \int_{\underline{q_2}}^{\overline{q_2}} u_2(\alpha_2(q_1,q_2)) f_2(q_2|e_2(q_1))dq_2 \\
&-d_2(e_2(q_1))]\, f_1'(q_1|e_1)dq_1 - d_1'(e_1)\} \\
&+\int_{\underline{q_1}}^{\overline{q_1}} \mu_2(q_1)\{ \int_{\underline{q_2}}^{\overline{q_2}} u_2(\alpha_2(q_1,q_2)) f_2'(q_2|e_2(q_1))dq_2 - d_2'(e_2(q_1))\}\, f_1(q_1|e_1)dq_1
\end{aligned}$$

Unter der Annahme von inneren Lösungen können durch punktweise Differenzierung von Γ nach α_t folgende Bedingungen erster Ordnung für die optimalen Lohnkontrakte der Perioden eins und zwei abgeleitet werden[1260]:

(8-14a) $$\frac{\partial \Gamma}{\partial \alpha_1}:\ -f_1(q_1|e_1)+\lambda[u_1'(.)f_1(q_1|e_1)]+\mu_1[u_1'(.)f_1'(q_1|e_1)]=0$$

Division durch $f_1(q_1|e_1)$ führt zu:

$$\lambda[u_1'(.)]+\mu_1[u_1'(.)\frac{f_1'(q_1|e_1)}{f_1(q_1|e_1)}]=1$$

(8-15) $\Leftrightarrow$ $$\lambda+\mu_1\frac{f_1'(q_1|e_1)}{f_1(q_1|e_1)}=\frac{1}{u_1'(\alpha_1(q_1))}.$$

Analoges Vorgehen für α_2 führt zu:

1260 Auf eine vollständige Darstellung der Bedingungen erster Ordnung wird an dieser Stelle verzichtet.

$$\frac{\partial \Gamma}{\partial \alpha_2}: \; -f_2(\cdot)f_1(\cdot)+\lambda[u_2'(\cdot)f_2(\cdot)f_1(\cdot)]+\mu_1[u_2'(\cdot)f_2(\cdot)f_1'(\cdot)]$$

$$(8\text{-}14b) \qquad +\mu_2(\cdot)[u_2'(\cdot)f_2'(\cdot)f_1(\cdot)]=0.$$

Nach einigen Umformungen resultiert:

$$(8\text{-}16) \qquad \lambda+\mu_1\frac{f_1'(q_1|e_1)}{f_1(q_1|e_1)}+\mu_2(q_1)\frac{f_2'(q_2|e_2(q_1))}{f_2(q_2|e_2(q_1))}=\frac{1}{u_2'(\alpha_2(q_1,q_2))}.$$

Im statischen Modell wurde gezeigt, dass $\lambda > 0$ gelten muss[1261] – dies gilt nun auch für den dynamischen Fall. *Lambert* beweist, dass sowohl $\mu_1 > 0$ als auch $\mu_2(q_1) > 0$ gilt.[1262] Die Entlohnung des Agenten in Periode eins – vgl. Gleichung (8-15) – hat folglich wiederum eine Fixkomponente in Höhe von λ. Ferner enthält sie eine outputabhängige Komponente in Höhe von $+\mu_1\frac{f_1'(q_1|e_1)}{f_1(q_1|e_1)}$, die, wie im statischen Modell, durch das „Likelihood-Ratio" determiniert wird.[1263] Die **Gesamtentlohnung des Agenten in Periode eins ist somit outputabhängig**, da $\lambda+\mu_1\frac{f_1'(q_1|e_1)}{f_1(q_1|e_1)}\neq const.$

Gleiches gilt für den optimalen Lohnkontrakt der Periode zwei (vgl. (8-16)). Auch er beinhaltet eine fixe (λ) und eine variable, vom Output abhängige Komponente $(\mu_1\frac{f_1'(q_1|e_1)}{f_1(q_1|e_1)}+\mu_2(q_1)\frac{f_2'(q_2|e_2(q_1))}{f_2(q_2|e_2(q_1))})$, die ihrerseits wiederum durch die periodenspezifischen „Likelihood-Ratios" bestimmt wird. Folglich ist **auch die Entlohnung der zweiten Periode outputabhängig und damit variabel**. Die Analyse lässt sich ohne weiteres auf *T* Perioden erweitern[1264], ohne dass sich dadurch die Kernaussagen der Ergebnisse verändern.[1265]

[1261] Vgl. Kapitel 7.3.1.
[1262] Vgl. Lambert, 1983, S. 446 f.
[1263] Aufgrund des im dynamischen Modell angewandten „First-Order-Approach" hat das „Likelihood-Ratio" hier ein anderes Aussehen als im statischen Modell.
[1264] Vgl. z. B. Holmström/Milgrom, 1987.
[1265] Dies wird bei Lambert, 1983, S. 447 ff. gezeigt.

Damit ist auch **bei dynamischer Modellierung und einfacher Informationsasymmetrie** der Trade-off zwischen Risikoallokation und Anreizkompatibilität nicht vollständig eliminierbar[1266] – die **First-Best-Lösung** wird **somit weiterhin verfehlt**.

Interessant an Gleichung (8-16) ist ferner, dass der **optimale Lohnkontrakt für Periode zwei sowohl vom Output der ersten als auch der zweiten Periode abhängig** ist. Es wird somit vom Prinzipal tatsächlich die gesamte Vergangenheit zur Beurteilung der Agentenaktionen berücksichtigt – Reputationseffekte sind damit erzielbar. Insofern ist der **optimale Vertrag ein Langzeitvertrag**. Dieser Langzeitvertrag eröffnet nun die Möglichkeit, das Second-Best-Resultat des statischen Modells zu verbessern. Bei zwei Perioden reduziert sich die Varianz des durchschnittlichen Outputs. Aufgrund der Risikoaversion des Agenten schlägt sich dieser **intertemporale Diversifikationseffekt positiv auf seinen Nutzen** aus.[1267] Folglich kann der Prinzipal die erwartete periodische Entlohnung des Agenten reduzieren, ohne dessen Kooperationsbedingung zu verletzen.

Aus Anreizgesichtspunkten lassen sich durch den Langzeitvertrag ebenfalls positive Effekte auf das Ergebnis erzielen. Da sich die zufälligen Umwelteinflüsse im Zeitablauf gegenseitig kompensieren, ist der Prinzipal in der Lage, die Leistungen des Agenten sukzessive besser einzuschätzen. Entsprechend wird der **Agent** mit zunehmender Periodenanzahl **immer stärker gemäß seinem wahren Arbeitseinsatz entlohnt**. Mit immer höherer Wahrscheinlichkeit zahlt sich für den Agenten folglich ein hoher Arbeitseinsatz aus, da mit steigendem Ergebnis in Periode eins sein erwarteter Nutzen in Periode zwei steigt. Dieser positive Nutzeneffekt ist darauf zurückzuführen, dass der Output in Periode eins sowohl die Entlohnung in Periode eins als auch in Periode zwei beeinflusst. Anreize in Periode eins werden somit durch Anreize in Periode zwei verstärkt: **Der Agent ist somit stets bestrebt, ein möglichst gutes Ergebnis im ersten Zeitraum zu erreichen**. Dies fördert implizit die Reputation des Agenten und damit im Zeitablauf das Vertrauensverhältnis zwischen den Parteien. Die Reputation des Agenten stellt demzufolge für den Prinzipal eine Information dar, die als Indikator für die Qualität der zu erbringenden Informationsdienstleistung herangezogen werden kann.[1268] Glaubwürdig und zuverlässig ist diese Information dann, wenn der Prinzipal die Möglichkeit besitzt, nichtkontraktkonformes Verhalten des Agenten *ex post* zu enthüllen. Der Agent müsste dann seine mühsam aufgebaute Reputation ab-

---

1266 Das Verhältnis der Grenznutzen ($1/u_t'(.)$) müsste bei optimaler Risikoteilung konstant sein; vgl. Borch, 1962, Abschnitt 2.

1267 Wird der Prinzipal ebenfalls risikoavers modelliert, wie dies im statischen Modell ergänzend getan wurde, hat der Risikodiversifikationseffekt auf den Nutzen des Prinzipals ebenfalls positive Effekte.

1268 Vgl. Shapiro, 1983, S. 659 ff.

schreiben (*sunk costs*), was ihn zur Einhaltung der Vertragsbedingungen veranlasst – Reputation repräsentiert deshalb eine Form eines impliziten Kontrakts.[1269]

Zu beachten ist, dass dieses kontraktkonforme und zugleich vertrauensfördernde Verhalten des Agenten durch **reines Eigeninteresse** und nicht durch „Nächstenliebe" oder „Gutmütigkeit", also nicht altruistisch, induziert ist. Der Agent wählt zu jeder Periode den Arbeitseinsatz aus, der, unter Zugrundelegung des Langzeitvertrags, seinen intertemporalen Gesamtnutzen maximiert.[1270] „Durch Langzeitverträge kann somit loyales Verhalten aktiviert werden."[1271] Reputation wird in diesem Modell folglich durch loyales Verhalten des Agenten innerhalb der Vertragslaufzeit eines Langzeitkontrakts und nicht über eine Reihe von kurzfristigen Kontrakten gebildet, wie dies bei spieltheoretischer Modellierung der Fall ist.[1272] Die Kündigung des Kontrakts innerhalb der Vertragslaufzeit stellt *per definitionem* nie eine Option des Prinzipals dar – er hat folglich keine Exit-Option.[1273] Sein strategischer Verhaltensspielraum drückt sich in **zeitlichen Lohnanpassungen** aus, die mit steigender Dauer zunehmend arbeitsleistungskonformer definiert werden können.

Je länger die Dauer des Kontrakts, umso besser ist das Ergebnis, da Risikoteilung und Anreizproblematik für beide Parteien positiv beeinflusst werden. *Lambert* zeigt dies für einen endlichen Zeithorizont[1274], *Radner* betrachtet hingegen eine unendliche Anzahl von Beobachtungszeitpunkten.[1275] Er beweist, dass, unter bestimmten Annahmen, die First-Best-Lösung im dynamischen Modell näherungsweise erreicht werden kann. Ferner kann gezeigt werden, dass Langzeitverträge anreizkompatibles Verhalten des Agenten günstiger induzieren können als eine Sequenz von kurzfristigen Verträgen.[1276]

Es bleibt festzuhalten, dass im dynamischen Modell **bei einfacher**, die Agentenaktion e_t betreffenden **Informationsasymmetrie variable, outputabhängige Entlohnungskontrakte pareto-optimal** sind. Entsprechend der eingangs des siebten Kapitels skizzierten kontraktspezifischen Definition stellen **für diese Annahmenkonstellation** demnach **FPOs die optimale Organisationsform** dar.

[1269] Vgl. Holmström, 1985, S. 200.
[1270] Vgl. auch Darby/Karny, 1973, S. 74.
[1271] Petersen, 1989, S. 94.
[1272] Zur spieltheoretischen Formulierung der Reputationsbildung vgl. z. B. Klein/Leffler, 1981.
[1273] Kündigung stellt eine Sanktionsmöglichkeit bei spieltheoretischer Modellierung dar.
[1274] Vgl. Lambert, 1983, S. 448 ff.
[1275] Vgl. Radner, 1981, 1985.
[1276] Vgl. Stremitzer, 2005, S. 170 oder Lambert, 1983.

8.4.2.2 Optimales Kontraktdesign bei zweifacher Informationsasymmetrie – Nichtverifizierbarkeit der Aktion e_t sowie Nichtverifizierbarkeit des Outputs q_t

Wie zu Beginn des statischen Modells wurde bislang davon ausgegangen, dass der stochastische Output q_t in jeder Periode t vollständig verifizierbar ist. Diese Annahme soll im Folgenden aufgehoben werden, um den Vertrauensgutcharakter des in dieser Arbeit untersuchten intangiblen Outputs „Qualität der Nachhaltigkeitsinformation" widerzuspiegeln. Analog zum statischen Modell stellt der Output folglich **über den gesamten Zeitraum** private Information des Agenten dar, die der Prinzipal jedoch zwingend benötigt, um darauf zu kontraktieren. Entsprechend hat der Prinzipal auch in der intertemporalen Modellierung ein zusätzliches Hidden-Knowledge-Problem zu berücksichtigen, das nur durch die Beachtung des zusätzlichen Truth-Revealing Constraint zu lösen ist.

Die Ausgangssituation des Prinzipals bei Vertragsgestaltung wird dadurch wieder, wie im statischen Fall, entscheidend verändert:

In $t = 0$ legt der Prinzipal die Vergütungsstrategie für beide Perioden fest. In Periode $t = 1$ wählt der Agent seinen Arbeitseinsatz e_1. Am Ende der ersten Periode kann ausschließlich der Agent q_1 beobachten. Er übermittelt den Output an den Prinzipal. Der Agent wird entsprechend der Übermittlung von q_1 entlohnt. In Periode $t = 2$ wählt der Agent seinen Arbeitseinsatz $e_2(q_1)$. Am Ende der zweiten Periode kann ausschließlich der Agent den Output q_2 beobachten; er übermittelt ihn an den Prinzipal. Der Agent wird entsprechend der Übermittlung von q_1 und q_2 entlohnt. Abbildung 8-4 stellt diese Zusammenhänge in grafischer Form dar.

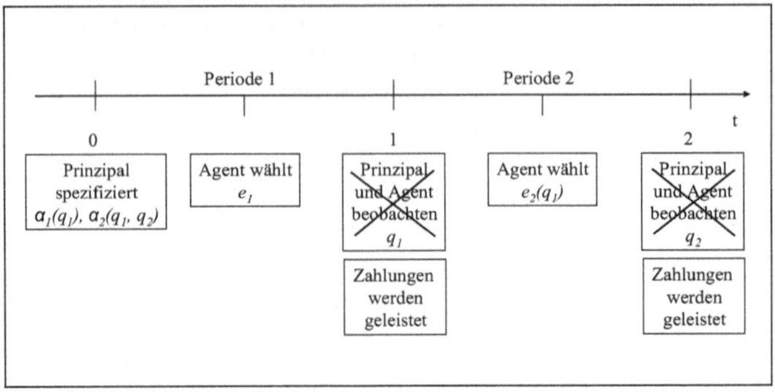

Abbildung 8-4: Modifizierter zeitlicher Ablauf des dynamischen Prinzipal-Agenten-Modells
Quelle: eigene Darstellung

Der Agent muss zu einer wahrheitsgemäßen Aussage über den Output q_t animiert werden, da er allein über die an den Prinzipal übermittelte Ausprägung von q_t bestimmen kann. Anders als im statischen Modell maximiert der Agent seinen Nutzen allerdings nicht über eine, sondern über zwei Perioden. Der Truth-Revealing Constraint verändert sich folglich zu:

$$(8\text{-}17) \qquad q_{t=1,2} \in \underset{q_t^* \in Q_t}{arg\,max} \sum_{t=1}^{2} U_t[\alpha_t(q_1, q_t^*), e_t(q_1, q_{t-1})],$$

Auch an dieser Stelle ist zu beachten, dass der Nutzen des Agenten kein stochastisches Element besitzt. Zum Zeitpunkt der Übermittlung des Outputs q_t an den Prinzipal ist dem Agenten stets bekannt, welcher Umweltzustand θ_t und damit welcher Output faktisch eingetreten ist. Damit ist der Output für den Agenten nicht länger eine stochastische, sondern eine deterministische Größe. Ferner geht in die Nutzenfunktion des Agenten ausschließlich der von ihm an den Prinzipal weitergegebene Output als Bemessungsgrundlage für seine Entlohnung ein. Dieser übermittelte Output rekurriert auf keinerlei stochastische Größen. Das Optimierungsprogramm des Prinzipals nimmt nun folgende formale Gestalt an:

$$(8\text{-}18) \qquad \underset{\alpha_t}{Max} \; E[\sum_{t=1}^{2} q_t - \alpha_t(q_1, q_t)]$$

s.t.

(8-19) $$E\{\sum_{t=1}^{2} U_t[\alpha_t(q_1, q_t), e_t(q_1, q_{t-1})]\} \geq \overline{U}$$

(8-20) $$e_{t=1,2} \in \underset{e_t^* \in E_t}{arg\,max} \; E\{\sum_{t=1}^{2} U_t[\alpha_t(q_1, q_t), e_t^*(q_1, q_{t-1})]\}$$

(8-21) $$q_{t=1,2} \in \underset{q_t^* \in Q_t}{arg\,max} \sum_{t=1}^{2} U_t[\alpha_t(q_1, q_t^*), e_t(q_1, q_{t-1})].$$

Wie zuvor Nebenbedingung (8-8) kann nun auch Nebenbedingung (8-21) vereinfacht werden. Da der in Periode eins vom Agenten übermittelte Output keinen Einfluss auf den wahren Output der Periode zwei besitzt und ferner sowohl die Produktionsfunktion als auch die Nutzenfunktion des Agenten additiv separabel bezüglich der Zeit sind, verfolgt der Agent folgende Strategie: Er beginnt damit, den Output der Periode zwei dergestalt an den Prinzipal zu übermitteln, dass sein Nutzen in Periode zwei maximiert wird. Auf Basis dieser optimalen Strategie für Periode zwei wählt er dann seine optimale Strategie – den optimalen Output – für Periode eins. Der übermittelte Output in Periode eins, q_1, hat Auswirkungen sowohl auf die Entlohnung in Periode eins als auch in Periode zwei, da $\alpha_2 = \alpha_2(q_1, q_2)$. Wichtig hierbei ist, **dass der übermittelte, und nicht der wahre Output die Entlohnung in der jeweiligen Periode determiniert**. Da der Prinzipal den wahren Output nicht kennt, ihn aber benötigt, um darauf zu kontraktieren, bleibt ihm nichts anderes übrig, als den vom Agenten übermittelten und eventuell verfälschten Output als Bemessungsgrundlage für die Entlohnung des Agenten zu nehmen.

Neben dem direkten Einfluss auf die Entlohnung hat die Wahl des Outputs einen weiteren, indirekten Effekt. Durch die Outputwahl in Periode eins wird gleichzeitig die Arbeitsanstrengung in Periode zwei beeinflusst, da annahmegemäß $e_2 = e_2(q_1)$. Wie im dynamischen Fall mit einfacher Informationsasymmetrie kann der Agent somit durch Maximierung seines Nutzens in der ersten Periode unter Zugrundelegung der optimalen Strategie für die zweite Periode sein Gesamtmaximum erreichen. Formal lesen sich die Zusammenhänge dann wie folgt:

(8-22) $$q_2 \in \underset{q_2^* \in Q_2}{arg\,max} \; U_2[\alpha_2(q_1, q_2^*), e_2(q_1)]\}$$

(8-23) $$q_1 \in \underset{q_1^* \in Q_1}{arg\,max} \; U_1[\alpha_1(q_1^*), e_1] + U_2[\alpha_2(q_1^*, q_2), e_2(q_1^*)]\}.$$

Folglich übermittelt der Agent den Output so, dass sein über die beiden Perioden hinweg kumulierter Nutzen maximiert wird:

$$(8\text{-}24) \qquad \underset{q_t}{Max} \sum_{t=1}^{2} U_t[\alpha_t(q_1,q_t),e_t(q_1,q_{t-1})] .$$

Wiederum wird angenommen, dass die Gleichungen (8-22) und (8-23) mithilfe des „First-Order-Approach" analysiert werden können. Hierzu werden beide Beschränkungen nach ihren Aktionsparametern differenziert und gleich Null gesetzt[1277]:

$$\frac{d}{dq_2*}\{u_2[\alpha_2(q_1,q_2*)]-d_2[e_2(q_1)]\}=0$$

$$(8\text{-}22') \Leftrightarrow \qquad u_2'[\alpha_2(q_1,q_2)]\alpha_2'(q_1,q_2)=0$$

Für die Bedingung (8-23) folgt analog:

$$\frac{d}{dq_1*}\{u_1[\alpha_1(q_1*)]-d_1[e_1]+u_2[\alpha_2(q_1*,q_2)]-d_2[e_2(q_1*)]\}=0$$

$$(8\text{-}23') \Leftrightarrow \qquad u_1'[\alpha_1(q_1)]\alpha_1'(q_1)+u_2'\,[\alpha_2(q_1,q_2)]\alpha_2'(q_1,q_2)$$
$$-d_2'[e_2(q_1)]e_2'(q_1)=0,$$

wobei u_t', α_t' und d_t' die jeweils ersten Ableitungen der entsprechenden Parameter nach q_1 bzw. q_2 in den jeweiligen Perioden darstellen. Werden die Gleichungen (8-22') und (8-23') in das vom Prinzipal zu lösende Optimierungsprogramm eingesetzt, resultiert die folgende Lagrange-Funktion mit λ, μ_1, $\mu_2(q_1)$, η_1 und η_2 als Multiplikatoren:

[1277] Die allgemeinen Nutzenfunktionen U_t wurden hierbei spezifiziert.

(8-25)

$$\Gamma(\alpha_1(q_1),\alpha_2(q_1,q_2),e_1,e_2(q_1),\lambda,\mu_1,\mu_2(q_1),\eta_1,\eta_2)$$
$$=\int_{\underline{q}_1}^{\overline{q}_1}[(q_1-\alpha_1(q_1))+\int_{\underline{q}_2}^{\overline{q}_2}(q_2-\alpha_2(q_1,q_2))f_2(q_2|e_2(q_1))dq_2]\,f_1(q_1|e_1)dq_1$$
$$+\lambda\{\int_{\underline{q}_1}^{\overline{q}_1}[u_1(\alpha_1(q_1))+\int_{\underline{q}_2}^{\overline{q}_2}u_2(\alpha_2(q_1,q_2))f_2(q_2|e_2(q_1))dq_2-d_2(e_2(q_1))]f_1(q_1|e_1)dq_1$$
$$-d_1(e_1)-\overline{U}\}$$
$$+\mu_1\{\int_{\underline{q}_1}^{\overline{q}_1}[u_1(\alpha_1(q_1))+\int_{\underline{q}_2}^{\overline{q}_2}u_2(\alpha_2(q_1,q_2))f_2(q_2|e_2(q_1))dq_2-d_2(e_2(q_1))]f_1'(q_1|e_1)dq_1$$
$$-d_1'(e_1)\}$$
$$+\int_{\underline{q}_1}^{\overline{q}_1}\mu_2(q_1)\{\int_{\underline{q}_2}^{\overline{q}_2}u_2(\alpha_2(q_1,q_2))f_2'(q_2|e_2(q_1))dq_2-d_2'(e_2(q_1))\}f_1(q_1|e_1)dq_1$$
$$+\eta_1\{u_1'[\alpha_1(q_1)]\alpha_1'(q_1)+u_2'\;[\alpha_2(q_1,q_2)]\alpha_2'(q_1,q_2)-d_2'[e_2(q_1)]e_2'(q_1)\}$$
$$+\eta_2\{u_2'[\alpha_2(q_1,q_2)]\alpha_2'(q_1,q_2)\}$$

Wie bereits im statischen Modell bei zweifacher Informationsasymmetrie herausgearbeitet wurde, ist für die wahrheitsgemäße Übermittlung des Outputs vom Agenten an den Prinzipal allein der Truth-Revealing Constraint entscheidend. Dieser muss bindend sein und wird im dynamischen Modell durch die Nebenbedingungen (8-22') und (8-23') repräsentiert.[1278] Wird wiederum von der Existenz innerer Lösungen ausgegangen, lassen sich diese als Bedingungen erster Ordnung folgendermaßen darstellen[1279]:

(8-25a)
$$\frac{\partial\Gamma}{\partial\eta_1}=u_1'[\alpha_1(q_1)]\alpha_1'(q_1)+u_2'\;[\alpha_2(q_1,q_2)]\alpha_2'(q_1,q_2)$$
$$-d_2'[e_2(q_1)]e_2'(q_1)=0$$

(8-25b)
$$\frac{\alpha\Gamma}{\partial\eta_2}=u_2'[\alpha_2(q_1,q_2)]\alpha_2'(q_1,q_2)=0.$$

Zunächst sei Periode zwei und entsprechend Gleichung (8-25b) betrachtet. Sie ist aufgrund von $u_2'(.) > 0$ nur erfüllt für $\alpha_2'(.) = 0$, woraus unmittelbar $\alpha_2(q_1,q_2)=\overline{\alpha}_2 = const.$ folgt.

[1278] Vgl. auch Kapitel 7.3.3.
[1279] Auf eine vollständige Darstellung der Bedingungen erster Ordnung wird an dieser Stelle verzichtet.

Der **einzige Lohnkontrakt für Periode zwei**, der den Agenten **zur wahrheitsgemäßen Übermittlung des Outputs q_2** animiert, ist folglich ein **Fixlohnkontrakt.**

In Gleichung (8-25a) sind alle drei Terme größer oder gleich Null: Der linke Term spiegelt den Grenznutzen des Agenten in Periode eins wider, wenn der Output q_1 marginal erhöht wird. Da $\partial u_1 / \partial \alpha_1 > 0$ und $d\alpha_1 / dq_1 \geq 0$ gilt, ist dieser Grenznutzen mindestens gleich Null. Der mittlere Term, der den Grenznutzen des Agenten in Periode zwei bei marginaler Erhöhung von q_1 darstellt, ist ebenfalls größer oder gleich Null, weil $\partial u_2 / \partial \alpha_2 > 0$ und $d\alpha_2 / dq_1 \geq 0$ gilt. Zuletzt wird der rechte Term betrachtet, der das Grenzarbeitsleid des Agenten bei Erhöhung des Outputs q_1 in Periode zwei verkörpert. Auch dieser Ausdruck ist mindestens gleich Null, da $\partial d_2 / \partial e_2 > 0$ und $de_2 / dq_1 \leq 0$. Dieser ursprünglich schwach negativ multiplikative Zusammenhang wird durch den Rechenoperator zu einem schwach positiven Zusammenhang. Zusammen mit diesen Erkenntnissen wird Gleichung (8-25a) nochmals abgebildet:

$$\underbrace{u_1'[\alpha_1(q_1)]\alpha_1'(q_1)}_{\geq 0} + \underbrace{u_2'\,[\alpha_2(q_1,q_2)]\alpha_2'(q_1,q_2)}_{\geq 0} \underbrace{- \underbrace{d_2'[e_2(q_1)]e_2'(q_1)}_{\leq 0}}_{\geq 0} = 0$$

Es ist unmittelbar ersichtlich, dass (8-25a) nur dann gleich Null sein kann, wenn alle drei Einzelterme gleich Null sind.[1280] Hieraus folgt unmittelbar, dass $\alpha_1'(q_1) = \alpha_2'(q_1,q_2) = e_2'(q_1) = 0$. Dies bedeutet, dass $\alpha_1(q_1) = \overline{\alpha}_1 = const.$ gilt. Auch in Periode eins kann nur dann eine wahrheitsgemäße Aussage des Agenten über den Output induziert werden, wenn der Agent mit einem vom Output unabhängigen *Fixlohn* entschädigt wird.

Ferner resultiert $\alpha_2(q_1,q_2) = \overline{\alpha}_2 = const.$, womit das bereits zuvor abgeleitete Ergebnis des Fixlohns in Periode zwei bestätigt wird. Zu beachten ist allerdings, dass diese Erkenntnis auf der partiellen Ableitung von α_2 nach q_1 und nicht nach q_2 basiert, wie das bei der Analyse von Gleichung (8-25b) der Fall war. Da der Lohn in Periode zwei sowohl vom Output in Periode eins als auch vom Output in Periode zwei abhängt und der Agent beide Outputs zu seinen Gunsten beeinflussen kann, ist es für den Prinzipal optimal, den Entlohnungskontrakt α_2 weder an q_1 noch an q_2 zu koppeln.

[1280] Da auch der letzte Term positiv in die Summe eingeht, ist eine gegenseitige Kompensation der drei Einzelterme auf Null nicht möglich.

Zu klären bleibt noch, weshalb der rechte Term (das Grenzarbeitsleid des Agenten bei Erhöhung des Outputs q_1 in Periode zwei) nicht größer Null ist. Entscheidend hierfür ist die innere Ableitung de_2 / dq_1, die gleich Null sein muss, d. h. es muss gelten:

$$(8\text{-}26) \qquad de_2 / dq_1 = e_2'(q_1) \overset{!}{=} 0.$$

Gleichung (8-26) besagt, dass der Agent seine Arbeitsleistung in Periode zwei bei marginaler Erhöhung des Outputs in Periode eins nicht verändert bzw. reduziert, um eine Einkommensglättung zu erreichen – (8-10) also mit Gleichheit erfüllt ist . Wie kommt das?

Im statischen Modell wurde bei Unbeobachtbarkeit des Outputs gezeigt, dass der Agent aufgrund mangelnder Sanktionsmöglichkeiten seitens des Prinzipals seinen Arbeitseinsatz stets auf ein Minimum reduzieren wird. An dieser Verhaltensweise ändert sich auch nichts im dynamischen Modell, wenn der Output über den gesamten Zeitraum unbeobachtbar ist. Da der Agent weiß, dass der Prinzipal den Output zu keinem Zeitpunkt beobachten und deshalb keine Rückschlüsse auf den Arbeitseinsatz des Agenten ziehen kann, wird der Agent aufgrund von $\partial U_t / \partial e_t < 0$ in jeder Periode stets den minimalen Arbeitseinsatz leisten, um seinen intertemporalen Nutzen zu maximieren. Er wählt somit in jeder Periode den Arbeitseinsatz $\underline{e}_t$. Eine marginale Erhöhung des (übermittelten) Outputs q_1 kann folglich zu keiner Veränderung bzw. Reduktion des Arbeitseinsatzes in $t = 2$ führen, da sich der Agent bereits in seinem Arbeitseinsatzminimum befindet. Der Arbeitseinsatz bleibt konstant.

Insgesamt bleibt somit das wichtige Ergebnis festzuhalten, dass **bei Unbeobachtbarkeit des Outputs Fixlohnkontrakte auch im dynamischen Modell die einzige anreizkompatible und damit operationalisierbare Vergütungsform** darstellen. Unter diesem Annahmekranz gewährleistet die **Organisationsform NGO das optimale institutionelle Arrangement.**

8.4.3 Zusammenfassung der Ergebnisse und abschließende Bemerkungen

Entscheidend für das in Abschnitt 8.4.2.2 abgeleitete zentrale Resultat ist wiederum die Verifizierbarkeit des Outputs: Bei **Unbeobachtbarkeit** des Outputs sind **NGOs die optimale Organisationsform.** Wird hingegen der **Output als beobachtbar** angenommen, sind outputabhängige Lohnkontrakte und damit **FPOs optimal**. In diesem Fall kann sich der Agent durch im Zeitablauf gute und zugleich vom Prinzipal beobachtbare Outputs eine Reputation aufbauen[1281], die die Anreizproblematik reduziert und das Ergebnis folglich der First-Best-Lösung annähert.

Konstitutiv für den direkten Aufbau von Reputation ist das Sammeln von Erfahrungen des Prinzipals bezüglich der Leistungen des Agenten und die anschließende Kommunikation von Prinzipalen untereinander. Im Zeitablauf wird der stochastische Umwelteinfluss diversifiziert, und stetig bessere Rückschlüsse des Prinzipals auf den wahren Arbeitseinsatz des Agenten sind möglich.[1282] Mit steigender Vertragslaufzeit hat der Agent einen immer stärker werdenden Anreiz, hohe Arbeitseinsätze zu liefern, um seine eigene Entlohnung zu maximieren. Dies schließt auch und insbesondere den Fortbestand der Geschäftsbeziehung mit ein, den der Agent versucht zu sichern.[1283] Verlängert nämlich der Prinzipal die Geschäftsbeziehung nach Ablauf des Kontrakts nicht und wechselt stattdessen zu einem neuen Agenten, so verliert der alte Agent seine Geschäftsgrundlage, die für ihn eine notwendige Bedingung zur Generierung von zukünftigem monetärem Nutzen bedeutet. Übersteigen die Vorteile einer langfristigen, iterativen Geschäftsbeziehung die Vorteile einer kurzfristigen Nutzenerhöhung, die sich dem Agenten durch „Shirking" bieten, wird sich der Agent stets wohlgesonnen verhalten.[1284] *Stremitzer* führt hierzu aus: „If one party has experienced that the other party acted opportunistically, it will stop doing business with this party. However, if the other party values the ongoing trade relationship, it will, anticipating this decision, not let its business partner down in the first place. It is therefore argued that long term relationships can in some circumstances support contracts that may otherwise not be feasible by reputation effects created between the parties."[1285]

[1281] Petersen, 1989, S. 83 ff. führt zur Erklärung von Reputationseffekten einen zusätzlichen, dem Prinzipal zugehenden Informationsparameter in das Modell ein. Dieser Parameter liefert Informationen über die wahre Arbeitsleistung des Agenten, die im konventionellen Modell als unbeobachtbar angenommen wird. Diese Erweiterung erscheint allerdings zum Zwecke des Reputationsaufbaus nicht notwendig, da der Prinzipal aufgrund der Annahme der stochastischen Dominanz erster Ordnung von hohen Outputs mit höherer Wahrscheinlichkeit auf hohe als auf niedrige Arbeitseinsätze schließen kann. Da sich zusätzlich im Zeitablauf die stochastischen Umwelteinflüsse gegenseitig kompensieren, ist der Prinzipal auch ohne zusätzlichen Informationsparameter in der Lage, die wahre Arbeitsleistung des Agenten relativ genau einzuschätzen. Andererseits kann der Agent durch konstant hohe Outputs eine gute Reputation beim Prinzipal aufbauen, da die Wahrscheinlichkeit, dass diese Outputs zufällig durch günstige Umweltbedingungen zustande kommen, mit zunehmender Periodenzahl abnimmt.

[1282] Vgl. hierzu auch Schäfer, 1999, S. 10 ff. und Donay/Cannon, 1997, S, 37 ff., die in diesem Zusammenhang aus einer eher marketingorientierten Perspektive vom Extrapolationsprinzip und vom Prinzip der Kalkulierbarkeit sprechen.

[1283] Hiermit wird Reputation angesprochen, die über eine Sequenz von Kontrakten gebildet wird; vgl. hierzu Anmerkung 1246.

[1284] Vgl. insbesondere Bull, 1987.

[1285] Stremitzer, 2005, S. 171 f.

Bei **Unbeobachtbarkeit des Outputs** besitzt der Prinzipal keine Erfahrungswerte zu Leistungs- und Verhaltensmerkmalen des Agenten – der Output verkörpert hier ein Gut mit Vertrauenseigenschaften. Die einzigen Parameter, die kausale Rückschlüsse auf die „Qualität" des Agenten zulassen, sind die Arbeitsleistung und der Output. Weder die Arbeitsleistung noch der Output können jedoch vom Prinzipal innerhalb der Kontraktdauer beobachtet werden. Folglich ist Reputation auf direktem Wege[1286] **nicht** aufbaubar und alternative Kooperationsdesigns sind zu konstruieren: „Bei Vertrauensgütern setzt die Kommunikationspolitik, um wirksam zu sein, das voraus, was sie aufbauen soll, nämlich Vertrauen."[1287]

Der Prinzipal ist damit sanktionsunfähig und muss entsprechend darauf vertrauen, dass sich der Agent kontraktkonform verhält. Dies wird der Agent nur dann tun, wenn er durch eine verfälschte Angabe des Outputs seinen eigenen Nutzen nicht erhöhen kann. Outputabhängige Kontrakte eröffnen dem Agenten allerdings weiterhin, auch in der langen Frist, diese Möglichkeit – sie bieten dem Prinzipal somit keinen Ausbeutungsschutz. **Einzig Fixlohnkontrakte sind in der Lage, die adversen Anreize des Agenten aufzuheben**. Insofern verkörpert die **NGO ein organisationsspezifisches Kooperationsdesign**, das für den Prinzipal, wie im statischen Modell, ein ebenfalls organisationsspezifisches und zugleich glaubhaftes **Signal** darstellt, nicht vom Agenten übervorteilt zu werden.

Das Ergebnis der Optimalität des institutionellen Arrangements der NGO bei dynamischer Betrachtung und für den Fall, dass keine Reputation aufgebaut werden kann, wird in der Literatur bestätigt.[1288] Es wird herausgestellt, dass Reputation den Prinzipal vor Ausbeutung schützt – der NDC ist insofern redundant. Notwendige Bedingung hierfür ist allerdings ein starker Informationsfluss bezüglich des Outputs innerhalb der Gruppe der Prinzipale.[1289] Dies setzt voraus, dass der Output zunächst beobacht- und bemessbar sein muss. Andernfalls kann keine Reputation aufgebaut werden, und der Organisationstypus NGO dominiert den der FPO.[1290]

1286 Alternativ kann sich der Agent geeigneter Reputationssurrogate bedienen, um Vertrauen gegenüber dem Prinzipal zu erzeugen. Ein zweckadäquater Einsatz solcher Surrogate ist nur möglich, wenn eine starke Korrelation zwischen den unbeobachtbaren Leistungs- und/oder Verhaltensmerkmalen und dem Surrogat besteht. Als Beispiel hierfür seien wiederum von einer unabhängigen und renommierten Partei durchgeführte Zertifizierungsdienstleistungen genannt.

1287 Kaas, 1992(a), S. 482.

1288 Vgl. Ortmann/Schlesinger, 2003.

1289 Zur Bedeutung des Informationsflusses für den Aufbau von Reputation vgl. insbesondere auch Holmström, 1985, S. 197.

1290 Vgl. Ortmann/Schlesinger, 2003, S. 81 f. in Verbindung mit Tirole, 1988 und Holmström/Tirole, 1989.

Abschließend sei darauf hingewiesen, dass dieser dynamischen Analyse, wie bereits der statischen Analyse, zwei extreme Annahmen bezüglich der Beobachtbarkeit des Outputs zugrunde gelegt wurden: *Entweder* konnte der Output in jeder Periode vollständig bzw. kostenlos *oder* überhaupt nicht und zu keinem Zeitpunkt vom Prinzipal beobachtet werden. Übersetzt in die Terminologie der Informationsökonomik entspräche der Output im ersten Fall einem Such- und im zweiten Fall, wie erwähnt, einem Vertrauensgut. Im statischen Modell wurde gezeigt, dass mit zunehmender Verifizierbarkeit des Outputs die Kostenvorteile der NGO gegenüber der FPO abnehmen.[1291] Für die intertemporale Analyse wäre zusätzlich interessant, wie sich zeitlich verzögerte Verifizierbarkeit des Outputs auf die Optimallösungen auswirkt. Beispielsweise existieren im Bereich des klassischen Credit-Ratings Längsschnittanalysen, die Unternehmensinsolvenzraten und korrespondierende, von Credit-Rating-Agenturen vergebene Rating-Urteile kontrastieren (vgl. Abbildung 8-5). Hierzu seien im Folgenden nur einige einleitende Gedanken präsentiert.[1292]

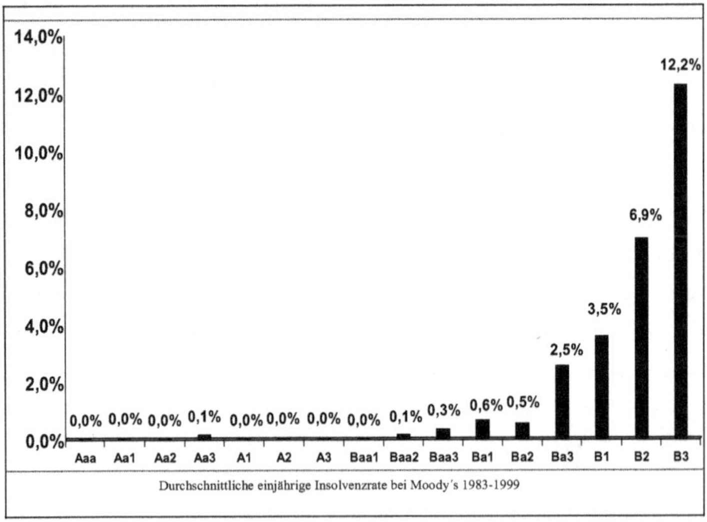

Abbildung 8-5: Rating und Insolvenzraten
Quelle: Everling, 2000, entnommen aus Schäfer/Lindenmayer, 2004, S. 30

Es soll wiederum von einem **Zwei-Perioden-Modell** ausgegangen werden. Angenommen, der Prinzipal könnte den Output q_1 nicht direkt am Ende der ersten Periode und vor Festle-

[1291] Vgl. Abschnitt 8.1 und insbesondere Abbildung 8-1.
[1292] Eine genauere Analyse würde den Rahmen dieser Arbeit übersteigen.

gung des Agentenlohnes α_1 beobachten, sondern erst am Ende der zweiten Periode vor Festlegung des Agentenlohnes α_2: Der Output könnte dann nicht länger als Vertrauensgut charakterisiert werden, wie dies bei vollständiger und langfristiger Unbeobachtbarkeit des Outputs der Fall war. Vielmehr besäße er nun die Eigenschaften eines Erfahrungsgutes.

Wie im vorangegangenen dynamischen Modell hängt der Entlohnungskontrakt für Periode zwei, α_2, sowohl vom Output q_1 als auch vom Output q_2 ab. Im Gegensatz zum vorangestellten Modell (mit zweifacher Informationsasymmetrie) ist nun allerdings der wahre, realisierte Output q_1 und nicht der vom Agenten weitergegebene Output entscheidend für α_2. Der Prinzipal verfügt folglich über ein Sanktionsmittel gegen den Agenten: Übermittelt der Agent in Periode eins an den Prinzipal einen Output, der nicht dem wahren, in Periode zwei beobachtbaren Output entspricht, wird der Agent in Periode zwei mit einer Strafe belegt. Dies weiß wiederum der Agent, daher wird er, zum Zwecke der Gesamtnutzenmaximierung, nicht bezüglich des Outputs q_1 lügen. Formal gesprochen bedeutet dies, dass der Truth-Revealing Constraint in Periode eins vom Prinzipal nicht beachtet werden muss. Für Periode zwei besitzt der Prinzipal hingegen keine Sanktionsmittel, da die Geschäftsbeziehung annahmegemäß nach zwei Perioden endet. Demnach hat der Agent stets einen Anreiz, bezüglich des Outputs q_2 zu lügen, um seinen Gesamtnutzen zu maximieren. Wiederum formal gesprochen bedeutet dies, dass für den optimalen Lohnkontrakt der Periode zwei der Truth-Revealing Constraint zwingend bindend sein muss. Als Optimallösung in dieser Konstellation wäre folglich ein **hybrider Lohnkontrakt zu erwarten: Periode eins wäre durch einen outputabhängigen und Periode zwei durch einen Fixlohnkontrakt gekennzeichnet.**

Würde die Vertragslaufzeit auf drei Perioden erhöht werden, wäre in den ersten beiden Perioden ein outputabhängiger, in der letzten Periode allerdings wiederum ein fixer Lohnkontrakt optimal usw. Im Extremfall der unendlichen Kontraktlaufzeit $(t \rightarrow \infty)$ entfällt *per definitionem* die letzte, fix zu entlohnende Periode. Folglich wäre in jeder Periode ein variabler Lohnkontrakt optimal.[1293] Fazit: **Bei zeitlich verzögerter Verifizierbarkeit des Outputs und unendlicher oder unbekannter Vertragslaufzeit repräsentiert die FPO die optimale Organisationsform.**

1293 Dasselbe Ergebnis resultiert, wenn angenommen wird, dass der Zeitpunkt der letzten Periode beiden Parteien unbekannt ist.

8.5 Zusammenfassende Bemerkungen und Fazit

Das vorliegende Kapitel hatte zur Aufgabe, die dem Grundmodell zugrunde gelegten zentralen Annahmen einer kritischen Prüfung zu unterziehen, um so die Robustheit des Modells zu beleuchten. Zusammenfassend lässt sich festhalten, dass die **Sensitivität der** in Kapitel 7 abgeleiteten und in Kapitel 7.4 dargestellten **Ergebnisse**, insbesondere des zentralen Ergebnisses: **die Effizienz von NGOs**, bezüglich **der einzelnen Annahmen heterogen** ist.

Keine wesentlichen Veränderungen der Kernergebnisse verursachte die **Aufhebung der Annahme identischer Screening-Kosten** (Kapitel 8.2), durch die die Realitätsnähe des Modells wesentlich erhöht wurde. Die operativen Kosten zur Durchführung eines Unternehmensratings, also die Screening-Kosten C_S, hängen grundsätzlich von der Informationsproduktionstechnologie des jeweiligen Akteurs ab. Diese stellt sich ihrerseits dar als Prozess zur Beschaffung, Verarbeitung, Strukturierung und Transformation von Information. Es kann hierbei unterschieden werden zwischen „Basisinformationen" und „speziellen Unternehmensinformationen", deren Generierung ihrerseits die Ausnutzung von Skalen-, Spezialisierungs- und/oder Verbunderträgen zulässt. Basierend auf diesen Erkenntnissen wurden die Kostenreduktionspotenziale der relevanten Akteure (ein einzelner Anleger, ein FI institutionalisiert als FPO und ein FI institutionalisiert als NGO) ermittelt und einander gegenübergestellt. Es zeigte sich, dass das grundlegende Ergebnis des Modells – die **Effizienz von NGOs** – hierdurch **nicht unterminiert**, sondern im Gegenteil **sogar eher bestärkt wurde**. Zusätzlich konnte herausgearbeitet werden, dass unter Berücksichtigung akteursspezifischer Screening-Kosten die Wahrscheinlichkeit weiter ansteigt, dass das Nachhaltigkeitsrating kostengünstiger von einem FI als von einem einzelnen Anleger durchgeführt werden kann.

Auch die **Dynamisierung des Modells** (Kapitel 8.4) führte zu Erkenntnissen, die die Kernergebnisse aus Kapitel 7.4 stützen. Durch die **Ausdehnung des Zeithorizonts** musste ein zusätzliches Kooperationsdesign, das der **Reputation**, in die modelltheoretische Analyse mit einfließen – die Annahme der Einperiodigkeit wurde entsprechend aufgehoben. Agent (FI) und Prinzipal (Anleger) stehen sich nun mehrmals innerhalb eines abgesteckten Zeitraums gegenüber, wodurch beide Parteien die Möglichkeit erhalten, sich strategisch zu verhalten – eine zwingende Voraussetzung für den Aufbau von Reputation. Es zeigte sich jedoch, dass unter den gegebenen Bedingungen, Reputation nie aufgebaut werden kann und folglich auch **kein geeignetes Kooperationsdesign** verkörpert.

Der Grund hierfür liegt in der Annahme der **Nichtverifizierbarkeit des Outputs** (hier: die Nachhaltigkeitsinformation; vgl. Kapitel 8.1). Kann der Prinzipal den Output nicht beobachten, entstehen für ihn keine Erfahrungswerte zu Leistungs- und Verhaltensmerkmalen des Agenten – der **Output** ist und **bleibt** auch in der langen Frist **ein Vertrauensgut**, das effizient von **einer NGO** bereitgestellt wird. Um am Markt bestehen zu können, müssten FPOs bei Gültigkeit dieser Annahme ihre Glaubwürdigkeit bzw. die Glaubwürdigkeit der produzierten Nachhaltigkeitsinformation signalisieren. Hierzu bietet sich insbesondere die bereits in Kapitel 7.4 genannte Möglichkeit der Inanspruchnahme von Zertifizierungsleistungen an.[1294] Dagegen verkörpern **bei Annahme eines verifizierbaren Outputs outputabhängige Lohnkontrakte und damit FPOs die Optimallösung**, die sich in der langen Frist aufgrund von Reputationseffekten dem First-Best-Ergebnis annähert. Bei dazwischenliegenden Verifizierbarkeitsgraden des Outputs hängt das optimale Kontraktdesign von der relativen Stärke der zwei gegenläufigen Agency-Kosteneffekte (Überwachungskosten, Kosten aus fehlenden Arbeitsanreizen) ab. Kritisch für das optimale institutionelle Arrangement des FI und damit für das zentrale Ergebnis aus Kapitel 7.4 sind folglich die Eigenschaften des Outputs hinsichtlich seiner Überprüfbarkeit. In der kurzen Frist ist die Annahme der Nichtverifizierbarkeit des Outputs, speziell der Nachhaltigkeitsinformation, realitätskonform. Weniger eindeutig stellt sich dieser Zusammenhang in der langen Frist dar: Es ist davon auszugehen, dass mit zunehmender Zeitdauer die Fähigkeit des Prinzipals, kausale Rückschlüsse auf die Leistung des Agenten zu ziehen, wächst.

Als **besonders kritisch** muss die (reale) **Bindungswirkung des NDC** beurteilt werden (Kapitel 8.3), die ihrerseits die Wirksamkeit des „Truth Revealing Constraint“ und damit die Vorteilhaftigkeit von NGOs begründet. Während der NDC formal in Form von Gesetzen explizit festgehalten ist (vgl. z. B. für Deutschland § 55 AO), stehen NGOs *in praxi* zahlreiche Optionen zur Verfügung, die Wirksamkeit des NDC auszuhöhlen (z. B. perks). Hierdurch verlieren jedoch auch NGOs ihre Glaubwürdigkeit und damit ihren komparativen (Kosten-, genauer Agency-Kosten-)Vorteil gegenüber FPOs. Diesem adversen Effekt können NGOs mittels impliziter Kontraktformen begegnen, indem sie ihre Sachzieldominanz klar und zugleich glaubhaft kommunizieren und ggf. darüber hinaus mittels entsprechender Aktivitäten (z. B. Aktivismus) signalisieren.

[1294] Eine weitere, ebenfalls bereits in Kapitel 7.4 erwähnte Signaling-Möglichkeit besteht darin, die eigens produzierte Information zur Portfeuille-Selektion zu nutzen. Hierdurch würde der Finanzgutachter, abgesehen von der in Fußnote 1138 beschriebenen Ausnahme, allerdings zum Finanzproduzenten mutieren, der nicht im Fokus dieser Arbeit steht.

9 Zusammenfassung und Forschungsausblick

9.1 Zusammenfassung

Ausgehend von der realwirtschaftlichen Relevanz von NGOs auf dem Kapitalmarkt und dem gleichzeitigen wirtschaftswissenschaftlichen Erklärungsdefizit von NGOs im kapitalmarktnahen Kontext, hatte diese Arbeit **zum Ziel, die Existenz von NGOs kapitalmarktbasiert mithilfe eines geeigneten Modells zu begründen**.

Da alle Hauptabschnitte mit ausführlichen Fazits versehen sind, sollen im Weiteren nur die **wichtigsten Ergebnisse** der Arbeit in kompakter Form zusammengefasst werden, um daran anschließend interessante Ansatzpunkte für weitergehende Forschungsarbeiten aufzuzeigen. Nachfolgend werden hierfür die sechs Teilfragen aus Kapitel 1.2, die die zentrale Forschungsfrage (Warum existieren NGOs aus kapitalmarktbezogener Perspektive?) konkretisieren, einzeln beantwortet.

1) **Welche sind die im Themenkontext konstitutiven Wesensmerkmale von NGOs, welche verschiedenen Arten von NGOs gibt es und welcher spezifische NGO-Typus fokussiert diese Arbeit?**

Zunächst war es erforderlich, Grundlagen hinsichtlich des Organisationstypus' NGO zu schaffen. Dies bedeutete als Erstes, den Begriff „Nichtregierungsorganisation" strukturell-operational zu definieren, um NGOs nach außen, gegenüber anderen Organisationsformen, abgrenzen zu können. Im Rahmen dieser Arbeit wurden NGOs als Organisationen verstanden, die in einem Mindestmaß institutionell vom Staat getrennt sind, dem Aspekt der Freiwilligkeit genügen, autonom handeln und Entscheidungen treffen und durch einen gewissen Grad an formaler Organisation gekennzeichnet sind. Vor allem jedoch dürfen sich Organisationen **keinerlei Verstöße gegen den NDC (Ausschüttungsverbot)** erlauben, um als NGO zu gelten. Diese Priorisierung der Attribute wurde gewählt, um der finanzwirtschaftlichen Fragestellung der Arbeit Rechnung zu tragen. Aufbauend auf dieser Definition wurden NGOs einer Binnendifferenzierung unterzogen und in verschiedene Typen eingeteilt (mitglieder- vs. fremdorientierte NGOs, Spenden- vs. kommerzielle NGOs, Operational vs. Advocacy NGOs). Der Fokus wurde hierbei auf „**Operational NGOs**" mit Nachhaltigkeitsfokus gelegt, **die kapitalmarktbezogene Informationsdienstleistungen marktmäßig, d.h. kommerziell absetzen**, um Nachhaltigkeitswirkungen zu erzielen.

2) Was sind die Ziele von NGOs und welche Verhaltensoptionen zur Zielerreichung stehen ihnen zur Verfügung?

Im Mittelpunkt der Erbringung und des Absatzes der kapitalmarktbezogenen Informationsdienstleistung steht die **ideelle Zwecksetzung** der NGO (hier: die Förderung von Nachhaltigkeit), die als **Mission** das Oberziel einer jeden NGO markiert und die über sogenannte „Leistungswirkungsziele" erfüllt werden soll. Alternative Zielsetzungen der Organisation wie beispielsweise die Budget- oder Gewinnmaximierung sind der Mission stets untergeordnet und dienen letztlich nur als „Mittel zum Zweck". Zur Erfüllung der Mission können NGOs sowohl auf eher **konfrontative** (z. B. Protestaktionen) **als auch** auf eher **kooperative Handlungsstrategien** (z. B. strategische Allianzen) zurückgreifen, die ihrerseits wiederum über die Plattformen „Markt", „Politik" oder „Gesellschaft" zur Entfaltung gebracht werden können. Hierbei zeichnet sich in jüngster Zeit ein **Trend zugunsten kooperativer marktmäßiger Maßnahmen** ab, da ein dominierender und zugleich zunehmender Anteil der globalen Wertschöpfung über marktliche Allokationsmechanismen gesteuert wird.

3) Welche ökonomischen Erklärungsansätze von NGOs liegen bislang vor?

Die Analyse des Verhaltens von NGOs, das seinerseits maßgeblich durch die Zielsetzung bestimmt wird, stellt eine wichtige Voraussetzung dar, um die Existenz von NGOs gehaltvoll begründen zu können, denn: Ökonomische Erklärungsansätze rekurrieren auf spezifischen Verhaltensannahmen von NGOs. Insgesamt wurden fünf Erklärungsansätze (Public-Good-Theorie, Contract-Failure-Theorie, Kontroll- bzw. Stakeholder-Ansatz, Subventionsansatz und Entrepreneurship-Theorie) beschrieben, die allesamt auf unterschiedlichen Kernargumenten basieren. Ein Ansatz, die **Contract-Failure-Theorie**, wurde hierbei besonders detailliert und modelltheoretisch analysiert, da sich das ihm zugrunde liegende **Vertrauensargument** als zentral für die in dieser Arbeit verfolgte Fragestellung erweist. Ferner konnte herausgearbeitet werden, dass alle Ansätze einen starken **Gütermarktbezug** aufweisen und dass trotz der zunehmenden Relevanz von NGOs auf dem Kapitalmarkt eine **kapitalmarktbasierte Existenzerklärung bislang nicht existiert**. Um eine solche Erklärung ableiten zu können, mussten die Handlungsanreize von NGOs für ein kapitalmarktbasiertes Engagement erläutert werden.

4) Warum und in welcher Form agieren NGOs zunehmend auf dem Kapitalmarkt?

Es wurde gezeigt, dass sich im Zuge der Globalisierung **privatwirtschaftliche Unternehmen** als **bedeutsamste Interaktionspartner** von NGOs herauskristallisieren, da von ihren ökonomischen Wertschöpfungsprozessen zentrale Wirkungen auf die NGO-Zielerreichung (hier: Förderung der Nachhaltigkeit) ausgehen. NGOs sind deshalb bestrebt, Leistungserstellungsprozesse der Unternehmen wie z. B. Investitionen in ihrem Sinne zu steuern. Hierzu eignet sich insbesondere der Kapitalmarkt mit den dort agierenden Kapital gebenden Akteuren und ihren marktmäßigen Austauschprozessen, denn in einer Geldwirtschaft müssen privatwirtschaftliche Unternehmen aufgrund der Liquiditätsrestriktion jederzeit den Anforderungen des internationalen Kapitalmarkts gerecht werden, um ihre Existenz zu sichern. Folglich sind NGOs bestrebt, entweder i) selbst als Eigenkapitalgeber zu agieren oder ii) Einfluss auf fremde Kapitalgeber, insbesondere Eigenkapitalgeber, auszuüben, um auf die Politik erwerbswirtschaftlicher Unternehmen in ihrem Sinne einzuwirken.

Hierzu stehen ihnen mehrere Optionen zur Verfügung, die sich basierend auf dem Interventionsmodell von *Waygood, 2004* bzw. *Waygood/Wehrmeyer, 2003* und in Anlehnung an *Hirschman* als „Direkt-Voice", „Indirekt-Voice", „Direkt-Exit" und „Indirekt-Exit" charakterisieren lassen. Fokussiert wurde die **Indirekt-Exit-Option**, die ihrerseits durch die auf Basis einer empirischen Erhebung des *Autors* in Zusammenarbeit mit *Schäfer* neu gewonnenen Strategiekomponente **„marktmäßige Informationsdiffusion"** angereichert werden konnte. Hiermit konnte nachgewiesen werden, dass NGOs auf dem Kapitalmarkt als spezialisierte Finanz-, genauer Informationsdienstleister fungieren, indem sie spezifische Informationen produzieren und Kapitalmarktakteuren mittelbar oder unmittelbar zum Zwecke von Kapitalanlagedispositionen zum Kauf anbieten. In dieser Rolle **verkörpern NGOs FIs i. w. S., genauer Finanzgutachter**, weshalb ein finanzintermediationstheoretischer Ansatz zur kapitalmarktbasierten Erklärung von NGOs gewählt wurde.

5) Welche ihre Existenz konstituierenden komparativen Kosten- bzw. Effizienzvorteile besitzen NGOs in ihrer Rolle des Finanzgutachters gegenüber erwerbswirtschaftlichen Organisationen, und wie lassen sich diese begründen?

Den Ausgangspunkt markierte hierbei die Arbeit von *Diamond* aus dem Jahr *1984*, die in Kapitel 6 in ausgewählter Form dargestellt wurde und in der FIs über einen Kostenvergleich der direkten und indirekten Finanzbeziehung begründet werden. Diese, der *Diamond*-Arbeit zugrunde gelegte Methodik gilt als ausgereift – sie wurde deshalb auch bei dem in Kapitel 7 entwickelten Delegated-Screening-Modell verwendet. Abweichend zu *Diamond* wurde die Reduktion der Kostenkomponente „Delegationskosten", die bei indirekter Finanzbeziehung zu berücksichtigen ist, jedoch nicht über Diversifikationseffekte begründet, sondern über institutionelle Arrangements, die, anders als Diversifikationseffekte, auch für den FI-Typus „Finanzgutachter in Nachhaltigkeitsthemen" wirksam sind. Es konnte mittels eines neuartigen Prinzipal-Agenten-Ansatzes gezeigt werden, dass **unter bestimmten Bedingungen**, **insbesondere der zweifachen Informationsasymmetrie**, ein als NGO institutionalisierter **FI** die Delegationskosten minimiert und damit **das effiziente institutionelle Arrangement** im Sinne einer „Third-Best-Lösung" repräsentiert. Begründet wird dies damit, dass der vom FI gelieferte Output – die **Nachhaltigkeitsinformation** – für den Anleger **nichtverifizierbar** ist. Er muss daher darauf vertrauen, vom FI qualitativ hochwertige Nachhaltigkeitsinformation zu erhalten, um sie zum Zwecke der Anlageentscheidung zu nutzen. Da jedoch der FI seinen Gewinn durch die Reduktion des Kosten verursachenden Arbeitseinsatzes und damit durch die Reduktion der Outputqualität erhöhen kann[1295], ist **nur ein FI vertrauenswürdig, dessen Einkommen nicht vom Gewinn abhängig** ist. Dies ist durch die Organisationsform NGO, nicht aber durch die der FPO gewährleistet – die NGO ist folglich die einzige Organisationsform, die dem sogenannten „Truth-Revealing Constraint" genügt, da sie aufgrund des NDC gesetzlich zur Thesaurierung der erwirtschafteten Gewinne verpflichtet ist.

6) Wie robust sind diese Effizienzvorteile von NGOs gegenüber Veränderungen der Rahmenbedingungen?

Die Effizienzvorteile der NGOs sind abhängig von den dem Modell zugrunde gelegten Annahmen. Im letzten Inhaltskapitel dieser Arbeit konnte nachgewiesen werden, dass die **Sensitivität der zentralen Ergebnisse bezüglich der einzelnen Annahmen heterogen** ist. Während beim Fallenlassen der Annahme identischer Screening-Kosten die Kernergebnisse nicht beeinflusst bzw. durch das Ausnutzen von Economies of Scale, Economies

[1295] Vgl. hierzu den FP-Kontrakt in Kapitel 3.1.2.

of Specialisation und/oder Economies of Scope sogar eher bestärkt werden, sind solche Schlussfolgerungen für andere Prämissen nicht ableitbar. Besonders deutlich lässt sich dies für den Fall der Unbeobachtbarkeit des Outputs zeigen. Wird der Output (hier: die Nachhaltigkeitsinformation) nicht als vollständig nichtverifizierbar angenommen, kann eine FPO kosten-, genauer Agency-Kosten effizienter als eine NGO sein. Insbesondere in der langen Frist stellt dies eine Herausforderung für NGOs dar.

Als besonders kritikanfällig muss darüber hinaus die (reale) Bindungswirkung des NDC bewertet werden. Wenngleich der NDC per Gesetz explizit festgehalten ist, so stehen NGOs *in praxi* **zahlreiche Optionen** zur Verfügung, **die Wirksamkeit des NDC auszuhöhlen** (z. B. perks). Hierdurch verlieren jedoch nun auch NGOs jene Glaubwürdigkeit, die konstitutiv für ihre Vorteilhaftigkeit gegenüber FPOs ist. NGOs können dem Glaubwürdigkeitsverlust jedoch durch implizite Kontraktformen begegnen, indem sie ihre Sachzieldominanz klar und zugleich glaubhaft kommunizieren und ggf. darüber hinaus mittels entsprechender Aktivitäten signalisieren.

9.2 Forschungsausblick

Hier ist ein erster Ansatzpunkt für weitergehende *theoretische* Forschungsarbeiten im Themenkontext zu sehen. Anders als FPOs oder Forprofits in Disguise besitzen NGOs, wie bereits in Kapitel 8.3.4.2 angedeutet, die Möglichkeit, die Qualität ihrer Nachhaltigkeitsinformation mittels sachzielkonformen, medienwirksamen Verhaltensformen (Aktivismus) wie z. B. Protestaktionen, Demonstrationen etc. gegenüber SRI-Anlegern und damit potenziellen Nachhaltigkeitsinformationskäufern zu signalisieren. Interessant wäre nun die Einbettung dieser verbalen Argumentationskette in einen formalen Signaling-Modellrahmen, wie er z. B. von *Spence, 1973* entwickelt wurde. Es wäre damit möglich, die exakten Bedingungen zu bestimmen, unter denen sich ein Separating-Equilibrium – also ein Gleichgewicht, das zwischen NGOs und FPOs bzw. Forprofits in Disguise separiert – herauskristallisiert. Insbesondere könnten interessante Rückschlüsse auf die Anforderungen, die ein Separating-Equlibrium an die jeweiligen Ertrags- und vor allem Kostenfunktionen von NGOs und FPOs bzw. Forprofits in Disguise stellt, gezogen werden, denn: Ein Separating-Equilibrium ist nur dann möglich, wenn die Signalerzeugungskosten zwischen den Organisationstypen variieren. Speziell ist eine negative Korrelation zwischen den Signalerzeugungskosten (Kosten des Aktivismus) und der zu signalisierenden Qualität zwingend erforderlich.[1296]

Als weitere Signaling-Option könnten NGOs auf eine Direkt-Exit-Strategie zurückgreifen, indem sie die Anlageentscheidungen bezüglich ihrer eigenen Finanzmittel an Prinzipien der Nachhaltigkeit ausrichten.[1297] Da die Anlageentscheidungen Einfluss ihr Einkommen aus Kapitalerträgen besitzt, legt die NGO (wie andere Anleger auch) Wert auf qualitativ hochwertige Information. Die NGO könnte die von ihr selbst produzierten Informationen zur Portfeuille-Selektion verwenden, um dadurch anderen SRI-Anlegern zu signalisieren, dass ihre angebotene Information hohe Qualitätseigenschaften erfüllt. Faktisch verfolgt die NGO dann gleichzeitig die „Direkt-Exit"- und die „Indirekt-Exit"-Strategie. Auch an dieser Stelle sind von einer formalen, modelltheoretischen Analyse interessante Erkenntnisse zu erwarten, die sich insbesondere auf das für die Funktionalität des Signals notwendige Anlagevolumen der NGO, das die Signalerzeugungskosten determiniert, beziehen. Erste fruchtbare Anhaltspunkte für ein derartiges Vorgehen sind in der Arbeit von *Leland/Pyle, 1977* zu finden.

Weiteres theoretisches Forschungspotenzial wird im Bereich der intertemporalen Analyse gesehen. Wie bereits in Kapitel 8.4.3 dargestellt, basieren die modelltheoretischen Berechnungen im Rahmen dieser Arbeit auf zwei extremen Annahmen bezüglich der Beobachtbarkeit des Outputs. *Entweder* konnte der Output in jeder Periode vollständig bzw. kostenlos *oder* überhaupt nicht und zu keinem Zeitpunkt vom Prinzipal beobachtet werden. Mittel- bis langfristig ist es durchaus nicht unrealistisch anzunehmen, dass dem SRI-Anleger gewisse Anhaltspunkte (verrauschte Indikatoren) wie z. B. die Medienberichterstattung zur Beurteilung der Informationsqualität der FIs zur Verfügung stehen – die **vollständige Unbeobachtbarkeit** des Outputs langfristig somit eher unwahrscheinlich ist. Eine Erweiterung des hier verwendeten agencytheoretischen Ansatzes auf zeitlich verzögerte Verifizierbarkeit, wie er in Kapitel 8.4.3 in Grundzügen vorgenommen wurde, ließe exakte Rückschlüsse auf die unter diesen Bedingungen optimale/n Institutions- bzw. Organisationsform/en (NGO, FPO) bzw. auf die Anforderungen, die für die Optimalität der NGO oder FPO notwendig sind, im Zeitablauf zu. Dies könnte auch ein geeignetes Einsatzgebiet für spieltheoretische Ansätze sein, da hiermit – im Gegensatz zu den in dieser Arbeit verwendeten Langzeitverträgen - bei (zeitlich verzögerter) Feststellung einer qualitativ schlechten Nachhaltigkeitsinformation, der Informationsproduzent drakonisch, mit dem

[1296] Vgl. Spence, 1973, S. 358.
[1297] Vgl. Kapitel 5.2.3.

Abbruch der Geschäftsbeziehung, bestraft werden kann. Das damit verbundene Drohpotenzial, das sich in Form von Reduktionen des erwarteten Gesamtnutzens ausdrückt, hat u. U. bedeutende Wirkungen auf das strategische Verhalten des Informationsproduzenten.

Nicht weniger interessant wie die genannten Erweiterungen der theoretischen Analyse scheinen *empirische* Arbeiten im Themenkontext zu sein. Insbesondere **die Überprüfung des in dieser Arbeit abgeleiteten zentralen Ergebnisses** (NGOs besitzen in der Rolle des Finanzgutachters komparative (Agency-)Kostenvorteile gegenüber FPOs, die sich final in Informationsqualitätsvorteilen ausdrücken) stellt eine Aufgabe für zukünftige Forschungsarbeiten dar, da hierzu bis dato keinerlei Erkenntnisse existieren. Diesbezüglich geeignete Fragekategorien könnten linear von den in Kapitel 3.1.2 genannten empirischen Studien zur Überprüfung der Contract-Failure-Theorie übernommen werden und lassen sich wie folgt darstellen: 1) Wird opportunistisches Verhalten des Finanzgutachters durch den NDC effektiv unterbunden? 2) Besitzen die Gründer, Mitarbeiter etc. von gemeinnützigen Finanzgutachtern stärker altruistisch und/oder ideologisch geprägte Präferenzen als ihr Pendant in erwerbswirtschaftlichen Unternehmen? 3) Existieren Organisationsform abhängige Qualitätsunterschiede bei Nachhaltigkeitsratings? 4) Sind sich die Anleger der institutionellen Unterschiede bei den Finanzgutachtern bewusst und wenn ja, welche Rolle spielen sie bei der Delegationsentscheidung? Geeignete methodische Ansätze zur Umsetzung der Analyse der genannten Fragestellungen sind ebenfalls den in Kapitel 3.1.2 genannten empirischen Arbeiten entnehmbar. Antworten auf die Fragen wären insbesondere auch hinsichtlich der Entwicklung des Marktes für Nachhaltigkeitsinformationsdienstleistungen interessant, denn: Entsprechende empirische Ergebnisse vorausgesetzt, könnten NGOs ihren gemeinnützigen Status verstärkt für Marketingzwecke nutzen (z. B. mittels Labelling[1298] etc.), um dadurch stärkere Marktmacht zu akkumulieren.

Zusammenfassend lässt sich festhalten, dass die noch junge Thematik der vorliegenden Arbeit großen Spielraum für weitere theoretische sowie empirische Forschung bietet. Vor dem Hintergrund der in den letzten Jahren zunehmenden Dynamik des Wachstums von SRI-Kapitalanlagen, die durch den am 2. Februar 2007 veröffentlichten Weltklimabericht der Vereinten Nationen weiter an Fahrt gewinnen dürfte, wird auch den hier fokussierten Nachhaltigkeitsgutachtern in Zukunft verstärkte Bedeutung zukommen. Gerade auch aus finanzwirtschaftlicher Sicht dürfte dies zusätzliches Interesse der Wissenschaft an diesem

[1298] Exemplarisch sei hier auf das Qualitätssiegel von Ethibel verwiesen, vgl. http://www.ethibel.org/subs_e/2_label/main.html, Zugriff am 31.03.2007.

Themengebiet wecken. In diesem Sinne darf man gespannt sein, welche wissenschaftlichen Erkenntnisse die Zukunft bringen wird.

Anhang

Kategorie	Institution	NGO	FPO
Inhouse-Research-Teams	Allianz Global Investors/Grassroots		X
	Bank Sarasin		X
	BHF-Bank		X
	Centre for Australian Ethical Research	**X**	
	Citizens Advisers		X
	Equinet Group		X
	Lombard Odier Darier Hentsch		X
	Pictet		X
	Triodos Bank		X
	UBS		X
	ZKB		X
Rating-Agenturen	100 Best Corporate Citizens		X
	Accountability Rating		
	ASSET4		X
	Business in the Community	**X**	
	Calvert Group		X
	Centre Info		X
	Co-op America	**X**	
	CoreRatings		X
	Corporate Knights		X
	Covalence		X
	E.Capital Partners		X
	Ethical Consumer Research Association	**X**	
	Ethical Investment Research Service (EIRIS)	**X**	
	EthicScan Canada		X
	EthiFinance		X
	Global Ethical Standard		X
	imug e. V.	**X**	
	Innovest Strategic Value Advisors		X
	INrate		X
	Institutional Shareholder Services		X
	Investor Responsibility Research Centre		X
	Japan Research Institute		X
	Kempen Capital Management/SNS Asset Management		X
	KLD Research & Analytics		X
	Michael Jantzi Research Associates		X
	Oekom		X

	Scoris		X
	SERM Rating Agency		X
	Social Research Service		X
	Soziallabel-Initiative Schweiz	**X**	
	Sustainable Asset Management (SAM)		X
	Sustainable Investment Research Institute		X
	Sustainable Investment Research International (SiRi)		X
	Verité	**X**	
	Vigeo		X
Betreiber von Nachhaltigkeitsindizes	Dow Jones sustainability Indexes (DJSI)[1299]		X
	Ethibel Sustainability Index	**X**	
	Ethinvest Environmental Index		X
	FORTUNE 500 Index		X
	FTSE4Good		X
	Goldman Sachs Energy Environmental and Social Index		X
	Johannesburg Securities Exchange SRI Index		X
	MAALA SRI Index	**X**	
	Naturaktienindex (NAI)		X
	RepuTex SRI Index		X
	SIX/GES Ethical Index		X
	Social Index		
	VÖNIX		X
	Westpac-Monash Eco-Index		X

Anhang 1: Die Koexistenz von FPOs und NGOs in der Rolle der CSR-Rating-Institution

Quelle: Schäfer et al., 2006.

[1299] DJSI ist in der Studie implizit über die Rating-Agentur SAM, von der DJSI das Research erhält, abgebildet; vgl. Schäfer et al., 2006, S. 99 ff.

Literatur

Achleitner, A.-K. (Hrsg.), 2003, Handbuch Corporate Finance, 2. Aufl., Köln.

Acocella, N., 1998, The foundations of economic policy: values and techniques, Cambridge.

AICSRR, 2006, CSRR-QS 1.0, Auf den Seiten des CSRR-QS, URL: http://www.csrr-qs.org/pdf/CSRR-QS_1_0_Pilot_Version.pdf, Zugriff am 12.02.2006.

Akerlof, G., 1970, Market for lemons, quality uncertainty and the market mechanism, Quarterly Journal of Economics, Vol. 84(3), S. 488-500.

Alagappa, M./Inoguchi, T. (Hrsg.), 1999, International security management and the United Nations. The United Nations system in the 21st century, Tokio.

Albach, H., 1988, Kosten, Transaktionen und externe Effekte im betrieblichen Rechnungswesen, ZfB, Jg. 58(11), S. 1143-1170.

Albert, H. (Hrsg.), 1964, Theorie und Realität, Tübingen.

Albert, H., 1967, Marktsoziologie und Entscheidungslogik, Neuwied u. a.

Alchian, A./Demsetz, H., 1972, Production, information costs, and economic organization, The American Economic Review, Vol. 62(5), S. 777-795.

Alchian, A./Woodward, S., 1988, The firm is dead; long live the firm: a review of Oliver E. Williamson's the economic institutions of capitalism, Journal of Economic Literature, Vol. 26(1), S. 65-79.

Allen, F./Gale, D., 1998, Comparative financial systems, competition versus insurance, mimeo.

Altman, E./Subranahmanyam, M. (Hrsg.), 1985, Recent advances in corporate finance, Homewood.

Altvater, E./Brunnengräber, A./Haake, M./Walk, H. (Hrsg.), 1997, Vernetzt und Verstrickt. Nicht-Regierungs-Organisationen als gesellschaftliche Produktivkraft, Münster.

Amalric, F./Hauser, J., 2005, Economic drivers of corporate responsibility activities, Journal of Corporate Citizenship, Vol. 20, S. 27-38.

Andersen, T., 1985, Recent developments in the theory of efficient capital markets, Kredit und Kapital, Heft 3, S. 347-369.

Anheier, H./Ben-Ner, A. (Hrsg.), 2003, The study of the nonprofit enterprise – theories and approaches, New York.

Anheier, H./Salamon, L., 1993, Die internationale Systematik der Nonprofit-Organisationen – Zur Definition und Klassifikation des „Dritten Sektors“ intermediärer Organisationen, in: Bauer, R. (Hrsg.), Intermediäre Nonprofit-Organisationen in einem neuen Europa, Rheinfelden, S. 1-16.

Anheier, H./Seibel, W. (Hrsg.), 1990, The third sector, comparative studies on nonprofit organizations, Berlin/New York.

Anheier, H./Seibel, W./Priller, E./Zimmer A., 2002, Der Nonprofit Sektor in Deutschland, in: Badelt, C. (Hrsg.), Handbuch der Nonprofit Organisation – Strukturen und Management, 3. Aufl., Stuttgart, S. 19-44.

Anheier, H./Seibel, W./Zimmer, A. (Hrsg.), 1997, Der Dritte Sektor in Deutschland. Organisationen zwischen Staat und Markt im gesellschaftlichen Wandel, Berlin.

Arbeitskreis Nonprofit-Organisationen (Hrsg.), 1998, Nonprofit-Organisationen im Wandel: Ende der Besonderheiten oder Besonderheiten ohne Ende?, Stuttgart.

Archer, A., 1983, Methods of multilateral management: the interrelationship of international organizations and ngos, in: Trister Gati, T. (Hrsg.), The U.S., the U.N. and the management of global change, New York, S. 303-325.

Arrow, K., 1986, Agency and the market, in: Arrow, K./Intriligator, M., Handbook of mathematical economics, Vol. 3, S. 1183-1195.

Arrow, K., 1985, The economics of agency, in: Pratt, J./Zeckhauser, R. (Hrsg.), Principals and agents: the structure of business, Boston, S. 37-51.

Arrow, K., 1974, The limits of organisations, New York.

Arrow, K., 1969, The organization of economic activity, Joint Economic Committee, The Analysis and Evaluation of Public Expenditure, Jg. 1, S. 47-64.

Arrow, K., 1963, Uncertainty and the welfare economics of medical care, American Economic Review, Vol. 53(5), S. 941-973.

Arrow, K., 1951, An extension of the basic theorems of classical welfare economics, in: Neyman, J. (Hrsg.), Proceedings of the second Berkeley symposium on mathematical statistics and probability, Berkeley, S. 507-532.

Atteslander, P., 2000, Methoden der empirischen Sozialforschung, 9. Aufl., Berlin.

Bacchiega, A./Borzaga, C., 2003, The economics of the third sector – toward a more comprehensive approach, in: Anheier, H./Ben-Ner, A. (Hrsg.), The study of the nonprofit enterprise – theories and approaches, New York, S. 27-48.

Backhaus-Maul, H./Biedermann, C./Kiefer, R./Nährlich, S., (Hrsg.), 2005, Corporate Citizenship in Deutschland. Bestandsaufnahmen, Analysen und Perspektiven, Wiesbaden.

Badelt, C., 2003, Entrepreneurship in nonprofit organizations – its role in theory and in the real world nonprofit sector, in: Anheier, H./Ben-Ner, A. (Hrsg.), The study of the nonprofit enterprise – theories and approaches, New York, S. 139-159.

Badelt, C. (Hrsg.), 2002, Handbuch der Nonprofit Organisation – Strukturen und Management, 3. Aufl., Stuttgart.

Badelt, C., 2002(a), Zielsetzungen und Inhalte des „Handbuchs der Nonprofit Organisationen“, in: Badelt, C. (Hrsg.), Handbuch der Nonprofit Organisation – Strukturen und Management, 3. Aufl., Stuttgart, S. 3-18.

Badelt, C., 2002(b), Zwischen Marktversagen und Staatsversagen? Nonprofit Organisationen aus sozioökonomischer Sicht, in: Badelt, C. (Hrsg.), Handbuch der Nonprofit Organisation – Strukturen und Management, 3. Aufl., Stuttgart, S. 107-128.

Badelt, C., 2002(c), Ehrenamtliche Arbeit im Nonprofit Sektor, in: Badelt, C. (Hrsg.), Handbuch der Nonprofit Organisation – Strukturen und Management, 3. Aufl., Stuttgart, S. 573-604.

Badelt, C., 1990, Institutional choice and the nonprofit sector, in: Anheier, H./Seibel, W. (Hrsg.), The third sector, comparative studies on nonprofit organizations, Berlin/New York, S. 51-63.

Badelt, C.,/von Eckardstein, D., 1999, Arbeitsbericht des Forschungsschwerpunkts „Funktion und Management von Nonprofit Organisationen“ über das Studienjahr 1998/99, Auf den Seiten der Wirtschaftsuniversität Wien, URL: http://www.wu-wien.ac.at/npo/texte/arbeitsbericht_98_99.doc, Zugriff am 22.08.2006.

Balch, M./McFadden, D./Wu, S. (Hrsg.), 1974, Essays in economic behavior under uncertainty, Amsterdam.

Baltensperger, E., 1990, The economic theory of banking regulation, in: Furubotn, E./Richter, R. (Hrsg.), The economics and law of banking regulation, Tübingen, S. 1-31.

Bamberg, G./Spremann, K. (Hrsg..), 1989, Agency theory, information, and incentives, 2. Aufl., Berlin.

Bank Sarasin, 2004, Auf den Seiten der Bank Sarasin, URL: http://www.sarasin.ch/ sarasin/show/main/public/1,1015,2001086-2-2,00.html, Zugriff am 22.04.2004.

Barber, B., 2006, Monitoring the monitor: evaluating CalPERS`shareholder activism, Working Paper, University of California, Department of Finance, Auf den Seiten der University of California, URL: http://faculty.gsm.ucdavis.edu/~bmbarber/, Zugriff am 26.06.2006.

Bassen, A., 2002, Institutionelle Investoren und Corporate Governance – Analyse der Einflussnahme unter besonderer Berücksichtigung börsennotierter Wachstumsunternehmen, Wiesbaden.

Bassen, A./Hölz, H.-M./Schlange, J., 2006, The influence of corporate responsibility on the cost of capital, an empirical analysis 2006, Auf den Seiten der Schlange & Co. GmbH, URL: http://www.schlange-co.com/fileadmin/user_upload/Studien/CR_CostOfCapital_Schlange_Co.pdf, Zugriff am 22.11.2006.

Bassler, K./Kuhlo, M./Stoll, P (Hrsg.), 2001, Ethisches Investment – Strategien für kirchliche Geldanlagen, Stuttgart.

Bauer, R. (Hrsg.), 1993, Intermediäre Nonprofit-Organisationen in einem neuen Europa, Rheinfelden.

Baumol, W./Oates, W., 1975, The theory of environmental policy, New Jersey.

BdRA, 2004, Grundsätze des Nachhaltigkeits-Ratings, Auf den Seiten des BdRA, URL: http://www.bdra-ev.de/index.php?id=70, Zugriff am 29.11.2005.

Becht, M., 1997, Strong blockholders, weak owners and the need for european mandatory disclosure, Auf den Seiten des European Corporate Governance Institute, URL: http://www.ecgi.org/research/control_europe/documents/eu.pdf, Zugriff am 13.04. 2006.

Becker, G., 1976, The economic approach to human behavior, Chicago.

Behr, G./Schäfer, D., 2003, Unternehmensüberwachung durch Interessengruppen, in: Achleitner, A.-K. (Hrsg.), Handbuch Corporate Finance, 2. Aufl., Köln, S. 1-15.

Bekaert, G./Harvey, C., 2003, Emerging Markets Finance, Journal of Empirical Finance, Vol. 10(1/2), S. 3-55.

Bellmann, L., 2006, Schriftliche Auskünfte vom 30.11.2006.

Bellmann, L./Dathe, D./Kistler, E., 2002, Der "Dritte Sektor", Beschäftigungspotenziale zwischen Markt und Staat, IAB Kurzbericht Nr. 18, 20.08.2002, Nürnberg.

Bendell, J., 2000: Jenseits der Selbstregulation von Umweltmanagement: Einige Gedanken zur wachsenden Bedeutung von Business-NGO-Partnerschaften, in: Fichter, K./Schneidewind, V. (Hrsg.), Umweltschutz im globalen Wettbewerb, Berlin u. a., S. 153-162.

Bendell, J. (Hrsg.), 2000, Terms for endearment: business, ngos and sustainable development, Sheffield.

Bendell, J. 1998: Editorial: business-ngo relations and sustainable development, Greener Management International, Vol. 24, S. 1-5, Auf den Seiten von Greenleaf Publishing, URL: http://www.greenleaf-publishing.com/gmi/bendart.htm, Zugriff am 01.12.2003.

Ben-Ner, A., 1994, Who benefits from the nonprofit sector? Reforming law and public policy towards nonprofit organizations, Yale Law Journal, Vol. 104(3), S. 731-762.

Ben-Ner, 1986, Nonprofit organizations: why do they exist in market economies?, in: Rose-Ackerman, E. (Hrsg.), The economics of nonprofit institutions. Studies in structure and policy, New York, S. 94-113.

Ben-Ner, A./Gui, B., 2003, The theory of nonprofit organizations revisited, in: Anheier, H./Ben-Ner, A. (Hrsg.), The study of the nonprofit enterprise – theories and approaches, New York, S. 3-26.

Ben-Ner, A./Gui, B., 1993 (Hrsg.), The nonprofit sector in the mixed economy, Ann Arbor.

Ben-Ner, A./Van Hoomissen, T., 1992, An empirical investigation of the joint determination of the size of the for-profit, nonprofit and government sectors, Annals of Public and Cooperative Economics, Vol. 63, S. 469-494.

Bennett, J./DiLorenzo, T., 1994, Unhealthy charities: hazardous to your health and wealth, New York.

Benston, G./Smith, C., 1976, A transaction cost approach to the theory of financial intermediation, Journal of Finance, Vol. 31(2), S. 215-231.

Bernet, B., 2003, Institutionelle Grundlagen der Finanzintermediation, München u. a.

Bernholz, P./Breyer, F., 1993, Grundlagen der politischen Ökonomie, Band 1: Theorie der Wirtschaftssysteme, 3. Aufl., Tübingen.

Betzelt, S., 2000, Der „Dritte Sektor" in Fesseln: Rechtliche und ökonomische Rahmenbedingungen, in: Nährlich, S./Zimmer, A. (Hrsg.), Management in Nonprofit-Organisationen, Opladen, S. 37-61.

Beutelmeyer, W./Kaplitza, G., 1999, Sekundäranalyse, in: Roth, E./Holling, H. (Hrsg.), Sozialwissenschaftliche Methoden, 5. Aufl., München, S. 293-308.

Beyer, J./Höpner, M., 2005, Alle Macht den Aktionären? Unternehmenskontrolle im Wandel, MPIfG-Jahrbuch 2003/04, Max-Planck-Institut für Gesellschaftsforschung, Köln, S. 27-36.

Bhattacharya, S./Thakor, A., 1993, Contemporary banking theory, Journal of Financial Intermediation, Vol. 3, S. 2-50.

Biedermann, R./Ehrmann, T., 1990, Informationsökonomik und Gemeinnützigkeit, Jahrbuch für Sozialwissenschaft, Jg. 41, Heft 2, S. 243-263.

Bielefeld, W., 2006, Quantitative research for nonprofit management, Nonprofit Management and Leadership, Vol. 16(4), S. 395-409.

Bielefeld, W., 1994, What affects nonprofit survival?, Nonprofit Management and Leadership, Vol. 5(1), S. 19-36.

Bitz, M., 2002, Finanzdienstleistungen, 6. Aufl., München u. a.

Bitz, M., 1989, Erscheinungsformen und Funktionen von Finanzintermediären, WiSt, Jg. 18, Heft 10, S. 430-436.

Black, D., 1948, On the rationale of group decision-making, Journal of Political Economy, Vol. 56, S. 23-34.

Blümle, E., 1979, Modell eines verbandspolitischen Zielsystems, Die Unternehmung, Jg. 33, Heft, 1, S. 25-39.

Börner, C., 2004, Versicherungsunternehmen als Finanzintermediäre, WISU, Jg. 33, Heft 4, S. 494-500.

Börner, C., 2003, „Finanzdienstleistungen" im Kontext der Theoriediskussion in der Bankbetriebslehre und der Versicherungsbetriebslehre, in: Jahrbuch der Heinrich-Heine-Universität 2002, Düsseldorf, S. 347-361.

Bolton, P./Dewatripont, M., 2005, Contract Theory, Cambridge.

Bond, P., 2004, Bank and nonbank financial intermediation, Journal of Finance, Vol. 59(6), S. 2489-2529.

Boot, A./Thakor, A./Udell, G., 1991, Credible commitments, contract enforcement problems and banks: intermediation as credibility assurance, Journal of Banking and Finance, Vol. 15(3), S. 605-632.

Booth, J./Smith, R., 1986, Capital raising, underwriting and the certification hypothesis, Journal of Financial Economics, Vol. 15(1/2), S. 261-281.

Borch, K., 1962, Equilibrium in a reinsurance market, Econometrica, Vol. 30(3), S. 424-444.

Boris, E./Steuerle, E., 2006, Scope and dimensions of the nonprofit sector, in: Powell, W./Steinberg, R. (Hrsg.), The nonprofit sector: a research handbook, 2. Aufl., New Haven, S. 66-88.

Bowman, W., 2003, Fiscal crisis in the states: its impact on nonprofit organizations and the people they serve, Nonprofit Sector Research Fund Working Paper, The Aspen Institute, Washington D.C.

Boyd, J./Prescott, E., 1986, Financial intermediary-coalitions, Journal of Economic Theory, Vol. 38(2), S. 211-232.

Bradley, E./Walker, L., 1998, Education and advance care planning in nursing homes: the impact of ownership type, Nonprofit and Voluntary Sector Quarterly, Vol. 27(3), S. 339-357.

Brammer, S./Pavelin, S., 2005, Corporate reputation and an insurance motivation for corporate social investment, Journal of Corporate Citizenship, Vol. 20, S. 39-51.

Breuer, M., 2001, Finanzintermediäre – Größennachteile und Spezialisierungsvorteile, Working Paper Nr. 103, Sozialökonomisches Institut Universität Zürich, Zürich.

Breuer, W., 1995, Finanzintermediation und Reputationseffekte, Kredit und Kapital, Jg. 28, Heft 4, S. 516-533.

Breuer, W., 1993, Finanzintermediation im Kapitalmarktgleichgewicht, Beiträge zur betriebswirtschaftlichen Forschung 70, zugl. Diss. Universität zu Köln, Wiesbaden.

Breyman, S., 1993, Knowledge as power: ecology movements and global environmental problems, in: Lipschutz, R./Conca, K., (Hrsg.), The state and social power in global environmental politics, New York, S. 124-157.

Brinckerhoff, P., 1998, Mission-based management: leading your not-for-profit into the 21st century, New York u. a.

Brock, D., 1997, Wirtschaft und Staat im Zeitalter der Globalisierung: Von nationalen Volkswirtschaften zur globalisierten Weltwirtschaft, Aus Politik und Zeitgeschichte, Heft 33/34, S. 12-19.

Brown, D./Khagram, S./Moore, M./Frumkin, P., 2000, Globalization, ngos and multisectoral relations, Hauser Center for Nonprofit-Organizations, Working Paper, Nr. 1, The Kennedy School of Government, Harvard University, Boston.

Brühl, T., 2005, Vom Einfluss der NGOs auf die internationale Politik – Das Beispiel biologische Vielfalt, in: Brunnengräber, A./Klein, A./Walk, H. (Hrsg.), 2005, NGOs im Prozess der Globalisierung. Mächtige Zwerge – umstrittene Riesen, Wiesbaden, S. 266-297.

Brunnengräber, A./Klein, A./Walk, H. (Hrsg.), 2005, NGOs im Prozess der Globalisierung. Mächtige Zwerge – umstrittene Riesen, Wiesbaden.

Brunnengräber, 1999, Global Governance: Ein neues Jahrhundertprojekt? Prokla 39/3, Heft 116, S. 445-469.

Bruns, C.,/Meyer-Bullerdiek, F., 2000, Professionelles Portfoliomanagement, 2. Aufl., Stuttgart.

Bryant, R., 1987, International financial intermediation, Washington D.C.

Bryce, H., 2006, Nonprofits as social capital and agents in the public policy process: toward a new paradigm, Nonprofit and Voluntary Sector Quarterly, Vol. 35(2), S. 311-318.

Bryce, H., 1992, Financial and strategic management for nonprofit organizations, Englewood Cliffs.

Bühner, R., 2002, Wertorientiertes Controlling im Spannungsfeld zwischen Effizienz und Legitimität, in: Macharzina, K./Neubürger, H.-J. (Hrsg.), Wertorientierte Unternehmensführung, Kongress-Dokumentation, 55. Deutscher Betriebswirtschafter-Tag 2001, Schmalenbach-Gesellschaft für Betriebswirtschaft e.V., Stuttgart, S. 233-246.

Bühner, R. (Hrsg.), 2001, Management-Lexikon, München.

Büschgen, H., 1998, Bankbetriebslehre: Bankgeschäfte und Bankmanagement, 5. Aufl., Wiesbaden.

Büschgen, H., 1997, Internationales Finantmanagement, Frankfurt a. M.

Büschgen, H./Everling, O. (Hrsg.), 1996, Handbuch Rating, Wiesbaden.

Buchanan, J., 1965, An economic theory of clubs, Economica, Vol. 32(125), S. 1-14.

Bull, C., 1987, The existence of self-enforcing implicit contracts, Quarterly Journal of Economics, Vol. 102(1), S. 147-159.

Burla, S., 1989, Rationales Management in Nonprofit-Organisationen, Bern u. a.

Caers, R./Du Bois, C./De Gieter, S./Schepers, C./Pepermans, R., 2006, Principal-agent relationships on the stewardship-agency axis, Nonprofit Management & Leadership, Vol. 17 (1), S. 25-47.

Camilleri, J./Falk, J., 1992, The end of sovereignty: politics of a shrinking and fragmenting world, Aldershot.

Campbell, T./Kracaw, W., 1980, Information production, market signalling, and the theory of financial intermediation, Journal of Finance, Vol. 35(4), S. 863-882.

Cap Gemini/Ernst&Young, 2000, Measures that matter™, an outside-in perspective on shareholder value recognition, Auf den Seiten von Ernst & Young, URL: http://www.ey.com/global/Content.nsf/UK/CF - Library - MTM, Zugriff am 23.02. 2006.

Carleton, W./Nelson, J./Weisbach, M., 1998, The influence of institutions on corporate governance through private negotiations: evidence from TIAA-CREF, Journal of Finance, Vol. 53(4), S. 1335-1362.

Cecchetti, S., 1999, The future of financial intermediation and regulation: an overview, Federal Reserve Bank of New York, Current Issues in Economics and Finance, Vol. 5(8), S. 1-5.

Chang, C./Tuckman, H., 1996, The goods produced by nonprofit organizations, Public Finance Quarterly, Vol. 24(1), S. 25-43.

Chan, Y.-S., 1983, On the positive role of financial intermediation in allocation of venture capital in a market with imperfect information, Journal of Finance, Vol. 38(5), S. 1543-1568.

Chan, Y.-S./Greenbaum, S./Thakor, A., 1986, Information reusability, competition and bank asset quality, in: Journal of Banking and Finance, Vol. 10(2/3), S. 243-253.

Cheng, A., 1998, International correlation structure of financial market movements – the evidents from the UK and the US, Applied Financial Economics, Vol. 8(1), S. 1-12.

Chillemi, O./Gui, B., 1991, Uninformed customers and nonprofit organizations – modelling 'contract failure theory', Economics Letters, Vol. 35(1), S. 5-8.

Chmielewicz, K., 1994, Forschungskonzeptionen der Wirtschaftswissenschaft, 3. Aufl., Stuttgart.

Clark, R., 2006, Moral systems in the regulation of nonprofits: how value commitments matter, Hauser Center for Nonprofit-Organizations, Working Paper, Nr. 33.6, The Kennedy School of Government, Harvard University, Boston.

Clarkson, K., 1972, Some implications of property rights in hospital management, Journal of Law and Economics, Vol. 15(2), S. 363-384.

Clausen, J./Loew, T., 2005, Mehr Glaubwürdigkeit durch Testate? Internationale Analyse des Nutzens von Testaten in der Umwelt- und Nachhaltigkeitsberichterstattung, Endbericht des Instituts für ökologische Wirtschaftsforschung (IÖW) an das Bundesministerium für Umwelt, Naturschutz und Reaktorsicherheit, Hannover/Berlin.

Coase, R., 1937, The nature of the firm, Economics, Vol. 4(11), S. 386-405.

Coleman, J., 1990, Foundations of social theory, Cambridge.

Commission on Global Governance, 1995, Our global neighbourhood, Oxford.

Conca, K., 1996, Greening the UN: environmental organizations and the UN system, in: Weiss, T./Gordenker, L. (Hrsg.), Nongovernmental organisations, the UN, and global governance, London, S. 103-119.

Confederation of British Industry, 2000, Global social responsibility – is the business of business just business, International Brief 01/2000, Auf den Seiten der Confederation of British Industry, URL: http://www.cbi.org.uk/ndbs/PositionDoc.nsf/81e68789766d775d8025672a005601aa/408e8b0bb8481d1d80256882003e15a3/$FILE/Global%20social.pdf, Zugriff am 12.12.2005.

Conner, K./Prahalad, C., 1996, A resource-based theory of the firm: knowledge versus opportunism, Organisation Science, Vol. 7(5), S. 477-501.

Connors, T. (Hrsg.), 1988, The nonprofit organization handbook, 2. Aufl., New York.

Cooper, C./Schlegelmilch, B., 1993, Key issues in ethical investment, Business Ethics: A European Review, Vol. 2(4), S. 213-227.

Copeland, J./Weston, T., 1992, Financial theory and corporate policy, 3. Aufl., Reading.

Cornelsen, D., 1991, Anwälte der Natur. Umweltschutzverbände in Deutschland, München.

Cosimano, T., 2004, Financial institutions and trustworthy behavior in business transactions, Journal of Business Ethics, Vol. 52(2), S. 179-188.

Crane, A., 1998, Culture clash and mediation: exploring the cultural dynamics of business-ngo collaboration, Greener Management International, Vol. 24, S. 61-76.

Crane, D/Bodie, Z./Merton, R., 1995 (Hrsg.), The global financial system, a functional perspective, Boston.

Cryan, M./Gardner, P., 1999, Balancing mission and market: nonprofits walk a tightrope between the public and private sphere, Consumer Union Report.

Curbach, J., 2003, Global Governance und NGOs – Transnationale Zivilgesellschaft in internationalen Politiknetzwerken, Opladen.

Cyert, R./March, J., 1963, A behavioral theory of the firm, New Jersey.

Darby, M./Karni, E., 1973, Free competition and the optimal amount of fraud, Journal of Law and Economics, Vol. 16(1), S. 67-88.

DeCharms, R., 1968, Personal causation: the internal affective determinants of behavior, New York.

Deci, E., 1975, Intrinsic motivation, New York.

Deci, E., 1972, Intrinsic motivation, extrinsic reinforcement and inequality, Journal of Personality and Social Psychology, Vol. 22, 113-120.

Deci, E., 1971, Effects of externally mediated rewards on intrinsic motivation, Journal of Personality and Social Psychology, Vol. 18, S. 105-115.

De Fontenay, A./Hogendorn, C., 2005, Entry and vertical disintegration, Working Paper, Columbia University, New York, mimeo.

Delmas, M./Toffel, M., 2003, Institutional pressure and environmental management practices, Paper presented at the 11th International Conference of the Greening of Industry Network, 12-15.10.2003, San Francisco.

Dennig, U., 1993, Internationale Geld- und Kapitalmärkte, in: Kloten, N./v. Stein, J. (Hrsg.), Geld-, Bank- und Börsenwesen, 39. Aufl., Stuttgart, S. 1071-110.

Der Spiegel, Ritter in Weiß, 13/2007.

Deutsche Bundesbank, 2006, Statistische Sonderveröffentlichung Nr. 1: Bankenstatistik Richtlinien und Kundensystematik, Auf den Seiten der Deutschen Bundesbank, URL: http://www.bundesbank.de/download/statistik/stat_sonder/statso1_09kundensys.pdf, Zugriff am 23.08.2006.

Diamond, D., 1996, Financial intermediation as delegated monitoring: a simple example, Federal Reserve Bank of Richmond, Economic Quarterly, Vol. 82(3), S. 51-66.

Diamond, D., 1984, Financial intermediation and delegated monitoring, Review of Economic Studies, Vol. 51(166) S. 393-414.

Dieckheuer, G., 1995, Internationale Wirtschaftsbeziehungen, 3 Aufl., München.

Dietrich, D./Vollmer, U., 2005, Finanzverträge und Finanzintermediation, Grundlagen-Modelle-Übungen, Wiesbaden.

DiMaggio, P., 1987, Nonprofit organizations in the production and distribution of culture, in: Powell, W. (Hrsg.), The nonprofit sector: a research handbook, New Haven, S. 195-220.

Doh, J./Guay, T., 2004, Globalization and corporate social responsibility: how non-governmental organizations influence labour and environmental codes of conduct, Management International Review, Vol. 44, Special Issue, S. 7-29.

Domini, A., 2001, Socially responsible investing – making a difference and making money, Chicago.

Domowitz, I./Steil, B., 1999, Automation, trading costs, and the structure of the trading services industry, Brookings-Wharton Papers on Financial Services, S. 33-81.

Donay, P./Cannon, J., 1997, An examination of the nature of trust in buyer-seller relationships, Journal of Marketing, Vol. 61, S. 35-51.

Dowell, G./Hart, S./Yeung, B., 2000, Do corporate global environmental standards create or destroy market value?, in: Management Science, Vol. 46(8), S. 1059-1074.

Downs, A., 1968, Ökonomische Theorie der Demokratie, Tübingen.

Dreman, D./Berry, M., 1995, Overreaction, underreaction, and the low-price/earnings-effect, Financial Analysts Journal, July-August, S. 21-30.

Duizendstraal, A./Nentjes, A., 1994, Organizational slack in subsidized nonprofit institutions, Public Choice, Vol. 81(3/4), S. 297-321.

Dutzi, A., 2005, Der Aufsichtsrat als Instrument der Corporate Governance, Wiesbaden.

Dyllick, T., 1989, Politische Legitimität, moralische Autorität und wirtschaftliche Effizienz als externe Lenkungssysteme der Unternehmung. Grundvorstellungen einer gesellschaftsbezogenen Managementlehre, in: Sandner, K. (Hrsg.), Politische Prozesse in Unternehmen, Berlin u. a., S. 205-230.

Easley, D./O'Hara, M., 1988, Contracts and asymmetric information in the theory of the Firm, Journal of Economic Behaviour and Organization, Vol. 9, S. 229-246.

Easley, D./O'Hara, M., 1986, Optimal nonprofit firms, in: Rose-Ackerman, E. (Hrsg.), The economics of nonprofit institutions. Studies in structure and policy, New York, S. 85-93.

Easley, D./O'Hara, M., 1983, The economic role of the nonprofit firm, Bell Journal of Economics 14(2), S. 531-538.

Eatwell, M./Milgate, M./Newman, P. (Hrsg.), 1987, The new palgrave – a dictionary of economics, London.

Ebrahim, A., 2006, Placing the normative logics of accountability in "thick" perspective, Hauser Center for Nonprofit-Organizations, Working Paper, Nr. 33.2, The Kennedy School of Government, Harvard University, Boston.

ECC Kothes Klewes (Hrsg.), 2003, Geteilte Werte? Global Stakeholder Report 2003. Die erste weltweite Stakeholder-Befragung zum Non-Financial Reporting, Bonn/London.

Edelmann, R./Milde, H./Weimerskirch, P., 1998, Agency Beziehungen und Kontrakt-Design: Problem, Lösung, Beispiel, Kredit und Kapital, Jg. 31, Heft 1, S. 1-27.

Eichhorn, P., 1984, Betriebswirtschaftslehre und Gemeinwohl, ZfB, Jg. 54, Heft 3, S. 238-251.

Eilsberger, R./Schmahl, H.-L. (Hrsg.), 1993, Die Herausforderung im Osten. Probleme der öffentlichen Verwaltung nach der Wende, Köln.

EIRIS, 2001(a), The ethical investor, Summer 2001.

EIRIS, 2001(b), Making charitable investments work, in: Charities and Ethical Investment, Auf den Seiten von EIRIS, URL: http://www.eiris.org/Pages/TopMenu/Public.htm, Zugriff am 29.11.2005.

EIRIS, 2000, Ethical investment in Europe, Auf den Seiten von EIRIS, URL: http://www.eiris.org/Files/EIRISnewsletterPDFs/2000/SUPPJul_Aug00.pdf, Zugriff am 30.01.2006.

EIRIS, 1999, Engaging with companies, Discussion Paper, Auf den Seiten von EIRIS, URL: http://www.eiris.org/Files/Otherpublications/NEW_discussionpaperonengagingwithcompanies.pdf, Zugriff am 21.01.2006.

Elkington, J./Fennell, S., 1998, Partners for sustainability, Greener Management International, Vol. 24, S. 48-60.

Elton, E./Gruber, M./Brown, S./Goetzmann, W., 2003, Modern portfolio theory and investment analysis, 6. Aufl., New Jersey.

English, P./Smythe, T., 2004, The CalPERS effect revisited, Journal of Corporate Finance, Vol. 10(1), S. 157-174.

Enhanced Analytics Initiative, 2006, Auf den Seiten der Enhanced Analytics Initiative, URL: http://www.enhancedanalytics.com/BNPPAM/assetmanagement/home/jsp/ home_indexgp.jsp?BV_SessionID=@@@@0688746851.1139838314@@@@&BV_EngineID=cccfaddglkdidkfcefecefedgohdffj.0, Zugriff am 14.02.2006.

Esty, D./Gentry, B., 1997, Foreign investment, globalization, and the environment, Yale Centre for Environmental Law and Policy, New Haven.

Esty, D./Ivanova, M. (Hrsg.), 2002, Global environmental governance, options and opportunities, New Haven.

Ethibel, 2004, Auf den Seiten von Ethibel, URL: http://www.ethibel.org/subs_e/2_label /sub2_3.html, Zugriff am 12.05.2004.

Ethibel, 2002, The ethibel research methodology – integrating sustainable development and stakeholder involvement, Brüssel.

Ethos, 2007, Schriftliche Auskünfte von M. Jaun Brunner, 04.05.2007.

Ethos, 2005, Ausübung der Stimmrechte: Die Dienstleistungen von Ethos, Ethos Quarterly, Vol. 4., Auf den Seiten von Ethos, URL: http://www.ethosfund.ch/upload/ publication/p38d_051231_Ethos_Quarterly.pdf, Zugriff am 24.01.2006.

Ethos, 2004, Richtlinien zur Ausübung der Stimmrechte, Auf den Seiten von Ethos, URL: http://www.ethosfund.ch/pdf/richtlinien_stimmrechte_2005_d_light.pdf, Zugriff am 24.01.2006.

Ettel, M./Nowotny, C., 2002, Rechtliche Gestaltungsformen für NPOs, in: Badelt, C. (Hrsg.), Handbuch der Nonprofit Organisation – Strukturen und Management, 3. Aufl., Stuttgart, S. 225-258.

EU-Kommission, 2006, Auf den Seiten der EU Kommission, URL: http://eur-lex.europa.eu/LexUriServ/site/de/com/2005/com2005_0685de01.pdf, Zugriff am 15.05.2007.

Eurosif, 2006(a), European sri study 2006, Auf den Seiten des Eurosif, URL: http://www.eurosif.org/media/files/eurosif_sristudy_2006_complete, Zugriff am 26.08.2006.

Eurosif, 2006(b), New Eurosif sri study reveals a European sri market valued at €1 trillion, Press Release, September 12, 2006, Auf den Seiten des Eurosif, URL: http://www.eurosif.org/press_events/eurosif_press_releases, Zugriff am 28.03.2007.

Eurostat, 2006, Auf den Seiten von Eurostat, URL: http://epp.eurostat.cec.eu.int/ pls/portal/docs/PAGE/PGP_DS_SUSTDEVIND/PGE_DS_SUSTDEVIND_01/PDF/ SDI_ED1100_1.PDF, Zugriff am 31.03.2006.

Eurostat, 2005, Eurostat Jahrbuch 2005, Luxemburg.

Everling, O., 2000, Ratings erleichtern Kreditfinanzierungen für den Mittelstand, Vortrag vor der IHK, 28.09.2000, Frankfurt a. M.

Everling, O., 1994, Rating, in: Gerke, W./Steiner, M.(Hrsg.), Handwörterbuch des Bank- und Finanzwesens, Stuttgart, S. 1600-1615.

Fabozzi, F. (Hrsg.), 2001, The handbook of fixed income securities, 6. Aufl., Chicago u. a.

Facchina, B./Showell, E./Stone, J., 1993, Privileges and exemptions enjoyed by nonprofit organizations, University of San Francisco Law Review, Vol. 28(Fall), S. 85-121.

Fama, E., 1991, Efficient capital markets II, Journal of Finance, Vol. 46(5), S. 1575-1617.

Fama, E., 1980, Agency problems and theory of the firm, Journal of Political Economy, Vol. 88(2), S. 288-307.

Fama, E., 1970, Efficient capital markets: a review of theory and empirical work, Journal of Finance, Vol. 25(2), S. 383-417.

Fama, E./French, K., 1996, Multifactor explanations of asset pricing anomalies, Journal of Finance, Vol. 51(1), S. 55-84.

Fama, E./Jensen, M., 1983(a), Agency problems and residual claims, Journal of Law and Economics, Vol. 26(2), S. 327-349.

Fama, E./Jensen, M., 1983(b), Separation of ownership and control, Journal of Law and Economics, Vol. 26(2), S. 301-325.

Feess, E., 2000, Mikroökonomie, 2. Aufl., Marburg.

Feigenbaum, S., 1980, The case of income redistribution: a theory of government and private provision of collective goods, Public Finance Quarterly, Vol. 8(1), S. 3-22.

Fernando, J./Heston, A.,1997: Introduction: ngos between states, markets, and civil society, The Annals of the American Academy of Political and Social Science, Vol. 554(Nov.), S. 8-20.

Ferris, J./Grady, E., 1991, Production costs, transaction costs, and local government contractor choice, Economic Inquiry, Vol. 29(3), S. 541-554.

Fichter, K./Schneidewind, V. (Hrsg.), 2000, Umweltschutz im globalen Wettbewerb, Berlin u. a.

Figge, F., 1997, Systematisierung ökonomischer Risiken durch globale Umweltprobleme, Zeitschrift für angewandte Umweltforschung, Jg. 10, Heft 2, S. 256-266.

Finis-Siegler, B., 2001, NPOs ökonomisch betrachtet, Münsteraner Diskussionspapiere zum Nonprofit-Sektor, Nr. 15, Westfälische Wilhelms-Universität Münster, Münster.

Finkelstein, L., 1995, What is global governance?, Global Governance, Vol. 1(3), S. 367-372.

Fisher, I, 1930, The theory of interest, New York.

Foster, W./Bradach, J., 2005, Should nonprofits seek profits?, Harvard Business Review, Vol. 83(2), S. 92-103.

Fox, J., 2006, Unternehmerische Finanzierungsentscheidungen im Spannungsfeld zwischen Finanzintermediären und Finanzmärkten, zugl. Diss. Universität Bamberg, Frankfurt a. M. u. a.

Franck, K., 2006, Telefonische Auskünfte vom 03.02.2006.

Franke, G., 1987, Costless signalling in financial markets, Journal of Finance, Vol. 42(4), S. 809-822.

Franke, G./Hax, H., 1999, Finanzwirtschaft des Unternehmens und Kapitalmarkt, 4. Aufl., Heidelberg u. a.

Franks, J./Mayer, C., 1995, Ownership and control, in: Siebert, H. (Hrsg.), Trends in business organization: do participation and co-operation increase competitiveness?, Tübingen, S. 171-195.

Franks, J./Mayer, C., 1994(a), Hostile takeovers and the correction of managerial failure, London Business School, Discussion Paper, Nr. 156, London.

Franks, J./Mayer, C., 1994(b), Corporate control, a comparison of insider and outsider systems, London Business School, Working Paper, London.

Freeman, R., 1997, Working for nothing: the supply of volunteer labor, Journal of Labor Economics, Vol. 15(1), S. 140-166.

Freeman, R., 1984, Strategic management: a stakeholder approach, Boston.

Freixas, X./Rochet, J.-C., 1997, Microeconomics of banking, Cambridge.

Fremont-Smith, M./Kosaras, A., 2003, Wrongdoing by officers and directors of charities: a survey of press reports 1995-2002, Hauser Center for Nonprofit-Organizations, Working Paper, Nr. 20, The Kennedy School of Government, Harvard University, Boston.

Frey, B., 1997, Not just for the money. An economic theory of personal motivation, Brookfield.

Friend's of the Earth, 2000, Capital punishment: UK insurance companies and the global environment, Auf den Seiten von Friend's of the Earth, URL: http://www.foe.co.uk/resource/reports/capital_punishment.pdf, Zugriff am 28.01.2006.

Fritsch, M./Wein, T./Ewers, H.-J., 2003, Marktversagen und Wirtschaftspolitik, München.

Frumkin, P./Keating, E., 2001, The price of doing good: executive compensation in nonprofit organizations, Hauser Center for Nonprofit-Organizations, Working Paper, Nr. 8, The Kennedy School of Government, Harvard University, Boston.

FTSE, 2005, Auf den Seiten von FTSE, URL: http://www.ftse.com/Indices/FTSE4Good_Index_Series/Downloads/CommitteeMembers.pdf, Zugriff am 12.02.2005.

Fülbier, R., 2004, Wissenschaftstheorie und Betriebswirtschaftslehre, WiSt, Jg. 33, Heft 5, S. 266-271.

Füss, R., 2004, Emerging Markets im internationalen Portfoliomanagement, zugl. Diss. Universität Freiburg, Bad Soden.

Fudenberg, D/Tirole, J., 1991, Game theory, Cambridge.

Furubotn, E./Richter, R. (Hrsg.), 1990, The economics and law of banking regulation, Tübingen.

Galaskiewicz, J./Bielefeld, W., 2003, The behavior of organizations, in: Anheier, H./Ben-Ner, A. (Hrsg.), The study of the nonprofit enterprise – theories and approaches, New York, S. 205-238.

Garz, H./Volk, C./Gilles/M., 2002, Von Economics zu Sustainomics, Studie der WestLB Panmure, April 2002, Düsseldorf.

Geanakoplus, J., 1987, Arrow-debreu model of general equilibrium, in: Eatwell, M./Milgate, M./Newman, P. (Hrsg.), The new palgrave – a dictionary of economics, London, S. 116-124.

Gelbhaar, S., 1998: Ökonomik der Parafiski – Stand und Perspektiven, WiSt, Jg. 27, Heft 11, S. 573-579.

Gerke, W., 2005, Kapitalmärkte und Ethik – Ein Widerspruch, in: Zeitschrift für Wirtschafts- und Unternehmensethik, Jg. 6, Heft 1, S. 22-45.

Gerke, W./Steiner, M.(Hrsg.), 1994, Handwörterbuch des Bank- und Finanzwesens, Stuttgart.

Giddens, A., 1999, Der dritte Weg. Die Erneuerung der sozialen Demokratie, Frankfurt a. M.

Giovannini, A./Mayer, C. (Hrsg.), 1991, European financial integration, Cambridge.

Glagow, M., 1992, Die Nicht-Regierungsorganisationen in der internationalen Entwicklungszusammenarbeit, in: Nohlen, D./Nuscheler, F. (Hrsg.), Handbuch der Dritten Welt. Grundprobleme. Theorien. Strategien, Bonn, S. 304-326.

Glaeser, E./Shleifer, A., 2001, Not-for-profit entrepreneurs, Journal of Public Economics, Vol. 81, S. 99-115.

Goedeckemeyer, K.-H., 2006, Socially Responsible Investment – Ideelle Werte im Asset Management, Die Bank, Heft 2, S. 17-21.

Green, S, 1988, The incentive effects of ownership and control in management buy-outs, Long Range Planning, Vol. 21, S. 26-34.

Greenbaum, S./Thakor, A., 1995, Contemporary financial intermediation, Orlando.

Gray, R./Owen, D./Maunders, K., 1988, Corporate social reporting: emerging trends in the accountability and the social contract, Accounting, Auditing and Accountability Journal, Vol 1(1), S. 6-20.

Gross, M./Warshauer, W./Larkin, R., 1991, Financial and accounting guide for not-for-profit organizations, New York.

Grossmann, S/Hart, O., 1988, One share/one vote and the market for corporate control, Journal of Financial Economics, Vol. 20(1/2), S. 175-202.

Grossman, S./Hart, O., 1983, An analysis of the principal-agent problem, Econometrica, Vol. 51(1), S. 7-45.

Grossmann, S/Hart, O., 1980, Takeover bids, the free-rider problem, and the theory of the corporation, Bell Journal of Economics, Vol. 11(1), S. 42-64.

Grossmann, S./Stiglitz, J., 1980, On the impossibility of informationally efficient markets, American Economic Review, Vol. 70(3), S. 393-408.

Gülle, A/Schäfer, H./Schwarzer, C., 2001: Das Anlageverhalten von Nonprofit-Organisationen im Umfeld ethisch-ökologischer Determinanten – Ergebnisorientierte Zusammenfassung einer empirischen Untersuchung, Berichte aus dem Forschungsprojekt Ethische Finanzdienstleistungen, Universität Siegen, Bericht 04/2001, Siegen.

Guay, T./Doh, J./G. Sinclair, 2004, Non-governmental organizations, shareholder activism, and socially responsible investments: ethical, strategic, and governance implications, Journal of Business Ethics, Vol. 52(1), S. 125-136.

Guo, B., 2006, Charity for profit? Exploring factors associated with the commercialisation of human service nonprofits, Nonprofit and Voluntary Sector Quarterly, Vol. 35(1), S. 123-138.

Guo, C./Acar, M., 2005, Understanding collaboration among nonprofit organizations: combining ressource dependency, institutional and network perspectives, Nonprofit and Voluntary Sector Quarterly, Vol. 34(3), S. 340-361.

Gurley, J./Shaw, E., 1960, Money in the theory of finance, The Brooking Institution, Washington D.C.

Habermas, J., 1998, Die postnationale Konstellation, Politische Essays, Frankfurt a. M.

Hackethal, A., 2000, Banken, Unternehmensfinanzierung und Finanzsysteme, Development and Finance Series, Band 6, Berlin u. a.

Haigh, M./Hazelton, J., 2004, Financial markets: a tool for social responsibility? Journal of Business Ethics, Vol. 52(1), S. 59-71.

Hammack, C./Young, D., 1993, Preface, in: Hammack, C./Young, D., 1993 (Hrsg.), Nonprofit organizations in a market economy, San Francisco, S. XVII-XXIII.

Hammack, C./Young, D., 1993 (Hrsg.), Nonprofit organizations in a market economy, San Francisco.

Hansmann, H., 2003, The role of trust in nonprofit enterprise, in: Anheier, H./Ben-Ner, A. (Hrsg.), The study of the nonprofit enterprise – theories and approaches, New York, S. 115-122.

Hansmann, H., 1994, Organization of production in the human services, Yale University, PONPO Working Paper, Nr. 200, New Haven.

Hansmann, H., 1987, Economic theories of nonprofit organization, in: Powell, W. (Hrsg.), The nonprofit sector: a research handbook, New Haven, S. 27-42.

Hansmann, H., 1985, The effect of tax exemption and other factors on competition between nonprofit and for-profit enterprise, Yale University, PONPO Working Paper, Nr. 65, New Haven.

Hansmann, H., 1980, The role of nonprofit enterprise, The Yale Law Journal, Vol. 89(5), S. 835-901.

Harris, D., 2006, Schriftliche Auskünfte vom 02.06.2006.

Harris, M./Raviv, A., 1991, Financial contracting theory, in: Laffont, J. (Hrsg.), Advances of economic theory, Sixth World Congress, Vol. 2, Cambridge, S. 64-150.

Harris, M./Raviv, A., 1988, Corporate governance: voting rights and majority rules, Journal of Financial Economics, Vol. 20(1/2), S. 202-235.

Harris, M./Raviv, A., 1979, Optimal incentive contracts with imperfect information, Journal of Economic Theory, Vol. 20(2), S. 231-259.

Harris, M./Raviv, A., 1978, Some results on incentive contracts with applications to education and employment, health insurance, and law enforcement, American Economic Review, 68(1), S. 20-30.

Harris, M./Townsend, R., 1981, Resource allocation under asymmetric information, Econometrica, Vol. 49(1), S. 33-64.

Hart, O., 1995, Firms, contracts and financial structure, New York.

Harte, G./Lewis, L./Owen, D., 1991, Ethical investment and corporate reporting function, Critical Perspectives on Accounting, Vol. 2(3), S. 227-254.

Hartmann-Wendels, T./Pfingsten, A./Weber, M., 2006, Bankbetriebslehre, 4. Aufl., Berlin u. a.

Hartmann-Wendels, T./Pfingsten, A./Weber, M., 2000, Bankbetriebslehre, 2. Aufl., Berlin u. a.

Haufler, V., 2000, Negotiating international standards for environmental management systems: the ISO 14000 standards, Auf den Seiten des Global Public Policy Institute, URL: http://www.gppi.net/fileadmin/gppi/Haufler_ISO_14000.pdf, Zugriff am 23.03.2007.

Hayek, F., 1945, The use of knowledge in society, American Economic Review, Vol. 35(4), S. 519-530.

Heissmann, 2004, Planung, Anlage und Kontrolle von Stiftungsvermögen bei deutschen Stiftungen, Stiftungs-Studie 2004, Dr. Dr. Heissmann GmbH, Auf den Seiten der Dr. Dr. Heissmann GmbH, URL: http://www.heissmann.de/Ebene2/Aktuelles/ Stiftungs-studie_2004.pdf, Zugriff am 23.10.2005.

Heller, W./Starr, R., 1976, Equilibrium with non-convex transactions costs: monetary and non-monetary economies, Review of Economic Studies, Vol. 43(134), S. 195-215.

Hellwig, M., 1994, Banking and finance at the end of the twentieth century, WWZ-Discussion Paper Nr. 9426, Universität Basel, Basel.

Hellwig, M., 1991, Banking financial intermediation, and corporate finance, in: Giovannini, A./Mayer, C. (Hrsg.), European financial integration, Cambridge, S. 35-72.

Hempel, C./Oppenheim, P., 1948, Studies in the logic of explanation, Philosophy of Science, Vol. 15(2), S. 135-175.

Henn, G., 1984, Die Rechte des Aktionärs – Rechte und Pflichten in und außerhalb der Hauptversammlung, Köln.

Herbert-Quandt-Stiftung (Hrsg.), 2004, Jenseits des Staates? „Außenpolitik" durch Unternehmen und NGOs, Sinclair Haus Gespräche, Nr. 21, Bad Homburg.

Herman, R./Renz, D., 1997, Multiple constituencies and the social construction of non-profit organization effectiveness, Nonprofit and Voluntary Sector Quarterly, Vol. 26(2), S. 185-206.

Herrmann, F., 2005, Integration und Volatilität bei Emerging Markets, zugl. Diss. Universität Freiburg, Wiesbaden.

Heyd, R., 1997, Notwendigkeit und Ausgestaltung eines Controlling-Systems in Non-Profit-Organisationen, WISU, Jg. 26, Heft 6, S. 556-564.

Hildyard, N., 2005, Holding funders and companies to account – litigation and standards, Paper Presented to American Anthropological Association Annual Meeting, Washington D.C., 03.12.2005, The Corner House, Dorset.

Hildyard, N., 2002, Financial market lobbying – a new political space for activists, Briefing Nr. 25, The Corner House, Dorset.

Hilke, W., (Hrsg.), 1989, Dienstleistungs-Marketing, Schriften zur Unternehmensführung, Band 35, Wiesbaden.

Hilke, W., 1989, Grundprobleme und Entwicklungstendenzen des Dienstleistungs-Marketing, in: Hilke, W., (Hrsg.), Dienstleistungs-Marketing, Schriften zur Unternehmensführung, Band 35, Wiesbaden, S. 6-44.

Hirschman, A., 1970, Exit, voice, and loyalty: responses to decline in firms, organizations, and states, Cambridge.

Hirshleifer, J., 1973, Where are we in the theory of information, American Economic Review, Vol. 63(2), S. 31-39.

Hirth, R., 1999, Consumer information and competition between nonprofit and for-profit nursing homes, Journal of Health Economics, Vol. 18(2), S. 219-240.

Höpner, M., 2005, Politisch-institutionelle Determinanten aktionärsorientierter Reformen, MPIFG Working Paper 05/10, Max-Planck-Institut für Gesellschaftsforschung, Köln.

Höpner, M., 2002, Mehr Mitbestimmung durch Shareholder Value?, Die Mitbestimmung, Heft 6, S. 25-27.

Höpner, M./Jackson, G., 2001, Entsteht ein Markt für Unternehmenskontrolle? Der Fall Mannesmann, Leviathan, Vol. 29(4), S. 544-563.

Holme, R./Watts, P., 2000, Making good business sense, The World Business Council for Sustainable Development, Auf den Seiten des World Business Council for Sustainable Development, URL: http://www.wbcsd.org/DocRoot/uDwvirSbdbMFmA1rlFNn/csr2000.pdf, Zugriff am 10.03.2006.

Holström, B., 1985, The provision of services in a market economy, in: Inman, R. (Hrsg.), Managing the service economy, prospects and problems, Cambridge, S. 183-213.

Holström, B., 1979, Moral hazard and observability, Bell Journal of Economics, Vol. 10(1), S. 74-91.

Holmström, B./Milgrom, P., 1987, Aggregation and the linearity in the provision of intertemporal incentives, Econometrica, Vol. 55(2), S. 303-328.

Holmström, B./Tirole, J., 1989, The theory of the firm, in: Schmalensee, R./Wittig, R. (Hrsg.), Handbook of industrial organization, Amsterdam u. a., S. 61-133.

Homolka, W., 1992, Umweltfonds: Investieren in die Zukunft, Bonn.

Homolka, W./Nguyen-Khac, T., 1996, Ethisch-ökologisches Rating, in: Büschgen, H./Everling, O. (Hrsg.), Handbuch Rating, Wiesbaden, S. 675-699.

Hopkins, B., 2005: The law of tax-exempt organizations: 2005 cumulative supplement, 8. Aufl., New York.

Hopkins, B., 1996, The legal answer book for nonprofit organizations, New York.

Hopt, K., 1998, Europäisches Gesellschaftsrecht: Krise und neue Anläufe, ZIP – Zeitschrift für Wirtschaftsrecht, Heft 3, S. 96-106.

Horak, C., 1995, Controlling in Nonprofit-Organisationen: Erfolgsfaktoren und Instrumente, 2. Aufl., Wiesbaden.

Horak, C./Matul, C./Scheuch, F., 2002, Ziele und Strategien von NPOs, in: Badelt, C. (Hrsg.), Handbuch der Nonprofit Organisation – Strukturen und Management, 3. Aufl., Stuttgart, S. 197-224.

Horvat, B., 1976; The Yugoslav economic system-the first labor-managed economy in the making, New York.

Howe, J., 2001, Credit analysis for corporate bonds, in: Fabozzi, F. (Hrsg.), The handbook of fixed income securities, 6. Aufl., Chicago u. a., S. 417-458.

Hoy, M./Livernois, J./McKenna, C./Rees, R./Stengos, T., 2001, Mathematics for economics, London

Huber, C., 2000, Wendepunkte in Finanzmärkten, zugl. Diss. Universität Bremen, Bad Soden.

Hudson, A., 2002, Advocacy by the UK-based development ngos', Nonprofit and Voluntary Sector Quarterly, Vol. 31(3), S. 402-418.

Hughes, P., 2006, The economics of nonprofit organizations, Nonprofit Management & Leadership, Vol. 16(4), S. 429-450.

imug, 2006, Auf den Seiten von imug, URL: http://www.imug.de/news/pdfs/Presseinfo_AICSRR041102.pdf, Zugriff am 10.02.2006.

imug, 2005, Auf den Seiten von imug, URL: http://www.imug.de/news/pdfs/Presseinfo_AICSRR041102.pdf, Zugriff am 10.10.2005.

imug, 2002, Institutionelle Investoren und ethisch-ökologische Geldanlagen in Deutschland, imug Arbeitspapier, Nr. 11/2002, Hannover.

imug/muk (Hrsg.), 2001, Der Markt für sozial-ökologische Geldanlagen in Deutschland – Ergebnisse einer repräsentativen Privatanlegerbefragung, imug-muk Arbeitspapier, Nr. 13, Hannover.

Inman, R. (Hrsg.), 1985, Managing the service economy, prospects and problems, Cambridge.

IÖW/imug (Hrsg.), 2002, Nachhaltigkeitsberichterstattung – Praxis glaubwürdiger Kommunikation für zukunftsfähige Unternehmen, Berlin.

Irleland, T./Johnson, D., 1970, The economics of charity, Blacksburg.

IRS, 2005, URL: Auf den Seiten des IRS, http://www.irs.gov/charities/charitable/ article/0,,id=96099,00.html, Zugriff am 22.09.2005.

Jaffee, D./Russell, T., 1976, Imperfect information, uncertainty and credit rationing, Quarterly Journal of Economics, 90(4), 651 - 666.

James, E., 1993, Why do different countries choose a different public-private mix of educational services?, Journal of Human Resources, Vol. 28(3), S. 571-592.

James, E., 1990, Economic theories of the nonprofit sector: a comparative perspective, in: Anheier, H./Seibel, W. (Hrsg.), The third sector: comparative studies of nonprofit organizations, Berlin/New York, S. 21-29.

James, E., 1987, The nonprofit sector in comparative perspectice, in: Powell, W. (Hrsg.), The nonprofit sector: a research handbook, New Haven, S. 397-415.

James, E., 1986, Comments, in: Rose-Ackerman, S. (Hrsg.), The economics of nonprofit institutions. Studies in structure and policy, New York, S. 154-158.

James, E., 1984, Benefits and costs of privatized public services: lessons from the Dutch educational system, Comparative Education Review, Vol. 28, S. 605-625.

James, E., 1983, How nonprofits grow: a model, Journal of Policy Analysis and Management, Vol. 2(3), S. 350-366.

James, E., 1982, The nonprofit sector in international perspective: the case of Sri Lanka, Journal of Comparative Economics, Vol. 6, S. 99-129.

James, E./Rose-Ackerman, S., 1986, The nonprofit enterprise in market economics, London.

Jandura, D., 2000, Integration internationaler Finanzmärkte, zugl. Diss. Universität Freiburg, Bad Soden.

Jensen, M., 1989, The eclipse of the public corporation, Harvard Business Review, Vol. 67(5), S. 61-74.

Jensen, M./ Meckling, W., 1976, Theory of the firm: managerial behavior, agency costs and ownership structure, in: Journal of Financial Economics, Vol. 3(4), S. 305-360.

Jensen, M./Murphy, K., 1990, Performance pay and top-management-incentives, Journal of Political Economy, Vol. 98(2), S. 225-264.

Jensen, M./Smith, C., 1985 Stockholder, manager, and creditor interests: applications of agency theory, in: Altman, E./Subranahmanyam, M. (Hrsg.), Recent advances in corporate finance, Homewood, S. 95-131.

John Hopkins Comparative Nonprofit Sector Project, 2006, Auf den Seiten der John Hopkins University, URL: http://www.jhu.edu/~cnp/country.html, Zugriff am 01.11. 2006.

Jost, P.(Hrsg.), 2001, Die Prinzipal-Agenten-Theorie in der Betriebswirtschaftslehre, Stuttgart.

Jost, P., 2001, Die Prinzipal-Agenten-Theorie im Unternehmenskontext, in: Jost, P.(Hrsg.), Die Prinzipal-Agenten-Theorie in der Betriebswirtschaftslehre, Stuttgart, S. 11-43.

Jürgens, U./Sadowski, D./Schuppert, G./Weiss, M. (Hrsg.), 2007, Perspektiven der Corporate Governance. Bestimmungsfaktoren unternehmerischer Entscheidungsprozesse und Mitwirkung der Arbeitnehmer, Baden-Baden.

Kaas, K., 1992(a), Marketing für umweltfreundliche Produkte. Ein Ausweg aus dem Dilemma der Umweltpolitik?, Die Betriebswirtschaft, Jg. 52, Heft 4, S. 473-487.

Kaas, K., 1992(b), Kontraktgütermarketing als Kooperation zwischen Prinzipalen und Agenten, ZfbF, Jg. 44, Heft 10, S. 884-901.

Kahlenborn, W., 1999, Transparency and the green investment market, Greener Management International, Vol. 27, S. 65-78.

Kahlenborn, W./Interwies, E., 2001, Umweltnutzen von Ökologischen Geldanlagen, in: Umweltbundesamt (Hrsg.), Neue Impulse durch ökologische Geldanlagen, Text Nr. 36/01, Teilbericht 1, Berlin.

Kahlenborn, W./Krämer, R., 1999, Triple-A für die Umwelt: Finanzrating und Öko-Rating, Ergänzender Abschlußbericht zum Forschungsvorhaben "Analyse des Marktes für ökologisch-orientierte Kapitalanlageformen", F&E-Vorhaben-Nr. 29814168, Ecologic, Berlin.

Kaiser, D., 2006, Finanzintermediation durch Banken und Versicherungen – die theoretischen Grundlagen der Bankassurance, Wiesbaden.

Keasey, K./Thompson, S./Wright, M. (Hrsg.), 2005, Accountability, enterprise and international comparisons, London.

Keim, D., 1983, Size related anomalies and stock return seasonality – further empirical evidence, Journal of Financial Economics, Vol. 12, S. 13-32.

Kell, G, 2004, Über die Einhegung der Macht – Die Einbindung von Unternehmen und NGOs in globale Ordnungsstrukturen, in: Herbert-Quandt-Stiftung (Hrsg.), Jenseits des Staates? „Außenpolitik" durch Unternehmen und NGOs, Sinclair Haus Gespräche, Nr. 21, Bad Homburg, S. 58-64.

Kessler, D./McClellan, M., 2001, The effects of hospital ownership on medical productivity, NBER Working Paper No. 8537.

Kinds, H./Schaaf-Derichs, C./Simon, A./Stemmle, D., 1995, Die neue Freiwilligkeit, in: Stemmle, D. (Hrsg.): Soziale Fragen an der Schwelle zur Zukunft, Bern u. a., S. 283-296.

Kingma, B., 2003, Public good theories of the nonprofit sector – Weisbrod revisited, in: Anheier, H./Ben-Ner, A. (Hrsg.), The study of the nonprofit enterprise – theories and approaches, New York, S. 53-65.

Kingma, B., 1993, Portfolio theory and nonprofit financial stability, Nonprofit and Voluntary Sector Quarterly, Vol. 22(2), S. 105-119.

Klein, B./Crawford, R./Alchian, A., 1978, Vertical integration, appropriable rents, and the competitive contracting process, Journal of Law and Economics, Vol. 21(2), S. 297-326.

Klein, B/Leffler, K, 1981, The role of market forces in assuring contractual compliance, Journal of Political Economy, Vol. 91(3), S. 615-640.

Klein, C., 2004, Globalisierung der Finanzmärkte – Problemfelder der Internationalisierung von Kapitalanlagen vor dem Hintergrund der Asienkrise, Studie Nr. 43, Schriftenreihe des Zentrums für europäische Studien, Universität Trier, Trier.

Klein, M., 2005, Global Governance durch internationale Organisationen, WISU, Jg. 34, Heft 1, S. 104-111.

Kloberdanz, S., 2006, Telefonische Auskünfte vom 10.04.2006.

Kloten, N./v. Stein, J. (Hrsg.), 1993, Geld-, Bank- und Börsenwesen, 39. Aufl., Stuttgart.

Knight, R./Pretty, D., 2001, Reputation and value: the case of corporate catastrophes, Oxford.

Kötzle, A., 1984, Das Planungsverhalten nichterwerbswirtschaftlicher Unternehmen, Zeitschrift für öffentliche und gemeinwirtschaftliche Unternehmen, Heft 3, Band 7, S. 346-359.

Koellner, T./Weber, O./Fenchel, M./Scholz, R., 2005, Principles for sustainability rating of investment funds, Business Strategy and the Environment, Vol. 14(1), S. 54-70.

Korten, D., 1995, When cooperations rule the world, London.

Korten, D., 1990, Getting to the 21st century voluntary action and the global agenda, Kansas City.

Kosiol, E., 1972, Die Unternehmung als wirtschaftliches Aktionszentrum, Reinbeck.

KPMG, 2006, Corporate Governance in Nonprofit-Organisationen, Studie von KPMG und der Universität Potsdam, Auf den Seiten der KPMG Deutsche Treuhand-Gesellschaft, URL: http://www.kpmg.de/about/press_office/14771.htm, Zugriff am 17.01.2007.

Krasa, S./Kubitschek, J., 1991, Direkte Finanzierung, Kreditrationierung und Finanzintermediation, in: Siebke, J. (Hrsg.), Finanzintermediation, Bankenregulierung und Finanzmarktintegration, Berlin, S. 29-42.

Krashinsky, M., 2003, Stakeholder theories of the nonprofit sector, in: Anheier, H./Ben-Ner, A. (Hrsg.), The study of the nonprofit enterprise – theories and approaches, New York, S. 125-136.

Krashinsky, M., 1998, Does auspice matter? The case of day care for children in Canada, in: Powell, W. (Hrsg.), Private action and the public good, New Haven, S. 114-123.

Krashinsky, M., 1986, Transaction costs and a theory of the nonprofit organization, in: Rose-Ackerman, E. (Hrsg.), The economics of nonprofit institutions. Studies in structure and policy, New York, S. 114-132.

Kraus, M./Stegarescu, D., 2005, Non-Profit-Organisationen in Deutschland. Ansatzpunkte für eine Reform des Wohlfahrtsstaats, Zentrum für Europäische Wirtschaftsforschung, Dokumentation Nr. 05-02, Mannheim.

Kreps, D., 1990, A course in microeconomic theory, New York.

Kriesi, H./Giugni, M., 1996, Ökologische Bewegungen im internationalen Vergleich: zwischen Konflikt und Kooperation, Kölner Zeitschrift für Soziologie und Sozialpsychologie, Sonderheft: Umweltsoziologie, Köln, S. 324-349.

Kümpel, S., 1995, Kapitalmarktrecht, Berlin.

Kubusch, J., 2004, Aktuelle Entwicklungen bei der Erfassung von ökologischen und sozialen Risiken im Kreditvergabegeschäft, in: FORUM Wirtschaftsethik, Jg. 12, Heft 2, S. 10-11.

Kurz, R., 1997, Unternehmen und Nachhaltige Entwicklung, in: Ökonomie und Gesellschaft: Jahrbuch, Jg. 14, Frankfurt, a. M., S. 78-102.

Kurz, M., 1974, Equilibrium in a finite sequence of markets with transaction cost, Econometrica, Vol. 42(1), S. 1-20.

Laffont, J. (Hrsg.), 1991, Advances of economic theory, Sixth World Congress, Vol. 2, Cambridge.

Lambert, R., 1984, Income smoothing as rational equilibrium behavior, The Accounting Review, Vol. 59(4), S. 604-618.

Lambert, R., 1983, Long term contracts and moral hazard, Bell Journal of Economics, Vol. 14(2), S. 441-452.

Langer, T., 1999, Alternative Entscheidungskonzepte in der Banktheorie, Heidelberg.

La Porta, R./Lopez-de-Silanes, F./Shleifer, A./Vishny, R., 1998, Law and finance, Journal of Political Economy, Vol. 106(6), S. 1113-1155.

Lechner, K./Egger, A./Schauer, R., 1999, Einführung in die Allgemeine Betriebswirtschaftslehre, Wien.

Leete, L., 2001, Wither the nonprofit wage differential? Estimates from the 1990 census, Journal of Labor Economics, Vol. 19(1), S. 136-170.

Leggewie, C., 2004, Flight or fight? Nongovernmental organisations, business and the state in an interconnected world, in: Stern, S./Seligman, E. (Hrsg.), The partnership principle, London, S. 136-144.

Leland, H./Pyle, D., 1977, Informational asymmetries, financial structure, and financial intermediation, Journal of Finance, Vol. 32(2), S. 371-387.

Lentfer, T., 2005, Einflüsse der internationalen Corporate Governance-Diskussion auf die Überwachung der Geschäftsführung, Hamburg.

Lepper, M./Greene, D. (Hrsg.), 1978, The hidden costs of reward: new perspectives on the psychology of human motivation, New York.

Levinthal, D., 1988, A survey of agency models of organizations, Journal of Economic Behaviour and Organisation; Vol. 9, S. 153-185.

Lewis, A./Mackenzie, C, 2000, Support for investor activism among U.K. ethical investors, Journal of Business Ethics, Vol. 24(3), S. 215-222.

Lindahl, E., 1919, Die Gerechtigkeit der Besteuerung, Lund.

Lindenberg, S., 2001, Intrinsic motivation in a new light, Kyklos, Vol. 54(2/3), S. 317-342.

Linder, S./Vaillancourt-Rosenau, P., (Hrsg.), 2000, Public-private policy partnerships, London.

Linder, S./Vaillancourt-Rosenau, P., 2000, Mapping the terrain of the public-private policy partnership, in: Linder, S./Vaillancourt-Rosenau, P., (Hrsg.), Public-private policy partnerships, London, S. 19-35.

Lindstädt, H./Hauser, R., 2004, Strategische Wirkungsbereiche des Unternehmens – Spielräume und Integrationsgrenzen erkennen und gestalten, Wiesbaden.

Lipschutz, R./Conca, K., (Hrsg.), 1993, The state and social power in global environmental politics, New York.

Littich, E., 2002, Finanzierung von NPOs, in: Badelt, C. (Hrsg.), Handbuch der Nonprofit Organisation – Strukturen und Management, 3. Aufl., Stuttgart, S. 361-380.

Loew, T., 2002, Internationale Entwicklung der Regulierungen zur Förderung ökologisch-ethischer Finanzdienstleistungen, Diskussionspapier des IÖW 56/02, Berlin.

Lohmann, R., 2001, And lettuce is nonanimal: toward a positive economics of voluntary action, in: Ott, J. (Hrsg.), The nature of the nonprofit sector, Boulder, S. 197-204.

Loistl, O., 1994, Kapitalmarkttheorie, 3. Aufl., München.

Long, S., 1976, Social pressure and contributions to health charities, Public Choice, Vol. 28(1), S. 55-66.

Macharzina, K./Neubürger, H.-J. (Hrsg.), 2002, Wertorientierte Unternehmensführung, Kongress-Dokumentation, 55. Deutscher Betriebswirtschafter-Tag 2001, Schmalenbach-Gesellschaft für Betriebswirtschaft e.V., Stuttgart.

Mackenzie, C., 1993, The shareholder action handbook – using shares to make companies more accountable. A new consumer guide, Newcastle.

Maier-Rigaud, G., 1997, Schritte zur ökologischen Marktwirtschaft, Marburg.

Manne, H., 1965, Mergers and the market for corporate control, Journal of Political Economy, Vol. 73(7), S. 110-120.

Martiensen, J., 2000, Institutionenökonomik: die Analyse der Bedeutung von Regeln und Organisationen für die Effizienz ökonomischer Tauschbeziehungen, München.

Martin, K./McConnell, J., 1991, Corporate performance, corporate takeovers and management turnover, Journal of Finance, Vol. 46(2), S. 671-687.

Mas-Colell, A./Whinston, M./Green, J., 1995, Microeconomic theory, New York.

Maßmann, J., 2003, Nonprofits – Analyse, Entwicklung und Rechtspolitik, zugl. Diss. Universität Hamburg, Frankfurt a. M.

Mauser, E., 1998, The importance of organizational form: parent perceptions versus reality in the day care industry, in Powell, W./Clemens, E. (Hrsg.), Private action and the public good, New Haven, S. 124-133.

Mayer, B./Pfeiffer, T./Reichel, A., 2005, Zu Anforderungen und Ausgestaltungsprinzipien von Anreizsystemen aus agencytheoretischer Sicht, Betriebswirtschaftliche Forschung und Praxis, Band 57, Heft 1, S. 12-29.

Mayrhofer, W./Scheuch, F., 2003, Zwischen Nützlichkeit und Gewinn. Nonprofit Organisationen aus betriebswirtschaftlicher Sicht, in: Badelt, C. (Hrsg.), Handbuch der Nonprofit Organisation – Strukturen und Management, 3. Aufl., Stuttgart, S. 87-105.

McCarthy, K./Hodgkinson, V./Sumariwalla, R., 1992, The nonprofit sector in the global community, San Francisco.

McLachlan, J./Gardner, J, 2004, A comparison of socially responsible and conventional investors, Journal of Business Ethics, Vol. 52(1), S. 11-25.

Menard, C. (Hrsg.), 1997, Transaction cost economics – recent developments, Cheltenham.

Messner, D., 2000, Global Governance: Anpassungsdruck für Nationalstaaten und Anforderungen an Unternehmen, in: Fichter, K./Schneidewind, U. (Hrsg.), Umweltschutz im globalen Wettbewerb, Berlin u. a., S. 61-72.

Metzler, W., 1989, Eine ökonomische Theorie caritativer Organisationen, Stuttgart.

Meyerson, R., 1979, Incentive compatibility and the bargaining problem, Econometrica, Vol. 47(1), S.61-73.

Meznar, M./Douglas, N./Kwok, C., 1994, Effect of announcements of withdrawal from South Africa on stockholder wealth, The Academy of Management Journal, Vol. 37/6, S. 1633-1648.

Michaelsen, L., 2001, Informationsintermediation für Privatanleger am Aktienmarkt unter besonderer Berücksichtigung des Neuen Marktes, Lohmar.

Michalik, G., 2001, Kreditentscheidung und Nachhaltigkeit, Frankfurt am Main.

Miles, S./Hammond, K./Friedman, A., 2002, Social and environmental reporting and ethical investment, Association of Chartered Certified Accountants, Research Report Nr. 77, London.

Milgrom, P., 1981, Good news and bad news: representation theorems and applications, Bell Journal of Economics, 12(2), S. 380-391.

Milgrom, P./Roberts, J., 1982, Predation, reputation, and entry deterrence, Journal of Economic Theory, Vol. 27(2), S. 280-312.

Millon, M./Thakor, A., 1985, Moral hazard and information sharing: a model of financial information gathering agencies, Journal of Finance Vol. 40(5), S. 1403-1422.

Mirrlees, J., 1999, The theory of moral hazard and unobservable behavior: part I, Review of Economic Studies, Vol. 66(226), S. 3-21.

Mirrlees, J., 1976, The optimal structure of incentives and authority within an organization, Bell Journal of Economics, Vol. 7(1), S. 105-132.

Mishkin, F./Eakins, S., 2006, Financial markets & institutions, 5. Aufl., Boston u. a.

Mocan, H., 1997, Cost functions, efficiency, and quality in day care centers, Journal of Human Resources, Vol. 32(4), S. 861-891.

Monks, R./Minow, N., 2004, Corporate governance, London.

Morris, J./Helburn, S., 2000, Child care center quality differences: the role of profit status, client preferences, and trust, Nonprofit and Voluntary Sector Quarterly, Vol. 29, S. 377-399.

Müller, W./Eisen, R., 1985, Information inefficiency and the market function of insurance, Revised version of a paper presented at the 11th Seminar of the European Group of Risk and Insurance Economists, Genf, 19.-21.09.1984, Universität Frankfurt, Frankfurt.

Murphy, K., 1985, Corporate performance and managerial remuneration – an empirical analysis, Journal of Accounting and Economics, Vol. 7(1/2/3), S. 11-42.

Murphy, D./Bendell, J., 1997, In the company of partners: business, environmental groups and sustainable development post-rio, Bristol.

Musgrave, R., 1959, The theory of public finance: a study in public economy, Tokyo.

Musgrave, R./Musgrave, P., 1976, Public finance in theory and practice, 2. Aufl., New York u. a.

Nährlich, S., 1998, Was sind die und was bleibt von den Besonderheiten der Nonprofit-Organisationen? Eine Betrachtung aus Sicht der Neuen Institutionenökonomie, in: Arbeitskreis Nonprofit-Organisationen (Hrsg.), Nonprofit-Organisationen im Wandel. Das Ende der Besonderheiten oder Besonderheiten ohne Ende?, Stuttgart, S. 225-250.

Nährlich, S./Zimmer, A. (Hrsg.), 2000, Management in Nonprofit-Organisationen, Opladen.

Nelson, J., 2006, The CalPERS effect revisited again, Journal of Corporate Finance, Vol. 12(2), S. 187-213.

Nelson, P., 1970, Information and consumer behavior, in: Journal of Political Economy, Vol. 78(2), S. 311-329.

Nestlé, 2005, Nestlé S.A. shareholders reject Ethos initiatives – Peter Brabeck-Letmathe elected chairman and CEO, Pressemitteilung vom 14. April 2005, Lausanne, Auf den Seiten der Nestlé AG, URL: http://www.ir.nestle.com/News_Events/Press_Releases/Press/Press_Template/News.htm?PressGUID=%7B7E4DA5C6-11AE-418D-B86C-DDEE684E92C1%7D, Zugriff am 04.05.2007.

Neus, W., 2001, Einführung in die Betriebswirtschaftslehre aus institutionenökonomischer Sicht, 2. Aufl., Tübingen.

Neyman, J. (Hrsg.), 1951, Proceedings of the second Berkeley symposium on mathematical statistics and probability, Berkeley.

Nohlen, D./Nuscheler, F. (Hrsg.), 1992, Handbuch der Dritten Welt. Grundprobleme. Theorien. Strategien, Bonn.

North, D., 1994, Economic performance through time, American Economic Review, Vol. 84(3), S. 359-368.

North, D., 1992, Institutionen, institutioneller Wandel und Wirtschaftsleistung, Tübingen.

Nyberg, M., 1998, Verhaltensrisiken in der Vermögensverwaltung und im Kreditgeschäft, Bern u. a.

OECD, 2003, The non-profit sector in a changing economy, Paris.

OECD, 1995, OECD economic surveys 1994-1995: Germany, Paris.

Oekom, 2005, Oekom Research Newsletter, 2/2005, München.

Oekom, 2004, Oekom Research Newsletter, 12/2004, München.

O'Flanagan, M./Taliento, L., 2004, Nonprofits: ensuring that bigger is better, The McKinsey Quarterly, Nr. 2, S. 113-122.

Ollig, G., 2000, Umweltschutz und Standortsicherung in Zeiten globalisierter Märkte, in: Fichter, K./Schneidewind, U. (Hrsg.), Umweltschutz im globalen Wettbewerb, Berlin u. a., S. 39-43.

Olk, T., 1991, Ehrenamtliche Arbeit in England, Freiburg.

Olson, M., 1965, The logic of collective action, Cambridge.

Ordelheide, D./Rudolph, B./Brüsselmann, E. (Hrsg.), 1991, Betriebswirtschaftliche und ökonomische Theorie, Stuttgart.

O'Regan, K./Oster, S., 2000, Nonprofit and for-profit partnerships: rationale and challenges of cross-sector contracting, Nonprofit and Voluntary Sector Quarterly, Vol. 29(1), S. 120-140.

O'Rourke, A., 2003, A new politics of engagement: shareholder activism for corporate social responsibility, Business Strategy and the Environment, Vol. 12(4), S. 227-239.

Ortmann, A./Schlesinger, M., 2003, Trust, repute and the role of nonprofit enterprise, in: Anheier, H./Ben-Ner, A. (Hrsg.), The study of the nonprofit enterprise – theories and approaches, New York, S. 77-114.

Ortmann, A./Squire, R., 2000, A game-theoretic explanation of the administrative lattice in institutions of higher learning, Journal of Economic Behaviour and Organization, Vol 43(3), S. 377-392.

Ortmann, A., 2001, Capital romamnce: why wall street fell in love with higher education, Education Economics, Vol. 9(3), S. 293-311.

Oster, S., 1998, Executive compensation in the nonprofit sector, Nonprofit Management & Leadership, Vol. 8(3), S. 207-221.

Ott, C./Schäfer, B. (Hrsg.), 1989, Allokationseffizienz in der Rechtsordnung, Berlin u. a.

Ott, J. (Hrsg.), 2001, The nature of the nonprofit sector, Boulder.

Ott, J., 2001, Economic and political theories of the nonprofit sector, in: Ott, J. (Hrsg.), The nature of the nonprofit sector, Boulder, S. 179-189.

Pagano, M./Volpin, P., 2001, The political economy of corporate governance, IFA Working Paper, University of Salerno, Centre for Studies in Economics and Finance, Salerno.

Panzar, J./Willig, R., 1981, Economies of scope, American Economic Review, Vol. 71(2), S. 268-272.

Parkin, M./Nobay, A. (Hrsg.), 1974, Current economic problems, Cambridge.

Parma, V., 2005, Biedermann, der Bossen schreck, in: SonntagsBlick, 8. Mai 2005, S. 14.

Patten, D., 1990, The market reaction to social responsibility disclosures: the case of the Sullivan principles signings, Accounting Organizations and Society, Vol. 15(6), S. 575-587.

Pearce, B./Ganzi, J., 2002, Engaging the mainstream with sustainability, Forum for the Future and the Finance Institute for Global Sustainability, London.

Pearce, L., 1993, Volunteers: the organizational behavior of unpaid workers, London u. a.

Pedergnana, M./Schacht, C., 2003, Grosse Banken auf dem Weg zur Risikointermediation – Zur Bedeutung der neuen Intermediationsfunktion, Der Schweizer Treuhänder, Vol. 11, S. 951-960.

Perridon, L./Steiner, M., 2007, Finanzwirtschaft der Unternehmung, 14. Aufl.,München.

Peterson, M., 1992, Transnational activity, international society and world politics, Journal of International Studies, Vol. 21(3), S. 371-388.

Petersen, T., 1989, Optimale Anreizsysteme – betriebswirtschaftliche Implikationen der Prinzipal-Agenten-Theorie, zugl. Diss. Universität Bonn, Wiesbaden.

Phelps, E. (Hrsg.), 1975, Altruism, morality, and economic theory, New York.

Picot, A., 1991, Ökonomische Theorien der Organisation – Ein Überblick über neuere Ansätze und das betriebswirtschaftliche Anwendungspotential, in: Ordelheide, D./Rudolph, B./Brüsselmann, E. (Hrsg.), Betriebswirtschaftliche und ökonomische Theorie, Stuttgart, S. 143-170.

Picot, A., 1982, Transaktionskostenansatz in der Organisationstheorie: Stand der Diskussion und Aussagewert, Die Betriebswirtschaft, Jg. 42, Heft 2, S. 267-284.

Poddig, T., 1996, Analyse und Prognose von Finanzmärkten, Bad Soden.

Poncelet, E., 2003, Resisting corporate citizenship: business-ngo relations in multi-stakeholder environmental partnerships, Journal of Corporate Citizenship, Vol 3(9), S. 97-115.

Popper, K., 1989, Logik der Forschung, 9. Aufl., Tübingen.

Popper, K., 1972, Conjectures and refundations. The growth of scientific knowledge, 4. Aufl., London.

Popper, K., 1969, Das Elend des Historizismus, 2. Aufl., Tübingen.

Powell, W. (Hrsg.), 1998, Private action and the public good, New Haven.

Powell, W. (Hrsg.), 1987, The nonprofit sector. A research handbook, New Haven.

Powell, W./Steinberg, R. (Hrsg.), 2006, The nonprofit sector: a research handbook, 2. Aufl., New Haven.

Powell, W./Clemens, E. (Hrsg.), 1998, Private action and the public good, New Haven.

Pratt, J./Zeckhauser, R. (Hrsg.), 1985, Principals and agents: the structure of business, Boston.

Preston, A., 1989, The nonprofit worker in a for-profit world, Journal of Labor Economics, Vol. 7(4), S. 438-463.

Priller, E./Zimmer, A., 2001, Der Dritte Sektor in Deutschland: Wachstum und Wandel, Gütersloh.

Radner, R., 1985, Repeated principal-agent games with discounting, Econometrica, Vol. 53(5), S. 1173-1198.

Radner, R., 1981, Monitoring cooperative agreements in a repeated principal-agent relationship, Econometrica, Vol. 49(5), S. 1127-1148.

Raiser, T., 1969, Das Unternehmen als Organisation, Berlin.

Ramakrishnan/Thakor, 1984, Information reliability and a theory of financial intermediation, Review of Economic Studies, Vol. 51(166), S. 415-432.

Rauschenberger, R., 2002, Nachhaltiger Shareholder Value: Integration ökologischer und sozialer Kriterien in die Unternehmensanalyse und in das Portfoliomanagement, zugl. Diss. Universität Zürich, Bern.

Reed, D., 2001, Stalking the elusive business case for corporate sustainability, World Resources Institute, Washington D.C.

Rees, R., 1985, The theory of principal and agent: part I, Bulletin of Economic Research, Vol. 37(1), S. 3-26.

REGIERUNGonline, 2006, Mehr Rechte für Aktionäre, Auf den Seiten des Presse- und Informationsamts der Bundesregierung, URL: http://www.bundesregierung.de/ Politikthemen/Steuern-und-Finanzen/Nachrichten-,12863.916182/artikel/Mehr-Rechte-fuer-Aktionaere.htm, Zugriff am 21.01.2006.

Regierungskommission Deutscher Corporate Governance Kodex, 2006, geltende Fassung vom 02.06.2005, Auf den Seiten der Regierungskommission Deutscher Corporate Governance Kodex, URL: http://www.corporate-governance-code.de, Zugriff am 24.01.2006.

Reichard, C., 1988, Der Dritte Sektor, Die Öffentliche Verwaltung, Heft 9, S. 363-370.

Reinicke, W., 2004, Unternehmen und Zivilgesellschaft in der globalen Politik – Neue Rollen und Verantwortlichkeiten, in: Herbert-Quandt-Stiftung (Hrsg.), Jenseits des Staates? „Außenpolitik" durch Unternehmen und NGOs, Sinclair Haus Gespräche, Nr. 21, Bad Homburg, S. 17-24.

Reinicke, W., 1998, Global public policy, Washington D.C.

Richter, A./Sturm, S., 2005, Grenzen der Vermögensanlage rechtsfähiger Stiftungen am Beispiel von Hedge Fonds-Investments, Der Finanz-Betrieb, Jg. 7, Heft 9, S. 592-600.

Richter, R./Furubotn, E., 1996, Neue Institutionenökonomik – Eine Einführung und kritische Würdigung, Tübingen.

Rieth, L./Göbel, T., 2005, Unternehmen, gesellschaftliche Verantwortung und die Rolle von Nichtregierungsorganisationen, Zeitschrift für Wirtschafts- und Unternehmensethik, Jg. 6, Heft 2, S. 244-261.

Rippe, W., 1981, Freiwillige Übertragungen als Problem der Transferökonomie. Eine empirische Studie, Baden-Baden.

Rittberger, V./Schrade, C./Schwarzer, D., 1999, Introduction: transnational civil society and the quest for security, in: Alagappa, M./Inoguchi, T. (Hrsg.), International security management and the United Nations. The United Nations system in the 21st century, Tokio, S. 109-138.

Rivoli, P., 2003, Making a difference or making a statement? Finance research and socially responsible investment, Business Ethics Quarterly, Vol. 13(3), S. 271-287.

Röckemann, C., 1995, Börsendienste und Anlegerverhalten: Ein empirischer Beitrag zum Noise Trading, Wiesbaden.

Robbins, K., 2006, The nonprofit sector in historical perspective: traditions of philantropy in the west, in: Powell, W./Steinberg, R. (Hrsg.), The nonprofit sector: a research Handbook, 2. Aufl., New Haven, S. 13-31.

Roberts, R., 1984, A positive model of private charity and public transfers, Journal of Political Economy, Vol. 92, S. 136-148.

Rodrik, D., 1997, Has globalization gone too far?, Institute for International Economics, Washington D.C.

Rogerson, W., 1985(a), The first-order-approach to principal agent problems, Econometrica, Vol. 53(6), S. 1357-1368.

Rogerson, W., 1985(b), Repeated moral hazard, Econometrica, Vol 53(1), S. 69-76.

Rombach, E., 1993, Finanzintermediation und Bankenregulierung, Hallstadt, zugl. Diss. Universität St. Gallen.

Rondo-Brovetto, 2002, Nonprofit Organisationen und die Europäische Union, in: Badelt, C. (Hrsg.), Handbuch der Nonprofit Organisation – Strukturen und Management, 3. Aufl., Stuttgart, S. 631-658.

Rose, P., 1994, Money and capital markets, the financial system in an increasingly global economy, 5. Aufl., Homewood.

Roomkin, M./Weisbrod, B., 1999, Managerial compensation and incentives in for-profit and nonprofit hospitals, Journal of Law, Economics, and Organization, Vol. 15(3), S. 750-781.

Rose-Ackerman, S., 1997, Altruism, ideological entrepreneurs and the non-profit firm, Voluntas, Vol. 8(2), S. 120-134.

Rose-Ackerman, S., 1996, Altruism, nonprofits, and economic theory, Journal of Economic Literature, Vol. 34(2), S. 701-728.

Rose-Ackerman, S., 1982, Charitable giving and "excessive" fundraising, Quarterly Journal of Economics, Vol. 97(2), S. 195-212.

Ross, S., 1974, On the economic theory of agency and the principle of similarity, in: Balch, M./McFadden, D./Wu, S. (Hrsg.), Essays in economic behavior under uncertainty, Amsterdam, S. 215-240.

Ross, S., 1973, The economic theory of agency: the principal's problem, American Economic Review, 63(2), S. 134-139.

Rothschild, M./Stiglitz, J, 1976, Equilibrium in competitive insurance markets: an essay on the economics of imperfect information, Quarterly Journal of Economics, Vol. 90(4), S. 629-649.

Salamon, L., 1999, America's nonprofit sector: a primer, second edition, The Foundation Center, New York.

Salamon, L., 1987, Partners in public service: the scope and theory of government – nonprofit relations, in: Powell, W. (Hrsg.), The nonprofit sector: a research handbook, New Haven, S. 99-117.

Salamon, L./Anheier, H., 1999, Der Dritte Sektor. Aktuelle internationale Trends, The John Hopkins Comparative Nonprofit Sector Project, Phase II, Verlag Bertelsmann Stiftung, Gütersloh.

Salamon, L./Anheier, H., 1997, Defining the nonprofit sector – a cross-national analysis, Manchester.

Salamon, L./Anheier, H., 1994, The emerging sector: an overview, Baltimore.

Salamon, L. /Anheier. H., 1992(a), In search of the nonprofit sector I: the question of definitions, Voluntas, Vol. 3(2). S. 125-151.

Salamon, L. /Anheier. H., 1992(b), In search of the nonprofit sector II: the problem of classification, Voluntas, Vol. 3(3). S. 267-309.

Salamon, L./Sokolowski, S./List, R., 2003, Global civil society – an overview, The John Hopkins Comparative Nonprofit Sector Project, Baltimore.

Samuelson, P., 1958, Aspects of public expenditure theories, Review of Economics and Statistics, Vol. 40, S. 332-338.

Samuelson, P., 1954, The pure theory of public expenditure, Review of Economics and Statistics, Vol. 36, S. 387-389.

Sandner, K. (Hrsg.), 1989, Politische Prozesse in Unternehmen, Berlin u. a.

Sanford, C., 1994, Financial markets in 2020, in: Federal Reserve Bank of Kansas City Economic Review, First Quarter, S. 19-28.

Santomero. A., 1984, Modelling the banking firm: a survey, Journal of Money, Credit, and Banking, Part II, Vol. 16(4), S. 576-616.

Schäfer, H., 2007, Ratings im Dienste des Corporate Citizenship – eine Sichtweise basierend auf geld- und marktwirtschaftlichem Verhalten von Anspruchsgruppen, in: Backhaus-Maul, H./Biedermann, C./Kiefer, R./Nährlich, Corporate Citizenship in Deutschland. Bestandsaufnahmen, Analysen und Perspektiven, Wiesbaden, mimeo, erscheint voraussichtlich 2007.

Schäfer, H., 2006, Rating der Corporate Social Responsibility von Unternehmen, WiSt, Jg. 35, Heft 12, S. 664-670.

Schäfer, H., 2005(a), Corporate Social Responsibility-Rating, Technologie und Marktverbreitung, Der Finanz-Betrieb, Jg. 7, Heft 4, S. 251-259.

Schäfer, H., 2005(b), Wie nachhaltig ist die nachhaltige Geldanlage in Deutschland?, Zeitschrift für das gesamte Kreditwesen, Jg. 58, Heft, 11, S. 558-562.

Schäfer, H., 2005(c), Unternehmensinvestitionen, Grundzüge in Theorie und Management, 2. Aufl., Heidelberg.

Schäfer, H., 2005(d), Corporate Social Responsibility-Rating: Ökonomisches Bindeglied zwischen Investoren und Unternehmen, RATINGaktuell, Jg. 4, Heft 3, S. 52-57.

Schäfer, H., 2005(e), International corporate social responsibility rating systems – conceptual outline and empirical results, Journal of Corporate Citizenship, Vol. 20, S. 107-120.

Schäfer, H., 2004(a), Ethical investment of german non-profit organisations – conceptual outline and empirical results, Business Ethics: A European Review, Vol. 13(4), S. 269-287.

Schäfer, H., 2004(b), Unternehmensnachhaltigkeit und Ausfallrisiko im Kontext von Basel II, Forum Wirtschaftsethik, Jg. 12, Heft 2, S. 4-9.

Schäfer, H., 2003, Sozial-ökologische Ratings am Kapitalmarkt, Edition der Hans-Böckler-Stiftung, Nr. 84, Düsseldorf.

Schäfer, H., 2002, Unternehmensfinanzen, Grundzüge in Theorie und Management, 2. Aufl., Heidelberg.

Schäfer, H., 2001, Triple Bottom Line Investing – Ethik, Rendite und Risiko in der Kapitalanlage, Zeitschrift für das gesamte Kreditwesen, Jg. 54, Heft 13, S. 740-744.

Schäfer, H., 2000, Ethische Finanzleistungen: Ein Forschungsaufriss zu Marktstrukturen, kapitalmarkttheoretischen Besonderheiten und absatzwirtschaftlichen Konsequenzen, Berichte aus dem Forschungsprojekt „Ethische Finanzdienstleistungen", Bericht 2/2000, Universität Siegen, Siegen.

Schäfer, H., 1999, Vertrauen und Loyalität im Marketing von Finanzdienstleistungen mit Kontraktguteigenschaften, Zeitschrift für Betriebswirtschaft Ergänzungsheft, Vol. 1/99, S. 1-23.

Schäfer, H., 1997, Grundzüge des deutschen Geldmarkts, AKADEMIE, Zeitschrift für Führungskräfte in Verwaltung und Wirtschaft, Jg. 42, Heft 4/97, S. 107-112.

Schäfer, H., 1995, Information und Kooperation im Absatz von Bankdienstleistungen, ZfbF, Jg. 47, Heft 6, S. 531-544.

Schäfer, H., 1993, Management-Buyout und selbstverwaltete Betriebe – Anmerkungen zu Finanzierung und Partizipation im Systemwandel Ostdeutschlands, in: Eilsberger, R./Schmahl, H.-L. (Hrsg.), Die Herausforderung im Osten. Probleme der öffentlichen Verwaltung nach der Wende, Köln, S. 84-95.

Schäfer, H./Gülle, A./Schwarzer, C., 2001, Anlageverhalten deutscher Nonprofit Organisationen (NPOs) im Kontext ethischer Determinanten – Ergebnisse einer explorativen empirischen Erhebung, Arbeitspapier, Universität Stuttgart, Stuttgart.

Schäfer, H./Hauser-Ditz, A./Preller, E., 2004, Transparenzstudie zur Beschreibung ausgewählter international verbreiteter Rating-Systeme zur Erfassung von Corporate Social Responsibility, Bertelsmann-Stiftung, Gütersloh, Auf den Seiten der Bertelsmann-Stiftung, URL: http://www.bertelsmann-stiftung.de/bst/de/media/Studie_Corporate SocialResponcibility.pdf, Zugriff am 16.05.2006.

Schäfer, H./Langer, G., 2007, Unternehmensbewertung im Kontext des Nachhaltigkeits-Ansatzes – Methodenüberblick und Forschungsperspektiven, Forschungsbericht Nr. 02/2007, Betriebswirtschaftliches Institut der Universität Stuttgart, Lehrstuhl für allgemeine Betriebswirtschaftslehre und Finanzwirtschaft, Stuttgart.

Schäfer, H./Lindenmayer, P., 2007(a), Unternehmensaktivitäten im Bereich Humankapital aus dem Blickwinkel des Nachhaltigkeitsratings und der Kapitalmärkte, in: Jürgens, U./Sadowski, D./Schuppert, G./Weiss, M. (Hrsg.), 2007, Perspektiven der Corporate Governance. Bestimmungsfaktoren unternehmerischer Entscheidungsprozesse und Mitwirkung der Arbeitnehmer, Baden-Baden, S. 331-358.

Schäfer, H./Lindenmayer, P., 2007(b), Implikationen von CSR-Rating-Systemen auf SRI-basiertes Asset-Management, Forschungsbericht Nr. 01/2007, Betriebswirtschaftliches Institut der Universität Stuttgart, Lehrstuhl für allgemeine Betriebswirtschaftslehre und Finanzwirtschaft, Stuttgart.

Schäfer, H./Lindenmayer, P., 2005, Unternehmenserfolge erzielen und verantworten - Ein finanzmarktgesteuertes Beurteilungs- und Steuerungsmodell von Corporate Responsibility, Bertelsmann-Stiftung, Gütersloh, Auf den Seiten der Bertelsmann-Stiftung, URL: http://www.susfin.uni-stuttgart.de/fileadmin/downloads/Unternerfolge_Bertels mann.pdf, Zugriff am 26.07.2005.

Schäfer, H./ Lindenmayer, P., 2004, Sozialkriterien im Nachhaltigkeitsrating, Edition der Hans-Böckler-Stiftung Nr. 104, Düsseldorf.

Schäfer, H./Zenker, J./ Beer, J./Fernandes, P., 2006, Who is who in corporate social responsibility rating. A survey of internationally established rating systems that measure corporate social responsibility, Bertelsmann-Stiftung, Gütersloh, Auf den Seiten der Bertelsmann-Stiftung, URL: http://www.bertelsmann-stiftung.de/bst/de/ media/Transparenzstudie2006.pdf, Zugriff am 11.10.2006.

Schaad, M., 1995, Nonprofit-Organisationen in der ökonomischen Theorie. Eine Analyse der Entwicklungen und der Handlungsmotivation der Freien Wohlfahrtspflege, zugl. Diss. Gesamthochschule Kassel, Wiesbaden.

Schaltegger, S./Figge, F., 1999, Öko-Investment-Spagat zwischen Shareholder Value und Sustainable Development, UmweltWirtschaftsForum, Jg. 7, Heft 3, S. 4-8.

Schaltegger, S./Figge, F., 1998, Umwelt und Shareholder Value, WWZ-Studie Nr. 54, Universität Basel, Basel.

Schanz, G., 1988, Methodologie für Betriebswirte, 2. Aufl., Stuttgart.

Schauer, R./Anheier, H./Blümle, E. (Hrsg.), 1997, Der Nonprofit Sektor im Aufwind, Linz.

Schauhoff, S. (Hrsg.), 2005, Handbuch der Gemeinnützigkeit. Verein, Stiftung, GmbH. Recht, Steuern, Personal, 2. Aufl., München.

Schauhoff, S., 2005(a), Gemeinnützigkeit, in: Schauhoff, S. (Hrsg.), Handbuch der Gemeinnützigkeit. Verein, Stiftung, GmbH. Recht, Steuern, Personal, 2. Aufl., München, S. 213-272.

Schauhoff, S., 2005(b), Einleitung, in: Schauhoff, S. (Hrsg.), Handbuch der Gemeinnützigkeit. Verein, Stiftung, GmbH. Recht, Steuern, Personal, 2. Aufl., München, S. 1-28.

Schauhoff, S., 2005(c), Gemeinnützige Mittelverwendung, in: Schauhoff, S. (Hrsg.), Handbuch der Gemeinnützigkeit. Verein, Stiftung, GmbH. Recht, Steuern, Personal, 2. Auflage, München, S. 519-604.

Scheuch, F., 1993, Marketing, 4. Aufl., München.

Schlesinger, M./Gray, B., 2006, Nonprofit organizations and health care: some paradoxes of persistent scrutiny, in: Steinberg, R./Powell, W. (Hrsg.), The nonprofit sector: a research handbook, 2. Aufl., New Haven, S. 378-414.

Schmalensee, R./Wittig, R. (Hrsg.), 1989, Handbook of industrial organization, Amsterdam u. a.

Schmidt, H./Take, I., 1997: Demokratischer und besser? Der Beitrag von Nichtregierungsorganisationen zur Demokratisierung internationaler Politik und zur Lösung globaler Probleme, Aus Politik und Zeitgeschichte, Vol. 43, S. 12-20.

Schmidt, R., 2006, Stakeholderorientierung, Systemhaftigkeit und Stabilität der Corporate Governance in Deutschland, Working Paper Series: Finance & Accounting, Nr. 162, Johann Wolfgang Goethe-Universität Frankfurt a. M., Fachbereich Wirtschaftswissenschaften, Frankfurt a. M.

Schmidt, R./Grohs, S., 1999, Angleichung der Unternehmensverfassung in Europa – ein Forschungsprogramm, Working Paper Series: Finance & Accounting, Nr. 43, Johann Wolfgang Goethe-Universität Frankfurt a. M., Fachbereich Wirtschaftswissenschaften, Frankfurt a. M.

Schmidt, R./ Hackethal, A./Tyrell, M., 1999, Disintermediation and the role of banks in Europe: an international comparison, Journal of Financial Intermediation, Vol. 8(1), S. 36-67.

Schmidt. R./Weiß, M, 2003, Shareholder vs. Stakeholder: Ökonomische Fragestellungen, Working Paper Series: Finance & Accounting, Nr. 104, Johann Wolfgang Goethe-Universität Frankfurt a. M., Fachbereich Wirtschaftswissenschaften, Frankfurt a. M.

Schmidtheiny, S., 1992, Kurswechsel – Globale unternehmerische Perspektive für Entwicklung und Umwelt, München.

Schneidewind, U./Petersen, H., 1998, Changing the rules: business-ngo partnerships and structuration theory, Greener Management International, Vol. 24, S. 105-114.

Schneidewind, U./Fichter, K., 2000, Neue Spielregeln für die grenzenlose Ökonomie: Eine Einleitung, in: Fichter, K./Schneidewind, U. (Hrsg.), Umweltschutz im globalen Wettbewerb, Berlin u. a., S. 1-11.

Schnell, R./Hill, P./Esser, E., 2005, Methoden der empirischen Sozialforschung, 7. Aufl., München u. a.

Schoenfeld, M, 1970, Federal taxation and non-profit organizations, Cleveland State Law Review, Vol. 19, S. 290-302.

Schoenheit, I., 2005, Markttransparenz im Socially Responsible Investment, zugl. Diss. Universität Hannover, Frankfurt a. M.

Schoenheit, I./Hansen, U., 2001, Transparenz an den Finanzmärkten unter dem Gesichtspunkt des nachhaltigen Wirtschaftens, Umweltwirtschaftsforum, Jg. 9, Heft 4, S. 23-29.

Schueth, S., 2003, Socially responsible investing in the United States, Journal of Business Ethics, Vol. 43(3), S. 189-194.

Schumacher-Hummel, I., 2004, Die Rolle von Pensionskassen im Bereich Socially Responsible Investments – Einflussfaktoren eines aktiven Aktionärstums, Diss. Nr. 2958, Universität St. Gallen, Hochschule für Wirtschafts, -Rechts- und Sozialwissenschaften, St. Gallen.

Schumpeter, J., 1934, The theory of economic development, New York.

Schuppert, G., (Hrsg.), 2006, Global governance and the role of non-state actors, Baden-Baden.

Schwalbach, J. (Hrsg.), 2003, Corporate governance – essays in honor of Horst Albach, Berlin.

Schwartz, R., 1970, Personal philanthropic contributions, Journal of Political Economy, Vol. 78(6), S. 1264-1291.

Schwarz, P., 1996, Management in Nonprofit Organisationen. Eine Führungs-, Organisations- und Planungslehre für Verbände, Sozialwerke, Vereine, Kirchen, Parteien, usw., 2. Aufl., Bern u. a.

Schwarz, P., 1984, Erfolgsorientiertes Verbands-Management, Band 1, Grundlagen der Verbandsbetriebslehre und der Verbandsführung, Sankt Augustin.

Schweizer, U., 1999, Vertragstheorie, Tübingen.

Segal, L./Weisbrod, B., 1998, Interdependence of commercial and donative revenues, in: Weisbrod, B. (Hrsg.), To profit or not to profit: the commercial transformation of the nonprofit sector, Cambridge, S. 105-127.

Seibel, W., 1992, Funktionaler Dilettantismus. Erfolgreich scheiternde Organisationen im „Dritten Sektor" zwischen Markt und Staat, Baden-Baden.

Serfling, K./Badack, E./Jeiter, V., 1996, Möglichkeiten und Grenzen des Credit Rating, in: Büschgen, H./Everling, O. (Hrsg.), Handbuch Rating, Wiesbaden, S. 629-655.

Shapiro, C., 1983, Premiums for high quality products as returns to reputations, Quarterly Journal of Economics, Vol. 98(4), S. 659-679.

Sharpe, W., 1964, Capital asset prices: a theory of market equilibrium under conditions of risk, Journal of Finance, Vol. 19(3), S. 425-442.

Shavell, S., 1979, Risk sharing and incentives in the principal and agent relationship, Bell Journal of Economics, Vol. 10(1), 55-73.

Shleifer, A., 2000, Inefficient markets: an introduction to behavioral finance, Oxford.

Shleifer, A., 1986, Do demand curves for stocks slope down?, Journal of Finance, Vol. 41(3), S. 579-590.

Shleifer, A./Vishny, R., 1997, A survey of corporate governance, in: Journal of Finance, Vol. 52(2), S. 737-783.

Shleifer, A./Vishny, R., 1986, Large shareholders and corporate control, Journal of Political Economy, Vol. 94(3), S. 461-488.

Shoham, A./Ruvio, A./Vogoda-Gadot, E./Schwabsky, N., 2006, Market orientations in the nonprofit and voluntary sector: a meta analysis of their relationships with organizational performance, Nonprofit and Voluntary Sector Quarterly, Vol. 35(3), S. 453-476.

Short, H./Keasey, K., 2005, Institutional shareholders and corporate governance in the UK, in: Keasey, K./Thompson, S./Wright, M. (Hrsg.), Accountability, enterprise and international comparisons, London, S. 61-95.

Siebert, H. (Hrsg.), 1995, Trends in business organization: do participation and cooperation increase competitiveness?, Tübingen.

Siebke, J. (Hrsg.), 1991, Finanzintermediation, Bankenregulierung und Finanzmarktintegration, Berlin.

Simsa, R., 2002, NPOs und die Gesellschaft: Eine vielschichtige und komplexe Beziehung – Soziologische Perspektiven, in: Badelt, C. (Hrsg.), Handbuch der Nonprofit Organisation – Strukturen und Management, 3. Aufl., Stuttgart, S. 129-152.

Sjöström, E., 2004, Investment stewardship, actors and methods for socially and environmentally responsible investments, Project Report for the Nordic Partnership in collaboration with the Stockholm School of Economics, Auf den Seiten der Stockholm School of Economics, URL: http://www.hhs.se/NR/rdonlyres/DEFE5B08-82A6-4179-B760-A0DE752E0581/317/InvestmentStewardship2.pdf, Zugriff am 26.04. 2006.

Sjurts, 1998, Kontrolle ist gut, ist Vertrauen besser? Ökonomische Analyse zur Selbstorganisation als Leitidee neuer Organisationskonzepte, in: Die Betriebswirtschaft, Jg. 58, Heft 3, S. 283-298.

Slivinski, A., 2003, The public goods theory revisited: comments on Kingma's revisitation of Weisbrod, in: Anheier, H./Ben-Ner, A. (Hrsg.), The study of the nonprofit enterprise – theories and approaches, New York, S. 67-74.

Smith, A., 1776, Enquiry into the nature and causes of the wealth of nations, London.

Smith, D./Baldwin, B./White, E., 1988, The nonprofit sector, in: Connors, T. (Hrsg.), The nonprofit organization handbook, 2. Aufl., New York, S. 1.3-1.15.

Smith, M., 1996, Shareholder activism by institutional investors: evidence from CalPERS, Journal of Finance, Vol. 51(1), S. 227-252.

Smith, N., 1996, Ethical information, URL: http://www.avnet.co.uk/nicksmith/ ethical/investment/bresult.htm, Zugriff am 31.03.2003.

Social Investment Forum, 2006(a), 2005 report on socially responsible investing trends in the United States – 10 year review, Washington D.C., Auf den Seiten des Social Invetment Forum, URL: http://www.socialinvest.org/areas/research/trends/sri_trends_report_2005.pdf, Zugriff am 29.05.2006.

Social Investment Forum, 2006(b), Socially responsible investment assets grew faster than rest of investment world over last decade, Press Release 24.01.2006, Auf den Seiten des Social Invetment Forum, URL: http://www.socialinvest.org/areas/news/2005Trends.htm, Zugriff am 13.03.2006.

Social Investment Forum, 2003, 2003 report on socially responsible investing trends in the United States, Washington D.C., Auf den Seiten des Social Invetment Forum, URL: http://www.socialinvest.org/areas/research/trends/sri_trends_report_2003.pdf, Zugriff am 29.05.2006.

Solnik, B., 1996, International investments, 3. Aufl., Amsterdam.

Spar, D./La Mure, L., 2003, The power of activism: assessing the impact of ngos on global business, California Management Review, Vol. 45(3), S. 78-101.

Sparkes, R., 2002, Socially responsible investment – a global revolution, Chichester.

Sparkes, R., 2001, Ethical investment: whose ethics, which investment?, Oxford.

Sparkes, R./Cowton, C., 2004, The maturing of socially responsible investment: a review of the developing link with corporate social responsibility, Journal of Business Ethics, Vol. 52(1), S. 45-57.

Sparrow, M., 2000, License to steal: how fraud and abuse bleeds America's health care system, 2. Aufl., Boulder.

Spence, M., 1973, Job market signaling, Quarterly Journal of Economics, Vol. 87(3), S. 355-374.

Spremann, K., 1990, Asymmetrische Information, ZfB, Jg. 60, Heft 5/6, S. 561-586.

Spremann, K., 1989, Agency theory and risk sharing – agent and principal, in: Bamberg, G./Spremann, K. (Hrsg..), Agency theory, information, and incentives, 2. Aufl., Berlin, S. 3-39.

Spremann, K., 1988, Reputation, Garantie, Information, ZfB, Jg. 58, Heft 5/6, S. 613-629.

Statistisches Bundesamt Deutschland, 2005(a), Wirtschaft und Statistik 9/2005, Wiesbaden.

Statistisches Bundesamt Deutschland, 2005(b), VGR des Bundes - Investitionen - 4. Vierteljahr 2005, Wiesbaden, Auf den Seiten von Statistisches Bundesamt Deutschland, URL: http://wwwc.destatis.de/csp/shop/sfg/bpm.html.cms.cBroker.cls?cmspath=struktur,sfgsuchergebnis.csp&action=newsearch&op_EVASNr=startswith&search_EVASNr=811, Zugriff am 23.03.06.

Statistisches Bundesamt Deutschland, o. J., Wiesbaden, Auf den Seiten von Statistisches Bundesamt Deutschland, URL: http://www.destatis.de/basis/d/fist/fist011.php, Zugriff am 03.01.2006.

Steinberg, 1986, Nonprofit organizations and the market, in: Powell, W. (Hrsg.), The nonprofit sector: a research handbook, New Haven, S. 118-140.

Steinberg, R./Gray, B., 1993, The role of nonprofit enterprise, Nonprofit and Voluntary Sector Quarterly, Vol. 23(4), S. 297-316.

Steinberg, R./Weisbrod, B., 1998, Pricing and rationing by nonprofit organizations with distributional objectives, in: Weisbrod, B. (Hrsg.), To profit or not to profit: the commercial transformation of the nonprofit sector, Cambridge, S. 65-82.

Steiner, M., 1992, Rating – Risikobeurteilung von Emittenten durch Rating-Agenturen, WiSt, Jg. 21, Heft 10, S. 509-515.

Stemmle, D. (Hrsg.): 1995, Soziale Fragen an der Schwelle zur Zukunft, Bern u. a.

Stern, S./Seligman, E. (Hrsg.), 2004, The partnership principle, London.

Stiftung Entwicklung und Frieden, 1996, Global Governance, Herausforderungen an die deutsche Politik an der Schwelle zum 21. Jahrhundert, Policy Paper 2, Bonn.

Stiglitz, J., 1975, The theory of „screening", education, and the distribution of income, The American Economic Review, 65(3), S. 283-300.

Stiglitz, J., 1974, Information and economic analysis, in: Parkin, M./Nobay, A. (Hrsg.), Current economic problems, Cambridge, S. 27-52.

Stigson, B., 2003, Future trends in global sustainability, Paper presented to the International Leadership Council Meeting, Hot Springs, 31.03.2003, Auf den Seiten des World Business Council for Sustainable Investment, URL: http://www.wbcsd.ch/DocRoot/cm4SS4rhKdA4vqD0so7k/future_trends.pdf, Zugriff am 08.03.2006.

Stillhart, G., 2002, Theorie der Finanzintermediation und Regulierung von Banken, Bank- und finanzwirtschaftliche Forschungen, Band 335, zugl. Diss. Universität Zürich, Bern, u. a.

Stoll, P., 2001, Ethisches Investment? Motivation, Kriterienfindung und aktueller Stand in der evangelischen Landeskirche Württemberg, in: Bassler, K./Kuhlo, M./Stoll, P (Hrsg.), Ethisches Investment – Strategien für kirchliche Geldanlagen, Stuttgart, S. 29-40.

Strachwitz, Graf R., 2000, Management und Nonprofit-Organisationen – von der Vereinbarkeit von Gegensätzen, in: Nährlich, S./Zimmer, A. (Hrsg.), Management in Nonprofit-Organisationen, Opladen, S. 23-36.

Straßberger, M., 2005, Ein informationsökonomischer Ansatz zu Erklärung von Finanzintermediären – Das Modell von Diamond (1984), WiSt, Jg. 34, Heft 9, S. 526-528.

Stremitzer, A., 2005, Agency theory: methodology, analysis – a structured approach to writing contracts, Frankfurt a. M.

Strube, J., 2004, Reserveaußenpolitik in Zeiten der Krise – Unternehmen und die Abkühlung der transatlantischen Beziehungen, in: Herbert-Quandt-Stiftung (Hrsg.), Jenseits des Staates? „Außenpolitik" durch Unternehmen und NGOs, Sinclair Haus Gespräche, Nr. 21, Bad Homburg, S. 46- 53.

Süchtling, J./Paul, S., 1998, Bankmanagement, 4. Aufl., Stuttgart.

Szczesny, A./Wilhelm, A., 2005, Pensionskassen und Nachhaltiges Investment, Auf den Seiten der Scoris GmbH, URL: http://www.scoris.de/download/scoris_pensionskassen-studie_2005.pdf, Zugriff am 13.04.2006.

Take, I., 2002: NGOs im Wandel – Von der Graswurzel auf das diplomatische Parkett, Wiesbaden.

Teegen, H., 2003, International ngos as global institutions: using social capital to impact multinational enterprises and governments, Journal of International Management, Vol. 9, S. 271-285.

Teegen, H./Doh, J./Vachani, S., 2004, The importance of nongovernmental organizations (ngos) in global governance and value creation: an international business agenda, Journal of International Business Studies, Vol. 35, S. 463-483.

Teoh, S./Welch, I./Wazzan, C., 1999, The effect of socially activist investment policies on the financial markets: evidence from the South African boycott, Journal of Business, Vol. 72(1), S. 35-89.

Thommen, J.-P./Achleitner, A.-K., 1998, Allgemeine Betriebswirtschaftslehre: Lehrbuch, Stuttgart.

Thornton, J., 2006, Nonprofit-fund-raising in competitive donor markets, Nonprofit and Voluntary Sector Quarterly, Vol. 35(2), S. 204-224.

Tietzel, M., 1989, Probleme der asymmetrischen Informationsverteilung beim Güter und Leistungsaustausch, in: Ott, C./Schäfer, B. (Hrsg.), Allokationseffizienz in der Rechtsordnung, Berlin u. a., S. 53-63.

Tirole, J, 1988, The theory of industrial organization, Cambridge.

Trister Gati, T. (Hrsg.), 1983, The U.S., the U.N. and the management of global change, New York.

UBS, 2006, Auf den Seiten der UBS, URL: http://www.ubs.com/1/e/globalam/ e-mea/switzerland/funds/fundrange/sri/team/experts.html?template=layer&selected=47 112, Zugriff am 10.02.2006.

Uhlir, H./Steiner, P., 1994, Wertpapieranalyse, 3. Aufl., Heidelberg.

UKSIF, 2006, Will UK pension funds become more responsible?, Auf den Seiten des UK-SIF, URL: http://www.uksif.org/J/Z/Z/lib/2006/files/02/jp-ukpf-will06/ukpf2006-justpens.pdf, Zugriff am 23.05.2006.

Ulph, A./Ulph, D., 1975, Transaction costs in general equilibrium theory – a survey, Economica, Vol. 42, S. 355-372.

Umweltbundesamt (Hrsg.), 2001, Neue Impulse durch ökologische Geldanlagen, Text Nr. 36/01, Teilbericht 1, Berlin.

UNCTAD, 2002, Press Release: Are transnationals bigger than countries, TAD/INF/PR47.

UNEP, 1997, UNEP-Erklärung der Finanzinstitute zur Umwelt und zur nachhaltigen Entwicklung, revidierte Fassung vom Mai 1997, Auf den Seiten der UNEP, URL: http://www.unepfi.org/signatories/statements/fi/german/, Zugriff am 07.09.2005.

United Nations Research Institute for Social Development (UNRISD), 1995, States of disarray: the social effects of globalization, Executive Summary of an UNRISD Report for the World Summit for Social Development, Genf, Auf den Seiten des UNRISD, URL: http://www.unrisd.org/80256B3C005BCCF9/httpNetITFramePDF?ReadForm &parentunid=8BAE05FC33A200D480256B670065E3A3&parentdoctype=book&net it-path=80256B3C005BCCF9/(httpAuxPages)/8BAE05FC33A200D480256B670065E 3A3/$file/StatesofDis_ES.pdf, Zugriff am 21.06.2006.

Van den Brink, T., 2002, Guide – screening and rating sustainability: how companies are screened and rated on sustainability, Amsterdam.

Van Randenborgh, L., 2005, Rechtsformwahl, in: Schauhoff, S. (Hrsg.), Handbuch der Gemeinnützigkeit. Verein, Stiftung, GmbH. Recht, Steuern, Personal, München, 2. Auflage, S. 29-38.

Van Tuijl, P., 1999, Non-governmental organisations and human rights: source of justice and democracy, Journal of International Affairs, Vol. 52(2), S. 493-512.

Varian, H., 2001, Grundzüge der Mikroökonomik, 5. Aufl., München u. a.

Vives, X., 1991, Banking competition and european integration, in: Giovannini, A./Mayer, C. (Hrsg.), European financial integration, Cambridge, S. 9-34.

Vivian, S./Glover, A./Vahalato, S./Ridley, B./Morgan, E., 2004, Corporate environmental research – a review of environmental rating, ranking and indices; The Environment Agency, Bristol.

Vogel, R., 1977, The effects of taxation on the differential efficiency of nonprofit health insurance, Economic Inquiry, Vol. 15(4), S. 605-609.

Von Arx, U., 2005, Principle guided investing: the use of negative screens and its implications for green investors, Working Paper 05/45, Eidgenössische Technische Hochschule Zürich, Zürich.

Von Kempski, J., 1964, Zur Logik der Ordnungsbegriffe, besonders in den Sozialwissenschaften, in: Albert, H. (Hrsg.), Theorie und Realität, Tübingen, S. 209-232.

Von Thadden, E., 1995, Long-term contracts, short term investment and monitoring, Review of Economic Studies, Vol. 62(213), S. 557-575.

Von Werder, A./Talaulicar, T., 2003, Zu den Regulierungswirkungen des Deutschen Corporate Governance Kodex, Diskussionspapier 2003/10 der Wirtschaftswissenschaftlichen Dokumentation der Technischen Universität Berlin, Berlin.

Wahab, M./Lashgari, M., 1993, Price dynamics and error correction in stock index and stock index futures markets: a cointegration approach, Journal of Futures Markets, Vol. 13(7), S. 711-742.

Walk, H., 2002, Global Governance – Hoffnung und Ernüchterung in der internationalen Klimapolitik, Technische Universität Berlin, Discussion Paper, Nr. 04/02, Berlin.

Walk, H., 2001, Global Governance als Konzept. Neue Handlungsspielräume für NGOs?, Politische Ökologie 72, S. 56-58.

Walk, H., 1997, „Ein bißchen bi schadet nie“: Die Doppelstrategie von NGO-Netzwerken, in: Altvater, E./Brunnengräber, A./Haake, M./Walk, H. (Hrsg.), Vernetzt und Verstrickt. Nicht-Regierungs-Organisationen als gesellschaftliche Produktivkraft, Münster, S. 195-221.

Walk, H./Brunnengräber, A., 1996, „Ad-hoc-Allianzen“ - eine neue gesellschaftspolitische Perspektive?, Forschungsjournal Neue Soziale Bewegungen, Vol. 9(2), S. 70-82.

Warr, P., 1982, Pareto optimal redistribution and private charity, Journal of Public Economics, Vol. 18, S. 131-138.

Waygood, S., 2004, NGOs and equity investment: a critical assessment of the practices of UK ngos in using the capital market as a campaign device, Diss. University of Surrey, Surrey.

Waygood, S./Wehrmeyer, W., 2003, A critical assessment of how non-governmental organizations use the capital markets to achieve their aims: a UK study, business strategy and the environment, Vol. 12(6), S. 372-385.

WCED, 1987, Report of the world commission on environment and development, our common future, veröffentlicht am 04.08.1987, Auf den Seiten von Regionales Informationszentrum der Vereinten Nationen für Westeuropa, URL: http://www.runiceurope.org/german/umwelt/entwicklung/rio5/brundtland/A_42_427.pdf, Zugriff am 04.08.2005.

Weinrich, G./Jakobs, J., 2003, Elemente eines betriebswirtschaftlich orientierten Ratings im Rahmen von Basel II, Die Bank, Heft 2, S. 114-119.

Weisbrod, 1998 (Hrsg.), To profit or not to profit: the commercial transformation of the nonprofit sector, Cambridge.

Weisbrod, B., 1998(a), The nonprofit mission and its financing: growing links between nonprofits and the rest of the economy, in: Weisbrod, B. (Hrsg.), To profit or not to profit: the commercial transformation of the nonprofit sector, Cambridge, S. 1-24.

Weisbrod, B., 1998(b), Modelling the nonprofit organization as a multiproduct firm: a framework for choice, in: Weisbrod, B. (Hrsg.), To profit or not to profit: the commercial transformation of the nonprofit sector, Cambridge, S. 47-64.

Weisbrod, B., 1989, Rewarding performance that is hard to measure: the private nonprofit sector, Science, Vol. 244, S. 541-546.

Weisbrod, B., 1988, The nonprofit economy, Cambridge.

Weisbrod, B., 1983, Nonprofit and proprietary sector behavior: wage differentials among lawyers, Journal of Labor Economics, Vol. 1(3), S. 246-263.

Weisbrod, B., 1977, The voluntary nonprofit sector, Lexington.

Weisbrod, B., 1975, Toward a theory of the voluntary non-profit sector in a three-sector economy, in: Phelps, E. (Hrsg.), Altruism, morality, and economic theory, New York, S. 171-195.

Weisbrod, B.,/Schlesinger, M., 1986, Public, private, nonprofit ownership and the response to asymmetric information, in: Rose-Ackerman (Hrsg.), The economics of nonprofit institutions. Studies in structure and policy, New York, S. 133-151.

Weiss, T./Gordenker, L. (Hrsg.), 1996, Nongovernmental Organisations, the UN, and global governance, London.

Wellhöfer, W., 1977, Die Ausübung der Aktionärsrechte zur Verfolgung politischer und gemeinnütziger Interessen auf den Hauptversammlungen deutscher und amerikanischer Aktiengesellschaften, Diss. Universität Konstanz, Konstanz.

Wenger, E./Knoll, L., 2001, Aktionärsdemokratie, in: Bühner, R. (Hrsg.), Management-Lexikon, München, S. 26-30.

Wex, T., 1998, Die Modernisierung der Nonprofit-Organisationen und die Frage der Auflösung ihrer Spezifika. Eine soziologische Betrachtung, in: Arbeitskreis Nonprofit-Organisationen (Hrsg.), Nonprofit-Organisationen im Wandel: Ende der Besonderheiten oder Besonderheiten ohne Ende?, Stuttgart, S. 251-277.

Wilkens, I., 1999, Private Nonprofit-Organisationen, WiSt, Jg. 28, Heft 9, S. 586-590.

Willard, B., 2002, The sustainability advantage: seven business case benefits of a triple bottom line, Gabriola Islands.

Williamson, O., 1997, Hierarchies, markets and power in the economy: an economic perspective, in: Menard, C. (Hrsg.), Transaction cost economics – recent developments, Cheltenham, S. 1-29.

Williamson, O., 1990, Die ökonomischen Institutionen des Kapitalismus: Unternehmen, Märkte, Kooperationen, Tübingen.

Williamson, O., 1985, The economic institutions of capitalism, New York.

Williamson, O., 1981, The economics of organization: the transaction cost approach, American Journal of Sociology, Vol. 87(3), S. 548-575.

Williamson, O., 1979, Transaction-cost economies: the governance of contractual relations, Journal of Law and Economics, Vol. 22(2), S., 233-263.

Williamson, O., 1975, Markets and hierarchies: analysis and antitrust implications, New York.

Winston, M., 2002, Non-governmental organization strategies for promoting corporate social resonsibility, Ethics and International Affairs, Vol. 16(1), S. 71-87.

Winter, S., 2003, Managerial stock option contracts and firm performance, in: Schwalbach, J. (Hrsg.), Corporate governance – essays in honor of Horst Albach, Berlin, S. 104-125.

Witt, P., 2001, Corporate Governance, in: Jost, P.-J. (Hrsg.), Die Prinzipal-Agenten-Theorie in der Betriebswirtschaftslehre, Stuttgart, S. 85-115.

Wolch, J., 2003, State, subject, space: silences in institutionalist theories of nonprofit-government relations, in: Anheier, H./Ben-Ner, A. (Hrsg.), The study of the nonprofit enterprise – theories and approaches, New York, S. 187-204.

World Bank, 2003, Ten things you never knew about the World Bank, Auf den Seiten der World Bank, URL: http://www.worldbank.org/tenthings, Zugriff am 23.04.2003.

WTO, 2005, World trade in 2004 – overview, Auf den Seiten der WTO, URL: http://www.wto.org/english/res_e/statis_e/its2005_e/its05_overview_e.pdf, Zugriff am 23.03.2006.

WTO, 2000, International trade statistics 2000, Genf.

WWF-UK, 1999, Business and industry policy, Surrey.

Young, D., 2003, Entrepreneurs, managers, and the nonprofit enterprise, in: Anheier, H./Ben-Ner, A. (Hrsg.), The study of the nonprofit enterprise – theories and approaches, New York, S. 161-168.

Young, D., 1986, Entrepreneurship and the behavior of nonprofit organizations: elements of a theory, in: Rose-Ackerman (Hrsg.), The Economics of Nonprofit Institutions, Studies in structure and policy, New York, S. 161-184.

Young, D., 1983, If not for profit, for what?, Lexington.

Young, D., 1980, Entrepreneurship and the behavior of nonprofit organizations: elements of a theory, Yale University, PONPO Working Paper, Nr. 4, New Haven.

Zarowin, P., 1989, Does the stock market overreact to corporate earnings information? Journal of Finance, Vol. 44(5), S. 1385-1399.

Ziegler, A./Rennings, K./Schröder, M., 2002, Der Einfluss ökologischer und sozialer Nachhaltigkeit auf den Shareholder Value europäischer Aktiengesellschaften, Zentrum für Europäische Wirtschaftsforschung, Discussion Paper Nr. 02-32, Mannheim.

Zimmer, A., 1997, Stand und Perspektiven der Nonprofit Forschung, in: Schauer, R./Anheier, H./Blümle, E. (Hrsg.), Der Nonprofit Sektor im Aufwind, Linz, S. 63-88.

Zimmer, A., 1996, Vereine – Basiselement der Demokratie, Opladen.

Zimmer, A./Priller, E., 1997, Die Zukunft des Dritten Sektors in Deutschland, in: Anheier, H./Seibel, W./Zimmer, A. (Hrsg.), Der Dritte Sektor in Deutschland. Organisationen zwischen Staat und Markt im gesellschaftlichen Wandel, Berlin, S. 249-283.

Zimmer, A./Priller, E./Strachwitz, Graf R., 2000, Fundraising als Resource für Nonprofit-Organisationen, in: Nährlich, S./Zimmer, A. (Hrsg.), Management in Nonprofit-Organisationen, Opladen, S. 85-104.

ZKB, 2006, Auf den Seiten der ZKB, URL: http://www.zkb.ch/zkb/nachhaltigkeit/ umwelt/organisation.html, Zugriff am 21.02.2006.

Zürn, M., 1998, Regieren jenseits des Nationalstaates. Globalisierung und Denationalisierung als Chance, Frankfurt a. M.

Ohne Verfasser:

BGH, Urteil vom 10.11.1994 – 4 StR 331/94, Betrug bei kommerzieller Mitgliederwerbung gemeinnütziger Organisationen?, Betriebs Berater, 1995, Heft 10, S. 483-484.

1995 Pensions Act, London, The Stationary Office, Auf den Seiten des Office of Public Sector Information, URL: http://www.hmso.gov.uk./acts, Zugriff am 23.09.2006.

o. V., 2004(a), Corporate Storytelling, in: The Economist, 11/6/2004, Vol. 373(8400), S. 13-14.

FSC
www.fsc.org
MIX
Papier | Fördert
gute Waldnutzung
FSC® C083411

Kolibri 360 GmbH
Ferdinand-Jühlke-Straße 7
99095 Erfurt, Deutschland
produktsicherheit@kolibri360.de